本书系国家社会科学基金重大项目
"德国古典哲学与德意志文化深度研究"（批准号12&ZD126）成果之一

第二卷

邓晓芒 著

黑格尔
《精神现象学》句读

人民出版社

责任编辑：张伟珍
封面设计：吴燕妮
版式设计：周方亚
责任校对：吕　勇

图书在版编目（CIP）数据

黑格尔《精神现象学》句读. 第二卷 / 邓晓芒 著. — 北京：人民出版社，2015.8
　（2021.10重印）
ISBN 978 - 7 - 01 - 014435 - 1
I.①黑…　II.①邓…　III.①黑格尔，G.W.F.（1770 - 1831）- 现象学 - 研究
　IV.①B516.35②B089
中国版本图书馆CIP数据核字（2015）第018570号

书　　名　黑格尔《精神现象学》句读
　　　　　HEIGEER JINGSHEN XIANXIANGXUE JUDU
卷　　次　第二卷
著　　者　邓晓芒
出版发行　人 民 出 版 社
　　　　　（北京市东城区隆福寺街99号　邮编：100706）
邮购电话　（010）65250042　65289539
经　　销　新华书店
印　　刷　北京汇林印务有限公司
版　　次　2015年8月第1版　2021年10月北京第3次印刷
开　　本　710毫米×1000毫米　1/16
印　　张　43.5
字　　数　600千字
印　　数　6,001 - 7,000册
书　　号　ISBN 978 - 7 - 01 - 014435 - 1
定　　价　96.00元

目　录

导　论^①

　　本学期我们开始讲导论。《精神现象学》的"导论"被很多人解读过了，我们最熟悉的就是海德格尔。海德格尔在《林中路》里面专门收录了一篇叫作《黑格尔的经验概念》，实际上整篇文章针对的就是这篇导论，从头至尾一节一节的，有的地方甚至是逐句的解释。海德格尔把尼采的唯意志论、"求意志的意志"和"绝对意志"，引到黑格尔这里来了。黑格尔哲学里面的确有一种内在的生命意志在起作用，但不是海德格尔那样解释的，你不能从字面上把黑格尔与尼采联系起来。我曾经专门对海德格尔这篇文章写过一篇评述《海德格尔在〈黑格尔的经验概念〉中对辩证法的扭曲》^②，就是批评海德格尔这种六经注我的做法。我们的分析还是要尽量保持客观，先搞清楚他是什么意思再说。黑格尔为什么在讲了那么一个长篇序言之后，还要来写一个"导论"？导论和序言有什么不同？可以看出，序言主要是从科学知识的全面态势来考虑《精神现象学》在其中的地位、作用和任务，导论则是就《精神现象学》本身来展示一种进入的方法、一种论述的程序以及它的特点，因此所讨论的问题相对而言比较收缩一些。先看第一段：

　　<u>有一种很自然的想法，就是在哲学里开始研究事情本身以前，也就是在研究对存在于真理中的东西的现实认识以前，有必要先对认识自身加以理解，这认识被看作人们借以占领绝对的工具，或者被看作人们赖</u>

---

① 　以下凡引黑格尔的原文，以及拉松本所加的带方括号的标题，第一次出现时均加下划线以示区分。另，所注边码大括号 {} 内数字为德文考订版页码；方括号 [] 内数字为贺麟、王玖兴中译本 1979 年版上册的页码，转入下册时则为下册页码。

② 　载《哲学研究》2007 年第 12 期。

以看穿绝对的手段。

事情本身就是真理的对象本身，就是绝对本身，就是最后终极的那个真理。哲学就是关于绝对的认知，是关于绝对真理的知识。在研究事情本身之前，在研究绝对的知识之前，"也就是在研究对存在于真理中的东西的现实认识以前"，存在于真理中的东西那也就是事情本身了，那么，要对这个东西进行现实的认识，而不是那些外围的认识，比如数学认识或形式逻辑的认识，而是对真实东西的认识，对客观对象的认识，那么这种认识是怎样的？也就是在我们着手进行研究这个问题之前，"有必要先对认识自身加以理解"，这是一种"很自然的想法"。想法 Vorstellung，也译作表象，黑格尔用表象这个词表明了这种想法的层次，即只是在表象思维的层次，还未达到概念思维。所谓在认识真理之前有必要对认识本身进行一番考察，这是康德的话：我们需要在认识真理之前，先对我们的认识工具加以考察。黑格尔曾经嘲笑康德，说他的这个说法就相当于说，在我们未学会游泳之前，切勿下水。这是康德预设的前提，当然也是可以理解的，特别是对于自然科学研究来说，你要研究自然科学，你当然要准备好工具嘛，"工欲善其事必先利其器"。我们要研究，先要调整好仪器，你要做这种研究，你的工具适不适合这种研究？你要探查天文学，你有没有好的望远镜？如果你的望远镜是歪曲的，你研究得来的东西也是歪曲的。黑格尔认为这种想法很"自然"，因为它就是以自然科学为榜样的。康德的《纯粹理性批判》里面一开始就提出了自然科学的榜样，这个很自然。"有必要先对认识自身加以理解，这认识被看作人们借以占领绝对的工具，或者被看作人们赖以看穿绝对的手段。"这样的认识被看作是工具和手段，什么手段？借以占有绝对的工具，我要把握绝对真理，那么，这个认识就是一个工具，我们要占领绝对真理，要看穿绝对真理，那么这种认识就是手段。这个思想不光康德有，在康德以前，人们就在探讨认识的手段问题，经验派和唯理派双方都在争论，我们用什么样的手段去把握绝对真理，去把握对象。经验派认为我们通过经验归纳，通过感觉，培根提出建立一套"新工具"，就可以掌握真理；那么理性派认为我们只有通过理性，通过我们的天赋观念，通过几何学的方式，才能完成这项任务。笛卡尔、斯宾诺莎都是通过几何学的方式证明，莱布尼兹是通过数理逻辑的方式，打造一种数理逻辑的工具来把握绝对，认为这个是绝对可靠的，因为我们的工具绝对可靠。这是当时流行的一种观点，这种观点在康德这里被接受过来了，但是起了一点变化。在康德以前，人们认为这种工具是用来把握绝对知识的，可以把握自在之物。而康德实际上也认为知性是一种认识工具，但是不是用来把握自在之物，仅仅是用来把握现象的。于是康德对他的先验逻辑有一个看法，认为你绝不能把它当作"工具论"。为什么不能把先验逻辑当作工具论呢？当作工具论，工具和工具所把握的对象就是两码事，你就会把先验逻辑当作外在的工具去把握一个完全不同的自在之物了，那就会造成先验的幻相。那么不能当作工具论，当作什么呢？康德的意思是，只能当作知识本身的先验结构。它不是用来把握另外一种东西的结构，它就是知识内在的一种先验结构，是知识本身的一个先验的层次，我们把这个揭示出来，它就是知识的先验形式条件。当然它还要充实经验的内容，但是它已经是知识的形式了。在这一方面看起来，康德又部分地超越了工具论，但是他之所以超越工具论，是因为他把那个绝对当作自在之物，自在之物不能认识。所以他的观点还是从以往的工具论来的，只不过他看穿了这个工具不能把握绝对，只能够当作知识本身的结构把它建构起来。所以这种观点还是认为，你如果要把握一个绝对自在之物的话，那么认识就是一种工具，问题在于这个工具的作用能不能达到那个范围。而他认为不可能，他切断了这条退路，认为你不能用这个工具来把握绝对。这是康德的想法，他就是要从对这个认识工具的检验来证明它不适合于把握自在之物。认识中的工具论自古以来就有，柏拉图、伊壁鸠鲁和亚里士多德以来就把认识的方法当作工具，使之严密化；但从来没有人对工具本身的认识能力和范围进行过考察，这是康德的首创。他断了用认识去把

握自在之物的这样一条工具论的路,但是他本身还是把认识看作一种工具。下面:

这样一种担忧,看起来是有道理的,即一方面,可能有各种不同的知识类型,其中有的可能比别的种类更适于达到这一终极目的,因此也就有可能在它们中间作出错误的选择,

这是对上面那种"很自然的想法"的进一步展开。"这样一种担忧",是指对后面两方面内容的担忧,"即一方面,可能有各种不同的知识类型,其中有的可能比别的种类更适于达到这一终极目的,因此也就有可能在它们中间作出错误的选择,"这样的担忧看起来是有道理的。但是这只是看起来有道理,也就是黑格尔并不承认这个担忧。什么样的担忧呢? 有两方面的担忧,一方面,可能有不同的知识类型,有的更适合达到这一终极目的,终极目的就是研究事情本身,达到绝对真理。对此我可以有不同的选择,我通过什么样的工具去达到绝对真理? 因而也就有可能在它们中间作出错误的选择。经验派和唯理派,这两派他们发现有两种不同的手段或工具来达到绝对真理,一方面是经验和感觉,另一方面是天赋观念,是理性。那么这就有选择了,我究竟是选择感性还是选择理性呀? 有可能一不小心,我就会犯错误。这样一种担忧,这是显得有道理的。我们是选择感性还是选择理性呢,担心我一不小心选择错了,就达不到我的终极目的了。这是一种担忧。

——另一方面,既然认识是具有一定性质和一定范围的能力,那么如果对它的本性和界限不作更确切的规定,所把握到的就是些错误的乌云,而不是真理的青天。

这是第二种担忧。第一种担忧是提出我用哪一种工具达到真理;第二种担忧,对我所选定的这种工具,是否还要作出更加确切的规定,否则的话,就算我通过这种工具把握到一些东西,也可能是些错误的乌云,而不是真理的青天,可能是些过眼烟云的东西。理性派和经验派都有这个问题。经验派不断地锻造他们的归纳法,从培根开始,后来通过穆勒,不

断地完善，一直到今天的逻辑实证主义，想要对它们的本性和界限作出更确切的规定，因为这种认识是具有一定性质和一定范围的能力。"一定性质和一定范围"，从质的方面和量的方面都有它一定的规定，性质是认识能力本身的品质、种类，范围是指它运用的范围或界限。那么如果不从这两个方面加以规定，对它的性质和范围不加规定，你就可能胡乱跑马了，你就达不到你的终极目的。理性派也是这样的，莱布尼茨就是想把他的数理逻辑搞得尽可能精密，却没有考虑它的性质和运用范围，以为在任何范围都可以适用。康德的问题也就是在这里提出来的，他认为要对纯粹理性进行批判，要对它的运用范围、它的可能性条件，包括它的性质，都要进行更确切的规定。我们人类的知识有它运用的范围，它只能运用于经验之中；也有它本身的条件，先天综合判断何以可能，这是确切的规定，如果你的规定不确切的话，那么你把握到的很可能是些错误的乌云，而不是真理的青天。你就被一些东西遮蔽了。

这种担忧甚至必定会转变成这种信念，相信通过认识来为意识获取那种自在存在的东西，这整个做法在其概念中就是悖谬的，相信在认识与绝对之间划定了一条将之截然区分开来的界限。

也就是说这样一种担忧，担忧我选不好我的这个工具，担忧我对这个工具的规定不够完善，那么这个担忧必定会转变为一种信念，一种什么信念呢？"相信通过认识来为意识获取那种自在存在的东西，这整个做法在其概念中就是悖谬的"，就是说，就概念来说就说不通。你想通过一种工具来获得自在之物，通过认识来为意识获取自在之物，这是说不通的，这就是康德提出来的。康德认为，用人的认识作为工具来把握自在之物，根本就是悖谬的，就是说不通的。你人自己造出来的工具怎么能把握自在之物呢，怎么能把握在这个工具之外的自在之物呢？你想当然，我通过我自己造出来的工具，我把握的就是在我之外的那个东西，那岂不是自相矛盾？所以这种担忧，就是康德提出的担忧，人们拼命地去证明自己选择经验的或者理性的工具是对的，拼命地把这些工具打造得越来越精密。但是还是有这种担忧，这种担忧甚至必定会转变为一种信念，所以从经验派和理性派必定走到康德。康德就是提出这种信念，就是相信认识自在的东西根本是做不到的，理性派也好，经验派也好，想要用独断的方式去把握自在之物，这根本就是悖理的。这种担忧必然会变成这种信念，就是通过工具认识自在之物不可能。整个做法在其概念中就是悖谬的，你根本不用试，你仅仅通过概念分析就能发现，这个根本不成立。"相信在认识与绝对之间划定了一条将之截然区分开来的界限"，这就是康德做出来的区分。自在之物和认识之间是不可通约的。我们所认识的只能是现象，不可能是自在之物，不可能是绝对的东西。这两者一个是在此岸，一个是在彼岸，这两者截然划分，现象和自在之物截然二分。

因为如果认识是我们占领绝对本质的工具，那么，我们立刻就会发现，对一件事情使用一种工具，其实不是让这件事情像它独立存在那样，而是要对这件事情加以塑造和改造。

独立存在也可以翻译为自为存在 (für sich ist)。我们通常把它翻译为自为存在，但是你要知道它这里的意思就是独立存在的意思。就是说使用一种工具于一件事情上，其实不是让这个事情像它自为存在那样，像它自己为自己存在那样。自在之物它自己为自己那样存在，但是是个什么样子我们不知道，它不是为我们存在。我们如果有理智直观，有上帝那样的直观，也许就会看出来，但是我们没有，我们只有感性的直观，看不到自在之物。"而是要对这件事情加以塑造和改造"。凡是我们要用一个工具来对付一件事情，那么同时已经意味着，我们这个工具会对这个事情造成改变。这个在现代物理学里面，我们已经非常熟悉了，基本粒子，你要把它分开，看它是由什么组成的，你就要加上很大的能量；但是这个能量已经把基本粒子改变了，已经不再是原来的样子了。所以事物无限可分的观念已经被推翻了，就是说你以为越分越小，实际上不是的，而是越分越大，因为你没有考虑到你已经加进了能量，你的"分"的做法本身使它增加了。就是说你的工具对你所造成的结果是有影响的。当然黑格尔时代还没有量子力学了，但是他知道凡是有一个工具要把它用在事物身上，其实不是让这个事物像它独立存在那样，而是要对这个事物加以塑造，改变它。康德正因为如此，才认为我们不可能有一种揭示自在之物本来面目的认识工具，所以必须在认识工具和它的对象之间划出一道鸿沟来。而黑格尔的看法却是，这说明根本就没有什么自在之物或事物的本来面目，任何对象都是在我们对它的改造加工中形成起来的。当然这是后话了。

或者说，如果认识不是我们活动的工具，而是在某种程度上真理之光赖以达到我们这里的一种被动的媒介，那么，我们所接收到的事情也不是像它自在存在的那个样子，而是它经过媒介并在媒介中的那个样子。

这句话跟前面一句话是两个意思。前面那个意思是工具肯定要改变事物，是从工具论来讲的，后面这句话是从媒介论来讲的，工具论和媒介论非常相近，所不同的是，工具论有一种主动性，而媒介论有一种被动性，都是间接的。工具是间接的，媒介也是间接的，但是工具是人们主动使用的，锻造工具，然后使用工具。而媒介本来就在那里，我们达到自在之物，我们必须经过中间的环节，那就是媒介，它本身就在那里。"如果认识不是我们活动的工具，而是在某种程度上真理之光赖以达到我们这里的一种被动的媒介"，在某种程度上，既然真理之光要通过媒介，它就不能原原本本地达到我们，当然也不是完全不能达到我们，所以他这里讲只是在某种程度上。在某种程度上真理之光赖以达到我们这里的一种被动的媒介，如果是这样的话，"那么我们所接收到的事情也不是像它自在存在的那个样子，而是它经过媒介并在媒介中的那个样子"。我们通过媒介所获得的事情，获得一个对象的形态，那么这个形态是不是就是自在之物本来这样呢？不是的，而是它经过了媒介，经过过滤。比如说经验，自在之物通过我们的感官使得我们获得了经验，那么自在之物是不是就是这个感官里面所感到的样子呢？当然不是。从洛克开始，我们就知道不是这样的，洛克把这种感觉称之为第二性的质。第一性的质，就是事物的运动，大小，数量，体积，这些都是属于第一性的质，可以通过数学进行计算的；第二性的质就是颜色、香味、冷热、痛，这些性质都是我们通过感官所感到的。那么事物并不是像我们感官所感到的那样。我们感觉到这个东西是红的，这个东西本身不见得是红的，红色是一种光波刺激我们的视网膜所获得的印象，一种表象，那么这个表象是不是事物本身的样子呢？洛克已经知道不是。所以他区别出这是第二性的质，这是事物的性质在我们的感官中的印象。它经过了感官的媒介之后，已经变形了。那么第一性的质，是不是事物本身的样子呢？那么洛克还有说法，就是说第一性的质，通过反省的经验，通过反省、抽象、综合，我们所形成的经验，那还是我们造成的。第一性的质，是通过反省的经验造成的。所以它还不是自在之物，它所获得的事物的本质，洛克把它称之为名义本质，它还不是实在本质。洛克将本质区分为名义本质和实在本质，在自然科学上，我们讲的实体都是名义上的实体，实在本质我们是不可认识的。所以在洛克那里，已经有了不可知论的因素。当然在康德那里，不可知论才完全发展出来了。这两种类型，一个是把认识看作是我们达到真理的工具，另一个把认识看作是真理之光赖以达到我们这里的被动的媒介。工具论和媒介论，在这里大体上相当于理性派和经验派，而康德把理性派和经验派加以综合、加以调和，就是通过不可知论。那么黑格尔在这里讲的既是指经验派和理性派，也是敲打康德。总而言之，不管是工具论还是媒介论，都是以自在之物原来是什么样子作为研究对象。但最终都导致我们所把握的不是自在之物的自在自为的样子。那么是什么样子呢？只是现象。下面：

在这两种情况下，我们所使用的手段都直接产生出与它的目的相反的东西；或者毋宁说，我们使用一个手段，根本就是一件悖谬的事。

这句话是总结了，就是在这两种情况下，一种是经验派、一种是理性派，一种是工具论，一种是媒介论，在两种情况下，我们所使用的手段都直接产生出与它的目的相反的东西。它本来的目的是什么呢？它本来的目的就是独断论。理性派独断论，想通过一种几何学的方式把握上帝，包括灵魂，我们都可以通过一种几何方式去间接地把握它。那么经验派也有独断论，就是我们通过我们的感觉可以把握自在之物。当然经验派已经开始怀疑，第二性的质怎么可能把握自在之物呢？连第一性的质能不能把握自在之物那都不一定，那只是名义本质，不是实在本质。但是它至少有这个倾向，从一开始就想通过感觉来把握真理，绝对真理不可能一蹴而就，但是可以通过点点滴滴的积累。不断地接近它。所以它还是有一个前提，有朝一日，我们可以接近把握绝对真理，有这么一个信念。但是在这两种情况下，我们使用的手段都产生出与它的目的相反的情况，就是这两种独断论最后发现，与它们的目的背道而驰，它们想要达到对自在之物的把握，对绝对真理的把握，但是其实最后只能把握现象，自在之物不可知。康德提出自在之物不可知，就是汲取了两派的经验。理性派拼命地去把握自在之物，结果却产生了先验的幻相，对灵魂产生了理性派的谬误推理，对宇宙整体产生了二律背反，——经验派也有二律背反，——产生了对上帝存在的一系列的虚假证明，都失败了，都不成立。所以康德的证明与其说是证明了，不如说是否证了，就是理性派那一套逻辑，那一套数学工具，完全不足以达到绝对真理。康德也是理性派，代表理性派的自我批判。那么经验派也与它的初衷背道而驰，经验派一开始要达到绝对真理，但是到了休谟，他指出来其实一切都是白费。我们不可能认识绝对真理，我们只能把握我们的一种习惯性的联想，一种心理学的联想。康德最后指出自在之物不可知，我们所有的知识都是经验知识，但自在之物不可能成为经验，所以也不可能成为知识。所以黑格尔讲，"我们所使用的手段都直接产生出与它的目的相反的东西"，这些手段本来作为一种工具是要运用于对象上面的。所以康德提到逻辑不能当作工具论使用，一旦被当作工具论，就会产生幻相。你以为通过逻辑，你就可以把握物自体,那其实是你的幻相,是要清除掉的。"或者毋宁说,我们使用一个手段,根本就是一件悖谬的事情",在认识论上,我们要通过一种手段达到认识,这根本是悖谬的。使用工具,使用手段,在自然科学中是可以的,但是在绝对真理里怎么可能使用手段呢?绝对真理是自行展开的,它怎么可能用一个间接的手段来隔山打牛呢?下面,

　　<u>虽然看起来似乎是:这种糟糕的情况可以通过对**工具**的作用方式的认识而得到补救。因为这种认识使我们有可能把我们通过工具而获得的</u>

[52] <u>关于绝对的那个表象中属于工具的部分,从结果里扣除掉,从而纯粹得到真实的东西。</u>

　　这里提出了一种可以想到的补救办法,就是只要我们对认识工具的作用方式有了精确的认识,我们就可以尽管大胆地去认识绝对,获取有关绝对的可能的知识,然后从中扣除掉工具加进去的成分,剩下的不就是绝对本身的内容了吗?自然科学中经常就是这样做的,为了得到某种金属,我们在矿石中加入一些添加剂,分离出这种金属的化合物,然后再想办法把这种化合物还原出来,就得到纯粹的金属。在哲学中也有这种类似的做法,培根就模仿自然科学中的"手的工具"而提出哲学中应该建立一套"心的工具",这就是他的"新工具"即归纳法,所谓"三表法";当然这些都是脚手架,得出结论后都是要拆除的。洛克的"反省的经验"也是这样,反省只是对感性经验的一种整理办法,最终要得出的是经过整理的经验对象,工具不在其中,就像陶轮不在杯子中一样。表面看来这是顺理成章的。但其实不然。所以他说,

　　<u>然而,这一改进,实际上只会把我们引回到我们原来所在的地方去。如果我们把工具所加工过的东西从这个被塑造之物中重新去掉,那么该物——在这里就是绝对——对我们来说,就不多不少恰好又是它在这一因此而多余的劳作以前的样子。</u>

　　原来的地方是什么地方呢?就是一无所知。我们通过工具去把握对象,然后我们得到了一个绝对知识的表象;但是如果你把我们所放进去

的东西全部扣掉，那我们还是一无所知。我就回到原地了，一步也没有前进。他在这里说，该物是指绝对，就是说在绝对的知识里是这样的，而在自然科学里不是这样的，在自然科学里这种做法还是管用的。但是在哲学里面是行不通的。对于自在之物来说，整个工具全是你的，所以整个结论都在工具之中。你把你的工具的特点扣掉，你也就把你的观念全部扣掉了，什么也剩不下，所以这个劳作就白费了。康德已经看出了这一点，他说"我们关于物所先天地认识到的东西只是我们自己放进它里面去的东西"，[①] 如果扣除了，我们就根本认识不到任何东西了，所以他主张这些东西才是我们唯一可能认识的，是使后天经验材料得以进入认识中的先天条件。但由此形成的认识对象仍然不是绝对的自在之物，而只是现象。

据说，绝对并不因工具而发生什么改变，一般只是被工具带到离我们更近一些，就像小鸟被胶杆吸引过来一样，那么，绝对假如不是自在自为地已经就在并愿意在我们近旁，它就很可能会要嘲笑这种诡计；

"据说，绝对并不因工具而发生什么改变"，据谁说？据那些独断论者说，在这方面康德也是独断论的。就是认为，绝对既然是绝对，它就是不可改变的，它就是永恒的。你用工具去接近它，去改造它，塑造它，但是它本身是不变的。所以工具并不能改变绝对。工具顶多只能把绝对带到离我们更近一些，一般说来是这样，比如经验派；但康德连这一点也不承认，他认为这是一种可笑的诡计，就像要用胶杆去捉小鸟一样。"绝对假如不是自在自为的已经就在并愿意在我们近旁，它就很可能会要嘲笑这种诡计"，就是说，如果我们不是自觉地意识到在我们这里已经就有绝对真理，它自在自为地通过我们实现出来，那么你的那种吸引绝对真理的诡计就是可笑的，因为你预先假定了它在彼岸，又想用此岸的办法钓到它。你不需要去偷偷地接近某个别的另外的绝对真理，绝对真理自

———————————

① 《纯粹理性批判》BXVIII。

11

在自为地就在我们身上。黑格尔这里采用了拟人化的手法,说绝对"愿意"在我们近旁,它会"嘲笑"这种诡计。这种手法在《小逻辑》的开讲辞中就运用过,在那里他的最后一句话是:"那隐藏着的宇宙本质自身并没有力量足以抗拒求知的勇气,对于勇毅的求知者,它只能揭开它的秘密,将它的财富和奥妙公开给他,让他享受。"在《哲学史讲演录》中的开讲辞的最后一句也是这句话。就是说,如果我们没有意识到绝对真理已经向我们敞开它的怀抱的话,那么绝对真理就会嘲笑我们。你把绝对真理理解为某个外在的东西,你不知道实际上你自身,自在自为地就有绝对真理,而且这个绝对是愿意在我们身旁的,你不要以为绝对在彼岸。

<u>因为在这种情况下,认识就是一种诡计,因为认识通过它多方面的努力,而装出一副神情,好像它的努力决不只是产生出直接的因而毫不费力的联系,而是推动了别的东西。</u>

{54}

这就是认识的诡计,用康德的话来说就是认识的幻相,就是说,认识的努力实际上所产生的只是它自己建立起来的联系,它却装做好像是推动了别的东西,也就是触及了自在之物的绝对真理。康德指出,我们所认识的对象只是我们自己运用自己的先天能力建立起来的,人为自然立法,没有人的主观能动性,任何认识对象都不可能呈现在我们面前。当然,康德还是认为在人所建立的认识对象之外,还有某种"别的东西",即自在之物;它虽然不被我们所推动,但仍然在那里存在着。这种多余的假设在费希特之后就被抛弃了,所有的对象都和人的认识活动分不开了,都是人的努力所建立起来的某种联系了。

<u>或者,如果我们检查一下我们将其表象为一种**媒介**的认识,从而认识了这**媒介**对光线的折射规律,然后把这光线的折射从结果里扣除掉,那么这种做法同样是完全无用的;因为认识不是光线的折射,认识就是光线自身,真理通过光线自身才触及到我们,而如果光线被扣除掉了,那么给我们标示出来的,就会只不过是那纯粹的方向或空虚的地点了。</u>

　　在表象中，我们把认识当作一种媒介，经验派就是这样的，认为凡是在理智中的莫不先在感觉中。经验派的感觉就是一种中立的媒介，它没有任何先见，它是原原本本的把绝对对我们感觉的作用展示出来了。那么我们来检验一下这种认识，我们就会看到这个媒介是会有歪曲的。我们通过感觉去认识，那么这种感觉对认识有歪曲，经验派认为这种歪曲就相当于光线的折射，我们把这种折射扣除掉，不就会得出光线本来的传递规律了吗？就像我们看到一根筷子插在水中显得好像是折断了的，于是我们通过比较、联想、抽象和反复实验，知道这是由于水的折射导致的，只要把这种折射扣除掉，筷子的真相就显示出来了。但是黑格尔认为这种做法也是无效的，他说，认识不是光线的折射，认识就是光线自身。感觉对于真理的歪曲就是真理本身，真理本身就在歪曲自己，只有通过歪曲自己，它才能走上真理的道路。真理一开始就是歪曲的，但这是必然的，必要的。后面要讲黑格尔的感性确定性，感性确定性在黑格尔看来根本不是知识，但是他为什么要从感性确定性开始，就是因为你不从这里开始，你根本就没法起步。一开始就是歪曲的，不要紧，感觉一开始不能把握绝对真理，你就权且把它当作绝对真理，然后你发现它的错误，这个绝对真理会一步步地纠正自己的错误。不是你从旁边看出它的毛病，然后你把它扣除掉，不是的。这种歪曲就是真理本身所走过的道路。真理和错误，我们前面讲了，不是像油和水一样不能混合，真理和错误就是一回事，真理就是一条错误之路，怀疑之路，你把错误当作真理，行，你这一次把这个错误当作真理，你下一次会把另一个错误当作真理，你犯的错误会越来越高级。这就是真理之路。所以认识就是光线自身，它折射也好，不折射也好，都是它自己的道路，你不要把它扣除掉，你要从它那里起步。"真理通过光线自身才触及我们"，当然现实中的光线总是歪曲的，但是真理只有通过这样一种扭曲的光线才触及我们，否则的话，到不了我们这里。你想一步登天，直接达到绝对真理，那是不可能的，真理是一个过程。"如果光线被扣除掉了，那么给我们标示出来的，就会只不过是那纯粹的方向或空虚的地点了"。如果你把光线的折射扣除掉了，那么你就把光线本身也扣除掉了，那么剩下什么呢？剩下的只是一个意向，纯粹的方向。我想要把握真理，但是我不知道怎么把握真理，真理已经到你身上来，到你门口来了，你却视而不见，那当然你只剩下一个纯粹的方向和空虚的地点了。你知道那个地方有真理，你不知道怎么接近它，其实就在你身上。接近的方法就在你身上。你不要把它当作是一个可以这样那样使用的工具，也不要把它当作一个中立的媒介。好像先有一个媒介，然后在这个媒介里找真理，找到了以后，再把这个媒介抛在一边，把它带来的折射扣掉，那么你永远也接近不了真理。你把光线的折射扣掉了，你就把真理的实现本身也扣掉了，因为这个实现本身就是由曲线一步步伸展开来的，它是曲折的道路。

前面讲了两种情况，一种是工具论的情况，一种是媒介论的情况。这两种情况要联系到西方哲学史上的经验论和唯理论，以至于康德。培根的《新工具》、笛卡尔的《方法谈》，他们一开始就讲掌握一种认识工具。近代西方哲学是认识论的导向。以前是本体论的导向，到近代以来，就是讨论我们如何知道这个真理，你说这个是绝对真理，你是如何知道的。经验论和唯理论都是从这个方面来谈的，一个是以工具论为代表，推崇数学和几何学的方式，以培根为代表的经验论的工具论、归纳法一般适合自然科学的认识，但是涉及哲学的认识，它就涉及媒介论。感性是一切真理的开端，一切真理都要通过感觉媒介才能够接受，康德也认为一切知识都要从经验开始。但是另一方面他又认为人主观上有一整套逻辑体系、范畴体系，这两者结合在一起才是知识，但是这个知识只是现象的知识，不是绝对的真理。那么黑格尔从这里头分析出一些内在的东西。黑格尔认为绝对不是用工具可以把握的，自然科学知识可以用工具把握，但是绝对知识不能这样把握。再看下一段。①

---

① 凡是原文中分段另起一行的，在本书中均空一行。

　　同时，如果说对陷入错误的这种担忧在科学中置入了一种不信任，而科学是毫无此类犹疑自己着手工作并现实地进行认识的，那么就看不出，为什么不应该反过来把不信任置入这种不信任，并担忧这种害怕犯错误本身就已经是错误了。

　　犯错误的担忧主要有两种，一种是害怕选择错误的工具，一种是害怕选择后的工具在使用之前没有完全搞清楚工具的性质和使用范围。这就"在科学中置入了一种不信任"，而科学本身却并不是由这种担忧和犹疑产生出来的；相反，科学本来是"毫无此类犹疑自己着手工作并现实地进行认识的"。对于存在于真理中的东西，我们现实地就开始认识了，而不是预先进行过一番讨论。黑格尔讲，康德预先对工具的考察本身就已经是认识了，但是他自己还以为是在认识之前对认识的工具进行考察，还没有正式开始认识。康德对此却毫无自觉。所以根本不存在什么在认识之前所做的准备工作，你一准备就已经在认识了。所以真正对真理的认识就是现实的认识，就是你去做，你要下决心。黑格尔的《逻辑学》讲存在论，存在是什么，存在是一种决心，决心去存在。这就是现实的认识。但是害怕犯错误的担忧，就是把一种不信任置入了现实的认识，为了不犯错误，你事先就要把一切都准备好，防患于未然。黑格尔的态度则完全相反，错了不要紧，只要你进入，哪怕你不断地犯错误，只要你不停留在一个错误上面，犯了错误不要紧，犯错误就是现实的认识。"那么我们就看不出，为什么不应该反过来把不信任置入这种不信任，并担忧这种害怕犯错误本身就已经是错误了"。黑格尔对康德的这种不信任反过来是不信任的。你这种谨小慎微永远进入不了真理之路，害怕犯错误本身就是一种更大的错误，探讨真理不要害怕犯错误。

　　实际上，这种担忧乃是把某物，确切地说是把某些东西预设为真理，并以此为依据来支持自己的那些疑虑和结论，而这些预设的东西是不是真理，本身是应该先行审查的。

　　在认识之前要检查自己的认识工具，这个命题本身就预设了某种真理，而这种所谓的真理本身却未经审查。也就是说，你要审查认识能力本身，那么你凭借什么标准来审查？这种标准可靠吗？康德反对把认识论当作工具论来使用，但他的理解仍然是以工具论为依据，为预设的前提，他只不过认为这种工具达不到它的目的，因此要限制工具的使用范围。工具论本身是值得怀疑的，他不怀疑，他仍然把认识当作一整套工具来规范。所以他实际上预设了工具论作为前提，而这些预设的东西是不是真理，本身是应该先行审查的。工具论和媒介论只不过是西方哲学几千年以来的一个传统，这个传统我们可以看到，在黑格尔这里第一次遭到了颠覆。他把工具论和媒介论彻底翻过来了。下面就点出来：

即是说，这种担忧预设了作为一种**工具和媒介**的**认识**的**各种表象**，也预设了**我们自身**与**这种认识**之间的某种**区别**；但尤其预设了绝对**站在**[53] **一边**，而在**另外一边的认识**是独立的并与绝对相分离的，却反倒是某种实在的东西，

"即是说，这种担忧预设了作为一种工具和媒介的认识的各种表象，也预设了我们自身与这种认识之间的某种区别"，这是对上一句的解释了。上面说把某物或某种东西预设为真理，什么东西呢？就是预设了工具和媒介的各种表象。康德的范畴就是工具，时空形式和感性直观就是媒介，有一大堆表象在那里；而我们的自我，则是使用这些工具和媒介去获得知识的主体，它和这种认识之间是有区别的，自我是自发性的综合能力，而其他那些表象都是我用来综合的手段。"但尤其预设了"我们的认识与绝对之间的某种区别，我们认识的只是相对的东西。绝对则是在彼岸的自在之物，我们与绝对之间有一种绝对的鸿沟。这是最不可容忍的一种预设，就是康德的自在之物不可知的预设，主客二分达到了极限。但是康德认为，这是人类普通理性的常识，我们认识到的只是向我们呈现出来的东西，向我们呈现出来的东西的背后的东西并不像我们呈现出来的那样，那是我们所不可认识的。这的确也是当时哲学里的一种"常识"，洛克、休谟都持这种观点。康德就把这一点绝对化了，我们掌握

的只是现象，背后的绝对我们不能把握，只能把握向我们呈现的东西。"但尤其预设了绝对站在一边，而在另外一边的认识是独立的并与绝对相分离，却反倒是某种实在的东西"。一方面是绝对，那是彼岸，而另一方面是此岸，是与绝对相分离的，我们的认识是独立的、自为的，是我们自己可以掌握的。认识只能在认识内部下功夫，虽然它与绝对相分离，却反倒是某种实在的东西。这是康德的看法，就是我们认识到的都是现象，它不是自在之物；但现象的知识是实在的，而对自在之物的认识反倒是幻相。就是说，我们离开了自在之物，我们把自己局限在现象界，我们反而能获得实在的东西。

或者就此预设了，认识虽然是在绝对以外，当然也在真理以外，却反倒是真实的——这种假定使人看出那所谓害怕错误，不如说是害怕认识真理。

前面讲"反倒是实在的东西（Reelles）"，后面用的是"反倒是真实的（wahrhaft）"。就是说不光是实在的，而且还是真实的。实在的要泛一些，讲存在论；真实的更进一步，讲认识论。这个就很吊诡了，就是说在真理之外的东西，却还是真实的；而应该在真理之内的，却反而成了幻相。所以康德认为他的关于经验和现象的先验逻辑是"真理的逻辑"，而关于自在之物的逻辑反倒是"幻相的逻辑"。我们只有现象的真理，而以自在之物为对象的真理在认识上却与我们没有关系，如果有那就是幻相。所以"这种假定使人看出那所谓害怕错误，不如说是害怕认识真理"。康德害怕犯错误，于是把自己限定在现象的领域之内，不敢超出一步到达自在之物，害怕越界，因为一越界就会导致幻相，这个界就是经验或现象界。但是在黑格尔看来真正的真理就是要认识自在之物，如果只停留在现象界，那就谈不上真正的真理。所以康德的这种态度，与其说是害怕犯错误，不如说是害怕真理。看下一段。

之所以得出这样的结论，乃是因为只有绝对是真的，或只有真的东西是绝对的。

我们之所以得出上述结论，是因为我们也有我们的标准或立场，我们的立场是：绝对是真的，或只有真的东西是绝对的。康德那种真理既然不是绝对的，没有达到自在之物，那就还不到位，就不能算是真正的真理。这是黑格尔的基本立场。海德格尔讲黑格尔在这里没有证明，只是提出了两个命题。他为什么没有证明？因为这是他的基本立场。凡是要追求真理的都是要追求绝对真理，即使是追求相对的真理，也是以绝对真理为目标的，不能以相对真理为满足。只有绝对的是真的，也只有真的才是绝对的，假的东西怎么可能是绝对的？真的和绝对的这两个概念是一个概念。康德把它们分开了，认为绝对的东西不是真的，我们认识不了；而真理不是绝对的，它们只是现象。这是和黑格尔的立场大不相同的。黑格尔的立场虽然未加论证，但是他更深入一步把握到了西方理性主义的传统，除了康德是个例外，这种立场是从古希腊以来天经地义的，所以不用论证，它是我们一切论证的前提。

可以用来拒绝这个结论的是作出这种区别，说一种认识虽然不像科学所愿望的那样认识绝对，却毕竟也是真的，说一般的认识虽然没有能力把握绝对，却毕竟可以有能力把握别的真理。

这样看来就是立场之争了。但黑格尔还是为对方的观点、也就是为康德的观点留下了反驳的余地，说你如果要拒绝我的结论，你可以引入这样一种区别，就是把绝对的真理和其他的真理区别开来。这也正是康德所做的区别。"说一种认识虽然不像科学所愿望的那样认识绝对，却毕竟也是真的"，就是说，科学的最终目标还是希望认识绝对，但是在此之前还有一种认识，它也是真的，这种认识与科学所愿望的那种绝对认识是有区别的。科学的这种愿望太高了，不一定能达到。但是虽然我没有把握到绝对，却还是有一些次级的真理是可以去认识的，它还是一种真的认识。当然它是一种相对的真理，或者说，它是一种在现象中的真理，但它很实在，也很有用，为什么不是真理？而且康德认为这种现象的真理才是我们所能把握到的唯一的真理。"说一般的认识虽然没有能力把握绝对，却毕竟可以有能力把握别的真理"。我们人类能力有限，不能把握绝对真理，但是我们有能力把握现象界的真理。这是一种区别，把绝对真理看作是一种目标，一个理念，但是却不能把握，而另外我们可以把握的是相对真理。当然绝对真理的理念可以作为一种引导，就是引导我们在现象界的认识里不断地趋向完善，越来越接近绝对真理，最后在上帝那里可以悬设一个绝对真理的理想，但是在现实中那是永远达不到的。这是一种设想中的解决办法，如果有人不同意黑格尔的话，就可以采用这样一种办法。但黑格尔指出这其实也是行不通的。下面，

　　但是，我们终于看出，这样一种喋喋不休将导致绝对真实和其他真实之间的一种模糊的区别，而绝对、认识诸如此类的词汇都是预设了某种含义的，而弄清这种含义才是令人感兴趣的事。

　　上述解决办法实际上无济于事，说来说去都只是空费口舌，因为它在绝对真实和其他真实、也就是相对真实之间所做的区别是很模糊的，只不过是在玩弄词汇。而绝对、认识这样一些词汇都是预设了某种确定的含义的。绝对和认识，康德已经用了这些词；但是他在这些词里面预设了哪些含义，这种预设到底对不对，这才是我们感兴趣的事，是应该加以仔细审查的。在黑格尔看来，绝对和相对是不可分的，是密切相关的。康德把绝对和相对区分开来，认为相对和绝对无关，绝对在一边，在彼岸，相对在这一边，在此岸；认为认识只能认识现象，要去认识自在之物，那就只能是幻相，那个就不叫做认识了。他这种区别是不是真的能够区别开来？他对认识所预设的这种含义对不对？这些词的本来的含义或者真正的意思到底是什么？首先要搞清楚这些问题，而不是任意赋予这些词以自己模糊的含义以便自圆其说。那么如何去弄清这些含义？我们看下一段。

　　根本不必去绞尽脑汁搜求这样一类无用的表象和说法，即把认识当

作一种捕捉绝对的工具，或当作我们赖以窥见真理的媒介物等等——这种关系的确是一切关于脱离绝对的认识和脱离认识的绝对的表象都会导致的——，

上面所举出来的都是一些挖空心思的无用的说法，也就是以往的工具论和媒介论的说法，它们都是以主客观的对立和分裂作为前提的。就是说，这种工具和媒介所表达的外在关系是一切绝对和认识相脱离的表象所导致的。你要认识，认识什么呢？当然是认识绝对，否则你的认识就还未到位；但是如果绝对在彼岸，那你就要设定一个中介，这个中介可能是主动的，那就是工具，可能是被动的，本来就在那里的，那就是媒介。只要有对立的两岸，就必然要设立一种过渡的工具或媒介，工具论和媒介论都是主客二分、认识和绝对相互脱离而导致的。这种思路是黑格尔所不取的。

{55}　也完全无需去煞费苦心为科学的无能从这样一些关系的预设中找来那些借口，借以在摆脱科学辛劳的同时还装出一副严肃认真和勤奋努力的样子，同样，也用不着劳神费力为这一切的一切去寻求答案，

这里"绞尽脑汁"、"煞费苦心"、"劳神费力"都是同一个词 herum-placken。这是进一步批判那种把主客观对立起来所导致的工具论和媒介论的麻烦，它们实际上表现出科学的无能，不敢接触真理。你把认识和绝对割裂开来，一个在此岸一个在彼岸，这本来就表明了科学的无能；但却提出种种借口，也就是认识必须首先搞清楚工具和媒介，这成为了科学无能的借口，好像他们也在勤奋努力地工作，其实是在回避问题本身。他们借此摆脱了科学的辛劳，只在外围打转。科学本身要求我们投身于对象，发挥你的能动性就是绝对。只要我们立足于思维和存在、主体和客体的统一，就可以看出上面做的这一切都是做的无用功，绝对就在自身，绝对不在彼岸。所以要认识绝对就要充分发挥自己的主观能动性，从自己开始，而不能把借口推到工具和媒介身上。如果预设的前提错了，为此所寻求的任何答案也不会是对的。康德的《纯粹理性批判》就是要

20

寻求答案，寻求"先天综合判断如何可能"的答案，但这种寻求答案的前提是思维和存在的对立，这对于一个并不把思维和存在看作对立的人来说是完全用不着的。下面，

　　所有这些都可能会被当作一些偶然的和任意的表象而干脆被抛弃掉，而与之结合在一起的对这样一些字眼的运用，如对绝对、认识、还有客观的和主观的，以及其他无数的、其含义被预设为众所周知的字眼的运用，则甚至有可能被看作是欺骗。

　　上面三个从句都是讲用不着干什么，下面这个就是主句了。所有上述不必去做的事都属于工具论和媒介论的方法，为什么它们用不着去劳神费力？因为它们都是偶然的和任意的，都是有可能被抛弃掉的。你遇到什么样的媒介，这是偶然的；你寻求什么样的工具，这是任意的。一旦人们认识到这些方法的偶然性和任意性，就会把它们全部抛弃。"而与之结合在一起的对这样一些字眼的运用，如对绝对、认识，还有客观的和主观的，以及其他无数的、其含义被预设为普遍熟悉的字眼的运用，则甚至有可能被看作是欺骗"。因为你的概念本身里面埋藏着陷阱。你的工具论和媒介论既然是偶然和任意的观念，而且被抛弃了，那么与这种方法结合在一起的那些含义模糊的字眼的运用，你把它们预设为众所周知的，因而宣称用不着作出解释，这就会被看作是欺骗。

　　因为假装它们的含义已是众所周知以及每个人本身都拥有关于它们的概念，这反倒显得只是想要逃避那件主要的事情，也就是把这个概念提供出来。

　　这就是那种欺骗手法，就是只在外围转来转去，而不直接面对概念。你要把这些概念阐发出来，要提供出这种概念，看它到底意味着什么。你不能借口众所周知就逃避这件主要的工作。我们不能仅仅说我们每个人都有绝对的概念、认识的概念，就把它假定下来。但是认识是什么？绝对是什么？还有存在是什么？实体是什么？很多人说这是不能问的，斯宾诺莎就认为上帝、实体、绝对、存在这些概念是一些自明的概念，只

能作为前提，不能追问。你不承认，就没法谈了。这实际上是绕开了这些概念。但是黑格尔就是要问。这种问，不是单纯在逻辑上给它下个定义，而是要在内容上把它阐发出来、发展出来。这就叫把这个概念提供出来。那么你不去给出这个概念，只是把这个概念预设为前提，你这个做法显得就是要逃避主要的事情，也就是要逃避事情本身。主要的事情就是要提供出概念。什么是提供出概念？不只是说出来绝对这个字眼，不只是标明这个概念，而是你要把绝对这个字眼的含义提供出来、阐发出来，把它发展出来，看它怎么自我否定、自行推演。费希特第一个对概念的含义进行了推演，黑格尔则系统地完成了这件事。但是这个工作被康德回避了。

比这更有理由免除的倒可能是这种努力，即一般地去注意这样一些据说会拒绝科学本身的表象和说法，这是因为它们只构成一种空洞的认知现象，而当科学出现在面前时，这种现象就直接消失了。

[54]

就是说你逃避了主要任务，而把注意力放在本来不必要的努力上面。什么是不必要的？比如说，更有理由免除的可能是这种努力，"即一般地去注意那些据说会拒绝科学本身的表象和说法"。比如说休谟的怀疑论，好像就可以把科学本身拒之于门外了，其实在黑格尔看来这不过是危言耸听。它们只构成"空洞的认知现象"，也就是说这种否定科学本身的表象和说法只是一种空洞的认知现象，可以当作认知过程中出现的一种状态来看待，其实是没有任何实质性内容的。当年康德他们看作生死攸关的"科学何以可能"的大问题，在黑格尔眼里根本算不得什么大事，只是一种暂时的认知现象，"而当科学出现在面前时，这种现象就直接消失了"。实际上，康德对休谟的批判从理论上说的确也没有什么过硬的根据，他也只是援引了众所周知的事实，即确实有两种不可否认的科学存在，这就是数学和自然科学。假设休谟坚持这两门科学都只是一种习惯性联想而并无科学的普遍必然性，那是谁也没有办法奈何他的。所以休谟并不是被康德驳倒的，甚至可以说，一个彻底的怀疑论者是不可能从理论上被驳倒的。黑格尔则没有康德那么较真，在他看来这不是驳不驳得倒的问题，而是值不值得驳的问题。他认为像休谟、贝克莱这样反科学的表象和说法根本就不值一驳，只要科学出现，它们就会自动消失。下面，

但是科学在它出现时本身也是一种现象（Erscheinung）；它的出现还没有将科学在自己的真理中阐明出来和扩展开来。

联系上面的说法，拒绝科学的那些表象和说法只是空洞的认知现象，那么科学是什么呢？科学在它出现时本身也是一种认知现象，《精神现象学》就是科学本身出现的过程，或者说科学形成的过程。正在出现的科学本身也是一种现象，在它还是现象的时候，它还没有在自己的真理中阐明出来和扩展开来，那个应该是《逻辑学》所做的工作。科学出现的过程和休谟的认识现象都是现象，甚至休谟认识论的这种现象本身也可以纳入《精神现象学》里面作为一个必然的环节，从而为科学的形成过程作出贡献。黑格尔的《精神现象学》从感性确定性出发，就是从休谟的感性、印象出发，感性被认为是最确定的；但是马上感性确定性就表现出了它的不确定性，马上要上升，要自己否定自己、自己提升自己，还用得着我们从外部去对它加以否定、去和它作斗争吗？

在这种情况下，无论由于科学与另外一种认知并列出现，从而把自己表象为科学就是现象，还是把另外那种不真实的认知称之为科学的现象，都是一样的。

另外一种认知就是空洞的认知现象，本来，当科学出现在这种认识现象面前时，这种认知现象就会消失；但由于科学这时才刚刚出现，还没有将自己在自己的真理中阐明出来，所以它现在还仅仅是和另一种认知相"并列"的现象，其实它们都是科学在其形成过程中的经验形态。由于这一点，所以无论我们把科学表象为现象，还是把另外那种认知现象称之为科学的现象，都一样。因为不但科学这时还没有在自己的真理中得到表达，因而还只是现象，而且另外那种不真实的认知作为科学道路上的一个阶段，当然也可以说是科学的现象了。哪怕是休谟的极端怀疑论，

也是科学显现中的一个环节，它只抓住当前的眼前的显现，但是作为科学的环节我们还是可以把它作为科学的现象来看待。休谟那些听起来是怪论的观点其实也是有它的道理的，科学的现象就是从这样的一系列的认知环节里面显现出来、发展出来的，科学之路就是一条怀疑之路，反过来，休谟的怀疑论也就被纳入了这条科学之路。

但是科学必须要从这种假象（Schein）中摆脱出来，而它要做到这一点就要转过身来面对这种假象。因为科学既不能够只是把一种不带真实性的认知作为对事物的一种庸俗之见加以抛弃，不能担保自己完全是另一种知识，而那种认知则对自己完全一钱不值；也不能在这种不真实的认知本身中援引对某种更好的认知的预感。

这里要注意，前面一直在说的"现象"（Erscheinung）突然换成了"假象"（Schein），这两个词本来就是同根词，词根 scheinen 原意是照耀、发光的意思，转意为"看上去"、"表面看来"的意思。所以当前面说科学的出现也是一种现象时，虽然并没有贬义，但却含有"显现在外表上"的意思。于是这里提醒科学虽然是现象，却必须要摆脱假象，这就必须"转过身来面对这种假象"。为什么要摆脱这种假象就要转过身来面对这种假象呢？因为一方面，你不能"把一种不带真实性的认知作为对事物的一种庸俗之见加以抛弃"，就是不要觉得这些认知现象太低级了，不屑于与它们为伍，认为它们对自己一钱不值，而只把自己的认识担保为是另一种更高级的知识。哪怕是休谟的怀疑论我们也不能把它作为庸俗之见加以抛弃，你要通过它而看出，科学在它的早期阶段是如何挣扎出来的。但另一方面，"也不能在这种不真实的认知本身中援引对某种更好的认知的预感"。所谓预感（Ahnung），是指并非从这种不真实的认知本身的矛盾进展而自然提升到更好、更真实的认知，而是从外面、从高处"援引"一种更好的认知，因为休谟既然已经摧毁了一切，那么我就预感到会有某种更好的认知来占据他所留下的真空。比如康德在休谟的怀疑论里面就看出了某种另外的更好的认知的预感，休谟惊醒了他的独断论的迷梦，迫使他另辟蹊径，重新开张。这两条路都是把休谟本身的认知假象抛开了，都没有直接面对这个假象。所以也就不能真正从这个假象中摆脱出来，而只是绕着它走，把它撇在一边。总之，我们不能把休谟这类不真实的认知置之不理，而必须正面地面对它，彻底地发挥它自身的原则，以便从它里面发展出越来越真实的认知来。外在地抛弃它，或者由它去猜想另外一种完全不同的认知，这都不能够真正扬弃这些认知，因而也就不能从它们里面把真实的认知一步一个脚印地推导出来。《精神现象学》干的就是这件工作，你可以说它里面充满了错误的思想、不真实的认知，但舍此你不可能把真实的认知发展出来，那种天马行空的预感和假定是站不住脚的。

科学凭借上述担保宣称，它的**存在**就是它的力；但不真的认知所援引的恰恰也是**它存在**，并且**担保**科学在它看来一钱不值；但**一个**干巴巴的担保跟另一个担保恰好具有同样的效力。

科学担保自己是关于真理的知识，担保自己是与不真实的认知不同，它完全是另一种知识，这种担保的有效性或效力就在于它的存在。它宣称它的存在就是它的力或力量的证明，它就是凭借它的存在而说明自己是有力量的。比如康德就是援引"有"普遍必然的科学存在来反驳休谟的。但是这种担保真的有力吗？不见得。因为"不真的认知所援引的恰恰也是它的存在，并且担保科学在它看来一钱不值"。休谟会说，你们相信科学，我不相信，我不需要科学也能解释一切，我这也是一种存在着的哲学，谁能否认呢？所以休谟就认为那些独断的科学也是一文不值的，一切科学都是无力的，它们仅仅是存在而已，而不真的认知也是存在的呀。所以"一个干巴巴的担保跟另一个担保恰好具有同样的效力"，或者说，同样无效。科学如果仅仅担保自己的存在就是它的力，那么它就与不真的认知（作为否定科学的认知）的存在处在同一个层次，科学与不真的认知就会都是立足于简单的存在的这个阶段上。用自己的存在来为自己的效力担保，这不足以说明任何真理，你必须在此基础上往前走。

科学更不能去援引那种更好的预感，说这种预感现成地存在于那不带真实性的认识里，并且在其本身中就有对科学的暗示；

科学更不能去援引更好的预感，比如说，在休谟的怀疑论里去猜想，它可能暗示了另外一种科学的知识。前面已经讲了，科学一方面不能仅仅凭担保，另一方面也不能凭暗示和预感。康德就是把怀疑论当作纯粹理性的一种"训练"，他曾在《纯粹理性批判》的"先验方法论"部分以假设的口气向休谟发问："是什么促使您用那些劳神费力冥思苦想的怀疑，去埋葬那对人类来说如此慰藉和有用的置信，即相信人类理性的明见足以主张一个最高的存在者并达到其确定的概念呢？那么他就会回答：无他，只是为了使理性在其自我认识中推进得更远，同时也是对人们想给理性带来的强制有某种不满，因为人们夸大理性，同时又阻止理性坦白地承认自己的弱点，这些弱点在理性对自己进行检查时就向理性显示出来了。"[1] 这就是把自己的哲学强加给休谟了，似乎休谟在自己的哲学中已经预感到了康德的哲学似的。但这两种哲学又完全是外在对立的，它们之间的联系只是一种预感和猜想，并没有什么逻辑必然性。它们只是两种基于"存在"的担保而已。所以下面讲，

因为否则的话，从一方面说，科学同样又会要援引一种存在了，但从另一方面说，它是在援引它自身，却并不是以它自在自为的存在着那样的方式，而毋宁是以它在不真实的认识里那样的方式，也就是以它存在的坏的方式，是援引它的现象。

这里用的是虚拟式。就是说，如果按照那种不真实的认识中对科学的预感，那么从一方面说，科学又要援引一种存在了，就是说你要从它里面，从这种不真实的认识里面，你看出一种暗示，但是你所看出的仍然只是一种另外的存在，而不是从这种不真实的认识里面推出来的东西。你从这个知识之外看出、猜测存在着一种更好的知识，那么你援引的还是

----

[1] 《纯粹理性批判》A745=B773，中译本第 574 页。

一种存在，而不是这种认识的作用，不是这样一种认识的运动和发展。你还是在说，虽然这种知识不好，但是它暗示了一种更好的知识，有另外一种更好的知识，仅此而已。科学又要援引一种存在了，而援引存在是无济于事的，你的存在和他的存在相比并没有任何优势，彼此彼此，都只是存在而已，这在前面已经说了。这是一方面。从另一方面说，它是援引它自身，而且不是像它自在自为地存在着的那种方式。所谓自在自为的存在方式，就是自行发展的方式，自我实现的方式，不光是自在的方式而且是自为的方式。而现在这种存在方式仅仅是自在的方式，而不是自在自为的方式。自在自为阶段是最高阶段，就是已经成熟了，已经自行发展了，自为的存在就是自己在发展，自在自为的存在就是把自己的自在发展出来了，成熟了。"而毋宁是以它在不真实的认识里那样的方式，也就是以它存在的坏的存在方式，是援引它的现象"。这是另一方面，比前一方面更糟糕。前一方面援引一种存在，还只是不够力度，这一方面则更是援引了存在的一种坏的方式，是以科学在它不真实的认识中那样的方式，也就是科学在现象中的方式。不单是只援引了存在，而且是援引了一种坏的存在方式。康德的现象界的知识就是知识的一种不真实的方式，是存在的坏的方式。当然从一个不真实的认知里面可以发展出越来越真实的认知，但是你不能通过猜想、预感，呼唤另外一种存在，而是要现实地去发展它，把这种不真实的认知发展到底，让它自在自为地自行发展出更真实的认知，发展出真理，应该是这样的。

　　<u>由于这个原因，在这里应该陈述的是在显现中的认知。</u>

　　由于上述原因，由于我们既不能这样又不能那样，既不能凭借一种对存在的担保，也不能依靠对另外一种更好的知识的预感，来建立科学的认知，这两种方式都是外在的方式，没有深入事情本身的内部。所以，"在这里应该陈述的是在显现中的认知"。陈述这个词我们上学期已经讲过，Darstellung，这是最高层次的方法，不是简单地表述，而是按照其内在的发展程序把对象的逻辑次序复现出来、展示出来。这是深入事情本

身的唯一途径,它不再是在外围转来转去,而是直达核心。陈述什么呢?陈述"在显现中的认知",即让认知自身显现出来,把认知的显现过程陈述出来,这就是精神现象学。

*　　　　　*　　　　　*①

从上一次课我们看到,导论一开始就批判了自然意识的一些想法。近代西方的认识论哲学的主客二分,把认识当工具,这个在康德的《纯粹理性批判》里面已经批判过了。所谓工具论就是把认识当作一个东西,把真理当作另外的东西,当作在彼岸的东西。我们企图通过中间的环节去把握在认识的对岸的自在之物,那么这里就有了矛盾,就是你即使是用了工具,但是工具还是你的,你怎么肯定你这个工具所得来的就是对自在之物本身的认识呢?这就会陷入怀疑论。另一个是陷入现象论。怀疑论就是说我们根本不能把握彼岸的东西,像休谟的怀疑论,他也是从主客二分这个基本的假定前提出发的。黑格尔说所有这些好像没有前提,没有独断,但是都有一个假定的前提就是主客二分。休谟是很明显的,好像我没有前提,我是就事论事,但是他已经设定了一个前提,就是主观是主观,客观是客观。那么康德就是现象论,就是我们把握的都是现象,在现象里面我们可以有另外一个真理,这就是现象的真理,它不是绝对的真理。他把真理分成现象的真理和绝对真理(自在之物的真理)。但是黑格尔就讲,只有绝对才是真的,或者只有真的东西才是绝对的。你把现象摆在那里,那还不是真理。Schein(假象)就是 Erscheinung(现象)。如果说科学只是一种现象的话,那么它跟那些伪科学、非科学的东西没有区别。所以当科学以现象出现的时候,不要太自信,不要以为自己跟别的那些现象、那些幻觉和假象不同。黑格尔则认为,科学在它的现象里面,如"精神现象学",它是走向真理之路;但是你不要以为可以把自

---

① 以上是正文第一讲(即第一次课)的内容。为了区分课程顺序,书中用"*"隔开。

己和那些假象或错误撇清关系，你本身也是假象；但是它是一条路，你要投身于这条路，你就会越来越清晰，如果你不是这样看，那你就会堕入怀疑论，那就会是一种欺骗。这是前面讲的。我们看下面。

现在，既然这个陈述（Darstellung）只以正在显现的认知为对象，它本身就似乎不是那种在其特有的形态里自己运动的自由的科学；而是从这一立场出发，这种陈述可以被视为向真的认知逼近的自然意识之路，或心灵之路；

前面讲过，黑格尔认为最简单的就是判断，其次就是解释，最难的就是陈述。《精神现象学》是意识的经验科学，就是要把这种科学的历程加以陈述。"既然这个陈述（Darstellung）只以正在显现的认知为对象"，正在显现的认知，也就是正在显现为现象的认知。显现跟现象是同一个词，显现是动词，现象是名词。认知作为现象表现出来，这是我们陈述的对象，所陈述的就是认知的显现过程。那么既然如此，"它本身就似乎不是那种在其特有的形态里自己运动的自由的科学"，既然这种认知还是对现象的认知，那么它似乎就不是自由的科学。这里讲"似乎"，scheinen，就是说看起来并不是，因为它表面上还是受到它的各种并非科学特有的形态所限制的，当然在黑格尔自己心中，《精神现象学》其实已经是自由的科学了，只是尚未采取科学特有的形态而已。自由的科学应该有它特有的形态，它是按照它自身的特点，那就不是现象，那就是绝对的，就是自在的，按照它的自在的形态自由地运动。在其特有的形态里自己运动的自由的科学，科学的特有形态应当就是逻辑概念，这个还不是我们现在的对象，我们现在的对象还是显现着的认知。这个对象本身不是那种在科学的形态里的科学，而是什么呢？"而是从这一立场出发，这种陈述可以被视为向真的认知逼近的自然意识之路，或心灵之路"。就是从这个陈述现象的立场出发，我们现在陈述的只是现象，那么这种陈述就被视为向真的认知逼近的自然意识之路或心灵之路。黑格尔前面批判了自然意识，但这里却坦然承认他自己在这里也是一种自然意识，不同的是，这是自然意识的一条"路"，而不是停留在自然意识之中。我们向认知的真理逼近，这时它只是现象，我们抓住现象来加以考察，来加以陈述，看这个认知的现象如何逼近它的真理，它的本体。真的认知就是绝对的认知，就是认知的本体了。向真的认知逼近的自然意识之路，自然意识跟黑格尔所要追求的绝对认知不是一回事，自然意识就是未经反思的自然显现出的现象，整个《精神现象学》可以说都是自然意识不断地摆脱自己的自然性，摆脱自己的现象性，但是它还在现象中，只不过它在向本体不断地逼近。所以它是一条自然意识之路，或是心灵之路。心灵这个词，Seele，或译作灵魂，在黑格尔这里带有一种自然生命的意思，就是说《精神现象学》跟人的自然意识有一种关系，这个自然意识就表现为心灵之路。在黑格尔的《精神哲学》中，主观精神分为人类学、精神现象学和心理学三个环节，而人类学里面就包含有自然灵魂、感觉灵魂和现实的灵魂三种不同层次的灵魂（心灵）。所以自然意识之路就是心灵之路或灵魂之路。我们在哪里去找自然意识呢？在我们的心灵里面去找，在主观内心里去找。《精神现象学》作为意识的经验科学，这种意识的在经验中的发展就是心灵的发展。当然在这里我们要注意它不能等同于人类学或心理学，它已经是哲学，但是还是比较低层次的哲学，就是考察自然意识，考察心灵的科学。我的意识都是在我的心灵之中。所以《精神现象学》不能看作人类学和心理学，也不能看作黑格尔自己的内在自我意识的表白，它是在哲学的立场上谈心灵。当然还是低层次了，真正高层次的是逻辑。精神现象学最后过渡到逻辑学，就把精神现象学扬弃了。逻辑学是一个新的开端，它已经超出心灵哲学，超出了主客二分，主观是心灵，客观是物自体，这样的二分。所以他这里讲的"自然意识之路，或心灵之路"，在精神现象学里面它描述的还是心灵之路。自然意识如何超越自身？超越自身不是一蹴而就的，而是一个过程。下面：

心灵历经自己的一系列形态，即历经它自己的本性给它预设的一连串的驿站，也就是一条心灵纯化自己成为精神之路，心灵由于完整地经验了它自己，而对它自己本身自在地是什么获得了认识。

　　"心灵历经自己的一系列形态"，在《精神现象学》里面是这样陈述的，就是陈述一个心灵它怎样经历过了它的一系列驿站，也就是一系列的阶段，这些阶段是它自己的本性给它预设的，也就是预先植入的。当然这个预设是潜在的，是在发展中逐步展示出来的。它的本性既然是这样的本性，它就潜在地包含着它的一系列发展阶段。那么心灵就要把它潜在的东西发展出来，就要走出来，也就是一条心灵纯化自己，成为精神之路。从心灵到精神是一条精神之路。我们知道在德语里，Geist 有"精神"的含义，也有"圣灵"的含义。那么圣灵就是最纯的精神了，最纯的心灵就是上帝的心灵，所以他这里讲的是心灵纯化自己成为精神之路，也就是走向上帝之路。它在上帝那里是最纯的心灵，那就是精神。那么最纯的精神是什么呢？就是逻辑，它的最纯的形态就是逻辑。当然逻辑还要进一步发展出精神哲学，通过自然哲学发展出精神哲学；但是逻辑已经是最纯的啦。心灵纯化自己成为精神，就是这样一条通往上帝的道路。"心灵由于完整地经验了它自己，而对它自己本身自在地是什么获得了认识"，你如果每天经验自己都在同一个层次，那你就还没有完整地经验自己，你必须每天都有所提高，要试一试自己还能做什么，要冒险，要经历过心灵自己所已经预设的各个阶段，按照你的本性，你应该做到，那你就应该尝试。当你把所有的阶段都尝试过了，完整地经验了自己，你才能对自己本身自在地是什么获得认识。在这种精神的阶段，我们就对自己获得了全面的认识，因为每个人在心灵中都完整地经历了他所可能有的一切阶段。我们前面曾经讲到过，《精神现象学》就是人的心灵发展的各个阶段，人可能有的所有阶段都在《精神现象学》里面，你可以在里头找到你自己处于哪个阶段。比如我们中国人大部分都还处于"主奴关系"的阶段，不是主人就是奴隶，还没有达到自由的阶段，没有达到自我意识起步的起码层次。我们刚刚像一个人，随时可能跌落到人以下，我们还有很长的路要走。首先我们要有自我，然后我们要有理性，最后我们还要达到精神。《精神现象学》就是列举出人类心灵的各种阶段，然后要你达到自觉，有意识地经历这些阶段，然后对自己的自在的存在获得认识，认识你自己。认识你自己谈何容易！你在某个阶段上停滞不前，你能认识你自己吗？你连你的另外一种可能性都认识不到，你只是认识到自己当下的本能需要而已。所以这个认识自己要通过不断地去突破，不断地去冒险。尝试自己所不能的事情。这就是认识自己的过程。下面一段：

{56}　　　**自然的意识将证明它自己只是认知的概念或是不实在的认知。**

　　自然的意识，我们这些日常的未经反思的意识，它将证明自己只是认知的概念，就是说，我们自然意识好像每天都在认知，但是它只是抽象的认知概念，它有一个认知的意识，当然也不错，我们已经有了一个认知了，我们每天在认知了。但是这个单纯的概念还不是实在的认知。自然意识首先只是一个认知的概念，它有了认知的概念，不错，但是它仅仅还只是一个概念，它还不具有丰富的内容，所以只是不实在的认知。

　　但由于它宁可直接把自己视为是实在的认知，于是在它看来这条道路就具有了否定的含义，概念的这种实在化对它而言反倒被看成了它自身的丧失，因为它在这条道路上失去了它的真理性。

　　自然意识的不实在性就体现在这里。"但由于它宁可直接把自己视为是实在的东西，"自然的意识是非常朴实的，它认为自己的认知就是实在的，固执己见到了狂热的地步，只有我自己的认知才具有实在性。自然意识通常就是这样的，它宁可直接把自己视为实在的东西。于是这条道路就具有了否定的含义。如果人家说你只是认知过程中的一个暂时阶段，你还需要提高自己的层次，那么在自然的意识看来，那就一切全完了。如果说你这个东西还没有到位，你还不是真实的，他就会觉得他原先认为是一切的东西全都失去了。"概念的这种实在化对它而言反倒被看成了它自身的丧失"，就是说这条道路其实是概念的实在化过程，就是说你要把你的认知概念往前推进一步，人家只是说你的目前的认知是整个过程的环节,你的认知还需要往前推进一步。并不是你所认为的全完了,认知概念的这种实在化的道路将把你引向更高的认知。但自然意识宁可固执于它原来的片面性,所以在这条道路上它失去了它原来认为的真理性,每个人在认知过程中的固执己见都会失去真理性,但是自然意识觉得如果不固执原来的起点,那就是什么都丧失了。所以对自然意识的每一个阶段来说,这条道路都是一条否定之路,都具有否定的含义;但它其实正是认知概念的实在化过程。

因此,这条道路可以被视为是一条**怀疑**之路,或者说白了,是一条绝望之路;因为这里所说的不是惯常所理解的怀疑,即对这个那个被以为的真理的一种撼动,接踵而来的是怀疑应当消失无踪而返回到那个真理,于是事情终于又恢复到从前的样子。

怀疑之路我们在序言中已经提到过,《精神现象学》是一条怀疑之路,所谓怀疑之路就是怀疑它自己所把握到的所谓的真理究竟是不是真理。你要保持高度的警惕和怀疑,要对自己所获得的东西不断地拷问,不断地怀疑。"或者说白了,是绝望之路"。绝望之路是对那种自然意识而言的,每一种自然意识都执着于它自身所处的阶段,不愿意前进,那么这样一来你是没有希望的,你只能陷入绝望,你所认为是全部真理的那些东西必定要失去,那岂不是绝望么? 但是话又说回来,如果你奋起对自己批判,自我批判,把自己提到更高的层次,那就进入了真理之路,那对于你来说,就不仅仅是绝望了,你绝处逢生,山穷水尽疑无路,柳暗花明又一村,前面还有希望。但不对现有的东西绝望,就不会有对未来的东西的希望,正如鲁迅说的:"绝望之为虚妄,正与希望相同"。当然这里都是对自然意识来说的,而在《精神现象学》中,怀疑之路恰好就是真理之路,"因为这里所说的不是惯常所理解的怀疑,即对这个那个被以为的真理的一种撼动,接踵而来的是怀疑应当消失无踪而返回到那个真理,于是事情终于又恢复到从前"。前面讲了是怀疑之路,那么这里就解释这个怀疑了,为什么说这条道路是怀疑之路,这里讲的怀疑不是惯常所理解的那种怀疑,通常所理解的怀疑是什么呢? "即对这个那个被以为的真理的一种撼动",这个在笛卡尔那里最明显。笛卡尔就说,对我们平时所以为确信无疑的事实,我都要做一番怀疑,笛卡尔的怀疑就是要怀疑一切。他的认识论的起点就是怀疑一切,就是哪怕根深蒂固不能怀疑的东西,我都要加以怀疑。但是这种怀疑只不过是对这个那个被以为的真理的一种撼动,接踵而来的是怀疑应当消失无踪而返回到那个真理。笛卡尔在怀疑了一切之后,最后找到了一个不可再怀疑的东西,就是怀疑本身,我用怀疑把一切都撼动了,那么在怀疑上面,我反而找到了支点。怀疑本身是一种思维,那么我就在"我思"上找到了一个支点,一切都建立在"我思故我在"之上,于是我又把我曾经怀疑的那些东西恢复起来了。只要我确立一个我思故我在的前提,然后通过本体论的证明推出一个上帝,然后由上帝的保证把所有以前怀疑过的东西全部恢复过来,这是笛卡尔所走过的一条路,这就是经典的所谓近代怀疑论。其实休谟也是这样,他怀疑一切,最后他不怀疑在他面前的直觉和印象,最后他把不可怀疑的感知确立起来了。贝克莱也是如此,他只相信自己的感知,对客观世界抱怀疑态度;然后对客观世界的怀疑也消失了,他说当我们对客观世界没有直接感知到的时候,它是处于上帝的感知之中。存在就是被感知,不是我的感知就是上帝的感知。他们都是怀疑了一番之后,又把所有的东西恢复起来了。当然休谟最后没有恢复自在之物,他对自在之物始终抱有怀疑,或者说,他相信没有什么自在之物。所以近代的怀疑论实际上都是这样一种手法。你怀疑了一番跟你没有怀疑之前没有什么区别,你怀疑了一番不过是说明你肯动脑筋,你肯想问题,如此而已。事情还在那里原封不动。这种怀疑不是黑格尔所主张的怀疑。

<u>相反,这种怀疑乃是对显现出来的认知的非真理性的一种意识到了的明见,对这种怀疑而言,最实在的东西毋宁只是那在真理中是没有实在化的概念的东西。</u>

这种怀疑,也就是黑格尔的怀疑之路的怀疑,不是前面讲的惯常理

解的怀疑，而是"对显现出来的认知的非真理性的一种意识到了的明见"。显现出来的认知，自然意识到的东西都是显现出来的东西，也就是现象。我看到了，我知道了，那么这都是显现出来的东西，这些东西都是非真理性的东西，你怀疑对现象的这种认知具有非真理性，那么这种怀疑就是对这种非真理性的东西的意识到的明见，或者说自觉的明见。已经意识到了的明见，它是有意识的，是自觉的，它看穿了这种现象的认知是非真理的，所以它的怀疑是一种明见，它不是一概的抹杀。"对这种怀疑而言，最实在的东西毋宁只是那在真理中是没有实在化的概念的东西"，没有实在化的概念才是最实在的东西，这是非常吊诡的。恰好因为这个概念没有实在化，它才成为最实在的。你把这个概念看成已经实在化了，那反倒是一种虚假的东西，自然的意识就是一种假象。认为我的认知就已经是实在的真理，就已经是绝对的真理，我已经把它实在化了，——那恰好是不实在的；但是你如果认识到你的认知还未实在化，还有待于实在化，那么这种意识就是最实在的东西，你意识到这一点那就是最实在的，恰好你意识到自己不实在的时候，你成了最实在的。这句话是非常微妙的。前面讲，"自然的意识将证明它自己只是认知的概念或是不实在的认知"，这句话要从两方面看，一方面表明自然的意识自认为是实在的，其实是不实在的，这是贬义；另一方面，当自然意识表明自己只是认知的概念或不实在的认知时，它才意识到了自己真正的实在性，这又是褒义。认知的概念虽然还没有实在化，但它是实在化的开端，它才是最实在的东西。

因此，这种自己实现着的怀疑主义也不是对真理和科学的那种严肃的热情所自认为自己已为此准备好并且装备起来了的东西，也就是那种**决心**，即决心在科学里不是服从权威而听命于别人的思想，而要亲自审查一切，并只遵从自己的信念，或不如说，决心亲自创造一切，并只把自己的行为业绩看作是真实的东西。

这是黑格尔对他自己所持的怀疑主义的定位。这种怀疑主义是一种"自己实现着的"怀疑，能动的怀疑，积极的怀疑。怀疑不能总是停留在那个起点上面，不是待在这个固定的点上面不能迈步；相反，怀疑之路是真理之路，是自我怀疑的真理之路，它是能动的怀疑之路，它能够把自己实现出来成为一条通往真理之路。但是另一方面，正因为如此，它"也不是真理和科学的那种严肃的热情所自认为已为此准备好并且装备起来了的东西，也就是那种决心"，就是这种怀疑主义也不是那种决心，什么决心呢？就是真理和科学那种严肃的热情自认为已为此准备好，并且装备起来了的东西。真理和科学用一种决心已经把自己装备起来了，胸有成竹了，但这是一种更高的境界，不是现在这条怀疑之路所能够具备的。自然的意识在怀疑之路上还在小心探索，它的那些表象都是一些姑妄言之、姑妄信之的观点，尚不具有那种真理和科学的严肃的热情和决心，亦即"决心在科学里不是服从权威而听命于别人的思想，而要亲自审查一切，并只遵从自己的信念，或不如说，决心亲自产生一切，并只把自己的行为业绩看作是真实的"。自然意识在怀疑之路上还远未达到这种决心，还只是一种各个意识形态的交替，一个扬弃一个，没有任何一个形态是可以贯通下来、坚持下来的。作为精神现象，这些形态本身都是要消亡的，都还没有形成自己坚实的理论立足点，可以凭借着来"审查一切"和"创造一切"。要达到那种境界，必须等《精神现象学》走完了自己的历程而进入《逻辑学》的领域，才有可能。在《逻辑学》中，精神才有了这样的底气，才完全走出了怀疑的阴影，而具备了一种真正明确的"决心"。所以黑格尔在《逻辑学》中讨论"必须用什么作科学的开端"时提出，"当前现有的只是决心（人们也可以把它看作是一种任意独断），即是人们要考察思维本身"，这就是"纯有"。① 而在展望《逻辑学》的最终归宿时也说："这样，绝对精神，它出现为万有的具体的、最后的最高真理，将更加被认识到它在发展的终结

---

① ［德］黑格尔：《逻辑学》上册，杨一之译，商务印书馆1977年版，第54页。

时，自由地使自己外化，并使自己消失于一个直接的有的形态——决意于一个世界的创造……"① 可见，只有到了《逻辑学》中，科学才具备了亲自去审查一切的决心，也才具备了亲自去创造一切的决心。而在目前这个《精神现象学》阶段，这种决心还远远谈不上，或者说还有待于形成。

意识在这条道路上所历经的它那一系列的形态，毋宁说，是意识自身进向科学的一篇详细的教化史。

在这条怀疑之路上一个接一个出现的那些形态，即精神现象学中各种意识的经验形态，例如哲学上所表现的那些形态，不论是笛卡尔也好，培根也好，莱布尼兹、休谟也好，康德、费希特也好，都是一系列暂时的形态，这些形态毋宁说，是意识自身进向科学的一篇详细的教化史。它本身还不是真正形态的科学，它是意识自身向科学形成的自我教化过程，你没有教养，未受过教化，你怎么谈得上科学？当然，意识已经走在通往科学的道路上，但以科学的名义下定决心，那是只有到了黑格尔的《逻辑学》的存在论的开端，才有资格作出的。《逻辑学》的开端只是一个决心，但是这个决心来之不易，是通过意识自身向科学发展的一篇详细的教化史，才具备了这种决心。在此之前，你想具备这种决心，那是不可能的，你受到前面阶段的制约，经历过了磨难、困惑甚至失败，你才能进入后面的阶段里去。而这整个就是意识向科学形成的教化史。

上述的决心，把这个教化过程以决心的单纯方式表象为直接决定的和直接发生的；但是与这种不真实性相反，这条怀疑之路，乃是那现实的实行过程。

决心本身很单纯，不需要前提，不需要准备，也不拖泥带水，只要我一念之间，我就可以下这个决心，就可以去做。但是以决心的这种单纯方式去表象这个教化过程，那是不真实的，因为教化过程并未达到决心

① 同上书，第56页。

的这样一种单纯性，它不像决心那样表现出直接决定的和直接发生的，而是一个间接的、一环套一环的过程，是一个积累的过程。在自然意识里面，每次都急于把自己表象为直接决定的和直接发生的，它以为决心是很简单的事，我直接就可以决定，直接就可以发生，不需要任何前提，只是决心问题。"但是与这种不真实性相反，这条怀疑之路，乃是那现实的实行过程"。你以为你下决心你就可以当下做到，就可以达到真理，但那是不真实的，其实你只是行进在一条怀疑之路上，一路走来，你只不过是处于一个现实的实行过程中。所以这个教化过程还得老老实实从最底层做起，一步一步克服自己的片面性和抽象性，在不断怀疑和不断犯错误中获得经验教训，而不能一步登天。

遵从自己的信念，诚然要胜过服从权威；但是把出于权威的看法颠倒为出于自己确信的看法，这并不必然使这看法的内容有所改变，并不一定使真理取代谬误。

把出于权威的看法颠倒过来，转到出于自己确信的看法，像笛卡尔那样：凡是我清楚明白意识到的那才是真的，那么，这并不必然使内容本身有所改变。你撇开了权威，你撇开了自然科学家，撇开了圣经、神父，撇开了常识，这些你都撇开了；就连我的身体是否存在，笛卡尔也怀疑。那么这是否就能带来真理呢？黑格尔说，这并不必然使内容本身有所改变，并不一定能够使真理取代谬误。你对权威的怀疑仅仅是怀疑而已，当你最后通过怀疑找到了不可怀疑的支点，从而使一切都还是恢复到原样的时候，一切又原封不动地重新出现了，只不过是经历了一番颠倒而已。同样的内容只是转动了一个位置，把外在的权威转变成了自身的权威，其中的错误并没有因此而被排除掉。笛卡尔在经过了怀疑之后，通过上帝的保证把一切重新又恢复起来，主观的还是主观的，客观的还是客观的；认识是几何学式的，认识对象是机械唯物论的，这与怀疑之前并没有什么根本的区别，不过现在具有了经过怀疑的前提。而这一前提并不能保证内容就是真理，反而把原先的困难保留下来了，比如身心关系问题仍然无法解决。下面：

陷在别人的权威中，或者陷在出于自己的对一套意见或偏见的确信的权威中，这两者唯一的区别就在于，后一种方式具有虚浮自负（Eitelkeit）的性质。

这个评价就很低了。我们历来对笛卡尔的评价很高的，他的"我思故我在"，使人类的自我意识的主体性摆脱了外来权威的束缚，第一次使自我确立起来了。但是在黑格尔这里，他的评价很低。陷入别人的权威中和陷在自己的权威中，对真理而言并没有什么很大的区别，唯一的区别就是前者是一种奴性，而后者是一种浮夸、自负。我们今天也说，笛卡尔的主体性，把一切东西都放在自己的主体性里面，那岂不是太自高自大了么？不单是笛卡尔，包含西方整个主体性传统，在今天都受到多方面的质疑，认为把自己凌驾于一切之上，那不是太自负了吗？甚至有人认为，那还不如听从外在的权威，保持某种"敬畏之心"。黑格尔也认为，单纯的主体主义具有虚浮性，从笛卡尔到费希特都是如此；而最重要的是要把主体理解为实体，理解为事情本身的客观进展。不论是盲从于别人的权威，还是盲从于自己确信的权威，都切断了这种客观进展的通道，都落入了权威的陷阱而不能自拔。只有真正的怀疑之路才能够使人走出这一陷阱，它不仅能够克服前一种方式即相信外在权威的盲从，而且能够克服后一种方式即主观确信的权威的那种主体的自负。

相反地，只有针对那显现着的意识的整个范围的怀疑主义，才使得精神善于审查出什么是真理，因为它促成了对上述那些自然的表象、思想和意见的绝望，不管它们是自己提出的，还是别人提出的，而直接着手于这种审查的那个意识，则仍然被它们充满和拖累，因而实际上并没有能力做它想做的事情。　　[56]

也就是说，那种主体主义的症结何在？它怀疑一切，只相信自己，所以这种怀疑并没有对显现着的意识的整个范围加以怀疑。笛卡尔的怀疑，唯一不怀疑的就是他的怀疑。我思故我在这个是不可怀疑的。但是黑格尔认为只有对显现着的意识的整个范围加以怀疑，才使得精神善于识别什么是真理，对自己的怀疑还要加以怀疑。对怀疑进行怀疑，这在笛卡尔看起来是同义反复，但是在黑格尔的辩证逻辑看来不是同义反复，它是一种层次的提高，是对你以前怀疑的水平、方式加以怀疑，对你自以为清楚明白的自明性加以怀疑。笛卡尔的怀疑是一个出发点，但是黑格尔的怀疑是要把怀疑变成一条怀疑之路，就是要不断地怀疑，对你通过怀疑获得的认知仍然要加以怀疑，对你这个怀疑的主体也要继续怀疑。真理是一条怀疑之路，真理不是一个点。只有通过这样的怀疑主义，精神才善于识别真理，才扩展成了客观性。心灵要纯化自己成为精神，就是心灵要把自己提升为客观精神，精神是一种客观的心灵，而每个人的心灵是主观的心灵。心灵要把自己提升为绝对的客观的精神，只有通过对怀疑加以怀疑，对意识的整个范围加以怀疑，这样才使得精神善于审查出什么是真理，因为它具有了客观的维度。"因为它促成了对上述那些自然的表象、思想和意见的绝望，不管它们是自己提出的，还是别人提出的"，这句话有点震撼。精神要审查什么是真理，就要促成对上述那些自然的表象、思想和意见的绝望，因为它们都仍然停留于主观中，不论是自己的主观还是别人的主观。没有客观性，谈何真理。所以要把自己置身于绝望之中，你死了这条心，你不要以为通过自然意识的水平就能达到真理，你要绝望，把自身的习惯斩断，与过往的一切决裂，而向没有踏入过的领域突围。为什么要有绝望，有绝望就有动力，才能向新的未知的领域突围。要对上述自然的表象、思想和意见绝望，这样的思想、这样的表象、意见，都是自然意识，自然意识有的是自己提出的，有的是别人提出来的。笛卡尔对一切权威都不在乎，但是还有一个权威还保留着，那就是自己。那么黑格尔主张，对自己的这些思想和表象也要绝望。"而**直接**着手于这种审查的那个意识，则仍然被它们充满和拖累，因而实际上并没有能力做它想做的事情"。直接着手于这种审查的那个意识，比如说康德，就是要对自然意识进行审查，但是，康德的哲学仍然在自然哲学中,康德的哲学企图通过批判一劳永逸地把这些表象、思想和意见固定下来,把它们确立起来,把正确的东西建立起来,就可以直接在这上面建立起形而上学的大厦。注意这里的"直接"打了着重号,就是康德的审查是直接的审查,也就是一次性完成的审查,因为康德形而上学的理想不是一条"道路",而是一座"大厦"。而这样一种意识"则仍然被它们充满和拖累,因而并没有能力做它想做的事情",就是它还被这些自然意识的表象、思想和意见所拖累,而不是将它们痛痛快快地扬弃在身后,自身成为一种单纯的决心。所以它带着这样一些累赘,没有能力做它想做的事情,即完成形而上学的真理的建构。再看下一段。

　　<u>不实在的意识的那些形式的**完备性**,是通过自身的进展和关联的必然性而产生出来的。</u>

　　不实在的意识就是自然意识,它本身是不实在的,但是它自己以为自己是实在的。如果它自觉到自己是不实在的就好了,那它就可以继续前进了,就会把它所有的过站都走过,而达到它的各种不同的形式的整体和完备性。整个《精神现象学》就是要展示不实在的意识的那些各不相同的形式,它们的完备性,它们是通过自身一个接一个的进展和关联的必然性而产生出完备性来的。自身是哪个的自身?就是这些不实在的形式自身,这些形式一个个地进展,从低级到高级,不断地提升,并且互相关联,在更高的层次上不断返回到起点,结构成一个整体,这才达到它们的完备性。这种进展和关联之间有一种必然性,在《精神现象学》中的完备性不是通常所认为的那种无所不包、纷然杂陈地堆积在那里、没有遗漏的完备性,而是由一种内在的必然进展发展出来的。它是通过自身进展,这些形式不是由别人摆在那里,而是自己从一个阶段到另一个阶段,从一种关联到另外一种关联,是同一个东西自己把自己发展出来,因此,它有必然的关联性。它是自身进展,当然就有内在的必然性,如果是外在地摆在那里,那就是偶然的,就形不成一个完备的整体了。整个《精

神现象学》它是一个有机的生长过程,怀疑之路也好,真理之路也好,都是自己发展出来的,联系都是它自己建立起来的,没有外来的参与。

{57}　　为了理解这一点,通常可以预先注意到是:把不真实的意识就其不真实性而陈述出来,这并不是一种纯然否定的运动。

　　首先要强调一点,把不真实的意识就其不真实性而陈述出来,这并不是一种纯然否定的运动。就是说明它哪里不真实,这并不纯然是一种否定的运动,因为说出它如何不真实,也就等于说应该怎样才是更加真实的,并且通过"陈述"说出了它为什么不真实的道理,而为自己进一步走向真实指出了一条道路。这跟那种一味否定的态度是完全不同的,纯然否定的运动就好比猴子掰包谷,掰一个丢一个;而这里的陈述则是连贯一体的,虽然也是否定,但里面是包含有肯定的。这就是我们理解前一句话,即如何通过意识自身的进展和关联而形成各种形式一贯下来的完备整体,所必须预先注意到的。

　　一般地说,自然的意识对这种陈述就持有这样一种片面的看法;而一种认知如果把这种片面性当作自己的本质,它就是不完全的意识的那些形态之一,这种形态使自身处于这一路程当中,并将在其中呈现出来。

　　你把不真实的东西就其不真实性而陈述出来,是不是就否定了它、抛弃了它呢?一般来说自然的意识就是这样认为的,但这是一种片面的看法。黑格尔的看法就是,对不真实的东西的这种陈述其实是对它的扬弃了,但是一般的自然意识都没有认识到这一点。就是说一旦说它是不真实的,自然意识就把它抛弃了,一切都证伪了,全都完了,那就导致绝望。但黑格尔说,绝望就对了,绝望了才有希望,你不要老怀念过去,怀念过去的观念,过去的观念是不真实的。一旦你意识到它的不真实性,你就有希望了,说明你的认识已经超越了以往那些观念。你能够意识到不真实,说明你已经超越了不真实,你已经进入一个真实的领域,这个领域正敞开大门等待你进去,等待你去建立,你怎么在门口就停滞不前了呢?但是一般来说,自然意识就持有这种片面的看法,就是把否定当成纯然的否定，仅仅是否定而已。"一种认知如果把这种片面性当作自己的本质，它就是不完全的意识的那些形态之一"，即认为本质就是这样的，对就是对，错就是错，对的就是真理，不对的就要把它抛弃。形式思维就是这样，对就对，错就错，其他一切都是鬼话。这是一种不完全的意识的形态。不完全的意识还有别的形态，比如说单纯的怀疑，还有经验主义，还有各种各样的形态。各种各样的形态在这个怀疑之路中都构成了整个《精神现象学》的驿站。而上述这样一种片面性的思维就是这种形态之一，就是其中的一站。当然这也是一站，它也有它的必要性，你首先要把形式逻辑搞清楚，首先要承认"是就是，不是就是不是"，你首先要把这个搞清楚。如果你一上来就说是好像又不是，不是又好像是，那就没法进入了，那就完全在幻觉中，就停留在感性确定性和直觉阶段，还没有进入知性的阶段。进入知性的阶段，你首先要有知性的确定性，是的东西你要承认它是，非的东西你要承认它是非，这是个起点。所以它是那些不完全的意识形态之一。"这种形态使自身处于这一路程当中，并将在其中呈现出来"，这种形态只是处于怀疑之路的其中一站，它只是当中一站，它前前后后还有一些驿站。并且它将在其中呈现出来，作为其中的一站而呈现出来，所以它占据有自己的合理地位，但它仅仅是一站，不是全部。你要经历这一站，你才前进，但是你不能停留。

因为这种片面性就是怀疑主义，怀疑主义在结果中永远只看到**纯粹的虚无**，而不去考虑这种虚无乃是**它从中产生出来的那个东西**的特定的虚无。

知性的形式主义讲"是就是是，不是就是不是"，当是变成了不是的时候，那么一切都是虚无，所以这样一种片面性就是怀疑主义，因为它在这个过程中被彻底否定了。它就是意识的这个不完整的形态之一。怀疑如果是自我实现，那么就是怀疑之路；如果怀疑就意味着一切都完了，那就是片面性，它还停留在知性的形式思维中。这种怀疑主义在结果中，永远只看到纯粹的虚无，怀疑了一切之后又回到原点，对其他一切都怀疑,唯独对自己不怀疑。所以一旦被怀疑掉,那就是纯粹的虚无,而没有看出这个怀疑本身是"有",不是"无"。"而不去考虑这种虚无乃是它从中产生出来的那个东西的特定的虚无",怀疑主义当然是一种虚无,但是如果你能意识到这种虚无是特定的虚无,是一种有规定性的虚无,那就还有救。由什么规定? 由它从中产生出来的那个东西来规定。你要怀疑,你对什么东西怀疑? 怀疑总要有一个怀疑的对象,那么这个对象就是你的怀疑所由以产生出来的东西,它就规定了你的怀疑。你的那个怀疑针对的是某个对象,它不是怀疑一切,只是怀疑某个东西,所以这种虚无只是一种特定的虚无。你怀疑某个东西,只是没有某个东西,而不意味着一切都没有,一切都完了。怀疑你所怀疑的对象,怀疑在你面前呈现出来的东西,这个怀疑就被定形了,它的怀疑方式就被决定了,它只是对于某个特定的对象来说是怀疑,但是对于其他东西却不一定怀疑。于是它还有待于继续怀疑,它会呈现出下一个对象。特定的虚无是有规定性的,其实任何虚无都不是没有规定性的。一个东西的虚无总是有所指的,你讲这个东西是虚无的,你有所指,你就会考虑,它是如何虚无的。你就不会把它看作纯粹的虚无。当你把你所否定的东西加以辨析、探讨、研究,那么你就能从中产生出有价值的、肯定的东西来。下面:

但如果虚无被看作它所从出的那个东西的虚无,那它实际上就不过是真实的结果而已;它因而本身就是**特定的虚无**,并具有一种**内容**。

就是说,怀疑主义没有考虑到这种虚无是特定的虚无,如果它考虑到这一点,如果它把虚无看作它所从出的那个东西的虚无,那就会看出这种虚无是特定的虚无,有规定的虚无,就会看出虚无的东西只不过是真实的结果而已。其实并没有什么绝对的虚无,而是一些东西消失了,但是它产生了另外一些东西作为自己的结果,或者说,这种消失本身就是一种结果,整个不过是一个产生发展的过程。一旦你意识到有内容的虚无,那它就是真实的东西,即某种东西的实现过程,其中的虚无只是特定的虚无。一般的怀疑主义如果意识到它是一种自己实现着的怀疑主义,

44

那它就是怀疑之路，那它就是真实的东西。怀疑之路有特定的方向，有特定的过站、有特定的阶段。你就会意识到这种怀疑把你引向更高的阶段，这种虚无反倒本身成为了真实的东西。"它因而本身就是**特定的虚无，并具有一种内容**"。虚无就不再是什么都不是，它具有内容，它是"某种"虚无，它就"是"起来了。虚无本来什么都不是，但是特定的虚无就"是"起来了，就受到某种规定、具有某种内容了。

<u>终止于虚无或空虚的这个抽象性上的怀疑主义不可能从这抽象性出发继续前进，而是必须等着看，是否也许会有什么新的东西向它呈现出来，以便将之投进这同一个空虚的深渊里。</u>

所谓终止于虚无的怀疑主义，也就是那种片面的怀疑主义，只知道纯然的否定，只把某物看作抽象的虚无或空虚就完了，就停止在那里了。这与前面所讲的自我实现的怀疑主义是完全相反的，它以知性的抽象方式看待虚无，停止在虚无或空虚的抽象性上，所以它不可能从这种抽象性出发去继续前进，它在这里中断了进程，永远以虚无的眼光看待一切，一切内容都被消解掉了。也就是我们把这种怀疑主义当作一个固定不变的点，而如果一定还要前进，它就只能消极地等待新的东西向它呈现出来，然后它将再次把这个东西投入同样的空虚之中。你好比站在一个悬崖边，你站在那里不动，然后把凡是你所接受到的东西一转手，都把它丢到空虚的深渊里。当然你没有错，你确实可以说，一切都是虚无，或者说，一切都有虚无的一面。但是这样的怀疑主义失去了自身的推动力量，只有靠偶然的外力来推动才能继续下去，并且随时有可能停下来，它是无生命的机械凑合。它的否定和它否定后的虚无都是抽象的，泛泛而谈的，是一个空洞的无底深渊，什么东西投入里面都是一样的，没有区别的。这是形式思维的怀疑主义，它总是一次性了断、一口咬定的，是没有结果的怀疑，靠它是形不成一条怀疑之路的，也是无法向真理接近的。

相反，通过把结果如同它在真理中那样统握为**特定的**否定，借此就直接产生出一种新的形式，而在这一否定中，就造成了那种过渡；通过这种过渡,那贯穿各个形态的完整序列的进程,就自行产生出来了。

相反,也就是与前面这种形式思维的怀疑主义相反,如果你把结果统握(auffassen)为特定的否定,就像它在真理中那样,那它就有了特定的内容了。因为它确实在自己特定的方面拥有自己的否定性和虚无性,任何东西一出来,你马上可以看出它在某一方面有自己的否定,这种特定的否定不等于否定一切啊,它是有它限定了的内容的,它由此会过渡到另一方面去。这就是在真理中的情况了,当它把这些怀疑及其结果都当作自己具体的内容而统握在一起,这就是把结果放在它的真理中来理解了。所有怀疑的结果都是特定的否定,都是那个特定的东西的自我否定。这就"直接产生出一种新的形式",就是说,否定不等于纯然否定,它具有肯定的含义,因而它会自己造成向另一方面、向自身的对立面的过渡。所以,你把否定的结果统握为特定的否定,就会有特定的肯定产生出来;如果你把它理解为抽象的否定,那就什么也产生不出来。这就产生出一种新的形式,即否定中的肯定的形式,也就是过渡和自己运动的形式。这种过渡的力量就存在于这种自身否定之中,这种自身否定成了一种统握的力量,这种力量通过这种过渡发挥出来,就自行产生了各个形态的整个序列,推动着由一个形态过渡到另一个形态。而且这不是由外来的力量产生出来的,而是这个特定的否定自行产生出来的。这一句是与上一句对照着说的,我们也要对照上一句来读,这是两种不同的怀疑主义。这一段把一般理解的怀疑主义和黑格尔的自行发展的怀疑主义区别开来了。看下一段。

但正如这个进程的序列一样,也有必要将这个**目标**放进认知之中;这目标就存在于认知不再需要超越它自身之处,就存在于它找到了自己,并且概念符合于对象,对象符合于概念之处。

这还是讲的上述否定的新形式。在这种新形式中,我们已经在对真理的认知中放进了一个完整序列的进程,但这还不够;除了这个进程以外，我们还必须将这个进程的最终目标放进去，这个最终目标存在于"认知不再需要超越它自身之处"。就是说这认知以前都是不真实的，所以需要不断地超越它自身。那么它的最终目标就是要达到这个认知不再需要超越自身，它就是绝对认知。认知经过一个序列，就是要找到它的真理性，找到真正的知识，找到真理；那么当它找到自己真理的时候，就是概念符合对象，对象符合概念。这是黑格尔对真理的一个定义。唯物主义认为真理就是概念符合对象，唯心主义认为真理就是对象符合概念。亚里士多德认为真理就是概念符合对象，柏拉图认为真理就是对象符合概念、符合理念。那么在黑格尔这里全都包括了。真理既是概念符合对象，也是对象符合概念。到达了真理，就到达了《逻辑学》。也就是说，这个进程的最终目标就是要达到《逻辑学》的绝对认知。没有这个目标，这个进程序列就是盲目的、没有方向的。所以这个进程不是机械论的、偶然的或者由外部力量推进的，而是一个内在的、目的论的进程。

　　所以，趋向这个目标的进程也是不停顿的，是不在以前的任何过站上找到满足的。凡是局限在一种自然生命上面的东西就不能够由它自己 [57]来超越它直接的定在；但它会被一个他者逼迫来作这种超越，而这样被迫拽出来，就是它的死亡。

　　这样一个目的论的进程是不可阻挡的，它不会在任何一个过站、任何一个阶段上得到满足，而要继续往前去追求最终的目标。那么与此相对照，凡是局限在一种自然生命上的东西，凡是无最终目的而自生自灭的东西，就不能够由它自己来超越它直接的定在。自然意识就是局限在自然生命上面的东西，它没有自身的终极目标，所以不能由它自己来超越它直接的定在，而是局限于这个直接定在之中。直接定在就是Dasein，这个词的日常的意思就是每天的生活的意思。不能由它自己超越它自己的生活，自然生活如果局限于它自己生命的定在的话，那它是不能自我超越的。但它会被一个他者逼迫做出这个超越，或者说，当它做出这一超越时，它会认为自己是被迫的。当然这个他者最后还是它自己、是它的本质、它的概念，但在自然意识看来它是被迫的，这就是所谓"理性的狡计"了。其实是你的主体中的概念、理性所必然造成的，但由于你自己没有意识到，所以觉得是被某种神秘的外部力量玩弄了自己。当自然意识被这股不可抗拒的力量从它自己的惰性状态中强行拖出来时，它就对自己原先视为安身立命之所的原则感到绝望，所以"这样被迫拽出来，就是它的死亡"。停留在自然意识中的生命会觉得自己是被迫拽出来的，所以它会有一种虚无感，觉得自己整个走在一条怀疑之路上。整个《精神现象学》基本上都是在自然意识中，所谓"意识的经验科学"就是自然意识的科学。那么最后它被拽出来，其实是它自己把自己拽出来，是自己在发展自己。但在这一过程中，它自己并不知道是哪一种力量在否定它，最后当它发现其实是自己在否定自己，这时就是自然意识的死亡。黑格尔在《精神现象学》的结尾处说了一句，整个《精神现象学》就是绝对精神的回忆和墓地。整个《精神现象学》就是自然意识的坟墓，自然意识死了，死了以后，它的灵魂就超生了，精神就超生了，它就上升到上帝那里，那就是《逻辑学》。《逻辑学》就是上帝创造世界的蓝图，精神的墓地同时也是精神的宝座。它在这个宝座上面，它时刻可以回忆起以往经历的过程。但在《精神现象学》的这个过程中，自然意识好像是被迫的，它的每一步都似乎是不得已而迈出去的，因为它还没有达到精神的自我意识。只有最后达到精神的自我意识，它才提升到绝对的精神，但这时它已经不再是自然意识了，或者说自然意识已经死了，自然意识的自然生命也已经死了。

但是，意识对自己而言本身就是它的**概念**，因此，它直接就是对这一局限的超越，而既然这一局限属于它自身，所以就是对它自身的超越；凭借个别的东西，同时就为意识建立起了的彼岸，哪怕这彼岸只是像在空间直观里那样，并存于被局限之物的**旁边**。

意识的本质就是它的概念，自然意识只是它的现象，但是这种现象，只有当它死了以后，它才意识到它的本质就是概念。只有概念才进入《逻辑学》的层次。但是在自然意识中，它的本质已经是概念了，这个概念在后面推动它否定自己，因此，意识直接就是对这一局限的超越，就是要超越自然意识。自然意识本身对自己而言，就是它的概念，这就是它自身超越的动力，但它由于自身的局限而意识不到这一点。尽管意识不到这一点，但它毕竟自身超越了，即"凭借个别的东西，同时就为意识建立起了的彼岸，哪怕这彼岸只是像在空间直观里那样，并存于被局限之物的**旁边**"。在自然意识里面，那些意识都是个别的形态，每一个都执着于自身，都把超出它自身的东西看作是彼岸。自然意识的彼岸在哪里？其实就在它自己的深处。但是自然意识把这个彼岸看作是外在于自身的另外一种个别的东西，所以这种彼岸恰好是凭借个别的东西建立起来的，哪怕这个彼岸被视为并存于被局限之物的旁边，好像跟自然意识毫无关系，如同是在空间中并存的两个东西一样，双方在空间直观中是相外在的东西。这种情况当然只是自然意识的狭隘眼光所导致的一种幻觉，人们设想出一个彼岸的天国，来为自己的本质寻找归宿，却没有想到天国就在自身中。但自然意识毕竟以彼岸的方式表明它自身赋有超越自身的使命，并以这种异化的方式实现着它的自我超越。

因此，意识遭受着从它自身而来的败坏它的有限满足的这样一种暴力。在感受这种暴力的同时，恐惧很可能在真理面前退缩，并竭力维持那被威胁要失去的东西。

意识遭受了暴力，什么暴力？从它自身而来的败坏它的有限满足的暴力。这个暴力还是从它自身而来的，但意识在自然层面来理解，认为这种暴力是外来的，是它"遭受"到的，它觉得它是被迫的。它本来自我感觉良好，满足于现状不思进取，但这种有限的满足感被败坏了。"在感受这种暴力的同时，恐惧很可能在真理面前退缩，并竭力维持那被威胁要失去的东西"，自然意识感受到这种暴力、这种强迫性，于是出于恐惧，它很可能想要打退堂鼓，要回归旧的传统，要寻根，因为它原来的那些东西面临着失去的威胁，它就极力想要维持住它，这对于自然意识来说都是很自然的,人都是有惰性的。但同时这也是没有前途的,失去的必将失去,只有把它从过去的旧躯壳中拽出来,才会迎向真理,继续往前走才是真理,你停留在原地就是灭亡,你必须往前走。

但是,这种恐惧是不可能找到任何安宁的,哪怕它想要逗留在无思想的懒散中——思想侵蚀着这种心不在焉,思想的不安宁搅扰着这种懒散——或者,哪怕它把自己作为一种心境固定下来,这种心境担保一切东西**在其自己的方式**(Art)中都会觉得是**好的**;但这种担保同样也遭受了从理性来的暴力,理性恰好觉得某物只要它是一种方式,因此就是不好的。

这是对这种保守的恐惧的评价,这种恐惧是找不到安宁的。在真理面前,自然意识当然会有恐惧,因为真理会使它不舒服,要把它拽出来继续前进,要摧毁它所留恋的一切,甚至让它们死亡。思想的不安宁会不顾这样一种恐惧想要停留于无思想的懒散中,而把它从心不在焉(Gedankenlosigkeit,即无思想状态)中拖出来,搅扰着它的懒散。这种恐惧力图把自己作为一种心境(Empfindsamkeit)固定下来,担保每个东西就它自己的方式而言都是好的,以此来使自己安心。这相当于我们今天讲的多元化,文化相对主义,我在我这个方式上是好的,我在我这一站上是好的,这种心境可以担保每个人在自己的方式中,无思无虑地安居乐业。就是说你害怕其他的方式,于是你执着于自己的方式,并在自己的方式上达到不动脑筋的无忧无虑、达到自满自足。方式,Art,在德文中有方式方法、风格、性质、习惯、种类等多种含义。但这种担保同样也遭受着来自理性的暴力,如果你有理性的话,理性也会把你这种心境打破。"理性恰好觉得某物如果只是一种方式,因此就是不好的",理性的本能、倾向,就是要追求全体,贯通全体。它反对固定的分门别类,那不是理性的事,而是知性的事。理性就是要打通多元,而且唯有理性才能够打通多元。不是这种方式、那种方式,互不相干,不可通约。如果仅仅是一种方式,那就不是好的,至少不是最好的。如果仅仅是一个种类、一种风格、一种习惯，它就它自身而言是好的，那么理性就要对它施加暴力，要把它从它的旧居中驱逐出来，触类旁通，达到另一个种类、另一种方式和风格。由此所形成的过渡，在理性看来才是好的，当然在自然意识或知性看来也许恰好是坏的。所以如果你坚持自然意识的立场，那么你的这种恐惧是永远消除不了的。

<u>或者对真理的恐惧，也很可能用一个假象，把自己在自己和别人面前隐藏起来，好像正是对真理的热情高涨才使它自己很难甚至不可能为自己找到别的真理，而唯一只能找到这种虚浮的真理，即自以为这总还是比任何出于自己本身、或出于别人的思想要聪明些；这种虚浮懂得把每一种真理都给自己破坏掉，从中退回到自身，陶醉在它自己的这种知性之中，</u> {58}

实际上是对真理的恐惧，但是用一个假象，把自己隐藏起来，既对自己隐藏也对别人隐藏这种恐惧，把这种恐惧遮盖起来，使它变成一种潜意识。当真理要把你从你所处的过站中拽出来，你就会有一种恐惧，但是你用一种假象来掩盖这种恐惧。什么假象呢？"好像正是对真理的热情高涨才使它自己很难甚至不可能为自己找到别的真理，而唯一只能找到这种虚浮的真理"，就是我不是害怕真理，反而是由于对真理太热情，我对真理的追求太热烈、太执着，所以我很难甚至不可能找到别的真理，而只能找到这样一种虚浮的真理。什么虚浮的真理？"即自以为这总还是比任何出于自己本身、或出于别人的思想要聪明些"。就是恐惧的意识用一种坚持真理的假象把自己掩盖起来，它把自己的既定立场当作不可动摇的天经地义的真理，而对将要到来的真理持一种强烈抗拒的态度。它好像正是在追求真理，实际上是在逃避真理。它对自认为的这种真理的理解是虚浮的、自负的，未经深入的思考甚至没有任何思想，一味地拒绝思想，所以它自以为这比任何出于自己本身、或出于别人的思想要聪明些。也就是比任何开动脑筋的思想聪明些，不思想比思想要更聪明些，不论是自己的思想和别人的思想，我都不相信，死守着我既定的那些固

定观念。我们终于看出怀疑主义看起来好像是害怕犯错误，实际上是害怕真理。它的虚浮的真理就是除了现有的观念之外怀疑一切。我怀疑一切，怀疑别人的思想，甚至怀疑我自己的思想，那我就比我自己都聪明了。出于我自己的思想，我也要加以怀疑，总之是只要思想就怀疑，不思想，直接接受的东西反而不怀疑。这实际上是一种虚浮的、未经反思的真理，是靠不住的。结果就是，"这种虚浮懂得把每一种真理都给自己破坏掉，从中退回到自身，陶醉在它自己的这种知性之中"，你看是我在怀疑一切，所以我还在。我还在，陶醉在这种怀疑一切的能力之中，我具有怀疑一切的能力，这就是我唯一的支点，从这个既定的支点出发去论断一切，这就是知性。笛卡尔的我思，康德的先验自我，都是这样的支点。有了这个支点就奠定了一切，超出这个支点的全是幻相，而这个支点本身是不动的，这就是知性的思维方式。它实际上是把每一种真理都破坏掉了，使它们都成为了僵死的表面现象，成了无思想无生命的虚浮的东西。

这种知性知道永远要瓦解一切思想，它不知道去发现任何内容，只知道去寻找干瘪的自我，这种虚浮乃是一种满足，人们不能不听其自便；因为它逃避共相，而只追求自为的存在。

这是对这种知性的思维方式的批评。这种知性没有建设性，它不知道发现任何内容；它唯一想到的就是坚持自己的那个不动摇的支点，坚持自己的那个干瘪、抽象的自我。只要找到了这个支点，就是一种满足，却不知道拿它来干什么，只是一味地依赖它，作为一切认识的可能性前提。康德就是如此，他对科学何以可能的追溯最终达到了先验自我意识就止步了，这就是我们所能够找到的最终条件，一切认知都只有在这个条件下才能进行。但这个条件本身却不进入内容的生命活动中来，它只是一个不变的空洞的形式，每次都是千篇一律地去统摄经验的材料，但本身却和这些材料没有任何共相，所以这些材料或内容都是外来的，都是从另外的地方、从经验的方面提供给这个形式的。每当谈到先验自我，它都会躲进它的自为存在里面不出来，对于这样的自为存在，我们只有听其自便。再看下面一段。

如果说，<u>上面暂时地和一般地谈到了这个进程的方式和必然性，那么再回想一下**这一实行过程的方法**</u>可能是有些帮助的。

"如果说，……那么"，这里是一个排比句，也可以译为："就像……一样"。上面只是暂时地和一般地讲到了这一进程的方式（Weise）和必然性，点出了这条自我实现的怀疑之路体现为一种暴力式的必然性，其实是一种自身运动的内在的必然性，一种理性的狡计，它并不是偶然到处乱碰的，而是有自己的最终目标，并按部就班地整合成一个有序的系列。它的必然性就在这个进程的本质之中，那就是你想要追求真理、追求知识。如果你不想追求知识，当然就没有什么可说的，但只要你想要追求知识，你就必须按照它的必然方式去走，而不能在你自己觉得满意的地方停留。这是前面讲的这个进程的方式和必然性。那么现在，在这里还可以再回想一下这一实行过程的方法（Methode）。前面讲的是方式，这里讲方法，这个实行过程是按照什么方法进行的？我们可以回想一下。回想，erinnern，是回忆的意思，也是想到、提醒的意思，按照字义是深思、想进去、想到里面去。也就是想得更深一些。这里与柏拉图的回忆说有关，真正的认识就是回忆，把自己更深层次的观念勾起来。通过这种回想，我们就可以更深地了解这个进程的方式和必然性。下面，

这种陈述既然被设想为**科学**对待**显现着的**认知的一种态度和对**认识的实在性**的**检验**与**审查**，那么，看来不先在什么地方预设某种**尺度**作为根据，似乎就无法进行。　[58]

前面我们讲的是这个进程本身的方式和必然性，那么我们现在跳开进程本身，我们作为旁观者来陈述它，既然我们要陈述，那么我们的陈述就要有一个方法。而这种陈述是科学对于显现着的认知的态度，什么态度？就是检验与审查的态度。检验和审查都是一种外在的、旁观的、客观的看法。你采取什么方法来陈述？那就是检验和审查的方法，你有一

个对象在跟前，那么就看你用什么方法来对它进行检验和审查。既然这样，那就需要预先设立一个尺度、一个标准作为根据。比如你要从一个环节推进到下一个环节，那么下一个环节是什么？如果有人提出是 A，那为什么就不是 B？那不是随意可以定下来的，必须有一个标准来审查，你必须跳出进程来从旁边考查这个进程，用一个尺度去衡量它，看它是否具有认识的实在性。注意这里用的是虚拟式，"看来……似乎"，scheinen，这种虚拟的口气说明它并不完全是黑格尔的观点，而是一般人都会这样认为。当然黑格尔也没有完全否定它，但是在这个地方他是援引一般人的看法，即通常你要检验一个东西就必须有检验的标准或尺度。这就提出了后面很多地方都在谈论的关于尺度的问题。前面都是讲这个进程所采取的方式问题，从这一段开始就进入衡量这个进程的尺度问题，这是一个很缠绕的问题。

因为这种审查就在于采取某种已被假定了的尺度，而且凭借被审查的东西与尺度之间所得出的相同性或不相同性来决定它对还是不对；

审查就是这样一回事，就是用一个被认定的尺度加在被审查的东西之上，看它们是不是具有相同性，是不是相互符合，这样来判断这个东西对还是不对。一般说来审查就是这样，就是把你的对象和一个尺度相对比，看这个对象有多少是符合尺度的，或者这个尺度有多少是符合对象的。

同时一般地说，尺度，以及科学也一样，假如科学是尺度的话，是被当作**本质**或当作**自在**而假定的。

这里也是一般地说的。"假如科学是尺度的话"，这里用的是虚拟式，假如，实际上黑格尔并不赞成这种说法，在他看来科学不是外在的衡量尺度，而是有机的生命，——但权且这样说吧，那么这种尺度"是被当作本质和自在而假定的"。自在，Ansich，就是说这个尺度是自在在那里的，不是推出来的，如果尺度也是从这个陈述推出来的，那就是循环论证了。尺度是作为自在、作为本质来假定的，要检验的东西是现象，而尺度就是本质，用本质来衡量这个现象，那么这个本质和自在是在这些现象之外被假定的，被分配好的，这样才能够检验这些现象在何种程度上符合这个本质。这就是审查，凡是审查都要预先假定另外一个尺度，不能自己审自己。

但是在这里，科学才刚刚出现，所以无论是科学本身或不管什么东西都还没有证明自己是本质或自在的东西；而没有这样一种东西，任何审查似乎都是不可能发生的。

这里有了一个矛盾了。"但是在这里"，在《精神现象学》中，科学还刚刚是作为现象呈现出来，还在向科学迈进，科学自身还没有形成，那么它如何能作为尺度呢？它的这些现象用什么尺度来加以衡量呢？这就是问题了。科学刚刚才出现的时候，它还没有证明自己是本质和自在的东西，其他东西更是如此。后来胡塞尔提出，现象就是本质，那当然是另外一回事了。但在黑格尔这里，现象本身不是本质，它底下隐藏着本质。当科学刚刚呈现出来的时候还是现象，还没有揭示出底下的本质来，所以它在这个时候的形态是不能作为本质和自在的东西的。而没有本质和自在的东西，就不可能形成一个普遍的标准和尺度，也就不可以有什么审查了。你有一个尺度，你才能够随时检验你的进展过程，校正你的前进方向，否则你怎么检验？下一步朝哪里走？是否偏离了航向？没有一个尺度作标准，你方向走错了你都没法发现。看下面一段。

这样一个矛盾以及对这种矛盾的消除，如果我们首先回想一下认知和真理的抽象规定在意识中是如何出现的，就会得到更加确切的规定。

这个矛盾就是：必须要有尺度，但是在科学刚刚发生的时候，尺度还没有建立起来。既然没有建立起来，那么科学下一步如何走？就没法迈步了。当然这一矛盾是可以消除的，怎么消除，我们可以"回想一下认知和真理的抽象规定在意识中是如何出现的"。自然意识也可以回想，你既然是要追求知识，追求真理，这个知识和真理在你的意识里面最初是如何出现的,你可以回忆一下,反思一下,那么就有助于我们认识这个矛盾,也有助于这个矛盾的消除了。那么下面就开始回忆了,先谈认识,再谈真理,看它们是如何出现的。

因为意识把自己跟某物区别开来,同时又与它相联系;或者像这样来表达,意识是某种为意识的东西,而这种联系,或某物的为一个意识的存在,其确定的方面就是认知。

意识就是把某种东西跟自己区别开来,同时又与它相联系。意识所意识到的所有的东西都不是意识本身,万物、宇宙、上帝等等所有这些东西跟意识都有区别,意识就是意识到自己跟所有意识到的这些东西有区别,这些都不是意识,都是我意识到的东西。但是又与它相联系,因为这些东西都是我意识到的。别人意识到的,我不知道,我没有意识到的,对我来说也不存在。所以它们都必须与我的意识相关。我知道的时候是我意识到了这些东西,所以真正的意识就是意识跟自己相区别又相联系。我所意识到的就是所有这些东西,我把我的意识跟这所有的东西区别开来,那岂不是我的意识把我的意识本身区别开来?所有这些东西都是我的意识,正因为它们都是我的意识,所以意识跟我的意识是相联系的,意识又意识到与它们没有区别。意识就在于它意识到自己跟某种东西有区别,同时又没有区别,为什么没有区别,因为它们都是我的意识。康德早就讲过,我的一切表象都是我的表象。看起来是同义反复,什么也没说,但是实际上说出来了很深的道理,就是我的意识无非是我所意识到的一切。我的意识跟我所意识到的一切是一回事,如果没有这一切,那么我的意识什么也不是。我的意识之所以有,就在于它意识到了这一切,所以它同时又是这一切。但是它又跟这一切不相同,如果完全相同那就谈不上意识了,意识跟意识的内容又是不同的。这是一个起点,什么是意识。后来胡塞尔提出意识的意向性结构 noesis-noema,即意向活动—意向对象不可分的结构,也有这个意思。"或者像这样来表达,意识是某种**为意识的**东西,而这种**联系**,或某物的**为一个意识的存在**,其确定的方面就是认知"。意识是某种为意识的东西，也就是说，意识是某种自为的东西，因为意识所意识到的所有这些东西都是为了自己，所有的东西都在意识之中，并且形成了意识。所以意识为自己意识到那些东西，如果它不意识到客观世界，那么它也就意识不到自身，或者说，它的作为意识就根本不存在。一个意识如果没有对象，那它就不存在，你说我有意识，但是我什么也没有意识到，这个不成立。你之所以说我有意识，就说明你意识到了对象。胡塞尔讲的意向性也是这个意思。意向性和意向对象是一对不可分的概念。意识就是意向性，意向性就必须要有意向对象，它正是指向这个对象的，没有意向对象就没有意向活动。你必须要意识到某物，你才有意识，如果你什么也没意识到，你就没有意识。所以意识就是某种自为的东西，"而这种**联系**，或某物的**为一个意识的存在**，其确定的方面就是**认知**"。"这种联系"就是意识的自为的联系，是意向活动和意向对象的联系，这是意识为自己造成的一种联系，这种联系或某物的为一个意识的存在，如果确定下来，那就是认知。认知打了着重号，就是说，这里首先回答了"认知"的抽象规定在意识中是如何出现的。至于"真理"的抽象规定，后面再谈。当你意识到某物，那么你当然意识到这个某物的存在是为你的意识的一个存在。是你意识到了它，所以它的存在是为了你而存在的，是为意识而存在的，它不是与你无关的。所有意识到的对象都是在你的自我意识里面的对象，都是为你而存在的，都是由你自己建立起来的对象。这个道理康德已经说过了，当然康德是在现象的意义上说的，在他看来由我自己建立起来的就不是自在之物了，凡是我能够认识的都不是自在的，而只是现象；只有我不能认识的才是自在的。而在黑格尔那里则没有这种绝对的划分。意识的确定性也就是认知了，意识的确定性意味着什么呢？意味着把一个东西的存在确定为为意识的，它是为你而存在的，对象符合意识，对象属于意识。这就是认知，也就是在意识和对象之间，在意向活动和意向对象之间，建立起牢固的确定的联系。你要回忆一下，你最初是如何建立起认知这个概念的。那么你就会发现它有这样一个结构,认知首先来自于意识。而意识它是某种为自己的东西,某种自为的东西,意识必须要自为,必须要为自己去意识一个对象,如果它不是自为地意识一个对象,那么它就是未意识到的,就根本是无意识。凡是它意识到了某物,而这个某物是为它的、是为这个意识,那么这个某物为意识的这种关系,你把它确定下来,那不就是认知吗? 你无非就是要认知你所意识到的那个对象嘛,你无非要确定你的意识跟你所意识到的对象之间的联系,你的意识跟你的对象是符合还是不符合。我们回想一下就知道,这就是认知了。

但是我们把**自在的存在**跟这种为一个他者的存在区别开来;同样地,与认知相联系的东西也跟认知区别开来,并且即使在这种联系之外也被建立为**存在着的**;这个自在的东西的这一方面就叫作**真理**。

前面讲,我们的认知是这样来的,即从意识本身的结构中来的;但是这里话题一转,来谈真理了:"我们把**自在的存在**跟这种为一个他者的存在区别开来",但是我们在认知的时候,特别是在自然意识里面,习惯于把一个自在存在和为一个他者的存在区别开来,也就是把一个自在的存在和一个为意识的存在区别开来,好像自在的存在,这个意识对它来说,仍然是一个他者。我们在意识里面把这个存在设想为是为意识的;但是从自在的眼光来看,那这个存在还不是自在的,那是为他的,也就是为意识的。这个里头还是有区别。自在的存在和为他的存在是不一样的,这是康德所作出的区别。康德区别了自在之物和现象这两种存在,自在之物的存在是绝对的存在,而为意识的存在是相对的存在,只是在现象的领域是为我们而存在的,是由我们的自我意识所建立起来的这样一个存在。所以这里讲,"我们把自在的存在跟这种为一个他者的存在区别开来",是针对康德而言的,我们把自在之物和现象区别开来。"同样地,与认知相联系的东西也跟认知区别开来,并且即使在这种联系之外也被建立为**存在着**的"。康德就认为,自在之物跟现象当然还是有联系的。因为是它刺激我们的感官产生了诸种印象、感觉,这样我们才得以建立我们的现象界的知识，所以自在之物跟我们的认知还是有联系的。但与认知相联系的东西也跟认知区别开来，自在之物虽然跟认知有联系，但我们的认知只能达到现象，而不能达到自在之物，所以自在之物跟认知本身还是有区别的。我们不能认识自在之物，但我们能够思考自在之物，并且在我们的思想中把它设定为在这种联系之外也是存在着的，就是在我们的认知的联系之外，它仍然自在地存在着。我的意识跟意识的对象相互之间是联系的，但是在外面还有一个对象，那就是自在之物。我们认知中的这种联系只是我们的意识跟现象中的对象相互联系，这种联系是我们自己自动建立起来的，而自在之物是在我们认识之外存在的，我们相信在现象底下还有一个自在之物，"这个自在的东西的这一方面就叫作**真理**"。康德把现象和自在之物割裂开来，他认为在现象界也有一种真理，但这种真理不是绝对的，是相对的，我们想要把握绝对真理是不可能的；但是他无形之中也承认了，真正的绝对真理还是自在的存在。这个自在的东西的这一方面就叫做真理，但是康德认为我们人不具备，只有上帝才拥有，因为上帝才有知性直观，而我们人只有感性直观。所以我们虽然也可以用先验逻辑获得真理，它的范围只在可能经验的范围之内，它的真理是内在的，而外在的真理是绝对的，但是我们不能把握。这就是这一段的第一句话所讲的，如果我们首先回想一下认知和真理的抽象规定在意识中是如何出现的，就会得到更加确切的规定。现在我们已经回顾了认知是如何出现的，由于意识的结构我们有了认知这个概念，当然是一个抽象概念；那么真理的概念，我们通过意识的概念，我们把自在之物的概念称之为真理，绝对真理。为什么真理打了着重号，就是回答上面提出的，我们要回想一下认知和真理是如何出现的。前一句话已经谈了认知是如何出现的，这里讲真理的抽象规定是如何出现的。由于认知，把自在之物和现象区别开来，我们才把自在之物称之为真理。真正的绝对实体才是真理。但是要注意，这里讲的认知也好，真理也好，都是指它们的抽象规定，它们在意识中刚刚出现时都是抽象的。认知就是某物和意识的确定的联系或符合,真理就是对自在之物的认知,最开始人们都是这样看的。但这还是很肤浅、很形式化的看法。

至于这些规定真正说来会是什么,我们在这里还没有进一步涉及到;因为既然显现着的认知是我们的对象,那么它的诸规定也就首先会按它们直接呈现出来的那样被接受;同样,当这些规定已被把握住的时候,认知也乐意让它们呈现出来。

前面讲的是认知和真理的抽象规定,也就是形式上的规定,这些规定还没有涉及它们的真正的内容。"因为既然显现着的认知是我们的对象",显现着的认知,也就是在现象中的认知,在《精神现象学》中的认知,也就是在不太确切、不太真实的状态中所出现的认知,目前这是我们的对象。所以我们还不能深入它的具体规定,而是首先按照诸规定"直接呈现出来的那样被接受"。最开始这个认知被规定,首先必须按照它直接被呈现出来的样子接受,它直接呈现出什么样子,我们就接受什么,其他的先不用说,你先把它承认下来再说。哪怕后来发现它是错误的,是虚假的,你也把它接受下来再说。它是第一站,如果没有这第一站,第二站没法开动。首先是这样。它的诸规定,它有很多规定,别的规定还没来得及做,这些规定就是按照它们直接呈现出来的样子被接受下来的。"同样,当这些规定已被把握住的时候,认知也乐意让它们呈现出来",就是当这些规定的具体内容一旦被把握住了,不再是抽象的规定了,那么认知当然也会把它们呈现出来的,这是第二步。认知首先是在最低层次上被接受的,一开始只能是抽象的,就是这些规定呈现出来,那么我们把它接受下来,在这个阶段认知它只能这样,进一步的规定还谈不上。首先它的那个规定原原本本呈现出来的那个样子,你要把它接受下来,你要把它按照原样接受下来,这个时候还谈不上按照一个标准加以审查,开始没有审查。前面谈审查,检验,这个时候还谈不上,还只是直接呈现、接受。然后审查和检验不是从外面拿来一个标准,而是由这些直接被接受下来的规定里面生长出它自身的标准。所以前面讲的审查和检验都是用的虚拟式，它似乎必须这样，如果没有一个标准，你如何审查，你就无法开步了。认知和真理的概念刚刚形成的时候，还没有标准，标准还不存在，你必须按照它的直接性把它呈现出来，把它接受下来。这就是我们后面要讲的感性的确定性，为什么要从感性确定性开始，理由就在这里。认知和真理首先要从感性确定性开始，虽然随后被否定，但是这个前提你不能否定的。在感性确定性里面就已经有了认知和真理的抽象规定了，就是意识和对象的符合，就是要追求自在之物。黑格尔是瞧不起感性确定性的，但是他也知道这是绕不过去的，你首先要从感性确定性，从直接性，从直接的呈现上面做文章，如果连这个都没有，那么就没办法。你要否定，你要怀疑，你才有了对象，直接呈现出来，你就好做事了，就好办了。那么在接下来的历程中，当这些规定已经被具体地把握住了，已经不再是抽象规定，而是具有内容了，越来越丰富了，那么认知当然也很乐意把它们继续一步步地呈现出来，这就形成了《精神现象学》的整个进程。这是他的一个基本思路。

＊　　　　　＊　　　　　＊

　　前一次课我们讲了审查和审查标准，审查和审查标准之间有一个矛盾，就是这个标准从哪里来；如果标准是从外面来的，那么外面的标准又从哪里来，这样就导致了一个无穷后退。那面对这样一个矛盾，黑格尔不是像康德那样盲目地避开它，把它一切两段，一段是现象，一段是自在之物；而是要对这个矛盾进行细致的规定，在这个方面他显然要比康德高明些。康德对矛盾不能忍受，要排除它；但是黑格尔要抓住矛盾，要对矛盾进行规定。对矛盾进行规定是为了什么呢？是为了利用矛盾，通过矛盾来推动真理的前进。所以他这里讲的矛盾就是认知和真理的抽象规定，它们的自身矛盾。一般来说，我们谈到认知，也谈到真理，我们的矛盾是由此而来的，但是什么是真理，什么是认知，我们先没有搞清楚，我们先要从源头上理出来，那么由此他就追溯到意识本身的结构。什么是意识？意识就是使自己与某种东西区别开来，同时又与它相互联系。意识本身就是这样的，如果它没有把自己跟自己区别开来，那就还谈不上意识，那就还是无意识的或下意识的。我们通常讲意识是自觉的，所谓自觉的就是意识能够把自己跟自己区别开来，能够把自己当作一个对象来对待，意识把意识本身当作一个对象来对待，这两方面，一个是意识，一个是意识的对象，那么面对这个对象的意识本身就是认知，什么是认知，认知就是这样来的。最原始的认知的发源地，就在于意识要把自己当作一个对象来对待。意识跟它的自己作为一个对象，相互之间有一种关系，那么这个关系，其确定的方面就是认知，也就是认知是意识和意识对象之间的关系的确定的方面，认知就是从意识的确定性方面引出来的，意识跟自己的关系有一种确定性，我跟我就是这样一种关系。我把我和对象的关系确定下来，那么这种确定的关系就是认知。而另一方面，这个对象本身，既然它是对象，那么它就不完全是意识本身，因为它跟意识区别开来了嘛，你要把一个东西当作对象，那么这个对象跟你的意识之间肯定是不同的，否则的话，你就还没有把它当作对象。你只有把它当作异己的东西来对待，那才有对象。那么这个对象在意识看来好像有它自在的方面，而这个自在的方面，它就称之为真理。所以认知也好，真理也好，这两个方面都是由于意识本身的内在结构所引出来的，这就是我们上次讲到的最后一段的这个关系。我们追溯认知和真理这两个概念，从抽象的一般的来说，它是怎么建构起来的。它是从意识本身的结构里面，本身包含着一个是认知的确定性，一个是真理。我们后面将会看到确定性和真理性，这两个方面时时刻刻在那里搏斗，在那里纠缠。那么这两个方面从哪来的，我们要反复地去琢磨。认知和真理性在它的最初，只是按照抽象的规定来谈，我们可以这样来规定，它好像是意识结构里面的两个环节。但是这两个环节好像是永远无法结合的，认知是认知、真理是真理，认知永远达不到真理。这就是矛盾，这就是前面讲的尺度和被用作尺度的东西这两者之间，它们永远是交替的，尺度本身又需要一个尺度，那么这尺度从哪里来？我们认知的尺度无非就是看它是否符合真理，是否符合对象，但是这个过程是个无限的过程，那么尺度和被用作尺度的东西就是我们今天要谈的。

如果我们现在来研究认知的真理，这就好像我们在研究认知的**自在存在**。可是在这种研究里，认知是**我们的**对象，它是**为我们的**；而这样一来，那产生出来的东西的**自在**似乎倒是认知的**为我们的**存在了；我们所以为是它的本质东西，似乎倒不是它的真理，而仅仅是我们关于它的认知了。{59}

什么是认知，认知就是我们的观念和对象相符合，一般认为这个对象肯定是自在的对象，不是我们建立起来的，也不是我们想象中的。那个在我们之外的自在的对象，我们在意识里面设想为自在的。我们要研究认知的真理，认知的真理不是别的任何自在的真理，而是认知所建立起来的真理，而认知是我们的认知。它是为我们的，就是对我们而言的，在我们看来，这个对象是我们的对象，在我们看来的对象。而这样一来，产生出来的东西的自在似乎倒是认知的为我们的存在了。也就是在我们的研究中，我们为自己产生出来了认知的自在，认知所把握的自在，也可以说是自在之物了；但它既然是在认知里面产生出来的自在，似乎倒是认知的为我们的存在，只是对我们而言的存在，例如康德就认为，我们所把握的只是我们自己建立起来的对象。黑格尔这里用的是虚拟式："似乎倒是"。康德会说，我的意识都是我的意识，我的所有知识都是对我显现出来的、对我而言的知识。而它要对我显现出来，必须要我们自己有一套先天结构，时间、空间、范畴，才能使它们对我显现为对象，所以它们是为我们的。"而这样一来，产生出来的东西的自在似乎倒是认知的为我们的存在了；我们所以为是它的本质东西，似乎倒不是它的真理，而仅仅是我们关于它的认知了"。这就是康德的观点。透过现象认识本质，但是这个本质是不是自在的本质呢？在康德那里不是的。我们把握到现象界的本质规定，但是这个本质规定似乎不是它的真理，不是这个对象的真理,我们以为是对象的本质,但是这个本质不是关于这个对象的本质,而仅仅是我们关于这个对象的认知的本质。因果性、实体性这样一些范畴都是我们关于经验世界的认知框架,先天的认识形式,对象只有在这种框架之下才能建立,才能够显现出它的本质出来。

这样的话,本质和尺度就会属于我们,而那种应该与尺度相比较并通过这种比较来决定的东西,就会并非必然要承认这个尺度了。

这里仍然是用的虚拟式,就是转述康德的观点。本质也好,尺度也好,在康德那里就是诸范畴,包括质、量、因果性、实体性、交互关系模态等等,所有这些范畴在康德看来都是本质,也都是尺度,凡是符合这些尺度的那就是科学。我们可以通过这些本质和尺度把认知中的幻觉排除掉,整出一个井然有序的世界图景来。但是这些本质和尺度都是我们建立起来的,它们不是自在之物,而属于我们自己。那么我们的这些尺度、这十二个范畴,我们把它们运用于现象界,运用于经验和感性的世界,运用于感觉、知觉、印象等,我们用来整理那些感觉经验的材料,但是所有这些都是属于我们的。范畴属于我们,那些感觉经验也是我们所接受下来的,也在我们之中,它们构成"我们的对象";而在我们之外的那个超感官世界则不属范畴的管辖,我们不能把范畴运用于自在之物。我们所建立的尺度本来是要用来衡量对象的,但真正的对象、自在之物却"并非必然要承认这个尺度"。当然也不一定要否认这个尺度,假设有一种知性直观,那它就能够把这个尺度加于自在之物,不过恰好我们人类并无知性直观。所以自在之物并不必然要符合这个尺度。下一段,

但是,我们所检验的对象的本性克服了这种分离,或者说克服了这种分离和预设的假象。

前面是在陈述康德的观点,用的是虚拟式。这里不用虚拟式了,转向了黑格尔自己的观点。康德的本质和尺度只是在我们这里的,而那个自在的本质、自在的存在对于我们来说中间有一道鸿沟,这就把它分离

开了，对象和我们的对象不是一回事。对象是一回事，而我们的对象，它只是我们自己建立起来的对象。所以我们和自在的对象之间有一道鸿沟，现象与自在之物之间是分离的。"但是，我们所检验的对象的本性克服了这种分离，或者说克服了这种分离和预设的假象"，这一句话就把康德所设立起来的界线摧毁了。这种分离和预设是一种假象，而我们所检验的对象的本性已经克服了这种假象，只要你按对象的本性去做，它自己就会跨过这条鸿沟。我们所检验的对象，这个检验里面包含有尺度，但它不是外来的尺度，而是由对象的本性展示出来的尺度。我们用尺度来检验这个对象，也就是用对象在发展中的本性来检验这个对象，它的本性克服了这种分离。也就是说，认知的对象根据它的本性，会把现象和自在之物的这种分离、这种对立加以克服，会跨越这道鸿沟。康德的那道鸿沟是假象，只要不是按照我们的认知，而是按照我们所认知的对象的本性，就会克服这种分离，或者克服这种分离和预设的假象。

　　<u>意识自身给它自己提供尺度，因此，这种检验就是意识自身与它自身的一种比较；因为上面所作的那种区别属于它自身。</u>

　　"意识自身给它自己提供尺度"，这句话很重要。尺度从哪里来，不是像康德所讲的，我们在认识之前，先要对认识的工具加以检验；那么你凭什么对认识的工具加以检验，你的检验的尺度从何而来，康德没有讲。就是说，我好像置身事外，我在运用理性之前，我先对理性进行考察，先进行检验，看看它到底可不可靠。但是你检验它可不可靠的这个尺度是什么呢？不还是理性么？是理性自己给自己提供尺度用来衡量它自己的，是理性自己衡量自己。所以黑格尔讲，是意识自身给它自己提供尺度，康德的那种做法是想从外面引进一个尺度，那种眼光太局限、太愚蠢了，他没有意识到，实际上，这个尺度就是意识自己提供出来的。"因此，这种检验就是意识自身与它自身的一种比较"，检验和比较，这样一些术语都是自然科学的术语，好像有两个现成的东西我们把它放在一起，加以对比。但是在黑格尔这里把它们改造了，成为了意识自身与它自身的

一种内部的比较。意识自身跟自己相比较，自己对自己进行检验，在一般人眼中，这是很难理解的，自身跟自身怎么比较呢？它就必须有一个前提，就是自身跟自身是不同的，如果是完全相同的东西，那你怎么比较呢？所以，黑格尔这里已经隐藏了一个前提，就是意识是自我改变的，是发展的，它是会变得自己跟自己不同的。如果它是僵死的，是固定的，那么这个意识就死了，死了就不再有生命了，就不再是意识了。意识如果是意识的话，它是有生命的，它就必须要跟自己不同；一旦跟自己不同，它就会自己跟自己相比较，它就会自己对自己加以检验。因此，这种检验就将是意识自身跟自身的比较，"因为上面所作的那种区别属于它自身"。上面已经把意识和意识的对象区别开来了，把自己跟自在存在区别开来了，我们的认知是认知，真理则是要跟那个自在的存在相符合。那么这里头首先预设了一个区别，就是我们的认知跟自在之物是两码事，这个不能混淆。我们通常批评主观主义，说你把你想象的东西当作现实，那当然是不对的，日常意识也意识到这一点。但是黑格尔指出，你的这种区别，你的认知和你的认知对象的区别，实际上是属于意识自身的。就是上面所说的区别是属于意识内部的，这种区别是意识内部的区别，或者是属于意识自己跟自己的区别。这种区别就是既有区别又没有区别，我自己把自己区别开来，那个被区别开来的部分还是我自己。这种关系只有在运动中才能理解：后面的我可以审查、检验前面的我，因为我在变化中，自己与自己不同了。

意识在它自身就是**为一个**他者的意识，或者说，它一般说来在其自身就具有认知环节的规定性；同时，这个他者对意识而言，不仅是**为意识的**，而且也存在于这个联系之外，或者说是**自在的**；它就是真理的环节。

意识本身就具有认知的环节，这个前面已经讲过了，认知就是从意识的结构里面生发出来的；而这个结构就是意识和它的对象的不可分性，它与自己的对象既有区别又没有区别；换言之，意识就是为一个他者的，为一个对象的，而它的对象也是为意识的。而意识和它的对象的这种"互为性"也就是认知的环节，因为认知就是对象符合于意识，或者意识符合于对象。所以意识"一般说来在其自身就具有认知环节的规定性"，也可以说是对认知环节的规定。意识就它自身而言，就是为一个他者的意识，或者说，就是对一个他者而言的意识。任何一个意识都是对一个他者而言的意识，当然这个他者还是它自己的内容，只不过它自己把自己变成了一个他者。或者说当意识把自己发展成了一个他者，意识就与自己不同了，这个时候就有了意识的规定性。意识当它发展了的时候，当它回过头来看自己，那么它就对原来的那个意识有一个规定。意识的规定是这样来的。这个规定性，后来也就是所谓的确定性，认知的确定性就是这样来的。认知首先是确定性，那么确定性是为何而来的？是为了确定真理。但真理总是确定不了，于是确定性变成了不确定性，于是确定性又要去寻求更高的确定性，这就是《精神现象学》的发展历程。"意识在它自身就是**为一个他者的意识**"，就是意识本身指向一个与自己不同的他者，而对这种不同的意识就是一种规定。我们把这种不同规定下来，我就跟原来的意识已经不同了，不同在哪里，我就把它规定下来，确定下来，这就是认知的确定性。"或者说，它一般说来在其自身就具有认知环节的规定性"，一般说来，一个意识就具有认知的环节，而认知作为意识的一个环节，它是有规定性的。我们前面讲认知也好，真理也好，它都是从意识的结构中建立起来的，那么其中认知就是它的一个环节，这个环节属于意识中的规定性或者确定性的环节。但是同时它有另外一个环节，那就是自在的存在。自在的存在是另外一个环节，也就是作为真理性的环节。所以，"同时，这个他者对意识而言，不仅是**为意识**的，而且也存在于这个联系之外，或者说是**自在**的；它就是真理的环节"。意识本身包含认知和真理两个环节，认知是为意识的环节，而真理的环节是作为另外一个环节，它不仅是为意识的，而且是自在的。前面一个环节是为意识的，认知的环节嘛，认知环节的规定性，是我们的认知，它是为意识的，或者说它是主观的。那么另外一个环节是客观的，它不仅是为意识的。它当然也是为意识的，你在谈论它，它当然也让你把握，所以它也是为意识的；但是它不仅是这样，而且它也存在于这个联系之外，或者说是自在的。真理的环节就是自在的环节，意识本身就把自在的存在设定为在它和对象的关系之外了，意识里面包含意识和对象的关系，而这个对象被意识设定为在这个关系之外。每一种意识都是这样的，我们意识到一个东西，我们就意识到这个东西是不以人的意识为转移而存在在那里，这就叫意识了。否则就不叫意识，就叫幻觉，或叫做梦或发疯。你失去了客观存在的这种意识，你失去了这个东西不以你的意识为转移的意识，那就不是意识，那就是失去意识了，或者是意识错乱了。这个意识本身是要设定一个自在之物的，或者设定一个自在之物在它之外，也在它和对象的关系之外。我跟对象有一种关系，这种关系不仅仅是像康德所讲的，是我们主观中的现象的关系，而是用黑格尔的观点看，它是对我们的这种关系之外的一个自在存在的符合。而这就是真理性，就是真理的环节了。

因此，在意识于自身内宣称是自在的或真实的东西的那种东西上面，我们就有了意识自己提出来借以衡量其认知的尺度。

意识自身建立起自身的尺度，这个前面也讲了，意识自己给自己提供尺度。那么它是如何提供的呢？意识在自身中宣称一个东西是自在的或真实的，也就是意识虽然是在自身之内宣称一个对象，但是它把这个对象宣称为自在的对象，真实的对象。就是刚才讲的，意识要成为真正的意识，它就必须有一个对于客观世界的承认，对自在之物的承认，所以它把自己的那个哪怕像康德讲的由主观建立起来的对象，也还是看作自在之物，而并不是把它看作仅仅是现象。任何意识其实都是这样的。康德认为我设定的对象那当然是我的对象，不错，它是你的对象；但是同时，你也要把它看作是自在的，看作是真实的东西，而不是仅仅看作是向我显现的现象，乃至于假象，不是这种东西。"在意识于自身内宣称是**自在的或真实的东西**的那种东西上面"，意识在自身之内宣称有一个自在的东西，或者说，在自身之内宣称有一个在自身之外的东西。意识在自身之内宣称的那个东西，意识把它看作是在意识之外的东西。否则的话，那就不是意识，那就是幻觉，那就是做梦。意识在自身之内宣称有一个自在的东西，有一个真实的东西，那么在这个东西上面，在意识在自身之内宣称的那个真实的东西上面，我们就有了意识所提出来借以衡量认知的尺度。我们这里要注意，意识在自身之内宣称在自身之外的那个东西，就是意识建立起来的一个尺度，这就是意识的尺度。意识的尺度就是在意识之内宣称是在其之外的那个东西，意识的尺度就是从这里来的。意识就是用这个尺度来衡量认知。意识自己建立起借以衡量认知的尺度。它是在意识自身之内宣称的，当然它是主观自为的，但是它宣称是在自身之外的一个自在的真实的东西，所以它又是客观自在的。在这个上面，在既是主观的又是客观的东西上，就建立起了意识的尺度，它可以用来衡量意识里面所包含的认知。它的尺度还是意识自己建立起来的，但是它又不仅仅是主观的，意识恰好认为它是客观的。但是这个客观的尺度是在意识的自身之内建立起来的，而不是从外面塞进来的。

　　如果我们把认知称为概念，而把本质或真实的东西称为存在者或对象，那么所谓审查就是去看看概念是否符合对象。

　　现在我们有了尺度，就要拿来衡量认知了，如何衡量呢？下面就提出来两种方法。第一种，"如果我们把认知称为概念，而把本质或真实的东西称为存在者或对象，那么所谓审查就是去看看概念是否符合对象"，这是我们日常传统的观点，就是从亚里士多德以来的真理的标准，这个标准就是看我们的认知或概念是否符合对象。什么是真理？真理就是概念符合对象。那么，在这个真理里面。我们把认知称为概念，而把真实的东西称为对象。我们用我们的认知不是去把握莫名其妙的东西，不是去把握幻相，不是去把握想象出来的东西，而是要把握真实的东西，概念是要符合真实的东西它才是真理。那么真实的东西就是我们称之为对象的东西，真实的东西就被看作存在者或对象。自在之物就被看作这样一种对象,自在之物如果真的符合了它,那你就把握了绝对的真理。这是一种传统的观点。

但如果我们反过来,把**对象的本质**或自在称为概念,而把**对象**理解为作为**对象**的概念,即是说,就像概念是**对一个他者而言**的那样,那么,审查就是去看看,对象是否符合概念。

第二种是相反的观点。传统的观点就是概念符合对象,但是到了康德,他进行了一场"哥白尼式的革命"。就是说概念符合对象永远无法确定,因为它们分居于两岸。你的概念、你的观念永远只是你的观念,而对象永远在彼岸,你永远把握不了对象,那怎么办?康德就想,既然概念永远把握不了对象,那么我们不妨就反过来,看看对象是否符合于概念。反正是符合嘛,我也没有违反亚里士多德确定下来的真理的原则,还是概念与对象的符合;但是符合的方式不一样,我把它颠倒过来,变成对象符合于概念。这并不否定概念符合于对象,但是却表明了,概念之所以符合对象,是因为对象首先符合了概念,或者说,对象首先是由概念建立起来的,所以它才被概念所符合。概念当然符合于它自己建立起来的对象,不可能不符合。康德是做了这样的一种颠倒,这种颠倒是非常了不起的,对认识中的概念和对象的关系更深入了一个层次。既然我们没法确定概念符合对象,那么我们可以反过来想一想,首先把对象看作是符合概念的,是我们的概念、时空、范畴在现象界建立了一种对象。这个对象当然是符合我们的,是符合我们的概念、符合我们的主观观念的。那么在这个前提之下,我们再来理解我们的概念符合对象,我们就好理解了,因为这个对象不是自在之物,它只是我们建立起来的一个现象界。那么我的概念要符合这个现象界的对象当然是可以的,因为这个现象界就是我自己建立起来的,这里没有什么自在之物,自在之物我们把它撇开。但是黑格尔把自在之物的这条鸿沟跨越了,把它也纳入这个结构中来了。他认为现象和自在之物之间不存在这个分离,同时他接过了康德的哥白尼式的革命,把它做了他自己的解释。就是说对象符合概念,不仅仅是在现象界，我们所看到的现象界，我们在意识之内的这个现象界的对象符合概念，而且恰好是在意识之外的那个对象，它也符合我们的概念。因为我们的概念本身它就不仅仅是主观的，而且也是客观的。这就把这种鸿沟跨越了。"把对象的本质或自在称为概念，而把对象理解为作为**对象**的概念"，自在之物也是我们的概念。当然康德也已经提出来了，自在之物是我的概念或理念，但在康德那里，自在之物仅仅是我的理念，这个理念绝不能作为对象来认知，我们可以思维它而不可以认识它，这是康德的原则。自在之物我们可以想到它，我们可以对它形成一个概念，但是不能认识它，因为在它那里没有经验的内容。而在黑格尔这里，我们把它称之为一个自在的概念，把对象的本质或自在称之为概念，这个概念恰好是可以认识的，而且它本身就是一种认识过程。把对象的本质理解为概念，那当然也就意味着这个对象无非是作为对象的概念，或者说无非是以对象的形式出现的概念而已，它的本质实际上是概念。所以我们把对象的本质或自在称之为概念，这就跨越了康德。康德认为自在之物的本质，我们可以对它形成概念，但是仅仅是停留在我们的主观之中，它不是自在之物本来的样子。但是在黑格尔看来，对象应该被理解为作为对象的概念，以对象的形式所出现的概念，总而言之是概念。但是黑格尔的概念是了不得的，它不是康德所讲的那种抽象的概念。概念似乎我们只能想一想它，但是我们不能认识，不对。在黑格尔那里一切自在之物本质上都是概念，都是概念发展的一个阶段，概念发展到这个阶段采取了自在之物的形式，但是它本质上还是作为对象的概念。这个概念是能动的，不是康德的那种抽象的概念，只能想一想而不能去认识的概念。概念本身就是认识。

　　显而易见，这两种符合乃是一回事；可是具有本质重要性的是，对于整个检验过程必须坚持一点，即**概念和对象**，**为他存在**与**自在存在**这两个环节都属于我们所检验的这个认知本身，因而我们不需要随身带来尺度，也不需要在检验的时候用上**我们的**念头和思想；由于我们丢开这些

东西，我们就得以将事情如同它自在自为的那样来加以考察。

对象符合于概念也好，概念符合于对象也好，都是一回事。为什么是一回事呢？因为对象无非就是概念嘛。所谓对象符合概念、概念符合对象，由于对象无非是作为对象的概念，所以这无非就是讲概念符合概念。概念符合对象，其实是概念符合概念，对象符合概念，其实也是概念符合概念，都是一回事，都是概念的自相符合。但是这不是形式逻辑上的 A=A，也不是数学里面讲的等式，它是一个概念的发展过程。说它们是一回事，是讲的它们本质上是一回事，对象和概念是同一的，存在和概念是同一的，或者说思维和存在是同一的。思维所认识的那个对象就是思维本身。所以思维符合于存在也好，存在符合于思维也好，在它们的本质上都是一回事。整个认知过程就是不断自我检验的过程，看我们的认知是否符合真理，看我们的概念是否符合对象。你看它是否符合，那不是检验吗？那么检验就有一个标准啦，你用什么标准来检验？他说，在这个过程中要坚持"**概念和对象，为他存在与自在存在**这两个环节都属于我们所检验的这个认知本身"，没有什么东西是从外面添加进来的。为他存在我们可以把它理解为概念，自在存在我们可以把它理解为对象，概念是为他的存在，就是说概念是要认识它的对象的。概念相当于认知，这个自在的对象相当于真理。认知就是要把握真实的东西，所以认知和概念都是为他的，都是为了要把握那个真实的东西，而那个对象本身是自在的，它在那里，让你去把握它。这个"它"好像是被动的，认知是主动的，主动的认知就是为他存在，而被动的它，那就是自在的存在。它是这两个环节，就是概念和对象，或者说是为他存在和自在存在。那么这两个环节都是属于我们所考察的这个认知本身，是认知本身把对象设定为自在存在的，并不是先有一个自在存在在那里，等着你去认知它。是认知才把自在存在设定为在自身之外。认知本身可以把它自身的一个环节设定为在它之外，这是康德没有想到的，其实他已经这样做了。康德认为如果他不设定一个自在之物就会出现自相矛盾了，我面前出现了一个现象,但是这个现象却没有一个显现者,那不是自相矛盾吗? 所以必须设定一个自在的显现者。康德的这种解释很勉强。你说自在之物不可知,但是你为什么知道有一个自在之物? 你知道这个自在之物"有",那你不是已经知道了么? 所以他是很勉强的。但是黑格尔没有这个问题。我知道有自在之物,这是我的意识已经设定了的,我必须要这样设定,否则的话,我的意识就不成其为意识,我就没有意识。既然我有意识,我就要设定意识之外的东西,这就是意识,这就是意识本身的结构。所以这两个环节都属于我们所考察的认知本身。我们现在要考察认知如何变成科学。"因而我们不需要随身带来尺度,也不需要在检验的时候用上**我们的**念头和思想",我们这些人在研究《精神现象学》的时候不要有先入之见,我们是客观的观察,顺天应人,与时而进。"由于我们丢开这些东西,我们就得以将事情如同它**自在自为**的那样来加以考察"。自在自为的,既是自在的也是自为的:它是不以我们的意识而转移的,所以它是自在的;但它又是自为的,是自己有为、自己运动、自己发展着的。所以自在之物在黑格尔那里既是自在的又是自为的。自在的就相当于康德的那种绝对的客观性;但是它又自为的,它自己是为自己的,它为自己而运动,这才提供了我们去考察它的可能。所以我们就得以将事物如同它自在自为的那样来加以考察,也就是客观地加以考察。所以黑格尔认为他的《精神现象学》是科学,在什么意义上是科学的? 在我们的这种客观态度上是科学的。科学要求不要有先入之见,要按照事物本身的规律去考察事物本身,要把握绝对的认知。为什么我们能做到这一点? 是因为这两个环节本身就在认知之内,所以我们不需要带来别的尺度,也不需要突发奇想,我们只需要遵守这个认知本身的本性。我们只需要从旁边观察它。下一段。

但是,并不仅仅是就这一方面,即就概念和对象、尺度和要作审查者都已现成存在于意识自身之内这一方面来看,我们的任何额外做法都是多余的,而且,我们甚至也摆脱了比较双方并作彻底**审查**的辛苦,以至于由于意识是自己审查自己,就这一方面看,留给我们的也只有单纯地袖手旁观了。

这是接着上面一句话来的。"要作审查者",就是审查的主体。我们的意识已经摆在这里了,我们要对意识进行研究,就是意识要对意识本身进行审查,审查的尺度和要作审查者、或者运用尺度者,都已现存于意识自身之内,我们考察意识的人就只能袖手旁观了。这是我们不作为的一个理由,就是概念和对象、尺度和要作审查者都已现成地存在于意识自身之内。我们的任何额外行动都是多余的,我们只需要旁观就够了。但是不仅仅是这个理由,还有一个理由也使我们不能作为。这就是,"我们甚至于也摆脱了比较双方并作彻底审查的辛苦",我们是可以旁观,但是我们是不是就可以把摆在我们面前的东西加以比较,并且作彻底的审查呢?也就是能否把意识自身的两个环节看作是静止的两个环节摆在前面,然后我们通过这种比较对双方进行彻底的审查?那么这样一种工作我们也摆脱了。我们甚至在这方面也可以袖手旁观。我们袖手旁观可以从两个方面来看,一方面概念和对象都已经现成存在于意识自身之内了,不需要你从外面找来一些什么尺度,这是其一;那么更进一步是,我们把意识看作是已经在自我审查的,它不需要你去额外做什么加工处理,你的处理只会干扰它的进程。所以概念和对象虽然是现存于意识自身之内的,但是它们并不是静止地摆在那里,让你去做比较,让你去做彻底的审查,而是意识会主动地自己审查自己。意识里面的两个环节不是单纯地摆在那里,而是一个能动的过程,所以你就只能客观地看它怎么审查自己就得了。前面的理由是静止的,后面的是动态的。既然意识是自己审查自己,你要紧紧跟随着它,看它是如何审查自己的。

因为意识一方面是对象的意识,另一方面又是对它自己的意识;意识是对在它看来是真实的东西的那种东西的意识,又是关于它对这种真实东西的认知的意识。

[60]

　　这一句话是解释意识自己审查自己的。意识如何能够自己审查自己？"因为意识一方面是对象的意识，另一方面又是对它自己的意识"，就是意识是关于两个方面的。一方面是关于对象的意识，另一方面是关于它自己的意识。从这里我们可以看出来，意识本质上就包含有自我意识。如果说，意识一般就是关于对象的意识，那么自我意识就是特别地把自我看作对象的意识。只有把自己看作对象，一个人才有了自我意识。我们说一个人缺乏自我意识，他就是不会把自己看作对象，就是不能从旁人的眼光来看自己，把自己当作对象来观察自己。他总是从主观的眼光来看自己，我要怎样就怎样，这个人就欠缺自我意识。如果他能从旁人的眼光来看自己，把自己看作是对象，他就会想我这样做恰不恰当，对不对，别人会怎么看，他就把自己当作一个对象了，就能控制自己了。你如果连把自己看作一个对象都做不到，那你怎么能控制自己？那你就跟一个动物差不多了，完全依靠本能了。所以意识里面其实就已经包含了自我意识，当然它这里还没有讲到自我意识，《精神现象学》里面意识和自我意识还被当作两个阶段，但是在意识里面它已经显露出来，一方面它是关于对象的意识，另一方面它又是关于它自己的意识，或者说把它自己看作一个对象的意识。对象的意识和自我意识是同一个意识。自我意识就是把自己当作对象，并且正因为如此，它也可以把对象当作自我。它把自己当作一个对象，但是它同时又意识到这个对象就是它自己。所以，它能把对象当作自己，那么由此扩展开去，对象不只是你自己这个对象，别的人、别的东西、万物都是对象，那么你就可以把万物设想为自己了。这就是中国哲学讲的"民胞物与"了。一个有自我意识的人也就是一个具有同情心的人，也就是一个具有理解他人能力的人，这就是自我意识。自我意识并不是说单纯的我行我素，我要怎么样就怎么样。自我意识恰好就是对象意识，恰好就是将心比心地把自己看作他人、把他人看作自己的这种意识。他能够理解他人，用自己的心去体贴他人。这个黑格尔在后面讲到自我意识的时候要讲到的，自我意识就是"类意识"，我就是我们，我们就是我。这个是非常经典的自我意识命题。这里当然还没有讲到这一步。这里只讲到意识一方面是关于对象的意识，另一方面又是关于它自己的意识，那么意识当然就可以审查自己了。因为它把自己当作对象，"意识是对在它看来是真实的东西的那种东西的意识，又是关于它对于这种真实东西的认知的意识"，这跟前面讲的还是同一个意思。就是一方面它是关于对象的意识，这个对象是什么呢？这个对象在它看来就是真实的东西，包括它自己。意识对它自己也可以看作对象，而这个对象也被看作是它自己的真实的东西，真实的自我。我们说寻找自我，为什么要寻找自我？因为真正的自我是要靠它自己去认知的，靠它自己去把握的，不是说它已经现成地在那里，而是必须要去寻找的。这个对象被它看作是真实的东西，是它的真我，这个我有一个真我在某个对象上。意识本身有一个真意识在，意识本身的真实性、意识作为真实性的存在也是意识本身的一个环节。意识是对在它看来是真实的东西的那种东西的意识，它意识到我的这个对象是真实的，这就是意识里面的环节。同时它又是关于它对这种真实的东西的认知的意识。一方面是真实的东西，它这个东西是真的，不是假的，另一方面又意识到，它对这个真实的东西有一种认知，或者意识本身就是对这个真实的东西的认知。前面是客观的，真实的东西，意识里面包含着客观的环节，就是它意识到它的对象是真实的东西；但是同时又是主观的环节，就是它同时又是对这个真实的东西的认知和把握，我在认知这个真实的东西。那么我就要对这个真实的东西加以把握，加以认知。可见，客观方面和主观方面都是意识本身的两个环节。

由于两者都是**为同一个意识的**，所以意识本身就是它们两者的比较；它的关于对象的认知是否符合这个对象，乃是**对这同一个意识而言的**。

这两者都是为同一个意识的，一方面，第一个环节就是它意识到在它里面有一个真实的东西呈现着；那么另一个环节就是，它意识到在这个里面有它对真实的东西的认知。但是真实的东西也好，对真实的东西的认知也好，都是同一个意识本身的环节，所以它们两者都是为同一个意识的，也就是对同一个意识而言的。所以意识本身就是它们两者的比较，一个是真实的东西，一个是对真实的东西的认知，或者一个是真理，一个是认知。这两者是不同的，但是又是同一个意识的两个环节。"它的关于对象的认知是否符合这个对象，乃是对这同一个意识而言的"。关于对象的认知是否符合这个对象，如果符合，那就是真实的东西，那就是真理了，——这是对同一个意识而言的，是为同一个意识的。也就是说，不是对别的意识而言的，也不是对意识之外别的任何东西而言的，就是对这个意识本身而言的，因此也要由这个意识本身来决定、来解决。那么只有对意识而言，这个认知是否符合这个对象才有意义，如果不是对这个意识而言，如果是完全不以人的意识为转移的客观存在，把人的意识完全从里面排除掉，像康德那样的一个自在之物，那就没有意识，也没有真理了。康德其实也做不到完全把意识排除掉。所以黑格尔认为它们其实都是对同一个意识而言，只有对同一个意识而言，才有对象的认知是否符合这个对象的问题，才有认知和真理之间的关系的问题，也才有这两者之间的比较问题。

虽然对意识来说，对象看起来好像只是意识认知它的那个样子；意识看起来似乎不可能窥探到对象的**不是为意识的**、而是如同其**自在的**存在的样子，因而也就不能以对象来审查它的认知。

这都是虚拟式，好像、似乎、看起来。"虽然对意识来说，对象看起来好像只是意识所认知它的那个样子"，看起来对象仅仅是意识所认知的那个样子，比如说康德讲的，我们所认知的只是现象，我们认知的是现象向我们呈现出来的那个样子，对象只是在现象中被我们把握的那个样子。看起来康德说得蛮有道理，我们的认知只能是我们认知到的，而我们不能认知到的东西是我们不能认知的。"意识看起来似乎不可能窥探到对象的**不是为意识的**而是如同其**自在的存在**的样子，因而也就不能以对象来审查它的认知"，按照康德的观点，自在之物不是为意识的，它在意识之外，虽然我们能够思考它，能够为它设定一个理念，但对象本身自在的那个样子我们不知道。我们不能窥探到对象自在的存在的样子，那是只有上帝才能知道的，康德讲这是因为我们没有知性直观，我们只有感性直观。感性直观是很被动的，自在之物刺激了我的感官，我才有直观，没有刺激到我，我就不能直观，我怎么能凭借我的感性直观去窥探到自在之物本身是什么样子呢？只有上帝才能够，上帝才能赋予这些自在之物以直观的内容。一切知识如果没有直观的内容，就不是知识，就是空的。我们人没有知性直观，就不能赋予自在之物以内容，我们就不能认知自在之物。这是康德的观点。看起来好像是这样。"因而也就不能以对象来审查它的认知"。这个对象就是自在之物，我们以自在之物来审查这个意识的认知活动，那是做不到的。我们的标准只是在我们自身中固有的一套先天范畴，那才是审查的标准，但是这种审查是主观的，只能审查在我们意识中出现的现象，对于自在之物的真理那就免谈。我们姑且把现象中的认知称之为真理，但是这个是大打折扣的，这个真理的意思只是我们的观念符合我们自己建立起来的对象，而不是符合于那个自在存在的对象。这个真理其实是假的，其实是在我们主观中呈现出来的这样一个真理。它不符合真正的自在的对象，因此没有真理性。所以就不能够根据认知的对象、自在之物来审查认知，按照康德的观点这是没有办法审查的。

{60} 　　但是，正由于意识一般地具有关于一个对象的认知，这就已经现成地有了这种区别：对**意识**来说，有某种东西是**自在的**，但另一环节则是认知，或者说是对象的**为这个**意识的存在。

　　前面是对康德的观点的一种虚拟式的陈述。"但是"这后面就是黑格尔自己的观点了。按照黑格尔的观点，"正由于意识一般地具有关于一个对象的认知"，这个是康德也不能完全否定的，他否定我们有对自在之物的认知，但是承认我们一般地具有关于一个对象的认知。一般的对象，这里头包括先验对象，也包括经验对象，也包括自在之物。那么康德认为一般地说，我们的意识是具有关于一个对象的认知的，当然他这里是指我们对经验对象的认知，这也是关于对象的认知；那么关于对象的认知，他认为我们用一个先验对象的表象去把握经验的对象就形成了我们的经验知识。但是这个先验的对象也可以被理解为自在之物，那我们在这时候就没有认知了。当你把先验对象用在空的地方的时候，它就结不出果实来了。但是这个先验的对象还是一个有关一般对象的认知，只不过是看你用在哪里，你用在经验上面，你就可以得出真正的知识，用在自在之物上面，你就是空的，这就是康德的观点。而正由于意识一般地具有关于一个对象的认知，黑格尔认为"这就已经现成地有了这种区别：对**意识**来说，有某种东西是**自在的**，但另一环节则是认知，或者说是对象的**为这个**意识的存在"。就是说，这个里头现成地有了这个区别，对意识来说，有一种自在之物，它是没有被认识的，或有待认识的；但是另一个环节则是认知，或者说是对象的为意识的存在，这是使得对象可以被认知的。而这是康德没有认识到的，他只认识到，对意识来说，有一种自在之物，但是另一个环节，则是认知，这个认知就是说是对象的为意识的存在，这就超出了康德的视野了。就是在意识中的那个对象，你也可以把它看作是自在之物。但是，它恰好是为意识的，这个环节你不能丢。康德就是在这方面丢掉了一个环节，自在之物它就不是为意识的。我的意识可以设定它，但是一旦设定了它，我就不能认知它了。但是黑格尔认为还有另外一个环节，所以他的重点就是在这后一个环节，这个环节就是认知，或者说是对象的为意识的存在。对象不是单纯的自在的存在，它同时也是为意识的存在。它是可以认识，可以被认知的，它是可以向意识敞开、进入意识中来的，同时它也是意识自己建立起来的。虽然它在意识之外，但是它还是意识一步步地建立起来的。意识把它自身建立在自身之外，意识具有这样一种功能，这是意识的一个很重要的环节，在康德那里恰好把这个环节抛弃了。这是黑格尔的观点。

　　审查就是基于这个现成存在着的区别之上的。

认知和自在之物,这是一个现成存在着的区别。刚才讲了,意识一般地具有一个对象的认知,这里就已经现成地有了这种区别,就是有了两个环节的区别,一个环节是自在存在,另一个环节是为意识的存在。这两个环节现成地就有区别。那么这个现成的区别就是审查的基础。有了这种区别,我们就可以进行审查了,自在的存在是不是为意识的存在呢? 或者为意识的存在是不是符合于自在存在呢? 我们就有了审查的可能,有了审查的尺度了。所以审查是基于这个区别之上的。

如果在这个比较中,双方不相符合,那么意识看来就必须改变它的认知,以便使之符合于对象;但在认知的这种改变中,对认知而言,改变了的实际上也有对象自身;因为从本质上说,现成的认知原来就是一种关于对象的认知;连同这个认知一起,对象也变成了另外一个对象,因为它本质上是属于这个认知的。

我们刚才讲,审查是基于这样一种区别,这种区别使得审查得以可能,使得我们把区别的双方加以比较,看它们是否互相符合。所以他讲,"如果在这个比较中,双方不相符合,那么意识看来就必须改变它的认知,以便使之符合于对象","看来"这个地方也是虚拟的口气,也就是一般的日常的看法了。通常人们都会认为,如果主观和客观不相符合,那么就应该改变主观看法,使之符合于客观。这种看法当然也不能算错。"但在认知的这种改变中,对认知而言,改变了的实际上也有对象自身;因为从本质上说,现成的认知原来就是一种关于对象的认知"。就是说你改变你的观点使它符合对象,那么这个对象还是原来的那个对象吗? 在认知的改变中,对认知而言,改变了的事实上也有对象自身,就是说当你的观点改变了,要去符合对象的时候,那么对象自身也改变了,对象已经不是原来那个对象了。你原来犯错误的时候,你以为那是你的对象,当你改变观点去符合对象的时候,这个对象也已经不是原来你以为的那个对象了,它本身也发展了,也变化了。认知改变了,对象也改变了。因为从本质上说,现成的认知一开始就是一种关于对象的认知,它跟这个对象本是不可分的。有什么样的认知就有什么样的对象，有什么样的对象，也就有什么样的认知，这两者是牵一发而动全身的。你不能说，我的主观的观念改变了，那个对象还没有改变，还是原来的那个对象。就像我们对历史的重新认知，那就意味着历史的这个对象在我们的意识中也已经改变了。那么我们今天认知的历史对象已经不是昨天所认识的那个历史对象，昨天的对象已经陈旧了。你也可以很客观的，比如对历史上的曹操和潘金莲的认识今天也发生改变了。我们的评价发生变化了，意味着我们的对象也已经改变。我们当初的对象是那样一个对象，而今天的对象也已经改变了。我们认为我们的认知更符合对象，更符合什么对象？更符合我们今天所认识的对象。这个很有点现代解释学的味道。有的人就会说，那事情本身总有一个客观的对象在那里，有一个绝对的对象在那里。但是伽达默尔的解释学认为那个东西是一个自在之物，如果你要去追究当时当地的那个东西是怎么样的，那个东西已经过去了，你追不回来的，所有你对那个对象的概念，都是你建立起来的。历史是人建立起来的，历史不是绝对客观的，没有绝对客观的历史，历史实际上是历史的意义。至于当时发生的那些具体的事情，作为自然现象，那就还没有进入历史，作为自然事物的那些史料、那些事实、那些客观的东西，当然它是存在的，但是它作为存在的"意义"是人建立起来的。历史的对象是人给它建立起来的，一切历史都是当代史。也可以说，今天的解释学（Hermeneutik）就是从黑格尔的历史辩证法里面生发出来的。就是说对象的认知一旦改变，对象本身也就改变了。因为现成的认知本质上就是对于对象的认知。你不能说对于对象没有认知，或者说，它偏离了这个认知，它打空了，你不能这样说。即使它打空了，它也有它的对象，它也有它的指向性，那个指向性就是它的对象。而今天不过是又有了新的对象而已。"连同这个认知一起，对象也变成了另外一个对象，因为它本质上是属于这个认知的"。认知和对象同时发生了变化，因为对象本身是属于这个认知的，不是康德所说的不可认知的自在之物。

因而对意识而言就成了这样，先前对它而言是**自在**存在的那种东西就并不是自在的东西，或者说那只是对它而言才曾经是**自在**的。

通过这样一个过程，就是在意识中认知为了去更正确地符合对象而改变自己，同时对象也被改变，这样一来，"对意识而言就成了这样"，即先前它视为是自在存在的那种东西并不是自在的。最开始的那个对象，它认为是自在存在的，它把它放在自己之外嘛，即使它认错了，也是把对象当作是客观的、真的而认错的，它是后来才发现这对象不是真的。我们讲，意识本身它就把它的对象设想为是自在的，设想为它是处于意识和对象的联系之外的一个自在的东西，那么在这种情况下，它原来看作是自在存在的东西，在它认识到自己的错误时就并不是自在的了。它这个时候就发现，它原来的那个东西并不是自在的，或者说，那只是对它而言，在当时被它看作是自在的。那么推而广之，我现在认为是自在的那个对象，难道就能够担保不被以后的认知所推翻吗？如果不能担保，那么任何自在的对象就都无法真正立住足了，但意识本身的结构中却必须要有自在的对象这个环节。怎么办？只有一个办法，那就是把对象的自在存在看做一个过程，一个不断扬弃旧的自在而进向新的自在的过程，或者自在存在本身就是一个自我扬弃的过程。如果按照康德对自在之物的固定看法，那么对认知而言，对象不可能是自在的，而既然是自在的，那就不是对任何认识而言的。但是黑格尔接过了自在的这个术语，同时把它扭向相反的方向，就是有一个自在的对象，它只是对意识而言是自在的，或者是意识把它看作是自在的，但它不是固定不变的，而是动态的，从曾经的自在变得不是自在而让位于新的自在。康德意义上自在的是不以意识为转移的自在，但是自在这个概念被黑格尔接过来加以改造，自在本来只是对意识而言的。

所以当意识在它的对象上发现它的认知不符合于这个对象时，对象自身也就坚持不下去了；或者说，当尺度应成为其标准的东西经不起审查时，审查的尺度也就改变了；而审查不仅是对于认知的一种审查，同时也是对审查尺度的一种审查。

在这样一个认知的运动中，不光是你的意识要改，要运动，要向前推进，而且这个自在的对象本身，随着你的认知的改变，自身也就坚持不下去了。你的认知已经改变了，对象怎么还能一直摆在那里以不变应万变呢。认知一变，对象也就不能坚持在那里。"或者说，当尺度应成为其标准的东西经不起审查时，审查的尺度也就改变了"。用尺度作为标准来衡量它的那个东西，也就是那个对象，如果这个对象在审查中站立不住、经不起检验，那么审查的尺度也就改变了，我就不再用这个对象作为尺度，而是采用新的对象作为尺度了。审查所采用的尺度在日常意识里面就是自在的存在，就是客观的对象，我们把客观存在当作一个尺度，用来衡量我们的主观观念。但是当这个被衡量的东西改变了，就是我的主观的认知改变的时候，那么衡量的尺度，这个客观存在本身也就改变了，你审查所使用的尺度本身也就被改变了。尺度本身是在不断改变的，我们通常认为被衡量的东西是变来变去的，我们用固定的尺度去衡量这个，衡量那个，尺度本身是不变的。但是在黑格尔这里，当被衡量的东西改变了，尺度也就改变了。这个是很吊诡的。"而审查不仅是对于认知的一种审查，同时也是对审查尺度的一种审查"，就是审查不仅是对认知的一种审查，看概念是否符合对象，而且是对审查尺度的一种审查，就是这个审查要回过头来对审查尺度本身进行审查，看对象是否符合于新的概念。当然这种对审查的审查本身由此就成了一个动态的过程。原来这个尺度就是对象，用对象来衡量认知，那么认知不符合，不符合怎么办？改变认知。一旦改变认知，对象也就改变了，你就要用新的尺度来衡量认知。你再不能用老的尺度，不能刻舟求剑。所以整个这个过程就是对审查的审查，不断后退、也可以说是不断前进，不断探索到后面去，看后面还有什么，对尺度的尺度加以探索。这还是从笛卡尔以来的"我思故我在"的传统来的。我思故我在，就是探索到我的后面的那个尺度，我思的一切内容都要用我来衡量。但是后来斯宾诺莎批判笛卡尔说，笛卡尔认为一切认知、一切知道都必须先知道我知道，而一切知道我知道又都必须预先知道我知道我知道……，这就陷入一种无穷后退。斯宾诺莎认为这是玩的一种花招，你知道就你知道，不用知道你知道你知道，不用后退，直接就是自明的，就在那儿。那么黑格尔则肯定了这种无穷后退，并且把这种无穷后退变成了一种无穷前进。就是说，不是要预先知道我知道我知道，而是说，你要对我为什么知道去不断地进行探索，对后面的前提不断地去追溯，对那个尺度、那个标准不断地去寻求，这样才能不断地接近绝对标准。当然黑格尔这个观点基本上是从斯宾诺莎出发的，就是说，先不用把无穷的后退都找到，然后再去进行绝对的比较，而是要直接起步，这个他是同意斯宾诺莎的，他提出要从直接性出发；但是斯宾诺莎停在直接性那里，他不出发，黑格尔则认为要从直接性走向它的前提，走向它为什么要出发的前提，何以可能的前提。所以他是从斯宾诺莎出发，按照康德的回溯之路，回溯一个东西何以可能。但是他把这种回溯当作一种前进，不是我在回溯，而是这个东西自己在发展。意识自己展示出它为什么能够知道，它的前提是自己展示出来的，不断地深入它自己的前提。再看下面一段。

我们刚才最后得出了意识的这种审查，从审查的角度看，我们是不断后退的，我们不断地审查过去的东西，前面的东西，这是一个无限地回溯，无限地后退的过程。当然在黑格尔这里实际上是前进的过程，是意识本身发展的过程，不断地从低层次向高层次生长的过程。你要从审查的角度看，它就是不断地后退，你要从发展的角度看，它就是不断地前进。

意识对它自身——既对它的认知又对它的对象——所实行的这种**辩证的运动，就其从中替意识产生了新的真实对象而言**，真正说来就是人们称之为**经验**的那种东西。

意识的这种自我审查、自我否定或者自我扬弃的运动是一种辩证运动，一方面是它的认知的自我否定，另一方面是它的对象的自我否定。这种辩证运动必然会替意识产生出新的真实对象，在这样一个过程中会

84

不断地产生出越来越真实的对象，而这真正说来，"就是人们称之为**经验**的那种东西"，经验打了着重号。在《精神现象学》里面，经验是非常重要的概念，《精神现象学》本身就是"意识的经验科学"。但是这个经验不能等闲视之，不是我们日常认为的那种经验，不是那种由感官所产生的印象，以为那就是有了经验。人们通常称之为经验的东西很平淡，万万没有想到这是辩证的运动所产生出来的常变常新、日益真实的对象。经验派自己也认为经验是不可靠的，后来发展到休谟的怀疑论。经验派并不真的认为经验能够获得真理，反而是黑格尔这样一个理性主义者，他倒认为从经验中能够获得真实的东西，虽然不是绝对的真理，但却是一个真实的朝向绝对真理的辩证运动，这才是真实的东西。意识的这种辩证运动，就其从中替意识产生了新的真实对象而言，就真正是人们称之为经验的那种东西。真正的经验能够产生真实的东西，但是要把它放在辩证运动中看。后来胡塞尔的现象学也非常看重经验，甚至可以说，只有理性派才认真对待了经验派的经验，而经验派本身反而是不太认真对待经验的，虽然他们依赖经验，但是他们对经验无可奈何。而黑格尔一旦把经验理解为辩证的运动，就把它理解成了走向真理的一条现实的道路。虽然是怀疑之路，但是同时也是通往真理之路。

在这种联系中，有必要把刚才谈到的那个运动过程中的一个环节更加具体地凸显出来，以便以一道新的光明普照下面陈述的科学方面。

这里提出了一个话头，在这种联系中，也就是在这种辩证运动中，必须重点突出其中的一个环节，以便以一道新的光明来普照后面的陈述，照亮它的科学方面。一个什么环节？刚才那个过程有两个环节，一个是日常意识所承认的我们的认知要符合对象，另外一个环节是对象要符合认知，它们这两个符合其实是同一个过程。因为对象被看作是概念，意识也是概念，双方的互相符合是同一个过程，但是这两个环节又是不一样的。日常意识认为概念要符合对象，而辩证的意识认为对象要符合概念，后面这个环节在黑格尔看来更重要，必须要凸显出来。之所以更重要，一个是它的层次更高，再一个，在当时被人们所忽视。这个环节一旦被凸显出来，它就照亮了后面要讲的东西，解释了它们的科学性。对象符合于概念，这是理解黑格尔的科学性含义的最关键的钥匙。

意识知道某种东西，这个对象是本质或**自在**；但是它也是对于意识而言的**自在**；因此就发生了这种真实的东西的模棱两可性。

"意识知道某种东西"，这个"某种东西"（Etwas，某物）打了着重号，就是指一般对象。康德讲一般对象的概念，先验对象的概念。有了先验对象的表象，你就可以把经验材料综合起来，把它统摄起来，使它达到统一性，使它形成一个经验的对象。但是一般对象，不仅仅是能够认识的对象，也可以指不能认识的对象。这个对象不能认识，但是我们也有一个先验对象的概念。这是康德那里讲的"一般对象"。某物，包括现象的某物和自在之物。"这个对象是本质或自在"，那么黑格尔这里讲的就是自在之物，就是本质的存在，自在的存在。意识知道有某种自在的存在，前面讲了这是意识本身的结构。"但是它也是为意识的自在"，它是自在的，但它也是为意识的。这个前面也讲了，为意识的和自在的这两者在康德那里是势不两立的，而在黑格尔这里是一回事。自在的是你的意识把它设定为自在的，所以它也是为意识的。那么这里就有两个方面了，一个是对象是本质和自在，一个是这个自在又是为意识的。"因此就发生了这种真实的东西的模棱两可性"，就是这个真实的东西，这个自在的对象，它有双重含义，一个是就它的自在存在而言，另一个是就它为意识而言的。真实的东西，什么是真实的东西？是自在的是真实的，还是对意识而言是真实的？那么真实的东西就出现了这样一种模棱两可，具有双重含义。

[61]　　　我们看到，意识现在拥有两种对象，一种对象是第一个**自在**，另一种对象是**这个自在为意识而存在**。

从真实的东西的双重含义中得出了意识的两种对象，即自在的对象和为意识的对象。第一个对象我们可以说它是客观的，第二个对象我们可以说它是主观的。或者不如说，第一个对象是主观见之于客观，第二个对象是客观见之于主观。后面这个对象，虽然我们把它叫做自在，但是是意识把它叫做自在，它还在意识中，它是为意识的，或者是对意识而言的，它只对意识而言才是自在的、客观的。黑格尔要突出强调的是后面这种对象。

后者初看起来好像只是意识在其自身中的反思，不是一种关于对象的表象，而只是关于意识对前一种对象的认知的表象。

初看起来好像是，也就是一般人一眼看去会认为，后一种对象单纯只是主观的，为意识的存在就是意识在其自身中的反思嘛，意识把自己所建立的东西看作是对象，那么这个对象它本来就是意识，现在意识把它看作对象，那么这个对象也是为意识的。这显然就是一种自我反思，一种自我意识，"不是一种关于对象的表象，而只是关于意识对前一种对象的认知的表象"，它不是关于自在的对象的表象，虽然它也可以说是对于对象的一种意识，但是它不是关于自在的对象本身的表象，而是关于意识对前一种对象的认知的表象。意识对前一种对象也就是自在的对象进行认知，那么我们的意识对这种有关对象的认知也有一个表象。所以后面这种表象，只是意识在对一个对象进行认知的时候，我们把这种认知当作对象，它也是存在的，但是这个存在是为意识的。我们把这个认知当作意识的对象。前一个对象是没有认知，我们把这个对象设想为在我们的意识之外，这是前一个对象；而后一个对象，就是我们对这个在我们之外的对象加以认知的时候，我们把这个认知当作对象，那它当然就是为意识的。这是一个区别，也就是前者是客观的，后者是主观的，两者完全不同。但这只是初看起来好像如此，只是一种肤浅的看法。所以黑格尔下面就反驳了：

但是如同前面所指出的，前一种对象在此对意识而言改变了自己；它不再是自在存在的，它对意识而言成了这样一种**只是为意识而自在存在**的对象；但这样一来，这个**自在的为意识的存在**就是真实的东西，但这又等于说,这个东西就是**本质**,或者说就是意识的**对象**。

前一种对象就是自在之物,它在此、也就是在这种辩证运动过程中,对意识而言改变了自己,就是这个自在之物也改变了自己。我们以为是自在之物的那种东西,我们把它作为一种标准来衡量我们的认知,我们以为我们的认知与它不相符合,我们改变我们的认知以符合于原来那个对象,但是原来那个对象在这种关系中,已经不是自在之物了,已经受到我们自己的改变,或者是随同我们认知的改变而改变了。黑格尔认为,自在之物的对象在认知的过程中,就变成了一种为意识的对象,我们把我们以前犯错误时所以为的对象全部搜集起来,同时我们现在以为正确认识的对象在将来也会成为不正确的对象,我们也把它搜集起来,所有这些对象的总和就构成了自在对象的一个发展历程,它完全是为意识的。但自在存在并没有被否定,它还是自在存在,只不过这个自在存在是由意识把它设定为自在存在的,那么这个自在存在的对象是什么样的,那就取决于什么样的意识。你的意识要改变,那自在之物岂不是也要改变吗?这个随着意识改变的自在之物,虽然是为意识的,但却并不是主观的,而恰好是一个客观的过程,或者说是一种主客互动的过程。这就反驳了前面那种初看起来的观点。所以说,"但这样一来,这个自在的为意识的存在就是真实的东西,但这又等于说,这个东西就是本质,或者说就是意识的**对象**",只有在运动中,意识不断地去符合自在的存在,而自在存在的对象也不断地为意识去改变自身,那么这样一种自在的为意识的存在才是真实的东西,这样一个过程才是真实的过程。这就等于说,这个东西就是本质。什么是本质?本质就是既是自在的存在又是为意识的存在,说得明白一点就是思维和存在的同一性。意识的真正对象就是这样一个过程,就是这样一种辩证运动的过程。它是一个动态的对象。

这个新的对象包含着第一种对象的无效性;新对象乃是关于第一种对象所造成的经验。

这个新的对象,也就是这个自在的又是为意识的存在的对象,这个对象黑格尔称为新的对象，这个时候形成的这个对象的概念，是主客统一的对象的概念。这样一种对象包含着对第一种对象的否定，也就是显示了第一种对象的无效性（Nichtigkeit）。第一种对象就是自在存在、自在之物，也就是康德意义上或者日常意义上的不以人意识为转移的客观存在。这样一个对象在新的对象中已经失效了，新对象包含着对自在之物的否定或扬弃，与人的认知相对立的那个对象在新的对象这里被无效化了。但是第一种对象也有它的功劳，就是它在意识的运动中造成了经验，新对象不是一开始就设定的，不是突然蹦出来的，而是对第一种对象的经验，由此形成了"意识的经验科学"。整个《精神现象学》就是一系列意识经验的过程，那么新的对象是什么经验呢？是关于第一种对象所造成的经验，是有关自在之物的，但是呢，是被经验造成的。虽然自在之物本身是不可以被经验到的，但意识拼命去追求自在之物，这就造成了意识的经验，而新的对象就在这种经验中诞生了。所以新对象是关于第一种对象所造成的经验，它跳出那种固定不变的抽象对象，体现为一个过程，一个经验的历程。新对象要不断更新，它不是一个经验，而是一串经验，是这一串经验的整体。

　　在对经验过程的这个陈述里，有一个环节似乎是使这里所说的经验与通常所理解为经验的那种东西不相一致的。

　　在这个陈述里，经验是一个过程，那么这个经验过程与我们通常理解的经验是不同的。日常理解的经验是零散的，是杂多的，是偶然凑合的。而现在所谈的经验则是各个阶段贯通一气的，从低级到高级发展起来的。那么，是哪个环节使得这种经验与日常的经验有这样的区别呢？这就是这一段所要解决的关键问题。

　　因为从第一种对象以及从这种对象的认知过渡到另一种对象，即过渡**到**人们会借以说经验已被造成了的**那种对象**，这种过渡会被说成是：对第一种对象的认知、或第一种自在的**为**意识性，本身应当成为第二种对象。

从第一种对象过渡到另一种对象，第一种对象就是自在之物；以及从这种对象的认知，我们对自在之物的认知，过渡到另一种对象，——自在之物不是不能认知，是可以认知的。但是呢，往往一认知，你就会发现它不符合，我们的认知不符合自在之物。于是就要过渡，过渡到什么呢？"过渡到另一种对象，即过渡到人们会借以说经验已被造成了的那种对象"。另一种对象是什么对象呢？就是人们会借这种对象说，经验已经被造成了。这里用的是虚拟式，就是说在经验还未造成的时候，人们就会估计它将在这种对象上被造成。经验会在这种对象上面被造成。我们的经验是被什么造成的？可以说，我们的经验就是被这种对象造成的。前面第一种对象还没有造成经验，它还只是经验的起点，还只是初生牛犊。自在之物不是我们的经验造成的，它在我们的经验之外；我们去认知它，这也只是主观意向，而没有经验。那么过渡到另一种对象呢，人们就可以说，这种过渡造成了我们的经验，因为第二种对象就是由这种过渡中形成起来的。它可以使我们的认知变成一种经验，变成一种经历，不是抽象的，不是一次性的。那种抽象的、一次性的认知是把握不住自在之物的。所以第一种对象和对第一种对象的认知必须要过渡到第二种对象，过渡到人们可以说经验已经在它上面被造成了的那种对象，或者简而言之，就是过渡到有可能造成经验的对象。第一种对象改变了自身，变成了第二种对象，这才会有经验。前面一种对象是不能造成经验的，被理解为自在的嘛，被理解为在我们的意识之外，而后一种则被理解为同时又是在我们的意识之中，它是为意识而存在的。所以经验将被这种对象所造成。"这种过渡会被说成是：对第一种对象的认知、或第一种自在的为意识性，本身应当成为第二种对象"。这句用的也是虚拟式。就是这种过渡一旦完成，它就会被说成是这样的，即对第一种对象的认知，本身应该成为第二种对象，也就是这种自在的为意识性本身应该成为第二种对象。第一种对象是自在之物，但是它应当被理解为为意识的存在，本身应当成为第二种对象。它既然是为意识的，那么它所形成的这种对象跟前面第一种对象就已经不同了。它就是为意识的存在，它就是意识的经验了。这个经验的对象就不再是孤零零的一个自在之物，而是我们对这个自在之物的认知过程，或者说它是一个新型的自在之物，即为意识的自在之物。我们把意识的经验当作这样一种对象，那就不再是孤立的一个自在之物，经验就包含自在之物，但是它又是为意识的，它又是我们的认知。思维和存在就在这里统一了。自在之物和我们的认知在经验中，就成为了同一个过程。它本身应当成为第二种对象。"应当"，也就是这个过程还没有完成，但是它应当成为第二种对象。它有一个目的，这目的就是要成为第二种对象，要完成意识的经验科学。但目前尚未达到这一点，所以要用虚拟式。正是这个环节，即第二种对象的环节，才使得这里所讲的经验和通常所说的经验不相一致。

　　与此相反，通常的情况则好像我们是**从一种另外的**对象上造成了我　　{61}
们前一个概念的非真理性的经验的，而这另外一种对象也许是我们偶然从外面找来的对象，以至于一般说来，似乎只有那种对于自在自为存在的东西的纯粹**统握**，才会是属于我们的。

　　"通常的情况"，也就是通常所理解的经验。前面一句说应当怎样看待在第二种对象上所造成的经验，但通常理解的经验却与此相反，它总是拘泥于第一种对象。这与我们这里所理解的经验是大不相同的，我们所理解的经验应当是一个过程，第一种对象必须要成为第二种对象，那么通常理解的情况是什么呢？恰好与此相反，"好像我们是**从一种另外的对象上**造成了我们前一个概念的非真理性的经验的"。就是通常理解的经验是这样的，比如说自在之物是跟我们的意识毫不相干的，我们的意识还没有的时候，它就已经存在于世界之上了，就好像我们是从一种另外的对象上面造成了我们前一个概念的非真理性的经验的。前一个概念，就是指我们对前一种对象的概念。我们对前一种对象、对自在之物加以认识，我们击而不中，所得到的是非真理性，或者用康德的话来说，

91

所得到的只是幻相。前一个概念的非真理性,对于自在之物的对象所形成的概念,它本身是非真理性的。我们以为它是真理,是符合自在之物的,然而不是,因为它达不到自在之物。只有自在之物才是真理,我们所认识到的真理都是现象的准真理,都是相对的,其实都是非真理。那么我们是如何经验到这个概念的非真理性的呢?我们归咎于自在之物不可知,归咎于一种另外的对象。这个对象不是为意识的,不属于我们自身,它"也许是我们偶然从外面找来的对象",是在我们之外的偶然碰到的这样一个对象。这样一个对象当然是我们所不能把握的,这就能够解释前一个概念为什么具有非真理性了。由此我们才能达到这样一种经验,就是我们对前面一个对象的概念其实并不符合自在之物,但这个符合不符合的标准是外来的,不是我自己可以定的。所以犯错误的经验是从另外一个对象上面造成的,这种经验是偶然的、零星的、不连贯的、一次性的,它形不成一个经验的进程,形不成一个从低级到高级的完整的经验程序。这就是通常理解的经验。"以至于一般说来,只有那种对于自在自为存在的东西的纯粹**统握**,才会是属于我们的"。在这种通常的经验中,只有我们对客观对象的纯粹统握才是属于我们的,纯粹统握,也就是康德所谓先验自我意识的纯粹统觉,认识主体的"本源的综合统一";自在而自为存在的东西则是那些范畴,以及由它们所形成的先验对象。先验自我意识通过范畴而建立先验对象,以便用它来统摄经验性的材料,这样形成经验对象或经验知识;但只有先验自我意识和范畴才是属于我们自己的;先验对象有可能成为经验对象,这时它是自为的;但它也有可能是自在之物,如果它没有经验材料的话;而经验材料则完全是自在之物偶然刺激我们的感官所产生的,它不能由我们支配,不属于我们。这就是通常的情况,它以康德对经验的定位作为代表,包括康德在内,还是属于我们日常意识的理解。就是认为我们的一切知识都是经验的知识,我们的一切知识都从经验开始,这是康德的命题。而按照黑格尔,我们的知识并非从经验开始,而是在自身中形成了经验;它的确从感性确定性开始,但那恰好是一种无经验、无内容的抽象状态，只有当这种状态陷入失败、陷入困境，才获得了最初的经验。这就是黑格尔的动态的经验和康德他们的静止的经验的区别。

但按照上述那种看法，新对象是作为由**意识本身的倒转**所形成的东西而显示出自身的。

按照上述与康德他们不同的看法，新对象显示出来了，当然新经验也显示出来了，怎么显示出来的？ "是作为由**意识本身的倒转**（Umkehrung）所形成的东西而显示出来的"。这种经验跟日常的经验显然是不同的，日常的经验是由外在的东西、一个另外的对象作用于我们而产生的，自在之物刺激我们的感官，于是我们产生了经验材料，那是非常偶然的。这种经验是后天接受来的，当然里面包含先天的东西，时空等等，但是经验性的东西毕竟是后天的。所以它是另外一种对象给我们造成的。而新对象则是通过意识本身的倒转而形成起来的，必须回过头来，对认知加以认知，把第一种对象的认知本身当作第二种对象来认知，否则认知就会半途而废，就达不到真理。这个里头就有一种内在的必然性，不再是偶然的了，而是不能不如此的。意识的经验科学之所以成为科学，就在于这个经验是通过意识本身的倒转、翻转而形成的，也就是通过意识的反思、通过意识成为自我意识，而形成的。那就不是偶然的，不是由外在的东西刺激我们、推动我们，这样造成的，而是意识本身，是意识的内心的经历，是意识的成长过程，意识由此就经过了它的各个阶段。

对事情的这样一种考察乃是我们的额外做法，由此使得意识的经验系列把自己提升为科学的进程，而且这种做法并不是为了我们所考察的那个意识的。

对事物的这种考察乃是我们的额外做法（Zutat），这种做法就是：你不要干扰它，你让意识本身通过它的倒转而形成新的对象、新的经验。所以对事物的这种观察，这种袖手旁观，就是我们的额外做法。这又是黑格尔的辩证法：袖手旁观本来就是不作为，不要加上什么额外的做法；

但是这个袖手旁观本身就是我们的额外做法，我们附加的做法仅仅是袖手旁观。不作为就是我们的作为。我们通常讲，你想要完全排除偏见，这本身就是偏见。现代解释学就是这样认为的，说偏见是不能排除的，你想要客观地原原本本地把握一个对象，这本身就是一个先入之见了，这是不可能的，没有根据的。所以排除一切额外的做法，这本身就是额外的做法，即你要客观地去观察它。由于这种额外做法，由于你没有干预它，没有干扰它的进程，顺着它的进程，把自己投身到它的进程里面去，这就"使得意识的经验系列把自己提升为科学的进程"。你要去从旁观察、去考察它是怎样把自己提升为科学的进程的。你让意识自己原原本本地按照自己的必然性把自己提升为科学的进程。本来是意识的经验系列，好像只是意识的心路历程，好像只是一个主观的东西；但是呢，你是旁观它、从旁边去考察它，那么你就会发现，这样一种意识的心路历程就是把自己提升到科学的一个客观的进程。"而这种做法，并不是为我们所观察的那个意识"，这种做法是客观的，不是为意识的，因为我们正在客观地观察这个意识。科学的历程，如果我们加上一个我们的额外做法，就是保持它的进程的客观性，那么这个做法就已经跳出了我们所观察的那个意识，那个意识的经验，我们让这个意识的经验自己去发展。我们的这个额外做法是一种先入之见，但这种做法并不是为那个意识，不是主观地执着于意识，而是有更远的目标。这种做法也是为了某个目的，但是这个目的并不是为了我们所观察的那个意识，也就是并不是为了意识的经验科学，它是为科学本身。它是引导意识的经验科学，它实际上是跳出了意识的经验科学，所以它叫作额外的做法。它本身并不在精神现象学里面，而在精神现象学的背后，它是为了精神现象学最后要通往的那个目标，也就是逻辑学，也就是科学本身。在《精神现象学》中，这样一种额外的眼光通常是以复数第一人称"我们"（Wir）的方式表达出来的，当黑格尔用"我们"来说话的时候，读者就要注意了，他就是用跳出《精神现象学》的旁观者的身份在表述，他表达的就是我们这些读

《精神现象学》的旁观者的眼光。所以我在翻译时特别注意，只要是黑格尔没有明确使用"Wir"一词的地方，我绝不随意添加一个"我们"，以免混淆。

但这实际上也和我们在前面已经就这种陈述对怀疑主义的关系加以讨论时所谈到的是同样的情况，即是说，从一个不真实的认知中产生出来的每一次结果，都不可归于空洞的虚无，而必须要被统握为**其结果**是虚无的**那个东西**的虚无；每一次的结果都包含着先行的认知在它上面拥有真实性的那个东西。

这里有一个"但"，表示一种转折。就是说，前面讲了你要保持一种客观的态度来看待精神现象的各种意识的形态，不要有什么先入之见，你不是为这个意识，而是为了更高的目标来从旁考察这些意识。"但实际上也和我们在前面已经就这种陈述对怀疑主义的关系加以讨论时所谈到的是同样的情况"，前面曾讲到过："怀疑主义在结果中永远只看到**纯粹的虚无**，而不去考虑这种虚无乃是它**从中产生出来的那个东西**的特定的虚无。"[①] 这里也是这种情况，就是我们从所犯的错误中获得了经验，但这些经验都是错误的，如果用虚无主义的眼光来看，那就类似于看笑话了，看你怎么陷入错误中去。这和前面批评的怀疑主义是同样的情况。但正如我们不能把怀疑主义归结为纯粹的虚无一样，在这里，"从一个不真实的认知中产生出来的每一次结果，都不可归于空洞的虚无，而必须要被统握为**其结果**是虚无**的那个东西**的虚无"。不真实的认知当然是犯了错误了，但犯了错误不等于就毫无意义，就归于虚无了，而是要看它具体犯了什么样的错误，是由于什么导致的，这就是一种宝贵的错误。吃一堑长一智，每个错误的结果都必须加以统握，看作是一种特定的虚无，"每一次的结果都包含着先行的认知在它上面拥有真实性的那个东西"，每一次错误都包含有真实性的颗粒，真实的东西就是由这些错误中的真

---

① 参看前面德文考订版第 57 页，贺、王中译本第 56 页，见本书边码。

实颗粒构成起来的。认识到这一点，那么我们的陈述就可以最终跳出这条怀疑之路。虚无有不同的层次，一条怀疑之路也可以说是一条虚无之路，在不同层次上陷入不同的虚无，但这个是有结果的，不是毫无结果的。你的层次不断提高，你的错误越犯越高级，就越来越接近真理。所以每一次的结果都包含着先行的认知在它上面所具有的真实的东西。

[62] 　　这种情况在这里呈现为：由于最初作为对象而显现的东西，对意识而言降格为对这个对象的一种认知，并且由于**自在成为了自在的一种为意识的存在**，它就是那个新的对象，伴随着它也出现了一种新的意识形态，这新的对象与先前那个对象拥有不尽相同的本质。

　　最初作为对象而显现的东西，也就是第一种对象，现在对意识而言，也就是在意识看起来，已经降格为对这个对象的一种认知了。它本来是一个自在的对象，第一个对象是自在的对象，现在它并没有被抛弃，而是被扬弃了，被降格了，它只是对这个对象的一种认知，它不再是自在的对象，只是你当时认为它是一种自在的对象，而你的这种认为只是一种认知，这就是降格了吧。自在的对象那就是绝对存在了，绝对真理了。但是在这个时候，它就降格为对这个对象的认知，这个认知它不一定符合这个自在的对象，这个认知可能是错误的，也可能完全没有切中自在之物。所以最初被确定为绝对真理的那个自在存在，在这个时候就降格了，对意识而言，就降格为仅仅是对这个对象的认知了，它成为了自在的一种为意识的存在，成为了自在之物在意识中的存在，或者是对意识而言的存在，这就是降格了。自在的存在现在在日常意识看来是一种降格，成为了仅仅是为意识的存在。那只是你认为的真理，那只是你认为的客观事实，至于是不是客观事实，那还不一定。原来是一口咬定，那就是客观事实，但在过程中，我们发现那只是我们的认知，那只是一种为意识的存在。但由于这一点，这种为意识的存在就成了一种新的对象，而伴随着它也就出现了一种新的意识形态。出现了一种新的对象，一种新的意识，那么意识的形态也就更新了。意识形态，原来是一口咬定，但是后来变得怀疑起来，只是在我看起来是这样。这就是一种更新的意识形态。所以这其实并不是什么降格，"这新对象与先前的对象拥有不尽相同的本质"，如此而已。前面的对象是自在的、绝对客观的；而这个新的对象，它出现了一种新的意识形态，就是说我们现在意识到的对象，它不是绝对客观的，而是参杂有我们意识的认知在里面，或者是经由我们的认知、我们的意识所改变的东西。它跟前面一个对象拥有不尽相同的本质，当然也有相同之处，它们都是自在的，前面的那个对象是绝对自在的，后面那个对象是在意识中，我们把它设想为自在的。那么这个意识形态其实是提升了一个层次，而不是降格。

正是这种情况，在意识的各个形态的必然性中引导着它们的整个系列。

正是这种情况，就是不断地产生新的对象和新的意识形态，这种情况在意识的各个形态的必然性中引导着它们的整个系列，就是说，你用这种眼光去看，你就会在意识的各个形态中看出它们一个跟一个接踵而来的必然性，从而引导它们的整个系列，有目的、有预见地引导它们不断常新。它们的整个系列都不是乱来的，下一个新对象将是什么，都在必然性中。

只是这种必然性本身，或者说，那个意识不知其如何发生、如何呈现的新的对象的**产生**，就是那在我们看来仿佛是暗自发生在意识背后的东西。

在这个过程中，意识本身是盲的，是由这种额外的做法来引导的。就是你作为观察者把它看作是意识自身的发展过程，让它去展示自己的本性，去在摸索中诞生出新的对象来。对意识而言，每提升一个阶段，先前的那个对象就降格了，原先以为是自在的对象下降为一种为意识的存在。但是如果用这样一种必然性的眼光去引导意识的进程，就可以看透意识后面的东西。这就是我们的引导，但是意识本身并没有这个自觉，只有我们用这种眼光看出它自身在干什么，而意识自身在干什么的时候,它并不自觉到这一点。"意识不知其如何发生、如何呈现的那个新对象的**产生**,就是那在我们看来仿佛是暗自发生在意识背后的东西",这就是发生在意识过程中的一种理性的狡计。在我们研究精神现象学的人看来,因为我们有一种额外的做法,我们跳出整个过程之外,我们可以看出,意识在它自身发展的过程中,它并不知道这个新对象如何产生出来。意识只知道发展它自己,前途未卜,它不能未卜先知。意识还是盲目的,在《精神现象学》里面,意识本身在那里盲目地探索,不知道自己要去向何方;但是"我们"作为旁观者可以看出,它的这种盲目性背后其实有一种方向,有一个最终目的,它是按照一种内在必然性趋向于这个目的的。这是我们的额外的做法。在我们看来仿佛是暗自发生在意识背后的东西,正是意识本身的那种必然性,那种辩证本性。意识背后的东西其实有一种必然性在支配着它,当然这种必然性在《精神现象学》的最后终于暴露出来了,那就是绝对认知,也就是《逻辑学》。所有的意识形态背后都有一种逻辑必然性支配着它们在《精神现象学》中前进的历程,意识的经验的发展过程。但是这个必然性在日常意识和日常经验那里是意识不到的,日常经验只揪住它目前的对象,但是又把握不住,于是就被抛弃、被扬弃了,于是又感到痛苦不堪。但是一个旁观者就可以指出,它这个背后有一种必然性,黑格尔的《精神现象学》就是要指出这个东西,就是要指出它背后的逻辑。

因此,在意识的运动里就出现了一种**自在存在**或**为我们存在**的环节,这环节不是为在经验中把握自身的那个意识而呈现出来的;但这个为我们而生发的环节的**内容**却是**为意识的**,而我们只把握了它的形式的东西,或者说它的纯粹的生发;**对意识而言**,这种被生发的东西只是作为对象而存在,而**对我们而言**,它同时又作为一种运动和形成过程而存在。

这样一来,在意识的运动里就有一个背后潜在的环节,它是自在存在的、客观存在的,又是为我们存在的,因为我们作为旁观者能够看出这一运动的客观真相,所谓旁观者清。所以每当黑格尔在《精神现象学》

中说"我们"如何如何的时候，就意味着客观上或自在地是如何如何。但这个环节"不是为在经验中把握自身的那个意识而呈现出来的"。就是说意识在经验中把握自身的时候，它还陷入过程之中，还不可能把握到这个环节，所谓当局者迷。我们通常的意识的经验概念，都没有意识到这个背后的环节。正因为没有意识到，我们才能经验到意识的心路历程，它的失败和虚无，以及它的绝地逢生。所以这个环节不是为了在经验中把握自身的那个意识而呈现出来的，它不是为了这个经验现象本身而呈现出来的，它是我们额外的做法。我们置身事外，我们旁观，我们就有一种眼光，这种眼光就可以覆盖整个过程。但是在这个过程中，每个经验，每个意识都没有意识到这一点，不识庐山真面目，只缘身在此山中。虽然没有意识到，但是它们在按照这样做。所以又可以说，"但这个为我们而产生的环节的**内容**却是**为意识的**，而我们只把握了它的形式的东西，或者说它的纯粹的产生"。就是说，从这个背后的环节的内容来说，它又的确是为意识的，所以它的那些表现出来的内容其实也被意识到了，意识获得了它的经验，也意识到了它的具体的经验，这个那个经验，它的一个接一个的意识的形态，因为它是一个历程嘛，今天没有意识到，明天就可能意识到，这个阶段没有意识到，下个阶段就可以意识到了。从内容上看，它是为意识的。但意识没有把握这一过程的形式，而我们、置身事外的人就把握了它的形式的东西。也就是把握了它的必然性的形态。意识的经验看到一个经验接着另外一个经验出现，精神的各种现象出现了，显现出来了；但是我们研究《精神现象学》的人就可以指出来，这个经验和那个经验一个接一个出现是必然的。意识本身没有意识到这个，它是乱撞，它没有任何前提，它想到什么是什么，然后一个经验跟着另一个经验出现，它不知道一个经验跟另一个经验有一种必然的联系。但是我们把握到了，我们把握了它的形式的东西。或者说它的纯粹的产生。就是这种内容的纯粹的产生，纯粹的在形式上是如何产生的，为什么会产生，产生的必然性，而不仅仅是把握了它产生的后果。

"对意识而言,这种被产生的东西只是作为对象而存在,而对我们而言,它同时又作为一种运动和形成过程而存在"。意识只看到了这一过程的后果、产生出来的对象,这个对象被扬弃了然后又出现了另一个对象,意识可以意识到这些对象,可以在经验中把这些对象作为它的意识的经验一个一个地加以把握,但是它意识不到这里面的必然性。那么对于我们而言,对于我们考察和研究《精神现象学》的这些人而言,我们置身事外,我们的额外做法就是听之任之,然后仔细观察,从里面发现内在的必然性。所以对我们而言,这个过程就能够以整体的形式呈现在面前,它不仅仅是一个个的对象,同时又作为一种运动和形成过程。对于置身事内的意识而言,那都只是一些对象,为什么从这个对象变成了那个对象,它不知道,它不知其所以然。但是我们把它作为一种意识的经验科学陈述出来,那么我们就把它看作是一种运动和形成过程,我们就把握到了它内在的必然性。

*　　　　　*　　　　　*

我们上次导论已经讲到这个地步,就是在意识的经验它的运动过程中,经验会自身发生区别,就是自在的和为意识的存在这两者之间的区别,而且这个区别从头至尾一贯传下来。也可以说,整个《精神现象学》它的这个矛盾运动,就是由这样一个内在差别所推动的,就是它始终要想追溯到那个对象,但是那个对象老是躲着它,一旦追求到手,它就又不是了,它又发生这种差异。那么上次讲到,我们对待这种情况,需要额外的做法,什么叫作额外的做法?就是我们在考察《精神现象学》的时候,我们要有这种态度:一般来说,《精神现象学》是意识的经验科学,不应该有什么额外的做法;但是按照黑格尔的说法,这本身就是额外的做法,就是要你准备一种态度,你要原原本本地去观察意识在经验中的历程,不要横加干预。整个运动过程的那些具体形态其实并不重要,也可以说它们所追求的东西都没有追求到;重要的是什么呢?重要的是这个追求的过程本身,这个追求的过程才是所有的经验现象背后的正在进行的那个过程,那才是真理。而我们一路所追求的真理都变成了假象,都纷纷被扬弃,最后得出来就是这样一个运动,就是这样一个形成过程。这样的过程,就是我们所要紧紧抓住的,它是为"我们"而存在的。但是它并不是为意识而存在的,意识不会意识到这一点,意识总是抓住它面前刚刚呈现出来的东西,去穷追猛打;但是对于我们这个考察者却应该把握这一点,即它背后有一个过程。他说,"因此,在意识的运动里就出现了一种**自在存在**或**为我们存在**的环节",自在存在或为我们存在,也就是说在这样意识的运动里面,它真正自在存在的,就是说它作为在后面真正起作用的,其实是为我们、为我们这些考察《精神现象学》的人所关注的。我们考察经验意识在现象中如何运动,所以它是自在的存在或为我们的存在的环节,这个为我们存在也就是为我们这些考察者、旁观者的存在。他说"这环节不是为在经验中把握自身的那个意识而呈现出来的",就是说自在的存在,它是我们正在考察的那个意识本身所把握不到的。意识正在投身于经验的运动,这个时候它意识不到这一点。但是我们作为研究者,作为考察者,我们要把握这一点。通过意识的经验,它的历程,它的经历,我们要体会到这一点,要有把握。"但这个为我们而产生的环节的内容却是**为意识**的",就是为我们的这个环节,这个自在的环节,它的内容是为意识的,就是说意识是能意识到它的内容的。但是没有意识到它的形式。而我们则把握到了它的形式,或纯粹的产生。纯粹的产生这是一个形式。产生什么? 这个其实是无关紧要的,但是正在经验的那个意识它看得很重,它看重的就是产生了什么,好把它紧紧抓住。但是我们读者可以把这一点加以扬弃,我们看出这个"什么"它只是暂时的,要被扬弃的,我们所保留下来的是这样一个必然的产生过程。对意识而言,这种被产生的东西只是作为对象,而对我们而言,它同时又作为一种运动和形成过程。我们要着重把握的、紧紧抓住的是这一点,但是我们不能直接的抓住这一点,我们必须在经验的现象中通过前后贯通和统握而领会到这一点，这是黑格尔的《精神现象学》里面的额外的做法。它是有额外的做法的，不是随波逐流、毫无主见的。我们要追踪《精神现象学》它的经验的过程；但同时我要从这个过程里面领会到它的形式，它的形式才是真正本质的东西，而它的内容只是形式的一个借口。形式借助于它的内容展示自身，形式才是本质，那些内容都成了现象，所以叫做《精神现象学》。这是对前面一段的回顾和复习。再看下面：

由于这种必然性，这条达到科学的道路本身已经就是科学了，因而就其内容来说，乃是意识经验的科学。

这句话可以说是对前面一段话的总结。"由于这种必然性"，哪种必然性呢？就是前面说的："正是这种情况，在各个意识形态的必然性中引导着它们的整个系列。不过，这种必然性本身，或者说，意识不知其如何发生、如何呈现的那个新对象的**产生**，就是那在我们看来仿佛是暗自发生在意识背后的东西"。这里讲的必然性本身就是那个新对象的产生，我们要考察的就是那个新对象，那个新对象不是那个不变的对象，不是意识的内容，而是意识的形式，是意识的认知形式、运动形式。这种运动形式就是必然性，意识的内容则是具有偶然性的，你意识到什么，那是有很多偶然的内容的，但是这个运动的形式是带有必然性的。所以他讲，由于这种必然性，"这条达到科学的道路本身已经就是**科学**了"。意识经验的科学从它的内容上说，它是要对科学加以追求，但它还不是科学，它只是精神的现象；但是在现象里面所展示出来的这样的必然性它就是科学，从形式上来看就是科学。我们对《精神现象学》进行考察的这些读者，是把《精神现象学》当作科学来进行考察的，既然当成科学，它就有必然性，那么这种必然性不是从内容上能够看出来的，它是必须从内容上去加以深切的体会，上升到形式才能发现的。要反过来看，要回顾，要回忆。要在经验到一个意识的形态后，回忆起意识刚才所经历的历程，从中看出，它是具有一种必然性的。好像意识从内容上说，是完全偶然的，但是它这个进程是必然的，所以《精神现象学》就是科学，但是是就它的形式而言。那么就它的内容本身来说，它还不是科学。但是既然它的形式是科学，所以从它的内容上看，对它的这个科学可以加以定义，就是意识的经验的科学。意识的经验是一个修饰语，说明它还不是完全的科学，不是纯粹的科学，但是是意识的经验的科学，是意识在经验中所展示出来的必然性。那么我们对这个必然性加以考察，就是科学。所以《精神现象学》究竟是不是科学，不是那么简单的，一般来说，黑格尔只认为他的《逻辑学》才是科学。但在某种意义上，其他的也可以说是科学，就是说在《精神现象学》里面，你在精神的现象底下，你看出在它背后的东西，就像上面讲的仿佛是暗自发生在意识背后的东西，意识不知其如何发生、如何呈现的那个新对象的产生。意识的经验科学，它的意识是在精神现象的背后，但是它是伴随着经验一起被展示出来的，因此它也可以说是科学。但是就它的内容来说，乃是意识的经验科学。这个就可以把它的关系搞得很清楚了。首先它是不是科学，既然它有必然性，那它就是科学，它背后有逻辑，意识的经验背后隐藏着的实际上是逻辑范畴。逻辑范畴就有一种概念的必然性，它就是概念的进展，但是它不是以概念进展的形式直接呈现出来的，而是透过意识的经验而表现出来的，所以它叫做意识的经验科学。

　　意识关于其自身所造成的经验，按其概念来说，是能够完全包括整个概念系统或整个精神真理的王国于自身的，以至于真理的各个环节在这个独特的规定性中把自己陈述为并不是纯粹的抽象的环节，而是正如它们都是为意识的那样，或者正如意识本身就是在它与这些环节的联系中出现的那样，因此，全体的各个环节，就是**意识的各个形态。**

　　"意识关于其自身所造成的经验"，就是这个经验是什么经验呢？是意识有关它自身所造成的经验，意识自身对自身的经验。我们通常认为意识的经验是意识和外部的事物的关系、作用而造成的，是关于外部事物的；但是这个外部的事物、外部的对象或者外部的自在存在等等，黑格尔逐步把它们消解了，实际上是归于意识对自身的经验了，意识跟对象的经验实际上还是意识对自身的经验。而且从这个《精神现象学》、从意识的经验科学的角度看，整个是意识自身所造成的关于自身的经验。这就有一点费希特的味道，它是意识对自己的一种经历，意识自己发生变化，差异的内在发生，然后这个发生的差异相互之间又发生作用，这都是意识对自身造成的经验。那么"按其概念来说"，我们上面讲了，意识这些经验背后是概念，这种概念在它背后起作用，它不是直接显露出来，直接显露出来那它就是逻辑学了，但它不是直接显示出来，它是在精神的经验背后起作用，那就是精神的现象学了。"按其概念来说，是能够完全包括整个概念系统，或整个精神真理的王国于自身的"，也就是说，精神现象学作为一门科学，按其概念来说，是可以作为科学的，是能够完全包括整个概念系统的。意识的经验你按照概念来把它构成一个系统，那么这个系统就是按其概念来说的意识经验。它无所不包，无一遗漏，所有的精神现象都包括在里面了，因而所有的精神现象后面的概念也包括在里面了，这些概念不多不少，就是在《逻辑学》中所展示出来的那个概念系统。而这就是整个精神真理的王国，它被全部包括在《精神现象学》中。"包括"，这里用的是 begreifen，原义就是概念式地把握或理解，与 Begriff 即概念有词源上的关联。整个概念系统就是整个精神真理的王国，精神真理的王国在哪里呢？就在整个概念系统之中，在《逻辑学》中。精神的真理，这是黑格尔的全部哲学所要追求的，它严格说起来就是《逻辑学》；但是《逻辑学》不仅限于纯粹的逻辑，而且是占领着它的所有的领地，包括意识的全部经验。不过所有这些经验中的生命还是在概念的王国中。在《精神现象学》的最后，从黑格尔的表述中我们可以看到，整个精神现象的知识，它的全部经历或历史，就构成绝对精神的回忆和墓地，因为《精神现象学》还是世俗的王国，它还没有超越到它的天国。超越到天国那就是《逻辑学》，在整个世俗的王国中，它就是《精神现象学》，只不过它的背后有一个天国在支配着它。上帝无所不在，逻辑范畴无所不在。那么按其概念来说，这个意识自身的经验就是整个精神真理的王国，它完全包括整个概念系统，整个精神真理的王国。其实《精神现象学》已经包括了黑格尔的整个哲学，只不过它采取的形式是意识关于自身的经验，意识对自身所造成的经验。所以黑格尔的哲学体系它不是一部一部分的，而是一层层的，精神现象学是非常表层的，剥离它，你就会发现它后面有一个逻辑体系。"以至于真理的各个环节在这个独特的规定性中把自己陈述为并不是纯粹的抽象的环节"。《精神现象学》的各个阶段都是真理的各个环节，它们"在这个独特的规定性中"，什么独特的规定性呢？就是意识对自己的经验，在意识的经验这样的特殊的规定性中，真理的各个环节陈述着自身。精神现象学是一门科学，但是它是一门独特的科学，独特在哪里？就在于它是意识的经验的科学，那么意识的经验就是对这门科学的独特的规定。真理就在这种独特的规定性中陈述自身，陈述为并不是纯粹的抽象的环节，并不像《逻辑学》那样把这些环节赤裸裸地纯粹地呈现出来，它不是这样。"而是正如它们都是为意识的那样，或者正如意识本身就是在它与这些环节的联系中出现的那样"，这些环节都是为意识的，在它们的过程中它们都是为意识而呈现出来的，为意识所把握，并且不是为了自己的概念演进，而是为了促进意识。这些逻辑环节在背后起作用，它们的目的就是为了意识的发展，为了把意识提到更高的层次，最后能够达到摆脱意识而进入纯粹逻辑概念。所以真理的各环节在这里正如它们是为意识那样，或者正如意识本身就是在它与这些环节的关系中出现的那样。意识本身在与这些逻辑环节的关系中出现，意识本身跟隐藏在它背后的那些逻辑环节是有关系的。或者正是背后的逻辑环节决定了意识下一步要怎么走，而这些逻辑环节不是以纯粹的抽象的方式，而是和意识相关联而呈现出来的。"因此，全体的各个环节，就是**意识的各个形态**"。"因此"，就是因为上面这个关系，意识和它后面的真理环节的这种决定和被决定的关系，全体的各个环节就是意识的各个形态。全体的各个环节，就是概念体系的各个环节，也就是逻辑学的各个环节,由于它们是在跟意识的联系中呈现出来,所以就体现为意识的各个形态。意识的每个形态可以说都对应于《逻辑学》的一个环节,这些环节在意识背后起作用,它们使得意识的各个形态呈现为从低到高的不断的逻辑进展。

{62}　　　由于意识不断地推进到它的真正实存,它将要达到一个地点,在这个地点上意识摆脱了它的这种假象,即,仿佛它总跟异质的东西、即仅仅是为意识而存在和作为一个他者而存在的东西牵连在一起似的,

　　"由于意识不断地推进到它的真正实存",就是说,这样一个进展过程就是意识各形态的系统,这个系统的每一步都是要进向它的真正实存。这些意识在它的旅途中,不断地表现出它是现象,是一些假象,是要加以扬弃的环节,那么它就要努力追求自己真正的实存,意识在经验中追求的是它到底是一个什么东西。所以由于意识不断地进向它的真正实存,最后,"它将要达到一个地点",这个地点就是它的真正目的地啦。"在这个地点上意识摆脱了它的这种假象",前面出现的都是假象Schein,但是意识不知道,以为自己追求的都是真理,都是真实的东西。但是后来发现一个个的都是假象,那么直到最后的这个地点,它才摆脱了它的这样一种假象。什么假象? 也就是"仿佛它总跟异质的东西、即仅仅是为意识而存在和作为一个他者而存在的东西牵连在一起似的"。这是一个假象,就是意识好像总是跟和意识完全不同的东西牵连在一起。总是纠缠于意识的一个异质的对象。意识本身,我们很熟悉,每个人都有意识,但是这个意识总是觉得自己不可靠,是主观的,那么我们必须要有外来的东西,要有一个客观的东西,要有一个不以人的意识为转移的东西作为我的根据。你的这个意识没有根据嘛,所以就总是纠缠于一种异质的东西,纠缠于仅仅是为意识而存在和作为一个他者而存在的东西。意识总是纠缠这个东西,就是说那个东西是为你而存在的,它是向你呈现出来的,所有意识的观点、你的经验都是由它那里来的,都是由它给予你的,所以它是为意识的存在的;以及作为一个他者

而存在的东西，也就是一个异质的东西，一个异己的东西。意识一路走来，都遇到这个麻烦。它总是确定不了自己，达不到真理本身；要追求自己的确定性和真理性，都必须依靠一个外来的东西。意识就有这个特点，意识的经验科学，它的不科学的地方、它未达到科学的地方就在这里，它总是跟一个外来的东西纠缠在一起。而那个外来的东西总是未经证明的，你始终要去为它寻找某种根据。所以为什么康德干脆一刀两断，自在之物，我不去追求了。但是不去追求也不行呀，康德的自在之物也仅仅是意识的一个阶段，他意识到那是个异己的东西，一个外来的东西。但是意识的经验科学还是要去追求那个外来之物，一直要达到这个地点才能摆脱这样一个假象。意识不断地去追求跟它不同的东西、跟它异质的东西，这是一种假象，只有黑格尔才看出了这种假象，其实这个自在之物就是意识本身，没有什么不同，没有什么完全的异质性，没有什么自在之物，自在之物是人设定的，不过是你的一个观念而已。

　　<u>或者说，在这个地点上，现象与本质成为同一的，因为恰恰在这个地点上，对意识的陈述就与真正的精神科学汇合了，</u>

　　那么，这个地点是一个什么地点呢？说得更明确些，"在这个地点上，现象与本质成为同一的"。就是最后要达到的这个地点上，现象和本质达到了同一，现象达到了它的本质。《精神现象学》是现象的一个过程，意识的经验科学是一种经验现象的历程，它要追求自己的本质；但是只有达到它的终点，最后现象与本质才同一了，现象就达到本质了。"因为恰恰在这个地点上，对意识的陈述就与真正的精神科学汇合了"，《精神现象学》就是对意识的陈述，一路陈述过来，最后汇入真正的精神科学中去了，也就是汇入《逻辑学》中去了。陈述是很重要的，就是你把它系统地、原原本本按部就班地展现出来，最难的就是陈述。因为陈述需要你领会到现象底下的那个逻辑本质，而这个本质这时尚未显现出来，你还只能靠抓住现象的经验进程来展示这个逻辑本质、这个内在的必然性。

但是当你对意识的陈述到了这样一个点上，它就与真正的精神的科学汇合了，就与《逻辑学》汇合了。

而最后，由于意识自己把握了它自己的这个本质，它自身就将表明绝对认知的本性。

意识不断地要追求它的本质，但是总是把握不住，只有到了最后的终点，由于它最后把握了自己的本质，它自身就将表明绝对认知的本性。绝对认知就是绝对精神。那就是绝对真理。绝对认知的本性在《精神现象学》的最后阶段已经呈现出来，因此就可以作为向《逻辑学》的过渡了。所以在《逻辑学》的导言里面，黑格尔也讲到了他的《精神现象学》是对《逻辑学》的一个准备，你要进入黑格尔的《逻辑学》不是没有前提的。表面看起来好像是没有前提的，完全是从天上掉下来的。黑格尔的哲学全书的第一卷就是《逻辑学》，也就是我们讲的《小逻辑》；"精神现象学"在其中成了《精神哲学》中的一个环节，就是黑格尔在写他的《哲学百科全书》的时候，就已经把他的《精神现象学》的这个前提隐藏起来了，或者调到后面去了。为什么要调到后面去？就是说其实黑格尔对《精神现象学》，他的看法还是有保留的。虽然他还是把它称之为"科学"，他还是承认它是为《逻辑学》做准备的，但是在正式的哲学体系里面，这个准备已经做好了。你没有做好，你就不要来读。但是《精神现象学》在它的这种孤独的历程中是未得到拯救的，只有经过了《逻辑学》之后，它的所有这些内容才得到拯救，才成为了《精神哲学》。《精神现象学》的内容在《精神哲学》里面包含着。他的哲学的三大环节，逻辑学、自然哲学、精神哲学，所有的哲学在《逻辑学》这个光芒的照耀之下，全都获得了拯救，它们都成为了科学。但是在此之前的《精神现象学》是还没有得到拯救的，还陷在苦难中，还在寻求拯救，还在寻求上帝。《逻辑学》就是上帝，就是上帝创造世界的蓝图，或者说《逻辑学》就是上帝本身。上帝无非就是一种思想，上帝在创造世界之前是怎么想的，他是按照《逻辑学》这样一种思想创造世界的。那么这个思想我们不能一下子把握到，通过《精神现象学》漫长的历程，我们才能达到《逻辑学》的上帝，那么经过了《逻辑学》这个上帝之后，我们再把以往经历的所有的历程都展示出来，这就使《精神现象学》中的内容再次在《精神哲学》中以得救的形式重新出现了。

　　总而言之，黑格尔在这篇"导论"中，对《精神现象学》的整个方法和结构都作了一个大致的描述和概括，并指出了它背后推动整个进程的隐秘的动力所在，给我们阅读《精神现象学》提供了十分重要的指导。

第一篇　意　　识

第一章　感性确定性；或者这一个和意谓

《精神现象学》分为三个部分，一个是意识，一个是自我意识，一个是理性，其中理性的篇幅最大。现在我们来看它的意识这一部分。意识的部分分成感性确定性、知觉、力和知性三章。从感性到知性，在康德那里一跳就过去了，但是在黑格尔这里感性到知性之间还有一个知觉，还有一个中间环节。知觉跟知性不同，但是跟感性确定性又还不同，所以他分得更加细致一些。意识是从感性确定性开始，这就是意识的开端。黑格尔建立的是一个理性主义的庞大的形而上学体系，但是黑格尔并不完全忽视和抛弃感觉，这个体系既然无所不包，它就要把它所反对的和赞成的都包括进来，但是要把它们加以解释、消化，加以改造，改造成适合于他自己的体系的那种方式。所以他的这个感性确定性跟经验主义的感性有一个很重要的区别，就是他把它当作一个出发点，但是这个出发点他已经开始对它进行解释、进行消解了。一开始就加以辨析，当然这种辨析不是外在的，而是就感性本身来进行的。黑格尔一个很聪明的做法是，他并不是说这个不对，那个不对，而是把这些东西展现给你看，你看看它自己是怎么样的，它会怎么样。感性本身也不是一个固定的东西，它自己会变，我展示给你看，它是怎么变的。每个人都可以去体会一下。这就非常有说服力。

那最初**或**直接是我们的对象的认知，不是别的，只可能是那本身是直接的认知，亦即对于**直接的东西**或**存在着的东西**的认知。

《精神现象学》我们前面讲了，它就是通往科学之路，它就是要对我们的认知进行一番考察，它研究的对象就是我们的认知。那么我们的认知最直接的入口、最开始的起点是什么呢？那就是感性认知。我们通常说认识有感性认识和理性认识，从感性认识上升到理性认识。我们的认识开始于经验。康德的《纯粹理论批判》一开始就是这样写的："我们的一切知识开始于经验，但并非都来源于经验。"康德是承认知识开始于经验的，包括莱布尼兹、笛卡尔其实都是承认的。笛卡尔的怀疑就是一种经验，他怀疑这个、怀疑那个，最开始是怀疑自己的经验，怀疑自己的感觉，然后才怀疑到一些抽象的东西，包括数学。但是怀疑经验首先必须有经验才行，怀疑感觉也必须先有一些感觉，而且这些怀疑本身也是经验。那么理性派也好，经验派也好，其实都是认为我们的感觉、经验是我们的认识的开始或起点。所以这里开始就讲，"那最初或直接是我们的对象的认知，不是别的，只可能是那本身是直接的认知"。直接认知的就是从感性开始的认知。"亦即对于**直接的东西**或**存在着的东西**的认知"，这个直接的东西就等于存在着的东西，这个没有争论。为什么直接的东西就是存在着的东西？这在感性那里是不言而喻的。在感性那里，直接的东西就是直接与对象打交道，就是有关存在着的对象的认知。你要认知，你要认知什么呢？最初就是对面前存在着的东西的认知，明摆在眼前的东西叫做事实，你要承认事实嘛。我们通常把感性当作直接的事实，摆在面前的东西，你睁开眼睛看看，已经摆在你面前的东西。你明明看见的东西你都不承认，那你这个人心术就不正了。所以存在着的东西，摆在你面前的东西，这个是最直接的东西。存在着的东西背后其实有存在范畴起作用,但是它不是以存在范畴出现,它是以存在着的东西出现。为什么他这里要打着重号,把"存在着的东西"塞进来,我们说他没有经过证明,它就把它偷运进来了,为什么?他认为这是不言而喻的,对于感觉论者、经验论者,这是不用说的,他们都会承认。贝克莱说"存在就是被感知",什么是存在着的东西,那就是感觉、直觉、直接感知的东西。这就是存在着的东西。这是最起码的。

我们也同样必须要采取直接的或者接纳的态度,因此对于这种认知必须只像它所呈现出来的那样,必须不作任何改变,并且不被概念的统握所妨碍。

"同样必须",就是说前一句话是前提,"那最初或直接是我们的对象的认知,不是别的,只可能是那本身是直接的认知,亦即对于**直接的东西**或**存在着的东西**的认知",这是个前提。那么与此相同的是,我们必须要"采取直接的或者接纳的态度"。这句话可以理解为,因为它本身是直接的认知,所以我们也必须采取直接的或接纳的态度。直接的态度就是接纳的态度,就是你没有使用间接的工具,去加工它去处理它,而是完全采取被动接受的态度,直接承受的态度。你不要去加工,它直接就给你了,你也不要去反思它。"因此对于这种认知必须只像它所呈现出来的那样,必须不作任何改变,并且不被概念的统握所妨碍",原原本本的,原汁原味的,你不要去改变它。你不要过度解释,甚至不要解释,你把它摆出来,摆出来就够了。这是休谟的态度,我有什么我就说什么,我没有看到的我就不说,我知觉到了什么、感觉到了什么、我有什么印象,最好是第一印象,如果不是第一印象那就已经不可靠了。最好是马上说出来,隔久了你的记忆就已经变化了。对于这种认知必须只像它呈现出来的那样不加改变,并且不被概念的统握所妨碍。它底下肯定有概念,你将来会发现的;但是你现在不要去做概念的统握,不要试图把它们统摄起来,加以整理,否则就会对它们有妨碍。这就是直接的态度,这就是感性确定性的态度。他第一句话就把感性确定性的态度摆出来了。所谓感性确定性就是这样一种态度，不要做概念的统握。

感性确定性的这种具体内容使得它直接就作为**最丰富**的知识，甚至是作为一种具有无限丰富内容的知识而显现出来，对于这种无限丰富的内容，无论我们在它所扩展开来的空间和时间中**超出其外**，还是我们从这种丰富的材料中取一片段加以剖析而**深入其里**，都不可能找到任何边界。

感性确定性的这种具体内容，就是直接对我们面前现成存在着的东西的这样一种认知，就像它直接呈现给我们的那样接纳下来的这样一种认知，它没有经过抽象，没有被统握，而是直接呈现出来。它就是最具体的，我们通常说感性的东西是最具体的，经验的东西是最具体的，它没有经过概念的抽象，不去做概念的把握。你不要去做抽象了，你要保持它具体的原样。那么这种具体内容，"使得它直接作为最丰富的知识"而显现出来。既然你没有对它进行抽象，那么它还保持着最初呈现的原貌，当然就是最丰富的。我们经常讲，感性是最丰富的，歌德也讲过，理论是灰色的，生命之树常青。什么是生命之树常青，就是你的感性体验是最丰富的。"甚至是作为一种具有无限丰富内容的知识"，就是既然那些抽象的东西、概念的东西都不能对它加以把握，那它岂不是无限丰富的，哪怕只是一个感性的印象，你都不能把它用概念把握住，它具有无限丰富的内容。它显得好像是最丰富的，甚至是无限丰富的知识，当然黑格尔并不承认这一点，但是他认为这是很好理解的。就是它的确是这样显现出来的，直接的知识感性确定性它是非常具体的，它显得具有无限丰富的内容。"对于这种无限丰富的内容，无论我们在它所扩展开来的空间和时间中**超出其外**，还是我们从这种丰富的材料中取一片段加以剖析而**深入其里**，都不可能找到任何边界"，"超出其外"，就是你扩展开去，时间和空间，空间是无限的，时间也是无限的，大千世界形形色色、五彩缤纷，那当然是无限丰富的。你不断地向外扩展，向宏观世界扩展，这种扩展是无穷无尽的。我们现在还在不断地发现有新的恒星，新的行星，不断地获得新的知识，它是无边的。那么，无论是从这个宏观的方面说，还是从微观方面来说，也就是从这种丰富的材料中取一片段加以剖析，而"深入其里"，都是找不到边界的。这个"深入其里"和前面的"超出其外"是对照着说的，也就是无论从微观的方面说还是从宏观方面说，都是没有边界的。感性确定性的内容，从时间空间的无限性来说，古往今来谓之宙，上下四方谓之宇；而且它的每个细节都是无穷深邃的，深入其里也是无穷无尽的，不是说你分析到一个东西就到底了，你肉眼看不见了，还可以通过放大镜、显微镜看。感性确定性好像就是这样，从宏观和微观两个方面都是没有边界的，没有边界当然它包含的内容就是无限的。

此外，感性确定性又显现为**最真实的**知识；因为它还没有从对象中略去任何东西，而是在其整体的完备性中面对着对象。

前面讲的是最丰富的知识，这里是讲的最真实的知识。感性确定性显得是最真实的，当然在黑格尔看来并不是最真实的，但他在这里遵从着他自己的"额外做法"，就是对事情不加干预，让它表现自己。之所以显得最真实，是因为"它还没有从对象中略去任何东西"，这是经验派，比如休谟所坚持的。你就把它原原本本地摆出来，你不要有自己的偏见，你原汁原味地保持下来对象的原生态就对了，你不要略去任何东西。"而是在其整体的完备中面对着对象"。你直接面对感性的对象、感觉的对象，你不要抽象、不要删节，你要把它看作一个整体，要追求完备性。它有完备的丰富性，你要仔细地观察，经验派所崇尚的就是观察要仔细，不要漏掉任何东西。培根的三表法，第一个表就是全面地收集例证，就是把对象的任何属性和样式都完备地收集起来，这个表力求巨细无遗，在其整体的完备性中面对对象。这两个方面，一个是丰富性，一个是真实性，但都是显得好像是这样。感性确定性就是这样，很能说服人。一个没有受过哲学训练的人，一看到这句话就觉得对呀，这很符合我们的经验常识，我们都是这样的。但是下面就开始发生分歧了。

但是实际上这种**确定性**所扮演的是最抽象最贫乏的**真理**。

这是黑格尔的反驳。感性确定性的丰富性和真实性，都只是显得、好像是这样，但是实际上这种确定性所扮演的是最抽象最贫乏的真理。这个"扮演的"（sich ausgeben），也可以译作"冒充的"、"假装的"，但是语气应该没有这么厉害。好像是最丰富最真实的真理，其实是最抽象最贫乏的真理，但它还是真理。只不过是它扮演的真理，就是说实际上是它扮演的角色，而且这个扮演的角色是最抽象最贫乏的真理，并非那样的丰富。这是黑格尔对经验派的反驳，就是你们那么崇尚直接的感性确定性，以为它就是最丰富最真实的真理，但实际上并非这样，实际上这种确定性所扮演的是最抽象最贫乏的真理。这里真理和确定性都打了着重号，这两个概念是《精神现象学》里面很重要的一对概念。你要追求确定性，那么你就把握不了真理，你要把握真理，你就必须要解构已有的确定性。在《精神现象学》里面真理是不确定的，凡是确定了的都已经不是真理了。所以这种确定性它们扮演了一种真理，但它们已经不是真理了。按照经验派的观点，真理是最确定的，一旦把握那就是永恒的、不变的。他们力求确定性、永恒性，把它抓在手里，但是一旦把它抓在手里，它就变了，它就不是真理了。如何证明这个断言呢？下面：

它对于它知道的仅仅说出来这么多，它**存在**；而它的真理性仅仅包含着事情的**存在**；

就是感性的确定性，它是一种认知，它认知到的仅仅是这一点，就是它存在，它有。感性确定性，它有。仅仅是说了这样一种认知，就是它有；但是它有什么，如何有，这些都还有待于去充实。你仅仅说这个东西有，有没有这个东西？有，这是太贫乏太抽象了。"而它的真理性仅仅包含着事情的存在"，这说明黑格尔并未完全否认它的真理性，否则就根本不用拿到"意识的经验科学"里面来谈了；只不过这种真理性很可怜，它是最起码的，只包含着事情的存在。当然存在也是一个范畴，它实际上仅仅是最抽象、最空洞无物的范畴。纯存在是《逻辑学》的第一个范畴，那么它对应于《精神现象学》的第一个环节，就是感性确定性。在《逻辑学》中黑格尔也是这样说的，存在是最抽象最贫乏的范畴，它什么也没有说，所以它等于无。为什么存在等于无？存在最抽象最贫乏，它什么也没有说，所以与其说它是存在，还不如说它是无，纯存在是最大的虚无。那么这里也是这样一个意思。

而意识从自身方面说，在这种确定性里只是作为纯粹的**我**，或者说在这里，**我**只是作为纯粹的**这一位**（Dieser），而对象同样也只是纯粹的**这一个**（Dieses）。

"而意识从自身方面说"这一句话是跟前面一句话相对照的。前面是从存在方面说的，即"它对于它知道的仅仅说出来这么多，它存在，而它的真理性仅仅包含着事情的存在"，这就是从感性确定性作为一种认知，它的认知的内容、它所认知的东西来说的：它知道了什么？它知道了仅仅是它存在而已，这是它的一方面。但是从另一方面即意识自身方面来说，从认知来说，这就是这里要谈的。当然认知本身也是一种存在。感性确定性是一种认知，它本身就有两个方面，一个是认知的过程或者认知的活动，另外一个是认知的对象。前面讲了认知的对象就是存在，那么从另一个方面说，在这种确定性里，认知自身、意识自身只是作为纯粹的我而存在。在感性确定性里有两个方面存在，一个是意识自身的方面，一个是意识的对象方面。从意识自身方面来说。意识"在这种确定性里只是作为纯粹的**我**，或者说在这里，**我**只是作为纯粹的**这一位**"，这一位，原文为 Dieser，是"这一个"（中性为 Dieses）的阳性形式，通常"这一个"如果不是特指的话都用中性形式，但在这里它是配合"我"这个主体，一个有意识的人，而不是泛指任何一件事物，所以黑格尔用了阳性形式，我把它翻译成"这一位"。在感性确定性这样一个认知中，认知对象是存在，那么认知本身是什么呢？是自我，纯粹的我，或者说，在这里，我只是纯粹的这一位，"而对象同样也只是纯粹的**这一个**"。这一位是主体，这一个是客体，这里出现了两个概念。当然实际上它们是一个，只是一个是阳性，一个是中性，笼统地说都是"这一个"，它们都是存在的。就是说，在这种感性确定性里面，它本身有两个方面，一个是认知者，一个是被认知者，被认知者就是存在，而认知者就是我，它因为被认知者而存在。存在和我都是这一个。作为我，就是这一位，当然这个我并不是说我黑格尔，或者我邓晓芒。这是一个概念，任何人都可以说是我，是这一个我。我就是纯粹的这一位，对象只是纯粹的这一个。这一位和这一个，在德语里面是同一个词的阳性和中性形式，所以他才说，对象"同样也只是"纯粹的这一个。"这一个"可以说是感性确定性里面的一个枢纽。存在以这一个的方式表现出来，为什么要以这一个表现出来？我们可以追溯一下哲学史。亚里士多德《形而上学》中讲到，要有一门科学专门研究作为存在的存在、或者纯存在，因为在亚里士多德的时代，人们都在讨论存在的问题，特别是柏拉图谈到过各种各样的存在，有关系的存在，有属性的存在，有实体的存在，甚至缺乏也是一种存在。那么亚里士多德提出来，我们首先要研究的是作为存在的存在，即存在本身是什么。他提出来只有一个东西是作为存在的存在，那就是实体，而第一实体就是个别实体，个别实体是什么呢？就是"这一个"，就是独一无二的感性存在，例如"这匹马"、"苏格拉底"等等。这就是作为存在的存在，去掉一切附属的东西之后的纯存在。亚里士多德讨论这个非常细致，所以我们后来评价亚里士多德其实是一个经验论者，当然他后来又走向理性主义，但是他的发源地就在经验主义。他强调个别事物、专名构成第一实体，是一切认知的基础。万物都是这样一些个别实体构成起来的，种和类则是第二实体，人、动物这些概念是第二实体，这匹马、苏格拉底这些个体才是第一实体，这就是感性确定性了。黑格尔的感性确定性是从这里来的。所以他这里提出"这一个"的时候，我们不要感到奇怪。这一个或这一位、或特定的"我"是世界上独一无二的，是不能替代的。所以这个概念非常重要，他后来的分析都是从"这一个"发展出来的。他要分析这一个本身内在矛盾的发生，对这个矛盾的分析，我们可以用来解释为什么亚里士多德的第一实体后来变了,为什么他后来认为真正的实体不是个别实体,而是形式,形式才是万物的实体或本质。这个也没有什么奇怪。形式是从这一个里面引出来的,任何这一个里面都有形式和质料两个方面,而形式是使得这一个成为这一个的更本质的方面。所以真正的本质的实体不是这一个本身,而是这一个里面的形式。但是一旦涉及形式,它就变成了共相,变成了普遍的东西。所以亚里士多德最后从经验主义走向了理性主义。这也正是黑格尔的思路:你讲的这一个,它本身就有分歧,这一个本身就有内在的差异,差异的内在发生,使它本身就导致你走向共相。感性确定性在黑格尔这里就是这样,我们要把握这样一个线索,我们就比较好理解了。首先要强调这一个;但当你要进行分析时,它就会变成共相。它本身是殊相,本来是个别具体的,但是呢,它又是特别抽象的,为什么?你一步步来,你就会看出它里面的辩证性和矛盾性。这不是亚里士多德或黑格尔的主观意图,它就是概念自身的本性,"这一个"的概念它就有它的本性,它会自己去展示它的运动。你如果不想去展示,那当然也可以,像海德格尔就不展示,这一个就是这一个,玫瑰花为什么开放?不为什么,它开放所以它就开放。它没有什么为什么,他不讲了,他到此为止。那也可以,那你就坚持这一个的存在,以免"存在遗忘"。但是你作为一个哲学家,你还是想要去探讨这一个的原因,何以使它成为这一个的,那它就会走向共相,那你就会把它这一个特别独特的东西把它扬弃掉。所以海德格尔特别反感这一点,他讨厌追溯一个东西的原因,所以他也不想做哲学家了,他想当诗人。你不去追究玫瑰花为什么会开放,你就可以把它的"这一个"保持下来,但是你说不出来。你只能把它保持在你的"意谓"中,只可意会不可言传,你只能用诗把它暗示出来,只能赞美玫瑰花如何如何的美丽。那你就成了诗人,不是哲学家了。

我这一位之所以**知道这一个**事情,并不是因为作为意识的**我**在此发展了我自己,并且从多方面推动了思想。

我是这一个,这个事情也是这一个,这两个这一个,一个是这一位,一个是这一个，都是个别的东西；但是我之所以知道这一个事情并不是因为作为意识的我在此发展了我自己。这个纯粹的我还没有能力发展我自己，它跟对象还是对立的。这个我要能够发展自己，必须要从自己里面产生出对象来才做得到，而这个时候，它还是跟对象相互对立的，它还不能发展自己。"并且从多方面推动了思想"。这个我是认知，是意识，但是它还不能从多方面推动思想。它还只是一个纯粹的我，纯粹的这一位。它怎么能够推动自己呢？它没有办法推动自己。感性确定性作为最起码的认知，它已经知道这一个事情了，但它之所以知道，并不是由于它在我这一方面做了什么工作。这是从主观方面说的。那么从客观方面说，

也并不是因为我所知道的**这件事情**，按照一大堆相互区别开来的性状而在自身中具有丰富的联系，或者对别的事情有着多方面的关系。

从主观方面说，我知道这一个事情并不是因为我自己发展了我自己；从客观方面说，"也并不是因为我所知道的**这件事情**，按照一大堆相互区别开来的性状而在自身中具有丰富的联系，或者对别的事情有着多方面的关系"。它有再多的联系、再多的关系，那也跟我无关，那不是我造成的，它们不足以使我知道这一个事情。一方面不是由于我这个主体的发展，另一方面也不是因为客体有多方面的关系。主体的发展，我现在还没有能力发展自己；客体有多方面的性状、多方面的关系，也不是我能够知道它的原因。并不因为它有多方面的关系我就知道它了。所以从主观客观两个方面都不是我能够知道这一个事情的原因。

感性确定性的真理和这两方面都不相干；无论是我还是事情在这里都没有多种多样的中介的含义，自我没有多种表象或多种思想的含义，事情也没有多种性状的含义，而只是说，事情**存在**；   [64]

感性确定性的真理也就是前面讲的，这一位之所以知道这一个这件事情，既没有主观的理由，也没有客观的原因，它直接就知道这件事情，那就是感性确定性的真理了。我在感性确定性的阶段，我已经直接知道了这个事情，知道这个对象了，知道这个对象就是真理了。我既不需要

把自己发展得更完善，也不需要把对象看得更仔细，单凭我就那么模模糊糊漫不经心地一看，我就可以确定某个对象"存在"。所谓真理就是观念和对象的符合，我知道有这个对象，那就是已经符合了。所以这个感性确定性的真理和这两种情况都不相干，既不是我自己发展出来的，使得我知道这个对象，也不是对象本身的丰富的关系使得我知道这个对象，这两者都是间接的原因，跟感性确定性的直接的真理都不相干。"无论是我还是事情在这里都没有多种多样的中介的含义，自我没有多种表象或多种思想的含义，事情也没有多种性状的含义，而只是说，事情**存在**。"这还是对前面一句话的解释，就是无论是自我还是事情，无论是主观还是客观，在这里都没有多种中介的含义。中介 Vermittlung，这个词非常关键，自我方面没有中介的含义，事情方面也没有中介的含义。什么叫做中介的含义？我们也可以理解为间接性的含义。因为他前面讲了，感性确定性就是一种直接性，它就是一种直接的认知。所以在主观方面和客观方面都没有中介性的含义，它是明摆在那里，无须证明的。主观方面还没有自己的中介，客观方面也还没有形成中介，它们都不是这种认知的中介。也就是说这种认知是直接的，还没有加上任何间接性的含义。"自我没有多种表象或多种思想的含义"，自我这一方面仅仅是一个单纯的认知者，而没有多种表象和思想的含义，就是自我还并不包含多种表象、多种思想，它没有任何先入之见，完全是被动地接受。自我这个时候还没有活动起来，它仅仅是一个认知者，跟这个事情本身相对立，它只有跟这个事情相对的意义。这个自我就是一个直接的认知者，没有间接性，你从它里面还分析不出什么东西来，我就是我，我认知，我思，就是这一位，不能分析的。事情呢，也没有多种性状的含义，而只是"事情存在"，或者说"有事情"。这个事情只是存在着，只是有某物，至于是什么样的事情，具有什么性状，还不好规定。感性确定性里面，它的事情就是有，就是"纯有"，不牵连任何别的规定、别的性状，它就处于纯存在这样一个水平，一切规定都还没有来得及做。这个看一下《逻辑学》开始谈"纯存在"的那几段话就很清楚了。

而它之所以**存在**，仅仅因为它**存在**；它**存在**，这对感性认知说来就是本质的东西，而这个纯粹的**存在**或这个单纯的直接性便构成了感性确定性的**真理**。

玫瑰花之所以要开放，因为它开放。海德格尔讲的很多东西其实在黑格尔那里已经有了，他其实接受了黑格尔的起点，而拒绝了后来的推演。这个事情之所以存在，仅仅因为它存在，存在就是存在自身的原因。斯宾诺莎也说，实体就是"自因"。所以也可以说存在是没有原因，它自己以自己为原因。它是什么原因呢？必须要有中介，那才有原因，所以感性确定性是非常偶然的，它是没有原因的。或者它就算有原因，它也没有想到它的原因。感性确定性它不考虑原因，它只考虑现有的存在，"有"这么个东西。它存在，毫无理由。"它存在，这对感性认知说来就是本质的东西，而这个纯粹的**存在**或这个单纯的直接性便构成了感性确定性的**真理**"。这里主要是从对象上面来说的，从这个事情方面来说，它存在，这对感性确定性来说就够了，这就是本质的东西，这个事情存在这就是本质的东西了。存在和本质这时还没有分化。你感到了没有，你没有感到，那它就不存在，感到了，那就存在，存在就是被感知。感性确定性要确定的就是它是否存在，但这个确定性唯独只取决于感性本身，它是否存在，你去看一看，眼见为实嘛，你看到了当然就存在了。那么这样一种存在对于感性确定性来说，就构成了感性确定性的真理，感性确定性的真理就是要追求对这样的对象的认知，我要认识，我要与这个对象符合，那么这个对象是什么呢？就是存在。事情存在，就符合了，那就是真理。不在乎事情是什么、事情怎么样，只在乎事情有没有，只要有了，通过感性直接确定下来了，这就是感性确定性的真理。

同样，这确定性作为**联系**就是**直接**的纯粹联系；意识就是**我**，岂有他哉，它就是纯粹的**这一位**；个别的人知道纯粹的这一个，或知道这个**个别的东西**。

　　同样，就是跟前面一句是同样的，前面是讲真理性，这里是讲确定性，情况是同样的。"这确定性作为联系就是直接的纯粹联系"。这个确定性是什么样的确定性呢？作为联系就是直接的纯粹联系，感性确定性就在于这种直接纯粹的联系，也就是认知者跟被认知者直接的纯粹联系，或者说直接符合的联系，无须通过任何中介的联系。直接符合它就确定了，感性确定性就在这一点上确定下来了。前面讲的是真理性，真理性在什么地方呢？就是纯粹的存在或者单纯的直接性就构成了感性确定性的真理。感性确定性就是要追求这个真理，追求这个直接的存在。那么同样，这个确定性本身它就是作为直接的纯粹的联系。这种联系的目的就是要达到真理性，但是这种联系本身就是确定性，就确定下来了，如果达不到真理，它就摇摆了，不确定了。如何牢牢地确定它的真理性呢？就是它必须要有联系，这种联系是直接的纯粹联系，直接看到的，我亲眼看到的，这就是确定性。下面进一步解释，"意识就是我，岂有他哉"，不是别的我，是这个唯一的我，是我亲自去看的，我亲自认知到的，那就是我，只是纯粹的"这一位"我，在意识方面就是纯粹的这一位。个别的人，——如果是 das Einzelne 那就是中性，那就是个别的东西；但是如果是 der Einzelne，那就是阳性，阳性它就是代表着这一位，代表个别的我，就代表一个人。"个别的人知道纯粹的这一个，或知道这个个别的东西"，凡是阳性的我们就把它翻译成个别的人，凡是中性的我们就把它翻译成个别的东西。总之，感性确定性就是个别人知道个别的东西，如此而已。这是一对一的关系，与他人或他物无关。我们再看下一段。

　　前面讲了最后归结到两个这一个。一个是这一位，一个是这一个，这一位是认知的主体，这一个是认知的客体，它们在感性确定性中是一对一的直接关系，插不进任何中介，与任何他人他物无关。所以他这里讲，没有别的什么东西，只有纯粹的这一位，个别的人知道纯粹的这一个，或者知道个别的东西。个别的人就是我，个别的东西就是这一个。当然这个个别的东西跟这一个还有层次上的区别，通俗地说，这一个就是个别的东西。

　　但是在构成这种感性确定性的本质、并被感性确定性宣称为自己的 {64}
真理的这种**纯存在**上，当我们旁观之时，还有许多别的东西在例示出来
（beiherspielen）。

　　Beiherspielen 字典上查不到，根据上下文，其作用实际上相当于
beispielen，指树立一个例子，就是举例、作为例子演示出来。所以我把它
翻译为"例示出来"。"但是在构成这种感性确定性的本质、并被感性确
定性宣称为自己的真理的这种**纯存在**上，当我们旁观之时，还有许多别
的东西在例示出来"。前面已经讲了，感性确定性的本质就是纯存在，就
是纯粹的、直接的存在，并且这个本质被感性确定性宣称为真理。纯存
在就是被感性确定性宣称出来的真理。凡是感觉论者，他们都宣称自己
就是要通过感性确定性来把握存在，就是要把握实在存在的东西，眼前
已经摆在那里的东西。所以纯粹的存在就是感性确定性的本质，也就是
感性确定性的真理。但是当我们实际旁观之时，还有许多别的东西在例
示出来。这个本质当然是纯粹的，纯粹的存在。纯粹的存在就是非常贫
乏的、抽象的、不拖泥带水的。但是在实际旁观的时候还有许多别的东
西在例示出来，就是作为这个纯粹存在的例子在附带地显示出来。就是
说，当我们讲感性确定性的时候，不光是说纯存在，或者我们讲的存在还
不是那么纯，达不到《逻辑学》中纯存在的纯度，它是通过各种例子显示
出纯存在。这些例子就有很多了，之所以感性确定性里面最初看起来是
无限丰富的，无限丰富它就有许多例证了。这种纯粹存在我有很多很多
例子，我们可以举出来。有很多东西都在例示着这个纯存在。

　　一个现实的感性确定性不仅仅是这种纯粹的直接性，而且是这种直
接性的一个**例子**（Beispiel）。

　　你看这个"例子"出来了吧。一个现实的感性确定性，也就是感性确
定性在现实中，实际上你要去对感性做一个确定，那么它不仅仅是这种

纯粹的直接性,纯存在在现实的感性确定性中,它是不会出现的,一个存在的范畴,感觉论者、经验论者都不会承认。我讲的不是那些存在的范畴,我讲的是这些例子。所以一个现实的感性确定性是一种纯粹的直接性,但不仅如此,你现实地去看,每一次你看见了某个东西,那么它就是这种纯粹直接性的一个例子,它后面可以例示着一个纯存在,但是它本身在现实中,它只是纯存在的一个例子。说感性确定性是一个纯存在,那只是就它的本质来说的,在现实中它并不是以这种纯粹形态出现的,否则它就是《逻辑学》了。我是要追求存在,但是我不是要追求一个纯存在的抽象概念,我是要追求所有这些存在着的东西,这些作为例子、作为现象而显现在面前的东西。这就是《精神现象学》所要做的事。

在这里所出现的不可胜数的区别之中,我们到处都发现那主要的差别,即,在这种感性确定性里立刻就作为出自这个纯存在的特例显示(herausfallen)了前面已经提到的两个"**这一个**":作为**自我**的**这一位**和作为**对象**的**这一个**。

Herausfallen 本来的意思是掉出来了,从那里面掉出来了,显露出来了,在字典中还有一个含义,就是作为特例显示出来了。这跟前面的"例示(beiherspielen)"意思相近。抽象的纯存在感觉不到,但从它里面有些具体的例子把它的意思凸显出来了。为什么要把例子跟纯粹的直接性区别开来呢?纯存在如果是在《逻辑学》里面,它是不需要例子的,它自己就展示出它的概念的逻辑进展。但是在《精神现象学》里面,所有的这些精神的现象都是逻辑范畴的例子,但是你们要在这些例子里面去体会它所展示的那种范畴的运动,把握那个事情本身的运动。意识的经验科学就是意识在经验的各种各样的例示过程中显示出它的逻辑本质的,通过例子显示出它的本质就是《逻辑学》。正由于《精神现象学》是通过各种例子来显示它的本质。所以你不要过分着眼于这些例子,你要着眼于里面的事情本身。我们从这里可以联想到胡塞尔的现象学,胡塞尔的直观,它带有很重的心理主义色彩,甚至有人说胡塞尔就是一种描述心理学,胡塞尔自己也不否认他这是描述心理学，但是他说我这种描述只是一些例子。胡塞尔经常提到他的反人类中心主义，反心理主义，但是他又要拿心理学说事，心理学是他的一个例子。你要从感性入手，从直观入手，但是你不要把它当作人的直观，人的直观只是普遍的可能的直观的一个例子。胡塞尔现象学跟黑格尔的现象学在结构上有很多类似。胡塞尔认为所感到的东西都可以看作是一个理念，只要你善于把它做一个现象学的还原，你要把你的感觉感官的构造以及感知过程放在括弧里面存而不论，只就你所感知到、直观到的表象来说事，你提到感知活动、提到这一次的感知的表象，只是作为一个例子，你要从这个例子中看到它所展示出来的那个客观本质。所以他从唯我论、从心理学出发，但是不归结为唯我论和心理学，而是归结为客观的逻辑结构。这是万物的逻辑结构，一切认知对象的逻辑结构。这些例子当然是各各不同的，黑格尔说，在这些区别中，"我们到处都发现那主要的差别"，差别有很多，每一个例子都是一个"这一个"而不同于"那一个"；但在现实中的无数区别里，要把纯存在例示出来的话，那么最根本的差别的就是"作为自我的这一位和作为对象的这一个"。化繁就简，一切这一个都可以归结为这双方的差别，归结为这一位对这一个的认知。这一个既可以说是我，也可以作为对象，这两个"这一个（位）"形成了一对一的认知关系。这是所有的差别里面最根本的两个差别，在一切感性确定性里面都有这个差别，一个是自我，一个是对象。"这一个"不是一个东西，而是两个东西，当然可以说有很多很多东西，但是最起码的是两个东西，即我和对象，主体和客体。当然这都是对于我们观察者而言的，而不是对于意识而言的，意识可能还没有意识到这些差别。而我们在观察的时候，可以发现这些差别。

　　如果**我们**对于这个区别加以反思就会得出，无论这一方和那一方都不仅仅是**直接地**存在于感性确定性中，而是同时**间接地**存在于其中；我**通过**一个他者，即通过事情而具有确定性；而事情同样**通过**一个他者、也就是通过我而处于确定性中。

如果我们对于这个区别加以反思，这里"我们"打了着重号，就是我们作为旁观者加以反思。意识在感性确定性这里还没有反思，反思是要在自我意识那个阶段才能进行的。但是作为意识的经验科学的旁观者，我们可以对它进行反思。这样就会得出，"无论这一方和那一方都不仅仅是直接地存在于感性确定性中，而是同时间接地存在于其中"。通过反思我们可以看出，感性确定性本身是确定性，但是它里面的环节一个是自我一个是对象，双方都不仅仅是直接的存在于感性确定性中，而且是同时间接地存在于其中。直接的，当然我作为一个纯粹的"这一位"它是直接的，它本身没有中介性，它没有包含本身的结构，从这个意义上它是直接的，它是直接的我。而存在的对象则同样也是直接的这一个对象。直接的我要把握直接的对象，这就是直接的感性确定性，所以它有直接性。但是它们不仅仅是直接地存在于感性确定性中，它是直接的，但同时它又是间接的。怎么间接的呢？"我**通过**一个他者，即通过事情而具有确定性，而事情同样**通过**一个他者、也就是通过我而处于确定性中"。这里"通过"都打了着重号，以强调其中的间接性，就是我和对象、事情互为间接性。这两个东西都是直接的，它们构成了直接的感性确定性；但是它们互相之间又是互为手段，互为间接性的，因为它们谁也离不了谁，每一方都通过另一方而具有确定性。我通过一个他者、通过一个对象而具有确定性。这个我是什么我呢？是认知对象的我，它不是别的我，这个我在感性确定性里面仅仅是作为一个认知者；那么认知者是什么呢？认知者就是认知对象的，没有了对象，这个我就没法确定，因此这个我是依赖于对象的，借助于对象才具有感性确定性。而事情同样通过一个他者而处于确定性中，这个对象、这个事情是怎么样一个事情呢？是通过一个我而处于确定性中，如果没有我的话，没有我的感知或认知，这个对象确定不下来。我没有看到的东西，有没有都成问题。在感性确定性中，你要通过一个我你才能够使这个对象具有确定性。如果没有我的感知的话，这个对象就呈现不出来，只有当这个我能够把它确定下来的时候，它才得到确定性。那么从这个意义上来说，它是直接性的，同时又是间接性的。或者说这两者是互为中介的，在感性确定性中的两个环节中，一个是我，一个是对象，它们互为中介，互相依赖，互相确定。没有对象，自我确立不了，没有自我，对象也确立不了。它是这样一种关系。当然这是我们作为一个观察者进行反思所得出的这样一个观点，我们旁观者加以反思。而在意识的经验中，从它的内容上看，它还没有意识到这种关系，它还非常朴素，没有反思。自我还在坚持自身，对象也在坚持它自己。看下一段。

　　这种本质和例子、直接性和中介性的区别，并不仅仅是我们所造成的，而是我们在感性确定性自己身上发现了它，并且这种区别必须以这种形式被接受下来，就像它在感性确定性身上那样，而不是像刚才我们对它所规定的那样。

　　这就把我们对感性确定性中的区别的反思、对它的规定，跟它自己所拥有的区别划分开来了。这种本质和例子、直接性和中介性的区别并不是我们所造成的，而是我们在感性确定性自己身上发现的。感性确定性实际上还没有自觉到这一点，但是我们发现这种区别是在感性确定性自己身上发生的。虽然是我们发现的，但是并不是我们带给它的，而是感性确定性它自己的内在区别。它自己会把自己这样区别开来。并且这种区别必须以这种方式得到接受，得到理解，什么样的方式呢？就像它在感性确定性之上那样，而不是像刚才我们对它所规定的那样。我们要把这种区别，这种自我和对象它们的互为中介等等这样的关系，理解为感性确定性本身中的那种不自觉的形式，而不是我们刚才对它进行规定的那种清醒地意识到的形式。我们对它的规定是通过反思，我们作为反思者，我们得出了这样的一种规定，但是这样的规定并不是我们的反思制造出来的，而是感性确定性本身固有的，我们只不过是在它身上看出了、发现了这一点。当然必须通过反思我们才能发现，但是一旦发现，我们要把它归之于感性确定性本身的区别，而不是我们所造成的区别。我们的反思在其中起一种引导理解的作用，导向的作用，但真正的迈步前进还得靠意识自身逐渐觉悟，不能越俎代庖。

在感性确定性中所建立起来的一方是作为单纯的直接存在着的东西或本质，即**对象**，而另一方则是作为那非本质的经过中介的东西，它在其中并非**自在**存在的，而要通过一个他者才存在，这就是我，**一种认知**，它之所以知道对象，只是因为**对象**存在，而这认知则可以存在也可以不存在。

"在感性确定性中所建立起来的一方是单纯的直接存在着的东西或本质，即**对象**"，在感性确定性中所建立起来的，就不是我们建立起来的，而是感性确定性自己给自己建立起来的。注意我们这里采取一种旁观的态度，我们去发现它，去反思它，感性确定性是怎么活动的，它的这个意识的经验是怎么经验自己的。采取这样一种态度，那么我们就会发现，在感性确定性中所建立起来的一方，是直接存在的东西或本质，即对象。在感性确定性中，它本身就要承认它的对象是直接存在的东西或本质，感性确定性要确定的就是这个对象，即直接存在着的对象，没有经过任何中介的对象，那就是本质的东西。而另一方，则是那非本质的经过中介的东西，那就是认知着的我。在感性确定性里面，我是非本质的，对象是本质的，因为我是服从对象的，我就是要去把握对象、符合对象，就是要去认知对象。自我只不过是认知主体，而对象才是它的目标，才是它的最终目的。所以它是非本质的经过中介的东西，也就是它自己不能直接存在，它是要经过中介，经过对象的中介，由对象给它确定性。你这个自我究竟确不确定，要由对象来决定的，因为这个自我是认知的我。如果你的认知跟对象不相符合，那么你就没有确定性，你只有自己亲自感觉到，亲自看到了，你这个自我才能确定下来，才确实有所认知。所以这个自我是不能独自确定下来的，它是经过中介的。"它在其中并非**自在**存在，而要通过一个他者才存在，这就是我"。在感性确定性中，自我的一方是非本质的，而对象的那一方才是本质，这基本上是一种唯物主义的认识论。唯物主义就是这样看的，主观的东西你不能作数的，你如果把它当作本质的东西，那么你就犯了"主观主义"的错误。你的主观要取决于客观，取决于对象。这样的自我就是"**一种认知**，它之所以知道对象，只是因为**对象**存在，而这认知则可以存在也可以不存在"。唯物主义就认为对象是客观存在的，它是不以我们的认知为转移而存在的。你可以不认知它，但是它存在，这是个事实。认知是可以存在也可以不存在，而对象，例如自然界，在人类出现之前就存在了，我们只不过是去把握它，去认知它，它本身是不依赖于我们的，没有人类、没有人的认知，这个地球照样存在。这种唯物主义经验论就是在感性确定性里面建立起来的，它建立了两个方面：一方面是本质即对象，另一方面是非本质，就是自我，自我要符合对象。

但对象却**存在**，它是真实的东西和本质；不论对象被知道还是不被 [65] 知道，它一样的**存在**；它即使没有被知道也仍然在那里；但如果没有对象，也就没有认知。

对于唯物主义者来说，这些都是常识了。感性确定性就是要确定有什么东西存在着。这个对象，"它即使没有被知道也仍然存在着；但如果没有对象，便不会有认知"。这种关系非常明确，对象是第一性的，认知是第二性的，认知必须要符合对象，必须要反映对象，它才有意义。

因此就必须考察对象，看它在感性确定性本身中实际上是否真的是像它在感性确定性中所装扮（ausgegeben）成的那样的本质；看它的这个作为本质的概念是否和它在感性确定性中现成存在的那样的本质相符合。

感性确定性既然把对象确定为本质，所以第一步要考察这个对象，看它在感性确定性中是否真的是像在感性确定性中所表现出来的那样的本质。"看它的这个作为本质的概念是否和它在感性确定性中现成存在的那样的本质相符合"。就是说,要从感性确定性对自己的对象所以为的概念中去发现这个对象的真相,言下之意,感性确定性自己对这个对象的概念与这个对象的实际本质很可能并不是相符合的,所以我们必须考察一下,看它的作为本质的概念是否符合于现成存在的实际情况、真正的本质。那么这样一个概念是否真的符合它在感性确定性中现成存在的本质呢?感性确定性真的有那样的本质吗?它实际上的本质是什么呢?它自以为的本质和它实际上的本质是不相符合的吗?这就是下面要考察的。

我们的目的并不是要反思(reflektieren)和追溯(nachdenken)对象在真理中可能是什么,而只是要考察感性确定性在自己身上是如何拥有对象的。

Nachdenken 有的人翻译成后思,nach 的确有跟在后面的意思,但是 nach 还有一个意思就是去追溯,去追寻,追着它思。但是我们也不能翻译成追思,所以我们翻译成追溯,追溯的思维,有时候也翻译成反思,在德语的日常含义中是深思熟虑的意思,并不是说跟在什么之后的思,不能译作后思。它是要追着去思,就是追根究底,追寻它,紧紧地追着思。"我们的目的并不是要反思(reflektieren)和追溯(nachdenken)对象在真理中可能是什么",就是说我们要考察对象,看它是否符合感性确定性现成的那个对象,是不是相符合,我们这样做的目的并不是要反思和追溯对象在真理中可能是什么。那个目的我们现在还不具备,那个目的是要在《逻辑学》中完成的,即要在真理中确定对象可能会是什么。那么在《精神现象学》里面我们还不能做到这一步,因为它只是现象学,它还不是真理的学问,而只是通往真理的道路。所以这里只是要考察感性确定性在自己身上是如何拥有对象的,这个时候我们不能一步登天,我们不能马上跳到它背后的那个范畴。感性确定性后面确实有纯粹的范畴,纯存在、无等等,但是我们现在还无暇顾及,我不能反思到它后面的范畴。当然实际上是经过反思的,黑格尔作为研究者,他甚至时常提醒我们要反思一下。前面讲到如果我们对于这些区别加以反思，就会如何如何。前面已经做过反思了，但是我们前面讲，这个反思是作为旁观者的反思，而当我们具体考察感性确定性里面的对象的时候，我们的目的还不是要做这种反思。这个反思是站在逻辑立场上的反思，而这个时候我们所要关注的还是感性确定性在自己身上如何拥有对象，这个对象概念我们要立足于精神现象学的立场来考察它，要顺着它的思路来推进它。不是通过我们外在的反思强行把它拉到一个什么地方去，而是要看感性确定性本身如何拥有这个对象的概念，看它如何通过拥有这个对象的概念而往前发展，如何在发展中起变化。"我们的目的"，当黑格尔用"我们"这个词的时候，他是要跳出来的意思。黑格尔在《精神现象学》里面经常跳进跳出，他跳出来，就是站在《逻辑学》的立场上看了。一会儿他又沉入进去，沉入进去就是考察感性确定性如何在自己身上拥有自己的对象，如何自己运动。所以他用"我们"这个概念的时候我们要注意，凡是他用到"我们"的时候，它是有意义的。就是说我们跳出来了，我们这时是旁观者。看下一段。

因此感性确定性应该自问：**什么是这一个**？

这正是亚里士多德的问题，这一个，就是个别实体，什么是个别实体，就是作为存在的存在，作为有的有。亚里士多德举了很多例子，说明个别实体只能做主词而不能做宾词，只能独立存在而不能存在于别的东西里面，等等。它最终落实为一个感性的、经验的、不可分的个别对象。但进一步的分析则将"这一个"剖开成两部分，即质料和形式。黑格尔也正是这样来分析的。

如果我们就其存在的双重形态即**这时**和**这里**来看待它，则它本身所具有的辩证法将获得一种像这一个本身所是的那样来理解的形式。

什么是这一个，我们要注意，这里首先要探讨的是作为感性确定性的对象，作为感性对象的这一个，那么我们首先要考察什么是感性的这一个。"如果我们就其存在的双重形态即这时和这里来看待它，则它所具有的辩证法将包含有一种像这一个本身所是的那样来理解的形式"。"这一个本身所是的那样"是哪样呢？就是这时和这里的双重形态，就是在时空之中，那就是此时此地，这时和这里。我们是从这时和这里来看待这一个的，凡是这一个它都有一个时间和地点的问题。你指出的这一个，你在什么时候指的它，这是不能不考虑的。所以时空形式就是"像这一个本身所是的那样来理解的形式"，这一个的质料先被撇开了，它被归结到时空形式，即这时和这里。此外，在这一个的诸多区别中，其中一个主要的区别是自我和对象，那么"自我"也先被撇开了，因为对象是本质性的，而自我是非本质性的，所以先要讨论对象。就对象的这一个而言，如果撇开它在质料上不可胜数的区别，对象在形式上首先是两种区别，一个是这时，一个是这里。当然这时和这里本身又有很多区别，这时有几天、小时、分钟等等的区别，这里又有范围大小的区别。现在我们进入到对象里面的这些区别，"则它所具有的辩证法将获得一种像这一个本身所是的那样来理解的形式"。这里第一次出现了"辩证法"（前面只在序言中出现过三次）。这个辩证法在康德那里是贬义的，在黑格尔这里是中性的，但是都表明了一种逻辑关系，辩证法在康德和黑格尔那里都属于一种逻辑上的关系。而这种逻辑关系将在"这一个"中获得一种现实的形式，也就是"像这一个本身所是的那样来理解的形式"，即空间和时间的形式。"这一个"本身是怎么样的呢？它是以时间和空间的双重形态、以这时和这里的形式存在的。这一个本身使（逻辑上的）辩证法获得了一种时间和空间的形式。下面就开始讨论这时和这里的辩证法。

因而对于这问题，**什么是这时**？我们就可以例如这样答复，**这时是夜晚**。

首先考察这时。考察时间也就是考察时间的辩证法，考察时间的辩证法也就是在考察"这一个"的辩证法。而这一切都是在意识背后的那个逻辑上的辩证法的反映，是它所获得的特殊表现形式。这一个的辩证

132

法是在时间空间中展示出来的，而在展示过程中就涉及了这一个的质料。我们一个个地考察。"因而对于这问题，**什么是这时**？"我们来答复，例如说，这时是夜晚。如果我们晚上回答这个问题的话，我们可以直接就答复了，这时是夜晚。这是最直接的这一个。什么是这一个？我们首先把它分解为什么是这时。什么是这时，我们就可以回答，例如说"**这时是夜晚**"。"例如说"，这个例子就是这一个的质料了，在"这时"的形式下可以有各种质料，例如夜晚、早上、白天等等。

为了检验这个感性确定性的真理，一个简单的试验就足够了。我们写下这一真理；一条真理不会因为写下来而失去了；正如它不会因为我们保存它而失去一样。

为了要检验这条感性确定性的真理，我们可以做一个试验，就是把它写下来。你要检验它，必须把它写下来，然后才能对它进行观察和检验，否则你就没有检验的对象。一条真理并不因为把它写下来就失去了，如果它是真理的话，那么它是经得起检验的。你写下了就能把它保存下来，这个举动就是把它保存下来，就是不让它失去。这一切都是顺理成章的，没有什么问题，暂时是这样的。

如果我们**这时**在**这个正午**时分，再去看那条写下来的真理，那么我们就必须说它已经陈旧过时了。

这就是这时的辩证法。还是这时，但是它已经是正午时分了，同一个形式之下，质料已经变了。我们如果把这时是夜晚作为例子来说，那么是可以的，但是你如果把这时是夜晚当作真理来说，那么现在是中午了，人家就会说你是胡说八道。或者说，你说的是昨天晚上的真理，今天已经不是的了。既然昨天晚上的真理今天已经不是了，那它还有确定性吗？如果连确定性都没有，它还是真理吗？保存下来就是给它以确定性；但是一旦保存下来，它就会变得不再是真理；而不再是真理的东西，也就撤销了它的确定性。"这时是夜晚"已被"这时是正午"所否定了，它不再是真理，即使你曾经把它写下来、保存下来，它也是不确定的了。再看下一段。

{65}　　把"这时是夜晚"加以**保存**,这就是说,它被当作了它被装扮成的东西、被当作了一个**存在着的东西**来对待,但是它却反而证明自己是一个非存在的东西。

　　这就是辩证法了。把"这时是夜晚"写下来加以保存,加以确定,这就是说,它被当作了它被装扮成的东西,它被当作了真理,被当作了一个自在存在的东西。这时是夜晚,这在当时是确定的,它就被当成了它被装扮成的东西。它被装扮成了什么呢? 它被装扮成了存在着的东西,也就是本质。前面曾讲到,我们必须考察对象"在感性确定性本身中实际上是否真的是像它在感性确定性中所装扮成的那样的本质"。把"这时是夜晚"写下来加以保存,它就被当作了它被装扮成的东西,那么我们在说这个话的时候,我们就是把它当作本质的东西,把它当作真理,把它当作自在存在的客观事实,我们是把它作为客观事实写下来了。客观事实并不因为把它写下来它就不是客观事实了,它当然是。所以它是被当作它所装扮的东西而写下来的,是被当作存在着的东西来对待的,"但是它却反而证明自己是一个非存在的东西"。既然是事实,是真理,为什么第二天来看,它就过时了呢? 是不是你让它过时了呢? 不是,是它自己过时的,是这一个,是原来的那个这时、那个夜晚已经过时了,尽管你把它写下来,它却反而证明自己是一个非存在的东西。"现在是夜晚"已经是非存在了,现在已经不存在这样一个这时了,现在是白天了。

　　这时本身诚然还保持着,但却是作为一个不是夜晚的这时;同样,这时保持到那个这时现在所是的白天,也是作为一个不是白天的这时,或者说是作为一个一般**否定之物**而保持下来的。

　　"这时本身诚然还保持着",这时虽然不是夜晚,这时是白天,但是"这时"本身还保持着,这时还是这时,我们这时是白天,这时是中午,"这时"还在,但是这个这时呢,现在是白天,是一个不是夜晚的这时。"同样,这时保持到那个这时现在所是的白天,也是作为一个不是白天的这时",

我们说这时是白天，但是经过了一个改变，昨天晚上我说这时是晚上，那么现在我说这时是白天，晚上换成了白天，但是这时没有改变，改变跟这时没有关系，那么我们就想到这时也不是白天。所以他讲，这时现在所是的白天也是作为一个不是白天的这时。虽然现在是白天，但是经过我昨天晚上之后，我已经知道了，我现在讲的白天跟这个这时也不是直接等同的。我讲这时是白天，我当然可以说，但是我意识到这时跟白天不是一回事，白天还可以变，而这时却不变。"或者说是作为一个**一般否定之物**而保持下来的"，这时这个变中之不变，是作为一个一般否定之物而保持下来的，能保持下来的是什么？能保持下来的就是这时，它既不是晚上也不是白天，它就是它。你把它写下了，这时是晚上，这时是白天，你就会发现，这时保持下来了，而晚上被否定了，白天也将被否定，所以这时对白天和晚上都是具有否定性的。它本身是肯定的，但它是作为一般的否定之物而保持下来的。"而保持下来"也就是肯定下来了，它是通过否定之物而被肯定下来的。亚里士多德也说过，一座雕像的质料可以是石头，也可以是铜，还可以是金等等，但这座雕像之所以是这座雕像，不是因为石头、铜或金，而是因为它的形式。我们说这是苏格拉底的雕像，不是因为它是石头雕的或铜雕的，而是因为它的形式是苏格拉底。所以形式才是这座雕像的固定的本质。这里的分析与黑格尔异曲同工。

　　<u>这个自身保持着的这时因此不是一个直接的东西，而是一个被中介的东西；因为它之所以被规定为一个持存的和自身保持的东西，乃是**由于别的东西即白天和黑夜的不存在**。</u>

　　那么这个这时本身就不是一个直接的东西了，直接的东西是什么呢？直接的东西就是你直接感到的，直接看到的，这时是白天，这时是夜晚，那是直接的，但是你现在把白天和夜晚都否定了，为了保持这个这时，那么这个这时还会是一个直接的东西吗？它显然是间接的东西，它是经过了白天和夜晚之后才得以确定的。原来的那个确定还不稳定，通过否定它才确定下来，它要经过一个过程才能确定下来的，所以它不是直接

确定下来的,而是在过程中,通过一些中介的环节才最后得到了确定。"因为它之所以被规定为一个持存的和自身保持的东西,乃是**由**于别的东西即白天和黑夜的不存在"。你要保持它,它之所以能保持下来,是由于别的东西不存在,只有经历过了白天和夜晚的消逝,那么这个这时才能够存在下来,才能够持存下来。由于非存在,它才存在,由于无,由于变易,它才存在。为什么在《逻辑学》里面"有"变成了无,存在变成了非存在?因为纯存在就是没有进一步的规定,没有进一步的规定就是无,就是否定,它否定了进一步的规定。而具有无或否定的存在就是变易,在其中,无就是对存在的否定,而作为一般否定之物保持下来的就是定在,就是Dasein。所以这一个,或这时,在《逻辑学》中相应的位置就是定在 Dasein,它是经过变易而保持下来的变中之不变。但这个变中之不变的本质就是一般否定者,否定了它的一切内容、一切规定的存在。它自己是作为一个不断否定自身内容的过程而保持下来、存在起来的,或者说,它的持存、存在就是由于它的各个内容的持续地被否定、不存在,它是由于别的东西不存在,所以才存在。这种否定的肯定、这种不存在的存在,前面称之为特定的虚无,它所建立起来的是定在。亚里士多德的形式最开始也是定在,就是苏格拉底的雕像,它的形式就是独一无二的苏格拉底的形象,是真正的个别实体、这一个。

　　但它仍然还像以前那样单纯地就是**这时**,并且在这种单纯性里,它对任何还在它身上例示出来 (bei herspielen) 的东西都是无所谓的;尽管夜晚和白天并不是它的存在,但它同样也是白天和夜晚;它一点也不受自己的这个他在的影响。

[66]

　　也就是这个这时,它是靠别的东西的不存在而存在的,"但它还像以前那样单纯地就是这时",并不因为它是通过间接性而存在的,它就变得复杂化了,它本身还是单纯的。所谓单纯的就是它单一地固守着它自身,是万变中之不变,而不以其他的东西来改变自身、影响自身。虽然它要依赖于其他东西的不存在,但是正因为它依赖于其他东西的不存在,所以它对其他东西的存在是无所谓的，那些东西都只是在它身上例示出来的东西，都只是些反正要消失的例子。前面讲，对于"什么是这时"这个问题，"我们就可以例如这样答复，这时是夜晚"。"这时是夜晚"不过是对"什么是这时"这个问题的回答的一个例子，"例如"这时是夜晚。所以他这里讲，"并且在这种单纯性里，它对任何还在它身上例示出来的东西都是无所谓的"，它可以举夜晚的例子，当然也可以举白天的例子，都可以。"尽管夜晚和白天并不是它的存在，但它同样也是白天和夜晚"，白天和夜晚都不是"这时"的存在，"这时"的存在另有所在，它超越于白天夜晚黄昏早上。但它同样也是白天和夜晚等等，它超越于其上，但又落脚于其中。它本身的概念"这时"是一个单纯的概念，但是它又有丰富的例子来例示它，来说明它。它可以是这些也可以不是这些，这些都不是它的存在、它的"是"，它对所有这些例示出来的东西都无所谓，它已经超然于这些用来说明它的例子之上了。就是这些例子可以变来变去，但它本身是不变的，这时还就是这时。所以这时对于所有那些作为例子的东西都是无所谓的，"它一点也不受自己的这个他在的影响"，这些例子都是它的他在 Anderssein，但是这些丰富的例子都是相对的，是要消失的，都是非存在。它一点也不受这种他在的影响，白天也好，夜晚也好，都是"这时"的他在，这时本身不受影响，它仍然单纯地保持着。

一个这样的通过否定作用而存在的单纯的东西，既不是这一个也不是那一个，而是一个**非这一个**，同样又毫无所谓地既是这一个又是那一个，这样单纯的东西我们就叫作**普遍的东西**；因此共相（Allgemeine）实际上就是感性确定性的真实的东西。

这句话是他的结论了。上面讲"这时"是通过否定自己的他在而存在的单纯的东西，从它否定的对象来说，它既不是这个对象，也不是那一个对象，既不是夜晚也不是白天，而是一个非这一个。你把所有的这个那个对象都否定了，那么它就只剩下"非这一个"了，本来它是这一个，这一个转化成了非这一个。这时在时间中就转化成了非这一个，它不是任何具体可确定的这时。时间本身的辩证法导致了它是非这一个,这时变成了非这时,只有当它成了非这时,它才能成为这时。只有当它变成了非夜晚、非白天、非早上等等,它才能成为这时。所以这时从它的内容上看,它是非这一个,是非这一个这时。但它"同样又毫无所谓地既是这一个又是那一个"。它超越于其上,同时又涵盖所有这些,它当然也是夜晚,也是白天也是黄昏,但是它是作为对所有这些东西的"非"而是这些这一个的。它本身不是所有这些具体的这时,它是一个这时的共相。共相是对殊相的一种非,一种否定,但是它又分不开,共相就是殊相,共相就在殊相之中。普遍的东西就在特殊的东西之中,从内容来说,它就是这些特殊的东西,从它的本质来说,或者从它的形式来说,它又不是这些特殊的东西,它超越这些特殊的东西。所以这里的辩证法看起来在形式逻辑上是不成立的,既然是非这一个,怎么又是这一个呢?形式逻辑讲是就是是,非就是非。但是在现实中有一种辩证法,确实有一种自我否定,自我否定就是自我肯定。那么从这里头我们就产生了更高层次的理解,"这样单纯的东西我们就叫作普遍的东西,因此共相实际上就是感性确定性的真实的东西"。这样的单纯的东西,单纯的这一个,单纯的这时,当我们把它复杂的内容都撇开,扬弃掉,回到单纯的这一个、这时,那么我们就把它叫做普遍的东西。能够真正保持下来的就是共相,你不能确定白天或夜晚,你只能确定这一个,而这一个是共相。我们把 Allgemeine 译作共相,而把 das Allgemeines 翻译成普遍的东西;在黑格尔那里,一般说"共相"似乎更确定、更形式化一些,"普遍的东西"则更开放、更泛一些,意思都相同,稍许有点色彩上的区分。那么这些单纯的东西我们把它叫做普遍的东西,它涵盖那些复杂的东西,超越那些复杂的东西。凡是普遍的东西都是概括性的,一个单一的东西统摄一切,那么这个单一的东西我们就叫做共相。"共相实际上就是感性确定性的真实的东西",感性确定性它的真正的对象就是共相。这就颠倒过来了,原来感性确定性作为直接的东西,那就是把对象原原本本的最具体最丰富的原样把它接受下来，把它当作最真实的东西；但是经过一番辩证的进展，它演变成了与它相反的东西。比如它的对象总要在时间空间中吧，我们首先考察它在时间中，在时间中，它自己就在演变。你要把它的时间空间撇开也可以，那就变成形式逻辑的抽象概念了，那就跟世界没有关系、跟对象没有关系了。但是黑格尔的概念是具体的，它是要涉及现实的，它是要放在时间空间中来考察的。黑格尔甚至比那些经验论者更具有现实感，经验论者把一个经验的感性的知觉印象把它抽象出来，就不考虑它在时间中空间中会如何变化了。休谟当然也考虑它的变化，比如在记忆中一个印象会淡化；但是一考虑这个变化，他就认为那些东西就变得不是的了，他还是要回到第一印象，第一印象是最可靠的。但是最可靠的恰好是最不可靠的，因为第一印象就是那一瞬间的视觉印象，那种视觉印象在脑子里很快就会消失，你怎么能确定下来？所以休谟只好什么都不确定，他并没有真正严肃地对待自己的感性。而黑格尔是真正严肃地对待了的，就是说你的感性本身是在时间中的，在时间中它会变化的；那么一旦变化，你最初的那个出发点的直接的东西就会发生变化，最具体的东西变成最抽象的东西，反过来最抽象的东西、共相倒成了本质。所以感性确定性那个东西是靠不住的，你真要跟着感性确定性走，它会把你引到相反的东西，把你带向一种普遍的东西，它会带着你走，把你逼到那个共相里面去，你想要躲是躲不掉的。所以事实上，共相就是感性确定性的真实的东西，或者说你把它放在过程中看，感性确定性真正说来就是共相。最具体的东西变成了最抽象的东西，拿到共相上来说，那么感性确定性的共相是最抽象的共相，它最没有内容。这就是一种颠倒，我们通常认为感性确定性是最具体最丰富的，但是在黑格尔那里感性确定性作为共相是最不具体、最抽象的。他是怎么得来的，就是这样得来的，在感性确定性一开始他就指出了这样一个原理，这样一种辩证法。你就承认感性确定性是最具体的，那么你看吧，你还要说，还要写下来，那么你看它会变成什么？真正留下来的东西就是共相。这也正是亚里士多德当年所走过的思想历程,他从对个别实体、这一个的分析中最后得出了形式才是真正的这一个,共相才是真正的实体,他颠倒了他的出发点。这引起了后人极大的困惑,正如黑格尔也引起了现代人的常识的困惑一样。其实这种颠倒都不是他们故意为之,而是概念本身的辩证法所导致的。

＊ ＊ ＊

上次我们讲到感性确定性从这一个怎样过渡到共相。两个同义词,一个是共相,一个是普遍的东西。ein Allgemeines 翻译成普遍的东西,这个词用 s 结尾表示是中性,那么 Das Allgemeine 翻译成共相。普遍的东西是形容词变来的,还没有完全名词化;完全名词化了就把它翻译成共相。凡是你用语言表达出来的东西,它就变成了共相。"这一个"只要你说得出来,更不用说写下来了,只要你说出来,它们马上就变成共相。因为所有的石头、房子树木等等,它们都是这一个,所以这一个是最普遍的。这样,最后我们就达到了共相。所以这一个的单纯的东西,就是把它里面的最复杂的东西去掉以后,把质料去掉以后,形式上就剩下单纯的这一个,这个单纯的东西就是共相,万物莫不是这一个。这里面涉及一个语言的作用问题,所以由上面就引出了这一段:

我们**说出**的哪怕是感性的东西,也是当作一个普遍的东西来说的;凡是我们所说的,都是:**这一个**,亦即都是**普遍的这一个**,或是:**它存在**;亦即都是**一般的存在**。

"我们**说出**的",说出他打了着重号,就是把语言突出出来了。就是说出来,哪怕是说出感性的东西,我们也是把它当作普遍的东西说出来的,或者说,我们说出来的就是共相。语言这个东西很怪,只要是能说出来的,它都是共相,大家都能懂。如果不是共相的话,那人家就没法懂了。维特根施坦谈到一种私人的语言,其实私人的语言是不可能的,即使你心里面有私人语言,但那不是语言。如果是语言你必须要说出来,一旦说出来就必须要人家懂,你弄出一点声音来,不管你是用嗓子弄,还是用手脚弄，那都不能算是语言。语言必须是一种共相。你一个人心里想的也不是私人语言，而是公共语言在你心里面的内化。"凡是我们所说的，都是：**这一个**，亦即都是**普遍的这一个**，或是：**它存在**；亦即都是**一般的存在**。"这就是语言的特点了，凡是我们所说出来的都是这一个，你说一个概念也好，感想也好，我们都可以说"这"。你说的"这"对不对，都可以诉之于这一个的存在。凡是你说出来的东西，你都是在说它存在，这一个无非就是存在的一个范畴，Dasein。作为存在的存在就是这一个，就是个别的东西，是最基本的存在。亚里士多德那里他称之为第一实体。那么，最早就是这一个表明了它的存在，而它的存在说出来，就是一般的存在，凡是你说的有，有没有？有。这个有可以放在任何事情上面，哪怕幻想，你也是说"有"一种幻想。哪怕是缺乏，也是"有"一种缺乏，"有"一个缺陷。

在此，我们当然没有**表象**（vorstellen）出一个普遍的这一个或一般的存在，但是我们**说出来**的却是共相；或者说，我们完全没有像我们在感性确定性中所**意谓**（meinen）的那样说话。

这里"表象"一词打了着重号。我们在康德那里经常看到表象这个概念，这个概念指心理学的对象，凡是置于心理面前的，或者说凡是你所感到和想到的，都是表象，可以说是无所不包。但是在黑格尔这里有所不同，不过它也是带有心理学的含义。在黑格尔那里表象可以说是在概念之前的一个阶段，比如说，黑格尔绝对精神的三个阶段，艺术、宗教和哲学，艺术是理念的感性显现，是用感性来显现真理，那么宗教是用表象来展示真理，只有哲学才是用概念来把握真理，所以表象跟概念是不一样的。而在康德那里表象也可以包括概念，一切出现在我们心里的都是表象。vor 就是在面前，stellen 就是摆置，凡是摆在我们面前的都是表象。但是黑格尔的表象就是内在的显示，宗教就是内在地表象、显示绝对真理，但是宗教没有上升到概念。vorstellen 也有一个意思是想象，想象或象征在黑格尔那里都是表象。那么在这里讲，"在此，我们当然没有**表象**

出一个普遍的这一个或一般的存在"，普遍的这一个和一般的存在只能是共相，共相只能用概念来把握。而在这样一个共相里面，如果要用表象来表示它，那是做不到的，你只能表象出具体的东西。就像贝克莱所说的，你能够想象一个既不是直角、也不是钝角、也不是锐角的"三角形"吗？显然不行。表象不具有普遍性，想象、象征或者我们通常讲的形象思维这些都不具有共相，它必须要举例子。宗教、圣经里面大量的故事，寓言，那都不是共相，只是象征，它可以启示出真理来，但是它不能够用概念来把握真理。这是表象的特点。所以它不能表象出普遍的这一个或一般的存在。我们要通过表象来把握共相，那是做不到的，我的确"看不见"一个抽象的概念。但是我们说出来的却是共相。你能把它说出来，那就是共相了，贝克莱能够说出不加任何修饰语的"三角形"，而且别人都懂他说的是什么，这就是共相了，甚至"直角三角形"等等一说出来也已经是共相了。"或者说，我们完全没有像我们在感性确定性中所**意谓**（meinen）的那样说话"。意谓是不能说出来的。我们说言不尽意，意在言外，这个意谓就相当于表象。但是说出来，你已经说出来了，那就是共相，当然它里面可能包含很多很多的意谓、很多的表象、很多的情感，都可以。我的意谓，就是我心中所指的那一个，我在感性确定性中，我有一种心中所指，我心中的那个对象并不是我说出来的那个对象，我心里面的就是这一个，不管是这一个对象，这一个我，这时这里，这些意谓着我心中所想的东西，那都是特殊的东西，私人的个别的东西，那都不是共相。但是我们说出来的都是共相。我们的意思或者我们想的那个意思并没有完全表达出来。这就是言不尽意的意思，我们不能用语言来完全表达我们的意思。在感性里面我们最开始没有想到我们的语言，感性嘛，我感受到就是了。但是要把它确定下来，我们就必须引进语言。为什么要说出来？就是要把它保持下来，把它写下来，这都是我们对于真理的一种要求。真理必须要有持久性、确定性。但是什么东西能够保持下来？意谓是不断地变化的，它每天、每时每刻都在变化，但是你想要把它保持下来，你就必须去说，你要把它变成共相，共相才具有持久性。当然语言说过之后也消失了，它不如文字；但语言它可以反复说，用同样的语言说，所以它也有保持作用。它本身就是共相，文字只是加强或巩固了它的共相。所以我们完全没有像我们在感性确定性中所意谓的那样说话，因为意谓不是共相，而语言一定是共相。我们说的和我们想的背道而驰。

　　但是如我们所看到的，语言是更真实的东西；在语言中，我们自己直接反驳了我们的**意谓**；并且共相既然是感性确定性的真实的东西，而语言仅仅表达这种真实的东西，所以要我们每次都能把我们所**意谓**的一个感性存在说出来，这是根本不可能的。①

　　按前面说的，语言看起来很无能，你想要说的东西始终说不出来，我们所说出来的完全不是我们所想的。"但是"，这个"但是"很重要。如果按照我们中国的观点，那就不用说了，既然你说不出来你就不用说了，尽在不言之中，一切都在酒里。但是黑格尔作为西方传统的哲学家，他紧紧地抓住了语言。如我们所看到的，前面讲了，说出来的都是共相，我们把它写下来，说出来，我们说出的哪怕是感性的东西，也是把它当作普遍的东西说出来的。正如我们所看到的，"语言是更真实的东西"，那个意谓飘忽不定，你想要表达的那个意谓，那个意谓无法言表。而语言虽然不能表达意谓，但是它比意谓更真实。"在语言中，我们自己直接反驳了我们的意谓"。语言是从意谓来的，修辞立其诚。你诚心诚意想要表达自己的诚，但是言辞、语言直接反驳了我们的意谓。在哪里反驳了我们的意谓？就是意谓它是非常个别的特殊的东西，这一个，这时这里嘛，它是非常特殊的东西。但是语言直接反驳了这些东西，就是这些东西表达出来其实都是共相，反驳了它的个别性特殊性。说不出来的诚，就不是真正的诚。当然我们中国人也许会认为，诚就是说不出来的，一说

---

① 　黑格尔这里是暗示 T.W.Krug 所提出的要求，即唯心主义哲学应当给他演绎出一件事物的表象以及一个确定的历史形态的表象。——丛书版编者

出来就已经不诚了。但黑格尔并不这样看。诚如果不能说出来，那还不是真正的诚，那只是一种个别意谓而已。"并且共相既然是感性确定性的真实的东西，而语言仅仅表达这种真实的东西，所以要我们每次都能把我们所意谓的一个感性存在说出来，这是根本不可能的"。既然共相是感性确定性的真理，我们是一步步地走过来的，我们这中间没有任何跳跃，这一个、这一位，这时这里，然后我们把它说出来了，无非就是把它确定下来而已。感性确定性如何确定？无非就是说出来，所以说出来才是感性确定性的真理，共相才是感性确定性的真理，感性的真正的确定性就是确定在共相身上。如果没有共相它是没法确定的，你私人的语言，有什么确定性呢？谁知道你想的是什么？谁知道你说的后面的意思是什么？所以感性确定性的真实的东西就是共相，而语言仅仅表达这种真实的东西，语言所要表达的就是共相。感性的确定性要确定下来就是要靠语言，语言不能表达纯粹私人的东西，那种意谓，那种不能言说的东西。"所以要我们每次都能把我们所意谓的一个感性存在说出来，这是根本不可能的"，"每次"，就是当时当地当下那种极其特殊的、一次性的意谓，我们所意谓的一个特定的感性存在，你要把它说出来，那是不可能的。因为它还不是共相，每次的那种感性存在的意谓还不是共相。例如你看到一匹马，你说"这匹马"，马是共相，"这"也是共相，它们与你当下看到的东西都是不同的。没有看到这匹马的人，单凭听你说的这三个字是怎么也想不到是怎么样一匹马的。你要把它说出来，你说出来已经不是了，你要把它直接说出来，那是根本不可能的，这是违背它的性质的。你的意谓的性质就是不能说出来的。言不尽意，意在言外，得意忘言，这是中国古代的反语言学的传统，对语言非常瞧不起。语言既然不能达到诚，那就少用它，甚至不用它，"君子讷于言而敏于行"，用实际行动、"肢体语言"来表示，甚至用拳打棒喝来表示。这是中国古代的一个传统，大家都认可。你主要是要把握我的意思、我的诚心，你不要去揪我的话语。话语没有什么，你说我说的话自相矛盾，自相矛盾又怎样？我把我的意思表达出来了，你知道我的意思就够了，你不要揪我是怎么说的。但是黑格尔非常在意我们的说，这是西方逻各斯精神的很重要的体现。

"这一个"的另外一个形式"**这里**"也将会是同一个情况。例如说，**这里**是一棵**树**。我转一个身，则这里的真理就消失了，而颠倒为它的反面了：**这里不是一棵树**，而是**一所房子**。

前面讲的都是有关"这时"的。这时是夜晚，这时是白天，从中引出了语言学的一个基本的原理。这一小段就是讲"这里"。这跟前面是非常对应的，前面讲的是这时是从时间上看，那么从空间上来看，情况也与此相同。不过黑格尔重视时间远过于空间，所以对"这里"他讲得很少，只讲了这么一小段，点到为止。这里是本来是一棵树，但是我转一个身，这里的空间就变成了一所房子，我还是说"这里"，那么我可以说"这里不是一棵树"，这就把"这里是一棵树"颠覆了，颠倒为它的反面了。但不是树并不是什么都不是，而是一所房子，"这里"成了另外一个东西。房子的例子取代了树的例子。

这里本身并没有消失；相反，**它**持续地**存在**于房子、树木等等的消失之中，并且对于是房子、是树木都无所谓。

"这里本身并没有消失"，我还是在说这里，之所以没有消失是因为我说它。如果不说它，那当然那棵树连同它的这里都消失了，那么我转过身来看到这里是一所房子的时候，前面的我就不记得了。我以为这个这里跟那个这里是不同的；其实"这里"是一贯的，是相同的，只是它的内容不同了，例子不同了，从树变成了房子。所以我必须说出来，不说出来我就发现不了它这里的一贯性。所以"这里本身并没有消失；相反，它持续地**存在**于房子、树木等等的消失之中"，"存在"打了着重号。消失本来是不存在了，消失就是非存在，但是这里持续地存在于消失之中，这就是辩证法了。"存在"，存在于什么之中？存在于所存在的东西的消失之中，持存于这个消失之中，消失本来是不存在了，但是它恰好是持存于不再存在之中,这个不断地消失本身就是存在。因此存在就是消失的过程。所以它这里强调"**它……存在**"。并且这个存在对于是房子是树木都无所谓,它是房子也好,是树木也好,它还是它,消失本身是不消失的、不变的,它就是在房子和树木等等的消失之中持存的,这个是很吊诡的事情。恰好是对于它是什么,是房子还是树木无所谓的时候,它才真正存在起来。如果它太有所谓了,它执着于房子树木,那它就要消失,因为房子树木都是要消失的。但是它把房子和树木都看作是无所谓,那么它把什么东西看作有所谓呢?它把"这一个"看得有所谓。虽然这一个的内容有不同,这一个是房子,这一个是树,但是"这一个"是相同的。所以我们不要太看重它的内容,而要看重它一贯的形式,这才是能够持存的,能够真正的存在的。其他都是要消失的。

这一个因而再次显示自身为**中介了的单纯性**或**普遍性**。

"再次显示"是针对着前面所讲的"这时"而言的,这时已经在时间中显示了它是共相,那么"这里"在空间中再次显示了它是共相,它们都是"这一个"的共相。这跟前面是相呼应的。再次显示自身就是说,不但是在"这时"显示自身是共相,而且在"这里"也显示自身为共相,为中介了的单纯性或普遍性。中介了的,也就是间接的,自己为自己的中介,使自己成为间接的。它本来是直接的感性确定性,但是这种感性确定性它自己把自己作为一个中介,作为手段,比如"这里"把房子和树木作为手段来成全自己,这里是房子,这里也是树木,房子和树木变来变去,但是这里是不变的。所以房子和树木就成了"这里"作为感性确定性能够确定下来的中介或手段,通过房子和树木等等的变来变去而完成了"这里"的一贯性,它的持存性,它就显示为中介了的单纯性或普遍性。单纯性或普遍性都打了着重号,单纯性,就是它摆脱了房子树木这些杂七杂八的内容,它就是一个单纯的这里,而这个单纯的这里呢,它就是普遍性,它超然于所有的殊相之上,它成了一个共相,成了所有这些东西的共相。看下一段。

由于感性确定性在自己本身上证明共相是它的对象的真理，所以**纯存在**对它来说就作为它的本质而仍然持存着，但并非作为直接的东西，而是作为这样一种以否定性和中介性为其本质的东西，

这是对上面两种情况即这时和这里的总结了。"由于感性确定性在自己本身上证明共相是它的对象的真理"，感性确定性它自己是中介了的，上面讲了，以自身为中介，所以它是在自己本身上面证明了共相是对象的真理，它没有引入任何别的标准或外来的因素，也不是我们研究《精神现象学》的人从外面带进了什么东西，它就是靠自己，感性确定性在自己本身上就证明了共相是它的对象的真理。感性确定性的对象就是这一个，这一个的真理是什么呢？就是共相。真正的这一个就是作为共相的这一个。所以共相是这一个的真理，共相是感性确定性的真理，感性确定性无非是要把这一个作为对象。由于这一点，"所以纯存在对它来说就作为它的本质而仍然持存着"。纯存在也就是作为存在的存在，它本身就是共相，它把所存在的所有那些具体的内容都抽掉了，纯存在是最抽象的。纯存在没有进一步的规定，这是《逻辑学》中存在论的第一句话，存在、纯存在，没有进一步的规定。所以纯存在就作为感性确定性的本质而持存着，既然感性确定性证明了它的对象的真理是共相，而纯存在是最抽象的一个共相，所以感性确定性的对象作为存在，作为自在存在，它的本质就是纯存在这个共相。这个共相并不因为它的内容、它的例子换来换去而受到影响，而是在这种变化中"仍然持存着"。因为最抽象的共相就是纯存在，万事万物都是存在，万事万物都能够用存在来说，你把万物都抽掉了，剩下的就是纯存在。因此，纯存在就作为它的本质而持存着，也就是作为感性确定性的本质而持存着。当然这是在更深层次上面，由我们看出来的，纯存在是在背后起作用的。"但并非作为直接的东西，而是作为这样一种以否定性和中介性为其本质的东西"，纯存在是感性确定性的本质，但是并不是作为直接的东西，在这个时候，纯存在作为最抽象的共相，它已经不是作为直接的东西，不是作为直接显现出来的

东西,而是经过了这样一种否定性、中介性,从直接性出发走向了间接性,这个时候才得出来的。所以纯存在作为感性确定性的本质,它是有一种间接性在里面,它是直接看不出来的,凭感觉是意识不到的,但它在起作用,我们旁观者就可以看出来。我们看到了它在感性确定性的运动中所起的否定作用和中介作用,我们就可以预测感性确定性一定会向它自己的对立面转化,会颠倒自己最初所以为的本质,但这是感性确定性自己所不自觉的,除非它走出自己的原点,提升自己的层次。感性确定性追求自己的确定性而不得,陷于绝境和痛苦,它所遭受的否定对它而言就是一个中介,逼使它超出自己的局限,从直接性走向间接性,从感性走向共相。纯存在是它遇到的第一个共相,是它第一个可以认可和持存的本质,本身作为一个概念是最直接的概念,在《逻辑学》里面它就是第一个概念,没有任何前提。但是它的这个起点已经是中介过的,你要得出一个纯存在你必须要从感性确定性起步,经过一番痛苦的否定才能达到。所以它在《逻辑学》中是最直接的东西,但对《精神现象学》而言并不是作为直接的东西,如果是直接的东西,那每个人都知道了。《逻辑学》所表达的概念都是我们老百姓日用而不知的东西,你要知道谈何容易,那必须要经过一个否定的过程,一个中介的过程。你要把你看到的形形色色的诱惑你的东西,刺激你的东西全部否定掉,你才能够得出纯存在,一般老百姓是做不到的。纯存在其实已经是有中介性的,或者说它是一种中介性的结果,我们要得出纯存在必须要否定很多东西,甚至要否定一切。所以为什么说存在就是无,你要把那些杂七杂八的东西全部否定掉,把它们作为提升自己的一种手段、把自己提升到共相的手段。当然没有那些杂七杂八的东西,你也无法提升,正因为你看得多了,你才能够从这个那个里面提升出来,找到它们的共相,因此它们成了你提升自己的中介。感性确定性相应于黑格尔《逻辑学》的存在论,存在论里面包含有,无,也包含变,包含运动、过程。当然也不是完全对应的。但是大体结构是这样的。

因而并非作为我们所**意谓**为**存在**的东西，而是被**规定**为抽象性和纯粹共相了的那个**存在**；而**我们的意谓**，就其不把感性确定性的真实的东西视为共相而言，便只有在这一个空洞的或无所谓的这时和这里的对面还留存着。

"因而并非作为我们所**意谓**为**存在**的东西"，上面讲的纯存在并不是我们在感性确定性中意谓为存在的东西。这里强调它不是意谓中的存在，也就是没有说出来的只可意会的存在。我们的意谓中当然也有我们所以为的存在，即我们在自己的内心里面所想到的、所指的东西，我们还是把它当作存在的东西来看的，是我们意谓为存在的东西。但是纯存在并不是我们意谓中的那个存在，而是被规定为抽象性和纯粹共相了的那个存在。它也是存在，但是不是我们意谓中的那个模糊的、含混的存在，而是被规定为共相了的那个存在。这两种存在，一种是意谓中的存在，那个是虚的，是你所以为的，那个意谓是说不出来的。有的人执着于这种意谓，就是我亲自看到的听到的，那是最真实的；但是又说不出来，你一说出来就成了共相了，就不是你原来那个意思了。所以纯存在不是你个人、私人的那个意谓，而是你已经说出来，被抽象化、被纯粹化了的那样一个共相，是作为语言所表达的那个存在，作为共相的那个存在。"而**我们的意谓**，就其不把感性确定性的真实的东西视为共相而言，便只有在这一个空洞的或无所谓的这时和这里的对面还留存着"。就是说这个感性确定性已经把它的真实的东西视为共相了，它的对象已经是作为共相的纯存在了，已经不是指我们意谓中的那个存在了，那么我们的意谓又到哪里去了呢？就其不把感性确定性的真理视为共相而言，那个原始的意谓对共相不以为然，要坚持它的原汁原味，我们说言不尽意，得意忘言，我们紧紧抓住意谓，所以我们不把感性确定性的真理视为共相，而要返回到感性确定性的原点，恢复它的原生态。这样一种态度还是把意谓本身当作真正的真理，而把说出来的东西不当作真理，说出来的都只是言辞，只有说出来的言辞底下的那个东西才是真理。那么这样一个意谓现在在哪里呢？就只有在这一个空洞的或无所谓的这时和这里的对面还留存着。这一个空洞的或无所谓的这时和这里，那就是共相了。在这个共相的对面，与这个共相对立，意谓还留存着，剩下还有一个意谓。现在它们已经对立起来了，一方是共相即这一个，另一方是这一个的意谓。这一个的共相已经成为了感性确定性的真理，纯存在，已经说出来的纯存在才是真理；那么意谓说不出来，它已经被甩在另一边了，在另外一边还保留着，它还不服气，因为意谓它还在。所以我们还有意谓保留着，虽然意谓不能被看作是真理，但它自己还是执着于自己，就是坚持说，原来我不是要说那个共相，我就是想要把自己原来所意谓的那个东西说出来。但是凡是说出来的都不是它了，都是共相。所以禅宗里面讲，"才说一物便不是"，不管你说什么，你一说就不是，那就不要说了。所以禅宗就搞拳打棒喝呀，或者故意说些不相干的东西。但是搞这些东西还是一种说，是"肢体语言"，最好是什么也不做，打坐冥想，没有任何表示，那才是到位了。所以这个意谓总是不到位的，但是尽管总是不到位，它还在那里，你还不能完全否定它，它只不过是被甩到共相的对面去了，甩到语言对面去了，它就不是客观真理了。它不把感性确定性的真理视为共相，但是它自己又不是客观真理。所以这就非常难办了。剩下的办法只有把自己归到主观这一方面，成为一种主观真理。

{66}　　如果我们比较一下**认知**和**对象**最初出现于其中的关系与两者在这种
[67] 结果中所处的关系，那么这一关系便把自己倒转过来了。

前面表明认知和对象的关系，不论是从这时来说，还是从这里来说，都证明了感性确定性的本质就是共相。那么，这一段就根据上面说的总结一下，"如果我们比较一下"，这个"我们"出来了。我们看了这么久，那么我们把我们看到的总结一下，比较比较。刚才我们袖手旁观，感性确定性你自己去撞去，去冒险，去走自己的路，走完了以后，到了这一步，我们可以来看看了。旁观者一直在袖手旁观，不介入。但是现在我们来总结一下，那总是可以的。我们虽然不介入，但是已经发生的事情，我们可以回顾一下。如果我们比较一下，"**认知**和**对象**最初出现于其中的关系与两者在这种结果中所处的关系"，最开始感性确定性我们把它当作认知，那么感性确定性的真理就是要确定它的对象，这就出现了认知和对象的最初的关系。最开始我们确定的是对象存在，而认知是可以存在也可以不存在的，这是朴素的唯物主义的观点。就是感性的对象是不以人的意识为转移的客观对象，你不认识它，它还在那里，你认识它，它也在那里，但是如果没有它，我们的认识就不可能。我们的认识无非就是对它的认识，对对象的认识，我们的真理无非是认识与对象的相符合，这是唯物主义的反映论、经验论。认知和对象最初就是这样的关系，以对象为主，那么认知是符合对象的，是从属于对象的，要反映对象。但是比较一下"两者在这种结果中所处的关系"，什么结果呢？就是感性确定性的真理取决于我们说出来，取决于我们说出来的那个共相，那个共相才是纯存在，而那个共相只有通过说才能出现。认知和对象的关系现在已经完全不同了，这是非常对立的两种情况。"那么这一关系便把自己倒转过来了"，这一关系自己把自己颠倒过来了，在感性确定性的发展过程中，它自然而然地就把自己的关系颠倒过来了，我们只是这一过程的旁观者而已，是感性确定性在自己的历程中自行展示给我们看的。那么，如何倒转呢？下面，

那本来据说是本质东西的对象，现在是感性确定性的非本质的东西；因为对象已变成了的那个共相，不再是像对象曾据称对感性确定性是本质的那样一种东西，反之，感性确定性现在是现成地存在于对立面中，即存在于此前曾是非本质东西的认知中。

感性确定性本来就要把握对象，最初认为我们的认知要取决于对象，所以对象就是本质的东西，我们的认知则是非本质的东西，我们的认知要是对的，那就必须要符合那个对象，所以对象是本质性的，我们的认知是从属的。但现在，"那本来据说是本质的对象，现在是感性确定性的非

本质的东西",就是人们曾看作是本质的那个对象,现在成了非本质的东西,现在成了意谓。我们想要符合它,但是后来发现,说出来的东西倒是真实的东西,而原来我所意指的对象倒成了非本质的东西,意谓成了非本质的东西。感性确定性的对象和本质并不在意谓中,而在共相之中,它并不是感性确定性能够确定下来的。"因为对象已变成了的那个共相,不再是像对象曾据称对感性确定性是本质的那样一种东西",而是一种语言上的规定,是超越感性确定性之上的东西。"反之,感性确定性现在是现成地存在于对立面中,即存在于此前曾是非本质的东西的认知中",反过来说,感性确定性本身现成地、也就是未作改动地存在于对立面中,它本来是想在对象那里找到自己的存在,但现在对象已经成了共相,与它格格不入了,那么它的现成的存在就不再能够到对象里面去找了,而是要在对象的对立面中,也就是在认知主体中去找了。而认知主体以前曾经被看作是非本质的东西,所以现成的感性确定性现在只好存在于认知这一方,而不是对象那一方了。这是一个对照。为什么会有这样的倒转呢? 因为对象所变成的共相,它是由对象提升而来的,或是超越它的各个例子而形成的,这样一个共相,它已经不是这样的一个对象,就像朴素的唯物主义者们所宣称的那样一种对象,据他们说这对象才是感性确定性的本质。但现在已经不是的了。由对象所形成的共相已经不是朴素唯物主义眼中的那种对象了,那种对象虽然曾被宣称是感性确定性的本质,但它没有共相,无法坚持下来。感性确定性的对象在最初的理解中,它是一个意谓,是我个人想要意指的东西,是此时此刻我所感到的东西。我想把我此时此刻所感到的东西表达出来,表明这个对象是客观对象,我此时此刻的感觉就是由它引起的,就符合于它,它是我的意谓中的对象。但是一旦我把它表达出来,它就成了共相了,而意谓中的那个对象并不是这样的共相,共相也不再像原先被认为是感性确定性的本质的那样的对象了,简单说来就是它已经不是像意谓中那样的东西了。既然感性确定性的对象已经变了,它不再是意谓了,它是一个共相了,那么反过来，感性确定性现在是现成地存在于对立面中，那个对象已经成了共相，那么感性确定性它还执着于本身，它不想成为共相，那就还只是意谓。所以感性确定性现在是现成地存在于对立面中，现存于哪个对立面中？现存于这个共相、这个对象的对立面中，它只在这个对象的对面还保留着，那就是只在认知这一方面还保留着。意谓现在成了认知中的东西，意谓本来是我所意指的那个对象，但是现在它被对象撇开了，那个真正的对象是共相，而它自己作为意谓来说，现在它只是在你的想象中而已，只在你的表象中而已。所以它是你的表象中的一个对象，或者它只是你主观的对象，意谓就是主观的对象。你说这句话的意思是什么？别人猜不出来，你内心知道。那么这样一个只有你自己内心知道的对象，当然是你主观的了，它并不能被别人所认可，也不能真正成为感性确定性的客观对象，所以它就被抛回到认知的那一面去了。认知原来被看作是非本质的东西，感性确定性的两个环节，一个是认知一个是对象，我要通过感性使我的认知达到对象，所以对象是本质的东西，而我们的认知是非本质的东西，它取决于你是否达到了对象。但是现在原来所意谓的对象反而被抛回到了我们的认知之中。这是一个颠倒。

感性确定性的真理存在于作为**我的**（meinem）对象的那个对象中，或者说，存在于**意谓**（Meinen）中；这对象存在，因为**我**知道它。

这是接着前面刚才讲的，感性确定性存在于此前曾是非本质的认知中，所以它的真理只存在于认知主体这一方面，它成了一种主观真理，只符合于"我的对象"。它现在已经被抛回到认知中，那个客观对象已经不接受它，那个对象是共相，但是我的意谓呢？只是我的意谓而已，只是我主观的对象而已。被抛回到认知中，而认知又是非本质，所以感性确定性只能在主观中寻求自己的对象，寻求"我的对象"。对象在这个意义上面，本来是本质的东西，现在被抛回到非本质的东西里面去了。所以他说，"感性确定性的真理存在于作为**我的**对象的那个对象中"，我们还是把它叫做对象，我的意谓是我个人的对象，我私人的对象，它不是共相。别人是无法理解的,我也无法说出来,但是我还是把它当作自己的一个对象,我心里有那么个意思,但是你不懂我的心,我心里的事情是怎么样的,你搞不清楚,我也说不出来。贾宝玉对林黛玉说:"你只知道你的心,不知道我的心!"两人之间每个人都有自己的心,但是都不能告诉别人。每人都有一个对象,但是呢,是我的对象,存在于作为我的对象的那个对象中,那就是存在于意谓中,这个对象只存在于意谓中。黑格尔利用了"我的"(meine)和"意谓"(Meinen)两个德文词的相近,说明仅仅属于我的东西只能是意谓。这种意谓在于:"这对象存在,因为**我**知道它"。这个对象之所以存在是因为我知道它。只要我知道就行了,它就存在了,存在于我的主观中。我如果不知道它,那它就根本不存在了,所以它取决于我。意谓里面的那个对象是取决于我的,本来我的意谓是指向一个对象的,我的意谓就是一种对于对象的认知活动,但是现在这个对象取决于我的意谓,我意识到它,它就在,我不意识到它,它就不在,这就颠倒过来了。认知活动不再需要外部客观对象,只要有我的认知本身就够了,就有它自己的对象了,对象和认知成了一种直接等同的关系。

所以,感性确定性虽然从对象中被驱赶出去了,但是它还并不因此就被取消了,而仅仅是被逼回到自我里去了;有必要看看的是,关于感性确定性的这种实在性,经验将会向我们表明什么。

"感性确定性虽然从对象中被驱赶出去了",被赶到哪里去了呢?被赶到共相的对面去了,被赶回到我的主观认知中去了。对象现在成了共相,而感性确定性成了主观意谓。唯物主义经验论现在一方面成了唯理论(如斯宾诺莎),另一方面成了主观唯心论(如休谟)。共相不是感性的,而感性也已经不是客观对象的了。但感性确定性还不因此就被取消了,它只是被逼回到自我里去了,从对象那里被赶到自我里去了。本来感性确定性是在对象里面寻求其本质的,感性确定性必须要在对象里面得到确定,我的认知、自我是从属于对象的。但是现在感性确定性被对象赶走了,被逼回到了自我里面去了,自我这一方、意谓这一方把它接纳

154

了。"有必要看看的是，关于感性确定性的这种实在性，经验将会向我们表明什么"，感性确定性的这种实在性，就是被逼回到自我中去的这种实在性，也就是休谟说的那种感觉、印象的实在性。感性确定性在对象那里已经被共相所排斥，但它在自我里面还有自己的实在性，我实实在在地感知到的东西，虽然说不出来，虽然是我的意谓，但是确实是我实实在在地感知到的。所以它还有实在性。感性确定性从唯物主义出发，走向了休谟、贝克莱的极端唯我论和唯心论，认为唯有我和我的感知是最实在的，从而发展出了经验论的最彻底的形态，这是必须认真对待的。关于感性确定性的这种实在性，经验将会向我们表明什么，这是下面将要讨论的。

因此感性确定性的真理之力现在就处于**我**之内，就在我的**视、听**等等的直接性中；我们所意谓的个别的这时和这里，就由于**我**坚持着它们而不至于消失了。

"因此"，这是承上启下了，上面讲了这么多，感性确定性的实在性现在已经被逼回到我里面来了，那个共相是空洞的，是抽象的，它已经霸占了对象，现在感性确定性只剩下意谓。要是感性的东西，你只有在意谓中确定，虽然意谓本身无法确定，但是你只能确定在意谓中，感性确定性的真理之力、它的力量现在已经处在我之内了。也就是推动感性确定性继续往前走的这种力量，现在就存在于自我之中，存在于我的意谓之中，我们现在要看的就是经验是如何显示感性确定性的意谓的。"就在我的视、听等等的直接性中"，我亲眼看到亲耳听到，这是我的真实的意谓，真理的力量就在自我之内。就是说语言、共相虽然是更加真实的东西，但是我们还不能简单地把共相就直接当作真理，因为它是抽象的、空洞的，对所有的差别都是无所谓的。所以感性确定性的真理的力量还在感性确定性的自我之内，在它的意谓之中，继续把感性确定性的真理推向前进。"我们所意谓的个别的这时这里，就由于**我**坚持着它们而不至于消失了"。前面是讲的对象由于我把它说出来它就不至于消失了,它变成共相就持存下来了;但是一旦变成共相它又不是感性确定性本身,共相是由感性确定性来的,但是它又不是感性确定性本身。那么感性确定性本身的真理之力从何而来呢?我们还是要回到它的视听这样一些直接性中,那么视听是属于我的,属于自我,我们每个人亲眼所见,亲耳所闻。所以它们就由于我的坚持而不至于消失,这取决于我的定力。前面都是讲的对象方面,感性确定性的两个环节,一个是对象,一个是自我,那么最开始认为对象是本质的,所以我们一直关注和考察对象。结果对象变成了共相,把感性确定性逼回到自我中,发生了一个颠倒。那么从这一段开始我们现在就转过来关注自我这个环节。当我们考察对象的环节,把对象当作本质来看待时,这个本质就拒斥了感性确定性,逼迫它转回到了自我。对象本身变成了共相,变成了语言或说出来的东西,但却把意谓撇开了,这个意还在言外。那么我们要看看"意"本身是如何运行的,于是我们就要转回到自我,到自我里面来追求这个"意"。刚才我们讲了中国哲学就是要追求这个"意",意在言外,得意而忘言。但是得出来的这个"意"是不是就在自我之中,我们现在就要考察这个问题。在黑格尔那里,这个"意"本身它也有个结构。对象有个结构,"言"有个结构,但是你把它逼回到自我来,自我也有一个结构。"我们所意谓的个别的这时这里,就由于自我坚持着它们而不至于消失了",这个意谓不断地消失,只是因为什么才不消失了?由于我坚持着它们。

这时是白天,因为我看见它;**这里是一棵树**,也同样是因为我看见它。

王阳明有这个意思,王阳明说,山中的梅花树当我不看它的时候,是不是它就不存在了,因为我看到了它,所以那个梅花一时之间就绚烂起来了,当然我们说他是唯我论了。我们的意谓取决于我对它的看法,由于我坚持,它才不至于消失,这时是白天,这里是一棵树,都是因为我看见它。不过,

　　但在这样一种关系中感性确定性在自己身上经验到了像在前一种情况下同样的辩证法。

　　感性确定性在自我这里经验到了像在前一种情况下那种辩证法，前一种什么情况？也就是在对象中的情况，它在前面追求对象的真理性时曾经验过一个辩证法，就是对象在经验过程中把那些具体的例子都扬弃掉，最后剩下了一个共相。所以前面讲："那本来据说是本质东西的对象，现在是感性确定性的非本质的东西；因为对象已变成了的那个共相，不再是像对象曾据称对感性确定性是本质的那样一种东西，反之，感性确定性现在是现成地存在于对立面中，即存在于此前曾是非本质东西的认知中"。所有各方都向自己的对立面转化，本质的东西成了非本质的东西，非本质的东西恰好成了本质之所在。感性确定性在追求对象时在自己所形成的共相那里遭到拒绝，只好返回到自我中；而在对象中的这样一种辩证法在自我这里再一次地得到了体现。如何体现的呢？

　　我、这一位看见了那棵树，并且**断言这棵树就是这里**；但是**另外**一个**我**看见那所房子，并断言这里不是一棵树，而是一所房子。

　　这个"我"，这个"这一位"，看见了那棵树，这一位就是唯一的我了，这个我是不可替代的，它是一个人格，或者说位格，我们通常讲位格是不可替代的。我、这一位看见了那棵树，并且断言这棵树就是这里，这棵树就是我说的这里，我说这里，意思就是说这棵树，这个断言是我的意谓。但另外一个我看见一所房子，并断言这里不是一棵树，而是一所房子。这里出现了"另外一个我"，通常这种说法可以理解为，你有一个我，人家也有一个我，张三李四都各有一个不同的我。但在黑格尔这里，那个意思只是附带的，当然也不是完全没有那个意思，但它是要到后面的"自我意识"阶段才得到专门分析的，即各人的我都是同一个我，我就是我们，我们就是我。而在这里，这另一个我主要被理解为同一个我在不同的时候，在感性确定性看来又是不同的我，黑格尔这里主要是靠我的这种内部时间上的分化来推进这个过程的，而且这已经够用了，用不着再设立一个空间上并列的"另一个我"。就感性确定性阶段而言,它主要应该讨论我自己内部的感性确定性的状况,至于别人的感性确定性是怎么样的,那还需要一些别的条件才能谈及,在这里不能展开。按照常识说,是同一个我先看见一棵树,然后又看见了一所房子;但按照感性确定性来说,我们没法证明看见树的那个我和看见房子的那个我是同一个我,所以只能说是另一个我。休谟对人格同一性就提出了这样的质疑,我们根本就没有办法确定前一个我和后一个我是同一的,这种同一只是一种习惯性的说法。所以如果我们坚持感性确定性的话,这里就有两个我相互冲突,我看见的"这里"到底是树还是房子? 一个我说是树,另外一个说我看见一所房子,并且断言这里"不是一棵树,而是一所房子"。但说同一个我又是两个我,这是自相矛盾的,因为"我"一开始就被确定为"这一位",它只能是唯一的,并且它只能认知这一个对象,这一位认知这一个,它们的关系是一对一的。而现在全被打破了,我成了不同的两位,而对象也成了不同的两个。怎么办?

两条真理都有同样的认证,即都有亲眼看见的直接性,两者都有关于各自的认知的可靠性和担保,但是一个真理却消失在另一个真理之中。

两个我所看到的真理,因为每一个我都是诉之于视、听的直接性,都是亲眼所见、亲耳所闻,所以它们都应该是感性确定性上不可动摇的。既然都是直接性,那么我就试着把它们坚持下来看看,通常经验主义者都非常固执于自己的经验、感觉,而这些经验或感觉也正由于自我坚持着它,而不至于消失。但是现在麻烦了,尽管我先看见这里是一棵树,这是确确实实的真理;但是到了另外一个我,也就是下一个时间段的我,却断言这里不是一棵树,而是一所房子,这也是确确实实的真理。前一个我的感性确定性坚持不到后一个我,它遇到了同样强大的"真理之力"。出现了另外一个我,这个时候就难以取舍了,你到底是相信前一个我,还是相信另外一个我呢? 你到底是相信刚才的我,还是相信现在的我呢?它们是互相矛盾的,如果这里是一棵树,那就不是一所房子;一个说是房子，一个说是树，所以"一个真理却消失在另一个真理之中"，但是两者"都有亲眼看见的直接性，两者都有关于各自的认知的可靠性和担保"。凭什么担保？凭我的眼睛，凭我的五官，就凭我，是我亲眼感觉到的。但是尽管如此，一个真理却消失在另一个真理之中。这个就是感性确定性的辩证法，不光是在对象中，而且在自我之内同样也有这样的辩证法，就是自己反对自己，自己向自己的对立面转化。尽管你的我坚持你这一瞬间的意谓，你的下一瞬间的我也会坚持下一瞬间的另外的意谓，那么这两个我的内容之间肯定有区别，但又还要坚持认为这个我的形式是没有区别的，是同一个我。那么你要坚持这同一个我，由此得出的结论就是，必须把这个我提升为一个共相的我。这就是下一段要讲的。

刚才我们已经讲到，这一个我和那一个我，但它们又同是感性确定性中的不可分的"这一位"，那么这肯定涉及我作为一个共相。前面讲对象就是这样成为了共相的，这一个成为了共相；那么我、这一位也经历了同样的辩证法的过程，它也必然要变成一个共相。

<u>在这里，没有消失的就是那个作为**普遍东西的我**，而这个我的看，既不是对于树的看，也不是对于房子的看，而是一个单纯的看，这个单纯的看是由对于这座房子等等的否定而被中介了的，它在其中同样单纯地、无所谓地对待一切还在例示出来的东西，房子和树。</u>

在这一过程中，没有消失的就是那个作为**普遍东西的我**。普遍的东西就是共相。前面是讲，由于对象变成了共相，所以把感性确定性抛回到了自我里面，对象我管不着了，我只管我自己的感觉是真实的就行了。那么我们现在考察一下，感性确定性在自我里面是如何经历的呢？于是我们发现，它在自我里面，由于它的意谓在不断地变化、更换，也归属于两个不同的我、或者多个不同的我，因此，每一个我它的那些个别的意谓，那些自己看到听到的直接性，都受到另一个我的意谓的排斥和抹杀，它们在这样一个过程中，一个消失于另一个，都消失掉了。那么在这一

过程中,没有消失掉就是作为共相的我,如果我们把我理解成一个共相,刚才的我是一个我,现在的我也是同一个我,但是它们不在内容的层次上相互取消,而是在形式的水平上超然为一,那就可以化解这一矛盾了。这个作为共相的我被保持下来了,没有消失;"而这个我的看,既不是对于树的看,也不是对于房子的看,而是一个单纯的看"。既然这个我成为了共相,那么作为我的看也成了一个共相。它既不是看见房子,也不是看见树,既不是看见白天也不是看见晚上,它就是看本身。能够保留下来的就是看本身,我本身。一个单纯的看,也就是把所看的东西清除了之后所剩下的这个赤裸裸的看本身。"这个单纯的看是由对于这座房子等等的否定而被中介了的",所谓由否定而被中介了的,就是把这种对个别意谓的清除、把对这些例子的否定作为一种手段,以便把这种看提升为单纯的看。这个单纯的看,如果没有看这个看那个,当然它也建立不起来,所以它所看到的东西都是少不了的;但是这些东西都被当作一种手段而遭到否定,被撤开了,借助于这种否定、撤开,这样看才能够轻装上阵,把自己提升到纯粹的看这个形式。"它在其中同样单纯地、无所谓地对待一切还在例示出来的东西,房子和树",例示出来这个词,上次我们也讲到了,beiherspielen。房子和树等等还在作为例子向我们展示出来,但是单纯的看在其中单纯地无所谓地对待一切还在例示出来的东西。单纯地对待,我就是我,我看就是我看,不管你出现房子也好,树也好,我是无所谓的,我就是单纯的我,看就是单纯的看。看见房子也好,看见树也好,反正是看。我的看总是能坚持下来的,看见的东西它总是要消失的,但这不影响我一直在看。

[68] 　　自我仅仅是普遍的东西,正如一般的**这时**、**这里或这一个**一样;我所意谓的诚然是一个**个别的自我**,但正如我不能说出我在这时这里中所意谓的东西,同样我也不能说出我在自我那里所意谓的东西。

　　这就把自我与对象纳入同一个系列了,它们都受到同一个辩证法的支配。自我仅仅是普遍的东西,正如前面所讲的这时、这里、这一个一样。

这时这里这一个，我们前面已经表明了它是普遍的东西，是共相；它的那些具体的意谓和例子已经被清洗掉了，只剩下了单纯的这一个，它是共相或普遍的东西。那么同样，自我现在也表明了，它也仅仅是普遍的东西或共相。"我所意谓的诚然是一个**个别的自我**，但正如我不能说出我在这时这里中所意谓的东西，同样我也不能说出我在自我那里所意谓的东西"。这里的"说出"即语言仍然起了一个关键的枢纽作用，凡是共相都涉及语言。"我所意谓的诚然是一个**个别的自我**"，现在我所意谓的都是自我的内容，我所意谓的都在自我之中，都属于自我；那么这个自我每次当我意谓的时候，它都是个别的东西，作为意谓每次它都是个别的自我，是我当下、亲自所看到的所听到的。但尽管如此，"正如我不能说出我在这时这里中所意谓的东西，同样我也不能说出我在自我那里所意谓的东西"，这跟前面讲对象时是一样的道理。对象的这时这里所意谓的东西被逼回到自我中去了，但是在自我中它又受到逼迫，它再也没有地方可躲了，或者说，它就被彻底证伪了。正如我不能说出我在对象上所意谓的东西，同样我也不能说出我在自我的感觉上所意谓的东西。我看见的东西我能说出来吗？我当然也不能说出来，那也只是我看见的而已，否则怎么叫做意谓呢？意谓就是意在言外的。它就是不能说出来的，说出来了就不是的。所以在这里只要我们引进语言，那么意谓无所逃离于天地之间，它没有地方逃，逼到这里逼到那里，你都说不出来。而凡是说不出来的都坚持不住，都要立刻消失，都没有意义。在我们中国人这里却相反，在我们看来，说不出来的怎么没有意义呢？说不出来的意义大了去了，就因为说不出来才具有最高的意义。天何言哉，四时行焉，百物生焉，天何言哉？但是天却具有最高的意义。在中国人这里历来都是这样的，潜规则比明规则要起作用得多。但在黑格尔所代表的西方理性主义传统看来却不是这样，而是凡说不出来的都没有意义，甚至都不存在，"语言是存在之家"。对象和自我在感性确定性这里之所以都遭到了颠覆，就因为它们的意谓无法说出来，在对象那里不能说出对象所意谓的东西，

在自我这里，同样我也不能说出自我所意谓的东西。凡说出来的都成了共相，就是说，

当我说**这一个这里、这时**、或者一个**个别的东西**时，我说的是：一切的**这一个**，一切的**这里、这时、个别的东西**；同样，当我说**我、这一位个别的我**时，我是一般地说：一切的我；每一位我都是我所说的东西：**我、这一位个别的我**。

同样的辩证法在对象上面展示出来，在自我上面也要展示出来。前面所说的是在对象上面展示出来的，"当我说**这一个这里、这时**、或者一个**个别的东西**时，我说的是：一切的**这一个**，一切的**这里、这时、个别的东西**"，这一个一旦说出来，它就是一切的这一个，就是这一个的共相，是这里、这时、个别的东西的共相，——个别的东西本身也可以看作一个共相，或者说，个别的东西一旦说出来就成了它的对立面，即共相，任何东西都可以说是"个别的东西"。一般认为个别是和普遍、共相对立的，但对象的辩证法、语言的辩证法让它走向了自己的对立面，转化为相反的东西了。那么同样，自我的辩证法也会使这个我向它的对立面转化。"当我说**我、这一位个别的我**时，我是一般地说：一切的我；每一位我都是我所说的东西：**我、这一位个别的我**"，当我说我的时候，不要以为当下的这个我就真是独一无二的了，你当时当地有个我，你明天有个我，后天也有个我，你将来会为今天的这个我后悔的，或者你今天已经在为昨天的我后悔了，那么你能不能说，昨天或明天的那个我不是我呢？不行，你还得为昨天或明天的我承担责任。你不得不把这些我放在一起，承认它们都是我，哪怕自己的这些个我本身在打架，你都逃不掉它们都是你的这个我的实例这一事实。如何才能不打架？只有把这些我变成一切的我的那个我，变成共相，每个我都是我所说出来的东西，都是这一位个别的我，每一位我都被统摄于那个作为共相的个别的我之下，每一位我都是这样，都是我所说出的东西："我"。我这一位个别的我在这个时候就成了共相。这个意思再进一步引申就会引申到别人的我和一切人的我上面去，引申

162

到后面自我意识阶段所说的"我就是我们，我们就是我"的普遍原则，或者说，它为后面的自我意识打下了感性确定性的基础。但目前我们还不能直接就从自我意识的结构来理解这里所说的，理解这一位个别的我就是一切人的我。因为这里还只是就我的感性确定性内部的我和对象的关系、而不是从我和我外面的他人的关系来谈个别和共相的，不是谈我的感性确定性和别人的感性确定性的关系，而是谈我的感性确定性中的这个我如何从一些例子上升为了我的共相。当然一旦成为共相，它也会超出我的感性确定性之外而和别人的我发生关系，这是后话。

如果对于科学提出这样一个要求作为它的试金石——这是科学所绝不可能经受得起的——即要求科学"演绎出"、"构造出"、"先天地找出"（或者随便怎样的说法）一个所谓**"这一个物"**或**"这一个人"**，那么按照道理这种要求就应该**说出**它所意谓的**这一个物**是哪一个、或者**这一位我**是哪一位，但是要说出这点是不可能的。

这里突然提到了科学。前面提到了语言，为什么提到语言？目的就在这里，——如果没有语言就没有科学。所以我们中国的科学不发达就在这里，就是因为不重视语言。《精神现象学》是意识的经验科学，它涉及科学，当然要涉及语言了。你光是停留在意谓上面，谁知道你是什么意思，你也不能把它表达出来。所以他这里讲到科学。"如果对于科学提出这样一个要求作为它的试金石——这是科学所绝不可能经受得起的——即要求科学'演绎出'、'构造出'、'先天地找出'（或者随便怎样的说法）一个所谓'这一个物'或'这一个人'"，要求科学以先天的方式推演出这一个物或这一个人，这是不可能的。科学要以事实为根据，但是不能演绎出、构造出或先天地找出这一个物或这一个人。它可以推演出人或物，但不能推演出"这一个"人或"这一个"物，这一个物和这一个人，就是指的意谓了，就是这一个，这一位，它体现为专名。我们知道专名是不可解释的，当然它的来由可以解释，为什么要这样命名可以解释，但一旦命名，就是不可解释的了。专名是对这一个的命名，它本身是到底了,当然可以"顾名思义",但顾名思义得出来的只是一般的含义,而不是这一个的意谓,这一个真正意谓着什么,你还得亲自去接触、去打交道。例如苏格拉底这一位,你可以给他归类,苏格拉底是人,苏格拉底是理性的,但这都属于一般表述,而没有说出你个人所意谓的那个苏格拉底。单个的人或物,这人和这物都是不可以定义的,是不可能从别的东西演绎、构造出来的。在自然科学里面呢,单个的具体事物、经验对象它是后天的,它不是先天能够演绎出来的,发现一个东西你可以给它命名,但是你不能像莱布尼兹他们那样,认为任何一个经验事物里面都包含着一个概念体系,都可以把这个事物推演出来,那是不可能的。任何一个科学都不能承担这样的一个任务。你要把这当作科学的试金石,要求把具体个别的东西,经验的这一个,能够做出一个定义,先天地推出它,那你就是故意为难科学了。其实亚里士多德早就说了,这一个、实体不存在于任何别的东西里面,只存在于自身中。总而言之,你想要科学"演绎出"、"构造出"、"先天地找出"一个所谓"这物"或"这人",那是不可能的。"那么按照道理这种要求就应该**说出**它所意谓的**这一个**物是哪一个、或者**这一位**我是哪一位,但是要说出这点是不可能的"。按照前面这个道理,就是要求科学推演出个别实体来,那也就意味着要求它"说出"它所意谓的这一个、这一位,但这也是不可能的,要说出这一个的意谓是不可能的。为什么科学不能够把意谓先天地推演出来,就是因为这个意谓是说不出来的。意谓顶多只能指认,而不能道说。当意谓不在跟前的时候,则连指认都不可能,更不用谈说出来了。科学恰恰不能建立在不能说之上。科学要求说出来,它不能以这一个的意谓作为它的试金石,作为它的衡量标准,如果你要把它当作试金石,那么按照道理你应该把意谓说出来,但是你说不出来。科学只能把意谓当作"经验原子"作为自己的前提,这就是现代的逻辑实证主义或者逻辑经验主义所提出的认识原则。意谓是不可分的原子事实,科学只能承认它,而不能构造它。

　　因此感性确定性就经验到：它的本质既不在对象里也不在自我里，而这种直接性既不是对象的直接性也不是自我的直接性；因为在两方面我所意谓的不如说都是一种非本质的东西，并且对象和自我都是共相，在共相里，我所意谓的这时、这里和自我都并不保有持存，或者说都并不**存在**。 {67}

　　"因此感性确定性就经验到"，就是说，感性确定性现在有一整套经验可以向我们显示了，显示什么呢？"它的本质既不在对象里，也不在自我里"。我们转了一圈，最开始我们以为本质是在对象里，自我是非本质的，对象是本质的；但是后来我们发现感性确定性的真理被逼回到自我里面去了，但是它却说不出来。你如果是真理，如果是感性确定性呢，你就要说出来，说出来才有确定性。然而，凡是说出来的都是共相，而不是感性的了。所以它的本质既不在自我里，也不在对象里。"而这种直接性既不是对象的直接性也不是自我的直接性"，对象和自我都成为了共相，共相都是从诸多例子中间接得出来的，它们都不是感性确定性最初以为的那种直接性。感性确定性最开始的把对象和自我作为直接的东西主客二分，本来就是不对的，它想在对象那里去寻找直接真理，后来又想在自我这里寻找直接真理，都没有找到。你想把感性确定性的直接性在对象那里保持下来，或者在自我这里保持下来，结果都失败了。前面经验过的历程就是这样的，感性确定性经历了这样一个过程，它转了一圈，把对象和自我的环节都经历过了，遍历了它自身的环节，这就是它所获得的经验。"因为在两方面我所意谓的不如说都是一种非本质的东西，并且对象和自我都是共相，在共相里，我所意谓的这时、这里和自我都并不保有持存，或者说都并不**存在**"，在两方面，即在对象和自我身上，我所意谓的其实都是一种非本质的东西，感性确定性的意谓，它的所指，它所意谓的对象和自我本身，它们都是非本质的，因为它们在自己的共相里都保持不下来，都是过眼烟云，只有它们的共相才是持存的，才是本质。总之，只要是意谓，它就是非本质的，对象和自我的本质都是共相，能够

165

持存下来的都是共相。对象当你把它看作是意谓，它就不是本质了，它就是非本质；只有你把它当作共相的时候，它才是存在。但是这个存在是非常空洞的，没有内容的，对一切具体内容无所谓的。但是这样一来，还有什么感性确定性呢？那已经不是本来意义上的感性确定性了。凡是我所意谓的不如说都是一种非本质的东西，甚至是不存在的东西，能够保有持存的才是存在。纯存在最能保持长久，但纯存在是个共相，不是感性能够确定的。而感性确定性的意谓则不存在，它是非本质的东西。

我们由此就走到了这一步，就是把感性确定性本身的**整体**建立为它的**本质**，而不再只是把它的一个环节建立为它的本质，不要像前面两种情况那样，首先想让与自我对立的对象、然后又想让自我，来作为感性确定性的实在性。

"我们由此就走到了这一步"，也可以说是被逼到了这一步，逼到了哪一步呢？ "就是把感性确定性本身的**整体**建立为它的**本质**"。在感性确定性中，不管是自我也好，对象也好，我们要追求确定性，我们就要把它的整体建立为感性确定性的本质。也就是笼而统之地，我们一开始就应该把感性确定性看作一个整体，不要作分析，它本质上就是不可分析的。"而不再只是把它的一个环节建立为它的本质"，如果你把它分成各个部分了，只是从其中的一个环节去确定这个整体的本质，那么这个整体就被取消了，就被归结为它的一个部分、一个环节了。这样即使你谈到整体，它也是拼凑出来的，不具有整体性。前面两种情况就是这样，就是在考察感性确定性的时候，"首先想让与自我对立的对象、然后又想让自我，来作为感性确定性的实在性"，也就是首先把主观和客观对立起来，然后分别地从互相对立的客观对象和主观自我去寻求感性确定性的真理和实在性，这样从一开始就走错了路。感性确定性现在悟到了，其实自我和对象不分，一开始就应该把这个整体建立为真正的感性确定性的本质。感性确定性就是自我和对象的笼统不分的整体，将它主客二分本来就是不对的。你要把主客双方作为一个整体来建立它的本质，而不再只是从感性确定性里面抽出某一个环节来作为它的本质，这个路数已经走到头了。首先让对象，然后又让自我作为感性确定性的实在性，前面的经验已经显示出来此路不通。但最初的这个思路也不是没有根据的，本来我们讲意识时讲到过，只有把主观和客观区别开来、在它们的对立中来把握它们，才会有意识，否则就还是无意识。那么我们在感性确定性里面很自然地首先考虑的就是，在这个主客二分中，应该把哪个确定为真理的标准，把哪个建立为本质。本来我们把对象建立为本质，用它来作真理的标准；然后又把自我建立为本质，作为真理的标准。但是我们发现它们都不是感性确定性的本质。这里所说的"实在性"有两种，一种是对象的实在性，另一种是自我的实在性，它们作为感性确定性的实在性都必须有感性的内容。但由于它们相继成为了共相，也就在实在性上面相继落空了。感性确定性的实在性肯定跟它的意谓有关，就是说我实实在在地所看到听到的这种意谓。现在我首先让对象然后让自我作为感性确定性的实在性，结果都失败了，因为它们最后都抛开了意谓；那么我们就不要像前面两种情况那样再去做这两种尝试，而是应该回过头来，从感性确定性本身尚未分化的整体性方面来挽救它的实在性。

因此只有整个感性确定性本身才作为**直接性**在它身上坚持着，并因而便把前面发生的一切对立都从自身中排除掉了。

这是结论了。共相肯定不是直接性，它是抽象出来的。既然它不是直接性，那么感性确定性在它那里就已经失去了，它已经不是感性确定性了。那么我们还要坚持感性确定性的直接性，怎么办呢？我们只有把整个感性确定性本身作为直接性，就是说我们回到最初它还没有分化的时候。我们最初产生感性确定性的时候，我们不是先分出一个自我，然后分出一个对象，然后才感觉到的，我们先是笼而统之地感觉，我们不管是客观的还是主观的，我们先感知，先感觉，感觉到整个感性确定性。所以要保持它的直接性，保持它的感性确定性整体的直接性。如果我们把它一上来就分成主客两方，那就走向歧途了。我们经历了这个失败之后，我们就开始意识到我们最好还是回到原点,回到第一印象,通过这种返回,由此我们就把前面发生的一切对立都从自身排除掉了。第一印象是没有对立的,在最初的第一印象里面,还不知道哪是主观哪是客观,我们不需要知道哪是主体哪是客体,这就是第一印象。这个观点就是休谟的观点,休谟就是这样,他不管是主观的还是客观的,是自我还是对象,即使是对象,无非也就是一大堆印象、感觉、知觉。贝克莱说感觉的复合就是对象,就是存在,所谓存在,就是被感知。休谟走得更彻底,贝克莱还承认有一个自我,有一个实体,有一种上帝,休谟连这个都否认,我怎么知道有一个自我,我怎么知道有一个上帝?我们都不知道。我只知道第一感觉、第一印象,那么我们就把这个第一印象抓住,只有第一印象是真的。第二印象已经不那么真了,那就是观念了,我没有直接看到直接听到的时候,我回忆起我昨天看到听到的,那就只是我的观念。真正的直接性就是保持在第一印象之中,第一印象是整个的感性确定性,它的直接性就在这里呈现出来。所以经验派从感觉出发必然会走向休谟,在以前,霍布斯、洛克这些人,他们的尝试都失败了,他们的尝试都掺杂了理性的分析处理,特别是洛克。包括贝克莱,很多人都说他其实已经掺杂了理性的东西,共相呀,抽象的东西呀。只有休谟才真正回到了感性确定性的原生态,回到了第一印象。那么在休谟这里,前面发生的一切对立都从自身排除掉了。这个对立怎么解决的?按休谟的观点就是回到原点,那个时候还没有产生主观客观分离这样一个观念。我们可以从这个原点反过来衡量主观自我和客观对象,我们就会发现,那些东西都只不过是一些观念,真正可靠的就是第一印象。所以一切对立就被排除掉了,它们没有被解决,但是它们被排除掉了,不存在这些对立。看下一段。

因而这种纯粹直接性不再涉及作为树的"这里"的他在,让作为树的"这里"过渡到非树的"这里",也不再涉及作为白天的"这时"的他在,让作为白天的"这时"过渡到作为夜晚的"这时",或者说,不再涉及以某种另外的东西为对象的另一个自我。

"因而"，这是从上一直贯下来的，"这种纯粹直接性"，休谟是主张纯粹的直接性的，感性确定性要坚决保卫它纯粹的直接性。那么这种纯粹直接性不再涉及作为树的"这里"的他在。作为树的这里，它有一个他在，有一个不以人的意识为转移的客观存在。这个纯粹的直接性已经不再涉及他在了，它只涉及作为树的这里，至于这个作为树的这里它后来变成了什么，它不管，它不再涉及。所以它也不涉及"让作为树的这里过渡到非树的这里"，不再涉及作为树的这里是否过渡到作为例如房子等等的这里。也就是说，它只涉及作为树的这里，它不管这个作为树的他在会成为什么。我的第一印象就是看到这棵树，至于这棵树是否会变成别的东西，那它不管，它执着于这棵树的这里。这是只有不把主客体分开，不把真理和实在性寄托于一个另外的客观他在之上时，才能够做得到的。"也不再涉及作为白天的'这时'的他在，让作为白天的'这时'过渡到作为夜晚的'这时'"。就是说，空间的这里也好，时间的这时也好，纯粹的直接性我截断众流，我把所有将要流逝的东西都斩断，我只考虑此时此地当下我的第一印象，后来它变成了什么东西，我不涉及它。"或者说，不再涉及以某种另外的东西为对象的另一个自我"，这个"或者"就是说从自我方面看。前面两个不涉及都是从"对象"上看的，是从对象的这时这里来看的；或者也可以从自我来看，那么这个纯粹直接性也不再涉及以某种另外的东西为对象的另一个自我。我可能会以别的东西为对象，那我先不管，我不涉及我下一刻是否会变，是否会带来我以另一种东西为对象的感性确定性，我只抓住此时此刻我的第一印象。那么这样一来。对象也好，自我也好，它们在第一印象中是不分的，双方都被捆在里面了，不能流动也不能扩展，只执着于这一瞬间的整体性。

这种纯粹直接性的真理保持其自身为始终自身同一的联系，这种联系在自我与对象间不作出本质性与非本质性的区别，因此一般讲来，也没有任何区别能够侵入到这种联系中去。

"这种纯粹直接性的真理保持其自身为始终自身同一的联系",这就是休谟的真理了,就是第一印象的真理。他认为这才是真理,才是最实在的。此时此刻第一印象就是真正的感性确定性的真理,我的意谓就保持在第一印象之中。感性确定性的意谓就保持在这种纯粹直接性之中,保持其自身为始终自身的同一的联系,我只要始终抓住第一印象,我始终保持我的这种态度,那么我就能够坚持感性确定性的真理。在这种自身同一的联系中,自我就是对象,对象也就是自我,它们是自身和自身的最直接的联系。所以我们说休谟是彻底的主观主义,把我的对象当作主观观念,把主观观念当作我的对象,取消了外在对象,对一切外在的对象都加以怀疑。休谟的怀疑论就是为了捍卫这种主观主义的,它让这种纯粹直接性的主观真理始终保持它自身与自身的同一关系,不受外来的干扰。"这种联系在自我与对象间不作出本质性与非本质性的区别",这是以往的哲学家都要区别的。到底哪个是本质,哪个是非本质的?一般来说,都承认对象是本质的,而自我是非本质的。到了贝克莱认为自我才是本质的,对象是非本质的。但是贝克莱还没有彻底,到了休谟才真正彻底起来,否定在自我之外的客观自在的对象存在,或者说对这种存在始终保持怀疑,不置可否,不加讨论。但是休谟也讲对象,那个对象就是我的对象,我就是对象,我的对象就是我的印象和观念。所以自我和对象之间没有本质和非本质的区别,包括那些自然科学的原理,都是自我的一种习惯性的联想。你说那些是本质的,休谟说那只不过是一些习惯。习惯一变,它们就会改变,没有一种绝对的客观性,都是由我主观的习惯性的联想形成起来的。当然他也讲自我,但是这个自我和对象之间没有本质和非本质的区别。"因此一般讲来,也没有任何区别能够侵入到这种联系中去"。自我和对象之间没有任何区别,你也不能建立任何区别。你所建立的区别顶多就是一种联想心理学的区别,你主观上把自我和对象区别开来,实际上根本没有什么区别。自我也不是一个人格,也不是一个一贯的实体,它就是这些印象、知觉、观念的联想或总和。我昨天这样想，我今天也这样想，后来我回忆一下，发现怎么我一直这样想，那么这里头肯定有一个我，这个我一定是我加进去的，至于它有没有什么实体，那我不知道。我能想到的就是所有的这些观念都在我的观念之下联结起来的，都在"我"这个假定之下集结起来，去掉这个"我"并不影响这些观念本身的真实性，所以去掉这个我也无所谓。在理论上是这样的，当然在实践上休谟还不是这样，实践上他还是承认有一个我，但是在理论上他找不出有一个我这样的实体支撑着，所以得不到他的承认。

　　因而，我、这一位就断言这里是树，并且我不转身，以免这里对于我会成为一个非树；并且我也毫不理睬另外一个自我是否会把这里看成是非树，或者说我自己在另外一次是否会把这里看成非树，把这时看成非白天； [69]

　　就是说这种感性确定性它必然会导致这种态度，一种什么态度呢？你要坚持这种感性确定性，那你就不能离开自己的第一印象。"因而，我、这一位就断言这里是树"，这就是我的第一印象，我这一位已经看到了这里是树，于是我就说、就断言这里是树；但是你要保持第一印象，你就不能"转身"，你一转身就会发生变化了，就会看到别的东西了。所以你要断言这里是树，你就必须不要转身，不要看别的地方，以免这里对于我会成为一个非树。"并且我也毫不理睬另外一个自我是否会把这里看成是非树，或者说我自己在另外一次是否会把这里看成非树，把这时看成非白天"。我不在乎这一点，我当然知道，也许我会知道，也许等会儿我就会看到别的东西了，但是我不在乎，我不理睬，我要坚持感性确定性，那么我始终要把第一印象保持在视野之中，如果我不幸看到了别的东西，那不是我的过错，但是我是要坚持的。我不在乎别人是否看到别的东西，或者说我自己在下一瞬间是否看到别的东西。这里有两种情况，一种是怎么对待"另外一个自我"，一种是怎么对待我自己在"另外一次"的自我，中间用了一个"或者说"（oder）来连接。这个"或者说"可以有两种解释。第一种解释是，我不理睬另外一个自我是否会把这里看成非树，这另外一个自我是指别人,即另外一个人的自我;那么"或者说",是我自己"在另外一次"是否会把这里看成非树。这里列举了两种不同的情况。第二种解释是,我不理睬另外一个自我是否会把这里看作非树,"或者说",——意思是换句话说,并且说得更确切些——就是我不理睬我自己在另外一次是否会把这里看成非树。这里讲的是同一种情况的两种不同的说法,后面这种说法更明确。第一种解释是把"另一个自我"理解为另一个人的自我,它不同于我自己的另一次的自我;第二种解释是把两者看作一回事,另一个自我不是另一个人的自我,而就是我自己在另外一次的自我。这两种解释都说得通。但黑格尔的意思,可能还是更倾向于第二种解释,因为他实际上用不着第一种解释。而且第一种解释也没到时候,感性确定性怎么会知道别人的自我、别人的感性确定性呢?不是它愿意不愿意理睬的问题,而是它根本不可能理睬。所以这个"或者说"应该是"说得更明确些"的意思。

<u>相反,我就是纯粹直观活动;我独自坚持着:这时是白天,或坚持着:这里是树,我也不把这里和这时本身相互比较,相反,我执着于**一个**直接的联系:这时是白天。</u>

就是说,我不转身,也不在乎也不去想,我等一下(或者别人)是不是会有别的第一印象,我既然有了第一印象,我就想办法把第一印象保持在我的视野之中,我不去想别的。"相反,我就是纯粹直观活动",在这种情况下,所谓的我就是纯粹的直观活动(Anschauen,动词)。贝克莱其实已经讲到了存在就是被感知,包括我自己,所谓我就是一连串纯粹直观活动、经验知觉活动。所以我就是纯粹直观活动。"我独自坚持着:这时是白天",或者"这里是树"。我跟其他的没有关系,我独自坚持,我把这时是白天,或者这里是树把它坚持下来,我也不把这里和这时本身加以相互比较,不把这里的内容、这时的内容加以比较,以免从中抽象出一个共相来。反正我执着于一个直接的关系,不去做比较,没有可比性。现代逻辑经验论也有这个说法,就是这都是些"经验原子"、"事实原子",

这是从休谟那里来的，认为经验都是一些原子事实，我经验到的东西，跟别的经验到的东西中间没有可比性，它们既不能相通，也不能化约，它们就是一个个不可人的原子。"相反，我执着于一个直接的联系：这时是白天"，这时和白天联在一起构成一个"原子事态"，我就执着于其中的一个原子事态，这时是白天。这是休谟的一个态度。只有第一印象是真理，其他的东西只要它是第一印象，也是真理，真理是多元的。我们不需要把它们完全贯通起来，只需将它们每一个坚持下来，逻辑对它们的统一作用是有限的、相对的，肯定有不能完全打通的地方，我们所追求的是把尽可能多的事实贯通起来，使之更符合于我们的习惯。逻辑经验主义认为科学家的任务就是建构一个能够包含最多经验事实的自洽的逻辑体系，谁能包容更多、更自洽，我们就听谁的。从休谟到当代逻辑经验主义都是这样一条思路。

因此，既然这种确定性，如果我们就一个这时的夜晚上面、或就一个把这时当作是夜晚的自我上面来注意它的话，它就不再会愿意走过来了，那我们就向它走过去，我们可以指出 (zeigen) 这个被断言的这时。

这个"既然"要一直管到"它就不会再愿意走过来了"，中间是"既然"的条件。既然这种确定性、就是前面讲的直接的感性确定性不愿意走过来，那么我们就向它走过去。它为什么不愿意走过来？"如果我们就一个这时的夜晚上面、或就一个把这时当作是夜晚的自我上面来注意它的话"，则它就不再会愿意走过来了。感性确定性如果到了这一步，即我们专注于一个作为夜晚的这时，或专注于把这时看作是夜晚的自我，如果这样来注意它的话，那么它就不愿意走过来了，它就停在那里，或者说卡在那里了。休谟这样的经验论者就是这样，他是不再愿意往前走了，他就停在感性确定性的起点。起点就是它作为一个整体，还没有区分出自我和对象的那个时候，混沌一片的时候，那就是直接的。"那我们就向它走过去"，它不愿意过来嘛，它赖在原地不动，它把一切理性的概念、共相甚至一切感性的生命都抛在一边，它不管，它在对象和自我上面都专注于某一个经验原子、感觉的原子，它不愿意继续走下去，——那么我们就向它走过去。"我们"就是研究《精神现象学》的人，我们看出来，感性确定性在对经验派的经验加以陈述，到这一步已经走到头了。那么我们旁观者就要出手了，在之前一直是袖手旁观。我们看它怎么走，走到这一步，它已经走不过来了。那么我们就走过去，走近去看一看。"我们可以指出这个被断言的这时"，指出 zeigen 原始的意思还就是用手指来指，转意就是显示出来。我们可以用手指指着它，虽然我们是旁观者，但是感性确定性最直接的莫过于我们指着它说：这一个，这时，这。甚至根本不说，就是指着它。语言没有办法了，语言讲出来的都是共相，你要显示感性确定性，又不能说，那怎么办呢？就只有用手指着。我们旁观者看到感性确定性已经走到头了，已经说不出话来，已经不能再往前走也不愿意再往前走了，那么我们就出场，我们就走向它并且指出它。这时不能说，说出来就是共相了。但是我们能指出来，那总该不是共相吧。

　　我们必定可以**指出**这一点；因为这个直接联系的真理，就是那把自己限制在一个**这时**或一个**这里**之上的**这一个**自我的真理。

　　我们可以指出这一点，而且我们必定可以指出，因为我们不是从外面纳入一个什么东西，我们是根据感性确定性的直接性这一本性，它的本性就是非常个别的。"因为这个直接联系的真理，就是那把自己限制在一个**这时**或一个**这里**之上的**这一个**自我的**真理**"，这一个是非常直接、非常个别的，它只有通过"指"，才能显示出它是这一个。你要说出来，它就成了共相，你要指出来，它就可以保持直接性和个别性，保持它是这一个自我的真理，这个自我只把自己限制在一个这时或者一个这里之上。所以这是必定可以指出的，甚至是必须指着的，感性确定性的一切直接性的联系都有赖于这一指。

　　假如我们**以后**再来推敲这一真理，或者站得离它**远远**的，则这一真理就会完全没有意义了；因为我们就会取消对于它是本质性的那个直接性。

为什么要指着它呢？这里就做了一个假设，"假如我们**以后**再来推敲这一真理"，推敲，原文为 vornehmen，就是拿到前面来的意思，也有准备做、实行的意思，这里译作推敲，推和敲都是对面前的事作一种试探，僧推月下门，或者僧敲月下门。就是说，感性确定性正在经历它的第一印象的时候，你不去指出它，等到以后来看第一印象，那它就过去了，那就没有意义了，等你把它摆在那里慢慢推敲得来，它已经失去了。因为休谟要强调的就是直接性，感性确定性的第一印象，他要确定的就是这一个；你必须跟着它当场指出这一个，你不要等到以后再去推敲，那就离得远了，等到以后就没有意义了。假如我们以后再来推敲这一真理，以后再来看，那跟当时看就不一样了，你已经站得离它远远的，当时你不去贴近它，你不去跟它零距离接触，那你现在就已经拿它没办法了。如果要在现场真正抓住它的第一印象，你当时就必须指出它来，就是这一个！就是他！罪犯必须当场抓获，你如果不当场抓住他，过了以后他就可以不承认了，那就要推理啊，求证啊，一整套麻烦都来了，再严密的推理，在事实上都可能出错，出冤案。只有当场抓获、扭送，这个最简单也最直接，无须一切证明和推理，他就是真的罪犯，没有话说。如果你不当场抓住它，那么这一真理就完全没有意义了，"因为我们就会取消对于它是本质性的那个直接性"，你不当场抓住它，那你就取消了它的直接性了，而那个直接性对于它来说是本质性的，对于感性确定性来说直接性是本质性的。它就是要抓住直接的东西，抓住意谓，而我现在指着的就是这一个，就是意谓。意谓是只可意会不可言传的，我现在什么也不用说了，我只需指着它就行了，我用"指"来弥补它这个不能说出来的毛病。

因此我们必须走进同一时间点或空间点，给自己指出那个直接性来，这就是说，必须让自己把作为确定的认知者的自我变成同一个这一个。

"因此我们必须走进同一时间点或空间点"，就是我们作为旁观者，我们就走进去了，我们现在要介入了。本来我们不介入的，但是现在它走不出来了，它已经走到头了，再也不能说什么了，于是我们就介入了。我们介入什么呢？实际上是对感性确定性所走过的道路进行反思。所以当黑格尔引进"我们"的时候，实际上就有一种反思。最开始是没有的，最开始我们让它去生长，让它去经验，经验完了以后，我们可以对它加以反思，我们可以分析出来，它走过的历程是怎么样走过来的，又将走向何方。当我们这样做的时候，我们不是外在地加入我们的尺度，而还是就事论事。就是说，它已经走到这一步，走不出来了，那么我们就不得不向它走过去，"走进同一个时间点或空间点，给自己指出那个直接性来"。我们走进这同一时间点和空间点，也就是休谟讲的第一印象，我们跟它零距离接触，我们就把自己变成他的那个立场，我们可以考察休谟当时是怎么想的，他不说，我们帮他指出来，我们试试看。"这就是说，必须让自己把作为确定的认知者的自我变成同一个这一个"。到了这一步，我们就必须以进入同一时间点和空间点进行直接指认的方式，把自我这个确定的认知者变成同一个这一个，也就是把正在进行感性确定性的认知的自我限定下来，变成同一瞬间同一地点的这一个，或者说，把这个自我当场抓获。这是我们旁观者对休谟的一种姑且认同，休谟说他有一个第一印象，我们当即走出来指出来这个第一印象，你说的是这一个？那么我说的也是这一个。所以我跟休谟是作为同一个自我，是同一位自我，我必须以休谟自居，进入他的世界，才能保证这种直接性。那么为了指出直接性，我们使自己成为那同一个自我。因为直接性已经不容你旁观了，直接性到了休谟这个程度，你旁观你始终是猜不透他的了，那么我们就使自己和那个确定的认知者成为同一个自我，或者成为同一位自我。休谟当然还是确定的认知者，他要把感性确定性确定下来，他要通过第一印象把感性确定性的意谓固定下来，第一印象就是这一个，就是这个第一印象的原子，就钉在那个第一印象上面。那么这样一个认知者，那是休谟的自我，不管他是否承认他是同一位，但他毕竟在那里作为独一无二的认知者发议论。那么我们就认同他，看看会导致什么样的结果。

因此，我们来看看，那被指给我们的直接的东西具有什么样的性状。

我们认同休谟就是为了看看那被指出给我们的直接的东西具有什么性状。谁在指给我们看？当然还是我们自己，前面说，我们必须"给自己指出那个直接性来"，我们进入休谟的意谓中，权当我们就是休谟，那么我们来看看，当那个直接的东西被指给我们时，它具有什么样的性质和状态。这当然是我们的反思了，是我们在帮休谟分析，休谟自己并没有意识到这一点。他什么都不说，而我们呢，也只是作为旁观者在说他不说的东西，并没有破坏他的不说、他的意谓。我们仍然只是在显示事情本身的进展。

被指出来的是**这时**，这一个这时。**这时**；当它被指出来时，它就已经停止其存在了；而**正在存在**的**这时**是与曾被指出过的这时不同的另一个这时，并且我们看到，这时恰恰就是这样一种东西，当它存在时，它就已经不再存在了。

这就是我们在帮休谟分析了。被指出来的是这一个这时，它在被指出来的那一刻，完完全全地保有它的不可说的意谓。我们用手指指着这一刻说"这时"，我们心里要有这样一个意谓，即我们指出来的是这一个这时，作为第一印象的这时，当时当下的这时，不可分、不可说的这时。可是，"这时；当它被指出来时，它就已经停止其存在了"，"这时"后面是一个分号，也就是说，它与后面的"当它被指出来时，它就已经停止其存在了"是并列的、同时出现的。我指着这时，是要表示它存在，但是正当我指着它时，它就停止存在了。那么这时它到底是存在还是不存在呢？它既存在又不存在，它介于存在和无之间，因为它就是变易。正当我们指出它时，它就已经变了，就已经不存在了。"而**正在存在**的**这时**是与曾被指出过的这时不同的另一个这时，并且我们看到，这时恰恰就是这样一种东西，当它存在时，它就已经不再存在了"。我们刚才指出这时，但它当时就已经变了，变得不存在了，那么现在存在着的这时则是与刚刚被指出过的这时不同的另一个这时了。由此我们就可以看出,这时就是这样的东西,正当它存在时它就已经不存在了,它是存在和非存在的当下的统一。恩格斯也曾经说过,就连最简单的机械运动都具有辩证的本性,就是某物在同一瞬间在某处,同时又不在某处。换言之,在同一处某物既存在,同时又不存在。黑格尔在这里把这种运动变化的辩证法引入了休谟的立场里面,对他的观点进行了摧毁和解构。被指出的是这时,一个非常具体的这时;但是凡是被指出来的,它就已经停止其存在了,已经向非存在过渡了,或者向另一个这时的存在过渡了。因为它在被指出的过程中,它就已经不是它自己了。赫拉克利特说,人不能两次踏入同一条河流;克拉底鲁说,就连一次也不行。当它一旦被指而存在,它就已经过去、就已经消失了。所谓第一印象,谁能坚持第一印象?凡是第一印象,都是维持不了的,都在消失中,都在不断地变成观念。哪怕你看到同一棵树,同一棵树的刚才和同一棵树的现在就不一样。同一棵树,它在变。你指出的这时,当你指出的时候,当你感觉到它的时候,它已经过去了。你真的能指出一个这时吗?你一指它就不是了。"当它存在时,它就已经不再存在了"。时间嘛,逝者如斯夫,这样的东西是这样过去了,这个这时实际上是正在过去或已经过去了的,是逝者,逝者已经不存在了,你讲这时,逝者如斯,"如斯"就是这时的样子呀。就像现在这个样子,它逝去了,不存在了。由于它存在,它就已经不复存在了,这时就是这样一个东西,时间就是这样一个东西。可见用时间为例更能直观地说明黑格尔的辩证法。

给我们指出的那样的这时,是一个**曾经存在的东西**;而这就是这时的真理;这时并不具有存在的真理。因而,这时毕竟真的是这个曾经存在过的东西。

你要指给我们看,你一指,它就是一个曾经存在的东西,我所看到的,我一看到,它就过时了,所以你的那个第一印象是维持不了的,但凡是一眼看到的东西,它马上就成为了观念。印象和观念在休谟那里有不同层次的区别。印象是第一印象，观念是第一印象留下的痕迹。那么你一看，它马上就成了观念，成了"已经是一个曾经存在的东西"。曾经存在，我还记得，我的脑子里还留有印象。第一印象在我脑子里留下了很强烈的印象，但不管多么强烈，它已经是一个观念了。它当时是那么样地激动着我，但那是当时，而现在是另外一回事。"而这就是这时的真理"，这时的真理就在于前面讲的，它一旦存在，它就不再存在了，它就是一个曾经存在的东西了。"这时并不具有存在的真理"，既然它不再存在，而只是一个曾经存在的东西，它就不具有存在的真理，它会丧失存在。"因而，这时毕竟真的是这个曾经存在过的东西"，它不具有存在的真理，但它"真的"毕竟存在过，所以它的真理就在它的过去时中，而不是在它的现在时中。所以曾经存在过的东西才是这时所具有的真理。曾经存在和存在是不一样的，存在是 Sein，曾经存在是 gewesen，gewesen 实际上是 sein 的过去时第二分词。曾经存在跟 sein 有一种语词上的关联，gewesen 就是 sein 的过去分词。所以这里头还是有关系的。但是又不同，我们都知道过去的东西跟现在存在的东西是不相同的。在感性确定性中，现在存在的东西不具有真理，过去的东西才具有真理，因为它表达了存在和非存在的统一，即过去存在而现在不存在的统一。所以，这时的真理、真正的这时就是那曾经存在的东西，它就是这时的真理。你一指出它，它就是曾经存在的东西了，所以它这个当下存在是保不住的，当下的存在是非本质，过去的东西才是本质。本质 Wesen 在德文中也是由曾经存在 gewesen 变来的，所以黑格尔在《逻辑学》中说，本质是"过去了的存在"。这里说"这时毕竟真的是这个曾经存在过的东西"，相当于这时本质上就是这个曾经存在的东西，或者说曾经存在的东西就是这时的本质，也就是这时的真理了。曾经存在的东西是这时的真理，也就是说，曾经存在是真正的这时，真正说来曾经存在才是这时。而这时在真理的意义上就是曾经存在过的东西。

但是，凡是曾经存在过（gewesen）的东西，实际上都不是什么本质

(Wesen)；**它现在并不存在，而原先要讨论的是存在。**

刚才讲了，本质 Wesen，是从曾经存在 gewesen 来的，本质和曾经存在这两个词是有联系的。我们读黑格尔的《逻辑学》，读存在论和本质论时我们很少体会到这里头有一种语言上的联系。存在论是关于 Sein 的，那么本质论是关于 Wesen 的，Wesen 又是从 gewesen 来的，所以黑格尔讲，本质是过去了的存在，这是有语言上的根据的，不是说他随便思辨而想出来的东西，它从德语上就是这样的，本质是过去了的存在。的确，我们要理解一个事物的本质，就要看看它过去是怎么存在的。通常我们了解了一个人的过去，我们就了解了一个人的本质了，这就叫做"揭老底"。所以本质是过去了存在，本质是曾经存在的东西，因为本质是对存在的追根溯源，我们在事物的过去中就追到它的本质了，所以本质就是原因。为什么亚里士多德要寻求事物的原因，寻求事物的四因，就是要把握事物它原来是怎么样的，它在形成之前和在形成过程中是怎么样的。原因，顾名思义就是"原来的因"。我们把握一个事物的原因就把握到事物的本质了。但是这里又讲到，"但是，凡是**曾经存在过**的东西，实际上都不是什么**本质**"，这里又把曾经存在的东西和本质区别开来了，这又怎么解释呢？这种区别当然是从更高的层次上讲的了，就是说，我们本来是把存在当作本质，本来是要讨论存在的，而现在我们把存在的本质归结到曾经存在过的东西上去了；但如果我们还记得当初我们所讨论的是存在，那么从这个眼光来看我们现在所达到的成果，我们就会发现曾经存在过的东西现在已经不存在了，它现在已经是非存在，那么它如何能够成为本质呢？所以从存在本身的角度来讲，曾经存在过的东西实际上又不是什么本质，也就是在感性确定性里面要追求的那个本质就是存在，而不是非存在。我们现在把它的本质归结到非存在，那是违背它的初衷的，"**它现在并不存在，而我们原来要讨论的是存在**"。这里"并不存在"的"存在"用的是特别强调的大写 IST，我们用黑体加粗来表示（其他着重号都只是加粗）。它所表示的是，曾经存在的东西从过去的存在走到了非存在，现在要回过头去还原到存在了，但这个要还原的存在与最初的那个存在已不在一个层次上，它是更高层次的存在，即包含有非存在于自身之内的存在。整个过程是一个否定之否定的三段式，就是一开始感性确定性把存在当作本质，存在是感性确定性的本质；然后感性确定性发现这个存在本质维持不住，它随时都在过去，所以过去了的存在才是本质，这个本质似乎既照顾到了存在（虽然已经过去），同时也照顾到了非存在（现在已不存在），它是存在的消逝和变易；最后，当感性确定性真的把自己的本质置于这个过去了的存在身上时，它发现这个本质毕竟现在并不存在，而是非存在，它不能立足于非存在来建立自己的存在，于是便向起点回复。以下这一段我们将会看到，就是通过我们的反思给这一段历程做一个总结，把它提升到反思的必然性。在休谟那里他提升不了，但是我们作为旁观者，可以帮助他提升，替他反思一下。所以感性确定性在休谟这里已经到底了，下面要做的就是反思，但是这个反思都是我们作为旁观者的外在的反思。在黑格尔的《逻辑学》里面讲，存在论里面的反思都是外在的反思，还没有进入内在的反思和自身反思，内在的反思只有到自我意识阶段，自我意识本身对自身进行了反思，才是事情本身的反思。而在感性确定性这里，包括在知觉和知性的阶段，都是旁观者替它反思，替它总结出它的历程。但这并不是我们外在地加给它的，而是我们根据它的经验、经历而为它总结出来的。

＊　　　　　＊　　　　　＊

感性确定性我们上次讲到，如果它走到头那就是休谟的那种直接印象，第一印象。第一印象被看作感性的原子，它是不能再分了，是由它组成一个个的知识，但是它本身是到底了的。这是休谟的一个出发点，从休谟以后发展出逻辑实证主义。像罗素他们都是从他这一点建立起自己的哲学。当然在这一点上我们跟休谟就没有什么可谈的了。他不愿意走过来，这个时候黑格尔就把我们，就是研究精神现象学的这些人，这些旁观者,投入进来。就是由我们来指出,他所说的他当时所执着的这一点在哪里,是什么。那个这一个,他不愿意说出来,他把它当作不言而喻的前提,那么作为旁观者我们有责任而且也能够把它说出来,至少我们可以把它指出来,就是最初的那个直接性究竟是什么。那么经过由旁观者指出这一点,黑格尔就把我们旁观者的回顾和反思显示出来了,也就是在指出那一点的同时,把这一点的反思指出来了,这就超越了休谟。休谟不能反思,只能由旁观者反思。这就是个转折点。我们已经旁观这么久了,那么我们现在要投入进去;但是投入进去不是说我们带进去新的观点,而是就感性确定性曾经发展出来的这个系列,我们进行一番思考。下面讲的就是我们的反思可以得出这样一些结果。

{68}　　因此在这种指证里,我们所看到的只是一个运动和这运动的如下的过程:

这种指证,Aufzeigen,它和指出 zeigen 是同一字根。就是这个指证行为本身是一个运动,这个指证的举动本身就已经是一个运动了。本来这个指出就是最直接了,我直接指出这一点,指着这一个;但是正是指着的时候,这本身是一个运动,你指向这一个、指着这一个本身就是一个运动。"我们所看到的",我们作为旁观者一边指一边看,所看到的就是这个指证的过程。这个运动就是如下的三阶段过程:

第一,我指证着这时,它被断言是真实的;但是我指出它是曾经存在
[70] 过的东西或一个被扬弃了的东西,我扬弃了前一条真理,于是第二,我把这时断言为第二条真理,即这时**存在过**了,被扬弃了。

这是这个运动的前两个阶段。第一个阶段,当我用手指着这时,指证它,抓住它,那当然是真实的,那再没有什么间接的了,我用手直接点着它了,抓了个现场。当然这个手已经是间接的了:你是"用手"去指着它,点着它。佛家讲用手指月,以手指月,指非月,你不要看我的手指头,你要看我手所指的这个月亮。但是这个月亮如果没有我的手指,你怎么能明白我的意思呢? 我的意谓还是凭借手指而点出来的。那么黑格尔这

里比较强调指本身，这个指不是不重要，这个月亮就是靠这个指显示出来的嘛，它的确定性就在这个指上。所以我指出这时，这个"这时"就被断言是真实的。按照休谟的观点，第一印象，我指着它了，我抓着它了，它跑不了了，这个总是最真实的。我把它显明在我的手指的举动中，这个总是最真实的。但是这只是第一阶段：因为我"指"，所以我可以断言，我可以一口咬定这就是真实的。"但是我指出它是曾经存在过的东西或一个被扬弃了的东西，我扬弃了前一条真理，于是第二，我把这时断言为第二条真理，即这时**存在过**了，被扬弃了"，这是第二阶段。就是我首先指出这时，并且断言这时是真的；但是接下来，我指出它是曾经存在过的东西或被扬弃了的东西。也就是当我指着的时候，我还在指着，但这时已经是曾经存在过的东西。我的意谓原先保持在指的动作中，我看见它，我就指着它，当我指着它的时候，我是想把我看到的指出来，我认为我把它抓住了。但是当我指着它的时候，我所看到的那个东西就只是曾经存在过的东西了。当我指着时间的时候，我指的已经是前一个时间，不管怎么说，它都是曾经存在过的东西，正在进行的东西你是抓不住的。你刚想抓住它，它又过去了。这里面有芝诺的悖论在里面。所以，我把它指证为曾经存在过的东西或被扬弃了的东西，刚才它还存在着，我指着的这一个或这时，就是已经过去了的这时，我已经扬弃了前一个真理。前一个真理是什么呢？它被断言是真实的。它被断言是真实的，但是它留不住，现在它是过去了的，它现在已经不真实了，所以我就已经扬弃了前一个真理，就是说它是已经过去了的，那么它现在已经不真实了。你说它是存在，那么它现在已经不存在了，它只是曾经存在的。所以它是被扬弃了的东西。"于是第二，我把这时断言为第二条真理，即这时**存在过**了，被扬弃了"，它又第二次断言，断言什么呢？即这时存在过了，被扬弃了，这是第二。现在我不说这时存在，而是说这时已经存在过了，我也可以断言，但是我断言这时存在过了，也就意味着这时已经不存在了，我断言它已经不存在了。正当我指出这时存在的时候，在这一瞬间，我又有个断言,这时不存在,它只是曾经存在过了。但是它是被扬弃了的存在,这是第二条真理。第一条真理可以看作是正题,第二条真理可以看作是反题。第一条真理可以是看作是存在,第二条真理可以看作是非存在或者是无。从存在到无,从存在转变为非存在,这就是《逻辑学》开头所阐明的道理。

<u>第三,但这曾经存在的东西不存在了;我扬弃了那曾经存在的存在或被扬弃了的存在,即扬弃了第二条真理,因而我就否定了对这时的否定,于是就回复到第一个断言,即**这时**存在。</u>

这是第三个阶段。这个过程分为三个阶段,一个是有,一个是无,那么第三个阶段呢? 是否定之否定,是无和有的合题,就是有一个无。我们有一个"无",我刚才否定的这个非存在它是有的。"但这曾经存在的东西不存在了",曾经存在的东西本来就是过去了的,被扬弃了的,它不存在了,它扬弃了存在,变成无了,这还是讲的第二个阶段,反题;但我对这个曾经存在的东西再加以扬弃,因为我们还是要抓住那个存在嘛,我们讲来讲去,整个过程都是要追那个存在。现在这个存在成为曾经存在的东西,成为了已经不存在、已经扬弃了存在的东西,但"我扬弃了那曾经存在的存在或被扬弃了的存在",扬弃那被扬弃了的存在,这是合题了。曾经存在的当然现在是不存在了,但是它还是曾经的存在,所以它是被扬弃了的存在。它的存在已经被扬弃了,但是我又扬弃了那个扬弃,即扬弃了第二条真理,"因而我就否定了对这时的否定,于是就回复到第一个断言,即这时存在"。这第三个阶段就是否定之否定。就是一个合题。合题就是回复到第一个断言,即这时存在。就是不管是它存在也好,或者是已经不存在了也好,但是我们从整体上把这两者当作是整体性中的两个环节,前面已经讲了,我们把这个感性确定性的整体看作是感性确定性的实在性。前面讲"只有整个确定性本身才作为直接性在它身上坚持着",就是说这两个环节,一个是直接性,一个是扬弃,直接性就是断言这时存在,扬弃就是说这时已经不存在了,它是曾经存在的存在,那

么我们把这时存在和曾经存在作为一个整体，把它统称为这时存在，这是第三个阶段。我们把前两个阶段合起来，不管是它以前还是现在，我们都可以把这个整体断言为存在的，那么我们何不把这个整体断言为这时存在呢？这就进到休谟的观点了。休谟的观点就是这样的，总而言之，反正每一次的感觉它都是立足于第一印象，而后来它又不是第一印象了，但后来还有后来的第一印象。那么我们就不如把这个第一印象看作是整个第一印象，它的每一个瞬间，每一个阶段，它的每一种断言，都是第一印象。这个就是否定之否定了。于是就回复到第一个断言，即这时存在。我紧紧抓住这时，我根本不管它是不是转到别的地方去了，至少一度它是这时，我们就抓住每一瞬间的这时，我肯定这是最真实的。

因此，这时和对这时的指证就具有这样的性状，即无论这时还是对这时的指证，都不是一个直接的单纯的东西，而是包含着各不相同的环节于自身的运动；**这一个**被建立起来，但建立起来的反而是**另一个**，或者说这一个被扬弃了：而第一个的这个**他在**或者扬弃，本身**又被扬弃**，于是又返回到了第一个。

那么走到这一步，我们就可以对它进行分析了。"因此，这时和对这时的指证就具有这样的性状"，什么性状呢？ "即无论这时还是对这时的指证，都不是一个直接的单纯的东西"，你既然把感性确定性的整体当作你的对象，当作你的真实性，当作你的实在性，那么这个整体就不是单纯的东西，它里面包含着很多这时，当时的这时，现在的这时。你们都把它称之为这时，那它就不是一个单纯的东西，"而是包含着各不相同的环节于自身的运动"。它是从刚才的这时运动到现在这时，你都把它称之为这时，那么这时里面包含着不同的环节于自身，它们体现为从一个到另一个的运动，里面有不同的环节不同的阶段，只有通过这种运动，这些环节才有可能仍然被看作一个整体，而不是一大堆毫不相干的原子。但这种运动同时又是凭借各个环节的相互否定和一个扬弃一个而进行的，"**这一个**被建立起来，但建立起来的反而是**另一个**，或者说这一个被扬弃

了：而第一个的这个**他在**或者扬弃本身**又被扬弃**，于是又返回到了第一
个"，这是描述这个运动的进行方式，即否定之否定，扬弃之扬弃。这一
个被建立起来，但建立起来的反而是另一个，因为当这一个刚一建立起
来，我指着这一个，使它建立起来；但是建立起来的马上就是另一个，这
个这时已经过时了，它变成了另一个这时。而当这一个被扬弃时，这一
个的这个他在，或者这一个的扬弃，本身马上又被扬弃了，于是又回复到
了第一个。第一个就是最初的"这一个"，最初的第一印象；第一印象被
扬弃了，它成为了第一印象的他在；而这个他在也就是第一个的被扬弃。
他在，Anderssein，本身又要被扬弃，就是这个扬弃自己又要被扬弃。这
个他在并不是不存在的，它本身也是这一个，它虽然已经不是夜晚，但是
它是白天，虽然已经不是树，但是它是房子。你说这个非存在是另外一
个存在，但是这另外一个存在就是"这一个"存在，如果你把这个感性确
定性的存在当作一个整体来看待的话，那么这个存在的各个环节都是一
个存在，它们本身都不是另外一个，都不是他在，而是对这个他在或者第
一个扬弃本身的再扬弃。前面按休谟的口气讲，"我不转身，以免这里对
于我会变成一个非树，我也不理睬另一个我是否也把这里看作一个非树。
我也不把这里和这时加以比较，相反，我执着于这时是白天"。休谟的观
点就是我执着于这时，我不把它做比较。这时是怎么过来的，我不管，反
正我就指着这时，从整体上看，这个感性确定性它就是这时，当我指着它
的时候，它就是这时。但是实际上它背后已经发生了一个过程了。就是
第一个的扬弃本身又被扬弃，于是又回复到第一个，回复到第一印象，什
么都是第一印象，至少它曾经是第一印象。那么我把这个过程把它抽掉。
那么万事万物它都是第一印象。然而这样一个这时，这样一个第一印象，
它本身就是一个共相。

　　但是这个在自身中被反思的第一个并不完全确切地等于它最初那
样，即一个**直接的东西**；相反，它恰好是**一个在自身中反思过的东西**，或
者在它现在所是的他在中保持下来的**单纯的东西**：

　　你这样的回到了第一个，那在休谟那里就是直接的东西，我紧紧抓住了这个直接的东西。我不走出去一步。我得到了第一印象，我就紧紧地抓住。但是你抓得住吗？"但是这个在自身中被反思的第一个并不完全确切的等于它最初那样"，就是当你抓住它的时候，你是已经经过了反思的，但是你不知道，你不自觉。就是你回顾了曾经的这一个，最初你断言这个是真的，然后你断言这一个已经过去了，然后你又回过头来说，尽管它已经过去了，但是它还是这一个，它是曾经的这一个，你不能说它完全没有经过这一个，所以我把曾经的存在又抓在手里，其实已经走掉了，但是我还认为它是保持在这一个里面的。那么你凭什么把它保存在这一个里面？你的这一个已经变了，你的这一个的意思已经变了，它已经不是那种纯粹的直接性了。所以这个在自身中被反思的第一个并不完全确切的等于它最初那样，不等于"一个直接的东西"，它已经不是一个直接性的这一个了。它已经经过反思，经过中介了，它是间接性的东西。休谟紧紧地抓住第一印象的这种经验论，是经过反思才得出来的，只不过没有把这个反思写出来，好像它又回到了直接性的这一个，但实际上背后有一个间接的过程，有一个反思的过程。它自己不能说出来，要由别人指出来。"相反，它恰好是在自身中反思过的东西，或者在它现在所是的他在中保持下来的**单纯的东西**"，这个时候，你指出这一个，它恰好是间接的东西。或者在它现在所是的他在中保持下来的单纯的东西。"单纯的东西"打了着重号，就是说它是一个共相，它已经把它里面的复杂的内容抽掉了。休谟讲的第一印象是一个什么单纯的东西？是一个在自身中反思的单纯的东西，或者在它现在所是的他在中保持下来的单纯的东西。"它现在所是的他在"，也就是说，它现在不是当初的那个存在了，与当初相比它已经是他在，Anderssein，另外的存在。这个他在不再涉及这个纯粹的直接性，不再涉及树，它现在是房子，是树的他在。而在这个他在、这个房子中，"第一印象"这个单纯的东西保持下来了，因为房子本身也是第一印象。休谟的意思就是我把他在都撇开了，我紧紧地抓住这一个。在现在的存在中,我把另外的存在完全撇开。这个是感性确定性的出发点,我不能丢,尽管它已经变了,我还是要回到出发点,但是当它回到出发点的时候,它已经不是出发点了,它已经是反思过了的出发点。而只有经过这种反思,它才在它现在所是的他在中保持下来了单纯的东西。当然它还是直接的,感性确定性还是直接的东西,但是它是经过自身反思的,已经经过他在的中介才回到的自身,已经包含着一个过程了。看起来简简单单,我就是执着于自己的第一印象,但是这个第一印象是怎么得来的,就是经过了一个过程,经过了一个他在的中介,你才获得了一个单纯的东西。后面是冒号:

即一个这时,一个本身是绝对多数这时的这时,而这就是真正的这时,就是作为包含着许多这时、许多个钟头在自身内的单纯白天的这时;一个这样的这时,即一个钟头同样也是许多分钟,而后一种这时也同样是许多这时,如此等等。

一个什么样的单纯的东西呢?"即一个这时",它本身是一个绝对多数的这时。只有这样包含无数这时的这时,才是真正的这时,它不光是说,这时包含黑夜和白天,而且是说,白天本身就包含着许多个钟头;不仅如此,它还是"一个这样的这时,即一个钟头同样也是许多分钟,而后一种这时也同样是许多这时,如此等等"。这有点像芝诺讲的无限可分,任何一个这时都是无限可分的。所以你要讲这时是讲不出来的,它里面包含有无数的他在,一个钟头对另一个钟头、一分钟对另一分钟都是他在。你要讲一个绝对的这时,实际上是讲不出来的,你只能讲一个共相,包含许多分钟,许多钟头。那么你说这时是白天,可以,但是你这个白天绝不是一句话就把所有的东西都说出来的,它包含许多没有说出来的东西,它虽然是单纯的,但是它又是复杂的,它是无限可分的,

——因此这种**指证**本身就是说出什么是在真理中的这时、也就是说出是什么在把这时的一个结果或者这时的一个多数性总括起来的运动;这个指证的过程就是经验的过程,即经验到这时是**普遍的东西**。

这是一个结论了。你要说出真正的这时是什么，在真理中这时是什么，那么你就要经过一番运动，经过一个过程。所以我们的指证无非是指出一个运动过程，但是它靠手指是指不过来了，必须"说出"；一个一个的这时、这个钟头、这一分钟等等，指不胜指，但"说"就很容易了。指证是一个永无完结的运动，它只有靠"说"才能把那个最终结果、那个"多数性"总括起来，而这就说出了"什么是在真理中的这时"。所以指证过程就是说出什么是真正的这时的一个运动。实际上每一个第一印象，当你指着它的时候，它就不是第一印象了，它已经是第一印象的他在，它已经是一个过程，即从第一印象到观念的过程。但是你通过说它，还是把它确定为这时，那么这个这时就是把多数性总括起来的运动，是一个最终结果。这就是感性确定性的整体性。从整体性着眼把感性确定性确定起来，将它的多数性总括为一个结果。"这个指证的过程就是经验的过程，即经验到这时是**普遍的东西**"，普遍的东西打了着重号，也就是共相。你把每个第一印象、每个他在一一指证出来，你就是在经验嘛，指证本身就是一个经验的过程。经验到什么呢？经验到这时是普遍的东西，经验到这时是一个共相。当然共相本身是不可能经验到的，经验只是经验到它自身形成共相的这个过程，经验到这个这时是如何成为共相的，经验到这时"是"共相。

> 我所坚持的那个**被指证的这里**，同样是一个**这一个**这里，它实际上又**不是这一个**这里，而是一个前面和后面，一个上面和下面，一个右边和左边。上面本身同样是在上面、下面等等之中的这种多重的他在。

前面讲的是这时，那么这一段转向了这里。正如这时可以分解为白天黑夜、各个小时、各分钟等等一样，"我所坚持的那个**被指证的这里**，同样是一个**这一个**这里，它实际上又**不是这一个**这里，而是一个前面和后面，一个上面和下面，一个右边和左边"。也就是跟时间一样，任何一个这里都有各个部分各个方面的这里。你说这里是一所房子，但是你指的是房子的上面还是下面，是前面还是后面。你坚持指向这里，但是这个指向是一个大的范围，它还可以有具体的所指。而当你具体有所指的时候，原先的这一个这里实际上又不是这一个这里了，而只是这一个这里的一小部分。"上面本身同样是在上面、下面等等之中的这种多重的他在"，就是上面本身同样也是一个他在，也就是对于其他的部分来说它也是一个他在，而且是多重的他在，因为对于其他每一部分它都是一个他在。所以不但是上面，而且房子的每一部分对于另一些部分都是他在，都是一个多重的他在。你指的房子是哪一部分，是上面下面还是左面右面，或者是房子的正中间，但是它总是不能代表整栋房子，不能代表房子的这一个。所以它总是房子的一部分，而这个一部分对于整体的房子而言，它又不是这一个了，它是一个这里，但不是一个"这一个"这里，不是一栋房子的这里。

那本应被指证出来的这里消失于别的那些这里之中，而那些这里也同样在消失着；那被指证、被坚持和保持着的东西是一个**否定的这一个**，它仅仅是这样**存在着**，因为诸多**这里**被看作像它们应当的那样，但又在其中扬弃自身；这是一个诸多这里的单纯的复合体。

你把一个整体的这里分解为各个部分，整体的这里就消失了；而每一个部分同样也会进一步分解，它们也会归于消失。这是一个运动过程，那么在这样一个过程中，"那被指证、被坚持和保持着的东西是一个**否定的这一个**"。这一个从第一印象开始一直到最后你都坚持下来、加以指证，那么你坚持下来的是什么东西呢？所有的"这一个"都一个一个地被否定了，只有一个东西没有被否定，就是"否定的这一个"，就是那个不是任何"这一个"的这一个被坚持下来、保持下来了，并且被指证了。这一个在不是这一个中得到了保持，不是这一个才是真正的这一个，唯有它得到了保持，其他都被否定了。你从头至尾都在保持这一个，但是这一个把一个个的这一个都否定了，正是在这种否定中，这一个才能保持下来。如果你不愿否定，你不愿从这一个到那一个，你不愿走过来，那它就消失了，就没有这一个了。之所以还有这一个，这一个还在他在中继续保持着，正是因为你否定了原先的这一个，然后继续肯定现在的这一个。你在一个对另一个的取代中、在不断否定中才把这一个保持下来了。"它仅仅是这样**存在着**"，就是它以否定的方式存在着，否定的这一个、消失着的这一个也可以看作是"存在着"，而且它们仅仅以这种方式存在着。"因为诸多**这**里被看作像它们应当的那样"，"诸多这里"就是你把这里都分解成了各个部分了，每一个这里的都可以被看作诸多这里。"应当的那样"，应当是什么样的呢？就是说每一个这里都可以被看作是确定性，每一个这里，诸多这里每一个都自认为自己应当是有确定性的，"但又在其中扬弃自身"。每个这里都扬弃自身而过渡到它的他在，自己变成了他在，自己变成了不是原来的那一个，而是另外一个了。"这是一个诸多这里的单纯的**复合体**"，这一个是什么呢？这一个是否定的这一个，这一个是诸多这里的单纯的复合体。"单纯的复合体"，这本身是矛盾的，单纯的就不是复合体，复合的就不是单纯的，但是呢，它恰好是一个单纯的复合体，单纯和复合是在不同层面上讲的，复合是从内容上讲的，单纯是讲运动的形式。形式上是单纯的，内容上是复合的。内容上不单纯，但是这个复合"体"是单纯的。

　　那被意谓的这里就会是一个点；但是点是不**存在**的；反之，由于这个点被指证为存在着的，这指证就显示出它不是直接的认知，而是一个 [71] 从被意谓的这里通过诸多这里而进到一个普遍这里的运动；这个普遍的这里，正如白天是诸多这时的单纯多数性那样，也是诸多这里的单纯多数性。

　　"那被意谓的这里就会是一个点"，这里是虚拟式，就是你原来心目中所想的那个这里，你原先所意谓的这里，那是什么呢？你所以为的那个这里就会只是一个点，一个无体积和无面积的点。但是数学上的点在现实中是不存在的，"但是点是不**存在**的"，你说一个没有广延的点，是什么意思？那只是一个位置的标志，那只是一种可能性。我可能到达那

191

一点,但是那个点本身是不存在的。每一个瞬间,都有它的时间,每一个这里都要占一定的广延,它都不是一个点。而你所意谓的那个这里呢?应该只会是一个点,你以为它只是一个点,但是那个点本身是不存在的。数学上的点可以想象,可以思考,但是不能存在。但是感性确定性要追求的正是存在呀。"反之,由于这个点被指证为存在着的",点本身是不存在的,但是你在指证它的时候可以认为它是存在着的,也就是你可以把它指证为存在着的。因为存在着可以被理解为一个过程,一个运动的过程,而你的指证本身也成了一个过程,而不是一次性的。"由于这个点被指证为存在着的,这指证就显示出它不是直接的认知,而是一个从被意谓的这里通过诸多这里而进到一个普遍这里的运动",由于这个点被指证为存在着的,你走过去指出它来的时候,你是把它指证为存在着的,那它就有了体积和广延,你就是从这里指到那里,从这个点指到那个点。那么,这个指证就显示出它不是直接的认知。这种指出就不再是静止不动的旁观的认知,而是动态的指认。所以它是一个从被意谓的这里(也就是一个点),通过诸多这里而进到普遍这里的运动。这种指出、这种指证是一种运动,它从意谓这里出发,这个意谓就是设想中的"第一印象",它应该是一个点,但其实是站不住的,它本身坚持不了,转瞬即逝,你抓不住这个点。但是这个点抓不住,你怎么能在它身上达到感性确定性呢?只有一个办法,就是从一个意谓的这里通过诸多的这里而进到一个普遍的这里。也就是你指的这里一旦存在,它就是某一段这里,有它的体积和广延;这个某一段这里里面就包含很多部分。所以你的某一段这里涵盖着很多这里,它就成了一个普遍的这里,一个共相。"这个普遍的这里,正如白天是诸多这时的单纯多数性那样,也是诸多这里的单纯多数性"。这是与这时相比较、相对照了,这个普遍这里是什么呢?正如白天是诸多这时的单纯多数性那样,它也是诸多这里的单纯多数性。前面讲了这时的共相,它是诸多这时的单纯多数性;那么这里也是如此,它是诸多这里的单纯多数性。这个运动作为一个形式没有变,是单纯的形式;它里面的多数性的内容在变来变去，一个否定一个。这一点在时间和空间两个方面都得到了证实。

由此可见，感性确定性的辩证法（Dialektik）无非是它的运动或者它的经验的单纯历史，而感性确定性本身无非只是这一历史。

这一句话的两部分看起来好像是重复的，其实不是的。"感性确定性的辩证法无非是它的运动或者它的经验的单纯历史"，辩证法 Dialektik，是我们看出来的，在感性确定性本身那里还谈不上辩证法，谈不上思辨，它只是在那里感受。感性确定性本身在那里感受。所以感性确定性的辩证法是我们作为旁观者经过反思所得出的，我们看出感性就是否定呀，否定的这一个呀。"感性确定性的辩证法无非是它的运动"，是它的"经验的单纯历史"，英国经验派从洛克到贝克莱、休谟，这整个过程都是感性确定性的运动过程。我们讲在黑格尔那里历史和逻辑是一致的，我们从经验论的历史中可以看出，它实际上有一个辩证运动的。经验派也在发展自己，克服自己的毛病，克服自己的片面性。到了休谟算是彻底了。但是他们包括休谟在内，全都没有反思自己的这样一个过程，没有从这个过程里面看出感性确定性的辩证法，是我们旁观者看出来的，我们也是从感性确定性的运动中看出这个辩证法的。感性确定性的经验，经历—经验本身就是"单纯的历史"，就是作为一个历史，作为一个过程来说，它是单纯的。它是感性确定性，它是这一个，它是这时、这里，没错，它在感性上可以达到确定性；但是一旦达到这种单纯的确定性，它就已经是共相了，感性确定性一旦实现出来，它就已经不是感性确定性了，它就已经是共相了，它就是建立在共相之上了，否则的话，它是保持不住的。"而感性确定性本身无非只是这一历史"，这是就感性确定性"本身"来说的，而前面是就我们作为旁观者来说的。但我们看出的，并不是我们加给它的，所以它讲，感性确定性本身无非只是这一历史。它没有别的，整个感性确定性这一章就是描述它的经验，它是怎么经验过来的历史。

{69} 　　因此,自然的意识也总是自己进展到作为它自身的真实东西的这一结果,并造成了对此的经验,只不过意识同样也总是一再地忘记了这一点,而要从头开始这一运动。

　　"自然的意识",可以说感性确定性就是自然的意识,就是日常的经验,经验派最强调的就是日常自然的经验,我们的常识。那么这种自然的意识"也总是自己进展到作为它自身的真实东西的这一结果","这一结果"就是指上一句:"感性确定性的辩证法无非是它的运动或者它的经验的单纯历史,而感性确定性本身无非就是这一历史"这一结论。这一结论是自然意识自己进展到的,自己达到的。感性确定性要追寻自己真正的东西,什么是真正的感性确定性,最后它达到了上面这一结论,感性确定性的辩证法无非就是它的运动,它的经验的单纯历史。这是自然意识本身达到的一点。"并造成了对此的经验",感性确定性自己造成了自己的经验,它自己经验到了自己的单纯历史。总是这样,没有例外的。"只不过意识同样也总是一再地忘记了这一点,而要从头开始这一运动"。在感性确定性中意识总是忘记了它自己的运动,经验派的毛病就在这里,它不懂得反思。它总是走到哪一步算哪一步,它不知道反过来想想,我刚才走过的道路,里面有什么东西被贯穿下来了? 实际上它在追求自己的真理、自己的真实东西的时候,它没有意识到自己的这一结果,忘记了自己的历史的经验。它走过这条道路,但是它忘记了。为什么忘记? 因为它觉得过去了的事情已经过去了,没有了新鲜感,失去了感性确定性的直接性,眼前还要对付更新的感性确定性,有新的第一印象接踵而来,没工夫想那不实际的东西。经验派的感性确定性其实已经走了很长的道路,但是它自己不自觉、不反思。所以它总是忘记它的历史而从头开始。感觉论者就是这样的,它对自己经历过的东西不加反思,永远采取一种临时应付的态度,所以永远只能重蹈覆辙。我们中国人的思维方式就停留在这个自然意识的阶段上,看起来很实在,只求得到眼前的实惠,说是"一切向前看",从来不向后面反思一下,所以前面也就一片白茫茫,既摸不到石头也过不了河，只能不断地走回头路，还以为自己正在稳妥地前进。我们从 1840 年以来，已经来回摸石头摸了一百多年了。用海德格尔的话来讲，这叫"存在的遗忘"。

因此，令人惊异的是，竟有人反对这种经验，而提出一种说法，当作普遍经验、也当作哲学断言、甚至当作怀疑主义的结论：作为**这一个**的外在事物或感性事物的实在性或存在，对于意识具有绝对的真理性；[①] 这样一种断言同时不知道它在说什么，不知道它所说的正是它想要说的东西的反面。

"令人惊异的是，竟有人反对这种经验，而提出一种说法，当作普遍经验、也当作哲学断言、甚至当作怀疑主义的结论"，上面的经验本来是明摆着的事实，但居然就有人反对这种经验，反对把所谓的感性确定性看作一个经历，一个过程，一个历史。用什么来反对呢？实际上他们针对这种经验而提出了一种说法，他们把这种说法当作普遍经验、当作哲学断言、甚至当作怀疑主义的结论，即经过怀疑之后得出的结论。"当作普遍经验"，就是经验派从培根开始就已确定了，一切知识都开始于经验，所有在理智中的无不先在感觉之中，这是经验派最初所提出的，特别是在洛克那里作为一个基本的哲学原理。这条经验派的基本原理，实际上已经超出直接的感性确定性了，而是带有普遍性的经验，已经有理性和共相在其中了。于是洛克把这些这条原理作为一个"哲学断言"。普遍经验就是所有的东西基于经验，概念也好，推理也好，分析也好，综合也好都是基于经验，这是经验主义的出发点，那么经验派把这个出发点作为一条哲学断言。"凡是在理智中的无不先在感觉之中"，这是一个哲学断言。"甚至当作怀疑主义的结论"，这就是指休谟了。普遍经验也就

---

① 黑格尔这里有可能是指雅可比，后者在援引大卫·休谟时教人一种对外部感性对象的实存的信仰，或者也许是指 G.E. 舒尔兹的怀疑论。对雅可比的《大卫·休谟》和舒尔兹的《理论哲学批判》，黑格尔在《哲学评论杂志》中已经作过详细的分析。——丛书版编者

是健全知性、常识，这是经验派的基本原则，休谟的怀疑主义其实已经很不讲常识了，已经走到它的反面去了，但它还是得出了自己的结论，仍然通过怀疑而坚持着经验主义的感性确定性的这种结论、这种说法。那么，这种说法是什么样的说法呢？"作为**这一个**的外在事物或感性事物的实在性或存在，对于意识具有绝对的真理性"。这是从培根到休谟一贯的说法，就是这一个，这个具体的东西、第一印象，这个感觉的原子，作为这一个的外在事物或感性事物，罗素讲的事态，就是感觉的原子；那么这个东西的实在或存在，"对于意识具有绝对的真理性"。在这里，作为这一个的"外在事物"，它的实在性或存在是经验派的独断论视为具有绝对真理性的；作为这一个的"感性事物"，这也包括休谟那样的怀疑论所承认为绝对真理性的；前者是唯物主义的经验论原则，后者包括唯心主义的经验论原则。总之，不管是唯物主义还是唯心主义，经验论都是绝对静止地确定它的原则，将它建立在这一个的外在事物或感性事物的实在性或存在之上，建立在我实实在在所感到的经验之上。所以经验派总是要拿一个"这一个"，这个外在事物或感性事物的实在性或存在，来作为意识的绝对真理的标准，来衡量意识的真理。这个标准没有一个自身发展运动的过程，它就是一次性的给予、绝对的。然而，"这样一种断言同时不知道它在说什么，不知道它所说的正是它想要说的东西的反面"，这个是我们从旁边可以看出来的。每一个人根据感性确定性所经历的历史，我们都可以得出这个结论。就是感性确定性的断言不知道它在说什么。这一句话"作为**这一个**的外在事物或感性事物的实在性或存在，对于意识具有绝对的真理性"，到底是什么意思？这个断言不知道它说的东西就是它想要说的东西的反面，它想要说的是什么呢？它想要说的东西就是想要强调，感性确定性它本身坚持着它的独特性，它的原子性，它的不可取代性，它的独一无二性或绝对性；但是它所说出来的恰好是相反的东西，是感性确定性的这一个的普遍性。只要它说出来，它就是普遍性。"作为**这一个**的外在事物或感性事物的实在性或存在"，"这一个"，你要把它的实在性或存在说出来；但是什么是它的实在性或存在？你一旦说出来，你就会发现，"这一个"的实在性或存在就是它的共相，并不是那个独一无二的原子式的这一个。你想要说出来的是独一无二性，是你实实在在感到的当下这一次的意谓，第一印象，但是你说不出来，你说出来的恰好是它的普遍性。而这个普遍性并不是一开始就静止地摆在那里的确定性原则，而是由它自身的经验、经历所形成起来的，它的实在性或存在是一个动态的过程。

感性的**这一个**对于意识而言的真理性据说是普遍的经验；其实它的反面才是普遍的经验；每个意识本身又再扬弃了这样一种真理，例如**这里是一棵树**或者**现在是中午**这样的真理，并说出相反的话：**这里不是一棵树，而是一所房子**；

"感性的**这一个**对于意识而言的真理性据说是普遍的经验"，据说，据那些经验派的人说，上面一句已经讲了，他们把感性的这一个的实在性和存在对于意识的绝对真理性当作是普遍的经验，凡是在理智中的，莫不先在感觉中，那它岂不是普遍经验吗？任何经验都离不了它，当然它就是一个普遍的经验了。所以感性的这一个对意识来说的真理性，据他们说是一种普遍的经验。"其实它的反面才是普遍的经验"，也就是感性的这一个，它的反面，即共相的这一个，才是普遍的经验。感性的这一个要成为放之四海而皆准的普遍经验，它必须要走向它的反面，一切都是这一个，那么后面这一个岂不是前面这一个的反面吗？这样一个"一切都是这一个"，它其实也就是共相了，已经不再是感性的这一个了。其实"普遍的经验"本身也是一个自相矛盾的概念，经验就是一个特殊的东西，怎么会是普遍的？你要把它当作普遍的，那它就已经是共相了，当经验派提出一种普遍的经验时，他们其实已经引入共相了，已经夹杂进了理性派的原则了。所以感性的这一个的反面才是普遍的经验，共相才是普遍的经验。"每个意识本身又再扬弃了这样一种真理，例如**这里是一棵树**或者**现在是中午**这样的真理"，每一个意识，包括那些感性论者，他们所坚持的意识,包含休谟自己所坚持的意识,本身都再一次扬弃了直接的感性确定性所以为的真理,即第一印象的真理,例如这里是一棵树或现在是中午,只要一意识到并说出来,马上就扬弃了,"并说出相反的话:这里**不**是一棵树,**而**是一所房子"。这是意识本身在作这种扬弃,我们作为旁观者只是指出来而已。"不是……而是"打了着重号,就是强调这是真理本身的自我否定、自我扬弃。每个意识都会这样做的,就算休谟的意识也不例外。我们仿佛看到黑格尔在对着休谟大声说:你自己看看你的意识是不是这样! 你刚刚说的真理,你不得不马上就把它推翻,而说出相反的东西。

　　<u>而在这个扬弃了第一个断言的断言里,凡是又成为对一个感性的这一个做同样这种断言的东西,马上就照样被意识所扬弃了;在一切感性确定性中,只有我们已看到了的东西才是在真理中被经验到的东西,这就是作为**一种普遍的东西**的**这一个**,即与担保那种断言是普遍经验的那种东西相反的东西。</u>

　　这是讲的意识的不断自我否定自我扬弃的过程,它把自己刚才所断言的东西扬弃了,说这里不是一棵树而是一所房子,做出了一个相反的断言;而这个相反的断言马上又被它自己扬弃了:这里不是一所房子而是一头牛。这样的否定可以不断进行下去,所以说"凡是"这种断言马上都"照样"被意识所扬弃了。"在一切感性确定性中,只有我们已看到了的东西才是在真理中被经验到的东西,这就是作为一种**普遍的东西**的**这一个**,即与担保刚才那种断言是普遍经验的那种东西相反的东西"。在一切感性确定性中,我们当作真理所经验到的只是我们已经看见了的东西,这个"已经看见了"用的是完成时。在感性确定性中我们在经验,我们经历了一个过程,在这个过程中,什么是我们在真理中所经验到的呢? 或者说,什么是我们真正经历的呢? 那就是我们确实已经看见了的东西,这还是感性确定性,还是感性的直接性,直接看到。那么什么是我们已经看见了的呢? 我们看到了,但是我们看到的是"作为一种**普遍的东西**

的**这一个**"。还是这一个，但是它已经是作为一种普遍的东西了，已经是作为一个共相了。作为共相的这一个，我们想通过自己的眼睛看到，通过感性来确定这一个；但是这一个现在恰好是一个共相，共相是不能直接看到的。但是我们看到了，只要我们能反思，不遗忘，我们就能够看到共相。我们的看本身就包含了反思，如果不反思的话，我们甚至连看都不能看。就像康德在《纯粹理性批判》的"主观演绎"中所说的，"直观虽然提供了一种杂多，但却没有一个伴随出现的综合，它就永远不能将这种杂多作为一个这样的、并且是包含在**一个表象中**的杂多产生出来。"①综合就是反思，就是把杂多表象、包括前面的表象的和后面的表象综合起来一起思考，把消失了的表象再生出来、放到一起来思考，把它们看作一个动态的表象生成过程。否则，孤零零的一个表象，看过了当即就忘记了，等于没有看到。我们的看不是像经验派、感觉论者所设想的那种完全被动的看，我们真正的看，就是包含有反思的、有综合的，就是包含有普遍东西的。"即与担保那种断言是普遍经验的那种东西相反的东西"，前一句讲感性的这一个对于意识而言的真理就是普遍经验，"据说"是这样；那么这种断言是由什么来担保的呢？显然就是由"感性的这一个"来担保的，也就是由前面讲的"作为**这一个**的外在事物或感性事物的实在性或存在"来担保的。那么现在，我们所已经看到了的作为普遍东西的这一个，则是与担保感性的这一个是普遍经验的那种东西相反的东西，也就是与感性的这一个相反的东西。因为正是感性的这一个担保它自己是普遍的经验，而这种担保是靠不住的。因为它固守着自己的实在性和存在，以为它本身对意识就有绝对的真理性，但是经验派所断言的那种东西恰好走向了它的反面，我们所看到的普遍的这一个就是这种反面。这个是对经验派的一个批判。就是他们实际上已经显示了他们的

---

① [德] 康德:《纯粹理性批判》A99，邓晓芒译，杨祖陶校，人民出版社 2004 年版，第 115 页。

真理何在,这就是从感性确定性的这一个走向共相的这一个;但是经验派始终坚持他们的原点,不愿往前迈进一步。尽管他们回到原点的时候,已经有了一种自身反思,但是他们不承认,他们执着于一种自然的意识,朴素的意识,认为这才是可靠的。一到了共相,他们就把握不定了,他们不相信共相。

——在对普遍经验做这种援引时,可以不妨预先考虑一下实践的问题。

前面是援引了经验派的普遍经验,经验派一切按照经验,这种经验是普遍经验。在援引普遍经验来讨论经验时,感性确定性的这一个它们是如何坚持,如何又坚持不住,如何又自我否定,走过了一个运动的历程,这一切都是在认知和寻求确定性及真理性的范围内讨论的。那么在对普遍经验做这一种援引的时候,前面从认知的立场上批判了经验派的自然的意识,同时显示出感性确定性它内在的辩证法,它的那种走向相反方向的运动过程,实际上感性确定性在这方面已经走完了它的历程。感性确定性讲到休谟其实已经讲完了,后面都是反思了。那么在这个时候,这个批判可以更深入一层。我们在援引他们的普遍经验的时候,我们还可以不妨预先考虑一下实践的问题。在休谟时代的风气就是理论和实践是两码事,康德更是把理论和实践完全分离开了,认识问题是真理问题,实践的问题是道德的问题。只有到了费希特,才把实践的问题纳入到了"全部知识学"里面来讨论。费希特的全部知识学,就是说实践也是知识,你不要把实践撇开了,你只有把实践也当作全部知识学的一部分来考虑,你才能成为一个真正的哲学家。那么在黑格尔这里也是这样。感性确定性问题把他引向了实践的问题,人作为一个感性的生命体,一开始应该有他的感性生活,应该从实践开始。但他说要"预先考虑"一下实践问题,却恰好暴露出他仍然是遵从着以认识和理论问题为优先的思路。在他看来实践问题本来应该是在后面再来考虑的事,但现在挪到了前面来提前谈一谈。但其实实践问题是一开始就必须考虑的事,感性的生命活动应该是讨论一切问题的基础，这是后来马克思的思路。

在这样的考虑中，对那些断言感官对象的实在性具有那种真理性和确定性的人，可以告诉他们，他们最好是返回到那最低级学派的智慧，回到那古代爱留西谷神和酒神（Bacchus）的神秘；他们还必须在那里先学习面包和酒①的饮食的秘密；

这一段是比较有名的，也是比较费解的。"在这样的考虑中，对那些断言感官对象的实在性具有那种真理性和确定性的人"，就是对那些经验论者。"可以告诉他们，他们最好是返回到那最低级学派的智慧，回到那古代爱留西谷神和酒神的神秘"。爱留西是古希腊的一个小城邦，在雅典西北部，后被合并入雅典，是爱留西秘密宗教的发源地，每年举办谷神和酒神的神秘仪式。谷神和酒神是古希腊的生命之源。他们就是靠这个生存，吃的喝的，面包和酒，在他们的祭祀中有一种神秘性，这种神秘性是说不出来的。感性确定性的意谓也是说不出来的，你要把它当作具有真理性和确定性的对象、存在，那么你们先去学学最原始的古希腊的神秘祭仪，回到这种最低级学派的智慧。他们还须在那里先学习吃饭和饮酒的秘密。黑格尔这里有种嘲讽的意思，就是你们先不用谈那么多，先去学习一下吃饭和饮酒的秘密，一个人连吃饭和饮酒都不懂，还和他谈什么真理性和确定性呢？人们对休谟有时候也是这样反驳的，就是你既然主张一切自然规律都只不过是人的习惯性联想，那么你为什么要吃面包而不去吃石头呢？难道不能把这个习惯改变一下吗？可以省多少事啊！休谟的回答是，在日常生活中，作为一个常人，我当然知道面包能吃而石头不能吃，我遵守常人所遵守的实践规范；但是作为一个哲学家，我想探讨一下这样做的理论根据何在，我发

---

① 在这里，以及在黑格尔其他那些在神话学语义关联中处理面包和酒的地方，都保留有这种原始古朴的文风，以便在所涉及的哪怕是与思维的关联之外，也引起人们对荷尔德林的哀歌《面包与酒》（1800—1801）的关注，参看《荷尔德林全集》，斯图加特1943—1985，第2，1卷，第90—95页。——丛书版编者

现我找不到任何理论根据，只有一种习惯性联想，于是我就把我研究出来的这一结果说出来了，有什么错吗？这是典型的把理论和实践割裂开来的做法，如果一个人坚持这种做法不动摇，那是任何人都拿他没有办法的。黑格尔这里也正是想用实践来进一步质疑经验派对感性确定性的坚持，在理论上，感性确定性已经走到头了，一旦走到头，理论和实践的矛盾就突出出来了。如果经验派像休谟那样在理论上把自己封闭起来，那他就是坚不可摧的；唯一能够攻破他们的就是引入实践的观点，或者把理论和实践结合起来。所以黑格尔在这里要"预先"考虑一下实践的问题，考虑最低级的智慧，也就是从远古时代起在宗教秘仪中所启示出来的人类的吃饭和饮酒的智慧。这其实是一开始就应该讲到的，但由于黑格尔把《精神现象学》当作追求真理的"科学"，他是从科学认知入手的，所以实践的问题就只好留待下一步了。那么这种秘密是什么呢？

[72] 　　因为窥见了这种秘密的人，不仅仅达到了对感官事物的存在的怀疑，而且对于它们的存在感到绝望，一方面自己在这些感性事物中造成了它们的虚无性，一方面他也看见这种虚无性的被造成。

　　就是说，虽然吃饭饮酒是一种最低级的智慧，但是黑格尔也不否认这已经是一种智慧。吃饭饮酒也是一种智慧，是一种什么样的智慧？因为窥见这种神秘的人，在酒神和谷神的祭祀的仪式上面就进入一种狂欢了，这些人"不仅仅达到了对感官事物的存在的怀疑"。对酒和面包的这些事物的存在感到怀疑，因为酒神祭仪不是执着于面包和酒，而是执着于更高的东西，更神秘的东西。面包和酒没有什么神秘的，所以对于面包和酒这些感官上的东西呢，达到了对它们存在的怀疑，并不相信它们的存在，认为它们只是化身。酒代表了酒神，面包代表了谷神，在它们的感性的外表底下，都有某种神秘的意味。但不仅仅如此，"而且对于它们的存在感到绝望"，对酒和面包的存在，你要对它感到绝望，这样你才能够升华，你才能够进入它底下的神秘。你通过面包和酒提升到神秘的境界，那种境界你说不出来，那是一种意谓。这里是说，你要对这些感性的东西绝望，你不要像经验派那样把它们当作真理，当作唯一的实实在在的东西。"并且一方面自己在这些感官事物中造成了它们的虚无性"，你说这个面包是真的存在吗？那么我一口把它吞掉，你说是真的吗？它已经不存在了，我"造成了"这种虚无性。这是指的实践的方面，在实践上这种虚无性是我自己造成的。那么在认识方面或理论方面就是，"他也看见这种虚无性的被造成"。虚无性是自己造成的，他同时也看见这种造成的过程，他又在旁观这一过程。面包被吃了，酒被喝了，产生了一种激情，产生了神秘的狂欢了，它变成了另外一种真实，那种东西才是真正的存在，那种神秘的激情才是真正的存在。这种非理性、超认识的神秘状态，才是更高级的超感官超现实的状态，超感官的状态才是更真实的状态。所以我们在吃饭和饮酒中已经否定了感官事物，我们在感官事物中造成了它们的虚无性，并且看见了它们虚无性的造成。我们吃它们、喝它们，使它们的存在虚无化，使它们升华为更高的东西即生命和运动，证明它们本质上是虚无的。这种虚无性是我们造成的，当然我们造成也说明它们本身是虚无的，它们能够让我们消灭掉，它们只不过是另一种更高精神的象征。我们通过吃和喝把这种象征揭示出来了，这是我们造成的。你不要太执着于这些感官事物的东西，你执着于这些东西，那就太低级了，就连古代的神秘祭仪都不如，那些人都知道感性确定性是不确定的，必须要升华。德文丛书版在这里有一个注释，说黑格尔用这种原始古朴的比喻是受了荷尔德林的哀歌《面包与酒》的神秘主义的影响。黑格尔的确在很多地方都透露出一种要超出日常知性思维而诉之于神秘主义的倾向，对此他自己都不否认。他在《小逻辑》中就说过："思辨真理，这里还可略加提示，其意义颇与宗教意识和宗教学说里所谓神秘主义相近"，"只有对于那以抽象同一性为原则的知性，神秘的真理才是神奇奥妙的；而那与思辨真理同义的神秘真理，乃是那样一些规定的具体统一，这些规定只有在它们分离和对立的情况下,对知性来说才是真实的","因此一切理性的真理均可以同时称为神秘的,但这只是说,这种真理是超出知性范围的,但这绝不是说,理性真理完全非思维所能接近和掌握。"① 前面序言中讲到真理就是所有参加者都酩酊大醉的一席豪饮(贺、王译本第 30页),也是这种神秘主义的表现。

即使动物也没有被排除在这种智慧之外,反倒是表明自己在最深处窥探到了这种智慧;因为动物并不在作为自在存在着的感官事物面前止步不前,而是对它们的实在性根本不抱指望,并完全确信它们的虚无性而毫不犹豫地扑过去,把它们吃掉;整个自然界也像动物一样都在弘扬这些启示出来的神秘,这些神秘教导人们什么是感官事物的真理性。

就连动物都不如,这就把经验派讲得太不堪了,实际上,动物的本能活动和人的实践活动还是有本质的区别的。不过,就经验派忽视行动而言,这样说也有一定的道理。他们迷信"自在存在着的感官事物",把它看作是自在存在的感官事物,似乎我不去作用于它,但它还是客观地存在于我之外;但是动物在这种感官事物面前,它们并非止步不前,"而是对它们的实在性根本不抱指望,并完全确信它们的虚无性而毫不犹豫地扑过去,把它们吃掉"。这就是讲实践了,用动物来打比方。在动物的眼睛里面,这些感性确定性是一种否定性,是一种否定的存在。它必须被否定,否则的话,它就没有任何意义,它的意义就是否定的意义,就在于被吃掉。我们看《动物世界》的电视,狮子对于不能吃的东西是视而不见的,比如人用来观察它们的汽车对于它们来说就等于无。当然人的实践和动物的生存是完全不同的,我们可以把黑格尔这里看作一种比喻的说法,或者甚至于是一种恨铁不成钢的骂人的说法,就像我们平时也说一个人蠢得"连猪都不如"。实际上黑格尔何尝不知道动物和人的区别,在他那里,动物有机体属于"自然哲学",而人类属于"精神哲学",是绝

---

① [德] 黑格尔:《小逻辑》,贺麟译,商务印书馆 1980 年版,第 184 页。

对精神的两个完全不同的发展阶段。虽然这两个阶段是连着的，从有机体的目的性中发展出人来；但它们中间有质的飞跃。当然他这个比喻非常有意思，人也有动物性嘛，人就是从动物有机体中发展出来的，你必须从这里出发来考虑问题。你讲感性确定性和真理性，考虑它的实在性，那么你不妨先考虑一下，你的吃饭饮酒的生命活动，你是怎么做的。你追根溯源地想一想，就会发现你那些观点连和人类生存的基本道理都不能相容。"整个自然界也像动物一样都在弘扬这些启示出来的神秘，这些神秘教导人们什么是感官事物的真理性"。整个自然界也像动物一样。都在弘扬这些启示出来的神秘，自然界不说话，但是它启示出来了某种神秘。这其实一点也不神秘，而是正常的人类思维。人就是从自然界发展出来的，人的秘密可以首先由自然界来揭示，人在实践中的生命活动不需要说出来，只要去做，它就会告诉你什么是感官事物的真理性。你要谈感官事物的真理性，必须从这里入手。当然黑格尔自己并不是从这里入手的，他谈到自然界和人类的实践活动，只是在谈完了感性确定性的辩证法以后，在后面追加的一个补充说明。

上面一段讲到，黑格尔对经验论的批判中引进了实践的观点，这其实是非常重要的。黑格尔"预先"提到了实践的概念，他说，哪怕是动物也比这些经验派的哲学家要高明，这一点黑格尔在别的地方也说过。就是说动物也不会这么傻，在食物面前止步不前，它干脆就是直接扑过去，把它吃掉，这本身已经说明，经验论的观点是站不住的。在生生不息的大自然中，一切都在互相消灭，一切都在变化，一切都是运动，你怎么能执着于一个绝对的直接的确定性，把它当作绝对真理，这是行不通的。这个确实是比较厉害的，如果说休谟在理论上是刀枪不入、战无不胜的，那么在实践问题上休谟是抵挡不住的。你把实践和理论结合起来看，而不是把它割裂开来，那么休谟的立论就垮台了，这是最厉害的一种对经验论的批判。追溯到这一点就是追溯到最根本的生命的秘密。下面黑格尔回到了理论的立场。前面对实践的讨论只是一个插曲。

　　但是，提出这样一种断言的那些人，按照前面所作的那些评论，甚至自己也直接说出了和他们所意谓的相反的东西，——这是一个也许最能导致对感性确定性的本性（Natur）加以反思的现象。

　　这个"但是"就是话题一转。前面讲的是实践，现在重新转到了理论的立场，转回到了我们旁观者在观察感性确定性的经验过程中，我们观察到了什么。"提出这样一种断言的那些人"，这个"断言"就是断言我们的感性确定性的实在性具有绝对真理性。提出这种断言的那些人，按照前面我们所作的那些评论，"甚至自己也直接说出了和他们所意谓的相反的东西"，就是这些坚持感性确定性的人也直接说出了和他们所意谓的相反的东西，就是感性本身并没有任何确定性，只有共相才有确定性。"这是一个也许最能导致对感性确定性的本性（Natur）加以反思的现象"，这是一个现象，就是说是他们自己直接说出了和他们所意谓的相反的东西。这个现象促使我们的反思，反思感性确定性的整个的过程和它的本性，我们发现它的自然本性就是自己否定自己。反思，在这里用的是 Nachdenken，前面说过，这个词和 Reflexion 是同义的，可以译作反思、追根溯源地思，但不可译作"后思"。感性确定性的"本性"，Natur，也就是它的自然本性，在感性确定性的经验过程中已经自然呈现出来了，就是说，感性确定性已经感觉到了，但是还没有经过反思，因此它不能跳出自身而达到一个另外的更高的意识水平。必须超出自然意识，对自己的自然本性加以反思，才能克服自身的局限性而提升到更高的层次。

　　他们说到**外部**对象的定在，这些外部对象还可以更确切地被规定为**现实的**、绝对**个别的**、**完全私人性质**的**个体**事物，每一个这样的事物都{70}不再有和它绝对相同的东西；据说这样的定在具有绝对的确定性和真理性。

　　这是继续描述经验派感觉论者他们的立场。感性确定性完全是接受性的，从哪里接受呢？不是从内部接受，而是从外部接受，外部给我们什么，就是什么，我得到了什么就是什么。经验派就是这样一种态度，始终采取相信外部的态度，外部给我的那就是真的，我自己产生出来的那都是幻相。外部的东西是我实实在在的抓得到的、摸得着的，那才是真的，它们是一些定在，Dasein，即此时此地的存在。我现在指着它，把它定在那里，我用手指着它，我把它抓住，定位在那里，那就是定在了。"这些外部对象还可以更确切地被规定为**现实的**、绝对**个别的**、**完全私人性质**的**个体**事物"，"现实的"，这是经验派、感觉论者都引以为据的，就是凡是感性的东西，外部定在的东西都是现实的，否则的话，那就很值得怀疑了。你自己想出来的东西，包括理性，包括推理，包括知性、理智，它都是可以怀疑的，不可怀疑的就是我现实感到的，看见的、听到的，那是不可怀疑的。从中世纪的唯名论就坚持这一点。唯名论是英国经验派的先驱，他们认为，共相、名称，那个是不重要的，最重要的是你用这个共相命名的那个东西是什么，那个东西必须是你能感觉到，你能摸到、看到，你能抓在手里的，那才是最真实的。但是它就是个别的东西，它就是专名所命名的东西，就是亚里士多德所说的个别实体，这一个。"完全私人性质的个体事物"，贝克莱和休谟认为，存在就是被感知，第一印象，那完全是个人的个体事物，那是一种绝对的原子，和其他事物没有相通性，"每一个这样的事物都不再有和它绝对相同的东西；据说这样的定在具有绝对的确定性和真理性"。在洛克那里还没有达到这一点，在洛克那里，他的经验的对象还是可通约的，比如说第一性的质，广延、形状、大小、运动、数学关系，这都是可通约可比较的；感觉则是第二性的质，是每个人主观的，实际上是不可靠的，比如黄疸病人看一切东西都带黄色。所以在洛克那里感觉的对象还没有完全变成一种个人性的东西，还没有变成完全不能取代、替代的东西，还没有变成休谟那样的知觉原子、印象原子。"每一个这样的事物都不再有和它绝对相同的东西"，那当然是原子了，每一次你所把握到的这个对象，都是特殊的，都不再有和它绝对相同的东西，都是一个特定的这一个，都应该冠以专名。

他们意谓的是，我正在写**这句话**的、或者不如说我已经写下**这句话**

的<u>这</u>一张纸；但是凡是他们所意谓的他们并没有说出来。

这是说，经验派所主张的是绝对个别的真理，那么我们举个例子来说，这张纸。"他们意谓的是，我正在写**这句话**的、或者不如说我已经写下**这句话**的**这**一张纸"，黑格尔正在写这里的这句话，或者说他已经用他的鹅毛笔写下"我正在写这句话……"这句话，他已经写出来了，还未成为过去，那么写有这句话的这一张纸还算是第一印象。"但是凡是他们所意谓的他们并没有说出来"，他们所意谓的，他们正在写、正在零距离接触的这张纸，他们说不出来，他们说出来的都已经是过时了的、一般的、人人都可以拥有的、到处是的那种纸，就是说，都是共相。写在纸上的"我正在写这句话……"，本身当时是个别的，但写下来也成了共相，都不是他们原来所意谓的东西。

假如他们想要现实地**说出**他们所意谓的并且本来想要**说出**的这张纸，那么这是不可能的，因为所意谓的感性的这一个，是语言**所不能达到的**，语言是属于意识的范围，属于自在的共相的范围。

他们意谓中有这张纸，并且他们也想要说出来；但是如果他们想要"现实地"说出来，那是不可能的，他们所想的不能成为现实。他们不能够用语言说出来，他们做不到。他们只能够在意谓中想说，而你的意谓语言进不去，但是你说出来的，都成了共相，跟意谓不一样。所以，为什么不能说出来，"因为所意谓的感性的这一个，是语言**所不能达到的**"，你要现实地说出来，那就必须要用到语言，但是语言又不能达到意谓。你如果真想说出来，就不能停留在意谓中，内心自说自话，而必须用语言。但是语言是共相而不是意谓。所以他说："语言是属于意识的范围，属于自在的共相的范围"，语言属于意识，所谓意识前面讲了，必须把自我和对象区别开来才是意识，而意谓恰好没有作这种区分。凡是意识到的，就是能够说出来的，而能够说出来的只是共相，而不是意谓。但是意识里面也包含了意谓，如感性确定性的副标题就是"这一个或意谓"；而感性确定性本身是属于意识的。第一篇就是意识，感性确定性属于第一篇中的第一章，当然也属于意识。所以应该说意谓也是属于意识的范围，但是他这里讲语言是属于意识的范围，它是指的那个意识本身能够说出来的部分，能够表达出来的那个自在的部分，而不仅仅是意谓。凡是语言都有意谓嘛，但是语言本身是自在的，客观的，它跟意谓是两个不同的层次。意谓只是属于意识底下的那个范围。语言所表达的总是跟你的意谓相反的东西，或者说它总是通过相反的东西来表达意谓。意谓是说不出来的，而语言是说得出来的，所以语言是真正属于意识的范围，意谓不是属于意识之中，而是属于意识底下的范围，意识不是那种每个人自说自话的语言，私人的语言，私人的语言那不叫语言。所以他这里讲的语言是属于意识的范围，属于自在的共相的范围，它是自在的，不是为我的，语言已经不是为我个人的了。语言是为意识的，而意识对于我的意谓来说它是自在的。意谓是为我的，我有那个意谓，我有那么个意思。但是语言它不是为我的，它是为意识的。它可以为别人，你的意识通过语言可以为别人意识到。所以它对于我的意谓来说是自在的，属于自在的共相范围。

在现实地试图说出这一个之际，这一个因此将变得陈腐（vermodern）；那些开始描述它的人不能完成他们的描述，而将不得不把这描述让给别人，而别人最后自己也会承认，他们要说的是一个**不存在**的事物。

"在现实地试图说出这一个之际"，这里又说到"现实的"，还有"试图"、想要，想要现实地说出，但能否做到还不一定。"这一个因此将变得陈腐"，vermodern 是陈腐了、已经过气了、腐败了的意思。正当要现实地说出这一个时，这一个立刻成为陈腐，这是上面已经说明过的，这一个一说出来就已经变了，过时了，成为不是这一个了。所以，"那些开始描述它的人不能完成他们的描述，而将不得不把这描述让给别人"，比如说休谟，最后就达到休谟的阶段。休谟就是不能完成他的描述，他不能向我们走过来，那么我们只好向他走过去。这个前面也讲得很清楚了，可以看前面第 69 页（贺、王译本）。休谟讲要坚持他的第一印象，那么你把你的第一印象说出来看看？他说不出来，他说出来的都已经不是第一印象了。那么他说不出来，只好我们帮他说了。但我来帮你说，我和你这中间就达成了一个默契，就是我说的都是你能够理解的，因此它也只能是一个共相。所以你就不得不把这描述让给别人，让给我们这些旁观者，旁观者清。"而别人最后自己也会承认，他们要说的是一个不**存在**的事物"，哪怕我指着这一个说，"这一个"，那么它就已经不存在了，在什么意义上不存在了？在休谟的意义上不存在了。前面也讲到，假如我们以后再来指出这一真理，或者我们站得远远地来指向它，那么它就已经不存在了。我们不能站得远远的，我们只能零距离地抓住它，当下把它指出来，才能感受到它的存在。吊诡的是，正当我们当下指着它的时候，它也已经不存在了，即便是由别人来说，它也是这样。但是由别人来说，这恰好暴露出感性确定性的本性，就是当你要试图说出它来时，它就变质了，变得陈腐了。当然你可以由别人来说，但别人说出来的恰好是一个不存在的东西。

因此，他们所意谓的诚然是<u>这</u>一张纸，而这里的这一张纸是完全不<u>同于上面说的那一张纸的</u>；但是他们说出来的是现实的**事物、外部的或感性的对象、绝对个别的**本质等等，这就是说，他们关于这些**事物**所说出的仅仅是**共相**；因此凡是被称为不可言说的东西，不是别的，只不过是不真实的、无理性的、仅仅意谓着的东西。

"因此"，也就是由于上面说的，这一个一说出来就变质了，因此"他们所意谓的诚然是这一张纸"，在意谓中的当然是这一张纸，是我正在写或者已经写下了字的这张纸，但是"这里的这一张纸是完全不同于上面说的那一张纸的"，就是当你说出来的时候就已经完全不同于你刚才在写字并且想把它说出来的那一张纸了，现实地说出来的和仅仅在意谓中想要说出来的纸当然是完全不同的。不同在什么地方？"他们说出来的是现实**事物、外部的或感性的对象、绝对个别的**本质等等，这就是说，他们关于这些**事物**所说出的仅仅是**共相**"，他们说出来的都是打了着重号的这些东西，即现实事物、外部对象或感性对象、绝对个别的本质、共相等等，总之不再是内在的意谓。而这些打了着重号的东西，已经在向知觉过渡了。这些东西都是知觉应该谈论的东西。"事物"这个概念就是属于知觉的，我们看下一章标题就是"知觉，或事物和假象"。再看"外部的或感性的对象"，这也是属于知觉讨论的对象；"绝对个别的本质"，也就是作为事物的本质的"一"，也是后面知觉要讨论的。所有这些都是共相。"因此凡是被称为不可言说的东西，不是别的，只不过是不真实的、无理性的、仅仅意谓着的东西"，这就对意谓非常瞧不起了，这突显出黑格尔身上西方的逻各斯主义精神的传统。西方的逻各斯传统，逻各斯就是话语嘛，认为能够说出来的才是真实的东西。你不能说出来的东西是没有意义的，那个是不真实的、无理性的、仅仅是意谓着的东西。这些东西你不必说它，你也不能说它，你真正要抓住的是能够说出来的东西，那就是共相。只有说出来的才是真理，思维和存在的同一性，如何统一？就在于"说"，就在于表述。这个传统要追溯到柏拉图，甚至更早，赫拉克利特和巴门尼德。中国哲学的传统就是要抓住那种不能说的东西，抓住言外之意。当然西方也有这种因素，比如说基督教的"否定神学"，对于上帝你只能说他不是什么，你不能说他是什么，你要想说出来他是什么，你一说就错。这也是推崇不可说的东西。但是西方最主要的传统是崇尚说的，因为上帝本身就是靠说、靠逻各斯或道说来创造世界的，我们不能说上帝，并不意味着不应该说，而只是我们人的说的能力太有限了，做不到这一点。中国也有主张说的，如先秦的名家，诡辩学派，但势头很弱，基本上没有人追随他们，中国主要的倾向是忽视语言的。

——如果对于某物，我们除了说它是**一个现实之物**、一个**外部的对** [73]
象以外，说不出别的东西来，那么所说出来的只不过是作为一个最最普遍的东西，因而所说出来的与其说是它和一切东西的区别，不如说是它和一切东西的**相同性**。

就是对于任何一个东西，"我们除了说它是一个现实之物"——什么是现实，就是感觉，经验实在。说它是"一个外部对象"，这就是唯物主义，强调一个外部对象，我们是通过感觉来接受外部对象的、来反映外部对象的。如果只能说出这个东西，那就是一种最最普遍的东西，就是一个我们之外的客观对象，一个客观存在。一切事物都是客观存在。至于是什么样的客观存在，是哪一个客观存在，还根本没有说。那么在黑格尔这里，如果我们说不出任何别的东西来，那么所说出来的就只不过是这样一种最最普遍的东西，"因而所说出来的与其说是它和一切东西的区别，不如说是和一切东西的**相同性**"。和一切东西的相同性，那就是现实事物，或者说是外部对象，外部对象是非常广泛的，凡事都是外部对象，包括我自己，我自己也可以把自己当作一个外部对象来经验，我的身体，我的四肢等等。所以它是最最普遍的东西。与其说是它和一切东西的区别，不如说是和一切东西的相同性。万物都是这个对象，这个客观存在，对于某物我只说它是现实之物，"有某物"，那么我说出来的不是它的特点，而是所有东西的共同性，相同性，所有东西都是这样的，都是"有某物"。

当我说：一个**个别之物**，那么我说的毋宁也同样等于一个完全**普遍的东西**，因为一切都是个别之物；同样**这一个**事物也就是我们所想要的一切。更确切地讲，即作为**这一**张纸来讲，则**任何**一张纸和**每一**张纸都是**这一**张纸，我所说出的永远只是共相。

最个别的东西就是最普遍的东西，就是最一般的东西，个别到极点，也就是普遍到极点。这个道理前面已经讲过了，就是最个别的东西无过于指着这个东西说"这一个"，但恰好它就是一个最普遍的共相，万物都可以说是这一个。公孙龙子说："物莫非指，指非指"（《指物论》），万物都可以指认，唯独指认本身不可指认，因为它是一个指不定的普遍共相。具体到说这一张纸，那么只要是一张纸，我们都可以指着它说"这一张纸"，这跟另一张纸完全没有区别。"任何一张纸和每一张纸都是这一张纸，我所说出的永远只是共相"。就是作为这一张纸来说，我所说出来的也永远只是共相。而共相也就用不着指了，说就是了。

但是如果我想要帮助语言——这语言具有这样神圣的本性，即它直接地能把意谓颠倒过来，使它成为某种别的东西，因而使意谓根本不能**用语词来表达**——，我就**指着**这一张纸，于是我就对于感性确定性的真理实际上是什么造成了一种经验：我指定这张纸是一个**这里**，而这个这里又是其他那些这里的这里，或者在它本身中，就是许多**这里**的一个**单纯的总和**，也就是一个普遍的东西；

前面已经讲了这个意思，即语言具有这样的魔力，能够把意谓颠倒过来，使它成为"某种别的东西"也就是共相。意谓本来是特别的这一个，我特别指的是这一个，我切切实实地体会到了这一个，但是我一旦诉诸语言就变了。这一点小说家可能感受得最深，我明明很真切地感觉到了的，怎么一写出来它就干巴巴的，怎么一变成文字它就没有了呢？一变成文字就不是的了，那种香味、气氛全没有了。因为文字它是共相。所以有些小说家对于文字、语言感到绝望，还不如当个音乐家、当个画家。当然，当个画家也有局限性，只要你能够把它表达出来，它就不是你想的那个东西。它直接能把意谓颠倒过来，这个对于艺术家来说是非常糟糕的。但是在黑格尔那里它恰好是有利的地方，他说，"语言具有这样神圣的本性"，黑格尔认为这恰好是语言的高明之处，黑格尔认为能够说出来才是神圣的，上帝无非就是说嘛，上帝无非就是逻各斯，上帝就是道。所以西方传统非常注重语言的说，说才是神圣的，语言能够把每个人心目中的东西颠倒过来，使它成为某种别的东西。"因而使意谓根本不能用语词来表达"，它只有通过把意谓颠倒过来才能够表达。这就是语言的神圣性，而另一方面又是语言的局限性。但黑格尔认为这种局限性不能归咎于语言本身，而是归咎于意谓，说明意谓达不到语言的层次，它因而本身是无意义的。要从那种不可言说的、无意义的东西最后达到认知和真理，只能靠语言。如果你不说出来的话，你就永远沉沦在你的意谓之中，永远得不到确定，永远得不到拯救。这里头有一种宗教的背景、一种西方文化的背景在这里。接下来他说："我就**指着**这一张纸,于是我就对于感性确定性的真理实际上是什么造成了一种经验",这句话是接着上面的来的,就是说如果我想要帮助语言,于是我就指着这一张纸,我用手指来帮助语言。这说明语言具有它的局限性,一方面它有局限性,一方面它有神圣性。如果语言不够了,不足以表达我的意谓,那么我怎么办呢?那么我就用手指着这张纸,用手来帮忙。比如说我们要帮助休谟一把,他走不过来了,那么我就走过去。那么这一指就造成了一种经验,什么经验? 对感性确定性的真理实际上是什么的经验。感性确定性的真理实际上到底是什么呢? 我通过我的指,就有了一种经验,休谟也就可以造成新的经验了。什么样的经验呢? "这张纸是一个**这里**,而这个这里又是其他那些这里的这里,或者在它本身中,就是许多**这里**的一个**单纯的总和**,也就是一个普遍的东西"。我指定了一个这里,这里的这张纸;但是这个这里又是其他这里的这里,它不断地变化,我的指也不断地游移。我哪怕指着一个东西,那么这个指里面也有很多这里,它有很多部分,那么你到底是指哪一个这里? 这个这里就包含着其他这里的这里。"或者在它的本身中,就是许多这里的一个单纯的总和,也就是一个普遍的东西",我把感性确定性的总体性当作我指的对象,那么这个总体性里面就包含着许多其他的这里,而撇开那些内容、从这个总和的单纯性来看,它就是一个普遍的东西、共相。

我把它当作在真理中那样来看待 (aufnehmen in Wahrheit),我就不是在认知一个直接性的东西,**我在知觉** (nehme ich wahr)。

这是"感性确定性"这一章的最后一言,它已经向下一章"知觉"(Wahrnehmung) 过渡了。"我把它当作在真理中那样来看待",在真理中来看待在德文中就是 aufnehmen in Wahrheit,这已经隐含有"知觉"一词了。就是说我把这一个的共相当作真理来看待,这就成了知觉。后一句更明确:"我就不是在认知一个直接性的东西,**我在知觉**",nehme ich wahr,我在知觉,这是就字面直译的,因为这个"知觉"的名词就是 Wahrnehmen，而在这里只不过把这个名词拆开来变成了一个动词加一个副词状语，意为"我认为是真的"。所以他是利用了德语的构词法过渡到了知觉。在感性确定性里面始终是把共相看作不真实的，始终要追求那个意谓，那个直接性的东西，凡是共相的东西它就已经偏离了感性确定性的直接性了，那么我们就不管它，我们还是要追求共相里面的那个意谓，那个这一个、这一位。但这一个老是变成共相，所以在感性确定性里面这个共相是得不到它正当的地位的；而只有到了知觉里面，我们才能把它"看作是真的"，wahr 就是真的，把什么当作是真的？就是共相。感性确定性没有把共相当真来看待，而知觉就是把共相当真来看待。知觉不再像以前那样去试图"认知一个直接性的东西"，而是把共相这个间接性的、中介了的东西看作是真的，这就到了知觉阶段了。所以下一章这个知觉实际上是建立在共相上面的。它的结构仍然沿袭了感性确定性的结构，那就是自我和对象的二分结构，因为这是意识的一般结构；但是在知觉那里，自我已经不再是这一位，对象也不再是这一个了，它们都不再是意谓，而是共相。自我是一个共相，对象也是一个共相；对象作为一个共相那就是事物，而自我作为共相就是假象。

＊　　　　＊　　　　＊

第二章 知觉；或事物和假象

　　今天进入黑格尔《精神现象学》的第二章，"知觉；或事物和假象"。也就是说知觉这一章主要讨论的是事物 das Ding，以及我们如何切中事物。切中了事物就是知觉，即把对象当真、把对象真切地抓住了；而抓不住就只会产生假象 die Täuschung。所以这又是一对主客观的矛盾，切中了事物就是知觉，主观和客观存在符合；切不中就是假象，主观只是主观的，与客观不符。对于事物的正确的知觉就是事物，对事物错误的知觉就是假象、错觉。我们先看知觉这个词。所谓知觉就是 Wahrnehmung，由 wahr 和 nehmung 这两词构成。也有人翻译成"感知"，不过这个词没有"感"的意思。Wahr 这个词就是真的，nehmen 这个词含义比较多。在德文中用得比较广，它最基本的意思就是拿、取，或拿来、取来。由此引申出获得、接受。它本来的拿来和取来，有主动性，同时又有接受、获取的意思；但是这种接受跟感性确定性的接受又不一样。它不是完全被动地接受，而是你主动地去接受，就是拿来。那么还有一种引申意义就是对待的意思。我们这里想要统一起来，但是没有办法，根据情况翻译成取得、获得、接受、对待、看待。由这个词而来的还有一个词是 Aufnehmen，这个词是接受，在这上面取得，在这上面接受。Wahrnehmung 黑格尔经常拆开来用，将 wahr 变成 Wahrheit，真理。前面讲到在感性确定性的最后阶段，已经通过 wahr nehmen 这个词组向知觉过渡了。

　　直接的确定性并没有给自己取得 (nehmen) 真实的东西 (Wahre)，因为它的真理是共相；但它想要取得的是**这一个**。

　　直接的确定性并没有取得真实的东西，就是说感性确定性还没有达到真实的东西。如果我们要另外的翻译，可以翻译成：直接的确定性并没有达到知觉。但是你要把它的意思弄出来的话，那就是并没有取得真实的东西。在感性确定性里面并没有达到真实的东西。为什么没有达到真实的东西？"因为它的真理是共相，但它想要取得的是**这一个**"。这一个和共相是不同的，当然我们说，这一个本身也成了共相。但是呢，那就偏离了感性确定性的原意了。感性确定性并不是要把这一个当作共相，而是要紧紧地抓住这一个。那这一个就变成了一个意谓了，那就不能表达出来，凡是要表达出来的就都变成共相了。所以感性确定性并没有达到共相，它只是追溯那个"这一个"，追溯那只可意会不可言传的东西。而变成共相的东西它就撇开了。所以每当它抓住这一个的时候，这一个就变成了共相，所以它老是抓不住。所以感性确定性的目的不是在于把握真理，而只是要抓住确定性。感性确定性当然也有真理，但是它一旦抓住了，那个东西就变成共相了，真理在它面前晃来晃去，但它视而不见。感性确定性主要着眼于确定性而不是真理性。那么知觉就要确定真理了，是对真理的一种取得。所以知觉阶段跟感性确定性的阶段一个很重要的区别就在这里，就是说感性确定性不断地去追溯它的确定性何在，每当它确定下来，它就变成了真理性，也就变成了普遍性和共相。但是它又不满意共相，因为这跟它的初衷是背道而驰的，所以它又离开它的共相，又去追溯更深层的确定性，于是它被逼回到它的内心，而内心是一个只可意会不可言传的意谓。这就使得感性确定性最终达不到它的目的，但是它无形之中显示出了真理。虽然它的目的没有达到，但是它却显示出了真理性。那么当它回过头来获取这种真理性的时候，它就进入到知觉了。这就是第二章知觉的由来，它是在感性确定性里面经过反思而发展出来的。感性确定性不反思，它一味地去追求确定性，不断地去深入，最后发现没有办法了，没有办法说，说不出来，但是它一旦回过头来看，反思自己曾经走过的历程，它就会发现，它其实已经显示出来真理了。那么当它回过头来把握真理，这就是知觉了。

　　反之，知觉便把对它来说是存在者（Seiende）的那个东西当作普遍性的东西来对待（nehmen）。

那个普遍性的东西在知觉面前是存在者，它已经存在着，但是感性确定性对它视而不见。这个时候，当我们反过来反思一下，我们就会发现，这个普遍性的东西已经存在着了，已经作为存在者了。存在者 Seiende 是 sein 的动名词。就是已经有个东西在那里晃来晃去，你不去注意它，那它当然就被你忽视了。但是知觉如果把它抓住，那么这就是把它当作普遍性的东西来对待。感性确定性把存在者当作个别性的东西，当作唯一的这一个来对待，当作此时此刻的对象来对待。而知觉是把这个存在着的东西当作普遍性的东西来对待。它不再执着于感性确定性的这一个，而是从这一个里面提升到了普遍性的层次。

正像普遍性是知觉的一般原则一样，知觉中的直接互相区别的各环节也是如此：我是普遍的我，对象也是一个普遍的对象。

也就是说，知觉把普遍性当作是一般原则，而知觉里面的各环节也是如此，即也是把这些环节当作一般原则。知觉里面有不同的环节，或者说有两个环节，因为它本身是意识的一个阶段，意识就有一个基本结构，前面讲过，意识的结构就是划分为自我和对象两个环节。所以知觉作为意识的一个阶段，它里面也就有自我和对象两个环节。但是这两个环节和感性确定性里面的自我和对象的环节已经不一样了。因为，既然知觉把普遍性当作它的一般性原则，当作普遍性的东西来看待，那么知觉里面的两个不同的环节也就分别都是普遍的东西，比如说，我是普遍的我，对象也是一个普遍的对象。我和对象在感性确定性里面已经出现过了，但是那个时候，我和对象都是这一个，都不是普遍性。或者说，当它一旦变成普遍性，感性确定性就离开它了，就想要把握它底下的意谓；但是它把握不住，所以感性确定性就只好让位给知觉。因为它的原则不是普遍性，虽然它处处走向普遍性，显示出普遍性，但是它的原则不是普遍性。而知觉就不同了，知觉就是把普遍性当作自己的一般原则，包括把它里面的各个环节也当作普遍性的，这就是两个普遍性环节，即我是普遍的我，对象也是普遍的对象。知觉便在这两个普遍环节的基础上来展开自身的历程。

那条普遍原则对我们来说是**产生出来的**，因此，我们对于知觉的接受就不再显现为如同对感性确定性的接受那样，而是一种必然的接受（Aufnehmen）。

"那条普遍原则"，就是刚才讲的，知觉的一般原则。这条原则对于我们来说是产生出来的。为什么"产生出来"要打上着重号呢？就是在之前，这条原则还没有产生出来，在感性确定性那里，这条原则还没有，它是到了知觉阶段才产生出来的，才出现、才冒出来的，才第一次呈现出来了。这是跟感性确定性不同的，感性确定性的原则不是产生出来的，而是直接呈现在面前的，它还没有经历过一个过程。那么知觉则是产生出来的，它已经有了间接性，经过了中介而呈现出为一个运动。他强调的是这种动态的进展，这种思维的进步，一种提升。所以那条普遍原则"对我们来说"是产生出来的。我们从旁观者的眼光看出，从感性确定性到知觉产生出了一条新的原则，这就是普遍性原则。"因此，我们对于知觉的接受就不再显现为如同对感性确定性的接受那样，而是一种必然的接受"，这里的接受就是 Aufnehmen。感性确定性也是接受，但是感性确定性是一种完全被动地接受，有什么我就说什么，但是对知觉的接受那就不同，它是有主动性的。感性确定性的接受是非常偶然的，碰到什么就是什么；而对知觉的接受是一种必然的接受，你不这样接受还不行，因为它是这样一种共相，容不得偶然性。知觉已经是共相了，所以知觉中就体现出了必然性，真理是有普遍性和必然性的。知觉的原理是普遍性，它把这种普遍性看作真理，所以它就有必然性在里面了。所谓"普遍性"就是放之四海而皆准，概莫能外。没有例外，那当然就有必然性了。所以知觉的接受是必然的接受，知觉它体现了这样一个过程。当然这样一个过程是对于旁观者我们来说，才能看出它是这样一种能动发展的历程，但是对于知觉本身来说，它还并不一定知道这一点。当然它是不自觉地体现了这样一种能动的过程。

在产生普遍性原则的同时形成了两个环节，它们在自己的现象上只是**作为特例显示**出来的；这两个环节，一个是指证的运动，另一个是同一个运动，不过是作为单纯的东西；前者是**知觉**，后者是**对象**。

普遍性的原则是产生出来了。那么与此同时，就形成了两个环节，"它们只是在自己的现象上**作为特例显示**出来的"，这个短语我们讲到过，herausfallen，它本意是掉出来的，突出来的。前面我们讲到感性确定性是作为例子展现出来、例示出来的。感性确定性的这一个都是作为共相的这一个的特例。那么知觉也是这样，一般来说，知觉就是普遍性的东西，就是共相，知觉的原则就是共相的原则，但是在这个共相原则底下还是有一些例子，它们要作为现象显示出来，就必须作为一些具体的例子。这个共相的原则体现在两个环节上，前面讲到一个是作为普遍的我，一个是作为普遍的对象。这是由意识本身的结构所决定了的。它们作为例子、作为特例显示出来，则是体现在这些例子的运动中。在这个普遍原则产生的同时就形成了这两个环节，但是这个普遍性原则不是空的，这两个环节虽然是共相，但也不是空的。既然我是一个普遍的我，对象也是一个普遍的对象，那么它们就都在现象上作为运动表现出来。你说知觉的原则是普遍性，那体现在什么地方呢？一个是体现在我的运动上，一个是体现在对象的运动上。这两个环节只是在它们的现象上作为特例显示出来，就是说，你要显示出来、你要指出来这两个环节，那么它是特例，我们可以举例说明。"在现象上"，《精神现象学》都是在现象上，我们旁观者当然可以把握它的本质，但是在显示过程中，它是要在现象上显示出来的。一个环节是指证的运动，这是一个环节。指证的运动，指证活动，是谁在指证？当然是我了，是我这个环节，作为普遍的我，它不是空的，而是在进行指证活动。所谓的知觉，无非就是我的指证活动，这是一个方面。"另一环节是同一个运动，不过是作为单纯的东西"，指证的运动，这同一个运动作为单纯的东西。什么是"作为单纯的东西"呢？

就是作为前后一贯、不受内容支配的东西，你这指证那指证，最终为的是指证那同一个东西，那个东西就是知觉的对象。知觉要把握真理，就是要把握从一开始就要我指证的东西，把它把握住。这个运动就是要把握前后一贯的东西。这个前后一贯的东西是什么东西呢？那就是存在，就是对象。对象在我的指证中是单纯的，从头至尾都是一个对象，你可以这指证那指证，你可以出错，然后走回来，从这个角度指证或者从那个角度指证，都可以，所有这些活动都是我的知觉过程。但是所有这样一些活动，里面那个单纯的东西就是对象。一切指证都是围绕着那个对象来运动，而那个对象本身是不变的，所以它是单纯的东西，它从头至尾都是单纯的那一个，都是同一个对象。但是那同一个对象又不能通过别的方式显示出来，不能通过直接的感性确定性显示出来，它只有通过我的这样一种知觉活动，这样一种指证的运动，才能显示出来。所以它是同一个运动的单纯的对象，是那个前后一贯的不变的东西。你所有知觉运动的内容它都不管，那都不是单纯的，但是这些复杂的东西里面贯穿着一个不变的东西，那就是对象。所以"前者是知觉，后者是对象"，知觉在我这一方，知觉是属于普遍的我的，我的知觉，我在知觉。知觉什么呢？知觉对象，对象在另一方。所以知觉是从认识论的角度，是讲的认识的主体，是讲的我这一方。其实感性确定性也是这样，它是讲我这一方。后面讲知性其实也是讲科学知识的认识过程，科学知识的发生这样一个过程。所以前者是知觉，是讲我这个知觉者是怎样把握对象的，那么后者才是对象。

按本质说来，对象就是那本身就是运动的同一个东西，运动是两个环节的展开和区别开的过程，对象则是两个环节之被结合在一起。

"按本质说来"，前面是讲的现象，在现象上例示出来两个环节。那么在现象上例示出来的这两个环节按照它们的本质说来又是什么呢？"对象就是那本身就是运动的同一个东西"，我们说运动中的同一个东西就是对象，作为前后一贯下来的那个东西，一直没变的那个东西。那么

221

从本质上看，对象和这个运动就是同一个东西，因为这个运动就是一直在运动，如果不一贯了，中断了，也就没有运动了。运动的内容可以变来变去，但是按照本质说来，也就是按照形式来看，它就是那个不变地一贯下来的运动，也就是对象。"运动是两个环节的展开和区别开的过程，对象则是两个环节之被结合在一起"，两个环节，也就是自我的知觉和对象两个环节；运动是从这个方面来看的，就是说这两个环节的展开和区别开才是运动。任何一个知觉都意识到，我的知觉和对象是不同的，是有区别的。否则怎么会有知觉呢？凡是知觉就是已经把自己区分为两个环节，前面讲到感性确定性也是这样，因为凡是意识都是意识到自己跟对象不同。那么知觉也是这样，知觉已经意识到自己跟对象不同，但是实际上这两个环节又是同一个运动。运动是这两个环节的展开和区别开的过程。在这个过程里面，运动这一方也就是自我、知觉这一方，是它把这两个环节展开和区别开的。自我拼命去追求这个对象，既然自我要去追求这个对象，说明自我跟对象还不同，不能等同。如果自我就是对象，那就不用去追求了，那就不用运动了；但是有运动，这运动就是自我追求对象的运动，而自我在追求对象，说明自我跟对象是有区别的。这个运动就是把自我和对象区别开来的过程，而对象就是这两环节之被结合在一起。这两个环节通过自我把它区别开来，而对象恰好是这两个环节结合在一起，对象不是在运动之外的某个东西，对象就是这个运动在它的运动过程中所建立起来的东西。怎么建立？就是这两个环节结合在一起。自我把对象和自身结合为一体，在知觉中，知觉的运动要追求那个对象，但是对象不在运动之外，对象就是在知觉追求对象的过程中，当它与知觉结合为一体的时候，它才成了对象。不可能像康德所说的那样，只有在知觉之外不可知的对象或自在之物才是对象。当然这也是从本质上看。从本质上看，知觉追求对象的运动和对象本身实际上是结合为一体的。当然这个时候，知觉还不自觉，它还以为对象在它的对岸，它还拼命地去追求对象，它把自己和对象区别开来，从现象上看是这样的。但是从本质上看，对象就在它追求的这个过程中，在这个运动过程中，是两个环节结合在一起，或者说，对象就是知觉自己建立起来的。这一点在康德那里其实也已经说到了，所谓认识对象，其实是主体自己所建立起来的。但是康德还预留了一个不是由主体建立起来的客观对象，就是自在之物，他认为那个才是本质的对象，而主体建立的则只是现象。黑格尔则认为，没有什么自在之物，主体建立起来的对象就是"按本质说来"的对象，而不只是现象。而且，康德很少用知觉这个词，或者即使用这个词，也没有把它当作一个特别的术语或特别的认识阶段。在康德那里，只有感性和知性两个环节，在黑格尔这里中间插入了一个知觉。在康德那里，在感性和知性之间也插入了一个环节，那叫想象力。而且康德讲过，想象力也是知觉的一个过程；但是他没有展开，他更重视想象力，想象力如何再生的综合，然后想象力如何造成了时间的图型。时间图型就是时间的先验规定，就是想象力的先验的产物，在康德那里是这样的。但是在黑格尔这里，几乎不谈想象力。谈《精神现象学》不谈想象力好像不可思议，但是他就是没有谈。为什么没有？应该说像海德格尔指出的，想象力是黑格尔的一个根本的东西。《精神现象学》就是因为有想象力，但是他就是不提，他宁可提生命力、冲动、运动，或者产生。"产生"在康德那里是生产性的想象力或者说创造性的想象力。黑格尔这里也讲到了产生，产生普遍的原则。那么按照本质是这样的，对象是两个环节结合在一起，就是你知觉到对象是什么，它就是什么。只不过知觉拼命要把对象和自己区别开来，而对象则附着在知觉身上，每次都让知觉连贯地看它，知觉运动到哪里，它也连贯到哪里。

对我们而言，或自在地来说，作为原则的共相是知觉的**本质**，与这个抽象相比，那区别开来的两个方面即知觉者和被知觉者都是**非本质的东西。**

"对我们而言"，这里又讲到对我们而言，就是对我们旁观者来说；"或自在地来说"，对我们旁观者来说也就是自在地来说，客观上来说，因为我们旁观者清，而陷在知觉运动中的那个知觉本身它并不一定能够意识到这一点。我们旁观者可以指出："作为原则的共相是知觉的**本质**"，这是从本质来说，而不是从现象来看。透过现象看本质，我们抓住知觉的本质，那就是作为原则的共相。这在当时只有旁观者才能抓得住，正在进行知觉的这个意识它还没有意识到这一点。知觉本质上就是共相原则，普遍性的原则。"与这个抽象相比"，这个本质当然很抽象了，作为原则的共相那是很抽象的；"与这个抽象相比，那区别开来的两个方面即知觉者和被知觉者都是**非本质的东西**"，知觉在现象中通过例示而显示出来的两个环节，一个是知觉者，一个是被知觉者；或者说一个是知觉的运动，一个是对象。这两个环节在旁观者看来都是非本质的，它们没有抓住本质，真正的本质就是那个抽象的共相，那个抽象一般。不管是我也好，还是那个对象也好，在那个抽象的一般之下，它们都成了普遍性的东西。我是普遍性的我，对象是普遍性的对象。但是它们没有意识到它们的本质是一个普遍的共相，因此，这两个环节从本质上看，它们都是非本质的，从旁观者看来它们都是非本质的。它们不能体现本质，我也好，对象也好，单独来看，都是非本质的。只有它们的统一，那个普遍的共相、那个抽象才是本质。

但实际上，因为两者本身都是共相或本质，所以两者都是本质性的；不过，由于两者处于相互对立的联系中，所以在这种联系中，只可以有一方面是本质性的，在它们之间必须划分出本质的东西和非本质的东西的区别。

这个"实际上"是与上一句"对我们而言"相对照的，就是说，前面是讲从抽象的旁观者的眼光来看，从自在的立场，把共相抽象出来，作为一个普遍性的原则或者作为一个本质；但实际上，在它的活动过程中，也就是在现象中，它实际上要显示出来，这个抽象的普遍性本质不是一下子给定的，而是一步步地建立起来的。在这样一个一步步建立起来的实际过程中，两者都是本质性的，因为两者本身都是共相或者本质。也就是在实际过程中，它就体现出自己的本质来了，我们不要站在旁边指手画脚，我们要投入到这个运动过程里面去。我们就会发现，因为它们两者都是共相，那当然就是本质了，因为它的本质就是抽象的共相。既然这两者都是共相，那么这两者都是本质。这里有两个不同的层次，一个是现象的层次，一个是自在的层次。一个是从正在运动的知觉，它所把握到的现象的层次，另一个是我们跳出来作为旁观者对它的一种评价。当然这个评价也是暂时的，就是在这个层次上，我们旁观者一看而知，知觉的本质就是普遍性的原则，就是共相的本质。但是共相的本质如何体现出来呢？那要靠知觉自己去走呀，你不能代替它，你代替它，那就是一种外在的反思。真正要体现出这样一种本质，还得知觉本身去经验，去经历这个过程。在这个经历的过程中，两者都具有本质性，缺一不可。"不过，由于两者处于相互对立的联系中，所以在这种联系中，只可以有一方面是本质性的，在它们之间必须划分出本质的东西和非本质的东西的区别"。在实际的过程中，这是一个矛盾的过程，知觉的运动是一个矛盾的过程，两方面其实都是非本质的。但是由于两者处于相互对立的关系中，知觉和对象，是我要去把握对象，对象在那里。那么对象在我们面前，我要去把握它，我和对象的关系就是一种对立的关系，在实际运动过程中就是对立的关系。所以他说，"所以在这种联系中，只可以有一方面是本质性的，在它们之间必须划分出本质的东西和非本质的东西的区别"。只可以有一方是本质性的东西，而那个非本质性的东西去追求那个本质性的东西，这才形成了运动。如果两方面同时都是本质性的东西，那就不用去追求了。之所以有运动，就是因为有一方是非本质的，它要追求那个本质性的东西才有运动。所以在这种关系中，只可以有一方面是本质性的。

那被规定为单纯的东西的一方即对象是本质，不管它是否被知觉都是无所谓的；但是知觉作为运动是不稳定的，它可以存在也可以不存在，它是非本质的。

225

这是在知觉中最初的划分。知觉最开始是以唯物主义的形态出现的，即在知觉和对象两个环节中，对象被规定为本质性的东西，而知觉则是非本质性的东西。对象是不以我的知觉为转移的客观存在，而主观知觉则可以存在也可以不存在，它是非本质的，对于对象毫无影响，对象对于是否知觉到它根本无所谓。这是知觉的出发点，正如感性确定性的出发点一样，它们都是唯物主义的。唯物主义一开始就是把主客双方区别开来，对立起来，这当然是片面的，也是不能持久的；但它有一个好处，就是对知觉的运动注入了最初的推动力，让知觉去拼命追求那个永远追求不到的对象，让它自己自知其非本质性，而不要骄傲自满、固步自封。这就使知觉形成了运动过程。看下一段。

这个对象现在必须得到更确切的规定，而这个规定必须根据已获致的结果做简短的发挥；更详细地发挥不属于这里的任务。

就是说前面已经讲了，知觉是非本质的，对象是本质的。那么对这个对象，你要单独地再进一步考察一下。知觉要放在一边，因为它是非本质的。我们现在要考察那个作为本质的对象，也就是知觉的对象，对这个对象做更具体的规定。那么这个规定的前提就是要从我们前面已经获取的结果中，做出简短的发挥。更详细地发挥不属于这里的任务。这里指目前所做的知觉阶段的引言，现在我们还没有进入到正式的论述，还只是对我们所要论述的知觉作一个大致的概括，所以我们只能根据前面已获致的结果来做一个简短的发挥。对对象的规定是基于感性确定性已经获得的结果。但是对对象这个环节的更详细的发挥后面还会要做，比如在知性的第一节讲到"事物的单纯概念"，这是对对象的更详细的阐述，但不是在这个引言里要做的事。后面要讲的"事物"的概念，这个概念就比感性确定性的对象概念要丰富得多了，它也要谈"这一个"，但谈法已经有所不同了。但眼前只能做一个大致的概括。

[75]　　既然对象的原则即共相在其单纯性里是一个**被中介的**原则，那么对

象必须在自己身上把这一点作为它的本性表现出来；它由此而把自己**显**
示为具有许多属性的事物（Ding von vielen Eigenschaften）。

　　既然普遍性的东西是对象的原则，是知觉的本质；而知觉的本质是
对象，对象是知觉里面本质性的东西，所以对象的原则也就是知觉的共
相。对象的原则就是知觉的普遍性原则，因为对象是知觉的本质。而
对象的原则在它的单纯性里是一个被中介的原则。对象是单纯的，在
运动中，它一直保存下来，作为同一个东西被保存下来。它把那些复杂
的内容都置之度外，保持它的单纯性，而在它的单纯性里，它是一个被
中介的原则。为什么说它是一个被中介的原则呢？就是说，它这种单
纯的坚持实际上是依靠运动的各种复杂的过程才得以坚持下来的，它
要达到普遍性的共相，必须经历过各个不同的例子，一个否定一个的过
程，才能够从中抽象出一贯的共相来。这种单纯共相之所以能够坚持下
来，是因为知觉左冲右突，知觉不断地想要接近它，从这边接近，从那边
接近，去追求那个对象，于是这就间接地造成对象前后一贯地坚持下来
了。如果知觉不去追求它呢，它的共相就形成不起来。当然对象不在乎
知觉是否追求它，但是实际上它是靠知觉的不断运动、不断追求而坚持
下来的，它是靠这种中介、这种间接性的原则坚持下来的。共相是在无
数的殊相中体现出来的。这种普遍性的东西是在无数个特殊性的东西
里面体现出来，并最后超越出来的。没有这些特殊性的东西，这个普遍
性的东西是体现不出来的，它必须以特殊性的东西为手段，为中介。所
以说这个单纯性的东西是一个被中介的原则，是通过别的手段而实现出
来的原则。"那么对象必须在自己身上把这一点作为它的本性表现出来；
它由此而把自己**显示为具有许多属性（vielen Eigenschaften）的事物**
（Ding）。"Eigenschaften 有属于谁的意思。就是说它特属于谁的那种性质，
我们把它译作属性。属性的概念是知觉阶段除了事物的概念以外一个很
重要的概念。事物就是由属性构成的，事物就是有很多属性的东西。没
有属性，事物的概念是不能构成的。属性属于谁？属于事物。对象把这

227

一点在自身表现出来，把哪一点表现出来？就是把它的这种中介作用表现出来。对象共相是被中介了的，这是对象的本性，它的中介性就表现为属性。共相由以形成的那些形形色色的复杂过程就表现为共相的属性。所以属性是多数的，在每一过程中都显示出一个属性；一个事物有许多的属性，对象显示为具有许多属性的事物。对象有很多属性，但是你把所有的属性都把握住了，那你就把握住对象了，因为这个对象无非就是这些属性的单纯共相。在知觉阶段，对象的本性就在于它把自己显示为具有许多属性的事物，也就是说，对象的单纯性是被中介了的。被什么中介了呢？被许许多多的属性中介了，对象的这种单纯性就是在许许多多的属性的这种复杂性中概括、抽象出来的。所以它必须体现为具有许多属性的事物。对象就是事物，但是这个事物是具有许多属性的。事物是在知觉里面一贯下来的单纯的东西，而属性表现出这个单纯的东西底下包含有许许多多复杂的东西。

　　<u>感性认知的丰富内容属于知觉，而不属于直接的确定性，在直接确定性里，丰富内容只是例示出来的东西；因为只有知觉才在自己的本质中具有**否定性**、区别或多样性。</u>

　　前面讲到了，对象的这个规定必须根据已获致的结果做简短的发挥。那么已获致了哪些结果？这里就点出了已获致的结果。"感性认知的丰富内容属于知觉，而不属于直接的确定性"，因为感性确定性还只是说不出的"这一个"、"这"，里面什么都还没有说出来，还没有确定；而一旦说出来，一旦确定，就离开了它的丰富的内容。这些丰富内容在感性确定性阶段还没有确定性，它们就是一些意谓，尚未获得它的确定性。真正有确定性的就是知觉、共相，因为知觉才把共相当作自己的普遍原则。所以感性认知的丰富内容被归之于知觉了，当然已经不是在意谓上，而是在确定性的层次上面。意谓是说不出来的，凡是说出来的都是共相，所以感性确定性无可奈何，确定不了。你的意谓怎么能确定？能够确定就是知觉了，因为知觉把共相当作它的原则。所以感性确定性的丰富内

容只属于知觉，而不属于感性确定性本身，"在直接确定性里，丰富内容只是例示出来的东西"，只是作为例子显示出来的东西，与这些例子想要说明的东西还差得远。在感性确定性那里，意谓只有通过举例暗示出来，而不能从共相上面把握。但是举例的方式是不可言说的，我问你感觉到了什么，你一句话不说，你把这个东西指给我看，就是这一个，那人家还是不明白，你说的是刚才的这个东西，还是现在的这个东西。现在这个东西不过是刚才那个东西的一个例子，但是已经不是刚才那个东西了。所以在这个阶段，感性的确定性里面丰富的内容只是例示出来的东西，它没有确定性，例示出来的东西怎么有确定性呢？例子五花八门，你今天举这个例子，明天举那个例子，你的意思完全不明白，人家不能通过你的意思把这些东西打通来加以把握，不能通过共相加以把握。你说不出来，你勉强说出来，当时是这样一个意谓，下一瞬间就变了，就把你刚才说的否定了。感性确定性只能是直接的肯定，而不能容纳否定，一否定它就没辙了，就躲回自己的意谓中去了。"因为只有知觉才在其本质中具有**否定性**、区别或多样性"，知觉不怕否定，因为它就是靠否定那些例子而提升到共相上来的。我们刚才讲了共相是知觉的本质，普遍的东西是知觉的本质，所以只有知觉才在其本质中具有否定性、区别或多样性。多样性在知觉里面它也是一种共相，否定性也是一种共相，区别也是一种共相，也是一种普遍性，但是这些东西都拥有丰富的内容，它们能够驾驭这些丰富的内容。知觉把丰富性包含在自身，也就是把感性确定性的那些例子扬弃地包含在自身中了。在知觉的这个共相台阶上面，我们才能把区别也好，多样性也好，我们才能把它们把握住，如果没有共相这个台阶，它们是把握不住的。这些东西在感性确定性里面都是一些意谓，否定性也是意谓，你觉得不是这样的，你说不出来，这个区别也是意谓。你觉得这个跟那个不同，怎么不同，你也说不出来。你觉得有很多很多多样性，那么是什么多样性，你也说不出来。只有达到了共相的层次，知觉的本质才能把它们把握住，知觉才具有这样一些否定性、区别和多样性。

[一、事物的单纯概念]

前面讲到了事物的概念,作为知觉的本质,它就具有这样的本质,它把自己显示为具有许多属性(vielen Eigenschaften)的事物。事物的概念是知觉阶段的核心概念,在知觉阶段中,它相当于对象,但已经是比较复杂的对象了。知觉阶段的任务就是要把事物的概念引出来并加以阐述。所以它的第一个小节就是事物的单纯概念。所谓单纯就是指事物在运动中一直贯穿下来的这个单纯运动,没有考虑它里面那些杂多属性。那么这个单纯概念我们发现它就是事物。对象在知觉阶段它就显现为事物。

{72}　　因此,"这一个"就被建立为**非这一个**,或建立为**被扬弃了的**;因而它就不是无,而是一个特定的无,或者**一个具有内容之无**,亦即对**这一个的无**。

这第一句话显然是从感性确定性已经达到的结果来加以发挥的。那么已经达到的结果是什么结果呢? 就是这一个已经被建立为非这一个。这个前面我们已经讲了,这一个一旦说出来它就变成了共相。共相跟这一个本来是对立的,所谓共相就是不能够一个一个地说,而是要概括地说;但是这一个,只能举例说明的这一个,一旦说出来它就成了共相。那它就是非这一个了,内容上它还是这一个,但形式上它已经不是这一个了。我们还把它叫做这一个,但意思已经不同了,它指这一个共相。"或建立为**被扬弃了的**",非这一个也可以说成是被扬弃的这一个。被扬弃的本来就包含着被取消了的意思,但它又还是保留了这一个的名义。"因而它就不是无,而是一个特定的无,或者**一个具有内容之无**,亦即对**这一个的无**",就是说,不是什么都没有,而是说没有"这一个",这个无是具有内容的。不是单纯地否定,什么都没有。那不是,而是特指,"这一个"是没有的。这一个是没有的,其实它已经有了,已经具有了内容,那么这个内容可以说是有,但是已经被扬弃了。就是在这一个的前提之下,我对这一个进行否定,那么它是有特定的内容,或者一个具有内容的无。这个无不是什么都没有，而是把这一个仍然保持在它的视野之中，对它进行否定和超越，而对这种内容的否定和超越就是共相的形式。你说"无"，但是你把它当作"特定的无"，那么这个"无"所否定的那个对象仍然保持在你的视野之中，只不过它是被否定了的，被取消了的，被扬弃了的；而这个"无"则是针对这个内容的形式。

　　感性的东西本身借此还在手头，但是已经不像在直接的确定性中所应有的那样，作为被意谓的个别的东西，而是作为普遍的东西，或者作为自身被规定为**属性**的东西而在手的。

　　感性的东西借此还在手头，我否定了这一个以后，这一个本身还在我的手头，因为特定的无，这个"特定"就把感性的东西保留在手头了。但是已经不像在感性确定性中所应有的那样。感性确定性的那个是意谓，感性的东西只是一个意谓。直接的确定性就是指感性确定性。所以他讲："但是已经不像在直接的确定性中所应有的那样，作为被意谓的个别的东西，而是作为普遍的东西，或者作为自身被规定为**属性**的东西而在手的"。这样一种保持在手头的感性的东西是以什么样的方式在手头保持下来的呢？是作为普遍的东西或者作为自身被规定为属性的东西而在手的。"被规定为属性的东西"是普遍性的东西，我说这个东西有它的属性，这个东西是咸的；或者我说这个东西"不咸"，我说这个东西没有"咸"，但是没有它还保持在这里，"不咸"就是它的属性。它也可以成为其他东西的属性，这个东西不咸，别的东西也可以是不咸的，所以它是一个普遍的东西。你可以说，我把它否定了，这个东西不咸，但是作为一个普遍的可能的咸它是存在的。或者说，正因为我把它否定了，它才成了一个普遍的东西。单单是咸的，我可以把它一次性地用于个别的这一个上面，它就是这一个的特殊性质；但不咸却是把别的东西是咸的预设为前提了，并且把咸的"东西"去掉了，"咸"以及"不咸"就成了一个超越于一切东西之上的普遍属性。我说这个东西咸或说这个东西不咸，这都是感性的东西，是我的味觉所尝出来的；但这个时候就不再是意谓了，而是可以用于一切东西之上的共相。而且我是可以说出来的，它是普遍的咸或不咸，是一种普遍的属性。有些东西是咸的，只是今天我品尝的这个东西不咸，这个不咸和咸是讲的同一个咸，一说人家就理解了。所以所保留在手头的东西是这样一个东西，哪怕你否定的时候它也保留在手头，或者正由于你否定它，它才作为共相保留在手头了。这种一直保留在手头的东西就是属性。属性这个词打了着重号，说明它是一个重要的关键词，是事物的概念所不可缺少的。

扬弃（Aufheben）陈述了它的那种我们在否定的东西上面所看到过的真实的双重含义；扬弃是**否定**并且同时又是**保存**；这个无，作为**这一个的无**，保存着直接性，并且本身是感性的，但却是一个普遍的直接性。

"扬弃陈述了它的那种我们在否定的东西上面所看到过的真实的双重含义"，否定物在扬弃上是双重含义。扬弃的双重含义就是指它在否定、取消的同时又在保存，这是很真实的含义，不是虚的。扬弃这个词Aufheben，前缀是 Auf，就是上面的意思，heben 是抬高或捡起来的意思。所以它本来的意思就是悬置、捡起来的意思。如果捡起来不用了，就叫束之高阁、搁置，我们讲"收起你的那一套吧"，那就是说干脆不要做了，放弃、取消。但是还有一个含义就是保存。我们讲束之高阁，就有两重意思，一重就是不用了，一重就是保留下来，以后还有用。黑格尔特别指出德语中有很多词都有双重含义，并且是相反的含义。Aufheben 在康德那里的意思是悬置，康德讲"我们要悬置知识，为信仰留下位置"，这不是要取消知识，而是暂时存而不论，但还没有黑格尔这种辩证法的意思。黑格尔的扬弃不是说扬和弃是两个过程，它就是同一个过程，扬弃是取消并且同时又保存。扬弃也不是说我们否定了其中的一部分又保存了其中的另一部分，不等于我们通常讲的"取其精华去其糟粕"，而是我们否定和保存的是同一个东西，你要说部分的话，是同一个部分，没有两个部分。我们是完全地把它否定了，又完全地把它保存了。这种情况只有把它放在运动中才能理解。过程就是说完全地过去了，又完全地被保存

232

了。一切历史都是现代史。一切历史都没有过去，它们都对现代发生作用，但是它们又过去了，只有过去了，它们才对现代发生作用。所以它本身是带有历史主义的意思在内的。我们把它翻译成"扬弃"，像农民扬场一样，扬去秕糠，留下麦子，很容易被人理解为一种机械的处理，取其精华去其糟粕，这是完全的误解。但是也没有办法，恐怕还只能这样译。"这个无，作为**这一个的无**，保存着直接性，并且本身是感性的，但却是一个普遍的直接性。""无"本身是否定，但是又作为对这一个的无，它又是对这一个的直接性的保存。扬弃既是否定又是保存，在这里，它保存着直接性并且本身是感性的，但却是一个普遍的直接性。就是说"无"把这一个否定了，它是这一个的无，这一个本身是直接性，是感性的确定性，它把它否定了，但是它又把它保存了，它把感性确定性保存在对它的否定之中。但却已经是一个普遍的直接性。怎么样保存在对它的否定之中，就是它不再是"这一个"的直接性了，而是普遍的直接性。它把这一个保存下来，提升到普遍性之上了。这个直接性本身是感性的，那么在知觉里面它还在。它还没有提升到知性或理性，知觉还是感性的，我们通常讲"感性知觉"。但是在知觉中的感性比感性确定性里面的层次要更高一些，它是已经被把握在普遍性中的感性。它已经成了普遍性的感性，但是它是通过对感性的否定而成了共相的。这个在感性确定性里面已经提出来了，这一个变成了共相；但是感性确定性不自觉，它没有反思，它不认这个，只是从我们旁观者的眼光看是这样的；而在感性确定性里，它退回到它的意谓中去了，它要保持它的个别性。它顽固地不愿意上升到普遍性，所以它就说不出来了。但是到了知觉这里，它明确地被阐发出来了。它把它的直接性仍然保持着，仍然是感性。这就是扬弃，就是知觉扬弃了感性确定性，虽然它本身还是在感性的范畴之内，它是作为从感性到知性的一个过渡，那么它既有感性的某些特征又有知性的某些特征。知觉是在将普遍性作为原则的情况下回到了感性，而且跟感性确定性相比，如果感性确定性是立足于存在，那么知觉是立足于非存在。这与黑格尔《逻辑学》中的存在和无两个范畴是相应的。知觉相当于非存在，立足于否定，但是否定中有肯定，有一个无，有一个特定的无，所以它是一个普遍的直接性。

——但存在之所以是一个普遍的东西，乃是因为它在自身中拥有中介和否定的东西；通过它在自己的直接性里**表现出**这一点，它就是一个**被区别、被规定了的**属性。

"但存在之所以是一个普遍的东西"，存在本来不是普遍的东西，它是作为存在的存在，是个别的这一个；但它又成了一个普遍的东西，它为什么是一个普遍的东西呢？"乃是因为它在自身中具有中介和否定的东西"，就是说感性确定性的存在成为一个普遍的东西，是因为这个存在在自身中具有中介和否定物。这一点在感性确定性中就已经表现出来了，只不过感性确定性本身并没有意识到而已，它自己生成了共相，却不能相认。它自身成为共相，当时就是借助于中介和否定的东西，它是否定了那些具体的这一个才成为这一个的共相的。但感性确定性的存在最初是完全直接的，我们不能带入任何东西进去，它是没有中介的，所以只能是个别的东西；当然它在自身运动中产生了自我否定，但是它没有在自身中包含否定，它把否定拒之于门外。因为一旦以否定的东西为中介，那它就变成了普遍的东西，就不再为感性确定性所能够容纳了。这一个又不是这一个，只有当它既不是这一个也不是那一个、不是所有的这一个的时候，它才成为了普遍的这一个。这是在知觉里面才首次被接受下来并纳入到自身的，它成为了知觉的本质。"通过它在自己的直接性里表现出这一点，它就是一个**被区别、被规定**了的属性"，存在在自己的直接性里表现了这一点，即表现了存在自身就拥有中介和否定的东西，拥有非存在，它不是这个、不是那个，那么它本身就被区别和被规定了，它就成了被区别和规定了的属性。存在通过非存在就被规定了，它跟其他那些东西都不一样，都区别开了，那么它就是这样一种被规定了的属性。这种存在从直接性的东西变成了普遍性的东西、并且变成了属性。知觉所知觉到的不再是一个直接的存在，而是这个存在属性。因为这一个不再是孤立的这一个，而是一个共相，任何树也好，房子也好，都是这一个，那么这一个就是一个属性啦，就是树和房子等等共同拥有的某种普遍属性了。这一个就不再是一个什么东西了，所有这一个都有这一个的属性，这一个的共相成了每个这一个的共同属性。所以存在就是一个被区别被规定了的属性：万物都是存在的，万物都是这一个。

借此，就同时建立起了**众多**这样的属性，每一个都是另一个的否定的属性。

这一个本身我们可以把它看作一个属性，就是任何一个存在它都具有这一个的属性。但是这样一来，借此，这一个存在还建立起了许多别的属性。既然这一个变成了属性，那么同时就还建立起了许许多多这样的属性。这一个，你指的是什么？比如说这一个是红的，我指红的这一个；但是除了红的以外还有黑的、白的这一个，除了颜色以外，还有味道，还有声音，还有形状大小，等等。所有这些都被建立为普遍的共相，我们都可以将它们称之为属性。但你就可以借助于它们来区别和规定每个这一个了。比如黑的就是不红的，白的就是不黑的，由于有这些互相否定，它们就都成为了被规定被区别了的普遍属性。不同层次上不同区别的各种各样的属性，每一个都是另一个的否定的属性。这一种属性不是那一种属性，视觉的属性不是听觉的属性等等，我们可以把它们区别开来。每一个跟另一个都是不同的，每一个都要说不是那一个，才能把自己区别开来。现在就从存在里面通过这种普遍性引出了属性的概念。这里是在探讨事物的属性是怎么形成起来的。

由于它们是在普遍的东西的**单纯性**中被表达出来的，这些真正讲来是凭借着进一步添加的规定才是种种属性的**规定性**，就**自己与自己**相联系，它们相互**漠不相干**，每一个都是独立的，都不受其他的束缚。

这是对这些属性加以描述了。"由于它们是在普遍的东西的**单纯性**中被表达出来的"，它们本身被看作是普遍的东西，如果不是被看作普遍的东西,它们就表达不出来,说不出来。比如红色,你看到的这个红色到底是什么样的红色? 你如果不能用一个语词说出来,那么它就是意谓,别人没有办法知道你的意思。那么普遍的东西它就是一种单纯性了,共相都是单纯的,特殊的东西则具有复杂性。你的那种意谓太复杂了,你所指的、所想的那个对象太复杂、太不确定了,不能用一句话表达出来,一言难尽。但是共相就是要用一句话表达出来,所以普遍性是一种单纯性。这些属性是在普遍的东西的单纯性中被表达出来的,红色和咸味等等,这些属性都是在普遍的东西的单纯性中、在共相中被表达出来的。"这些真正讲来是凭借着进一步添加的规定才是种种属性的规定性,就**自己与自己**相联系",这些规定性就是种种属性,但是这些规定性成为种种属性,是凭借进一步添加的规定才做到的,也就是说是通过继续再加上别的规定性才成为种种属性的。你可以不断地加上一些规定性,比如这个东西是红色的,是咸的,是热的等等,那么把这些属性一个个都添加上去,才构成了种种属性,而不是从一个属性中推出另一个属性。所以这样一些属性每一个都只能自己跟自己相联系,跟其他的属性是漠不相干的。比如红色作为一种属性,它只有自己跟自己相关联,跟其他的红色相关联,这里是一种红色那里也是一种红色,那我们就把这些颜色关联起来统摄为红色。这就是自己跟自己相关联。但这些属性相互之间是漠不相干的,是相互独立的。比如说红色跟咸味是漠不相干的,一个属性不能还原为另一个属性,它只有自身跟自身相关。红色跟红色相关,咸味自身跟自身相关;属性相互之间,比如红色跟咸味、形状与光滑之间是漠不相干的。每一个属性都是独立的,都不受另一个属性束缚。既然这些属性的规定性是自己跟自己相关的,所以这些属性的规定性只能通过一步步的添加而复合起来。

但是那单纯的、本身同一的普遍性自身又是从属性的这些规定性中区别开的,并且是不受其束缚的;这普遍性是纯粹自己和自己相联系,或者说是这种**媒介**,在其中存在着所有这些规定性,因而在这普遍性里,所

有这些规定性都作为在一个**单纯的**统一体里的东西而互相**渗透**，但是又
互不**干扰**；因为正由于分有（Teilnahme）了这个普遍性，它们才是独立而　[76]
漠不相干的。

　　就是每一个属性都是单纯的，每一个都是独立的，"但是那单纯的、
本身同一的普遍性自身"，这个"但是"就是一个转折了，现在我们要谈
的不是普遍的属性，而是这个单纯的普遍性自身。所有这些属性虽然本
身是普遍性的，但它们各不相通，各自为政，只有外在的关系而无内在的
融合，也只有在各自的内部才是普遍的；但是这些相互外在的属性是如
何汇集到一起来的呢？有一种总合一切属性的普遍性，这就是那种单纯
的、本身同一的普遍性，它与那些不同属性的规定性是区别开的。这些
不同属性的规定本身也是普遍的，例如红色本身也是普遍的，就是说很
多东西都是红色的，不单血是红色的，还有红旗是红色的，火是红色的，
玫瑰花是红色的等等，所以它也是普遍性。但它与其他属性的规定性互
不相谋，必须由另外一种更高的普遍性才能把它们统一起来，这就是那
种与它们"区别开的，并且是不受其束缚的"单纯普遍性。那么，这是一
种什么样的普遍性呢？"这普遍性是纯粹自己和自己相联系，或者说是
这种**媒介**，在其中存在着所有这些规定性，因而在这普遍性里，所有这些
规定性都作为在一个**单纯的**统一体里的东西而互相**渗透**，但是又互不**干
扰**。"这普遍性是纯粹自己和自己相联系，这是一种内在的联系，和前面
那些属性的外在联系完全不同。比如我看到一个红色的东西，我不必闻
到它的气味，也不必尝到它的味道，也不必摸到它的温度，我就可以断定
它是一个东西；当然我后来也可以闻到它，尝到它和摸到它，可以把这
些属性逐步地添加上去，使我对这个东西的认知更详细更丰富，但这对
于我知觉到这个东西不是绝对必要的，这种添加是外在的。但现在我们
所谈的这种普遍性是一种纯粹自己和自己发生的联系，这就是一种必然
的联系，是必不可少的，而不是外加的、可有可无的。"或者说是这种**媒
介**"，媒介这个词是第一次出现，他打了着重号。什么媒介呢？"在其中

存在着所有这些规定性"，这个媒介把所有那些属性的规定性都统起来了，它比那些规定都要更高，使得这些规定能够和谐相处，因为它本身不再是外在的关系，而是带入了一种内在的关系。"因而在这普遍性里，所有这些规定性都作为在一个**单纯的**统一体里的东西而互相**渗透**，但是又**互不干扰**"，这个更高的普遍性是一个单纯的统一性，而其他那些规定性、那些属性都在这个统一体里面相互渗透，而又互不干扰。如果我们看到一个东西的红色，例如一个苹果，那么它的香味、温度等等都作为它的诸多属性而融合在一起，分不出它们的边界，但是又互不混淆。这是因为有一个单纯的统一体把它们统起来了。所有这些规定性，所有的属性，都作为在一个单纯的统一体里的东西里而互相渗透。所有这些属性的规定性都是在一个单纯的统一体里面被统一起来，并且它们互相渗透。那么，这个单纯的统一体究竟是什么？后面点出来，它就是"物性"，事物，或者物，就是 Ding，而物性就是 Dingheit。这个单纯的统一体，这个媒介，就是物性。说一个事物，它有很多很多的属性，这些属性相互之间互相渗透，并且在事物里面得到统一，也就是通过事物的物性而得到统一。我们知道一个事物有很多属性，而这些属性被一个事物统一起来了，它们与事物是一种内在关系，离开事物它们什么都不是，而事物离开属性也就成了不可知的自在之物。因此所有这些规定性、这些属性在事物中都互相渗透，但又互不干扰。这些情况下面有举例说明，比如这一小块盐就是一个单纯的这里，并且同时也是多方面的，它是白的并且也是咸的，也是立方形状的，也有一定的重量，等等。盐有很多这样的规定，这些规定互相渗透，在每一点盐里面，它都既是白的也是咸的，也是立方体，但是这些规定又互不干扰。"因为正由于分有（Teilnahme）了这个普遍性，它们才是独立而漠不相干的。"分有，又译作参与，柏拉图提出分有说，万物都是分有了理念才存在的。那么在这里也有这个意思，参与了这个普遍性，也就是分有了这个普遍性。正因为是分有了这个普遍性，它们，这些规定，才是独立而漠不相干的。每个属性都分有了这个普遍性，所以它们都是独立的，它们在这个普遍媒介中无所不在，比如白色，在盐里面是无所不在的。它在这个物体里面是渗透了整个物体的，自有自己的普遍性；但与其他属性却毫不相干。不过下面一开始还没有谈事物，而只谈到物性，先搞清楚物性才能谈事物。

——这个抽象的普遍媒介，亦即可以被称之为一般**物性（Dingheit）**或**纯粹本质**的东西，不是别的，就是已被表明为众多之**单纯的集合的这里**和**这时**；但这些众多在**其规定性**中本身就是**单纯的共相**。

前面已经引出了这个媒介，这个更高层次的单纯普遍性，它把所有的规定性以一种内在的而不是外在添加的方式联系起来了。那么我们把这个媒介提取出来加以抽象的理解，它就是"一般**物性（Dingheit）**"，就是一般事物性。它不是事物，而是事物性。最抽象的媒介就是事物性。由于有物性作为媒介，所以任何一个属性或规定都可以被纳入到事物之中。那么这个普遍的媒介"被称之为**物性**或**纯粹本质**的东西"，就是说，物性就是那些被纳入其中的属性规定的纯粹本质的东西，所有的属性本质上都是物性，红色白色也好，香味也好，它们都是物性，是事物才具有的属性。我们把这样一个抽象的媒介称之为纯粹本质性的东西，抽象的媒介作为共相，我们把它抽象出来，因为知觉的最高的原则就是共相，那么我们把媒介作为普遍的东西抽象出来的时候，它就成为了知觉的纯粹本质。就是说所有的其他属性都是分有了这个纯粹的本质、分有了这个物性，它们才有普遍性。而只有成为普遍性才能被知觉到。那么这个纯粹本质是什么呢？"不是别的，就是已被表明为众多之**单纯的集合的这里**和**这时**"，也就是空间和时间。这里这时其实就是众多东西的单纯集合，或者说是众多东西的可能性条件。这种说法类似于康德对于空间时间的规定，即空间时间是先天的直观形式，就像一个容器，一切经验事物都离不开空间时间，万物都是被盛在空间时间这个容器里面被端给我们的，超出时空之外就没有任何感性知觉到的经验的东西。当然黑格尔并不把空间时间看作抽象的形式框架，而是把它们浓缩为"这里这时"，成为"这一个"的普遍媒介。但在时空和知觉、和经验事物的关系方面黑格尔和康德是一致的，就是时空是比它里面的那些内容更高一个层次的共相。其实黑格尔的这个纯粹的本质就是感性确定性里面论证过的这时和这里，但是在知觉这个阶段，这时和这里已经不是直接的这一个了，而是一开始就作为众多之单纯的集合，也就是作为一个共相了。"但这些众多在**其规定性**中本身就是**单纯的共相**。"这些众多的这时和这里，这些多数性在其规定性里本身就是单纯的共相。这在感性确定性里还不是这样，在那里，那些众多只是一些未规定的意谓，只是一些感性的原子，每个原子都是不可入的，都是纯粹个别的，因而都不能够成为共相。而在知觉阶段，这些众多本身有了"规定性"，而且每一个都是"单纯的共相"，所以这两个词要打上着重号，以示与感性确定性中的区别。在知觉里面已经不同了，它的每一个众多的成分在其规定性中，本身就是一个单纯的东西。比如说每个事物都有不同的属性，你可以从各种不同的角度去看它。而每一个属性都是一个共相。你把每一个物分成无数的属性之后，这些属性本身每一个都是共相，它只有在共相的基础之上才被你知觉。这就不是意谓了，不再是只可意会不可言传了。而是每个属性你都可以说出来，都是共相，都是单纯的。红色已经不可分了，它是一个知觉原子，但是它同时也是一个共相。

盐是单纯的这里，同时也是多方面的；它是白的并且**也**是咸的，**也**是立方形状的，**也**有一定的重量等等。所有这些众多属性都存在于*同一个*[①]单纯的**这里**之中，因此而在其中互相渗透；没有一种属性具有不同于另一种属性的另一个这里，而是每一种属性到处都存在于别的属性所在的同一个这里之中；

这里还是举盐为例，盐在这里，它的这个这里就是单纯的普遍性；但它在这里也有多方面的属性，如白、咸、立方、重量，等等。这些属性每一

---

① "同一个"为大写 Eine，中文排斜体。——中译者

个都涵盖了盐的这个这里，而它们本身也都重合在这个盐身上，成为盐的多重属性。所以他说，"所有这些众多属性都存在于**同一个**单纯的**这里**之中"，比如盐这里。盐同时是白的咸的立方形状的。这些属性都同时在同一个盐身上并且"互相渗透"。白也好，咸也好，它们是互相渗透的，每一块盐、盐的每一小部分里面，同时具有白和咸等等，你是不可能把它们分开的，比如一部分只有白、另一部分只有咸之类。"没有一种属性具有不同于另一种属性的另一个这里，而是每一种属性到处都存在于别的属性所在的同一个这里之中"，一块盐里面不可能只有白没有咸，在另一块中你不可能说只有咸没有白。没有任何一种属性具有不同于另一种属性的另一个这里。这就是它们互相渗透的意思。"而是每一种属性到处都存在于别的属性所在的同一个这里之中"，每个属性跟另外一个属性都存在于同一个这里，它们都涵盖着同一个这里，层层相叠，互不干扰，但又从来不觉得"拥挤"，因为它们都是单纯的、不占据排他的空间。注意这里的几个"也"（auch）都打了着重号，也可以译作"又"，是一个连接词，但在这里被术语化了，含有媒介的意思。这在下面有进一步的解释。

　　<u>而且同时，并不是由于被不同的这里分离开来，它们才在这种相互渗透中互不影响；盐的白色不影响或改变盐的方形，而这两者又不影响或改变盐的咸味，如此等等，而是由于每一属性本身都是单纯地**自己与自己相联系**</u>，它们就并不干扰其他属性，而只是通过那漠不相关的"**也**"（das Auch）来与它们相联系。

　　"而且同时，并不是由于被不同的这里分离开来，它们才在这种相互渗透中互不影响"，它们相互渗透并且同时也互不影响。白不影响咸，咸也不影响它的立方体，立方体也不影响它的重量。但是并不是因为它们被一些不同的这里分离开来，它们才互不影响。就是说，并不是因为你把它们划成一块块的格子，这个格子里面是白的，那个格子里是咸的等等，才使得它们相安无事。而是它们虽然互相渗透，你中有我我中有你，但却互不影响。"盐的白色不影响或改变盐的方形，而这两者又不影响

241

或改变盐的咸味"，这个很形象，也很通俗了。一块方形的盐晶，难道你把它磨成粉末了，它就不咸了吗？但问题是，为什么它们互不影响呢？他说："而是由于每一属性本身都是单纯地自己与自己相联系，它们就并不干扰其他属性，而只是通过那漠不相关的'也'（das Auch）而与它们相联系。"就是说，它们之所以互不影响，是因为它们每一个属性本身都是单纯的自我关联，每个属性自己跟自己相联系，白色跟白色自己联系，咸味与咸味联系。它们每一个与另一个都不能直接相联系，而只是一个外在地添加到另一个上面。因为这一点，它们每一个属性就并不干扰其他属性，而只是通过那漠不相干的"也"而与之外在地重叠在一起。盐这个白的东西"也"是咸的，它"也"是方的，"也"是有重量的，等等。当然这些属性都各自与自身相关，白可以是纯白、灰白等等，咸可以一般的咸或者咸得发苦等等，方形有大小，重量也有不同。在每个属性内部的程度上都是可以比较的，都有某种联系。但它们相互之间则是漠不相干的，靠这个"也"而维系在同一块盐上。这种联系是一种外部的联系，你不否定我，我也不否定你，但我们不发生相互影响。所以通过这种本来不相关的各方之间的"也"而让它们建立起来一种相互联系，它们虽然漠不相干，但它们也有联系，它们都是"这里"这个事物的属性。各种属性是通过同一个这里且凭借"也"而联系起来的，这才形成了同一个事物。也就是说同一个事物，它有这种属性也有那种属性，有各种各样的属性，所有这些属性都互不相干，只是一种多数性。一个事物有多种属性，多种属性没有别的联系，只有一个"也"在进行联系。

因此这个**"也"**就是那纯粹的共相自身，或者是那个媒介，即那个把它们如此总括在一起的**物性**（Dingheit）。

每个事物它有这种属性，也有那种属性，我们通过"也"把所有这些属性连接起来，那么这个"也"就成为了纯粹的共相自身，它涵盖和聚集了一切属性在同一个这里中。看起来是一个无关紧要的词，当然有这种属性，"也"有那种属性，我们日常说话中并不注意它。但是黑格尔单独把这个"也"提出来,认为这个"也"恰好是最重要的。它就是那个共相自身,所有的属性都是因为分有了"也"这个共相才具有了普遍性,它"也"是事物的一种属性,"也"可以涵盖这个事物的一切部分。我们说,白"也"是其中一种属性,而"也"本身是纯粹共相自身,"或者是那个媒介"。前面讲到媒介,"也"就是这个媒介,它把不同的属性联系起来了,没有它,这些各自为政的属性是联系不起来的。那么这个"也",即纯粹的共相自身或那个媒介,就是"那个把它们如此总括在一起的物性(Dingheit)"。这个"也"把各种属性聚集在一起,这就使得它们总括起来成了"物性"。所谓物性,也就是事物性,无非就是这些属性的集合。贝克莱也说,物是"感觉的复合",但他根本没有注意到这个"也"在这种复合中的作用,他以为这只不过是一种凑合。黑格尔则将"也"提升到一个总的共相的层次来加以强调。总而言之,这里是讲共相的层次的,当然这里共相的层次已经有了提高。所有这些属性尽管都是共相,但相互之间都处于外在联系中,可以说是杂多的东西;而所有这些杂多的东西必须通过一个更高的共相,也就是一个"也"把它们联系在一个"这里"之中,联系在"这一个"之中。后面讲到联系在一个"事物"之中,事物是一个更高层次的"这一个"。"这一个"是感性确定性的对象,知觉里面的"这一个"就是物、事物。

　　在已经得出的这种关系里,只有肯定的普遍性这一特性(Charakter) {73}
才被观察到并展示出来,但它呈现出还有一个也必须纳入进来的方面。

　　"在已经得出的这种关系里",前面讲的这种关系里,包含属性,包括各种属性之间的互相渗透又互不干扰的关系,以及各种属性跟那个"也"或那个媒介的关系。这些关系都是已经得出的关系。在这种关系里,"只有肯定的普遍性这一特性(Charakter)才被观察到并展示出来。"前面我们所看到的,我们所展示出来、我们所发挥出来的主要是这些方面,就是肯定的普遍性这一特性。这个特性是Charakter,也可译作性格、个性,这里把普遍性也当作一种特别的性格来看待,以便引出另一方面的特性。我们前面讲到的都是寻找它的普遍性，为它的普遍性划分层次。有低层次的，像属性的普遍性，它分有了那个更高层次的普遍性，分有了物性。"但它呈现出还有一个也必须考虑进来的方面"，还有另外一个方面需要考虑进来，前面考虑的主要是它的普遍性的一方面。还要考虑什么方面呢？

这就是假如这些众多被规定的属性绝对漠不相干，而且完全只是自己与自己本身相联系，那么它们就不会是任何**被规定了的东西**；因为只有当它们之间有了**区别**，并且当它们与**别的**属性处于对立的**联系**中时，它们才是被规定了的。

也就是说，前面我们只是考察了它普遍性一方面，但是还有一方面，也就是区别，也就是特殊性，必须纳入进来考虑。设想一下，如果这些属性只是绝对的漠不相干，——当然这是导致它们是普遍性的一个前提，就是各种属性要保持它们的普遍性、它们的单纯性，就必须跟其他的属性漠不相干，即使它们在一个物体中互相渗透，也都各自保持着自己的规定性不和别的相混淆，——假如这些属性绝对的漠不相干，完全只是自己跟自己本身相联系，"那么它们就不会是任何被规定了的东西"。"被规定"打了着重号。也就是说如果是这样，那么它们如何获得自己的规定性呢？如何获得它们自己的具体的规定，特定的规定呢？一个规定性，它再怎么独一无二，但如果没有与它比较的东西，如果它只是坚持我就是我而不表明我不是他，那么它仍然不能显出它的特殊性何在。"因为只有当它们之间有了区别，并且当它们与别的属性处于对立的**联系**中时，它们才是被规定了的"，所有这些属性，只有当它们之间有了区别，与别的属性处于对立的联系中，才是被规定的。联系打了着重号，就是说，不仅仅相同、相似是联系，对立也是一种联系，区别就是一种联系。每个属性本身当然有普遍性，但是它们的规定性如何得来的呢？是通过跟别的属性相区别而得来的。并且当它们与别的属性处于对立的关系时，它们才是被规定了的。"区别"和"联系"都打了着重号，区别和联系是两个不同的层次，区别在这里主要是指一种类别，比如说白色是属于视觉的，咸味是属于味觉的，那么我们把白色和咸味区别开来。或者把颜色和味道区别开来。但是颜色和味道还不是对立关系，而只是区别关系，或者说差异关系。什么是对立的关系呢？比如说白色和黑色是对立的关系。白色和黑色都属于颜色，但是它们是属于对立的关系。对立和差异不同，差异可以没有同一的基础，可以是漫无边际的不同；但对立必须是在同一个基础上的对立，比如都是颜色，但有白的和黑的两种相对立的颜色。"并且当它们与别的属性处于对立的联系中时，它们才是被规定了的"，白的不是黑的，那么在这种关系中，它们才得到了规定，它们互相限制住了。白和黑是颜色中的两个极端，在这两端之间还规定了中间的环节，如红的蓝的等等，这两端就是一种对立的关系。光说区别呢，它是白的，但它不是咸的，这个还不是对立的关系，它们不能互相规定。这种关系没有对立，它只是区别而已，它们没有互相规定的基础，而且互相也不冲突，完全可以相容。一个东西是白的，完全可以又是咸的。但是如果是对立的关系，它们就是不相容的啦，一个东西是白的，就不是黑的，它不可能"也"是黑的。这个就开始朝另一个层次过渡了，就是说，原来是所有的属性在同一个物体中都是相容的，互不干扰，互相渗透，可以用一个"也"把它们联系起来；但是有一种情况是不相容的情况，不能用"也"。比如说一种东西是黑的还是白的，这就是不相容的，它们是对立的。它如果是白色的，就不可能是黑色的，更不可能既是白色的"也"是黑色的。这个时候，我们就要考察它们的区别和对立的联系了，而不光是从普遍性、单纯性这个方面来看，那是不够的。

但是根据这种对立，它们就不能在它们的媒介之单纯的统一性里共存，而这种统一性对它们来说是与否定性同样本质性的；

"但根据这种对立，它们就不能在它们的媒介之单纯的统一性里共存"，你不能说这个东西既是白的"也"是黑的，它们是对立的关系，不相容的关系。所以它们不能在它们的媒介之单纯的统一性里共存，不能用

"也"这样一个媒介把它们统一起来，使它们共同存在。它们之中肯定有一方必须被排除在媒介之单纯统一性之外，而不能共同存在于同一个统一体之中。所以"这种统一性对它们来说是与否定性同样本质性的"，我们用"也"这个媒介把各种属性统一在一个事物中，但这种统一性对于那些对立的属性是具有否定性的，每个属性都要否定那个与它对立的属性，不许它和自己并存，这是这种统一性的本质。如果完全敞开，所有的对立属性都涌入进来，那就不存在一个统一的事物了。一个统一的东西除了具有那些肯定的普遍性之外，还必须具有区别能力，也就是把某些对立的东西排除出去的能力。白色不是黑色，白色也不是咸味，也不是立方体；但是白色可以和咸味、立方体等等共存于一个统一体中，却不能和黑色共存于这个统一体中。白色必须通过"也"这个媒介跟其他的属性如咸味等等统一起来、联系起来，共同存在于一个单纯的统一体之中，但必须从中排除黑色。当然如果是不单纯的东西，则可以相容，就是一部分是白色而另一部分可以是黑色。如果是复合起来的东西，复杂的东西，这是可以的。但这里说的是"单纯的统一性"，那白色和黑色就不能共存了。所以就单纯的统一性而言，它是排除那些对立的属性的，这种统一性对这些属性来说本质上是具有否定性的。他说，"这种统一性对它们来说是与否定性同样本质性的"，统一性跟否定性对这些属性来说同样是本质性的，就是说，正因为要维持一个统一，所以本质上就要否定这些对立属性，以免它们来捣乱。前面讲统一性是本质性的，这里讲否定性也是本质性的，要否定那些破坏统一的东西。这本是一个东西的两面。

对这些属性所作的区别，只要不是漠不相干的，而是排他性的、否定他者的，那么它就会落在这种单纯的媒介之外；并且这个媒介因此也不[77]仅仅是一个"**也**"，不只是漠不相干的统一性，而且也是"**一**"（Eins），即**排他性的单一性**（Einheit）。

这句话很关键。"对这些属性所作的区别，只要不是漠不相干的，而是排他性的、否定他者的"，对这些属性所做的区别有两种，一种是漠不相干的，比如说白色和咸味就是漠不相干的；但还有一种是排他性的、否定性的，比如说白色就不是黑色。漠不相干的属性可以并存，而排他性的属性不能并存。如果是对不能并存的属性所做的区别，"那么它就会落在这种单纯的媒介之外"。你要区别白和黑这些属性，那么这种区别就会落在这种单纯的媒介之外，而进入不了这个媒介之中。比如说盐，我们把它的各种属性放在一个"也"的统一体里面，把所有的属性都统一起来，通过"也"这个媒介把它们结合起来了。它既是白的，也是咸的，也是立方体的，等等。但是所有这些属性的对立属性，如黑色、酸味和球体这些属性，它们都不在这个单纯的媒介里面，而在单纯的媒介之外。就是说你要区别盐的白色和黑色，你就不能在盐的内部来区分，因为盐只有白色没有别的颜色。所以你要区分白色，你就必须扩展到盐之外去区分：盐是白的，另外有别的东西不是白的而是黑的。这种区别就会落在盐这个单纯的媒介之外了。他说，"并且这个媒介因此也不仅仅是一个'也'，不只是漠不相关的统一性，而且也是'一'（Eins），即**排他性的单一性（Einheit）**"。因此这个媒介就不仅仅是一个"也"了，对立属性已经落到它之外了，它已经够不着了。我们可以说也有黑色，但是我们讲的已经不是这个东西了，不是盐了，盐只有白色。我们讲有的东西是白色，另外有的东西是黑色的。如果你坚持要讲这个属性，那就不能用这个"也"来作媒介，来把双方联系在一个统一体中了。所以这个媒介就更深了一层，就是说，这个媒介不仅仅是一个"也"，而且也是"一"。柏拉图和亚里士多德就是要追求"一"，当然是单一性，就是一个东西，就是一个最纯粹的东西。当然它也是统一性，但是这个地方是说，不只是漠不相干的统一性，而且也是"一"，是单一性。不是说你把所有的东西都拢在一起就统一了。拢到一起还不一定是统一，我们说这是一个"总和"，它有可能是拼凑起来的一大堆东西，随时可以解体，并不是真正的统一性。只有成了单一性、成了"一"的，才是真正的统一性。因为它是个别的"一"，既有个别性又有普遍性，它是单纯的普遍性，这就是真正的统一性。统一性跟这个"一"有区别,一个是普遍性,一个是个别性;但是它们又是相通的。希腊人说逻各斯是"一",正因为如此,万物是统一的,万物都在逻各斯里面。逻各斯本身是一,它是最单纯的;正因为它是最单纯的,所以它无所不在,它能够贯通一切,所以它是最普遍的。"即排他性的单一性 (Einheit)。"排他性的单一性,字面上也可以译成排他性的统一性。Einheit 有两个意思,一个意思是"统一性",另外一个意思是"单位",或者"单一性"。Einheit 直译为"一性","一"的性质。这个词有双重含义,既有单一性的含义也有统一性的含义。我们可以把统一性看作是"大一",把单一性看作是"小一"。这是中国古代惠施提出的两个概念,惠施认为大一和小一其实是同一个东西,"至大无外,谓之大一,至小无内,谓之小一。"《管子·心术篇》说:"道在天地之间也,其大无外,其小无内。"我们在这里对"一性"也有双重理解,一个是大一,就是无所不包的统一性;一个是小一,即排他性的单一性。就是说那个"一"、那个 Eins 是排他的,它就是一,它就是一个个别的东西。但它同时又是共相,就是逻各斯,因为逻各斯是一。古代的赫拉克利特、柏拉图都强调逻各斯是"一",逻各斯说的"一"不是说一个具体的什么东西,一匹马、一个人等等,不是讲的这个东西,而是指那个最普遍的东西,但是它又是最单一的、唯一的东西。那么,从这个方面来看,这个媒介因此就不仅仅是那个"也"了,"也"只是一个过渡,它必须上升到更高层次。这个时候,我们就已经提到了一个更高层次,那就是单一性、一。说有一个东西,此外也有另一个东西,这样的罗列可以无穷地进行下去,经验派就最喜欢这样做。就是说你讲的这个也是,也对;另外一个人又提出一个事实,也是对的。这样说好像很全面,没有偏见,但是这个层次就不高。比如说这个盐是白色的、也是咸味的、也是立方体的,这个没错;但是所有这些属性都是外在地结合在一起的,没有内在的贯通性,没有真正的统一性,它们漠不相干,是一种外力把它们捆在一起的。但是现在呢,我们进入了这样一个层次,这个媒介现在不仅仅是一个"也"。我们考虑到一种排他性，这个盐是白色的就不能是黑色的，它的特点就是它是一个排他的单一性。那么排他的单一性是什么呢？那就是一个事物了，每个事物都有一个特点，这个事物之所以有这个特点就是说它具有排他性，它是这样的而不是那样的，它具有它固有的特点，这就达到了物、事物。

　　——"一"是**否定性的环节**，正如它是以一种单纯的方式自己与自己相联系并排斥他者那样，而**物性（Dingheit）**则由此而被规定为了**事物（Ding）**。

　　事物性（Dingheit）由此就被规定为了事物 Ding。"一"是否定性的环节，这样一个"小一"是排他性的环节，至小无内，把所有的外在的东西都排除了，排除到再也不能排除的时候，这就是一。"正如它是以一种单纯的方式自己与自己相联系并排斥他者那样"，一作为否定性的环节，它不同于原来的这个"也"的媒介的环节。这个"也"没有表现出排除其他东西，它表现出兼容并蓄；但是这些属性本身是具有排斥性的，因而它们的集合体也是具有排斥性的。这个盐虽然它既可以是白的也可以是咸的，但是它不可能既是白的也是黑的，也不可能既是咸的也是酸的；而它们所组合成的盐，就只能是白的、咸的，而不可能是黑的、酸的，盐本身作为"一"，就把黑的、酸的排除在外了。所以这个"也"在这种场合下就不管用了，这个"一"是以一种单纯的方式自己跟自己相联系并排斥他者。你光是自己与自己相联系，光是"也"那还不够，还必须以一种单纯的方式，既把自己相联系起来，又排斥他者。这个时候它才能成为一，成为否定性的环节。以一种单纯的方式自己跟自己相联系，也就是"一"把那些复杂的关系都扬弃了，它以一种纯粹共相的方式自己跟自己相联系，那些对立的属性如黑、酸等等不只是被白、咸所排斥，而且是被盐这个"一"所排斥。这个"一"既有自己跟自己关联的方面，同时又有排斥他者的方面。前面一段我们主要是讲这一个的普遍性，这一段主要是讲排斥他者，讲它的特殊性，那么讲到特殊性我们就讲到"事物"了。为什么前面已经提到事物，比如说盐，但是为什么不用"事物"这个词呢？因

249

为这个时候，我们还只是考虑到它的肯定的方面，物性和"也"，我们还没有考虑到它的否定的方面，没有考虑到它否定性的区别方面、"一"的方面。事物有它普遍性的一方面也有它特殊的一方面。它必须要把排他性纳入进来，只有这样才能把物性规定为事物。物性当然要有普遍性，但是物性要变成事物，那就还要有个别的个性或特性（Charakter），就要指出，这个物性不是别的物性，它是排他的，排除了其他的东西，它才能成为这一个事物。

在属性那里，否定性是和存在的直接性直接为一的**规定性**，而存在的直接性，借助于与否定性的这种统一性（Einheit），它就是普遍性；但是作为"一"这种单一性（Einheit）是这样存在的，即它摆脱了它与对方的这种统一性，而本身自在自为地存在着。

在属性那里，属性已经是普遍性了，这个前面已经讲到了。属性怎么来的，属性就是通过一种否定，"这一个"被建立为"非这一个"，建立为被扬弃的这一个，这就是属性。"在属性那里，否定性是和存在的直接性直接为一的规定性"，属性的这种否定性是跟存在的直接性直接为一的。存在的直接性就是感性确定性那种直接性。感性确定性在它的存在的直接性里面已经体现了自身的否定性。我们的属性是从这里来的。但是在感性确定性里面，没有注意到这个否定性，所以它没有办法作出规定性，只能是意谓。而在知觉里面，我们开始正视这个否定性，并把它规定为属性。但这个否定性跟存在的直接性是直接为一的规定性，它虽然已经有了规定性，但是它还没有跳出直接性。"而存在的直接性，借助于与否定性的这种统一性（Einheit），它就是普遍性"，Einheit 我们上面翻译成单一性，这里我们把它翻译成统一性，下面又翻回单一性，这是根据语境而译出不同的意思，汉语中没有办法统一。这个直接性和它的否定性的统一性，在感性确定性里已经有了，存在的直接性自我否定，它跟这个否定是直接统一的。但是感性确定性本身一直没有发现这一点，一直到知觉才发现，这就导致了属性的产生。那么这个统一性就是普遍性。

整个知觉都是以普遍性为原则的，所以我们前面考察的都是它的普遍性。在属性那里，它就是普遍性。"但是作为'一'这种单一性（Einheit）是这样存在的，即它摆脱了它与对方的这种统一性，而本身自在自为地存在着"，"但是作为'一'这种单一性（Einheit）是这样存在的"，但是这个与属性的层次又不同了，现在我们又达到了"一"，达到了事物这个层次了。这种单一性是怎么样存在的呢？"即它摆脱了它与对方的这种统一性，而本身自在自为地存在着"。"对方"也就是其他对立的属性，它现在把它们摆脱了。它不再是与这些东西共处于这种统一性中了，不再和所有的东西牵扯在一起，而是割断不相干的关联，本身自在自为地存在着，那就是事物。事物就是这样的，它摆脱了其他的属性，它把自己从中区别开来了，展示了自己的个性。其他的事物有其他的属性，而我这个事物就有这样一些属性，这个事物的这一套属性跟其他属性是不能相容的。现在与它们对立的是这样一种统一性、是这一个"一"了。我们不能再泛泛而谈属性了，我们现在谈的是事物，是谈的"一"，它有一套自己特殊的属性。要一般地谈属性的话，那个属性是很泛的，它不一定凝聚在某一个事物身上。但是这些属性也不能自在自为的存在，它们只能依附于某个事物、某个"一"而存在。而现在我们讲的这个"一"本身是可以自在自为地存在的，这个"一"，这个"物"，它本身凝聚了一堆这样的属性，这些属性每一个都不能自在自为地存在，必须附着于事物身上它才能存在。

在这几个合在一起的环节中，事物是被当作知觉的真实的东西来完成的，在这方面有必要就此对它加以阐发。

前面几个环节，我们把它总合起来看，第一个环节是普遍性，第二个环节是特殊性；那么我们最后通过这种特殊性，我们建立起了一，建立起了事物，这就是个别性。这就在更高层次上回到了感性确定性中的"这一个"。那么在这三个合在一起的环节中，"事物是被当作知觉的真实的东西来完成的"，知觉的真实的东西，或者知觉的真理，知觉本身就是要

251

追求真实的东西,知觉 Wahrnehmen 本来的意思就是获取真实。知觉要获得真实的东西,那么最后获得了什么样的真实的东西呢? 那就是事物。事物被当作真实的东西,它被看作是知觉的真实的东西来完成的,前面几个环节逐步展示了这个过程。"在这方面有必要就此对它加以阐发",在这里有必要对事物的完成过程进行阐发,也就是看它是怎么发展出来的。根据前面讲的三个环节,每个事物要建立起来都有三个阶段。

它就是:第一,漠不相干的被动的普遍性,是众多属性、或者不如说是众多**质料**的那个"**也**";第二,事物同样是单纯的否定性或者"**一**",是对于相对立的属性的排除;

也就是说事物是如何形成起来的,首先就是,第一,漠不相干的被动的普遍性,它有很多被动的普遍性,这些普遍性相互之间是漠不相干的。普遍性也就是共相,也就是在知觉阶段,我们必须要提高到共相上面来谈问题,我们考虑的都是一些普遍性的问题,哪怕那些在感性确定性中是个别的意谓的东西,如看到的白色、尝到的咸味,在知觉里面都被当作是普遍的共相来看待的。但是这些普遍性的东西都是漠不相干的,每一种属性自身都是共相,白色、咸味,它们都是共相。但是这些共相都是被动的,它没有主动性,它是被带来的,完全偶然的。所以它们也不和其他属性发生关系,它们就只是并列在那里而已,相互之间是漠不相干的。所以它们只是"众多属性、或者不如说是众多**质料**的那个'**也**'",物性的第一个阶段就是那个"也",就是把所有的那些属性、那些质料、那些被动的普遍性,我们把它用一个"也"联系起来,看成并列的或共存于这里的。"也"本身就是那个媒介,它是一个更高的共相或普遍性,即共相的共相、普遍性的普遍性,它把所有那些共相联系起来,当然还是外在地联系起来。同时我们把它当做事物本身形成起来的一个前提,事物就是靠这个"也"呀,每个事物都有很多属性,没有属性就没有事物;许多属性结合起来就成了事物,那么这些互不相干的属性怎么能够结合起来呢? 靠一个"也"。"也"是一个普遍的形式,它把那些属性作为自己的众多质料聚集在一起了。"第二，事物同样是单纯的否定性或者'一'，是对于相对立的属性的排除"，第二个阶段，我们上面已经讲了。这个单纯的否定性导致了这个事物成为了一。"排他"，排除所有其他的东西，那它就是唯一的了。如果它不排除相对立的属性的话，那人家就说你跟其他的东西有什么区别呢？甚至你跟和你相反的东西有什么区别呢？那就没有你的"一"了，你就化解在其他东西中，和相反的东西都没有区别了。事物是排他的，它是唯一的。是对相对立的属性的排除。所以这个否定性的阶段对于形成事物也是必不可少的，和前一个环节一样，它也是另一个环节。

<u>并且第三，事物是众多**属性**自身，亦即前面两个环节的联系，是这种否定性，正如它与那漠不相干的元素相联系，并在其中作为种种区别的总和而扩展开来那样；它就是在持存的媒介中照射到多数性中去的那个个别性之点。</u>

"事物是众多属性自身"，事物就是一些属性的多数性。事物就是把所有这些属性统一起来，它是一个"一"。它既是大一，也是小一，既是普遍性又是单一性，既是肯定的普遍性又是否定的单一性。所以它是前两个环节的统一。这是典型的黑格尔式三段式，第一个是普遍性，第二个是特殊性，第三个是个别性。这个"一"我们把它理解为大一和小一的统一。第一个是肯定的，第二个是否定的，第三个是合题，是前面两个环节的联系。怎么联系？是一种否定的联系，"是这种否定性、正如它与那漠不相干的元素相联系，并在其中作为种种区别的总和而扩展开来那样"。那些对立的属性本来是漠不相干的，但是这种否定性呢，把它们的这种漠不相干的元素联系起来了。通过什么联系起来的呢？通过否定，否定就是规定嘛。一切规定都是否定。要使得它们相关，就要通过否定。用什么来否定？用别的东西，用别的属性，用与它对立的属性来否定它。这就使得它与那些属性的漠不相干性有了联系。这些属性虽然相互是漠不相干的，但是对于相对立的属性又是否定性的，这种否定性使得这些本来漠不相干的属性同仇敌忾，"并在其中作为种种区别的总和而扩展

开来"，也就是每一种区别都分有了这个总的区别，都代表这个总的区别而和对立的属性相抗衡。这就是事物了，事物有一种否定性的关系，例如它不是黑的而是白的，不是酸的而是咸的。我们可以把它扩展为：这个事物不是黑的事物而是白的事物，不是酸的事物而是咸的事物。这个白的事物不是仅仅代表白而和非白相对抗、相否定，而是代表白色事物中的一切区别的总和而与相反属性的事物相对抗、相否定。当然，不白的事物或黑的事物不一定也是不咸的事物，白和黑的区别不一定导致咸和酸的区别；但是一旦通过白和黑的区别而把这个白的事物和那个黑的事物区别开来了，这种否定性就作为种种区别的总和而扩展开来了。这个事物和那个事物总之不同了，即使其中它们有某种共同的地方，也是作为不同事物的共同之处而被排除在这个事物之外，不能因为有这个共同之处而否认它们是不同的事物。"它就是在持存的媒介中照射到多数性中去的那个个别性之点"，"它"，也就是这种否定性，这种否定性就是在持存的媒介中，这个持存的媒介就是"也"，就是那个从头至尾一直贯穿下来、一直保持下来的那个也。正是这个持存的媒介把各种属性能够联系在一起成为一个"一"，一个个别的事物。而其中否定性就是照射到多数性中去的那个个别性之点，这个否定性是一个点，一个发光的原点。这里借用了光线照射的比喻。"照射到多数性中去"，多数性在感性确定性里面是散的，而且是互相取消的；但是在知觉里面，多数性是众多属性，它们虽然互不相干，但通过这个"也"的媒介把它们聚集起来了；但单是聚集起来还不足以使它们成为一个事物，成为"一"，而只有借助于这个否定性的发光点，让这个原点放射出来的光线照射到这些多数性中去，才使它们形成一个独立存在的事物。这个原点就是个别性，否定性在这里就是个别性，它成了原点，一个光点，它用自己的光线照亮了多数性，使它们凝聚为个别的"一"。我们讲黑格尔的正反合：普遍性、多数性、个别性。这种绝对的否定性就是一种个别性，它把持存的东西作为它的媒介，通过这种媒介来照亮它里面所包含的东西。这就是事物的三个阶

254

段。第一个阶段是普遍性的阶段，是把众多属性联系在一起的那个共相"也"；第二个阶段是否定性的阶段，这种否定性还只是单纯的肯定性的排除，排除了不属于这个事物的属性，这只是消极的否定性；第三个阶段就是这些构成事物的属性自身，它们把自己这种肯定性结合起来，以否定性作为原点来统摄所有的肯定性，来统摄多数性，使之成为一个个别事物。否定性在前一个阶段已经有了，但是只有在第三个阶段里面它才作为个别性展示出了它的威力，展示出它的积极的功能。后面这种否定性跟这个普遍性是统一的，即通过它把自身扩展开来，照射到多数性中去，成为这些多数性的共相，使它们以"一"的姿态成为了个别事物，于是它本身就成了个别性之点。第三阶段就是个别性。

<u>一方面，这些区别属于那漠不相干的媒介，因而它们本身就是普遍的，它们只是自己跟自己相联系，而不互相影响；但另一方面，它们属于否定的单一性，它们同时是排他的，但它们在那些离开它们的"**也**"之外的属性之上，必然具有这种对立的联系。</u>

这两个方面还是讲的第一和第二阶段，这里再次对前面的三段式加以陈述。首先第一阶段，即"一方面，这些区别属于那漠不相干的媒介"，就是这些属性你把它作了区别，但是它还是属于那漠不相干的媒介，也就是属于那个"也"。它本身还是漠不相干的，白色和咸味还是漠不相干的，互不干扰互不限制。它们属于这个"也"之下，"也"就是把这些漠不相干的属性联系起来的唯一办法、唯一媒介，所以称之为"漠不相干的媒介"。正因为它们每一个都不受另一个的限制，每一个都覆盖整个事物，"因而它们本身就是普遍的，它们只是自己跟自己相联系，而不互相影响"。那么第二阶段则打破了这种互不相干性："但另一方面，它们属于否定的单一性，它们同时是排他的，但它们在那些离开它们的'**也**'之外的属性之上，必然具有这种对立的联系。""另一方面"，就是第二个阶段，它们属于否定的单一性。之所以是单一性，就是表明这些属性是专属于一个单一的事物，而不是泛泛的一些属性，因此这种否定的单一性就是

排他的单一性。这些属性同时是排他的，也就是在一个单一的事物中是排斥对立的属性的。当然如果不是在一个单一的事物中，这些相反的属性并不一定相互排斥，我们说有白的事物，也有黑的事物，白的事物并不一定否定黑的事物，它们完全可以并存的。但是如果限定在一个单一性的事物中，那么它们必然具有排他性。"但它们在那些离开它们的'也'之外的属性之上，必然具有这种对立关系"，离开它们的"也"之外的属性，也就是我们不能通过"也"来纳入到这个事物之中的那些属性，比如说这个盐当然它不能够既是白色的"也"是黑色的，我们不能够把黑和白这个区别通过"也"而纳入到这个事物之中；但是如果你离开这个盐的"也"，也就是不把这种区别纳入到一个单一的事物里面，那么当然除了白色的还有黑色的，而它们的区别也就"必然具有这种对立关系"了。但这种对立关系是跳出了这个"也"之外来说的，而在这个"也"的媒介中，所有那些属性的区别都漠不相干，并不互相否定。所以这里讲的否定性只是否定的单一性，是作为单一的事物的排他的否定性，但这种被排斥被否定的对立关系是在这个媒介之外的，也就是在这个单一事物之外受到排斥的，而不是要排斥事物内部的属性。前面一段中也讲了，"对这些属性所作的区别，只要不是漠不相关的，而是排他性的、否定他者的，那么它就会落在这种单纯的媒介之外"，并且这种媒介因此也不仅仅是一个"也"，不只是漠不相干的统一性，而且也是"一"，即排他性的单一性。这个媒介就提升到了"一"。(见上一段) 这里重申了上面的说法。

感性的普遍性，或存在与否定的**直接**统一，只有当"一"和纯粹普遍性都从这种统一中发展出来并相互区别开来，只有当这统一与纯粹普遍性彼此结合起来时，才是**属性**；只有这直接统一与那些纯粹本质环节的这种联系才完成了**事物**。

"感性的普遍性"，感性的普遍性在感性确定性里面已经出现了，但是没有把它当回事；只有到了知觉阶段，才把感性的普遍性当作原则。那么这个原则也可以说是"存在与否定的**直接**统一"，也就是说存在的自

256

我否定。它就是存在自己否定自己。这个是在知觉阶段才揭示出来的，即存在不是一个单纯的存在，一个直接的肯定，而是跟非存在、跟否定直接统一的，"这一个"跟"非这一个"是直接统一的。这个是在知觉阶段揭示出来的。那么这种直接统一，"只有当'一'和纯粹普遍性都从这种统一中发展出来并相互区别开来"，它才是属性。"一"是那种单一性，纯粹普遍性就是抽象的统一性了，这两者都从这种直接统一中、也就是从感性的普遍性中发展出来。本来感性的普遍性是笼而统之的统一，但是从里面发展出，一个是"一"，另一个是纯粹普遍性。"一"是纯粹的个别性，是排他的单一性，而另一个是纯粹的普遍性，它们都是从这个直接统一里面发展出来的。并且它们相互区别开来，也就是把小一和大一区别开来。小一跟大一不同，小一跟纯粹的普遍性不同，它是排他的，它至少不能把自己的普遍性延伸到他物之外，它要排他。所以小一不是纯粹的普遍性。要把这两个区别开来，一个是"一"，即小一，另一个是纯粹的普遍性，即大一。它们都是从这种直接的统一中发展出来并相互区别开来的。"只有这统一与纯粹普遍性彼此结合起来时，才是**属性**"，就是说，感性的普遍性要如何才是属性，有两个条件，一个就是上面说的，要把小一和大一从中发展出来并且区别开来；另一个就是这里说的，要使这个直接的统一性、这个感性的普遍性和纯粹普遍性彼此结合起来，那么它才是属性。知觉本来已经把感性的这一个理解为普遍性了，就是说存在与否定的直接统一，本来就是感性的普遍性了，所以它应该已经是属性了。但是这里讲到，要理解为属性还有两个条件，只有当小一和大一这两个对立面从统一中发展、区别开来，并且把这种直接统一和大一、和纯粹的普遍性彼此结合起来，这种直接统一才能是属性。第一个条件就相当于事物形成的第二个阶段，第二个条件则相当于第三个阶段，就是回复到直接统一性，但是在更高层次上，也就是在经过了小一的否定而结合着纯粹普遍性再返回到直接统一性。只有经过这两个阶段，感性的普遍性才是属性。但属性本身只与大一结合，而没有说也要和小一结合，因为如果再和小一结合，那就不单纯是属性，而且是事物了。这就是为什么这里的"属性"打了着重号，这是为了标明与下面打了着重号的"事物"的区别。一个属性，一个事物，这也是不同层次。事物是由属性构成的，先要搞清属性的形成，然后再看事物。"只有这直接统一与那些纯粹本质环节的这种联系才完成了**事物**"，"只有这种直接统一"，本来直接统一就是属性了，但是要加上上面这些理解，也就是加上这两个条件，要把"一"和纯粹普遍性发展出来并且要把纯粹普遍性和直接统一性或感性的普遍性结合起来，这样理解的属性才是真正的属性。那么进一步，只有这直接统一与那些纯粹本质环节的这种联系才完成了"事物"。哪些纯粹本质环节？就是前面讲的那两个环节，即小一和大一，也就是"一"和"纯粹普遍性"。这种直接统一与那两个环节联系起来才完成了事物。事物就是这三者联系在一起、统一在一起的结果。而属性则只是两者统一的结果，即感性的普遍性和纯粹的普遍性统一的结果，"一"在里面虽然起了作用，但并不进入到属性里面，属性本身毋宁是多数的。这样理解的属性，如果再加上否定的环节，即加上"一"的环节，扬弃它的多数性，它就构成了事物。属性和事物是知觉阶段的关键词。首先我们理解属性，知觉首先是知觉到属性，那么通过属性进入到事物，来把握对象，这个发展经历了正反合三个阶段。

*　　　　　*　　　　　*

［二、事物的矛盾概念］

知觉这一章的第二部分，拉松版加上了标题，叫做"事物的矛盾概念"。前一个标题是"事物的单纯概念"，事物的单纯概念实际上是讲，事物是怎么样形成起来的，我们如何得到事物的概念。我们之所以有事物的概念，首先还是由于属性的概念。当然最初还是因为我们把我们的知觉看作是对这一个的真实的把握，"知觉"这个德文词的意思就是取得了真实,把握到了真实。那么如何能够把握到真实,就是通过属性,通过各种各样的白色、咸味、立方体等等,也就是通过视觉、触觉、味觉,通过所有这些接受到的属性,这些属性就构成了物性的、也就是事物性的概念。那么通过物性的概念,我们从里面可以找到一个"一",事物底下有一个贯穿下来不变的东西,由此就得出了事物。事物的单纯的概念就是这样获得的,初看起来好像很简单。事物无非就是一些属性所显现出来的那些东西,这个观点基本上是洛克的观点。而且洛克把事物本身和属性做了一番区分,这些属性是第二性的质,事物本身的规定是第一性的质,是通过广延、数量、运动大小、形状来加以规定的,第二性的质则只是我们通过感官赋予它的。但是我们通过感官确定有一个事物存在,这是洛克的朴素的唯物主义的信念,由此我们得出了事物的概念。但是对事物的概念作进一步区分,走出洛克的那种朴素的唯物主义,我们就发现它一步步地变了,就发生矛盾了。这是黑格尔特有的一种分析法,就是拿一个概念来,我对它在运动中所体现出来的自相矛盾性加以分析,即对概念的运动进行矛盾分析,这是黑格尔的一切著作里面所体现出来的方法。所以第二个小标题就是"事物的矛盾概念"。下一步就开始分析事物的矛盾了。这样一种事物的概念,它是怎么样运转的?我们要继续对概念进行真实性的把握,那么它要走向哪个方向?在洛克那里,事物的概念的真实性最终是没有得到的。洛克认为我们所得到的都是在我们的经验中呈现给我们的,一切在理智中的莫不先在感觉中,那么你先感觉事物的存在,那个事物是在你的感觉中呀,那不是主观的么?那个事物本身的真实性你如何确定?靠理智也不行,理智虽然提供了第一性的质,它也是主观中根据感觉推出来、抽象出来的,是不是事物本身的规定,不知道。所以洛克说事物本身的实在本质我们不知道,只知道它的名义本质。这就带来了事物概念的矛盾。这个事物的概念在变,你必须再进一步探讨事物的性状,要探讨知觉的真理性,即如何符合事物。你不要像感性确定性那样只考虑确定性的东西,你现在还要考虑真理性的问题。

　　于是这就是知觉的事物的性状；只要意识是以事物作为自己的对象，它就被规定为知觉者；它**只须采纳（nehmen）**对象，抱有纯粹统握（Auffassen）的态度；凡是由此而从属于意识的东西，就是真实的东西。

[78]

　　这是从前面一段所总结出来的结论性的一句话，"于是"，就是表示它是从前面来的，从前面自然得出这样的结论。"于是这就是知觉的事物的性状；只要意识是以事物作为自己的对象，它就被规定为知觉者"，意识被规定为知觉者。意识为什么被规定为知觉者？是因为意识是以事物作为自己的对象，这个"对象"在这个阶段上就可以等同于"事物"了，在这里，凡是黑格尔提到对象的时候，你就可以把它理解为事物。知觉就是以事物为对象的那种意识，跟感性确定性那里就不一样了，感性确定性是以"这一个"为对象的。感性确定性的这一个是为了达到确定性，而知觉的事物则是为了达到真理性，真正的对象是什么？那就是事物。英国经验派普遍也是这么认为的，当然当时的理性派也是这样认为的。英国经验派着重于谈事物。那么这样一种知觉者它只需要采纳对象，采取纯粹统握的态度，"凡是由此而从属于统握的东西，就是真实的东西"。这个跟感性确定性也有一点类似，就是说它只是接受对象，有什么说什么。当然它这里的接受已经是一种采纳（nehmen），跟一般完全被动地接受还不一样。这个接受带有一种主动去取得的意思，我们上次分析这个德文词，它有一种获取、采纳的意思。它这个接受是有目的的，它不是完全盲目地接受，不加辨别地接受，而是为了要达到真实的东西而接受。所以在 Wahrnehmung 即知觉中，Wahr 就是真实的，nehmen 就是取得、获取，它也有接受的意思，但是这种接受是有主动性的接受，是采纳。所以它只须采纳对象，抱有纯粹统握的态度。"统握（Auffassen）"，Auf 就是在上面，fassen 就是抓住、把握住，转义为理解、掌握。统握也就是采纳，也就是获取。但是"纯粹的"统握，纯粹的获取，就是直接的，没有拖泥带水的，不谈别的，就看你统握到了没有。"凡是由此而从属于意识的东西就是真实的东西。"这就点出了统握的目的所在，就是要通过它来把握真实的东西，使它从属于意识。什么是真实的东西？就是凡是通过统握而从属于意识的东西就是真实的东西，凡是被我们的意识所抓到的东西，所把握到的和统在一起的东西，那么它就是真实的东西。这里我们要注意真实的东西，和采纳、取得，合起来看就是知觉 Wahrnehmen 的意思。这就是知觉。

假如意识本身于采纳对象时有所作为，它就会通过这种增加或减少而对真理作出改变。

就是说知觉就是要通过对于对象的这种纯粹的统握、这样一种采纳来获得真理，使它从属于我们意识之下；但是假如它在采纳对象的时候有所作为，就是不是纯粹统握，而是要做另外一些处理，要有另外的举动，它在采纳、接受的时候，想要玩一点小花巧，自作聪明，或者自作主张，显得有所作为，有所增加或减少，这里添油加醋一点，那里又删掉一点，——那么这种活动，你一旦做出来，那就一定会对于纯粹的统握有所增加或减少，从而对真理作出改变。所以这里强调就是统握必须是纯粹的统握，不能另外加进你自己的私货。你本来是通过纯粹的统握来获得真理，但是你在取得真理的过程中，你不太忠实于对象，不忠实于事物，那么你最后得出的真理就会有所改变，不完全符合于事物了。

由于对象是真实的东西和共相，是自身等同者，而意识本身却是变 {74} 化无常的和非本质的东西，对意识来说就有可能发生不正确地统握了对象和弄错了的情况。

你改变了真理，那么顺理成章的，对象是真实的东西，是不可改变的东西，是自身等同的，它是一个共相，是前后一贯的；而你自己加进去的东西，那是你自己弄出来的。对象既然是这样，"而意识本身却是变化无常的和非本质的东西"，那么你要去把握，这本身就是主观的活动嘛，那么在主观活动的时候，你要附加上自己的东西，那就是非本质的东西了。意识要统握对象，要统握事物，那么可以采取各种不同的统握方式，甚至每个人都有每个人特有的统握方式，你可以随意加上一些东西。意识在统握事物的时候，它很难坚持不变，坚持纯粹的统握，总有主观的东西冒出来进行干扰，所以它是变化无常和非本质的东西。本质的东西就是对象，就是事物，意识在知觉中要符合于事物，所以事物是本质的东西，而意识是非本质的东西。"对意识来说就有可能发生不正确地统握了对象和弄错了的情况。"既然意识它并不能一贯，并不能保持忠实于对象的这样一种纯粹的态度，那么它很可能就会弄错了，发生不正确地统握对象的情况。意识想要正确地统握，但是由于它自己的原因，我们通常讲主观主义，自以为是，不看对象，那么它的统握就有可能是不正确的，并且是弄错了的。弄错了对象，这就会产生出错觉或假象。这个很好理解。一般来说，唯物主义者都是这样认为的，你的知觉要符合对象，你不要加上一些先天的东西、主观的东西，在知觉中本来没有的东西，否则就很可能弄错。一切错觉都是因为你加上了那些东西。所以他们主张，要原原本本地执着于我们的知觉经验，不要附加上别的东西。这就为下一句的"假象"作铺垫了。这一章的标题"知觉；或者事物和假象"，知觉和事物都在前面讲了，假象还没有讲。

　　知觉者具有陷入假象的可能性的意识；因为在那作为原则的普通性里，他在（Anderssein）**本身对知觉者是直接的，但却是作为被消灭、被扬弃了的东西。**

　　假象，Täuschung，也可以译作"错觉""幻觉""欺骗"等等。"知觉者具有陷入假象的可能的意识"，这个是经验派都承认的。英国经验派一般认为，一切知识都必须执着于感觉、知觉、印象，执着于经验，但是经验是会出错的。这个他们谁也不否认，当他们认为必须要执着于经验的时候，并不意味着他们主张经验就不会出错了。经验来自于感觉、知觉，感觉和知觉是主观的，当然有可能出错，即不符合于客观；但是经验的错误还是需要经验来纠正，这是经验派普遍认可的一条原则。至少有这种可能，至于哪一次错了，这个还待定，但是你可能犯错误。他们不像理性派那样，理性派执着于逻辑，我只要相信逻辑，那是绝对不会出错的，这是理性派的特点。但是经验派的特点就是可错性，归纳法就是不完全的，不完全的就有可能出错，你最后那一步作出一个全称判断，那是没有经验根据的，想当然的主观推断。但是经验派相信，在大多数情况下能够不出错就可以了，不可能绝对没有例外。例外可以是有的，但是只要无伤大雅，你可以把这些例外包容进来，也就是容许一定的出错率。"因为在那作为原则的普遍性里，他在本身对知觉者是直接的，但却是作为**被消灭**，被扬弃了的东西。"知觉还是以共相、共性（Allgemeinheit）作为它的原则，这个我们在开始就讲了，到了知觉它就是以普遍性作为它的原则了。那么作为原则，它就应该是普遍适用的。而"他在"就是另外的存在，另外的存在那就超出原则、超出共相了。"他在"本身对于知觉者是直接的，就是说，知觉者是直接意识到他在的存在，但却是作为被消灭，被扬弃了的。它意识到他在，但是因为它自己是一个普遍的原则，它执着于共相的原则，所以它意识到那些特殊的东西、那些跟普遍原则不同的东西作为一种另类，必须在共相中遭到扬弃。它直接意识到另类，但是它又直接意识到这些另类的被消灭、被扬弃，它才能坚持自己的普遍性原则。另类在这种意识中，在共相中，是作为被消灭被扬弃了的。知觉直接意识到了他在，但是这个他在是要被消灭、被扬弃的，终究要归到这个普遍性原则下面来。所以普遍性原则还是一贯的，尽管有他在，有另类的东西存在，但是这个另类的东西已经被扬弃了，我不否认他在，但是我是在一个普遍原则之下来看待这些东西，用我这个普遍性的原则来把它们吃掉，把它们消化掉。

因此，知觉者的真理标准是**自身等同性**，而它的态度必须被作为自我同一的来统握。

知觉者用来判定真理的标准就是自身等同性，也就是是事物、对象的前后一贯性，是共相，是共性；至于他在、另类的存在呢，那不管，反正我是执着于自身的等同性这个共相，把它作为真理的标准，用它来衡量所有偏离这个自身等同性的他在。我掌握着一个自身等同性的共相，那么我就抓住这个普遍的原则来衡量在我面前出现的他在，哪怕它是直接出现的。即使是直接出现的，也是被看作是扬弃了的，它要被我消化掉，被我消灭掉。每次出现他在，知觉者都能够通过这种自身等同性来把它消灭掉。与知觉者的这种自身等同性不一致的，我都将它排除在真理之外。反正我抓住一条原则，我所把握的这个东西必须是一个自身同一的东西，如果根据我的知觉它变得不同一了，那肯定是我的知觉中出了错，产生了假象，那就必须把这种不同一的东西排除掉，维持事物或对象的自身相同性。所以知觉本身是执着于事物自身的自身等同性的，这样一来，知觉本身的态度也就具有了自我同一性，而且只有在这上面，知觉才能够保持自己的态度的自我同一性。所以它的态度或行为也必须被作为自我同一的来把握，因为它把事物、对象首先作为同一个东西固定下来，然后用它来作为标准，用来调节自己的态度和行为，把那些与这种标准不同的东西筛选掉。我自身作为认识的主体，它的行为、它的态度应该是一贯下来的、不变的，这才是真理的标志；但它只有把对象设定为自身等同的，凡是知觉都以这个不变的对象作为标准，它才能做到自身的一贯性。所以经验派认为，经验本身虽然会出错，但也完全可以由经验本身来纠正，就是把这些错误看作是由于违背了事物自身的自我同一性而产生的，由于违背了这种同一性，就使得知觉者的行为态度也变得不连贯、不稳定和不可信了。

由于对它来说，同时有不同的东西，它就是对它的统握的各个不同环节所作的相互联系。但是在这种比较中，如果冒出了某种不等同性，那么这并不是由于对象的不真，因为对象是自身等同的，而是由于知觉的不真。

真理的标准是自身等同性，意识要把握真理，那么这个真理要有个标准呀，以什么作为标准呢？就是以事物的自身等同性作为标准，因而也就要以知觉者、知觉主体的自我同一性或一贯性作为标准。这个知觉的主体要面对大千世界，那么对它来说，同时就有不同的东西反映到它的知觉中来，这些东西构成它的统握的不同环节。"它就是对它所统握的各个不同环节所作的相互联系"，统握之所以是统握，就在于它是把这些不同环节统起来把握，也就是从上面一把抓住。如何统起来？就是知觉者用这个自身等同性的普遍的原则把它在统握中所面对的大千世界、形形色色不同的东西加以相互联系，把它们联为一体。所有这些形形色色不同的东西，它们都要归结到对同一个事物或对象的感觉、知觉，所以对于知觉者来说，这些感觉、知觉是变动不居的，不变的是外部世界的那个事物。真理的标准是不变的，那么我用这个真理的标准来衡量各种各样的感觉、知觉，就能够在它们之中造成相互之间的固定联系，所有的东西都在这个标准之下才能成为真理。"但是在这种比较中，如果冒出了某种不等同性，那么这并不是由于对象的不真，因为对象是自身等同的，而是由于知觉的不真。"就是你用一个共相的原则来把握各种形形色色的环节，把它们联系起来，但是在这种比较中也会冒出不等同性。也就是你用事物的自身等同来作为那些各种不同知觉的标准，那么那些不等同性也会冒出来了。如果冒出了不等同性，那么事物自身是等同的，但是那些知觉是不等同的，甚至相互矛盾相互冲突的，问题出在哪里？"那么这不是由于对象的不真，因为对象是自身等同的，而是由于知觉的不真"，也就是由于我们的知觉本身不真，它偏离了对象本身的同一性。这样，形形色色的知觉跟前后一贯的事物就发生了矛盾。这个矛盾的根源就在于知觉本身中产生了假象。对象本身是自身等同的，知觉也以自身等同作为原则来衡量一切，但是知觉的这种自身等同的原则本来是对象的原则，你把对象的自身等同拿来作为知觉本身的标准，知觉本身所依据的普遍性的原则其实本来是从对象那里拿来的，那么出了问题的时候，我们就把这个问题归结为知觉本身，而不会归结为对象。我们只能说知觉中产生了错觉，而不能说对象中产生了错误。这是经验派最开始表现出来的知觉的阶段，知觉最初的经历就是这样的，可以说是一种朴素唯物主义的经验。就是说，我把对象看作是自身等同的，这就使得我的知觉有了一个普遍的原则，我用这个原则来衡量一切形形色色的知觉现象，如果发现了其中不一致的地方，自相矛盾的东西，我就把这样一种错觉归咎于知觉自身，就是我的知觉产生了假象。而这个时候对象仍然保持着它的自身等同性，它作为标准，我并没有放弃，但是出了问题，归咎于我，归咎于我的知觉，是由于知觉的不真。知觉的这个真的标准是从对象那里来的。这是唯物主义的基本的原则。

现在我们看看，意识在它的现实的知觉过程中，造成了什么样的经验。

知觉的起点本来就是要立足于唯物主义的。这跟感性确定性有点类似，感性确定性最开始也是从唯物主义出发的，最后到休谟那里结束。那么在知觉里面，跟感性确定性类似，一开始是从唯物主义出发的。那么我们要来看看，意识在它的现实的知觉过程中，它的经验如何，它经验了什么，它经历了什么。唯物主义像培根的经验论，它本身有一个经验的过程，有一个发展的过程。我们知道英国经验派，从培根、霍布斯、洛克到贝克莱、休谟走过了一段很长的历程，那么我们要来看看它的历程。在它最开始的出发点上，培根、霍布斯、洛克都是唯物主义的，那么后来到贝克莱、休谟走向了唯心主义。这个过程，是怎么样走过来的，在精神现象学上是如何表现的，在意识的经验科学中是如何经验的，我们要来看一看。

这经验**对我们**来说，已经包含在刚才所给出的对象的发展过程中和意识对待对象的态度的发展过程中，而经验将只不过是现存于其中的那些矛盾之发展而已。

"这经验**对我们**来说"，也就是对我们考察精神现象学的研究者来说，其实"已经包含在刚才所给出的对象的发展过程中和意识对待对象的态度的发展过程中"，对象的发展过程，也就是对象是怎么成为事物的。在知觉阶段，它是通过属性，通过物性，通过"一"造成了事物。我们前面讲了，他总结出了三个阶段：第一个阶段，事物是漠不相关的被动的共性，是质料；第二阶段是否定性，是"一"；第三个阶段是前两个阶段的联系等等。它走过了这个过程，我们才形成了事物的概念。对象变成了事物，对象原来在感性确定性里面是这一个。那是非常抽象的，泛泛的，什么东西都是这一个，最后它不是对象，而是主观的自我。而在刚才所给出的"意识对待对象的态度的发展过程"中，意识如何对待对象也经历了一个发展过程。在知觉阶段，意识把对象看作是事物，这个时候，意识就是知觉，而不再是单纯的感性确定性了。感性确定性对待对象的态度是十分主观的，是自己认定、指证一个"这一个"，直接指认而没有什么标准来检验。而知觉不同，这个时候它就是把对象的这种自我等同性或普遍一贯性当作自己的普遍的标准，用来衡量知觉中那些形形色色的他在。在这样一种纯粹统握的态度中，我要忠实于对象，忠实于事物，于是随着对象发展的三阶段，意识对待对象的态度也经历了同样三阶段的发展，而客观和主观这两方面的发展就构成了知觉的经验。所以在这两种平行的发展过程中，就造成了知觉的现实过程的经验，这种经验"将只不过是现存于其中的那些矛盾之发展而已"。这样一种经验只不过是本来就存在于其中，存在于对象和对待对象的态度中的那些矛盾的发展过程，对象本身是矛盾进展的，我们知觉的态度也是矛盾进展的，这两方面的矛盾之发展就是知觉阶段的经验。《精神现象学》作为意识的经验科学就是在关注这种经验。当然这是对于我们这些旁观者而言的。我们看得很清楚，我们要追溯知觉所造成的经验，那么我们其实原来在事物的发展过程中已经有了这个经验，同时我们在主观的态度中也有了不断变化的经验。但是经验派对于这一点并不自觉，他们自以为自己的态度是固定不变的，对象也是固定不变的；而当对象变了，逼迫他们改变自己的态度时，他们就陷入到了自相矛盾之中，他们没有办法把握这个矛盾。而我们研究精神现象学的人则要把这种矛盾当作知觉本身的经验来吸取，在这种矛盾的运动发展中建立起一门意识的经验科学。这些经验只不过是现存于其中的那些矛盾之发展。这里提出"矛盾之发展",就是说知觉的经验是由知觉内部所包含的矛盾而发展出来,而且是合乎逻辑地必然发展出来的。矛盾之发展主要是要分析它内在的矛盾,它的经验实际上是一个内在矛盾的经验。

　　——我所接受的对象呈现为**纯粹的"一"**;我又在它身上觉察到本身是**普遍的**属性,但这样一来,这属性就超出了个别性。

　　刚才讲矛盾,什么样的矛盾? 他说,"我所接受的对象是呈现为**纯粹的'一'**",我所接受的对象是个事物,那个事物前面我们讲到了,它是建立在"一"之上的,是排他的;其他的东西变来变去,这个事物是不变的。事物是单一的,它可以有许多属性,但是每个属性都不可以说是事物本身。事物本身是一个载体,是一个单纯的单一体,其他的"多"都是附属于这个事物之上的,各种各样的属性都是附属于"一"之上,是由"一"所支配的。这是我们所接受的对象,我们所把握的对象,这个对象对于我们来说呈现为一个纯粹的"一"。我们要把握事物,而这个事物是不变的,它的各种性质可以是多样的,但是不管它是如何多样,它还是纯粹的"一"。"我又在它身上觉察到本身是**普遍的**属性",也就是我又觉察到那些属性是普遍的。"一"是个别的东西,这一个事物,但是它的那些属性又是普遍的,这个事物具有白色,但是白色并不是这个事物特有的,很多事物都有白色。白色是被纳入到这个"一"之下来了。但是它本身还是普遍的,所以这个普遍的属性就超出了这个"一"之外。我要把握这个"一",我还是要通过这些普遍性的东西来把握:白色呀,咸味呀,立方体呀,比如说一颗盐粒,它是一个事物,它有许许多多这样的属性。但是每个属性它都是普遍的,它不是这一颗盐粒所特有的。这就是一个矛盾了。就是它既是一个"一",同时作为那些普遍的属性呢,它又是超出了个别性的。白色这一属性就超出了个别性,它所具有的每一个属性都超出了个别性。这就是"一"的个别性和属性的普遍性的矛盾。

因而，那对象性本质的作为一个"一"的最初存在，就并不是它的真实的存在；既然**对象**是真实的，那么这种不真性就属于我，而这个统握当时就是不正确的。

对象性本质的"一"的最初的存在并不是对象的真实存在。我们把事物归之为"一"，但是由于这个"一"要通过"多"表现出来，因此我们就可以看出，你最初把它作为"一"来规定，其实并不是它的真实的存在。我们先把它当作"一"来把握，其实这种把握是不真实的。"因而"不是它的真实的存在，就是说由于前面说的那种矛盾，所以对象本质作为"一"并不是对象的真实存在，它只是一个最初暂定的存在。"既然**对象**是真实的，那么这种不真性就属于我，而这个统握当时就是不正确的。"对象是真实的，这是个前提，对于知觉来说是不能动的，它是一切唯物主义经验论的基本原则；而现在对象中发生矛盾了，有矛盾的东西肯定不是真的，那么我只有把这种不真性归咎于我自己。前面讲我们通过"一"才形成了事物的概念，但是现在它自身有了矛盾：这个"一"它是通过"多"来表现的、通过各种各样的属性来表现的，这些属性不能归结为"一"，它们只是属于"一"；我们是通过属性来把握事物的，而这些属性又是些共相；由于"一"的排他性，它排除所有这些属性，这些共相，只剩下孤家寡人一个，而一个没有任何属性的"一"怎么可能是真实的呢？所以这个"一"并不是对象的真实的存在。而对象既然必须是真实的，那么这种不真性就属于"我"，就是我曾经把对象看作是"一"，这是对它的误解，我的这种统握当时就是不正确的，而对象是真实的。既然对象是真实的，那么它就应该是"多"，应该是多种属性，我们把它们看作是"一"，那只是我们主观的偏见、成见。

我就必须为了属性的**普遍性**之故，把对象性的本质毋宁当作一般的**共同性**来接纳。

既然这个"一"是我主观设定的，是我主观的一种任意的、不真实的假定，那么我就抛弃这个假定。"我就必须为了属性的**普遍性**之故"，属性是普遍的，它不是"一"，而是共相、共性。每种属性在很多事物上都可以存在，这样一种属性的共性超出了个别事物的"一"。那么我把"一"抛弃了以后，"我就必须为了属性的共性之故，把对象性的本质毋宁当作一般的**共同性**来接纳"。这个共同性，Gemeinschaft，我们可以联系到贝克莱的一句话，什么是物？物就是感觉的集合。没有什么"一"。哪有什么"一"？事物无非就是感觉到的各种属性的共同性，感觉的集合。这些感觉、这些属性这样组合一下，就成为一个事物；那样组合一下，又成了另一个事物。你把咸的、白色、立方体等等所有这些感觉集合起来，你把它叫做盐。但是盐这个东西是你叫出来的，世界上没有一个单一不变的盐，我们之所以把它叫做盐，是因为这些感性的属性我们把它们集合在一起了。我们可以翻一翻黑格尔的《哲学史讲演录》，讲的贝克莱这一段跟这里非常相似。贝克莱就是讲，物就是感觉的复合，存在就是被感知。存在的实体"一"就是形而上的一个假定，我们可以不要这个假定。作为经验派，我们执着于经验，那么我们就要执着于各种各样的属性。当然这个属性本身有普遍性，白色的它可以适用于很多很多的事物，但是不管怎么说，这个白色是你可以知觉到的东西，这是你可以把握到的。而那个事物本身你把它当作一个固定不变的实体，一个排他的"一"，那是没有根据的。作为经验派的眼光看，我们唯一可以相信的就是我们的知觉，对象的真实的存在并不是"一"。对象必须是真实的，贝克莱当然也承认有物，物是真实的。既然对象是真实的，那么这个不真实性就属于我。就是我把"一"加在对象身上去了，使得它变成不真实的了。所以这种统握一开始就是不正确的。我必须为了属性的共性之故，把对象性的本质毋宁当作一般的共同性来接受。这个物就成了一个共同体。什么共同体？属性的共同体，属性的集合，感觉的复合。所谓的物无非是一束感觉。像后来马赫讲的，我们所讲的物，我们可以代之以"一束感觉"。没有什么物，物在哪里？物无非就是我的感觉集合在一起。

现在我们进一步知觉到，属性是**被规定了的**，是与他者**相对立的**，并且是排除他者的。

　　前面讲到了属性，我们是从它的共性来看的，从它的普遍性来看，我们把它看作是超出个别性的，借此我们否定了事物作为"一"这个个别性。事物作为"一"我们如何感觉到呢？我们所感觉到的东西都是多，每个知觉都超出了"一"，都是一种普遍性的东西。我们借助于普遍性的东西超出了事物作为"一"的那种最初的把握。"现在我进一步知觉到，属性是被规定了的，与他者相对立的，并且排除他者的"，就是经验又向前推进了一步。最开始的考察是，我们认为事物是各种属性，红色，很多很多事物都有红色，这就超出了个别性，但是现在进一步知觉到，属性或者每一个属性，也都是被规定了的。每个属性都要被规定，怎样被规定呢？与他物相对立，红色不是白色，并且排斥他者。一个东西是红色，它就不可能是白色，它们是不可共存的。所以这个属性一方面它有普遍性，另一方面它也有排他性，正是因为这个排他性，那它就有了规定性。如果没有排他性，那就是一种模模糊糊的颜色，就不是一种清晰的属性。由区别而达到规定性，要排斥他者，一个属性才能够被规定下来。这是进一步知觉到的。当我们进一步知觉每个属性的时候，发现它虽然是普遍的共相，但又是排他的共相。现在我们把这个事物作为"一"已经放在一边不管了。我们已经在考察属性了。但是当我们考察属性的时候，发现属性是已经被规定了的，它们是互相排斥的。

　　因此，当我把对象性本质规定为和别的东西的一种**共同性**或者把它规定为连续体时，实际上我并没有正确地统握到对象性本质，而为了属性的**规定性**之故，我倒是有必要分割开这连续体，并把对象性本质建立为排他的"一"。

　　这又走回去了。"因此，当我把对象性本质规定为和别的东西的一种**共同性**或者把它规定为连续体时"，就是前面讲的，我现在从属性的这种特殊的规定性来看，我把对象性本质规定为一种共同性，像贝克莱和马赫那样，看作是一种感觉的复合来接纳，就是认为所谓的物就是一束感觉。这样来看,那么我其实也"并没有正确地统握到对象性本质"。因为什么呢?因为我把对象性本质规定为和别的东西的一种共同性,或者把它规定为连续体,这个是跟属性的规定性不相容的。一束感觉的集合,这种集合"束"得起来吗?每一种属性,每一种感觉都排斥别的感觉,你怎么能束得起来,你把它看作是共同体,共同处何在?只是一堆杂乱无章的垃圾而已。当你真正考察属性的那种与他物相对立,那种排他性的属性的时候,这些属性就无法结成一个共同体了。所以你用"共同性"来统握对象性的本质的时候,这仍然是不正确的。你把感觉的复合当作是物,这是不正确的。正确的是什么呢?"而为了属性的**规定性**之故,我倒是有必要分割开这个连续体,并把对象性本质建立为排他的'一'。"就是这个属性的规定性,每个属性都有它自身的规定性,出于这个缘故,我就必须把这个连续体分割开,把这个共同体打碎,把每个属性单独提出来,单独提出来作为排它的"一"。每个属性跟其他的属性是捆不到一起的,一个东西要么是白的,要么是红的或其他颜色,不可能既是白的又是红的,等等。或者说,一个东西要么是咸的,要么是酸的或其他味道的。那么这样一来,贝克莱的那种感觉的复合的观点就被解体了,解体为一大堆感觉的原子。它跟其他东西捆不到一起去,你每次捆到一起去,它每次又要分开。它自己基本上不是连续的,它跟其他的感性的属性,那些属性联系不起来。所以"我倒是有必要分割开这连续体,并把对象性本质建立为排他的'一'"。真正的对象就是知觉原子,当然贝克莱也好、休谟也好都没有提出"知觉原子"这个概念,这个概念是后来罗素他们才提出来的。但是罗素是从休谟来的。应该说,休谟比贝克莱更为彻底,贝克莱还说"一束",还说感觉的"复合"。在休谟那里不需要复合了,就是知觉、印象就够了,每一个印象都是原子,它跟其他的印象都是相排斥的。对象性的本质其实就是这样一种"一",但是这样一个"一"跟前面那个事物的"一"、跟事物对象的前后一贯自我等同的"一"不一样了。它是事物里面的属性,每一个属性它的那种原子性、它的那种不可连续性都是一，它不仅仅是不可连续地存在于一个事物之中，而且它自身也不可连续存在。它一瞬间就没有了，第一印象已经不是了。当你获得第一印象的时候，它已经不是了，它已经不太真实了，它已经不是对象性的本质了。对象性的本质现在已经成为了这样一个东西。

在分割开的这个"一"上面，我发现有许多这样的属性，它们彼此没有影响，而且相互漠不相干；因此，当我把对象作为一个**排他的**东西来统握时，我并没有正确地知觉到对象；

"在分割开的这个'一'上面"，就是每一个知觉原子、每一个属性都是一个与其他属性分割开来的"一"；在这个上面，"我发现有许多这样的属性"，每个属性都是"一"，但是有许许多多的"一"，"它们彼此没有影响，而且相互漠不相干；因此，当我把对象作为一个**排他**的东西来统握时，我并没有正确地知觉到对象"。我把属性当作一个排他的东西来把握的时候，这是休谟他们所主张的，你把对象看作就是知觉、印象，特别是第一印象，第一印象是排他的，连它自己都不可连续。当你这样把握的时候，你并没有正确地知觉到对象。就知觉来说，你可以把它看作是一个排他的东西，但这个东西是对象吗？这个东西已经不是了，它是你的一种知觉、一种印象。所以我并没有正确地知觉到对象。我这样来把握它，这样来设想它，但是我知觉到的并不是这样一个东西，并不是一个排他的对象。比如我们不可能把我们的知觉建立在一个单纯的红色上面，我们的每个知觉其实都有大量的其他的东西和红色这样的东西并列在一起，聚集在一起，它不可能是单纯一个红色。当然你在理论上你可以这样来说它，把它作为一个对象这样来统握，作为一个排他的东西来统握。但是你并没有知觉到它。在休谟那里，第一印象也只是在理论上分析得来的东西，并不是他真正知觉到的东西。每一个知觉、印象，其实里面都包含许许多多的知觉原子，不可能是一个孤立的知觉原子，把其他的都排除掉，那是不可能的。一面红旗，你除了知觉到它是红色，还有它的大小、形状、触觉、软硬度等等，你才能知觉到一面红旗。你真正的知觉并不是像你的理论一样,作为一个排他的东西来把握。这跟我们的知觉是不符合的。

[79]　　　反之,对象正如它从前只是一般的连续体,那么现在它是一个普遍**的共同的媒介**,在其中,众多属性作为一些感性的**共性**,每一个属性单独存在,并且作为**被规定的**属性而排斥别的属性。

　　"反之",就是说什么是正确的知觉对象呢? 我们现在没有正确地知觉对象,我们在休谟那里把知觉看作是一个个的知觉原子的时候,我们并没有真正知觉到对象。那么,按照我们的正确的知觉应该是什么样的呢? "对象正如它从前只是一般的连续体",把对象看作是一个连续体,没有一个单一体,它跟所有其他的东西都是连着的。我们就这样用一个婴儿的眼光去看世界,所有的感觉都是连着的,我们甚至于区分不开这个物体或是那个物体,我们之所以能够区别开,是因为我们把这个物体的那些感觉束起来了,其实它本身并没有束起来,而是我们把它束起来的。所以并不像贝克莱所说的,对象是一束一束的,相反,对象只是一般的连续体,对象被融化在这个连续体之中,没有对象了。你要有对象也可以,那你要去把它加以划分,你把它束起来,这就有了对象。但是它本身是连续的。而现在,这个连续体解了,成了一大堆不连续的原子。"那么现在它是一个普遍的**共同的媒介**",我们的知觉的对象现在是什么? 它既不是那种连续体,那么休谟把它当作一个个知觉原子也不对。那么对象就只能被理解为实际上是一个普遍的共同的媒介。就是当我看到一个事物的时候,我是用一根带子把这些东西束起来的,这根带子就是共同的媒介。我用这个媒介把所有的属性联系起来,"在其中,众多属性作为一些感性的共性,每一个属性单独存在,并且作为被规定的属性而排斥别的属性"。在其中,也就是在共同的媒介中。就是说,对象仅仅是一个媒介,一个什么样的媒介呢? 就是很多的互不相干的属性,每一个都单独存在,每一个排斥别的属性,每一个都是被其他的属性规定了的;你排斥别的属性,那么同时别的属性就把你规定了,你就不是那个属性了，你就不是白的，而就是红的啦；所有这些属性都被规定了，互不相干，——这个时候，这个对象就是其中的共同的媒介。它就成了一个纽带，它既不是"一"，但是它又不是散的，又不是那些所有的互不相干的属性堆在一起。它既不是事物的"一"，也不是属性的"一"。但它也不散乱成多，而仅仅是一个纽带，把所有那些个别的"一"束在一起，联结在一起。贝克莱虽然说"一束感觉"，但他眼睛只盯着"感觉"，他不知道这个"一束"是怎么回事，没有把这个"束"、这个媒介本身当作对象。

但，我所知觉的单纯的和真实的东西因此也就不是一个普遍的媒介，而是单独的**个别属性**，但这种个别属性既不是属性也不是一个被规定的存在，因为它现在既不是属于一个"一"，也和他者没有联系。

这就是批判知觉原子论了。前面讲，这个对象成为了一个纽带，成为了一个媒介，它把所有那些个别的属性拢在一起，扎成一"束"。"但，我所知觉的单纯的和真实的东西因此也就不是一个普遍的媒介"，这个对象仅仅成了一个媒介，一个纽带，一个"也"；这个"也"是个什么东西呢？这个"也"并不是我们真实的知觉到的东西。"我所知觉的单纯的和真实的东西因此也就不是一个普遍的媒介。"现在你把这个对象归结为一个共同的媒介，也不对，它也偏离了真实的知觉。我们能知觉到一个媒介吗？媒介也是一个很抽象的东西呀，实际上我们所知觉到的只是这个媒介所造成的后果，就是这样一些知觉的原子现在被拢在一起了，被集合在一起了。这是一个什么东西，这是一个红色的东西，这是一个矩形的东西，这是一个有一定质地的光滑的东西，那么我们把它叫做"红旗"。这个红旗只是把这些红色、矩形、光滑的质感等等属性拢在一起的媒介。我并没有知觉到这个媒介，我只是真实地知觉到了红色、矩形等等这些属性。所以他讲，"但，我所知觉的单纯的和真实的东西因此也就不是一个普遍的媒介，而是单独的个别属性"，知觉到的只是个别属性，红色等等。但是"这种个别属性既不是属性也不是一个被规定的存在，因为它现在既不是属于一个'一'，也和他者没有联系"。也就是说，知觉原子论，把这些属性孤立起来，当作我现实地知觉到的东西，按照休谟的观点，我真正知觉到的就是这些第一印象。我把第一印象孤立起来，凡是偏离那个印象的，那已经是观念了，那已经是回忆起来的，那已经不是我的眼睛亲眼看到的了。昨天的事情，那是昨天亲眼看到的，但是在今天就已经不是亲眼看到的了。所以它是一个孤立的原子。但是这样一个属性，作为原子来理解的这样一个属性，这样一种个别的属性，既不是属性，也不是一个被规定的存在。这种属性它不再是属性了，因为它不属于任何一个一。当休谟把这样一个属性当作孤立的一个属性来看待的时候，它就不是属性，并且和他者、和别的东西没有联系。因此它不是一个被规定的存在，它是不可被规定的。一个第一印象你怎么去规定它？你只能去看，你看到了红色，但你不能规定它，你连说都不能说。那你只能看一眼，我说不出来。如果它真正是原子的话，它也不能用别的东西加以规定，它自我规定。"这一个"推到极端，它就是不能说了，你只能指着它，这就是这一个。但是这个"这一个"到底是什么，无法规定。"因为它现在既不是属于一个'一'，也和他者没有联系"，这样一个属性它能单独存在吗？我们通常讲的属性都是归属于一个事物的，它才获得了它的存在。你讲一个红色，它作为一个原子，它能单独存在吗？即使飘浮在空气中，它也有属于它的形状大小，它就是那股空气所泛出的红色。那么属性本来是依附于事物的，我们把属性看作是属于事物的。之所以说是属性，因为它们都是属于某个事物的；现在属性独立出来了，它不属于那个"一"了，它本身五花八门，那它就不是属性了，它跟他者也没有联系，也就不能用他者来规定它，你就不能说它，描述它，比较它。

　　但是属性只有在"一"身上才是属性，而且只有在和他者的联系中才得到规定。

　　前面为什么说既不属于"一"也与他物没有联系的属性就不是属性了呢？这里就解释了，因为"属性只有在'一'身上才是属性，而且只在和他物的联系中得到规定"。事物是不变的，它身上有许多属性，属性只

276

有依附于"一"身上，属性才成为属性，所谓属性，就是"属于"一个东西的"性质"的那种东西。而且属性只有在和他者的联系中，它才得到规定。如果和他者没有联系，属性就无法得到规定，它也就不能确定是什么样的属性了。这个他者可以是那个"一"，但也可以是别的属性，反正不是这个属性的东西就是他者。当他者是"一"时，属性就被规定为这个"一"的属性，这个刚才已经讲了；而当他者是别的属性时，这个属性就在与其他属性的区别中得到规定，这种区别本身就是某种规定，即规定了这个属性与别的属性相互的等级关系或性质的远近关系。这个就很吊诡了，按照属性的原子论，属性走到它的极端就是单独孤立的原子；可是当你真的想把属性作为你的对象孤立起来考察时，这个属性就不再是属性了。而知觉本来当作一个真实的单纯的东西来看待的属性，本身也就不能成立，连属性也不是，更不能把这样一个所谓的属性作为对象。

作为这种纯粹自己对自己的自我关联，它还只是停留于一般的**感性 {75}
存在**，因为它在自己身上已不再具有否定性这种特性；那意识到现在是一个感性存在的意识就仅仅是一种**意谓**，这就是说，感性存在已经完全从知觉中退出来，返回到它自身中去了。

属性作为这种纯粹自己对自己的自我关联，就是这种纯粹的印象原子、知觉的原子，它跟其他任何东西没有关系。它一旦与他者相联系，它自己就消失了。所以，"它还只是停留于一般的**感性存在**"，也就是它回到感性确定性去了。这个属性，这个印象，按照一般的泛泛而谈，我知道它是感性存在。但是，当它停留于此，"它在自己身上已不再具有否定性这种特性"时，就是它不再具有自我否定的特性，它完全是自我肯定，它只和自己相联系，这时它就停留于那种一般感性存在那里。这种感性存在，它不能离开自己一步，它不能从旁边理解自己，因为它不具有自我否定的特性，不能和自己拉开距离。这个就是跟知觉完全背道而驰的。知觉它是具有否定性的，知觉具有一种可错意识。知觉要对自己到底是错了还是对了，要加以反思。知觉本来应该具有这种自我否定的意识。但是在休谟的这种知觉原子论里面已经完全失去了自我否定这种特性。"那意识到现在是一个感性存在的意识就仅仅是一种**意谓**，这就是说，感性存在已经完全从知觉中退出来，返回到它自身中去了。"意识到现在是一个感性存在的那个意识仅仅是一个意谓，这个跟感性确定性里面的情况类似。在这种情况下，知觉也就退回到了意谓，退回到了只可意会不可言说的那种东西去了。休谟对他的第一印象就是不可说的，它转瞬即逝，靠说是追不上它的，是保留不下来的。现在在我面前的是一个感性存在，当然我也意识到它是一个感性存在。我是从感官中亲眼看到这是一片红色，但是这个红色跟其他所有的颜色、事物都无关，它甚至和前一瞬间的自己都无关，那么它就不能够规定。不能够规定，它就仍然仅仅是一种意谓了。这就是说感性的存在已完全从知觉中退出来了。知觉本来是有一种间接性的，现在回到了它的原初的那种直接性，回到了原初的那种感性存在。这个时候就没有了知觉，没有了那种认其为真的认识活动，没有那种自觉的普遍性了。知觉本来跟感性确定性不同的地方就是它的自觉性，它已经把普遍性作为它的原则，来衡量那些形形色色的他在，来追求一个"真的"属性。但是通过一步步的推演，一步步的经历，它最后走向了自我否定，而返回到感性确定性中去了。感性存在返回到"它自身"，就是返回到感性确定性自身。这个是没有出路的，本来就是从那里来的，为了追求真实的认知；而现在退回到那种不求真实性而只求确定性的感性直接性中，等于前功尽弃了。

不过，感性存在和意谓本身过渡到知觉；我又被抛回到了开端，并且重又被卷入到一个同样的循环之中，这个循环在每个环节中并且作为整体都扬弃了自身。

我们本来是从那里来的嘛。我们又回到起点去了，而回到起点呢，又开始向知觉提升，感性存在和意谓本身又过渡到知觉。这是必然的，我们是从那里过来的，当初也是一步一步被逼到这里来的。我们现在又回到了起点，但是回到了起点，却又停不住，我们还是要往前走，那么我

278

们就进入了一个循环。"于是我们又被抛回到了开端，并且重又被卷入到一个同样的循环之中，这个循环在每个环节中并且作为整体都扬弃了自身。"这就是不断地转圈子，现在我们是第二轮了，又进入同一个圈子。而且你在它的每个环节上面，你都情不自禁地不由自主地要扬弃自身，停不下来，你总要转下去。当然这两个圈子是不相同的，不是原封不动地回到原点，而是在更高的层次上回到原点。在知觉的阶段，意识又走了在感性确定性阶段同样的循环，我们又回到了原点，回到了知觉由以出发的原点，那个原点本来就是感性确定性的出发点。感性确定性本身在它的终点上也回到了自我内部的直接意谓。所以这其实是回到了感性确定性的出发点，出发的时候是什么都还没有开始做，而到了终点则是什么都做不成了。这就是休谟所达到的阶段，也就是那种不可言说的意谓。那么现在我们又回到了意谓，这个意谓是知觉层面上的意谓。就是在承认有普遍原则这样一个层次上我们又回到了原点。其实休谟也有普遍的原则，他的知觉印象就是普遍的原则，他认为按照这样一种普遍原则，自身等同性，我们就可以用来作为真理的标准；但是实际上他的真理的标准已经丧失了，因为他的真理的标准回到了意谓，意谓已经不能作为标准了，因为它不可能是普遍性的原则，而只是绝对的个别性，不可入的原子。

所以意识不得不重新将这个循环走一遍，但同时又不是采取上一次的那种方式。

"不是采取上一次的那种方式。"上一次的方式是什么方式？就是从感性确定性的"这一个"走到意谓，又走回去了。真正的这一个无非就是意谓，最初当我指着这一个说"这一个"时，我心里想的其实是这一个的意谓，而意谓是说不出来的。但我一说出来"这一个"，这一个反而被扬弃了，因为这一个本身成了共相，我要的不是共相，不是这种语言上的普遍的确定性，我要的是感性的确定性。意谓当然是我感到了的，但是意

279

谓又说不出来,它找不到自己的确定性,凡是通过说出来而形成的确定性都是共相。所以我就只好退回到还没有确定性的那个意谓、那个起点去了,这就形成了第一个圆圈。这是上一次的方式。现在我们又再一次回到了意谓,等于重新将上面的循环走了一遍,但是不是采取上一次的方式。因为这次是立足于知觉的立场上了,知觉要寻求的不是感性的确定性,不是"这一个"的确定性,而是"事物"的"真理"。我们现在再次发现,事物的真理也不是什么可以说得出来的东西,它也是一种只可意会不可言传的意谓。这就又回到了知觉的起点,因为知觉最开始就是想证实意谓中的那个对象、事物是真的。现在这个事物也成了你的主观意谓的事物,而无法证明它是真的,这就陷入了休谟的怀疑论。

因为它已造成了关于知觉的这种经验,即知觉的结果及真实的东西就是知觉的解体,或是从真实的东西里返回到自己本身的反思。

这跟前面大不一样了,因为它已经造成了关于知觉的经验。前面是感性确定性的经验,但是这一次是关于知觉的经验。知觉的经验是什么呢?知觉的经验就是知觉的自我否定,"即知觉的结果及真实的东西就是知觉的解体"。知觉解体了,被分解了,知觉变成了一大堆的知觉原子,作为一个统一的知觉已经不存在了,作为一个"一"的知觉已经不存在了。作为知觉的结果及真实的东西就是知觉的解体。知觉本来要追求那个真实的东西,但是发现到了最后,那个真实的东西就是知觉自己没有了。"或是从真实的东西里返回到自己本身的反思",从真实的东西里返回,本来是立足于真实的东西,是从那里出发的,但却转回到自身去了,回到对自身的反思去了。知觉的解体其实就是自我反思,不是什么别的外部的东西导致它解体,而是它自己把它自己拆开了,把 nehmen(采纳)和 Wahre(真实的东西)拆开了。知觉不再去直接追求它自己想要的真实的东西,而是跳出自我来看自己,来反思自己。在感性确定性里面是没有反思的。我们前面多次提到,感性确定性中的所谓反思都是从我们的立场、从我们旁观者的眼光进行的反思,感性确定性自己是直接性,它是没有反思的。但是在知觉里面就不一样了，知觉的解体恰好是因为它要追求那个真实的东西，那个与事物、与对象相符合的东西，它现在发现那个东西不是什么对象或事物，而就是它自己，所以它发现它追求真理其实就是在反思自己。它的这种经历就是由于反思自身而造成的，就是知觉其实只能反思自身，我这样做是不是可以把握到真实的东西，还是把握错了，这个没有办法知道的。所以它有一种可错性的意识，它可以怀疑自己，它自己的知觉很可能包含假象，甚至很可能全部都是假象。感性确定性是不怀疑自己的，它是死到临头了才知道，但是知觉一开始就有怀疑意识。就是我这样去统握事物，"我"并不是真理，我把那个事物拿来作为我的真理的标准，把对象的自身等同性拿来作为标准；但是由于这个标准不是我的，这个标准还是对象的，那么我就具有可错性，我就要反思自己。而这样一来，我就陷入了自己对自己的反思，想把自己搞得更精密，避免因为自己的原因而犯错误。这就反倒把事物、对象撇在一边了。我发现一旦我搞清楚了自己，我就完全不能假定一个对象或事物的客观存在了，我找不到这种假定的根据，所以我也就不能确定我是否和这个对象相符合，于是原先那个真理的问题就被撇开了。那么当知觉走到这一步的时候，它就把自己解体了。这就是它的自身反思，从真实的东西走出来，或者离开真实的东西而返回到对自身的反思。

　　对于意识来说，借此规定下来的是，它的知觉本质上具有怎样的性状，就是说它不是一个单纯的纯粹统握，而是**在它的统握中**同时从真实的东西走出来而进入到自身中反思。

　　"对于意识来说，借此规定下来的是"，就是说，意识在这个第二循环圈上，它所得到的，借此规定下来的，也就是通过知觉的自我否定、自我解体，最后它不是说什么都没有得到，它还是得到了一些东西，规定了一些东西。规定了什么呢？　"它的知觉本质上具有怎样的形状"，就是知觉本质上的性状得到了规定，最开始是模模糊糊的，只知道要求得真实的东西。经过这一轮，才知道没有那么简单，知觉的性状才显现出来了。

怎样的性状？"就是说它不是一个单纯的纯粹统握，而是**在它的统握中同时从真实的东西走出来而进入到自身中反思。**"它不是一个单纯的纯粹统握，不像感性确定性那样，一切都是纯粹的、都是直接的。感性确定性里面就是追求那种纯粹的确定性。但是在知觉这里，它已经不是单纯的纯粹统握，而是在它的统握中同时走出了真实性，而回过头来进入了自身反思。不是直接的纯粹的统握，而是自己建立起间接性，自己反思自己，自己跟自己拉开距离，自己拷问自己，我究竟把握到真实的东西没有，还是仅仅陷入了假象。我是不是陷入了假象，如果陷入了假象，我赶紧改换立场。所以这个第二轮，它有这个东西在里面。它有自身反思在里面。我这样不行，我再改换一个立场，它是自觉的。在感性确定性那里它是不自觉的，而是盲目地往前冲，一直到走投无路。但是在知觉这里不是这样，它是一种自觉的自身反思。知觉的阶段要追求真理，感性确定性的阶段要追求确定性，它们的层次是不同的。但是知觉最后走出了真实的东西，正如感性确定性最后回到了不确定性一样，它们都返回到了自身。

意识的这种返回到自己本身，既然直接**混合**在纯粹统握之中——因为这种返回将自己显示为对知觉是本质性的——，它就使真实的东西发生了改变。

"意识的这种返回到自己本身，既然直接混合在纯粹统握之中"，"它就使真实的东西发生了改变"。意识返回到自己本身，意识在知觉中的自我反思，它是混合在纯粹统握之中的。在知觉中一开始，意识还是要做纯粹的统握的，意识在知觉中就是要做纯粹的统握，前面第77页（贺、王译本）最后一行："它只需要接受对象，采取纯粹统握的态度，凡是由此而属于意识的东西就是真实的东西。"纯粹的统握，就是要单纯只统握事物，在事物面前你不要加上自己的东西，要达到的目的就是获得真实的东西。本来是这样，纯粹的统握，但是意识的这种返回到自己的本身，又直接混合在纯粹的统握之中。初看起来是纯粹的统握，但是实际上里面又混合有返回到自己本身的行为。因为它跟感性确定性的那种盲目的确定性是不一样的，它已经是自觉的了。它知道，哪怕是纯粹的统握，它也有可能是错误的。它要统握对象，但它是否真正统握到了对象，那么它在这方面是不自信的。它有一种可错性的意识，所以它要时时刻刻都谨慎，这种谨慎已经掺杂在、混杂在纯粹统握之中。而这样一来它就使真实的东西发生了改变，就是原先所认定的真实的东西，是要符合于对象才是真实的东西，但现在改变了，不是要符合对象，而是要符合自己了。这句中间还有两个破折号隔开，中间有个插入语，这个插入语是用来解释前面半句的。前面说这种返回到自己本身是混合在纯粹统握之中的，为什么混合于其中？"因为这种返回将自己显示为对知觉是本质性的。"就是对知觉来说，返回到自己本身这样一种反思是它的本质，所以哪怕知觉一开始就是一种纯粹的统握，里面就不可排除地已经混合有这种反思在内了，也就是说，已经不那么纯粹了。"混合"打了着重号，它是与"纯粹"相对的。纯粹统握就是你不要自己有所增减，而要抱原原本本的纯粹接纳的态度，你才能获得真实的东西，知觉一开始是非常重视这一点的。但是在这时，它就已经掺杂了一些别的东西，一种本质上撇不开的东西，这就是反思。反思的态度对知觉来说是本质性的，知觉本质上就是建立在反思上的，因为共相本身就是经过反思得来的。在感性确定性中对这一点没有达到自觉，把共相撇开了；但是在知觉中是自觉地把共相作为基础平台的。当知觉想要追求真实的东西时，反过来说也就是要避免虚假的东西，避免犯错误。它本质上就是要尽可能排除犯错误的可能性，做纯粹的统握。但是你做这种要求的时候，你已经掺杂了一定的反思。你要排除犯错误的可能性恰好说明有犯错误的可能性呀。你就要担心，你就要警惕自己了，所以纯粹的统握中就已经掺杂了对自己的反思，对自己的一种警惕。那么这样一来就使得真实的东西发生了改变：它要把握真实的东西，一开始就掺杂了自我反思，那么这种掺杂就使得真实的东西发生了改变，不再是一味地要符合对象，而是首先要把握住自己。

意识同时也认识到这一方面是它自己的，并且也承担了这一方面；于是它将借此使真实的对象保持纯粹。

就是意识同时也认识到这一方面，哪一方面呢？就是自己反思的这方面，就是返回到自己本身这一方面，它认识到返回到自己本身这一方面是它自己的方面，并不是别人强迫它的。它一开始就在自我反思，自我警惕，担心自己会出错。这就是意识本身所固有的，"并且也承担了这一方面"，承担了它自己可能犯错误这一方面，也就是承担了自我反思。"于是它将借此使真实的对象保持纯粹。""借此"，也就是借助于这样一种警惕，对于可能犯错误的这种警惕、这种反思，它将使得真实的对象保持纯粹。知觉就是要使真实的东西保持纯粹，不要受到污染，必须是百分百货真价实的真实；那么如何保持纯粹呢？单纯依靠对象或事物的自我等同性是做不到的，因为总是会有主观的因素掺杂进来；所以只有通过自己这一方面的反思，把这种自己会犯错误的可能性把它承担起来，负起责来，时刻警惕自己的错误是否会歪曲了对象本身的形象，这才能保证真实的对象的纯粹性。

——这样一来，像在感性确定性里所曾发生的一样，现在在知觉这里，也现成地有这一方面，即意识被逼回到了它自身，不过暂时还不是在前一场合的那种意义上，即好像知觉的**真理**属于意识似的[①]；而是相反，意识认识到，其中所出现的**非真理性**是属于它的。

[80]

这个真理发生了改变，怎么发生了改变？"这样一来，像在感性确定性里所曾发生的一样，现在在知觉里，也现成地有这一方面，即意识被逼回到了它自身。"在感性确定性里面所发生的情况，也有这一方面，即意识被逼回到了它自身的情况。前面在感性确定性那里，我们已经讲到了，感性确定性在它的最后阶段被逼回到了自身，那就是意谓。感性

---

① 第二版为："好像意识属于**知觉的真理**似的。"——德文袖珍版编者

确定性不能够通过外部的这一个、一个共相来确定自己，最后要确定的就只剩下意谓了；但是意谓恰好是最不确定的。所以它被逼回到了自我中的意谓，被逼回到了自己本身，这是在感性确定性里讲过的。那么在知觉里，也现成地就有这一方面，即意识被逼回到了它自身的情况。"不过暂时还不是在前一场合的那种意义上，即好像知觉的**真理**属于意识似的"，知觉的真理属于意识、属于意谓了，知觉被逼回到了意谓，那似乎我就认了，真理就在意识中，就在我的意谓中，就像在感性确定性中那样，感性的确定性就在那不确定的意谓中。暂还不是这样的，还没有在这种意义上来理解。至少在洛克那里还没有这样看，他还没有把真理归于主观意识里面，不像在休谟那里，认为根本就没有什么客观真理。休谟的知觉被认为是知觉原子，知觉原子是再也不可说了，所有的可说的东西都要以知觉原子作为前提。知觉原子不可说，也就是意谓了。但是，这个意谓跟前一阶段的感性确定性的意谓已经不同了，前一阶段的意谓是被看作确定的东西，我要追求确定性，最后发现只有意谓才是最确定的。每个人只可意会不可言传的东西，是最确定的，是我真正感到的。但是在知觉这里，这种知觉的原子虽然也被逼回到意谓，但它已经不是真理了，因为这种意谓不是要与对象相符合的，而是自身反思中的。所以，那种意义，即好像知觉的真理属于意识似的，在这个阶段暂时还没有。"而是相反，意识认识到，其中所出现的**非真理性**是属于它的"，意识已经认识到了其中的非真理性是属于它的。那就是洛克的观点，洛克虽然认为一切知识都来源于经验知觉，但并非直接的知觉就是真理了，还要经过理性的反思；而且即使如此，反思后所把握到的也只是对象的"名义本质"，而不是"实在本质"，没有人能够把握实在本质。休谟的观点一开始也是这样，休谟当他追溯到知觉原子是印象的时候，他并不是说它就是真理，而是说它是非真理，只不过有一个前提，就是世界上没有真理，人的认识不可能把握客观真理。休谟是怀疑论嘛，什么是真的？什么都不是真的，印象只是我主观的印象而已。但是休谟否认客观真理之后，似乎又认为真理就是主观的，那就是所谓习惯，他说"习惯是人生的伟大指南"。只不过习惯是可以改变的，不具有自身等同性，因此实际上他这种真理只能说是"准真理"，甚至是"非真理"。所以印象作为一种不可说的知觉原子，作为一种意谓跟前面在感性确定性那里是不一样的。前面是追求的确定性，而且把确定性看作是真理；但是现在回到意谓，不是作为真理回到意谓，而是作为非真理性回到意谓。这就带有反思性了。前面追溯到意谓以后，它还不知道反思，它以为这就是真理，只不过是说不出来而已。当然我们旁观者可以指出，这个东西不是真理。但是在知觉阶段，它自己就明确地指出这不是真理。经验论最后为什么是休谟的怀疑论，就是走到最后越来越怀疑自己的那个原则能够把握到真理，最后得出没有真理。当知觉最后被逼回到意谓的时候，它明确认识到这个不是真理。所以非真理性是属于意识的。可见在知觉阶段，虽然同样经历了一个循环，同样归结到了意谓，但是它的层次已经是完全不同了。前一个意谓是被当作真理，后一个意谓明确被当作非真理，应该被否定的东西。这是没有办法的，我们不知道这个世界上什么东西是真的，我们只好抓住知觉印象。

但是通过这种知识，意识同时就能够扬弃这种非真理性，它就把自己对真实东西的统握与它的知觉的非真理性区别开来，纠正这非真理性，并且只要意识自己着手来做这种改正，真理性作为**知觉**的真理性终归是**属于它的**。

这个是知觉的层次，它带来的进一步的发展是有出路的。在感性确定性那里，到了意谓就没有出路了，进了死胡同了；但是到了知觉这个阶段，到了它的意谓，它还有出路。"通过这种知识，意识同时就能够扬弃这种非真理性"，它已经意识到自己的非真理性。你意识到自己的非真理性，就说明你有自知之明了，自知其无知了，你就知道真理在你之外，你还没有把握到真理；那么你要把握真理就要扬弃这种非真理性，就要把自己这种对真实东西的统握与知觉的非真理性区别开来，纠正非真理性。就是既然你知道自己是非真理性，那你就要追求真理了。当然在休谟那里是否定一切真理了，但是我们可以不必否定一切真理。你承认自己不是真理，那就意味着还是有真理，否则你怎么知道自己不是真理呢？是因为有真理，你才有了判定非真理的标准，你才知道自己把握的不是真理，是非真理。所以意识凭借这个知识，就可以扬弃这种非真理性，"它就把自己对真实东西的把握与它的知觉的非真理性区别开来、纠正这非真理性"。我的知觉是非真理的，但是还有一个真理，这个要区别开来。既然你的知觉、主观的东西仅仅是一种现象，那么现象底下就有一种自在的真实的本质。你有了真理的东西，那就可以纠正非真理的东西。"并且只要意识自己着手来做这种改正，真理性作为**知觉**的真理性终归是**属于它**的"。意识纠正非真理，意识已经意识到有真理了，有客观的东西了，有真实的东西，有事物本身了，有自在之物了，那么意识就可以着手来纠正这种错误。所以，"真理性作为**知觉**的真理性终归是属于它的"。当然还不是全部真理性，而只是知觉的真理性，知觉在自己的阶段上拥有自己的真理性，也就是拥有向下面的环节继续前进的基础。所以知觉意识到自己的非真理性只是暂时的，在知觉阶段的真理终归属于意识本身，只要它保持这条怀疑之路，不断纠正自己的错误。这是知觉的高明之处，它已经达到了自我意识，所以它不怕犯错误，它通过犯错误，通过一条怀疑之路，而走上了一条真理之路，这样它就有信心能够把真理追求到手。它有这个信念。

　　因此从现在起，要考察的这个意识的态度就具有了这种性状，意识不再只是知觉，而且也意识到自己的自我反思，并把这种反思和单纯的统握本身分离开来。

　　也就是在这个方面，当意识走过了一个圆圈之后，在它的终点上，我们要考察的意识的态度已经有所改变了，它已经具有这样一种态度了，意识不再只是在那里知觉，而且也意识到自己的自我反思。"并且把这种反思和单纯的统握本身分离开来。"知觉一开始本身就是要纯粹地统握,不要加进别的东西。当然它和感性确定性不同,它是已经经过反思的,是从共相的基础上开始的,所以知觉里面其实已经有反思了。但知觉一开始并没有意识到这种反思,它并不有意识地把自己的单纯统握和自己的反思区别开来,它自认为自己是直接地接受事物,直接获得真实的东西。而现在,在转了一大圈之后,意识回过头来,转回到了自己的直接性的起点,就开始意识到了它的这种自我反思,并且因此就把这种反思和它的单纯统握本身分离开来了。就是说,当你意识到只靠单纯的统握而不要加进别的东西的时候,你恰好是意识到你是有可能加进别的东西的,也就是意识到你是有犯错误的可能性的;而当你意识到你有犯错误的可能性时,你同时又意识到你有自行改正错误的可能性,因为意识到错误就意味着你已经有了正确和错误的衡量标准,你就可以按照这个标准来纠正自己的错误了。而这个时候,你在知觉中想要把握真理,就不再只是单凭不犯错误、严守自己的单纯统握的直接性,而是要及时发现自己的错误而改正它,要随时自我反思、自我纠正,从错误中走出一条真理之路来。这样就在单纯的统握和对这种统握的反思之间拉开了一段距离,从知觉的直接性中延伸出了一条运动发展的间接性道路。前面讲的都是意识在知觉阶段它所走过的圆圈,它由此所获得的经验;知觉的经验就是又走了一个圆圈,但是通过这种经验它已经获得了一种自我反思,这种反思跟纯粹的统握有了区别或分离。这就是知觉所达到的最后的成果,前面都是对知觉的经验的描述,那么下面就是对这个经验的描述加以反思和总结。

所以首先我觉察到,事物是"一",并且我必须在这种真实的规定中把事物固定下来;如果在知觉的运动中出现了某种与它相矛盾的东西,那么它就必须被认作是我的反思。

这是对前面过程的一种概括。事物这个概念本来是由于有了"一"才建立起来的,我把事物的概念看作是作为"一"的存在。一切事物都是"一个"东西嘛，这是最朴素的观念。"并且我必须在这种真实的规定中把事物固定下来"，我必须把这个事物固定下来，比如说实体，它是一个事物，它是变中之不变，它始终是"一"而不是"多"。我把它固定在这个"一"中。"如果在知觉的运动中出现了某种与它相矛盾的东西，那么它就必须被认作是我的反思"，知觉在它的纯粹统握的同时，它就已经有我的反思了，就是有一种防范，一种警惕：它是"一"，它不要自相矛盾。但是知觉并不是静止在这个固定的直接性的起点上，它总是处于运动中；而在运动中万一出现了自相矛盾，其实这是不可避免的，那么知觉必定就会认为这个矛盾是我的反思，以保持事物的"一"本身不自相矛盾。这是我的反思，我意识到这种矛盾，我反思到我自己出错了。这个是在感性确定性那里不具备的，感性确定性如果出错了，对不上号了，它就被逼到另外一边去了，就躲到自己的意谓中去了。但是在知觉里，它就会反过来，就会想到这是我的错误，反思到这个矛盾是我的错误，就会把这种错误承担起来。而且这种反思是必然的，因为知觉本身就是建立在反思上的。

于是在知觉中，也就出现了各种不同的属性，这些属性显得好像是事物的属性；但事物是"一"，并且具有这样一种使它不再是"一"的差异性，于是我们就意识到这种差异性是属于我们的。

"于是在知觉中，也就出现了各种不同的属性，这些属性显得好像是事物的属性"，看起来好像是事物的属性。一个事物里面有各种不同的属性，它们构成"多"。但事物本身是"一"，"并且具有这样一种使它不再是'一'的差异性"。作为"一"的事物，同时又有很多很多的有差异的属性，这就是一种矛盾了，这就是一和多的矛盾。所有这些形形色色的属性，使得事物有可能会不再作为"一"而维持下去了。"于是我们就意识到这种差异性是属于我们的。"就是首先我们把对象看作是"一"，但是同时，我们看到事物有形形色色的属性，那么对象这个"一"反倒没有着落，没有根据，我们所看到的不是那个"一"，而是这些形形色色的属性。那么我们是不是就把这个事物不再看作是"一"了呢？那是不可能的，事物是一，这是知觉的出发点。但是由于它又有差异性，它在我们面前显得具有诸多属性，于是我们就意识到这种差异性是属于我们的，是我们所看到的，而不是那个事物自在地就有那种差异。例如康德就是这样证明的，那个事物本身、自在之物（Ding an sich selbst）在我们面前"显得"具有各种属性，但这只是事物本身刺激我们的感官而产生的现象，我们不能因此就认为对象本身就是这样的，而只能认为对象在我们眼中显得是这样的。所以这些属性全部都被归入到我们自己这一方，我们就进到了一种主观唯心主义。

所以实际上，该事物只是在**我们的**眼睛中看起来是白的，**也**只是在**我们的**舌头上尝起来是咸的，**也**只是由**我们的**触觉感到是立方形的，如此等等。

这里把"也"和"我们"都打了着重号，意味着这个"也"是"我们"的"也"。是我们把它们放在一起、用一个"也"字联系起来的。按照康德的说法，我们的感觉材料是靠一种自我意识的先验统觉把它们综合起来成为一个经验对象的。这里的"也"就代表一种综合，不是综合对象上的东西，而是综合我们自己的东西。

这诸多方面的全部的差异性我们都不是从事物中取来的，而是取自于我们自己；它们就这样在我们完全区别于舌头的眼睛等等之上，在我们这里分崩离析。

这诸多方面，也就是这些属性，它们的那些各不相同的差异性都不是我们从事物中拿来的，而是从我们自身中拿出来的，它们的差异性来自于我们的感觉和感官的差异性。事物本身并没有这些差异性，所有这些视觉也好、味觉也好、触觉也好，它们都是完全相互区别的，各不相关的。各种各样的属性都是相互分离地在我们中发生，每一个都好像是一个知觉原子，就它们自身而言是相互分崩离析的，但又都在我们之中。

{76} 　　因此，我们才是这样一些环节在其中相互分离、各自为政的那个**普**

290

遍的媒介。

所有这些分崩离析的知觉原子都在我们中发生，都出自于我们自己而不是出自于事物本身，所以我们才是这些环节、这些知觉原子、这些各自为政的属性相互联系起来的普遍媒介。我们用一个"也"字作为综合的纽带，把那些白的、咸的、立方体等等属性统统联结起来，而这个"也"正是我们造成的。这些分崩离析的属性，它们本身是相互分离的，是我们把它们"也"在一起来的。例如这个东西我们把它称之为盐，盐并不是一个什么东西，盐就是一束感觉，白的、咸的、立方形的，是我们用"也"把这些感觉"束"在一起的。

所以由于我们把成为普遍媒介这一规定性看作是我们的反思，我们就使事物的自我等同性和真理性保持为"一"。

就是我们把这些东西连在一起，当我们看到一个事物，我们看到许多属性，如果你不反思，你就以为是这些事物本身有这些属性；但是你一反思，就会发现，是我们把它们连在一起的。我们把成为普遍媒介、成为"也"这一规定性看作是我们的反思，这样一来我们就使事物的自我等同性和真理性保持为"一"。康德就认为，我们必须对我们现有的那些知识"何以可能"进行反思或追溯，于是就发现这些知识的可能性条件在于我们自己的统觉的本源的综合统一，也就是我们自己通过自己的统觉的综合，才使得事物的自我等同性和真理性保持为一。这时所理解的"事物"就不再是那个自在之物，而是那些被我们用共同的媒介综合统一起来的属性，是这些属性的自我等同性，也是它们的真理性。因为前面讲过，知觉把事物的自我等同性看作是它们的真理性的标准。我们的反思正是通过我们的自我意识的统觉的综合统一而建立起了统一的现象界的知识。当然，这里面的道理要到"知性"阶段才能够得到明确的展示，而在知觉这个阶段，这只是一种最基本的区分，要把我们的反思和事物本身区分开来。知觉在走完自己的圆圈之后，在它的最后阶段做到了这一点。

　　但是意识所承担起来的这些**不同的方面**，就每一方面都是单独被看作置身于普遍媒介中而言，都是**被规定了的**；白只是与黑相对立，如此等等，而事物之所以是"一"，恰好也是由于它与其他的东西相对立。

　　就是说这个时候，是我们借普遍的媒介把所有这些属性联结起来的，这个媒介被看作是我们主体的活动，它归结为主体的反思，所以意识就承担起了这些不同的方面。意识把所有这些不同的方面、不同的属性承担起来，它们之所以成为一个事物，是因为我们承担起了这些不同的方面，我们承担起了把它们联系起来的责任。它们"就每一方面都是单独被看作置身于共同媒介中而言，都是**被规定了的**"，每一个属性都是在意识中被规定了的，每一方面都是在普遍媒介中有特殊规定的。"白只是与黑相对立，如此等等，而事物之所以是'一'恰好也是由于它与其他的东西相对立"，白与黑相对立，咸与酸相对立，如此等等，因为所有的属性都是各自为政的，它们都是相互分离的；而事物之所以是"一"，恰好也是因为这个事物不是别的东西，它与其他的各种各样的东西相对立，所以它才能自身保持，它能保持自身的"一"就凭它与其他的"多"相对立。在这方面，事物和属性看来似乎是一样的。

　　但是并非只要它是"一"，它就把其他东西从自身中排除掉了——因为成为"一"是那普遍的自身联系，并且正由于它是"一"，它反倒跟一切都同一了——相反，它排除其他东西，是通过**规定性**。

　　就是说，事物和属性在它们不同于并且对立于别的东西这一点上看起来是一样的，但其实大有不同。在属性那里，只要是一个属性，它就不是别的属性，就把其他的东西从自身中排除了；而在事物这里却不是这样，"并非只要它是'一'，它就把其他东西从自身中排除掉了"。事物成为"一"，当然也就要和其他的东西、和"多"相对立，否则它是不成立的；但是它成为与其他东西不同的一，不是像诸属性那样与别的属性在同一水平上的互相排斥，而是在一个更高的层次上凌驾于其他东西之上。"因为成为'一'是那普遍的自身联系，并且正由于它是'一'，它反倒跟一切都同一了"，事物成为"一"是作为一个高居于各种属性之上的普遍媒介，所有这些属性都与那个"一"、那个事物自身相联系，都在那个"一"那里找到自身。所以成为"一"并不是说要把事物和一切别的东西、一切属性区别开来，从自身中排除掉，而是要把某些属性纳入到自身之下，把它们看作自己的属性。所以在这种意义下"它反倒跟一切都同一了"。盐在这种意义下跟白同一了，盐是白的。盐当然和白不同，但这种不同有别于白和黑的不同，白和黑不可共存于一体，而盐和白却可以共存于一体，成为"一"。盐是事物，而白是事物的属性。所以，盐也排除别的东西，比如说排除黑；但它排除黑不是像白排除黑那样完全不相干，而是通过规定白来排除黑。事物排除其他东西不是因为其他东西根本不能与它共存，"相反，它排除其他东西，是通过规定性"。这个事物之所以不是其他的东西，不是由于它是"一"，而是由于它已经有了某种规定性，规定它不是这个属性而是那个属性。通过规定性，它才能排除别的东西，或者通过排除别的东西，它才能得到规定。如果它对自己不加以规定，它就没有属性，也就不是事物了；一旦你要对它进行规定，那么你就把它当作排除其他东西的特定的"一"。但是并不是因为它是"一"，你就完全排除其他的属性，而是规定一个属性来排除其他属性，这就是你的"一"。所以原则上它是可以跟一切属性都同一的。盐就是盐，但盐同时也是白的，这一点也不矛盾；而且盐未必不可能是黑的，甚至它也可以是酸的，尽管那时它就不叫盐了，但它仍然是某种事物。所以事物本质上和一切属性都可以同一，它排除其他属性则是通过规定性，规定它是白的而不是黑的，是这个一而不是那个一，但原则上它可以是任何一种一。

　　所以诸事物本身是自在自为地被规定的事物，它们具有属性，通过这些属性，它们把自己和别的东西区别开来了。 [81]

　　"诸事物本身是**自在自为地被规定的**事物"，也就是自己被自己规定的事物，它们作为事物被规定，被那些属性所规定，通过这些属性它们区别于其他的事物，每个都把自己区别于别的事物。这里"自在自为地被规定",直译是"在本身和为本身"地规定,在自身上面同时又为着自己而被规定。也就是它自己用那些属性来规定自己,规定它具有这样一些属性,而不具有别的属性。具有属性只能是这样来具有,即不是那样的而是这样的,所以"它们具有属性,通过这些属性,它们把自己和别的东西区别开来了"。任何一个事物它必须具有它的属性的规定性,跟别的事物不同的规定性。所以诸事物本身,各种各样的事物,尽管你把它们每个都看作是一个"一",它们要跟别的东西区别开来,必须要通过这些属性。而这些属性是规定了的,因此是排他的,是跟其他的东西相对照而言的。

由于这**属性**是事物自己**固有的**属性,或者是在事物自己本身中的一个规定性,事物就具有**多个**属性。

这属性是事物自己固有的属性,它是属于该事物本身的。我们前面讲到,Eigenschaft 这个词我为什么要翻译成属性,因为它是专属于事物的,每个属性都专属于某个事物,使这个事物带上它的特点。事物不能独自存在,不可能没有任何属性而存在,而是每个事物本身都固有它的自己的属性,或者说,这属性就是"在事物自己本身中的一个规定性",它寄身于事物中,同时它是用来规定事物本身的,规定这个事物跟别的事物不同的。这样一来,"事物就具有多个属性",每个事物它具有多样的属性,一统摄了多,一不怕多。多个属性在一个事物中也可以挤得下,不怕没有位置。尽管这些属相互之间漠不相干,但是它们都和这个"一"相干,是"一"的某个方面的规定性。这里把康德那种不可认知的、没有任何属性可归之于它的自在之物否定了,属性就是自在之物本身的属性。

因为首先,事物就是那真实的东西,它就是**自在的本身**;而凡是在它那里的,都是在它身上作为它自己固有的本质,而不是为了别的东西之故;

每个事物都有自己固有的属性,属性是自在之物本身固有的,为什么呢?这里提出了三条理由。"因为首先,事物就是那真实的东西",这又回到朴素的唯物主义了，事物就是要回到那真实的东西，知觉最开始就是要接纳那真实的东西，而那真实的东西就是事物。"它就是**自在的本身**"，事物就是自在之物，它最真实。知觉就是要达到那个自在之物，才算达到了真实。"而凡是在它那里的，都是在它身上作为它自己固有的本质，而不是为了别的东西之故"，凡是在事物自身那里的，都是事物本身固有的本质，它们标明了这个事物本身的特质，使它跟别的东西不能够相混淆。因此它们不是为了别的东西之故，不像康德所说的，好像这些属性都只是我们感觉中的一些现象，是为了我们的自我意识的统觉而提供材料的；相反，它们就是为了这个事物而聚集起来，成为它自己的特色的。盐的白色是作为盐的特有的本质的白色，至少我们判定这个东西是盐，白色是我们判定的根据之一。并不是说，盐只是在我们眼中看起来是白的，实际上是怎么样的我们不知道。所以这个自在之物不是康德的那种不可认识的自在之物，它同时又是自为存在的，是自己规定自己本质上就是白的，而不仅仅在现象上才是白的。这就是唯物主义的那种朴素的自在之物，自在自为的东西本身就有它固有的本质，它不是为了别的东西之故，不是为了我们的眼睛之故才是白的。这是说明属性属于自在自为的事物本身的固有规定的第一个理由。下面是第二个理由。

　　因此第二，那些被规定的属性，并不仅仅是为了其他事物之故和对其他事物存在的，而是存在于这事物自身中；但它们之所以是在事物中被规定的属性，仅仅是由于它们是多个相互区别开来的属性；

　　首先讲到了事物是真实的东西，它本身有自己固有的属性。凡是在它那里的就是它自己的固有的本质，而并非只是它向我们表现出来的现象。这些属性一旦被规定，"不仅仅是为了其他事物之故和对其他事物存在的，而是存在于这事物自身中"，就是说被规定的那些属性不仅仅是为了我们的感官或对感官而存在的现象，而是这事物本身的固有规定。这是上面第一点已经讲了的；分号后面才真正是这个第二点，即"但它们之所以是**在事物中**被规定的属性，仅仅是由于它们是多个相互区别开来的属性"。首先这些属性属于事物,这是一个基本点,知觉要从这里出发,唯物主义的知觉观就是这样的。有个事物,然后它固有它的属性。那么第二方面,就是讲这些属性有多个,并且相互之间要区别开来,这些属性中的每个属性都跟其他属性相互区别,这样它们才是"在事物中"被规定的。就是说,它们不是相互规定的,也不是由我们人主观给它们带来规定的,而是由事物本身在事物中客观上规定了的属性。这些属性之所以要在这个事物里客观上被规定,则是由于它们相互之间完全漠不相干,如果没有一个客观上的事物来集合它们,它们就会散掉了。所以仅仅是由于它们相互之间区别开来,一个不能规定另外一个,所以必须在事物中得到它们的规定,确定它们是属于这个事物的。比如说,白色和咸味是有区别的,和立方形也是有区别的,它们一个不能规定另一个;但是它们都在盐中得到了规定,它们都是盐的属性。前一个理由是唯物主义的理由,说明属性只能是客观事物本身固有的属性,而不是仅仅在我们感官上造成的现象;这第二个理由则是说,这些属性是多个相互区别开来的属性,因此需要在一个事物中把它们集合起来。这里可以看出康德的"统觉的综合统一"的影子,当然不是在先验自我意识之下的综合统一,而是在事物本身中的综合统一。

第三,由于它们这样存在于物性中,它们就是自在自为的并且彼此漠不相干的。

第三方面的理由就是说,这些属性这样存在于事物性中,这样被事物集合在一起,但是它们各自都是自在自为的,并且彼此漠不相干。这是经验主义的知觉原子论所主张的理由,就是每个知觉到的属性都是一个自在自为的知觉原子,与其他原子完全不相干,它们被这样聚集在事物的物性中,是完全不经意地汇合在一起的,显出一种偶然的客观性。知觉阶段的事物,包括它们的属性,都只能体现为一种偶然的客观性,因为那些属性都是自行其是而互相漠不相干的。所谓物性,Dingheit,也就是事物性,也就是很多很多属性偶然汇聚在一起,就构成了事物性,事物性就是杂多的东西的汇合。所以这些杂多东西都是自在自为的，自在自为的就是它们都是各自独立的，每个都是为自己的，并且彼此漠不相干。由于它们既是存在于同一个物性中，但是它们又彼此漠不相干，所以它们就有随时解体的倾向，它们能够集合起来纯属偶然。这一句是发挥上一句第二个理由的，下面才是从中引出的第三个理由。

　　所以这就是在真理中的事物本身，它就是那既是白的，也是立方的，也是咸的，诸如此类的东西，或者说事物就是这个"也"或这个普遍的媒介，在其中，那众多属性彼此外在地持存着，不相干扰、互不取消；而这样看事物就是把事物看作是真实的。

　　最后一句中，把事物"看作是真实的"，als das Wahre nehmen，也就是"知觉"。就是说，知觉阶段是如何看待事物的呢？就是根据上面的三个理由，我们由此看出，"所以这就是在真理中的事物本身，它就是那既是白的，**也**是立方的，**也**是咸的，诸如此类的东西"。知觉本来就是要追求事物的真理，或追求在真理中的事物本身，达到事物自在自为的样子；这个时候，你就会看到，所谓事物本身就是那既是白的，也是立方的，也是咸的等东西。这个东西不是什么单纯的现象，而就是自在之物。但它也是自为之物。"或者说事物就是这个'**也**'或这个**普遍的媒介**。"事物本身这个时候已经不是一个摆在那里的东西了，它这个时候已经变成了一个自为的"也"，一个普遍的媒介。就是你说这个盐，它是白的，也是立方的，也是咸的，这个时候盐本身是什么？盐本身在哪里？找不到它本身，它已经消失了，你不用说这个盐。你可以取一个名字叫做"盐"，但是这个盐什么也不是。说起来，真正的东西、真正"在真理中"是的东西，就是这个"也"，就是你把众多属性联结起来的那个媒介。盐就是把这些属性结合在一起的那个"也"的媒介，那个才是你所谓的盐本身，即事物本身，你所谓的事物本身无非就是这个东西。这当然就导致了知觉的解体，知觉本身是追求真实的东西，但是真实的东西，事物本身在真理中，就是那普遍的媒介。"在其中，那众多属性彼此外在地持存着，不相干扰、互不取消",在其中,也就是在媒介中,事物本身只是一个媒介,把许许多多属性聚拢在一起,而这些属性就像一口袋马铃薯,互不干扰,也互不取消。"取消",aufheben,在其他地方常译作"扬弃",在这里还未达到扬弃的层次,它就是简单的取消的意思。那么"这样看事物就是把事物看作真实的",这就是知觉了,知觉就是这样看事物的。所以,知觉在上面就走过了三个阶段,第一个阶段首先是真实的东西,事物本身是自在的,凡是在它那里的就是作为它固有的本质规定,那就是属性了。第二阶段,那些被规定的东西,它们相互之间有区别,它们有规定性,这种区别的规定性,首先是这些不同方面的区别,比如说视觉、味觉、听觉、触觉等等,这些东西,这些属性都是有区别的。这是第二个阶段。就是把"一"分解为多,本来是一个自在之物,现在分成了很多方面。第三,由于在事物中的属性彼此之间又漠不相干,那么这样一个事物,其实就是把这些漠不相干的属性联结起来的那个媒介,也就是那个"也"。这就是在真理中的事物本身的情况。所以同一个知觉有三个层次,这三个层次可以说都是知觉,但是它们被排列成一个发展的过程。从最简单、最朴素的观点发展到了自我否定。当你把事物规定为普遍的媒介,这个媒介是谁带来的呢?是我们主观带来的,那么这个事物其实就已经解体了。所以他讲,而这样看事物就是把事物看作是真实的,我们要把事物看作是真实的,那么我们走过了三个阶段,要把三者看作一个整体才行。首先,我们把事物本身的属性看作是真实的,其次我们把事物诸属性的区别看作是真实的,最后我们把事物的诸属性得以联结起来的纽带看作是真实的。这是三个不同的阶段,但是它们都属于知觉。

于是在这种知觉中,意识同时意识到,它**也**在自身中反思到它自己,且意识到在知觉中出现了与那个"**也**"相对立的环节。

现在走过了这三个阶段,那么我们来看一看,最后得出什么样的结果。"于是在这种知觉中,意识同时意识到,它**也**在自身中反思到它自己，且意识到在知觉中出现了与那个'**也**'相对立的环节。"这个时候又出现了一个"也"。意识本来是通过知觉来反思它对知觉的统握，本来是它对知觉到的东西的纯粹统握，我们要反思我们统握到了没有，我统握到真实的东西没有，本来是这个反思。但是意识"也"反思它自己，就是有另外一个反思，它不再是反思我对这个对象的把握，我对这个对象接受是否准确，是否不出错，是否真实；而是通过一个过程，意识开始反思自己了。"它**也**在自身中反思到它自己，且意识到在知觉中出现了与那个'也'相对立的环节"，就是说在这个过程中，出现了两个"也"，前一个"也"只是知觉把在对象中的属性联结起来，把各种属性联结起来的一种"也"，一种媒介。那当然也是一种反思了。但是后面这个"也"更高，出现了与那个"也"相对立的环节。就是说，在知觉的时候，我同时也意识到，它也在自身中反思自己。我们回过头来，把我们所经历过的东西反思一下看一看，把我们刚才走过的这三个阶段本身反思一下看看。那么，在知觉中，就出现了与那个"也"相对立的环节，这样一个"也"跟前面那个"也"是相对立的，前面那个"也"是把事物的属性联结起来，而这个"也"是事物和它自身的统一。

但这个环节就是事物与它自身的**统一性**，这种统一性从自身中排除了区别。

那么这个环节，我们通过反思，而反思到意识自身的时候，我们就会发现与前一个"也"相对立的环节，前一个"也"只是一个纽带，那么这个"也"是事物和它自身的统一性。它不再是一个单纯的纽带了，它是事物和它自身的统一性。或者说，它既是事物的各种属性的单纯纽带或媒介，但同时"也"是事物和它自身的统一性。"这种统一性从自身中排除了区别"，就是事物与它本身有一种统一性，它不是说仅仅是一个区别的纽带，它从自身中排除了那些区别。这种统一性我们可以理解为康德的统觉的统一性。事物和它自身的统一，是意识对自己的反思所带来的，在意识的自我反思中，事物和它自身是统一的。这个在康德的自我意识的本源的综合统一里面已经体现出来了。就是意识通过对自己的反思，我们反思到事物和它自身有一种统一性，这种统一性本身是没有区别的，它就是我＝我。

因此，统一性就是意识必须承担起来的东西，因为事物自身是**众多不同的、独立的属性之持存**。

但是事物的属性本身是不统一的，它们是众多独立的知觉原子。我们在贝克莱、休谟那里都看到了，这些事物被规定为形形色色的属性，每个属性都是一个知觉的原子、单子，它们相互之间连不起来，那么这种联结只能靠意识自己承担起来。那就是意识本身的统觉，意识本身具有这种统一性的功能，这才能保持事物和它自身的统一性。要由意识来保持事物自身的统一性，那么这个事物就不是自在之物了，那就只是一种现象。由意识来保持事物和它自身的统一性，那就是通过自我意识的统觉才能保持事物的自身统一性，这就一步步走到康德的思路上来了。

所以关于事物所说出来的是：**它是**白的，**也**是立方的，并且**也**是咸的等等。但是**就**事物是白的**而言**，它就不是立方形的，而**就**它是立方形也是白的**而言**，它就不是咸的，如此等等。

关于事物我们可以这样说，它是白的，也是立方的等等，可以用一个"也"不断地把各种属性联系起来，这样来表达事物"是什么"。但这并不是就这些属性属于事物而言的，而只是就把这些属性联系在事物中的意识而言的。就这些属性属于事物本身而言，它们是不可通约的，白的事物和立方的事物本身不能够用"也"来联系，即使意识把它们"也"在一起了，它们一起也不能用"也"和咸的事物相联系，如此等等。所以就拥有属性的事物自身而言，如果没有一个意识来将它们"也"在一起，那么它们相互是不能通融的。一方面我们可以说它是什么、也是什么；另一方面我们也可以说它不是什么、也不是什么。这个"不是什么"有一个前提，就是"就它是……而言"（insofern），它就不是什么。有这样一种区别。

使这些属性置于一中（Ineinssetzen）只应属于意识的事，因此意识不能让这些属性在事物身上归而为一。

把所有这些属性置于一中，也就是把它们在事物中统一起来，这个仅仅是属于意识的事情，是我们的意识把它们统一起来的。因此意识不能让这些属性在事物身上归而为一，这种统一性不能让它归之于事物本身。事物哪有这种统一性呢？事物就是诸多不同的属性之持存嘛。事物本身就是那些属性的集合，或者用贝克莱的话说，事物就是感觉的复合，这种集合的结果就成了事物。所以这种集合本身、这种统一性本身不能归结为事物本身，而必须归结为我们的意识的作用。

归根到底是意识带来了这个**就此而言**（Insofern），它借此把这些属性相互区别开来，并把事物作为这个"也"保持下来。

"归根到底是意识带来了这个**就此而言**"，就是前面讲的，"就事物是白的而言，它就不是立方形的，而就它是立方形也是白的而言，它就不是咸的，如此等等"，这个里头都有一个"就……而言"。最终是意识带来了"就此而言"，而在事物身上，虽然每个属性都是一个知觉原子，但是它们并不管自己是不是就自己而言与别的属性相排斥，而是只顾自满自足。它们互相当然是不能通融的，但前提是有一个意识把一个属性限定在"就此而言"的范围内，它们由此才和别的属性划清了界限，否则它们就是一团乱麻，一片混沌。一方面，是意识把各种属性联系起来，让它们置身于一中；另一方面，意识同时又把它们按照"就此而言"的不同视角而区别开来。而在这种区别中，意识又把这个事物作为这个"也"而保持下来。这个"也"就是意识本身的一种统觉能力。是我们的意识把这些属性区别开来，并且又把它们联系起来的。

这个**成为"一"**（Einssein）是意识才真正有权承担起来的，以至于那曾被称为属性的东西现在被表象为**自由散漫的质料**（freie Materie）。

成为"一"其实是一个词 Einssein，Eins 就是"一"，sein 是"存在"。我们把它翻译成"成为一"，也可以把它翻译成"是一"。"这个**成为'一'**是意识才真正有权承担起来的"，你要用一个"也"把它们联结起来，把它们当作一个事物来看待,成为"一",或者说"是一",这个任务是意识才真正有权承担起来的,事物并不具有这种能力和权力。比如说实体,实体是一,实体在亚里士多德那里就已经是个别的东西,是独一无二的东西了。那么你把它纳入到实体之下,这些散漫的质料就得到规定了。但是这些规定不是由这些物质自己规定的,而是由意识的反思加给它的,由反省的经验加给它的。所以这个"一"、这个"成为一"是意识真正有权承担起来的。这里有点像康德的先验自我演绎。我们在康德的先验演绎里面也看到了,先验演绎就是要证明这些范畴能否有权应用于这些经验的对象之上,能否把这些经验材料联结起来、统一起来。通过先验演绎,康德认为凭借自我意识的综合统一,这些范畴是有权应用到这些经验的材料之上,把它们联结为一个对象的。其实在康德以前,洛克已经有了这种意思,包括莱布尼兹、贝克莱也已经有了这种意思,就是主体通过意识的某种统一的作用,把那些后天的材料统一起来。"以至那曾被称为属性的东西现在被设想为自由散漫的质料",就是那被称为属性的那些东西,白呀,咸呀等等这些属性,当初被称为属性,是着眼于它们属于事物本身,是事物本身的固有性质;而现在它们被表象成了感性中的一些自由散漫的质料,并不是事物本身的客观性质,而只是供意识来加工的一些尚未得到规定的质料。die freie Materie 这个词直译为"自由的质料"或"自由的物质",在后面也会碰到,在黑格尔的《自然哲学》中也可以看到。[①] 但这里强调的是 frei 的另一个意思,就是无拘无束,没有被规定的散漫状态,我译作"自由散漫的质料"。就是说这些散漫的质料它们不具有统一性,它们是无拘无束的,它们还不具有形式。康德就是这样看的,那些直观的经验性的材料,感觉和知觉,如果没有一定的范畴形式把它们统起来的话,那就是散漫的,杂乱无章的,用康德的话说,那就像休谟的那些知觉印象,它们不成型,那它们还抵不上一个梦。

---

① 可参看黑格尔:《自然哲学》,梁志学等译,商务印书馆 1980 年版,第 66 页。

事物以这种方式就被提升到了那真实的"**也**"，由于它是一个质料的**集合**，而不是"一"，它就成为一种仅仅包容性的外壳了。 [82]

"事物以这种方式就被提升到了那真实的'**也**'"，事物真正说来是一个什么东西呢？是一个"也"，一个联系各种属性的媒介。那么这个"也"是谁带来的呢，是意识带来的，是意识把"一"带进了散漫的质料里面，所以意识就是以这种方式把事物提升到了那真实的"也"。就是事物本来是自由散漫的质料，但是通过"也"而被统摄起来，被带到一个"一"之下了。什么是事物？就是红的，白的，咸的，立方体的，如果只是这些属性，那么就没有事物。之所以有事物，那是主体的功劳，是主体有权使它们成为事物，使得事物被提升到那真实的"也"。"由于它是一个质料的集合，而不是'一'"，而不是"一"，也就是它不是一个单纯之物，而是一大堆质料的集合。是我们的主体带给了它以统一性，它本身不是什么统一性，事物本身就是一大堆质料的集合，于是，它借助于"也"就成为一种仅仅包容性的外壳了。事物仅仅是凭借一个"也"，把所有这些东西包容进来，把它们统摄进来，把它们归于意识提供的"也"之下，那么事物就成为了抽象空洞的形式上的外壳，成为了一个什么东西都可以往里面装的筐子。于是，它好像就跟它里面的内容完全脱离关系了。在康德那里就是这样，我们意识的统一性跟各种属性、跟感性质料的丰富性是来自于两个完全不同的来源，你用知性的范畴把经验的材料统摄起来，那么用黑格尔的话说，就像是把一块木头绑在腿上一样，你的这种综合统一只不过是一种外在的捆绑，而那些范畴只是一种外在的形式，它可以将这些质料装进来，把它们联结在一起，但这些内容跟这个形式还是两码事。这个表象只是一个包容性的外壳，统摄性的外壳。这个涉及到对康德的批判。当然对康德真正的批判是在知性的阶段展开的。这里更多地可以对照洛克的观点。事物通过一个"也"把属性聚集起来，那么这个事物你把它称之为一个实体，但是这个实体仅仅是一个包容性的外壳，这个实体是主体加给事物的，你强行把所有这些属性塞到一个容器里面去，那么这个容器就是实体。所以洛克就区分出实体的两种涵义、两种本质，一种叫做名义本质，一种叫实在本质。名义本质是我们人把它建立起来的，我们人把它称之为实体，但实体的实在本质是我们不可认识的。这样一种区分恰好给后来的康德把自在之物和现象两分提供了便利。而且贝克莱也是这样，从洛克那里再推进一步：既然如此，你就要把那个实在的本质取消。我们所认识的实体都是一大堆感觉的复合，都是由我们的实体把它复合起来的。可见这是当时很多人具有的思维模式，就是我们的对象本身不是实体，它本身是经验的、是杂多，但是我们之所以把它看作是一个事物，是我们主体的功劳，是主体把"一"加给它的，它才能成为事物。但这样的"一"并不是真正的"一"，而仅仅是一种包容性的外壳，一种与内容不相干的"也"的纽带或筐子，它并没有把内容真正统一起来。

*　　　　*　　　　*

{77}　　如果我们回顾一下意识以前所承担的东西以及现在所承担的东西，还有意识以前归之于事物的东西和现在归之于事物的东西，那就会得出结论：意识以交替地方式，既把它自身又把事物当作这两个方面：要么作为纯粹的、不含多数性的"一"，要么作为一个融化在各个独立质料中的"也"。

这一段就是总结我们刚才所走过的历程。现在我们回顾一下。"意识以前所承担的东西以及现在所承担的东西"，它是一个经验的运动。我们考察知觉的经验，它是怎么走过来的？从意识的方面来说，它现在跟以前已经不一样了，它以前承担了一些东西，而现在它所承担的东西是不一样的。"还有意识以前归之于事物的东西和现在归之于事物的东西"，这就是讲意识归之于客观事物的东西，也不一样了。或者说得更加明白一点，就是在这两方面都不一样了，在主观的东西和客观的东西上现在和以前都不一样了。意识归之于自身的，它所承担的，那就是主观的东西；而意识归之于事物的那就是客观的东西。那么现在我们比较一下，意识以前所承担的和现在所承担的，以及意识以前认为是客观的归之于事物的东西，和现在认为是客观的、归之于事物的东西。那么就可以得出结论："意识以交替的方式，既把它自身又把事物当作这两个方面：要么作为纯粹的、不含多数性的'一'，要么作为一个融化在各个独立质料中的'也'"。一和也都打了着重号。这个结论很重要了。这个"也"也可以理解为"多"，前面是"一"，不含多数性的"一"；后面是"多"，融化在各个独立质料中的"也"，那当然是"多"了。用一个"也"把各种不同的质料外在地捆在一起，我们把所有的众多属性用"也"字把它们捆在一起。意识以交替地方式既把它自身又把事物、既把主观也把客观当作这两个方面，要么作为"一"，要么作为"多"。也就是说意识在这样过程中，一方面把自身看作是单一的，意识是一。刚才讲了意识承担起"一"的任务，把"一"加给事物，意识就是"一"；而事物就是"多"嘛，事物身上有多个属性，那不是"多"吗？意识有这样一个功能，把"一"加给"多"来构成事物。但是以交替地方式。意识又成为了多，即"要么作为融化在各个独立质料中的'也'"。那就是说要么意识本身是"多"，它融化在各个质料之中，而那个事物本身是"一"。这是知觉最开始是这样看的，因为我们的意识是可以犯错误的。这个也是意识到的，那个也是意识到的，但是意识变来变去，它跟自己不一致了，我们就发现意识犯错误了。那么怎么纠正呢？回到事物本身。事物是"一"，事物是前后一致的标准，事物是我的意识是否犯错误的标准。所以事物是同一性，是前后一致、一贯性，不自相冲突性，而这个不自相冲突的根据就是事物是一，事物是不变的。这是我们在知觉开始阶段的出发点。而刚才讲的意识是"一"，而事物变成了"多"，那是在它的终点，在它的终点又转过来了。本来是洛克是唯物主义的，意识要符合事物，结果后来到了贝克莱、休谟，成了唯心主义。事物要符合意识，意识才是一，是意识才使得事物成为一，才得以成立，如果没有意识的"一"对事物作出区分和进行捆绑，那事物就成了一盘散沙，形成不了事物。这样一来，知觉就走向了唯心主义。就意识来说，是交替地把自己要么是当作"一"，要么是当作"多"。最开始是把意识当作"多"，把事物当作"一"；后来把意识当作"一"，把事物当作"多"。那么对事物也是这样的，事物最开始是"一"，结果最后成了"多"，它仅仅靠一个"也"把这些属性联结起来。但是这个"也"从哪里来的？还是由意识的"一"建立起来的。所以意识以交替地方式既把它自身又把事物作为这两个方面，一个是一，一个是多。

于是意识通过这一比较就发现，不仅**它自己**对真实的东西的接纳（Nehmen das Wahren）本身具有**统握**（Auffassen）与**返回自身**这两者的**差别**，而且毋宁说，真实的东西本身、事物也以这样双重的方式呈现出来。

这是从前面那个结论里面推演出来、演绎出来的。对真实的东西的接纳（Nehmen das Wahren），德文里面就是知觉（Wahrnehmung）一词的分写。"于是意识通过这一比较就发现，不仅**它自己**对真实的东西的接纳本身具有**统握**与**返回自身**这两者的**差别**"，接纳也可以翻译成取得、采纳，是包含有主动性的。就是意识在这一过程中，它发现了，它自己本身在意识中就有这种差别，什么差别呢？一个是统握，一个是返回到自身。统握就是向外把握，我要把握那个事物，Auffassen 是从上面把那些东西抓住、罩住。fassen 就是抓握，Auffassen 就是统握。另外一方面是返回到自身。向外统握就是抓住"多"，返回到自身就是回到"一"。这两个方面是有差别的，它就是意识的差别。意识有两个方面，一方面是向外，一方面是向内。不仅如此，"而且毋宁说，真实的东西本身、事物也以这样双重的方式呈现出来"，就是事物、客观的方面也是以这两种方式呈现出来的：要么是作为多，被意识所统握；要么是作为一，被意识所反映。那么事物在被反映时，是退回自身的；事物在被统握时，是作为多呈现出来的。事物退回自身，是因为意识要把握它，它不断地往后退，你始终把握不准。唯物论的反映论就是意识要反映对象，反映物质或事物；但是你如何反映？有没有绝对的反映？没有绝对真理，所有的真理都是相对的,就是不断地朝着事物本身贴近,而事物本身又不断地后退。经验论的唯物论必然通往自在之物不可知,我们就可以把这个过程看作是事物本身的自我返回。所以事物也以一和多这样不同的方式呈现出来。意识已经分裂成两个方面或者表现为两个步骤了。意识最开始是纯粹统握,被动地、完全的不加上任何东西地去统握现有的事物,这样才能不出错。可是到头来,意识发现自己恰好是通过自己主动地把"一"加之于对象,它才能不出错。于是真理就从对象本身转移到意识身上了。那么事物也是这样,最开始是作为一,意识要统握那一个对象,那一个事物。但是你永远统握不住,事物不断地退回到自身,不断地向自身中返回。那么到最后变成了多,搞到最后,事物不是什么东西,它只是一个纽带而已,而这个纽带是意识带来的。你所认识的对象只是一个纽带,把所有这些属性捆在一起的一根带子。而且那个带子是你交给它的,是你把它捆起来的。所以对象、事物本身也是经过了这两个阶段。相互之间,互相向对方走去,但是又互相错过,擦肩而过,你走到它那个地方去,它又走到你这个地方来,它们两个调换了位置。

因而,现在到手的经验就是:事物以被规定的方式,**对于那统握着的意识呈现出来**;但**同时**又从它在其中呈示出来的方式**出发**,而**在自身中反思自己**,或者说事物在它自身有一个相反的真理。

最后一句,是回到了总结性的一个结论了。"现在到手的经验",前面一开始的时候,进入到这种过程的时候,就是要寻找这种经验,知觉是如何经验的?我们看 78 页 [贺、王译本] 中间一段:"现在,让我们看看,意识在它的现实的知觉的过程中造成了什么样的经验。"造成了什么样的经验呢?通过这几段的分析,我们的经验已经到手了。"事物以被规定的方式,**对于那统握着的意识呈现出来**",事物是被规定的事物,事物以各种各样的规定的方式,也就是以各种属性,属性都是被规定好了的,都是被区别开来的。那么,以这种方式而呈现出来,向谁呈现出来呢?向统握着的意识。统握的意识最开始是要完全放弃一切先入之见,我们原原本本地、客观地去把握那个事物。但是这种所谓客观地、原原本本地统握，其实只是对于这个意识而言的，是对于主观而言的客观，所以这里"**对于……意识**"打了着重号，强调的是事物只是在意识中**呈现**出来的客观事物，只是现象，而非自在之物。那么这个时候，事物向我们呈现出来的就是那些被规定的属性，它们是作为现象而被我们的意识统握起来的。这是一方面，事物以被规定的方式对意识呈现出来，被意识所统握；就是说这个时候的事物，是一种被统握而在意识中呈现出来的事物，它还没有反思。"但同时又从它在其中呈现出来的方式**出发**，而**在自身中反思自己**，或者说事物在它自身有一个相反的真理"，这还是讲的事物。事物最开始是以被规定的方式让意识来统握，但同时又从它在其中呈现出来的方式出发。它在其中呈现出来的方式就是那些表面的方式，那些属性，那些规定都是它呈现出来的方式，那么从这些方式出发，从中走出来，而返回到自身中反思自己。事物本身也要反思自己，通常我们说反思是意识的功能，那么在这个过程中，事物本身已经不成什么东西了，那些属性都不是事物本身，而只是事物向主观意识呈现出来的方式；你要切实地把握事物本身就要反思，那么这个反思也就被归之于事物了。就是把这个过程看作一方面是意识的进化发展，另一方面是事物本身的进化发展。事物本身最开始向我们呈现出来是这样那样的规定，但是后来我们把它看作是实体，这个实体是我们的反思加给它的；但是现在我们把它看作是事物本身的反思。这个事物跟意识之间的关系就很微妙了，已经不能截然区别开来了。我们加给对象的东西，我们看作是对象的东西，它就好像真的是对象了。实际上这个对象已经是我们所建立起来的。我们通过自己的反思建立起来了这个对象，那么这样一个对象，它的那个"一"，它的实体，我们就同时可以看作是对象自身的一个自我反思，对象在自身中的反思，这里也可以译作"自身反映"，in sich reflektieren。"或者说事物在它自身有一个相反的真理"，因为反映就是照镜子，镜子里面的东西和实物相比是相反的，左右前后是颠倒的。正是通过自身中的反映，我们意识到我们原先所认为是真理的东西其实是颠倒的，是镜花水月的东西；"事物在它自身有一个相反的真理"。原来的真理是那些规定性，那些确定性，我们要统握事物，我们就要统握那些事物的众多属性；但是在那些众多属性底下有一个"一"。我们后来发现那些属性都是不真实的，只有那个"一"才是真实的。这个时候已经有了两种真实性或真理性，或者像康德所说的，有两种客观实在性，一种是现象的客观性或经验性的实在性，另一种是自在之物的绝对的客观实在性。事物自身一分为二，分成了一方面是现象，即那些属性的规定，这个是被意识所把握的；另一方面是作为"一"的自在的本体。所以意识也好、事物也好都被二重化了。这个小节的题目是"事物的矛盾概念"，这里就展示出来了。一方面是意识自身的矛盾，开始的时候它不像矛盾，但是最后它不得不走向矛盾。事物也是这样，一开始你把事物当作是绝对的"一"，一个实体，一个事情本身，但是一步步走来，你发现它消解了，它什么都不是，它就是一个纽带，一个"也"。那么最后你还要把它看作是一个事物，那就是你的观点了，那就是意识所带来的，就是意识所带给事物的自身反思。那么这个时候就有两个真理在打架。

［三、朝向无条件的普遍性和知性领域的发展运动］

这个标题也是拉松版编者加的。前面讲的都是有条件的普遍性，这个无条件的普遍性是什么呢？我们理解比如说，上帝。上帝就是一个无条件的普遍性，斯宾诺莎的实体也是无条件的普遍性，我们这里可以理解为绝对实体。朝向无条件的普遍性，那么这个领域就是知性的领域，知性它是以绝对实体作为它的台阶，你上到这个台阶才是知性。不然的话，你就只是知觉，还没有真正达到知性。知性 Verstand，又翻译成理智、理性。在这个层面上你才能达到知性。但是在这个中间有个过渡，从知觉到知性之间有一个过渡，它是一个发展、运动的过程，我们看它怎么样过渡过来的。知觉在洛克、贝克莱这里其实已经讲完了，知觉阶段已经讲完了，下面更高阶段就是向知性阶段过渡。后面基本上是对理性派的分析，前面基本上，我们一直到前此一切论述，基本上是对经验派的分析、一种评判。感性的确定性，知觉的发展运动过程，基本上是经验派的一种体现。下面基本上是大陆理性派，也讲到了法国唯物论，大陆理性派和法国唯物论都是属于这个阶段。我们可以对照一下黑格尔《哲学史讲演录》第四卷，他首先讲笛卡尔、斯宾诺莎、洛克、莱布尼茨等哲学家，这些属于知性的形而上学；后来讲到贝克莱、休谟，然后讲到苏格兰学派、自然神论者、法国唯物论，最后讲到卢梭，这些都属于"过渡时期"；然后就进入到德国哲学。德国哲学从雅可比的直接知识开始，到康德和费希特、谢林。这个次序安排与《小逻辑》中"思想对客观性之三种态度"是大体吻合的，但和《精神现象学》这里却并不相同。这里的顺序甚至是倒过来的，即从经验论的唯物主义如洛克这些人的思想开始，到贝克莱、休谟，再进到莱布尼茨，然后才是法国哲学的常识或健全知性，最后进入到斯宾诺莎的知性的形而上学。那么这里讲朝向知性的发展运动，就是向知性阶段的过渡，这个过渡主要的就是对莱布尼茨思想的分析。而讲知性的第三章一开始就是对斯宾诺莎的分析，斯宾诺莎是德国哲学的前提。黑格尔对斯宾诺莎的评价极高，他甚至说"要么是斯宾诺莎，要么就不是哲学"，就是说，斯宾诺莎等于哲学，所以斯宾诺莎是哲学的台阶。这一小节的标题中的"无条件的普遍性和知性领域"，是斯宾诺莎正式提出来的，他为纯粹知性建立了一个台阶。但是在这个台阶之前还有一个上台阶的过程，即向这个领域的发展运动。

于是，意识本身又超出知觉的这个第二种态度，这种态度把事物当作真正自身等同的来接纳，却把意识当作自身不等同的东西、当作走出等同性而返回到自身的东西来看待，而现在，对象对意识来说就是这整个的运动，这个运动以前曾被分配给了对象和意识。

"于是"，表明这是接着上面说的下来的，如果没有中间插入的小标题，这完全是一口气说下来的。既然意识和事物双方都经历了一个向对立面转化的过程，而这个结论是从事物这个角度来谈的，知觉的意识一开始的初衷就是要追求这个事物嘛，那么这个事物现在变得怎么样了呢？经过这个过程，事物变成了双重真理，它自身包含有一个相反的真理。于是这样一来，"意识本身又超出知觉的这个第二种态度"，第二种态度是什么态度呢？"这种态度把事物当作真正自身等同的来接纳，却把意识当作自身不等同的东西，当作走出等同性而返回到自身的东西来看待"。事物自身是被当作自身等同的来接纳的，它把它的双重真理归咎于意识的现象，而使自己固守于它的自在之物的自身等同性，以它的相反的真理来抗拒意识的真理。这是跟第一种态度不同的。第一种态度是把意识看作必须撇开一切先入之见而完全原原本本地接受对象，不要因为自己的任何增加或减少而改变真理的面目，这是唯物主义经验论的态度，是凭单纯的统握对付多种属性的事物，以对象的一来统对象的多，对象自身并不等同，有现象和本质的区分。而在第二种态度看来，意识是自身不等同的，必须看作"走出等同性而返回到自身的东西"，意识分裂为经验性的规定性以及自身的统握这两方面了。意识转来转去，改变它自身的立场，把自己当作自身不等同的东西来看待，这时候它返回到了自身的"一"，成为主观唯心主义的，而对象的自身等同性则是来自主观意识对"成为一"的承担。就是说意识本身成了"一"；但是意识之所以"成为一"，不仅是为了把握它自己，还是为了把握对象。意识返回到自身，从自身里面逼出一个"一"来，但是它是用来对付对象的，它使得对象、事物被当作真正的自身等同性来接纳。这就是知觉的第二种态度。那么现在，意识又超出了知觉的这第二种态度。第二种态度是向对立面转化的态度，也是唯心主义经验论的态度。当意识意识到这种态度的自相矛盾性的时候，它就超出了第二种态度。超出这个态度进入什么态度呢？进入到理性派的态度。前面是经验派的态度。经验派的态度有两种，第一种是唯物主义的经验派，第二种态度是唯心主义的经验派。从洛克那里，有唯物主义的一面，但是按照他本身的逻辑走向了唯心主义，走向了贝克莱、休谟。那么当意识意识到这一点的时候,它就超出了这个态度。
"而现在,对象对意识来说就是这整个的运动,这个运动以前曾被分配给
了对象和意识",现在,对象对意识来说就是整个的运动,这就成为一种
独断论了。我断言整个的运动都是在对象中发生的,这种断言不再凭借
感觉和知觉,而是独断地作出的。以前总是说,意识在把握事物、把握对
象的时候发生了运动,那么这个运动一方面是意识的运动,另一方面,通
过意识本身的运动,我们看到了事物的运动,或者说意识本身的运动带
来了事物的运动。以前是这样理解的,这种理解紧紧抓住感性知觉不放,
但也就带来了意识和事物双方的矛盾和纠缠,它最终走向了主观唯心主
义和怀疑论、不可知论。现在我们达到的阶段是:对象对意识来说,就是
这整个的运动。意识本身被对象吞掉了,它也成为对象中的一个对象。
前面我们走到了主观唯心主义嘛,主观唯心主义把一切归结为我们的主
体的意识,一切实体性的东西都是主体的命名,或者是主体所建立起来
的。那么超出这个层次呢,我们把这个实体当作事物本身,整个运动都
看作事物本身在那里运动,并不是你本身从唯物主义到了唯心主义了,
而是事物本身一开始那样呈现,现在是这样呈现。我们把运动中对立的
双方全部归到了对象,这是另外一种态度,超出前面讲的经验派的唯物
主义,也超出了经验派的唯心主义。我们达到了这样一个态度,这样一
个态度是唯理论、理性派的态度。理性派从来都是把自己所意识到、所
制定的那些抽象的普遍共相当作是客观的世界本体。理性派和经验派在
这里有一点类似于中世纪的经院哲学的唯名论和唯实论,唯实论来自柏
拉图的理念论,认为理念或意识才是世界的本体,其他的都是世界的现
象。不管是世界的本体还是世界的现象都是世界,都是事物本身、客观
本身的运动。所以这就达到了这个阶段,就是"对象对意识来说就是这
整个运动,这个运动以前曾被分配给了对象和意识"。本来是主客二分,
主客对立,现在是主客统一了,没有什么不可知论,你的意识所规定和建
立起来的东西就是世界的结构、就是世界本体。

事物是一，是在自身中被反思的；它是自为的，但它也是为一个他者的；也就是说，**当它**为一个他者而存在时，它对自己就是一个**他者。**

现在讲到的是这样一个层次，事物是一。这个"一"，原来以为是我们主体加给它的。统一性也好，事物本身也好，都是我们建立起来的，这是意识所必须承担起来的责任。但是现在呢？事物是一，或者说，事物又回到了最初的那个"一"。在知觉开端处，事物就是一，而我们的意识就是多，我们多个意识相互之间要协调，要逻辑一贯才能够反映那个"一"。这是知觉的开始阶段、唯物主义阶段是这样的，这是回到了最初的第一种态度。现在我们又回到了"一"，这是在我们经过了一个矛盾进展之后，这个时候事物是一。那么这个"一"是在自身中的反思，它就不是那种未经反思的，不是你把它假定为"一"。它现在是在自身中的反思。"它是**自为的，**但它也是**为一个他者的。**"什么是自为的又是为他的？这就是说，"**当它**为一个他者而存在时，它对自己就是一个**他者**"。它是自为的也是为他的，因为事物是"一"，也就是自为的，它是独立的，自为的也可以翻译为独立的，它不依赖于多而存在；但是它也是为他的，这个"一"它要承载各种各样的属性。你单纯一个"一"那就成了自在之物了，没有任何区别，没有任何规定，那你怎么认识它呢？所以它同时又是为他的，当它为他者而存在时，它对自己就是一个他者。也就是它显现为那些他者，比如说那些规定性，规定性都是由他者来规定的，为他者而存在。白色是为光线而存在的，一个事物是白的，是因为光线照在它身上，这个白色是为他者的；但是又是这个事物本身的白。当它为他者的时候，它对自己就是一个他者。事物当它为他者的时候，比如说白色，咸味等等，各种各样的属性呀，这个时候，它对自己就是一个他者，就是它并不是它自己。当它呈现为这些属性的时候，它还不是它自己。它自己是"一"，而为他者存在的时候，它是多，它有多种属性，在各种不同的环境下，它呈现出各种不同的属性。但是事物本身还是"一"呀。所以对于事物本身来说，这些东西当它为他者而存在的时候，它对自己就是一个他者，就是它这个一还是坚持在那里,它不受影响,不能完全归结为这些属性的"复合"。

据此,事物是自为的**也**是为他的,它是一个**双重的**、有差异的存在,但它**也**是"一";但"是一"(Einssein)与它的这种差异性是矛盾的;据[83]此,意识就会不得不又把这种建立为一(Ineinssetzen)承担起来,并和事物隔离开来。

"据此,事物是自为的也是为他的",一方面事物是自为的,它是"一";另一方面事物又要是为他的,它要展示出各种各样的在他者之下呈现出来的属性,在他者的影响之下、作用之下所呈现出来的属性,所以它也是为他的。所以"它是一个**双重的**、有差异的存在"。一个事物是个双重的存在,一方面是它自己,另一方面是它所呈现出来的属性。你是把它自己的"一"看作事物本身呢,还是把那些属性看作是事物本身呢?首先它是"一",所以你必须把它自身看作是它自身,而把那些它所呈现出来的属性看作是从属于它自身的。那么它就是双重的存在,一方面它是作为自身的存在,另一方面它是作为那些有差异的属性而存在。那么它自身的存在和那些属性之间是有差异的。所以我们可以把它看作是有差异的存在。但是它也是"一",它虽然是有差异,但是它本身一贯到底,它还是"一"。在各种各样的差异下,它本身仍然是"一"。然而,它"是一"("是一"也可以翻译作"成为一")与它这种差异性是矛盾;它是"一",但是它又是多,这岂不是自相矛盾吗?它到底是"一"还是"多"呢?所以它是一与它的这种多样性自相矛盾,它是一,它就不能是多。"据此,意识就会不得不又把这种建立为一承担起来并和事物隔离开来",就是事物的这个"一"就会又被归结为是由意识建立起来的。这里用的是虚拟式,就是本来这里讲的是事物本身的运动,但事物本身的运动产生矛盾了,怎么办?如果这一矛盾不解决,那么就必然会把矛盾中的一方归之于意识,来回避这个矛盾。就是这个事物是"一",但是它又是"多",那怎么办呢?那只好把这个"是一"归之为意识的"建立为一",是由意识承担起来的，和事物无关。"意识就会不得不又把这种建立为一承担起来，并且和事物隔离开来"，就是意识跟事物作为"一"和"多"相互脱离。这就会又回到前面所讲的第二种态度去了，也就是会回到唯心主义和不可知论去了。黑格尔在《小逻辑》第39节说道："关于经验主义的原则，曾经有一个正确的看法，就是所谓经验，就其有别于单纯的个别事实的个别知觉而言，它有两个成分。一为个别的无限杂多的材料，一为具有普遍性与必然性的规定的形式"，也就是多和一两个环节；"同样，经验中还呈现许多前后相续的变化的知觉和地位接近的对象的知觉，但是经验并不提供必然性的联系。如果老是把知觉当做真理的基础，普遍性与必然性便会成为不合法的，一种主观的偶然性，一种单纯的习惯，其内容可以如此，也可以不如此的。"[①] 这是在谈"思想对客观性之三种态度"的"第二种态度"经验主义的最后结束时讲的，这种知觉导致休谟的怀疑论和康德的不可知论，正好可以和这里对照着看。当然那里讲第二种态度的前提与这里讲第二种态度的前提还有所不同，因为那里的第一种态度是"形而上学"即理性主义，而这里的第一种态度是素朴的经验论，理性主义则是第二种态度的未来发展目标。这种相反的程序是由《逻辑学》和《精神现象学》的不同任务所决定的。

　　意识因而将不得不说，**只要**事物是自为的，它就不是为他的。不过，正如意识已经验到的那样，"是一"也属于事物本身；事物本质上是自身中被反思。

　　"意识因而将不得不说"，这里仍然是用的虚拟式。按照形式逻辑来说，"**只要**事物是自为的，它就不是为他的"，正如 $A = A$；$A \neq$ 非 A，这是言之成理的，这里面是不能容忍矛盾的，有种形式逻辑上的必然性。"不过，正如意识已经验到的那样，'是一'也属于事物本身；事物本质上是自身中被反思。"这样一句话跟前面那句话是对等的，前面是讲遇到矛盾

[①] [德] 黑格尔：《小逻辑》，贺麟译，商务印书馆1981年版，第115—116页。

了，"'是一'与它的这种差异性是矛盾的"。遇到矛盾怎么办呢？就导致了意识不得不把这个"是一"承担起来，把这种"建立为一"承担起来，而脱离事物。这是唯一可选择的道路。意识将不得不说，只要事物是自为的，它就不是为他的。这个时候事物就解体了。事物就成了多，而它的"一"又被归结为意识了。如果走这条路的话，你就没有超出知觉的第二条道路，就是经验派的唯心论。"不过，正如意识已经经验到的那样，'是一'也属于事物本身；事物本质上是自身中被反思"，这个在前面的结论中已经被讲到了，这里不是虚拟式。就是事物在它自身中，也具有"成为一""是一"的这种反思自己的能力。我们在洛克那里看到的，是把这种反思的能力归结为主体的一种"反省的经验"，好像是完全跟事物不相干的。我们在反省，我们把那些经验材料掰来掰去的，好像一会儿区分开来，一会儿结合起来。最后我们给它一个命名，这个跟事物无关，这是名义上的命名。但是现在我们已经超出这种态度了。"正如意识已经验到的那样，'是一'也属于事物本身"，它不仅仅属于意识。的确是意识把它承担起来；但是一旦承担起来，它就发现，它所承担起来的这个"一"也属于事物本身。只不过这个层次更高了，它不是唯物主义的那个"一"。而是一种更高层次的，不是我们对它反思，而是事物本质上是自身反思的，事物在自身中的反思，它回到自身。事物自己回到自己，不完全是你加给它的，当然你在其中起了作用，或者说是事物借助于你的意识来反思自己的本质。在前面第二阶段的结尾，意识已经经验到了这一点。就是意识成为一，也是属于事物本身的，属于事物的本质。这就超出它原来的阶段了。而超出原来的第二阶段，也就开始超出知觉本身的范围而向知性阶段过渡了。

因此，那个"**也**"或者那漠不相干的区别，固然可以正像属于"**是一**"那样属于事物，但是由于事物与"是一"这两者是不同的，所以不是属于同一事物，而是属于**不同的**事物；存在于一般对象性本质上的矛盾就被分配到两个对象上。

"那个'也'或者那漠不相干的区别"，前面讲了，这个"也"就是那些漠不相干的属性之间的纽带，这些属性既是白的，"也"是咸的，"也"是立方体的，如此等等。这个白的，咸的，立方体的，相互都是漠不相干的。那么用这个"也"把它们区别开来，这种区别固然可以属于事物，正像属于"是一"那样，这个也、这个多、这种各种各样的区别，我们当然可以归于事物，因为它们都属于"是一"。"是一"它底下有各种各样不同的属性，或者这些属性我们也可以把它们归于一，正像把它们归于事物那样。但是它们又不同。"但是由于事物与'是一'这两者是不同的"，因为事物它可以成为一，它也可以不成为一，它也可以是多，它也可以成为一个纽带，就像前面讲的，它也可以是一种仅仅包容性的外壳。事物也可以是一个容器，它不是一，它只是一个纽带，你把所有杂多的属性塞进去，装到这个容器里面去，那就是事物了。像贝克莱讲的"物就是感觉的复合"，物什么都不是，仅仅是感觉的复合而已。那么感觉的复合，它当然就不是"一"了。唯物主义者可以把事物看作是"一"，是一个实体，实体就是"一"；但唯心主义不把这个"一"看作是实体。所以"是一"与事物这两者是不同的。当然我们可以把这些"多"归于事物，正如我们可以把这些多归于"是一"之下。"是一"我们可以看作是意识的主动性，我们可以把"一"加在事物的"多"之上，也就是这些事物的"多"被归之于意识的"一"之下。那么我们把它归之于"一"之下就好像归之于我们的主观了，就成了主观唯心主义。但是我们也可以把"是一"归之于事物，它是客观的。但是由于事物与"是一"是不同的，事物还是有各种差异和多的，这些差异、这些"多"也是客观的，所以这个"是一"就不是归于同一事物，而是归于各种不同的事物。所有那些"多"、那些"也"我们已经把它们归于事物了，这个时候当然也可以把它们归于"一"；但因为归于事物和归于"一"不同，你归于事物它并不一定归于"一"，因为事物不一定是"一"嘛；这个时候它们就不是归于"同一事物"，你把那些不同的属性归于事物的时候，它不是归于同一事物，而是归于不同的事物。也就是你必须分别把这些"多"归于各个不同的事物。那是什么呢？我们可以想到，那就是莱布尼茨的单子。单子就是"多"，有许许多多的单子；但是每一个单子又都是"一"，每个单子自身都是单纯的。但是整个单子世界又是多种多样的，这个多种多样被归于事物，但不是归于一个事物，而是被归于无数个不同的事物。我们现在就达到了这个观点。这个观点显然比主观唯心主义的观点要更加提高了一个层次，它是在那个层次上面超越出来的。前一个层次达到了主观唯心主义，这个"一"被意识归于自身的一种合法的功能。我们的意识把"一"加给事物。那么在莱布尼茨这里，意识的这个功能被归于事物本身的一种反思。这个"一"不是你加给它的，而是每一个单子、每一个客观的事物它自身固有的，它就是"一"，但是它又是"多"，只不过这个"多"被分配给了别的事物。就是世界上除了你一个单子外，还有许许多多的单子，还有许许多多的"一"，那就构成了"多"。所以这个多就被分配给了不同的事物。于是，"存在于一般对象性本质上的矛盾就被分配到两个对象上"。本来是一般的对象性本质上面所包含的矛盾，"对象性本质"，就是一个对象它内在的本质。一个对象的自己的本质，在它的本质里面包含着"一"和"多"的矛盾；但这个时候这个矛盾被分配到了两个对象上。一个单子，它自身是"一"，但是它周围的对象，那些单子对于它来说都是"多"，起码是两个。它对于另外一个对象来说，它们是两个，这个"多"被分配到别的单子身上，而它自己还是能够保持"一"。

因此，事物虽然是自在自为的、自身等同的，但是这种自己和自己的统一性（Einheit）被别的事物所干扰；这样，该事物的统一性就保持住了，而同时该事物之外以及意识之外的他在也保持住了。

用这样的方式，比如说莱布尼茨他就可以解决这样的矛盾。就是说"意识虽然是自在自为的、自身等同的"，自在就是它客观存在，它不是别的东西的产物，不是任何东西的反映，它是自在的；自为，它自己运动，它自己活动。自在自为，自身等同，它自己等于自己，A=A，单子就是单子，同一个单子，所以它是"一"。但是这种自己和自己的统一性，——这个统一性（Einheit）当然也可以翻译成单一性，Einheit 有两种含义，一个是统一性，一个是单位，单一性。我们这里还是翻译成统一性，不翻译成单一性。"这种自己跟自己的统一性被别的事物所干扰"就不好讲了，如果是单一性它就不会被别的事物所干扰了，所以我们在这里翻译成统一性。"这样，该事物的统一性就保持住了，而同时该事物之外以及意识之外的他在也保持住了"，这个里头有一种吊诡，就是：它这种统一性被干扰了，所以它的统一性就被保持住了，或者说，它的这种单一性就是靠这种统一性被干扰而保持住的。用莱布尼茨的话说，每个单子都是反映整个世界、整个宇宙的窗口，全世界的"多"都反映在一个单子之中；应该说，这个单子就不是封闭的了，它是敞开向全世界、全宇宙的。但是他又说单子是封闭的，单子没有可供事物进出的窗口，它又是独立的，它是独立地反映世界。它所反映的世界固然是在它之外的世界，但却是以它的眼光来反映的。所以每个单子眼中的世界都是不一样的，都是它的世界。这个它的世界既是一个单子独特的眼光，同时又是丰富多彩的。所以该事物的统一性就保持住了，"而该事物以外以及意识以外的他在也保持住了"，一方面单子保持住了，同时整个宇宙也保持住了。他这里特别强调了"意识之外的他在也保持住了"。也就是他这个时候不是单纯讲意识之内的东西，当然单子你也可以说它是一个意识，但是它所反映的都是意识之外的东西。单子本身对别的单子也是意识之外的，它是一个客观的实体。我们讲莱布尼茨是客观唯心主义，它跟贝克莱的主观唯心主义不太一样。他是理性派，理性派走向客观唯心主义。所以这里就可以两全其美，一方面保持了自己的自在自为，自己的单一性；但是另一方面这种自在自为、自身等同又被别的事物所干扰。当然这种干扰是好事，如果不被干扰，你的这种自在自为、自身等同就是空的，没有内容。正因为被干扰了，向全世界敞开了，所以你的这种独立性就能得到保持，你才具有独立性。所以这里讲，该事物的统一性就保持住了，而同时该事物之外以及意识之外的他在也保持住了。莱布尼茨的单子论就是用单子来解决世界的单一性和多数性的矛盾,以此来调和"一"和"多"的矛盾。但它本身也将带来一系列的矛盾。

现在虽说对象性本质的这一矛盾这样被分配给了不同的事物,但因此那孤立的个别事物本身上仍然会产生出区别来。

这里出现了一个词,就是对象性本质。就是一种本质,但却是在对象那里的本质,对象里面所包含的本质。本质这个概念一般是包含矛盾的,我们知道黑格尔讲的存在论、本质论,本质论是讨论矛盾的。所以对象的矛盾还没有显现出来的时候,它还没有体现出它本质里面的冲突;而这个时候,对象性本质出场来讨论矛盾了。当然前面也讲矛盾,前面一节就是讲"事物的矛盾概念",但这个矛盾概念还没有被意识到,它是不自觉地走到这一步,走到自己的反面,获得了一种矛盾的经验。那么这个时候我们就要考察这个本质中的矛盾了。"现在虽说对象性本质的这一矛盾这样被分配给不同的事物",也就是一方面,"一"作为事物本身的统一性被保持住了,另一方面,别的事物作为事物的"多"也被保持住了,所以我们就可以笼而统之地说,事物是"一"和"多"的统一。但这恰好就是矛盾,我们也可以说事物就是一和多的矛盾。这个矛盾终究要解决呀,我们就把它分配给不同的事物。对于一个事物来说,它自己是一,而另外那些事物是多。"但因此那孤立的个别事物本身上仍然会产生出区别来。"你把一个孤立的个别事物看成是一,是没有矛盾的,看成是没有差异的;但它仍然会产生区别,就是差异的内在发生。差异就是从统一性里面、从"一"里面内在地必然产生出来的。

因而那些**不同的事物**都是**自为地**被建立起来的;而相互之间的冲突是这样归于它们的,以至于每一事物不是不同于自身,而只是不同于另一事物。

这个应该很好理解。"因而那些**不同的事物**都是**自为地**被建立起来的"，每一事物都是自为地建立起来的，都是自己建立起自己，都是独立建立起来的。单子就是这样的，每一个事物不靠别的事物，它自己建立自己。"而相互之间的冲突是这样归于它们的"，单子既然都是自为的，那么它们相互之间是会有冲突的，这种冲突是怎么样归于它们呢？"以至于每一事物不是不同于自身，而只是不同于另一事物"。就是把矛盾分配到不同的事物身上去，单子和自身没有冲突，而只是和另一事物相互有冲突，也就是把一和多的矛盾变成一种外在的冲突，一个单子和多个单子的冲突。这样，我们就可以说事物不是一和多的矛盾，而是一和多的统一了。它既有一，每个事物都是一，但是它又有多，每个事物跟其他任何一个事物之间的关系都是一种多的关系，都是一种外在的关系。这就把矛盾化解为一种外在的区别关系了，听起来很神秘的一和多的矛盾就变得很平常了。这个是解决矛盾的一种方式。

　　但是借此，每一事物**本身**被规定**为一个区别开来的东西，在它自身**包含有与其他事物的本质区别，同时又并不是这样包含：似乎这是**在它自身中的一种对立**似的，相反，它自为地就是**单纯的规定性**，这种规定性 {78}构成了使得它与其他事物区别开来的**本质的特性**。

　　前面讲的都是说，矛盾处理得很好嘛。它有矛盾，但这矛盾被分散到不同的事物身上去了，没有内部冲突，只是外在区别，那不是处理得很好吗？"但是借此，每一事物**本身**被规定**为一个区别开来的东西**"，看起来好像是皆大欢喜了，一也保住了，多也保住了。"本身"和"一个区别开来的东西"打了着重号，你通过这种方式，你实际上把你这个一，每个一，每个事物本身，赋予了这样一个规定，就是它是一个区别开来的东西，它是与别的东西区别开来的，与别的"一"，与别的单子区别开来的。那么这个区别就包含在它本身里面，就包含在这个"一"本身的规定性里面。虽然这个东西在你之外，但是你和它的区别是你固有的区别，你不能完全排除"多"。"多"作为一个区别，它仍然是这个"一"自身的区别，一个单子它是什么，就看单子自身和别的东西是怎么区别的。你说它是

"一"，那你怎么说它是"一"呢？你就只能说它跟这个不同，跟那个不同，它跟所有的东西都不同，它是"唯一"的。那么跟所有的东西都不同，这就成了"一"的规定了，"一"本身没有办法规定了，只有通过他物来规定。所以它本身被规定为一个区别开来的东西。"**在它自身**包含有与其他事物的本质区别"，注意这个"本质区别"，就是说这个区别不仅仅是外在的划分，而是包含在这个事物本身的本质里面，是它的本质规定。"一"的本质规定就是区别、就是多、就是差异。你不要把这个区别看作是外在的非本质的东西，而就是它的本质。一的本质就是多，这个只有从黑格尔的角度才能理解。"但并不是这样包含：似乎这是**在它**本身中的一种对立似的"，它包含有一种区别，但不是这样包含，好像在它本身里有一种对立。如果达到这种观点，那就到了黑格尔的观点。但是莱布尼茨还没有达到这种观点。他不是把这种区别看作是它本身中的对抗，一种自否定，一种自相矛盾。他还是想要消除矛盾。他已经把这种差异性跟任何东西的区别看作是一个单子本质的区别了，但单子的本质区别并不造成这个单子的自相矛盾。单子本身还是没有矛盾的，在逻辑上还是一贯的，是符合不矛盾律的；但是这样一个单子，对所有的形形色色的其他单子来说，都是有区别、有差异的。这就是莱布尼茨的"差异律"：万物莫不相互区别。那么这种差异只是单子之外的差异，而不是单子自己跟自己的差异，如果单子自己跟自己相互对抗，那么单子就要毁灭了。"相反，它自为地就是**单纯的规定性**，这种规定性构成了使得它与其他事物区别开来的本质的特性。"它不是自己跟自己的对抗，而是它自为地就是单纯的规定性，单子嘛，它就是不可分的，它不是复杂的，而是单纯的。虽然是单纯的，但是它有自己独特的规定，那么这个规定就构成了使得它与其他事物区别开来的本质特性。也就是这种与其他事物不同的规定性。凡是规定性都要与其他事物不同，如果都是一样的就不存在规定性了。这种规定性，这种不同、差异的规定性，构成了使得它与其他事物区别开来的本质的特性。单子的本质是什么？就是跟其他事物都不同。

它特立独行，跟所有其他事物相区别，这是它的本质属性。

实际上，虽然由于差异性是在事物身上，所以差异性必然作为事物身上多样性状的**现实**区别而存在。

"实际上，虽然由于差异性是在事物身上"，单子把差异性当作本质属性来拥有，它自身就有差异性，"所以差异性必然作为事物身上多样性状的**现实**区别而存在"。差异性在事物身上，或者在单子身上，是作为它的多样性状，拥有现实的区别。单子在现实中表现为多样性，每个单子和其他单子都绝对不同。这些事物作为每个个体，抽象地说它是单一的；但是作为现实区别，它是多样的，就是多姿多彩、各种各样的。每个单子它自身虽然是一贯地从来不变，但是每个单子跟其他单子的差异性属于每个事物身上的现实区别。所谓差异性就是现实区别，就是每个单子跟其他单子的区别。

但是由于规定性构成事物的**本质**，借此事物才与其他事物区别开来，并自为地存在，所以另外那些多样的性状就是**非本质的东西**。

注意这里出现了一种差别，一种本质和非本质的东西的差别。所有的差异最后都是用来规定这个单子的，使得这个单子有了自己的规定性。这个单子和那个单子有什么不同呢？你规定这个单子在哪方面是怎样的，那么这个规定性就构成了单子的本质。"借此事物才与其他事物区别开来，并自为地存在"，每个单子跟其他的单子不同，并且呢，自为地存在，也就是独立地存在。它跟别的东西不同，它不但与别的东西不同，而且不受其他东西的干扰。单子是没有窗户的，单子是在自己的内心反映整个世界，但是整个世界都不能进入到单子里面去。"所以另外那些多样的性状就是**非本质的东西**"，另外的，就是除了构成事物本质的那个规定性之外的，单子所表现出来的各种各样的性状当然也对它形成了规定，但是那些性状在它身上体现出来却是非本质的东西。它的本质就是在这些性状底下的那种固有的规定性，即单子身上所体现出来的那种个性和特点；这种个性和特点在与其他事物打交道的时候，它会有各种各样的性状展示出来。当然实际上是不能打交道的，单子是没有窗户的，但是其他事物的各种性状会在单子里面反映出来，它反映整个世界嘛，那么整个世界的性状也会在它的心目中反映出来。虽然反映出来的性状形形色色，但是单子自身的规定性是不变的。那些性状之所以这样反映出来，还是因为我有这样的规定。每个单子都有特殊的规定，使得世界具有不同的性状。那么这些不一样的五花八门的东西对于单子来说都是非本质的，每个单子自己的规定性才是本质的。所以这里就产生了一个区别，就是一个单子它有本质的东西和非本质的东西。本质的方面就是它的规定性，这个规定性就是它和其他单子的差异性；那么其他单子反映到它那里的性状就是非本质的。正如一个人的性格是他的本质性，所以性格决定命运，而他的各种人生经历则是他的性状，这些性状都是非本质的。

事物在其统一性中，虽然借此自身拥有了**双重的"就此而言"**（Insofern），但却带有**不相同的价值**，所以并不因此而使这种被对置（Entgegengesetztsein）变成事物本身现实的对立（Entgegensetzung）；而是只要事物通过它的绝对**区别**进入到对立之中，它便拥有了与另外一个外在于它的事物的对立。

"就此而言"前面讲到，就它是白的而言，它就不是咸的，等等。这是一种立场、一种态度，我们从这个方面来看它，就此而言它就会怎么样；从那个方面来看，就此而言又会怎么样，这取决于我们的眼光。我们经常讲就某种观点而言，就这个意义上说，也正是强调我们所取的立场态度。"事物在其统一性中"，我们讲事物具有统一性，或者说单一性，"虽然借此"，也就是借助于上述区别，"自身拥有了**双重的'就此而言'**"，双重的"就此而言"，就是双重的眼光。一方面，是本质的就此而言，就是说就这个单子的本质而言，它是怎么样的；那么另一方面，还有非本质的就此而言，它所表现出来的各种性状，每一种我们都可以说是就此而言，我们就它是白的而言，它就不是咸的，等等。每个单子都有这种非本质性，在单子的现实性中，它不断地变换视角，呈现出不同的属性。每当它变换自己的属性的时候，你都要说"就此而言"它是什么样的性状。那么它的本质性，你也可以说就此而言，就这个单子而言，它是怎么样的。因此，事物拥有了双重的就此而言；"但却带有不相同的价值"，双重的就此而言，它们的价值的等级是不一样的。显然本质的就此而言比非本质的就此而言，层次要更高一些。"所以并不因此而使这种被对置变成事物本身现实的对立"，被对置，即被置于对立面。被对置（Entgegengesetztsein）这个德文词中，Entgegen 是一个介词，有针对、反对之意，gesetzt 是 setzen 的第二分词，即放置、建立，它和 sein 组成被动态，就是被建立起来，被建立在对立方面，也就是被对置起来。现实的对立 Entgegensetzung，不过是把 Entgegengesetztsein 的被动态变成主动态，被对置变成了现实的对立。"因而并不使这种被对置变成事物本身现实的对立"，就是没有把这种对立变成事物的一种主动的行动，它还是被动的，是被设置在对立中的。它不是自己跟自己对立，"而是只要事物通过它的绝对**区别**进入到对立之中，它便拥有了与另外一个外在于它的事物的对立"。它不是主动的对立，不是无条件的差异的内在发生，不是自相矛盾的自我对立，而是就某种情况而言的与其他事物的外在对立。就什么情况而言呢？就此而言，即"只要事物通过它的绝对**区别**进入到对立之中"。绝对的区别来自单子的那种绝对的"一"，单子绝对不可分，它是绝对单纯的，因此它跟其他单子是有绝对区分的，绝对有个性的。就像原子的不可入，一个原子跟另外一个原子只能外在地碰撞，但是不能够相互地渗透，所以它们有绝对的区别。正是通过一个单子跟另外一个单子的绝对区别，单子进入到了对立之中，这种对立只能是外在的对立。所以"它就拥有了与另外一个外在于它的事物的对立"。于是这个对立就是"被对立"，或者被对置。这个单子碰到了另外一个单子的时候，那么这种与其他外在的事物对立就被它所拥有了。这是与"外在于它的事物的对立"，而不是它自己跟自己的对立，它不是由于这种对立而自身包含了本质区别，而仅仅是外在的对立,它自身仍然是岿然不动的。

　　虽然那另外的多样性在该事物身上也是必要的,以至于它是不能从该事物里省略掉的,不过它对于该事物是**非本质的**。

　　多种多样的事物对于这个单子来说也是很必要的,单一的单子没有多样性,也是无所作为的,它必须要跟其他事物打交道。虽然单子身上是一,但是也有多样性,它要反映整个世界,而整个世界肯定是多种多样的,是无数单子在那里表演自身个性的舞台。"虽然那另外的多样性在该事物身上也是必要的,以至于它是不能从该事物里省略掉的",单子也不能完全孤立起来,而变成一个毫无作为的空洞的"一"。单子自身是能动的,它是自由的,它是自由意志,它是要干一番事业的。所以你不能把多样性从该事物中省略掉。只不过,"它对该事物是**非本质的**"。这样一些多样性的东西在它里面是非本质的,它表现出这样一些多样性,但是它本身是不变的。单子本身不能产生,也不能消灭,它是实体,它是变中之不变。变是非本质的,不变是本质的。我们从莱布尼茨的单子论来理解就比较透彻了。当然我们不能绝对把这种观点等同于莱布尼茨的思想,这里讲的是一种意识发展的层次,用莱布尼茨做例子更好理解。所以黑格尔对莱布尼茨的名字从来不提,对其他哲学家也大体如此。

　　构成事物的本质特性并把事物从一切他物区别开来的这个规定性,
[84] 现在就这样得到了规定,以至事物借此与他物相对立,但在其中也应当保持住自己的独立。

　　"构成事物的本质的特性并把事物从一切他物区别开来"的这样一个规定性,现在就是这样规定的,也就是如何能够既保持一个事物的本质特性,同时又把自己跟一切他物区别开来呢? 只有这样规定才能做得到:这种规定既能够使事物"借此与他物相对立,但在其中也应当保持住自己的独立"。莱布尼茨的单子与所有其他事物相对立,与它们都不同,但是它自己又是独立的,它不受各种各样的事物的影响和改变。一般来

326

说，与其他事物相对立的东西，很难保持自己的独立性，通常都在与对立面的冲突中自己有所损失。但单子不是这样，在任何极端的对立中它都我行我素，不为所动。

但事物或者自为存在着的"一"，只是就它与他物不处于这种联系中而言才是自身；因为在这种联系中，毋宁说建立起了与他物的关联，而和他物的关联就是自为存在的终止。

"但"，也就是口气一转，前面讲到已经得到规定了，已经非常协调了，已经是一个和谐世界了，事物一方面与别的东西相对立，另一方面自己又是独立自为的。不过呢，事物或者自为存在着的"一"，——也就是单子了，现在世界已经变成一些独立存在的"一"、一些独立存在的单子了，——但是单子"只是就它与他物不处于这种联系中而言才是自身"。这就进入到了对单子的本质矛盾的分析了。单子到底是什么？单子只是就它与他物不发生联系而言——就此而言 Insofern，就什么而言？就它不与他物发生联系而言，它才是单子。单子是封闭的，是不可分割的，单子不可能随意产生。当然莱布尼茨说单子只有上帝才能产生，在上帝手中，单子是刹那之间通过连续的"闪耀"而产生出来的，不是哪个人创造出来的。这是很诗意的说法。而在现实中，这样一种单子只是就它不与他物处于联系之中才是自身。"因为在这种联系中，毋宁说建立起了与他物的关联，而和他物的关联就是自为存在的终止。"这里和这句的前一个"自为存在"都可以译作"独立存在"，单子的原则就是自为存在或独立存在的原则。在单子的自为存在中，我们必须撇开单子和他物的关联，撇开为他存在；因为一旦涉及和他物的关联，那么就此而言事物的独立存在就终止了。为什么莱布尼茨要说单子是封闭的，是没有窗口的？因为一旦与他物建立起关联，一旦它不封闭了，那么它的独立存在就终止了，单子的自为存在这一原则就被打破了。

正由于这种**绝对特性**（absoluten Charakter）以及它的对立，它才**与他物发生关系**（verhält），而且本质上仅仅是这个相关性（Verhalten）；但是这种关系是对它的独立性之否定,而事物通过自己的本质属性毋宁说就走向了毁灭。

单子一旦打开自己的窗户,一跟他物发生关系就走向了毁灭。所以他讲:"正由于这种绝对特性以及它的对立,它才与他物发生关系。"绝对特性 der absolute Charakter 也可以翻译成绝对的性格、绝对的个性。这种绝对的性格,以及它与他物的对立,它本身是绝对的性格,所以它与他物是对立的,是不受他物改变的,它就是它,它是特立独行的。那么它与他物相对立,它与他物不同,它抵抗他物的入侵,正因为这种绝对的特性以及它与他物的对立,它有绝对的个性嘛,"它才与他物发生关系"。它是以这种绝对的特性与他物发生关系的。绝对的特性要与他物对立起来,那么这恰好就与他物发生了关系。绝对的特性不是说与他物没有关系,而恰好是在与他物的关系中才表现出绝对的特性。你说你有绝对的特性,但是你不与他物打交道,你跑到深山老林里去,那谁知道你的个性是什么呢。只有在与他物发生关系的时候,才表现出你的个性。你有这样的个性,你就要与他物发生关系,你的个性迫使你与他物发生关系,不然你的个性就表现不出来,你就个性不起来。"而且本质上仅仅是这个相关性",发生关系和相关性是同一个词的不同形态,verhält 翻译成"发生关系",Verhalten 翻译成"相关性"。这个词与"联系"Beziehung 有点不同,它表示一种双方对等的关系或态度,在数学中相当于"比例",接近于拉丁文 relativ 即相对性的意思;而联系即 Beziehung 则泛一些,只要是涉及到的都有牵扯、有联系。"但是这种关系就是对它的独立性之否定",一旦投入到与他物的关系之中,那么它就不再独立了,"而事物通过自己的本质属性毋宁说就走向了毁灭"。事物自己的本质属性是什么?就是它的特立独行,就是它的自我规定性。它的这种"一"就是它的本质属性。恰好是通过这种本质属性,事物毋宁说就走向了毁灭。就是说事物的这种本质属性在与他物打交道时,由于这种孤立的性格而导致了自身的毁灭。独立存在的单子一旦与他物打交道,它的独立性就不存在了。

性格即命运。所以莱布尼茨必须把这个单子封闭起来,不让它和外界实际接触,才能保持它的特立独行。但是你一旦封闭起来,你怎么特立独行? 特立独行是在行动中才表现出来的。特立嘛、独行嘛,你要立、你要行,一立一行你就要跟他物打交道,一打交道你就失去了你的独立性。这是事物本身的辩证法。莱布尼茨没有意识到这一点,这是黑格尔分析出来的。

对于意识而言,这种经验的必然性,即事物正好由于构成它的本质和自为存在的规定性而走向毁灭的这种必然性,可以按照这个单纯的概念这样大致地来考察。

这种必然性,就是刚才讲的,单子必然会这样,这是单子的必然命运,必然会走向自己的毁灭。刚才已经把事物本身的辩证法分析出来了。但是这是一种经验,在这种自相矛盾和自我毁灭中,我们获得了一种经验。我们经验到了这种必然性。所以他讲,对于意识而言,也就是对于考察这些单子的人的意识而言,这种经验的必然性,也就是"事物正好由于构成它的本质和自为存在的规定性而走向毁灭",这样一种必然性,"可以按照这个单纯概念这样大致地来考察"。由于它的本质而走向毁灭,也就是事物由于自否定的必然性而走向毁灭,这是一种什么样的情况,具体说来当然很复杂了。但是我们可以"按照这种单纯概念"来大致考察。可以这样来考察一下,可以概括一下,这句话的意思是可以从单纯概念上来概括一下,做一个简要的考察。

事物被建立为**自为**存在或者建立为对一切他在的绝对否定,因此它乃是仅仅自己与自己相联系的绝对否定;但是那自己与自己相联系的否定就是**对它自身的**扬弃,或在他者中拥有自己的本质。

"事物被建立为**自为**存在或者建立为对一切他在的绝对否定",这就是单子,莱布尼茨的单子就是这样建立起来的。单子是自己运动的而且是自己存在的、自为存在的。单子自为存在,所以它是对一切他在的绝对否定。这个单子不是那个单子，每个单子都是独一无二的，都绝对不是他者。所以它是对一切非自我的东西抱有一种绝对否定的态度，而这种态度是建立起来的。事物被建立为自为存在或者建立为对一切他在的绝对否定，这正是莱布尼茨的态度，他就是把单子这样来建立、这样来构想的。因此，这事物、这单子"仅仅是自己与自己相联系的绝对否定"。"绝对否定"是指向外部的，对一切外部事物它都是否定的，它只和自己打交道，只与自身相联系。"但是那自己与自己相关的否定就是**对它自身的扬弃**，或在他者中拥有自己的本质。"这就是黑格尔所揭示出来的辩证法了，这个是莱布尼茨没有意识到的。就是那自己与自己相关的否定，是什么呢？恰好是它对自身的扬弃、它的自我否定。"或者在他者中拥有自己的本质"，它是扬弃，所以不是完全的否定，它还在；但是在什么地方呢？在它的对立面，或者在他者中拥有自己的本质。自己的本质跟他者本来是完全对立的，它是绝对的否定嘛，绝对否定一切他者。它里面只容得下它自己的东西。但是现在呢？它自己跟自己相联系，这时，这样一种绝对的否定就是它对自身的扬弃，或者在他者中拥有自己的本质。本来它是容不下他物，现在它也容不下自身，它要对它自身也加以扬弃，它现在必须在他者中才能找到自己的本质。它被它的本质的辩证法带到了这一步，使得它只有在它最不愿意去的地方，才能知道和把握到它自己。它最不愿意去的地方，就是它的对立面，一切他者。现在它只有在他者里面才能找到自己。如果我们按照单纯的概念来考察的话，我们可以得出这样一个结论。

实际上，对象的这个规定正如它已表明的，并不包含任何别的东西；对象应当拥有一种本质的属性，这个本质属性构成它的单纯的自为存在，但尽管有这种单纯性，对象却也拥有差异性在它自身，这种差异性虽然是**必要的**，但不应当构成**本质的**规定性。

就是说，我们刚才指出了莱布尼茨没有辩证法，但是在莱布尼茨的那里，这个意识的经验在这个阶段，实际上还是这样来理解的。这就是：
"对象的这个规定正如它已表明的，并不包含任何别的东西"，对象的这
样一个规定，即单子，它并不包含别的东西，它就包含莱布尼茨当初所赋
予它的那个意思。而且，"对象应当拥有一种本质的属性，这个本质属性
构成它的单纯的自为存在"。单子它是"一"，这是单子的本质属性，这
个本质属性构成了它的单纯的自为存在，其他的没有了。它是单纯的一
的自为存在，这是它的本质规定，这是它的本质属性。然而，"但尽管有
这种单纯性，对象却也拥有差异性在它自身"，这是非常吊诡的。就是说
莱布尼茨一方面强调单子是"一"，另一方面又强调单子自身是有差异
的。单子是本身无差异的单纯的一，这是莱布尼茨提出来的；单子包含
无限差异，这也是莱布尼茨提出来的。那么这两者如何结合起来呢？他
采取的办法就是划分出本质的规定性和非本质的规定性。所以这里讲，
尽管有这种差异性，对象却也拥有差异性在它自身。对象拥有许多差异
在它自身，但"这种差异性虽然是**必要的**，但不应当构成**本质的**规定性"。
他以这种方式来处理单子的单纯性和差异性的矛盾，就是说差异性虽然
也是单子本身所固有的、是必要的、是省略不掉的，但是它是非本质的；
而单子的本质还是单一性，还是单纯的"一"。单子本身是没有差异的，
单子把差异性作为它必要的非本质性的属性包含在它自身之内了。在莱
布尼茨看来，这样一来矛盾就很好地解决了。但是黑格尔马上接下来调
侃一句。

　　但是这还仅仅是摆在字面上的一种区分；那**非本质的**却毕竟同时又
应当是**必要的**东西扬弃它自身，或者说，它就是刚才被称之为它自身的　{79}
否定的东西。

　　就是说，你把它们这样区分开来，当然可以，字面上是没有矛盾了。
矛盾被分配到两个方面去了，一个是本质的规定，一个是非本质的规定。
但这仅仅是字面上的区分。"那**非本质的**却毕竟同时又应当是**必要的**东
西扬弃它自身，或者说，它就是刚才被称之为它自身的否定的东西。"前

面讲的差异性是必要的东西，那个东西虽然是非本质的，但毕竟同时又应当是必要的，它的必要性就在于它提供了扬弃的对象，是造成这种自我扬弃的经验所必不可少的，所以这样一个东西，它扬弃了它自身。"或者说，它就是刚才被称之为它自身的否定的东西"，就是说看起来各方面都平衡了，皆大欢喜了，但实际上你走向了一种自我否定、自我扬弃。所以那非本质的、却毕竟同时又应当是必要的东西扬弃了它自身，变成了它自身的否定。但是，变成自身的否定，那是什么呢？那不就成了本质的东西了吗？本质的东西不正是这种自我扬弃、自我否定吗？不是本质的东西能够导致自我否定吗？这样一来，非本质的东西反而会是本质的东西了。这个就不能从字面上来解释了，这个就是辩证法了。非本质的东西作为一种必要的东西扬弃了它自身，就变成了它自身即它这个非本质的东西的否定；那么我们可以延伸一句：那么它就变成了本质的东西，变成了它的本质。这里还没有说出来，只说出了它变成了它自身的否定的东西，向它的对立面的转化了。但是你不要把它看得太死，以为它固定就是非本质的东西，仅仅是对象的必要的附加物，但是这个"必要"就会把你引到它自身的否定。既然它是必要的，它就是必然的，既然是必然的，它就是本质的，而并不是非本质的。所以这里的"非本质的"和"必要的"都打了着重号，为的是形成鲜明的对比。

据此，那曾经分割自为的存在和为他存在的最后一个"**就此而言**"，**就完全撤消了。对象从一个而且是同一个角度看，毋宁说就是它自身的反面**：它是**自为的，就其是为他的而言**；而它是**为他的，就其是自为的而言**。

自为存在就是单子，为他存在就是单子的属性、性状。最后一个"就此而言"，就是本质的就此而言，也就是就这个单子而言。这个单子是固定不变的，我是就这个单子来谈这个单子。就这个单子而言，那么它就是"一"。这个是一个终极的"就此而言"。你可以把单子分成这个那个"就此而言"：就它是白的而言，它就不是咸的，而就它是白的和咸的而言，它就不是立方体的，等等。但是最根本的就是"就这个单子而言"，它不是别的单子。那么现在，这最后一个"就此而言"就完全撤消了，就解体了，单子就不成其为单子，它走向了毁灭。一旦它跟其他单子相联系，它就走向了毁灭，它就不能说是"就此而言"了。它就此而言，同时也是就其他的单子而言，这样一个界限，这样一个主观的区分就被扬弃了。"**对象从一个而且是同一个角度看**，毋宁说就是**它自身的反面**：它是**自为的，就其是为他的而言**；而它是**为他的，就其是自为的而言**"。这个就此而言，现在就变成这样的了。对象"**从一个而且是同一个角度看**"，就是它自身的反面，这个说法，柏拉图早就说过了。柏拉图说最困难的也是最难把握的并不是指出，从这一方面说，事物是这样的，从那一方面说，事物又是那样的。他说最困难的是什么呢？最困难的是看到，从同一个角度说，事物既是这样的又是那样的，或者既是这样的又不是这样的。这是最难把握的。黑格尔也多次强调过这一点。就是说，我们现在讲的不是说从这一方面看，事物是这样的，就那一方面说事物又是那样的。比如，就单子本身而言，单子是单一的，而就它的属性而言，就它的性状而言，它又是复合的；但是那个复合是非本质的，而这个单一性才是它的本质。这样我们就把事物分成两个不同的方面，从不同的角度看，单子分成两个方面。这个很容易。柏拉图说所有那些诡辩论都是利用这样一个办法。你说这个事物是好的，我说它是坏的，于是诡辩论者就出来说，这个事物是好的也是坏的。你要问他为什么，他就会说，这个事物从你这方面看呈现出好的样子，从他那方面看又呈现出坏的样子，他就跟你兜圈子。但是最难的是，同一个事物从同一个观点看既是好的又是坏的。这个是最难理解的。所以黑格尔这个地方就强调，"**对象从一个而且是同一个角度看，毋宁说就是它自身的反面**"。从同一个角度看它就是它自身的反面，它在同一瞬间既是它自身又不是它自身，又是它自身的反面。如果一定要保留"就此而言"这种句式，那么就必须说，"它是**自为的，就其是为他**

的而言；而它是**为他的**，**就其是自为的而言**”。它是自为的，它是一，它是单子，为什么能够这样说呢？就其是为他的而言，它才是自为的；或者反过来，它为什么是为他的呢？也正是就其是自为的而言，它才是为他的。就是说这个"就此而言"实际上不是把自为和为他两种情况区分开来了，而恰好是把它们合并起来了。那就实际上并没有什么"就此而言"了，而是就同一个角度而言，它既是自为的又是为他的。这就是把这两个相矛盾的命题摆在一起：它是自为的，就其是为他的而言，也就是说它是自为的，就其不是自为的而言；就它不是自为的而言，它是自为的。那是就同一个立场来说的，它是为他的和它是自为的，两者是同一个立场了。本来是两个不同的立场，是两个"就其而言"分别来说的，在黑格尔这里把它合并了。它是自为的，就其是为他的而言；或者它是为他的，就其是自为的而言，——这在形式逻辑上是不成立的，它是一个悖论。但恰好是这样一个悖论，在矛盾性中展示了事物的本性。事物就是矛盾，事物就是在同一个角度、同一个就此而言时，它就既是这又不是这，既是这个又是和它相反的东西。

[85] **它是自为的**，是自身中反思的，是一；但是这种**自为**、自身反思、是一，是和它的反面、和**为他存在**处于统一之中，因而只是被建立为已经扬弃了的东西；或者说，这种**自为存在**正如那个曾经据说是唯一的非本质的东西、即与他者的关系一样，也是**非本质的**。

这一句继续展开谈。"它是**自为的**，是自身中反思的，是一"，这三个宾词是同一个意思，最主要的当然是"自为的"。它，这个对象，是"自为的""自身反思的""是一"，不错。"但是这种**自为**、自身反思、是一，是和它的反面、和为他存在处于统一之中。"它的反面是什么呢？就是为他存在。就是它不是自为的，不是自身反思的，而是为他的，不是"一"而是"多"。这对立的双方处于统一之中，"因而只是被建立为已经扬弃了的东西"。我们现在再说自为存在，说自身反思或者说"一"，这些概念都是已经扬弃了的，不能单独就它们自身来看，而且必须就它们的对立方面来看了。"或者说,这种**自为存在**正如那个曾经据说是唯一的非本质的东西、即与他者的关系一样,也是**非本质的**",这个句子压缩一下,就是这种自为存在、这种"一"也成了非本质的东西。这种自为存在,这种"一"前面曾经被当作是本质的东西,而和那些虽然必要、但毕竟是非本质的多样性区别开来。但现在,这种自为存在和另外那个非本质的东西一样,也是非本质的。另外那个非本质的东西曾经据说是唯一的非本质的东西,即与他者的关系是非本质的东西。与他者的关系是各种各样、五花八门的,它们都曾经是非本质的,而事物与自身的关系、自身等同性才是本质的。单子就是这样,单子里面也有形形色色的各种各样的镜像,但那些都是非本质的,单子自身的"一"的规定才是本质的。但是这样一种非本质的东西,当初曾经据说是唯一非本质的东西,现在不是唯一的了,现在它把本质的东西也拖进了非本质的东西中去了。我们刚才讲了,这个非本质的东西走向了它自己的反面,变成了它自己的自身否定,也就是非本质的东西成了本质的东西;而现在本质的东西反倒成了非本质的东西,那个本质的东西,"是一"、单子成了非本质的东西。也就是说,双方都向自己的对立面转化了,体现了事物本身、单子的自我否定性和辩证本性。

　　这样一来,对象在它的纯粹规定性中,或在那些曾经应当构成其本质性的规定性中同样被扬弃了,正如它在它的感性存在中曾经成为了一个被扬弃的东西那样。

　　对象同样被扬弃了。"同样",同哪样呢？　"正如它在它的感性存在中曾经成为一个被扬弃的东西那样。"对象在感性存在中成了一个被扬弃的东西,那么对象在它的感性存在中是什么呢？是"这一个"。我们讲感性确定性的时候讲到了,感性确定性的对象就是这一个,最后它被扬弃了。那么在知觉这里,对象也同样的被扬弃了,但却不是在它的感性确定性中,而是在对象的"纯粹规定性"中。我们在讲知觉的时候一开

335

始就提到了，知觉的原则是普遍性的原则。它把对象当作一个普遍的存在者来看待，所以对象的这样一个规定是纯粹规定性，那就是事物。对象的纯粹规定性是事物，事物是一个共相，事物不再是那些感性的确定性，如这里、这时、这一个，它已经不是这样一个低层次的对象了，而是一种高层次的对象，也就是它的纯粹规定性：一般事物。那么对象在它的纯粹规定性中，"或在那些曾经应当构成其本质性的规定中同样被扬弃了"，对象的本质规定性，那就是作为"一"的规定性；但是这样一种被规定的对象同样被扬弃了，正如它在它的感性存在中曾经作为"这一个"被扬弃了一样。当然这种扬弃比前面那种扬弃层次更高。

从感性存在出发，对象成为了一个普遍的东西；但是这个共相由于**它是从感性的东西走出来的**，它就本质上受到感性的东西的**制约**，因此一般说来，它并不是真正自身等同的普遍性，而是**受到某个对立面刺激**的普遍性，因而这种普遍性就分化为个别性和普遍性、诸属性的"一"和自由散漫的质料的"也"这两端。

"从感性存在出发，对象成为了一个普遍的东西"，普遍的东西也就是共相，它是从感性存在出发的，也就是从感性确定性而来的。"但是这个共相由于是**从感性的东西走出来的**"，从感性出发的普遍东西，这一个，它已经是一个共相了，但是它还是感性的，还是离不开这时这里，此时此地，离不开定在。所以知觉的共相也还是带有感性确定性的痕迹，"它就本质上受到感性的东西的**制约**"，它受到这时这里的制约，受到它的这个例示的制约。你还是必须要举例说明，否则它的意谓根本就没法展示出来，它的意思是隐藏的。你知觉到一个事物，那么你的意谓是什么，那你要举例说明，举例说明当然就要举感性的例子。我们所说的事物，本身就是一个可以知觉、可以感知到的东西，所以它要受到感性东西的制约。"因此一般说来，它并不是真正自身等同的普遍性，而是**受到某个对立面刺激**的普遍性。"感性确定性和知觉的这一个的普遍性并不是真正自身等同的，它跟莱布尼茨的单子还不一样。莱布尼茨的单子是自身等同的，但是感性确定性的"这一个"不是自身等同的，它是"受到某个对立面的刺激"而来的，它必须要有手边的经验的对象，亲眼所见，亲耳所闻，要有这个对象才能提升到"这一个"的抽象。"因而这种普遍性就被分化为个别性和普遍性、诸属性的'一'和自由散漫的质料的'**也**'这两端。"那么这种普遍性就被分化了，分化为什么了呢？分化为两方面，一方面是个别性，是诸属性的"一"，这是一端；另一方面是普遍性，是自由散漫的"也"，是诸多属性的纽带，这是另一端。当然这只是在已经提升到普遍性的层次才能分出来的，普遍性比个别性的层次更高，它本身也包含有个别性，它就能够在自身中分化出个别性和普遍性两个方面。而个别性如果没有提升到普遍性的话，它在自身中是不会分化出这两个方面来的。那么，立足于普遍性之上而分化出普遍性和个别性这两个方面，这种分化已经是在知性中进行的了，在感性确定性中和在知觉中都还没有意识到这一点。在感性确定性中对象还没有达到分解，它只是达到了感性确定性的共相"这一个"，然后就回到意谓中去了；而在知觉中"一"和"事物"虽然已经是以共相作为基础了，但是这种共相和个别性并没有明确的分化，共相仍然是可以直接知觉到的东西。但是进入到知性它就被分化为个别性和普遍性、诸属性的"一"和散漫的质料的"也"这两端了。在莱布尼茨的单子那里，单子的"一"就不再是能够感知的东西了，它是抽象推理的产物，不再像"事物"那样以各种各样的属性作为自己的本质规定，而是将它们都贬低为自身的单纯本质的一种反映。于是，单纯的个别性在这里就和普遍性完全分离开了，每一个都是自身同一的，它由一个"也"把那些散漫的质料统起来。那么这就有两端，一个是这种个别性，是诸属性的"一"，一个是普遍性的方面，也就是散漫质料的"也"，这个"也"是普遍性。我们已经不再能够把这个"一"还原为普遍的质料"也"了，每个单子的"一"都是唯一的，不可重复的，它单独就是一个世界。正因为如此，这种个别性就和那种普遍性拉开了无限的距离，具有了不可通约性，因而形成了两"端"（Extreme）。

这些纯粹的规定性似乎表达了**本质性**本身，但是它们却只是一种带有**为他存在**的**自为存在**；但由于这两种存在本质上都存在于**一个统一体中**，那么现在那无条件的绝对的普遍性就现成在手了，在这里意识才真正地进入了知性的王国。

"这些纯粹的规定性"，就是个别性和普遍性及诸属性的"一"和散漫质料的"也"这两端的分化，在莱布尼茨这里被当作本质性的规定，个别性和普遍性相当于单子和单子所反映的世界。这已经不再只是这个那个事物，而是似乎表达了一切事物的本质或实体。每个事物都可以看作是一个单子，那些散漫的质料也在单子里面反映出来，在知觉里面这些都是纯粹的规定性了。"这些纯粹的规定性似乎表达了本质性本身"，但这只是"似乎"如此。这些纯粹的规定性虽然看起来都是本质性，"但是它们却只是一种带有**为他存在**的**自为存在**"。它们作为本质性本应当是自为存在的，本应当是一个事物本身的内部规定性，那就是自为存在，而不是为他的。但其实它们不过是带有为他存在的自为存在。它们并不能脱离为他存在，单子的抽象形式的"一"也不能脱离其他各种质料的"多"。所以莱布尼茨遇到了前面讲的一和多、本质和非本质的互相转化的矛盾。"但由于这两种存在本质上都存在于**一个统一体中**，那么现在那无条件的绝对的普遍性就现成在手了，在这里意识才真正地进入了知性的王国。"由知觉真正进入到知性的王国有一个台阶，一个什么台阶呢？就是意识到两端，一个是"一"，一个是"多"，一个是个别性，一个是普遍性。这两端要成为"端"，必须分别成为"纯粹的规定性"，以此来表达本质性本身。但是现在它们都是带有为他存在的自为存在，都有自身的矛盾。莱布尼茨的单子提出来，本来是想作为绝对的"一"，和一切多划清界限，使之成为纯粹的规定性；但终究不得不陷入和对立方的纠缠之中，成了带有为他存在的自为存在，无法真正摆脱为他存在。每一个单子对自己虽然是"一"，但对于其他单子来说又不过是多个对象之一，它对自己虽然是自为存在，但对其他单子而言又是为他存在，这样，单子与单子之间就陷入到无穷无尽的冲突之中。"但由于这两种存在本质上都存在于**一个统一体中**"，莱布尼茨解决单子之间的冲突的办法就是把它们都置于一个"前定和谐"的统一体中，这个前定和谐就是一个绝对的普遍性，正是它才有能力有资格把自己分化为个别性和普遍性两端。"那么现在那无条件的绝对的普遍性就现成在手了，在这里意识才真正地进入了知性的王国。"就是说，前定和谐的统一性是一种超越一切感性东西的统一性，是绝对的普遍性，它是无条件的纯粹规定。莱布尼茨的单子本来是想作为绝对的个别性来规定的，但这种个别性还不能真正达到其绝对性，因为单子和单子之间、自为存在和为他存在之间的矛盾无法解决。这种矛盾只有在上帝的前定和谐中才得到了解决，于是，"那无条件的绝对的普遍性就现成在手了"，这个绝对普遍性是产生一切单子的个别性的，也是一切个别性和普遍性的统一。这就是莱布尼茨对上帝存在的"前定和谐的证明"。"在这里意识才真正地进入了知性的王国"，也就是在这里才真正接触到了斯宾诺莎的绝对实体。斯宾诺莎的绝对实体有两个属性，一个是思维，一个是广延，或者说，一个是意识，一个是事物，都属于绝对实体。那么这个思维和广延本身是相冲突的，但是它们在绝对实体里面得到了调和，它们平行而进。这个时候无条件的绝对实体就在手头了，我们就获得了一个绝对的共相。这个时候我们就向知性领域迈进了。黑格尔把斯宾诺莎看作是知性思维的典型代表，而莱布尼茨则只是向知性迈进的一个台阶，他的前定和谐学说与斯宾诺莎的绝对实体有某种类似性，但还没有把单子设定中的矛盾完全消化掉，上帝本身也只不过是一个最高的单子，单子实体和上帝实体的关系还没有厘清。这说明莱布尼茨还没有完全摆脱知觉阶段，他的单子其实不过是知觉的一种抽象化，知觉和欲望是他的单子的两个基本的规定。而到了斯宾诺莎，这些都被知性抽象掉了，虽然斯宾诺莎的体系先于莱布尼茨的单子论，但从思维的逻辑上说，真正知性的王国只能由斯宾诺莎来代表。

　　所以，感性的个别性虽然在直接确定性的辩证运动中消失了，成为了普遍性，但只是**感性的普遍性**。

　　这一段是从前面的感性的确定性、"这一个"出发，来回顾前面走过的历程，看意识是怎么走到现在这一步来的，以便为下面一段最后过渡到知性做一个铺垫。正如前面所呈现出来的，感性要追求它的确定性，那么感性的个别性在这个直接确定性的辩证运动中消失了，成为了一种普遍性、共相。"这一个"成为共相，但是它还只是感性的普遍性，是依赖于例示的感性的共相。而知觉就是在这种感性的共相的基础上发展出来的，它一方面已经立足于共相，但另一方面还保留有感性的残余，还不能上升到超感官世界的知性。

　　意谓已经消失，知觉就把对象如同**它是自在的**那样或者作为一般普遍的东西来接纳；因此个别性在知觉里作为真实的个别性、作为"一"的**自在存在**或是作为**自我反思的存在**而显露出来。

　　这还是回顾前面走过的道路，一个是感性确定性，它的个别性的意谓已经消失了，变成了共相，但是这个共相还是感性的东西的共相。于是，"知觉就把对象如同它是**自在的**那样或者作为一般普遍的东西来接纳"，意谓已经消失了，那么知觉就没有障碍了，就可以在单纯共相的平台上施展拳脚了。这样，知觉就可以跨越主观意谓的陷阱，把对象如同它是自在的那样或者作为一般普遍的东西来接受，也就是把对象当作客观的事物，当作不以人的主观意识为转移的客观存在那样来接受。所以我们是把对象的个别性当作自在的那样，而不再是当作直接的感性确定性了。"一般普遍的东西"在这种意义上就是知觉的原子，它不再是在感性确定性的基础上展开，而是在普性原则的基础上展开，把对象、事物当作一般的共相来接受，来视为真理，这就是知觉。"因此个别性在知觉里作为真实的个别性、作为'一'的**自在存在**或是作为**自我反思的存在**而显露出来"，个别性在知觉里面作为真实的个别性就是事物，但是对事物的理解经历了两个阶段，即自在存在阶段和自我反思即自为存在的阶段，也就是经验论的唯物主义阶段和经验论的唯心主义阶段。知觉最初是唯物主义的经验论，认为我们知觉到的东西都是对自在的东西的反映。当我们在知觉中出现了假象时，为了排除假象、坚持知觉的对真实东西的追求，我们将事物设定为"一"，我们把这个"一"看作事物本身的自身同一性，作为我们判断事物的真理性的标准。但接下来我们又发现，事物的这个"一"还是由我们的意识所赋予、所承担起来的，由此就进入到自我反思的存在，进入到贝克莱、休谟的主观唯心主义经验论。而唯物主义和唯心主义的合题就是莱布尼茨的单子论，莱布尼茨在这两者之间做了一种调和，他的单子既是"作为'一'的自在存在"的典型，也是"作为自我反思的存在"的典型；单子就是作为"一"的客观存在，同时它又是一种自身中反思的存在，每个单子都在自身中反映出整个世界。莱布尼茨的单子论表现出了知觉阶段的本质趋向，知觉走到最后就会走到莱布尼茨的单子论。

　　但是它还是一个被制约的自为存在，**在它旁边**还出现了另一个自为存在，出现了一个与个别性相对立并受到个别性制约的普遍性；不过这矛盾着的两端不仅是**彼此并列**，而且是在一个统一体中；或者这样说也一样，这两端的共同的东西即**自为存在一般是**带有对立面的，这就是说它同时又不是一个**自为存在**。

　　虽然它，也就是个别性，已经是"一"，"但是它还是一个**被制约的**自为存在"。前面讲到一个单子遇到了别的单子，它是被制约的。每个单子虽然反映整个世界，但是它是有限的，它所反映的世界只是它的世界。就像一千个观众就有一千个哈姆雷特，那么一千个单子就有一千个世界，每个单子的宇宙都不同。所以说"**在它旁边**还出现了另一个自为存在，出现了一个与个别性相对立并受到个别性制约的普遍性"。还有另外一个单子在它旁边，跟它同时存在，进而出现了"一个与个别性相对立并受到个别性制约的普遍性"。单子是个别性，但是在它外面并列的还有普遍性，也就是说其他的还有许多许多的单子，或者说万事万物都是单子。

你不要以为就你一个是单子，任何一个你所见到的事物都是单子。所以单子是普遍的单子，不是说世界上只有一个单子。这种普遍性并不是指一个抽象的共相，而是说事物都是个别性，这种普遍性就受到个别性的制约，就是说它也无非就是许许多多个别性而已。但是正因为所有的单子都是个别性，所以它是普遍性。"不过这矛盾着的两端不仅是**彼此并列**，而且是在一个统一体中；或者这样说也一样，这两端的共同的东西即**自为存在**一般是带有对立面的，这就是说它同时又不是一个**自为存在**。"这矛盾着的两端不仅是彼此并列，当然首先是彼此并列。因为在莱布尼茨那里单子跟所有的单子、跟整个宇宙的其他单子是并列的。单子是没有窗口的，其他单子进入不了它，所以它是独立自为的，所有其他的东西都是与它并列存在。其他单子跟它并列，仅仅表明其他单子也是单子而已。但是不仅如此，"而且是在**一个**统一体中"，"一个"打了着重号。所有的单子都在一个统一体中，这就是宇宙。它们都在同一个宇宙之中，都在一个上帝之中。单子不为任何东西所产生，但是它唯一的能被上帝产生。上帝通过"一刹间连续的闪耀"而创造了全体单子。换句话说，"这两端的共同的东西即**自为存在**一般是带有对立面的"，所有的单子都是独立的，它们共同的东西，或者说它们的共同之处，就是"自为存在"；而它们的自为存在一般是带有对立面的，如果没有对立面它的自为存在就存在不起来。因为它们的自为存在是能动的，是要反映整个宇宙的，整个宇宙、包括其中的别的单子，就是它的对立面。"这就是说它同时又不是一个**自为存在**。"你要反映整个宇宙，那你就要把整个宇宙作为前提呀，哪怕是你的宇宙，你也要受到刺激呀。莱布尼茨就是这样认为的，他提出所谓"大理石纹路说"来说明这种关系。他说人心就像一块有纹路的大理石，它已经有纹路了，这个纹路就是单子自身的规定。当这个单子自身的规定受到外部感性刺激之后，我们就可以根据大理石的纹路的天赋观念画出一幅美丽的图画来。但是这个创造需要外来的刺激、加工，单是大理石的纹路它是成不了图画的。所以他修改了天赋观念说，说它只是一种能力，还需要借助于经验的机缘来发挥出天赋观念。所以自为存在在这个意义上又不是自为存在，它哪里还有什么自为呢？你还是需要外部感性的东西来刺激嘛。所以它不是自为存在，它离不了这个对立面，尽管它把这个对立面看作是非本质的，但别的单子也会把它这个单子看作是非本质的。

知觉的这种诡辩试图把这两个环节从它们的矛盾中拯救出来，试图通过作出**两种看法**的区别，通过"**也**"和"**就此而言**"把这两个环节坚持下来，并且最后想要通过区别开**非本质的东西**和与它相对立的**本质**来抓 [86]
住真理。

"知觉的这种诡辩"，诡辩就是刚才讲到的，同一个东西从不同的角度来看既是它自身又是它自身的反面，这是柏拉图所批评的智者派的辩证法。柏拉图认为他的辩证法和智者派的区别就在这里，他不是说一个东西从这方面看是怎么样，从那个方面看又是怎么样，然后得出结论说这个东西"既是这样又是那样"。这就是诡辩。那么要消除这种诡辩就是要按照柏拉图的办法，就是同一个东西从同一个观点看既是怎么样，又是怎么样。比如说运动是一个东西在同一瞬间既在某处又不在某处，这就是辩证法。但是你说同一个东西此时在某处，彼时在另外一处，所以我们的结论是同一个东西既在某处又不在某处，这就是诡辩了。所以芝诺讲运动的悖论，你要按照智者派的那个说法，那就没有运动。只有一个东西此时在此处，彼时在彼处，哪有什么运动呢？你要说这就是运动，那这个运动的解释就是诡辩。所以芝诺还是很彻底地把形式逻辑运用到底，直到取消运动。那么这里黑格尔讲到"知觉的这种诡辩试图把这两个环节从它们的矛盾中拯救出来"，也正是通过这种办法，他们没有上升到辩证法，而是利用诡辩来保存双方。运动的东西在某处又不在某处，按照诡辩派是这样规定的，即运动是此时在此处，彼时在彼处。这就是一种解释，好像也解释了，好像运动的确也是在某处然后又不在某处而在另一处，但这并没有解决问题，它只是把矛盾转移，并没有直接面对矛盾。所以知觉的这种诡辩拯救矛盾的办法就是,"试图通过作出两种**看法**的区别,通过'也'和'就此而言'把这两个环节坚持下来",这就是诡辩。它既是这样也是那样的,但是不是从同一个观点来看的呢?他们不是的。从同一个方面看他们会忍受不了,那就是自相矛盾了,所以为了避免自相矛盾,他们把矛盾拆开成两个方面、两个观点。"并且最后想要通过区别开**非本质的东西**和与它相对立的**本质**来抓住真理",既然区别开了两个不同的方面或观点,那么他们就可以很方便地在两者之中区别出一个是本质的,另一个是非本质的了。这就皆大欢喜,两方面都顾到了,非本质的方面也是一个方面;而矛盾也避免了,毕竟本质的方面只有一个,没有和它竞争的。这就是诡辩派惯用的伎俩,但它离开真正本质的东西何止十万八千里。我们通常讲的"辩证法",如果仔细分辨一下的话,可以发现大多数都是用这种诡辩来冒充的,我们以为辩证法就是相对主义,甚至就是"变戏法",忽悠人。这都是没有认真读黑格尔的缘故。

{80} <u>不过这些解救办法并不能防止统握时的假象(Täuschung),毋宁正表明它自身的无效,而通过知觉的这种逻辑所想要获得的真实的东西则表明其自身即使从同一个角度看,也是那种相反的东西,据此也表明它在其本质中就具有无区别和无规定的普遍性。</u>

这是对诡辩派的批判的总结了。诡辩派的这种回避矛盾的办法是无效的,它并不能防止在知觉的统握中产生假象。而"通过知觉的这种逻辑所想要获得的真实的东西则表明其自身即使从同一个角度看,也是那种相反的东西",前面对知觉的逻辑进展梳理得很清楚了,在知觉追求真实的东西的历程中已经表明了这样一种辩证法,就是这种真实的东西"即使从同一个角度看,也是那种相反的东西",也就是知觉的真理不可避免地走进了自我否定的矛盾辩证法。这里关键的话就是"从同一个角度看",只有从同一个角度看,矛盾才能达到最高的尖锐化,才能激发起最大的能动性和爆发力,来突破知觉本身的局限而向更高的层次飞跃。于是"据此也表明它在其本质中就具有无区别和无规定的普遍性"。知觉所要追求的真理最后成了什么呢？"在其本质中"，如果你要深入这种真理的本质的话，你就会发现，它的区别底下是无区别，它的规定底下是那种无规定的普遍性。它是一种普遍性，它的无区别和无规定是一种普遍性，或者说这种普遍性不是一般的普遍性，而是无区别无规定的，也就是无固定的，你要把它的区别刻在那里，固定在那里，那是做不到的。但是它又是一种普遍性，这种普遍性不是通过区别和规定而做到的，而是通过突破区别和规定而造成的。这就达到了斯宾诺莎的实体，斯宾诺莎的实体就是无区别和无规定的。在斯宾诺莎那里一切规定都是否定，所以它是无规定的。只有无规定才能规定它的实体。只有无规定才是规定，这就是最初、最高的那个不可说。所谓的否定神学，就是上帝是不能说的，你只能说上帝不是什么，而不能说上帝是什么；凡是说上帝是什么，一说就错，一规定就不是的了。所以斯宾诺莎的实体在黑格尔眼里也是一个否定性，绝对的否定性，他把斯宾诺莎称之为"无世界论"。我们可以把这种否定性看作是对上帝的一个引导，引导我们到上帝，但是这个上帝也不能简单地理解为基督教的上帝，他是斯宾诺莎的实体。所以黑格尔认为斯宾诺莎的实体是近代哲学的一个奠基石。所有的德国古典哲学家都来自于斯宾诺莎，他甚至说，要么是斯宾诺莎，要么不是哲学。

＊　　　　　＊　　　　　＊

个别性、与个别性相对立的**普遍性**、与非本质的东西联结着的**本质**以及虽非本质但同时却又是必要的一种**非本质的东西**——所有这些空洞抽象的东西都是些力量，以这些力量所玩的把戏（Spiel）就是知觉着的知性，即通常所谓的健全的人类知性；这种把自己当作扎实而实在的意识的健全知性，在知觉中却只是**以这些抽象**所玩的把戏，当它自以为是最丰富之时，一般说它总是最贫乏的。

前面讲的经验论和唯理论都是这些力量在起作用，要么是个别性，要么是普遍性，要么是本质，要么是非本质的东西。先是认为知觉的对

345

象是本质的东西,而知觉本身是非本质的东西;但是后来转来转去,知觉本身成了本质的东西,而知觉的对象反而成了由知觉建立起来的非本质的东西,当然非本质的东西也是必要的。整个知觉的进程,实际上是这些东西在起作用,它们虽然空洞抽象,但它们每一个都有力量,都在起作用,也可以说近代哲学从培根、洛克到莱布尼茨和休谟,就是这些东西的交互作用或互相转化。"以这些力量所玩的把戏(Spiel)就是知觉着的知性,即通常所谓的健全的人类知性",知觉着的知性,就是说在知觉里面,其实知性已经在起作用了,知觉是感性确定性到知性的一个中间过渡。我们看到,近代哲学史上的那些经验主义者强调感性知觉,但他们每个人都在运用知性来进行论证,所以黑格尔在《哲学史讲演录》第四卷中把他们(除培根作为先驱者外)全部纳入"思维的知性(理智)时期"来谈,完全不讲知性的感觉论者和经验论者是不存在的。虽然《精神现象学》第三章的标题才是"力和知性",但是在知觉的阶段其实已经有了知性;只不过这个知性是"知觉着的知性",还不是正宗的"作为知性的知性",只是在知觉阶段中表现出来的知性,还没有达到"纯粹知性"。而"知觉着的知性"就是通常所谓的"健全的人类的知性"(der gesunde Menschenverstand)。这个词的拉丁文写法为 sensus communis,健全知性,又译作"常识"。所谓"健全"的意思,就是不要钻牛角尖,要保持日常判断的直接性和朴素性。一个未受过多少教育的人,只要他能够用自然赋予他的眼光看问题,不走极端,就能够很好地应付现实生活中的一切,而无须那些专门的技巧。他们相信大自然赋予他们的知性能力就足够用了,如果这知性还算健康、没有生病的话。于是当问题产生,矛盾解决不了的时候,一些哲学家就搬出健全人类知性,也就是主张把知性保持在日常可用的范围内。例如洛克是最强调健全知性的,但是他碰到不能解决的问题,他就宁可不解决,让它摆在那里。他的很多东西是自相矛盾的,但是他不去寻求贯通,理由就是他要保持健全知性。在这个场合下我用这一套,在那个场合下我就用那一套,只要够用就行,跟日常生活紧密结合，而不作抽象的进一步的反思。但是经过黑格尔的分析，实际上这种办法是用这些空洞抽象的力量所玩的把戏，也就是前面讲的诡辩论。把戏 (Spiel) 有游戏、娱乐、跳动之意，这里的意思，是指各种力量之间互相转换，这里不行了转到那里，那里不行了再转回来，看起来游刃有余，实际上逃避了实质问题，而不是老老实实地面对问题。"这种把自己当作扎实而实在的意识的健全知性，在知觉中却只是以**这些抽象**所玩的把戏，当它自以为是最丰富之时，一般说它总是最贫乏的"，这种逃避问题的做法反而自认为是最扎实最实在的，因为他们觉得自己紧紧跟随着日常生活的真理，脚踏实地，而不去作超越的非分之想；但其实他们恰好是在玩花巧，以这种方式掩盖自己的贫乏。这种贫乏是在什么意义上说的呢？就是在空洞抽象的意义上，它们背后实际上是这种诡辩的态度在里面玩把戏，这些抽象的东西各有自己的倾向性和力量，但却是盲目地不由自主地向自己的对立面转移，而意识也就跟着跳来跳去。在这一过程中，健全知性没有从抽象概念提升到具体概念上来，它的每个立场都是振振有词，但是每一个立场都不深入反思，不是通过自身的运动把自己自觉地推进到更高的一个层次，而是靠取巧而跳到另一个立场。因此它只好停留在非常贫乏的层次。

　　由于它被这些无意义的本质所来回拨弄，由这一个被抛入到另一个的怀抱，努力凭借自己的诡辩交替地时而坚持并主张这一个本质，时而又坚持并主张那正相反对的本质，而与真理相违背，它就以为哲学仅仅是和**这些思想的事物**打交道了。

　　"由于它被这些无意义的本质所来回拨弄"，它当然要寻找本质，当它寻找到一个本质的时候，它就沾沾自喜。唯理论和经验论都是这样，有的抓住了经验，有的抓住了逻辑，认为这就是本质的东西，但是这些本质在这种状态下是无意义的。当他们不能凭自己抓到的这个本质解释一切的时候，他们就向对方作出让步，认为这才是健全知性。健全知性实际上是被这些本质所拨弄的，由这一个本质被抛入到另一个本质的怀抱,于是只好"凭借自己的诡辩交替地时而坚持并主张这一个本质,时而又坚持并主张那正相反对的本质"。就是说有各种不同的本质,有的被经验论发现,有的被唯理论发现了,那么到底哪一派是对的? 健全知性不管这些,它超出了谁对谁错的争论,抓住哪个就是哪个。它只是把相互矛盾的观点分成不同的立场、不同角度,从你那个角度看是这样的,从我这个角度看是那样的,双方都没有错,只是立场不同而已。立场为什么不同? 那就考虑不了这么多了,也没有必要去考虑。反正这个世界上有很多人都是站在各自的立场,它们的立场都是有道理的,因为立场不同嘛。所以这个就是诡辩论了,诡辩论就是通过改变自己的立场来消化、消除那些矛盾,"而与真理相违背"。这个时候他就不管真理的问题了,既然你谈到立场的问题,那就没有真理的问题。只讲立场不管事实,只问态度不问是非。既然不去追求真理了,知觉也就走出它自身的原来领地了,因为所谓知觉,本来的意思就是要去抓住真理。而现在连真理都无所谓了,于是健全知性就会"以为哲学就仅仅是和这些**思想的事物打交道**",即以为自己就只是在和思想观念中的东西做游戏,把它们玩弄于股掌之中。这种态度类似于唯理论的态度,就是专门在那些抽象概念的基础上做文章,而全然不顾感性经验中发生了什么事情。因此在这一点上,知觉实际上已经做了纯粹知性所做的事情,只不过知觉的知性还未清楚地意识到这一点,当他们把经验抽象成一种思想的事物时,他们还自以为把经验的事物都顾及到了,自以为还停留在知觉本身的领域中。

实际上哲学也是在和这些事物打交道,并且认识到它们是纯粹的本质,是绝对的元素和力量;不过哲学借此同时也**在它们的规定性中**认识它们,因而哲学是驾驭它们的行家,而那个知觉的知性却把它们当作真实的东西并被它们从一个错误打发到另一个错误。

在这里黑格尔承认哲学的确是在和这些思想的事物打交道,因为哲学既不是感性,也不是知觉,而是知性和理性,而知性就已经是立足于康德所说的"纯粹知性概念"即范畴之上来作判断了。单纯的感性还不能算做哲学，而提升到知性则开始显出哲学的层次了。知性和思想的事物即纯粹概念打交道，"并且认识到它们是纯粹的本质，是绝对的元素和力量"。在知性这里，感性经验和知性概念的关系被归结为个别性和普遍性的关系，这一对概念把感性确定性和知觉中反复出现的个别事物和共相提升到了一个抽象的、纯粹的思想物的层次，可以对它们进行更严格的考察了。波菲利在公元三世纪就提出，一切哲学的根本问题就是个别和一般的关系问题，它扩展为存在和本质的关系问题，由此而形成了西方传统形而上学的主流话题。知觉的知性以健全知性的形式不自觉地走到了个别性和普遍性的关系问题上来，就已经不再是知觉范围的事，而是知性和哲学范围的事了。但是哲学跟健全知性不同的就是："不过哲学借此同时也**在它们的规定性中**认识它们。"这些纯粹的本质，当健全知性把它们耍来耍去的时候，对它们的"规定性"并没有认识，而只是在游戏中放弃了对它们进行一贯的规定；相反，哲学在把握它们、运用它们的时候，同时也要对它们的规定性进行认识，要厘清它们从一个过渡到另一个时所遵从的是什么样一种规定，以及一个规定跟另一个规定的不同在什么地方，它们各自居于什么样的确定的层次之上。你必须对这些东西进行认识，而不是仅仅玩弄它们，却不去面对它们的相互规定。健全知性的毛病就在这里。当你要面对面地认识它们、给它们做出确定的规定的时候，他们就说你离开了健全知性，说你沉溺于思辨了，而所谓思辨就是从概念到概念，从概念去研究概念，这些概念是超越日常生活的、不"健全"的。这是健全知性不屑于去做的，它们宁可执着于日常生活的经验，而把那种试图在抽象概念上做出清晰规定的做法看作多余甚至是误入歧途。而纯粹知性的哲学要做的正是这种规定纯粹概念的工作，因而它是"驾驭它们的行家"。哲学就是专门干这一行的，它在驾驭这些抽象概念上成为了行家，"而那个知觉的知性却把它们当作真实的东西并被它们从一个错误打发到另一个错误"。健全知性是完全被动地、未

349

加规定地把每一个概念、每一个思想事物分别认其为真（für das Wahre nehmen），或者说当作真实的东西，这仍然还停留于知觉（Wahrnehmen）的水平。但是在两个同样认其为真却又互相冲突的东西中不加规定地让它们并列在那里，这其实已经丧失了追求真理的真诚，只被看作在一些不同的立场或角度之间的自以为聪明的转换，而实际上却不过是被这些自以为真实的东西牵着鼻子走，"从一个错误打发到另一个错误"。因为每一个观点其实都是片面的，每一个观点最开始好像是合乎常理的、真实的，但是在它的发展过程中，你接下来就会发现它的不合常理、不真实。因为事物本身处于运动中，每个抽象概念都必然否定自身而向对立面转化，如果你对此没有规定，你就只能是"被转化"，被这些思想的事物来回拨弄。这就是健全知性，它们为什么看起来是那么朴实、那么"健全"、那么日常，实际上却充满了诡辩，最终走向不近情理，道理就在这里。

它自己没有意识到的是，这就是这样一些在它之中起支配作用的单纯本质性，相反，它总是以为它与之打交道的是完全扎实的材料和内容，正如感性确定性不知道纯粹存在的那个空洞抽象就是它的本质一样；

"它"，也就是知觉的知性；本质性（Wesenheit）比本质更加抽象一些，本质性包括那些非本质的东西的本质，它们虽然是非本质的东西，但是它们也有本质性，所以是必然要产生出来的、必要的。"它自己没有意识到的是，这就是这样一些在它之中起支配作用的单纯本质性"，就是说在健全知性背后起支配作用的东西是一些单纯的本质性。它一会儿站在这个立场、一会儿跳到那个立场，好像是毫无章法的，但是其实背后有一贯的东西，它意识不到，它不自觉。在健全知性摇摆不定的背后有一个一贯的东西，但是它不自觉，它自己觉得是被拨弄的。"相反，它总是以为它与之打交道的是完全扎实的材料和内容"，它没有意识到背后起作用的纯粹本质性，而自以为它正在与之打交道的那些材料和内容是完全扎实的。事实就是事实，是实实在在的，无法否认，那就只好承认得了。健全知性就是推崇那些实在的东西，而认为思辨的东西是玄乎的东西。

在这一点上知觉的知性和感性确定性是一样的，在感性确定性里面背后起支配作用的是范畴，例如"这一个"背后起作用的就是"存在"的范畴，感性确定性为什么要在这一个上去追求自己的确定性，就是由于这个存在范畴、纯存在在后面起支配作用。但是它却把这个范畴当作空洞的抽象而撇开在一边，而且这范畴在当时也的确是空洞的。那么知性它背后也有空洞的范畴，那就是本质，那就是单纯本质性。存在和本质在这里分别表现为感性确定性和知觉的知性。当然知觉的知性还不是完全的知性。完全的知性只有在"力和知性"这一章才完全的展开。但是在知觉背后起作用的已经是知性，已经是单纯本质性了。我们前面讨论的都是存在论的阶段，那么在知性的阶段，我们就开始进入到了本质，要专门来探求感性知觉后面的本质规定性了。

　　但实际上，这些本质性正是知觉的知性凭借一切材料和内容一直都在上面转来转去的东西；这些东西就是那些材料和内容的纽带和支配者，只有它们才对意识来说是感性东西的**本质**、并且是规定意识对感性东西的关系的东西，也只有在这里知觉及其真实的东西的运动才得以完成。

　　这是接着上面来的，刚才讲，知觉的知性没有意识到自己的单纯本质性，"但实际上，这些本质性正是知觉的知性凭借一切材料和内容一直都在上面转来转去的东西"。一直转来转去都没有发现，说明它在这些方面缺乏反思，没有对转来转去的那个基础加以反思。"这些东西就是那些材料和内容的纽带和支配者"，这些东西，就是指知觉的知性一直在上面转来转去的材料和内容的基础。你一直转来转去说明了什么？说明它们之间是有联系的，它们的支配者是在背后，支配着你不断地跳来跳去、转来转去。对立面双方实际上是统一的，只不过你没有意识到，这个统一支配着这些对立面。"只有它们才是被意识当作感性东西的本质、并且是规定意识对感性东西的关系的东西"，只有这些支配者、这些单纯的本质性，才是被意识当作感性东西的本质的东西，才是规定意识对感性的关系的东西。"感性的东西"包括感性确定性和知觉在内。这些感性东西的本质就是单纯的本质性，而这种本质性则规定着意识对感性的关系。前面讲，哲学在纯粹本质的规定性中认识它们，这种规定性除了它们相互的规定性之外，也包括它们对感性的关系的规定性，也就是康德所谓的"先验的"规定性；它规定着那些经验的知识"何以可能"。而这恰好是知觉的知性所不考虑的。健全知性里面也有意识对感性的关系，所谓常识当然是充满着感性经验的内容的东西，常识就是把感性的东西当作是最真实的东西，最扎实的东西。这就是健全知性的意识对感性的态度。然而它并不考虑这种态度背后是由什么来规定的，没有考虑这种态度"何以可能"。其实这恰好是由背后的那些先验的本质性来规定的，所以这些本质性才是那一切材料和内容的纽带和支配者，"只有它们才对意识来说是感性东西的**本质**、并且是规定意识对感性东西的关系的东西"。感性确定性的本质是存在，那么知觉的本质是什么？知觉的本质就是本质性。这个本质性规定着意识对感性东西的关系，例如康德的十二范畴就规定了意识对感性东西的十二个方面的关系。它们规定意识在这个方面对感性就处在这种关系中，那个方面则处在那个关系中，不必再转来转去、跳来跳去了，不再受到盲目的偶然性所拨弄、所误导了。所以，"也只有在这里知觉及其真实的东西的运动才得以完成"。完成(ablaufen)有走完了过程、了结了的意思。既然这些本质性、这些范畴已经规定了这些材料和内容原先那种转来转去的关系，那么只有这个基础之上，知觉及其真实的东西的运动才走完了它的过程，才得到了了结，才获得了自己的确定性。知觉在自己追求真实东西的运动中没完没了地陷入到错误的假象，它最终失去了确定性；而现在它终于结束了这一运动过程，而有了一个稳定的基地，在这个新的基地上，意识把自己提升到一个新的确定性高度，去追求更高的真理性。知觉走完了它的全部运动过程，它对真理的追求告一段落，而且它在这个最后阶段发现，使得这个运动得以进行的恰好是那种单纯的本质性。

这个进程，一种对真实的东西的规定和对这规定的扬弃不断交替着 [87] 的过程，真正讲来构成了知觉者和那自以为在真理中运动的意识之日常的、经常性的生命和驱动力 (Treiben)。

"这个进程"，也就是由这个单纯本质性所规定的这样一个进程。健全知性就是这样的，由于单纯本质性的作用，健全知性对某个真实的东西规定了，然后又把它取消了。一会儿规定这个真实的东西，一会儿又规定另外一个真实的东西，把原来那个真实的东西取消了、扬弃了，这样不断地交替、不断地循环。但这种转来转去的后面起支配作用的是那些单纯的本质，而由它们所规定的这样一个进程，"真正讲来构成了知觉者和那自以为在真理中运动的意识之日常的、经常性的生命和驱动力"。这样一个过程是能动的过程，是有生命的过程。知觉者自以为是在真理中运动，最后却没有获得真理；但即使没有获得真理，却体现出了一种本真的 (eigentlich，真正讲来) 生命和驱动力。驱动力 (Treiben)，这个词在弗洛伊德那里翻译成"内驱力"，有时候又翻译成"本能"，它就是一种自发的、盲目的冲动。知觉的知性其实就是知性的本能，或本能的知性。所谓"日常的、经常性的"生命力，是说知觉者对此日用而不知，这样一个过程在知觉本身看起来好像是受到拨弄的，是偶然遭遇到的，是它的一种不幸的命运，它从一个错误被甩到另一个错误。从知觉者自己看来，他自以为在真理中运动，但却发现自己不断地被忽悠。但是背后这个过程，真正讲来就是在真理中运动的意识之日常的经常性的生命和驱动力，他却日用而不知。他们不是讲常识吗？那么最根本也最日常的常识恰好是这样一个过程本身，它就是你自己的日常的生命和驱动力。它之所以不让你安静下来，就因为它是生命，它鼓动着你陷入到痛苦，使你陷入到不能自拔。如果你还不反思的话，那你就只有找个地方吊死算了。这就逼使你去反思为什么会这样，一种号称健全的知性如此健全为什么搞得不健全了，为什么你自以为在真理中，却总是陷入到错误，——这些都必须要不停地反思。而这样一个内在的进程就构成了背后真正的生命和驱动力。

在这一过程里,意识不可阻挡地继续走向对一切这种根本的本质性(wesentlichen Wesenheiten)或规定皆同样加以扬弃的结果,但是在每一个别的环节中只意识到其中的**一个规定性**是真实的东西,然后又在另一个环节中意识到一个相反的规定性是真实的东西。

就是在作为生命和驱动力的这样一个过程里面,意识是不可阻挡的,没办法,停不下来,一直要走向对一切根本的本质性或规定皆同等地予以扬弃。就是说,在知觉的知性或健全知性阶段,由于没有反思到背后的生命的驱动力,而在对真理的确定性方面陷入到了"公说公有理、婆说婆有理"的相对主义。双方都是真的,到底听哪个的? 最后谁的都不听,同等地予以扬弃。根本的本质性(wesentlichen Wesenheiten),直译的话,就是"本质的本质性"。知觉的知性在转来转去地被忽悠的过程中把所有这些曾被视为真实的东西取消了,也就同时把包含在其中的一切根本的本质性也取消了。知觉的意识在这个阶段,它不可阻挡地会导致这样的结果。"但是在每一个别的环节中只意识到其中的**一个规定性**是真实的东西,然后又在另一个环节中意识到一个相反的规定性是真实的东西",这就是诡辩了,在这里完全没有什么确定的东西。本质的东西也好,表面的东西也好,凡是有规定性的东西没有什么是真实的,都同样地要加以扬弃。知觉本来是追求真理的,但是到了最后,所有的东西都是真理,那也就没有什么东西是真理了。此亦一是非,彼亦一是非,分不出高下,彼此彼此,大家都一样,所以就把它们都扬弃了。但是在日常生活中,在遇到每个具体的问题的时候,他们就只是意识到其中一个规定性是真实的东西,然后又在另一个环节中意识到相反的规定性也是真实的东西。就是在每一个场合下说不同的话,前三十年是对的,后三十年也是对的。如果你要把它们总起来问,你到底要说什么,那就不知道了。如果要你选择一下两个真理你到底倾向于哪一个,那就没有倾向了。这就丧失了对真理的追求。

意识诚然也预感到这些规定性的非本质性；为了把它们从这种面临着的危险中拯救出来，意识转向了诡辩，把自己刚才还断言为不真实的东西现在却断言为真实的。

意识在这种情况下也预感到了这些规定的非本质性。就是说你规定来规定去，你把每一个规定都当作真实的东西，当作扎实的东西，你从内容和材料的眼光去看待，你所遇到的任何一种观点，任何一个场合，你都把它当作本质的东西；但是意识呢，它面对着这些规定性的互相矛盾，它就预感到了或译作"嗅出了"（witteren）某种危险的气味，我昨天是那样看的，我今天又是这样看的，而这两种观点是势不两立的，那么它们是不是还具有本质性呢？所以它也闻出了这些规定性的非本质性。这里用嗅出了、闻出了，正说明这是一种本能式的预感，知性的本能已经开始在里面起作用了。于是意识开始怀疑，是不是这些东西都是表面的，甚至都是欺骗性的？那么为了把它们从这种面临的危险中拯救出来，意识转向了诡辩。或者说，意识在知觉阶段解决矛盾的办法只能是诡辩，它没有别的办法。要消除这些怀疑，采取什么办法呢？就是不要去怀疑；它们的相互矛盾，并不证明它们都是错的，恰好相反，证明它们都是对的。这就转向了诡辩了，即"把自己刚才还断言为不真实的东西现在却断言为真实的"，它就顾不上自己的出尔反尔、自相矛盾了。立场已经转化了、角度改变了，我并不是说刚才的断言错了，而是我们现在不去说它了，它没错，现在说相反的话也没错。不就是说句话吗？有什么了不起！

这些不真实的本质的本性（Natur）真正要做的是，驱动这样一个知性去把这些观念，如前述**"普遍性"**和**"个别性"**、**"也"**和**"一"**、与一种 {81} **非本质性必然**联结着的那种**本质性**和一种毕竟也是必要的**非本质的东西**——把有关这个非本质的那些**观念放到一起来**，并借此扬弃它们，

"这些不真实的本质的本性"，原来是要追求真实的本质，后来这些本质变成了不真实的本质了。就是说开始怀疑了，嗅出这些本质的非

本质性了。那么这些不真实的本质的本性真正要做的是什么呢？本性
Natur 也就是自然本性，也就是它们底下的那种知性的自然本能是什么
呢？就是要驱动这样一个知性去把这些相互对立的观念放到一起来，并
借此扬弃它们。"这样一个知性"指的是前述知觉着的知性，健全知性。
这样一些本质已经遭到怀疑了，那么这些遭到怀疑的本质，现在真正要
做的不是要诡辩了，不是躲躲闪闪、从这一方逃到另一方，而是要驱动这
样一个知性把这些观念放在一起来，并借此扬弃它们。你不要一下子跳
到这里一下子跳到那里，你把两个立场和观点放到一起，把它们并列起
来，形成尖锐的对立和矛盾，并且借此在一个统一体里扬弃它们。很多
人自相矛盾而不知道，因为前面一句话是他原先说的，后面一句话是现
在说的，说到后一句他就把前一句忘记了，甚至不承认了，他就不善于把
前面说过的话和后面说的话联系在一起来看。如果不放在一起来看，你
就是在不自觉地跳转，你说出了两个貌似有理的话，好像都是本质的，但
实际上是相互冲突的。那么是哪些观念呢？这些观念，如"普遍性"和"个
别性"、"也"和"一"、与一种非本质性必然联结着的本质性，和一种毕竟
是必要的非本质的东西。这些都是一些对立的观念。一个是本质性，但
是这个本质性必然地跟非本质性东西联结着；一种是非本质性的东西，
但是它又毕竟是必要的。而我们对所有这些东西的那些观念本身，都是
有关非本质的东西的观念。知觉已经开始怀疑这些观念是非本质的，那
么我们现在就把这些非本质的观念放在一起来看，借此来扬弃它们。这
些相互冲突的东西，通过你把它们放在一起，就可以扬弃它们，因为既然
它们互相取消，那么就是互相扬弃。互相扬弃不是没有结果，它的结果
就是你从它们相互冲突和相互扬弃中，上升到了一个更高的层次。就是
你把它们一起放在什么东西里面，那个东西就冒出来的，就突显出来了。
原来是不知道的，原来那个东西一直躲在后面，当你把相互冲突，相互矛
盾的东西放在一起，使它们相互取消的时候，那个背后的东西就出现
了，这就叫做扬弃。扬弃不是单纯的取消，单纯的取消那就陷入怀疑论了。

扬弃是通过这个取消，让背后更深层的东西能够冒出来，这个后面还会讲到的。这句还没完：

> 然而这种知性拒绝了这种做法，它仰仗的是"**就此而言**"和不同的**视角**，或者自己承担起一个观念以便把另一观念分离开来并维持其真实性。

"然而这种知性拒绝了这种做法"，就是健全知性或知觉的知性拒绝了上面讲的那种做法，即把这些观念放在一起来，让它们互相冲突互相扬弃，以便上升到更高的层次。健全知性为什么拒绝了这种做法？因为它仰仗的还是知觉阶段的"就此而言"和不同的"视角"，它觉得这种做法更可靠、更"健全"。"或者自己承担起一个观念以便把另一个观念分离开来并维持其真实性"，遇到观念的相互冲突时，我自己承担起一个观念，而把另一个观念分离开来，让它继续保持其真实性，以免在与我这个观念相冲突中失去了真实性。庄子讲的此亦一是非，彼亦一是非，那就没有是非。那就无所谓有理无理了。那么庄子的办法就是跳入"环中"，避开争论的焦点。既然转来转去永远没有尽头，那就不谈了，不谈、不争论才是真理。这个健全知性也是这样的，它的做法一个是不断地改变自己的角度，依靠"就此而言"的相对性为一切观点开脱；再一个是就是把所有的观念加以分割孤立，这样就可以在自己承担一个观念时不否认相反的观念，"以便把另一观念分离开来并维持其真实性"。如果不把它们孤立起来，那么我坚持一个观点就必然要否定相反观点的真理性了。

> 但是这些抽象东西的本性把这些观念自在自为地放在一起来了；而健全知性则是对那些迫使它在自己的回旋式循环中兜圈子的各种抽象的剥夺。

"但是这些抽象东西的本性把这些观念自在自为地放在一起来了"，就是说健全知性不走我们刚才所建议的那条路，即真正说起来应该把这些相互冲突的东西放在一起来谈，让它们互相扬弃。但是它不这样做，它一方面依仗不同的视角即诡辩，一方面把所有的观念加以孤立，以保持各方面的真实性而不受冲击。然而,虽然健全知性不愿意把那些观念放在一起,但是那些抽象东西按照自己的本性,自己自在自为地会把自己放到一起来。"自在自为地"好像是不以人的主观意识为转移的,你没有想到,你也不想这样做,但是它们按照它们的本性就把这些抽象观念自行放在一起来了。所以它们的尖锐冲突是不可避免的,那么它们就会互相取消、互相扬弃,就会自行显出背后更高的范畴。"而健全知性则是对那些迫使它在自己的回旋式循环中兜圈子的各种抽象的剥夺",这是从反面来说的。那种健全知性就是对这些抽象的剥夺,它要立足于日常生活的常识,认为那种循环是不健全的表现。健全知性标榜自己不是从抽象观念出发,我们立足于生活,日常生活,而不立足于抽象观念。而这些抽象观念恰好是迫使这些健全知性在自己的回旋式循环中兜圈子的,因为它们作为抽象的东西,不受日常感性知觉的束缚,可以天马行空地旋转。但一旦健全知性把它们剥夺了,那么就不会明白自己为什么要兜圈子,为什么自己不得不陷入到回旋式的循环。你把它们排除了,你恰好无形中就受到它们的制约,它们在背后支配着你,使你陷入到不可知的命运。你为什么会这样,会转来转去,你不知道;而实际上就是这些抽象的东西在起作用。

当健全知性想要通过这种方式,即时而自己承担起抽象东西的非真理性,但时而又把假象说成是那些不可靠的事物的映像,并把本质的东西和对这些事物是必要的但毕竟据说是非本质的东西分离开,而坚持前者与后者不同,它是这些事物的真理,这样来赋予这些抽象以真理性时,借此它并没有维持住这些抽象东西的真理性,却表明了它自身的非真理性。

健全知性的态度就是,要么把一切错误归咎于自己,凡是抽象的东西都是我们主观的错误,都是非真理性的;"但时而又把假象说成是那些不可靠的事物的映像",另一方面又把假象和错误说成是事物的映像。映象,Schein,在康德那里译作"幻相",而在黑格尔这里没有那么强的贬义，一般就是他的《逻辑学》本质论中所用的那种意思，即反映出来的映象。偶尔他也用于康德意义上的假象、幻相的意思。就是说，并不是我的错误，而是那些事物本身不可靠，是非本质的。有时候我们做调查研究，所根据的事实的确是客观存在的，但我们说这个事实不典型，没有代表性，或者只是表面现象，就是说的这种情况。所以健全知性有两种态度，一种说错误来自我们主观，另一种说错误来自事物的不可靠；而在后一种情况下，则力图"把本质的东西和对这些事物是必要的但毕竟据说是非本质的东西分离开，而坚持前者与后者不同，它是这些事物的真理"。就是说，那些事物本身就是虚假的、不可靠的，只是反映了一种非本质的事物，这些事物当然也是客观的，但是这些客观的事物呈现出了一种欺骗性的幻相。比如一根棍子放在水里，我们看到它好像是折断了的。这就是客观的幻相。但尽管如此，我们还是要把本质的东西和非本质的东西分离开来，这些非本质的东西对这些事物虽然是必要的，但毕竟是非本质的。这样做是为了坚持本质的东西毕竟与非本质的东西不同，它是这些事物的真理。这样似乎就仍然可以把知觉所努力获取的那种固定的真理把握在手了。在这里，非本质性的东西据说也是必要的，因为本质的东西就是通过种种非本质的东西呈现出来的，而我们要善于从这些幻相中发现本质的东西。这不是我主观的错误，我的眼睛对于插在水里的棍子没有出错。是那个事物在向我显现出来的时候错了，那么这个时候你就要从这个事物的表面现象的错觉中发现那本质的东西。所以表面现象也是不可或缺的，甚至可以说一切现象都是表面现象。你要谨慎，遇到一个事物，你不要直接根据表面现象就得出结论，还要通过分析，找到它底下的本质的东西，而那个本质的东西则肯定是一种抽象的东西，它和具体显现出来的东西是不同的。所以非本质的东西虽然是必要的，但毕竟还是与本质的东西不同，要把它们分开。这就是健全知性的态度，它基本上还是沿袭了知觉的原则，即相信现象底下、各种假象和幻相底下一定有一个本质的东西，一个抽象的东西，它是事物的真理。然而，吊诡的是，当健全知性这样来赋予这些抽象以真理性时，"借此它并没有维持住真理性，却表明了它自身的非真理性"。将本质的东西和非本质的东西区分开来，是为了把本质的东西、非本质的东西底下隐藏着的抽象的东西当作事物的真理，这是健全知性的最后一个立足点，就是虽然我们的主观抽象是假的，客观上非本质的东西也是假的，但客观事实的抽象本质仍然是真的。健全知性有一个信念，就是这些东西背后终究有一个真实的东西，虽然它是抽象的东西，但它是真理。这尤其体现在法国唯物论上，法国唯物论是彻底的唯物论，就是坚持那些客观的东西是不可动摇的真理，至少它的抽象本质是绝对的真理。所以黑格尔在《哲学史讲演录》里提到了法国唯物论，他们的出发点是相信最终有一个客观的物质世界，它跟所有的表面现象，不管是主观的错觉也好，还是客观事物的幻相也好，都是不同的，它们是不可动摇的。不管你怎么样围着它转来转去，没有把握到它，那是你的事情，或者那是事物的假象，假象并不能混同为真理，它背后总有一个真理。然而，"借此它并没有维持住真理性，却表明了它自身的非真理性"，他们把本质的东西和非本质的东西区分开来，当作两码事，哪怕自相矛盾，出现了错误，但他们仍然相信有一个抽象的真理是不可动摇的。他们借此想要维持住真理性，却表明了自身的非真理性，也就是他们认为真理是僵死地摆在那里的东西，他们不能投身于进达真理的运动，总是把真理看作是一个对象，看作是在另一方、在彼岸的那一边，而你站在这一边，那么你所把握到的永远只是非真理，永远不能把握到真理。所以这样一种健全知性恰好表明了自身的非真理性，他们所说的真理性只在彼岸，而他们所认识到的一切都只是非真理。你讲来讲去就是讲，那个东西是真理，但是你没有把握。你把握到的一切都是自相矛盾的，而这种态度本身就是非真理性的。

第三章　力和知性，现象和超感官世界

我们进入到第三章了。力和知性，副标题是现象和超感官世界。这一章很难了，比前面的要更加难一些。真正的知性是跟力紧密结合在一起的。"力和知性，现象和超感官世界"，它也有一对矛盾。一方面是力，它构成的是现象世界；另一方面是知性，它把握的是超感官世界。当然，从"意识的经验科学"来看，这一阶段所达到的意识水平就是知性，力不过是知性的对象；但知性本身最终也被看作一种力，正如现象和超感官世界最终表明是同一个世界一样。这就是知性这一章最终要达到的自我认知。而进入到这一层次，知性就开始超出自身，意识也就开始进入到自我意识了。

<u>在感性确定性的辩证法中，意识失去了听、看等等，而作为知觉它得到了一些观念 (Gedanken)，但它才刚刚把这些观念在无条件的共相中放到了一起。</u>

这是对前面做的总结。在感性确定性里面我们看到了一种辩证运动；通过这种辩证法，感性确定性失去了听、看等等，而提升到了共相的"这一个"，共相的这一个已经把它的意谓扬弃了；最后感性确定性确定于"这一个"的共相，因此而进入到了知觉的阶段。那么在知觉里面，意识得到的是什么？"而作为知觉它得到了一些观念"，观念，Gedanken，这个词来自于 denken 即思想。我们也可以把它翻译为被思想的东西。知觉得到的是一些观念，是一些思想到的东西，简单说就是观念。"但它刚刚才把这些观念在无条件的共相中放到了一起"，"放到一起"是非常关键的。前面已经讲了，知觉是以共相作为基础的，但它最初运用这些共

相都是各自独立、互不相干的，每个共相通过示例而与其下的感性的东西捆在一起，还没有开始探讨各个共相之间的相互关联。只有到了最后阶段，知觉的知性才把这些共相放在一起。知觉虽然也预感到这里面有什么无法协调的矛盾，但却通过划分本质的东西和非本质的东西，甚至通过诡辩来回避矛盾。不过知觉的知性毕竟把它们放到了一起，开始意识到它们有某种关联，并开始着手解决它们的矛盾了。知觉是如何做到这一点的呢？是因为它把那些有条件的、被捆绑在各种例子上的共相提升到了一个无条件的共相或绝对共相，于是它就能够用这种绝对共相来统摄其他共相、其他观念。所以知觉把诸共相或观念在那个无条件的共相中（im unbedingt Allgemeinen）放到了一起。换句话说，只有无条件的共相才能把这些东西在自身中放到一起。这些观念都是共相，但是它们都是有条件的，你要把这些有条件的共相都放在一起，那你就只能把它们放在无条件的共相里面，而不能放在任何一个有条件的共相里面。这就是知性的纯粹共相，而这种知觉就上升到了知觉的知性。知性就是建立在无条件的共相即纯粹观念上的。但是，知觉虽然也可以表现为某种知性，比如说在其最后阶段表现为健全知性，健全知性就已经进入到知性了；但由于它还是知觉的知性，它就还没有自觉地意识到这个无条件的共相，所以说它"才刚刚"把这些观念在无条件的共相中放到了一起，还未来得及反思这个无条件的共相。其实它已经在做了，它日用而不知。比如健全知性在自己的认其为真的运动中，一会儿站在这边，一会儿站在那边，就是因为有一个无条件的共相的视域能够让它把那些有条件的共相放在一起。但是健全知性在这里的处理方式就是通过诡辩，或将某一方归于主观，使得这些观念不自相矛盾；但这样恰好就把那个无条件的共相规避了，或者说将它化整为零、拆得七零八落了。主观上他们不愿意反思，无条件的共相在他们这里还只是一个背景视域，还不是有意识地拿起来加以运用的概念；但是客观上他们无意识地已经做到这一点了。我们从旁观者的眼光可以看出来，你之所以可以把这些观念放在一起，就是因为你已经达到了无条件的共相这一个层次。不然的话，你只能永远转来转去，像猴子掰包谷，抓住一个就丢下另一个，这就连诡辩都不需要做了。因为诡辩本身正是为了维持那个被丢下、被分离开的观念和这个被捡起的观念同样为真，才有必要想出来的办法。那么我们现在就来看看这个无条件的共相，这就是知性所要讨论的。

这个无条件的东西假如现在被当作静止的单纯的本质来看的话，它本身又将无非是**自为存在**的那个趋向片面的一端；因为这样一来与它相对立的就将是非本质（Unwesen）；

"这个无条件的东西"，也就是无条件的共相。这个无条件的东西作为背景现在已经走到前台来了，已经凸显出来作为考察的对象了。下面是虚拟式："假如现在被当作静止的单纯本质来看的话，它本身又将无非是**自为存在**的那个趋向片面的一端"，无条件的共相最初好像是一个背景、一个容器，你把那些观念放到这里面来，把它们放到一起来，好像是放到一个容器里面，把那些有条件的共相装进来。假如是这样看的话，把它当作静止的单纯本质来看的话，那么它本身又将无非是自为存在的那个趋向片面的一端了。那个无条件的共相本来是没有片面性的，没有它特殊的眼光和倾向。它里面的互相冲突的那些共相，普遍和个别、一和多，它们本身是自为存在的各个对立的极端，而无条件的共相本来是要超出这些东西的片面性的。但是如果你把这个无条件的共相也当作静止的单纯的本质，那么它本身又将会是趋向自为存在的片面的一端，它又走向一端了，它又变成了片面的东西了。而这就不足以把那些东西包容进来了。如果你把它当作一个静止的东西，它就不足以把这些东西包容进来。"因为这样一来与它相对立的就将是非本质"，非本质，Unwesen，字典上的意思是捣乱、胡闹、荒唐，但这里是用它字面上的含义，即非本质。无条件的共相为什么自己会变成片面的一端呢？它本来应该是一个全面的东西，应该是无所不包的东西，无条件的共相嘛。这是因为，与它相对立的东西将是非本质。与它相对立的是什么东西呢？就是它所包含的东西。它所包含的那些东西都在它里面,是非本质,而唯有它一个是本质。它是静止的,是单纯的,其他都是和它捣乱的,都是非本质。但这样一来就会怎么样呢?

但是与此相联系,它自身就会是非本质的,而意识就不会从知觉的假象中解脱出来了;但这种共相已表明它自己是已从这样一种有条件的自为存在中返回到它自身中去了的东西。

这里还是用的虚拟式。就是说这个无条件的共相作为无条件的东西是无所不包的,如果你把它当作静止的单纯的本质的话,它跟它里面那些有条件的内容就会处于完全对立之中,它是本质,那些东西都是非本质。但是那些东西既然都是非本质,那它自己也就会是非本质了。因为它无非就是把这些非本质的东西包含在内,它里面尽是非本质的东西,它是非本质的东西的总和,那它岂不是也变成非本质的了吗? 所以“但是与此相联系,它自身就会是非本质的,而意识就不会从知觉的假象中解脱出来了”。假如这样来看,那么意识如何能从知觉的假象中解脱出来呢? 知觉一会儿站在这边,一会儿站在那边,它后来发现这些东西都是假象,你要从这些假象中解脱出来,你就要走向无条件共相;但是无条件的共相本身如果又是一个非本质的东西,一个假象,那你就永远摆脱不了假象了。“但是这种共相已表明它自己是已从这样一种有条件的自为存在中返回到它自身中去了的东西”,从这里以下就不是虚拟式了,就是说无条件的共相如何成为真正本质的东西,是因为这种共相其实已经表明了:它自己是已经从这种有条件的自为存在、即有条件的共相中返回到自身中去了的东西。有条件的共相,如一和多、普遍与个别、本质和非本质,这些观念都是有条件的共相,它们都要以感性知觉作为自己的条件,并且是互不相干、各自自为独立的。无条件的共相则是从这样一种有条件的自为存在中返回到自身去了。什么叫返回到自身去了? 那就是返回到共相本身去了,就是去掉了那些有条件的共相的感性知觉的条件,而成了无条件的共相、纯粹的共相。只有这样一种无条件的共相才能把所有那些有条件的共相都囊括在一起。你把它们放在一起，这就已经是提升了，从那些有条件的共相提升到了无条件的共相；而那些无条件的共相无非就是那些有条件的共相退回到共相自身或者说反思到它自身是共相。它本来有条件，这些条件是它呈现为共相的条件，但是它从这些条件退出来，它回到了它自己本身，也就是回到共相本身。所以它是从有条件的共相退回到自身中去了的，于是无条件的共相已经出现了，这就是共相本身。共相本身应该是无条件的，但是在现实中，它总是表现为有条件的，由于这些条件而跟其他有条件的共相对立。那么我把这个共相本身抽象出来，从所有有条件的共相里面把共相本身抽出来，那就是无条件的共相，它是更高层次的抽象。后面会讲到，这就是摆脱一切感性知觉而提升到了一个超感官世界。这里对前面那种观点做了一种防范，即预防有人做这样一种理解，把这种无条件的共相又理解为某种有条件的东西，理解为某种静止的、固定不变的本质。你如果这样理解的话，就又把它当作一个有条件的共相了，跟其他的有条件的共相相比也没有什么高超之处，这就又陷入到一场混战中了。各种各样有条件的共相退回到共相本身，退回到它们之所以成为共相的那个共相，这才出现了无条件的共相。

——这个从现在起是意识的真正对象的无条件的共相仍然是作为意识的**对象**而存在的；意识还没有把它的**概念**作为**概念**来把握住。

这个就是对知性进行定位了，也就是对整个第三章进行了一个定位。第三章是讨论什么的？第三章是讨论这样一个无条件的共相，力和知性都是这样的共相。他说，从现在起，意识的真正对象即无条件的共相，意识从现在起开始把这个无条件的共相当作是意识的对象。以前意识的对象几经变化，先是感性确定性的"这一个"，然后是知觉的"事物"；而现在真正的对象是无条件的共相。"无条件的共相仍然是作为意识的**对象**而存在的"，就是说这个无条件的共相在知性阶段也有它的局限性，它仍然是作为意识的对象而存在，仍然停留于对象意识，而不是自我意识。

无条件的共相虽然我们已经不把它看作是静止的,不把它看作是单纯的本质,但仍然是当作意识的对象来看的。"意识还没有把它的概念作为概念来把握",这个对象已经是概念了,甚至是纯粹概念了,因为它是无条件的共相;但它还没有被当作概念来把握,也就是没有作为自为存在的主动性来把握,而只是被当作一个自在的对象。这个对象还是只站在意识的对立面的对象,它跟意识是不同的。意识没有把这样一个对象的概念作为概念来把握,还没有深入到概念的内部去。它已经是对象的概念了,但意识还是把它当作一个对象,而没有当作自身。这是针对着康德的对象概念来说的,康德的自在之物就是没有当作概念来把握的对象概念,它还没有被概念消化掉。而黑格尔的绝对唯心主义就是把一切对象看作本质上是概念,一切对象都是由概念造成的。这个世界如果从本质上看,就是概念的世界,是理念的世界,没有什么不可认知的自在之物。所有的对象都是概念,既然是概念,它跟意识就是统一的,就跟思维是统一的,思维和存在统一于概念。所以黑格尔到处都讲,我们这个世界是一种客观的思维。整个世界、万事万物本质上都是思维。但是在知性的这个阶段上,我们还没有把对象作为概念来看待,还没把它把握住。只有到了自我意识阶段,我们才会意识到对象其实就是自我,就是我的意识本身。

意识和对象两者必须从本质上区别开来,对于意识来说,对象从与其他对象的关系中返回到自身,并因而**自在地**成为了概念;但意识还不是自为地自身就是概念,因此在它那个被反思到的对象中,没有认出自己来。

"意识和对象必须从本质上区别开来",无条件的共相作为意识的对象,这本身还是意识和对象的主客二分,它们是从本质上区别开来的。这是意识本身的本质结构,即一边是意识,另一边是意识所要把握的对象。"对于意识说来,对象从与其他对象的关系中返回到自身",当然这是它的提升。对象从与其他对象的各种关系中返回到自身,返回到对象本身，而不是纠缠于与其他对象的关系中；而在这里，就是摆脱那些有条件的共相而返回到无条件的共相本身。对象成为了一个共相，或者说无条件的共相成为了一个对象。前面讲了，无条件的共相就是从各种共相中返回到自身。那么对象也是从与各种对象的关系中返回到了自身，它成了一个最高的、最抽象的对象，无条件的对象。"并因而**自在地**成为了概念"，对象返回到了对象自身，所以它自在地成为概念，就是说它自己客观上已经成为了概念。但是对意识来说，它还没有把握到这一点。对象已经客观上是概念了，它是一个无条件的共相，那它岂不是一个概念了吗？只有概念才能把握共相呀。"但意识还不是自为地自身就是概念，因此在它那个被反思到的对象中，没有认出自己来"，意识把这个无条件的共相还是当作一个对象来看待，没有在这个对象中看出它自己。为什么呢？因为意识本身还不是自为地就是概念，而只是自在地成为了概念。意识还只是把对象放在面前，努力地去反映它、把握它，而没有自己主动地去把它建立起来，把自己看作与它是相通的。所以这是跟意识本身的缺陷、即对象意识的局限性密切相关的。意识自身还没有达到概念的层次，因为它还没有从对象中看到普遍的概念并与它认同，意识自身还不是自为的概念，所以在它的眼中，对象也不是由它所造成的概念。只有当它达到了自为概念的层次，它所看到的对象在它的眼中也是它所自为造成的概念，这样它才能在对象上认出它自己来，也就是认出自己的概念来。但在知性这个层次上还没有走到这一步，要走到这一步，那就已经向自我意识过渡了。自我意识就是把自己看作对象；而首先要把对象看作是自己，然后你才能反过来把自己看作对象，那就是自我意识。但这个时候，限于知性的阶段上，意识还没有在对象上认出自己。

对我们来说，这个对象通过意识的运动而形成了这样的情况，以至于意识被纠缠到对象的形成过程中去了，而对这两个方面的反思就是同一个反思，或者只是"一个"反思。

"对我们来说"打了着重号，就是对我们这些研究精神现象学的人来说，我们从这个运动过程之外来观察它，看看这个经验的历程到了哪个阶段。我们跳出知性本身所处的阶段，客观地评价一下它。他说："这个对象通过意识的运动而形成了这样的情况，以至于意识被纠缠到对象的形成过程中去了。"对象达到了无条件的共相这个地步，当然是由意识的运动所造成的，是从知觉里面一步步地走出来的，就是意识现在把无条件的共相看作是对象了。所以意识的运动使对象成为了这样：意识被纠缠到对象的形成过程中去了。在这样一种关系即意识和对象的关系中，看起来好像是相互对立的，但是一步步地，意识缠绕进了对象的形成过程，这个对象，这个无条件的共相实际上已经把意识拖进来了，你想摆脱也摆不脱。对象不再是如同意识一开始所设想的那样完全是客观的了，你想从主客二分这个对象意识的结构来看待它，也不行了。我们前面讲了，你如果把这个对象还是看作一个静止的单纯本质的话，那你根本就达不到无条件的共相这个层次，这样无条件的共相就会重新变成一个有条件的共相。而在知性中，对象是这样形成的，是通过意识的运动的参与才形成的。"而对这两个方面的反思就是同一个反思，或者只是'一个'反思"，这两方面的反思就是指意识对自身的反思，和对象返回到自身中去的反思，即对象的反思。对象对自己的反思和意识对自己的反思其实是同一个反思，或者说两者只是"一个"反思，没有两个反思。对象返回到自身其实就是意识的自身反思，或者说意识的自身反思就是使对象返回到自身，成为了一个无条件的共相，这是意识的反思所导致的。这就像康德所说的，自在之物其实是理性的逻辑运用回溯、推到极致时所设定的一个终极的无条件者的理念。当然这是从我们旁观者的角度看的，而作为力和知性的这个阶段，它还没有意识到这一点，它还是把主客观对立起来的。

但由于在这个运动里，意识曾经只把对象性的本质而不是把意识本身当作它的内容，所以对意识来说必须把结果建立在对象性的含义上，而且意识还退出了所形成的东西，以至于对意识来说这东西作为对象性的东西就是本质。

前面讲的是从旁观者的眼光看，这里也是这样，就是说从我们的眼光看来，其实对象本来就是意识自身反思的产物，我们已经看出来了，但是知性在这个初级阶段上还没有意识到这一点。所以他讲，"但由于在这个运动里"，也就是在意识把自己纠缠到对象的形成过程中去的这个运动里，"意识曾经只把对象性的本质而不是把意识本身当作它的内容"。在我们观察的眼光下，知性一开始就是要强调客观性，强调对象的不以人的意识为转移。所以最初意识并未成为对象的内容，它强调意识要符合对象，"所以对意识来说必须把结果建立在对象性的含义上"。当然后来康德就把这一点颠倒过来了，不是我们的意识要符合对象，而是对象要符合我们的观念。但是在此之前，知性的立场基本就是我们的意识要符合于对象。所以我们只是把对象性的本质作为它的内容，而不是把意识本身当作它的内容。把意识本身当作它的内容，那是康德所作出的一个飞跃，他的《纯粹理性批判》就是要对理性本身进行批判。那就是要把意识本身当作对象，对象就是意识所建立起来的，尽管他的这一颠倒还只限于现象界，而不能延伸到自在之物。但是在知性的初级阶段还没有走到这一步，对这个阶段上的意识来说，还必须把结果建立在对象性的含义上，你所追求的结果最后还是为了要原原本本地符合对象嘛。你要达到真理，你要实现思维和存在的统一，要达到意识和对象的统一，那么你的目标最终要建立在对象性的含义上，就是要达到对象性，达到客观性。"而且意识还退出了所形成的东西"，在这个对象身上，尽管对象其实是意识自身所形成的东西，但你还是必须要把意识从那里面完全退出来。否则的话，对象就不纯粹，就可能受到你的意识的歪曲，那就叫做"主观主义"，由主观性歪曲了对象性。意识不能掺杂于对象中，更不能干预它。这就是唯理论的唯物主义的基本态度。最后达到的结果就是纯粹对象性的东西，没有意识掺杂其中，"以至于对意识来说这东西作为对象性的东西就是本质"。最后我们要追求的本质是一个什么样的东西呢？就是这样一个东西，它虽然是意识所形成的东西，也就是意识完全可以把握到的东西，但又是绝对客观的对象，而没有任何意识掺杂在其中。这是知性最初的态度。这种态度的典型的代表，就是斯宾诺莎的唯物主义。

　　知性借此虽然扬弃了它自身的非真理性以及对象的非真理性；由此对它所形成的东西就是真实东西的概念；而**自在地**存在着的真实的东西却还不是概念，或者说它还缺乏意识的**自为存在**，而在其中尚未认知自身的知性就对它不加干涉。

[89]

　　"借此"，就是指上面讲的，追求客观性而取消主观性，在客观性里面不能掺杂主观性。凭借这种主客观绝对对立，知性"虽然扬弃了它自身的非真理性以及对象的非真理性"。知性借此扬弃了它的非真理性，因为知性作为一种意识，它是符合对象的，符合对象就是真理呀。以及对象的非真理性，对象的非真理性也被扬弃了。其实知性自身的非真理性和对象自身的非真理性是一回事，知性扬弃了它的非真理性，那它就被看作是真理了，我的意识就被看作是真理了，也就是被看作是符合对象的了；那么对象也不再以假象或幻相的形式向我展示出来了，对象就是真实的对象了，我的对于对象的认识的真理和对象的真理本身就统一了。斯宾诺莎有一个命题："真观念必然符合它的对象。"真观念就是知性，它符合它的对象，它就是真理，就是真观念了。它的真理性从哪里来的？就是从对象这里来的，对象是真的，真观念也是真的，真观念之所以是真的，就是因为它符合那个真的对象。它已经达到真实东西的概念了，因为它已经意识到自己和对象是统一的。"由此对它所形成的东西就是真实东西的概念"，它的真理性和对象的真理性是同一个真理性，那么这个真理性对知性来说就是一个概念。它由此形成的东西就是真实东西的概念。"而**自在地**存在着的真实的东西却还不是概念，或者说它还缺乏意识的**自为存在**"，虽然知性形成了真实东西的概念，但是对象、即那个自在存在着的真实的东西尽管已经是真实的了，

370

已经跟真理性打通了，但是它本身还不是概念，或者还没有被理解为概念。为什么呢？它还缺乏意识的自为存在。它只是自在的，还不是自为的，它之所以没有成为概念，是由于意识的自为存在在它那里还缺乏。"而在其中尚未认知自身的知性就对它不加干涉"，知性对这样一个对象不加干涉，而只是作为不以人的意识为转移的一个客观存在来加以把握，是因为它在其中尚未认知自身。斯宾诺莎的唯物主义就是这样，他的那个绝对实体跟知性是没有必然关系的，即使没有知性，它还在那里，它就是"自然界"。所以知性对它不加干涉，你不能改变它，你只能看它怎样，你就怎么说。知性在这样一个对象身上还没有意识到自身，知性在斯宾诺莎的实体身上没有看到自身，它只被看作真观念要符合的对象，但是对象本身是不以观念为转移的。所以斯宾诺莎的唯物主义虽然是知性地把握对象，但还没有在对象身上达到知性的自觉性。

这种真实的东西独自驱动着它的本质，以至于意识对它的自由实现并不参与，而只是对这过程加以旁观，对之作纯粹的统握。

"这种真实的东西"，就是这种自在存在的对象，它是一个真实的东西。它"独自驱动着它的本质"。它也要运动和发展，但是这种运动发展不是意识驱动的，意识对于它来说是不加干涉、听之任之。"以至于意识对它的自由实现并不参与，而只是对这过程加以旁观。"这个实体斯宾诺莎又称之为自然界，又称之为绝对存在，又称之为神或上帝。它的自由实现过程中没有意识参与，它完全是自身驱动它自己，也就是斯宾诺莎讲的，实体就是"自因"。意识只是对这一过程加以旁观，"对之作纯粹的统握"。纯粹的统握就是被动的把握，不加进自己从外面带来的任何观点。在这个知性的层次上面我们又重复了前面在感性确定性和知觉阶段最开始的时候的同一个态度。在感性确定性阶段我们是经验论的态度，在知觉阶段开始也是唯物论的态度，在知性的阶段一开始也是唯物论的态度。都是这样一种纯粹被动接受的态度。唯物论是经验派和理性派双方的出发点或预设，但它最初表现为一种形而上学的独断论，即使经验派的感性确定性，也先就预设了一种对象的客观存在。这也就不难理解，为什么在《小逻辑》中谈"思想对客观性之三种态度"时，黑格尔要把"形而上学"设为第一种态度，而经验主义和批判哲学只是第二种态度。虽然在《精神现象学》中是从感性确定性和知觉开始，但形而上学的独断论仍然是它们的暗中的出发点，就是预设了一个不以人意识为转移的感觉对象或自在之物。当然，明确将这一独断论立场提出来，作为第一原则加以坚持的，还是唯理论的代表斯宾诺莎。

{83}　　　所以**我们**对此首先还必须要站在意识的立场上，我们必须是那养成（ausbilden）在结果中所已包含的东西的概念；凭借这个所养成的对象、这个作为存在者在意识中呈现出来的对象，意识才第一次成为了进行概念式理解的意识。

　　"所以**我们**对此首先还必须要站在意识的立场上"，这里强调"我们"，就是说，虽然主观意识还没有把客观对象看作是自为存在，主观意识和客观存在是对立的，这是斯宾诺莎实体观的缺陷；但是我们作为旁观者来说，在这两方面中仍然首先（fürs erste）有必要站在意识的立场上，把斯宾诺莎的那个被视为客观实体的反映的真观念看作这样一个概念，这概念不是单纯被动地反映对象，而是主动地"养成"了在结果中已经包含的东西。我们旁观者必须是这样一种概念，——概念 Begriff 就是一种能动的把握了，它的原意就是抓取、抓握，——我们首先要站在意识的立场上，作为概念，作为使那在结果中已经包含的东西得到养成的概念。"养成"这个术语，ausbilden，有培养、训练、形成、造成的意思，在导言中曾多次提到这个概念，它跟教养或教化 Bildung 的概念有关。《精神现象学》的意识的经验过程实际上是精神的一个教养过程、养成过程。精神训练自己、培养自己，使异己的外在的东西变得熟化，把它变成自己的东西。教养是越来越有素质、有涵养，使原来生疏的东西变得驾轻就熟。意识还没有意识到自己的对象是概念，那么要得到这样一个概念必须要有教养，从意识本身的训练开始，通过养成的训练才能得到概念。前面讲到结果，"对意识来说必须把结果建立在对象性的含义上，而且意识还退出了所形成的东西"，我们必须把结果建立在对象性的含义上，这是斯宾诺莎唯物主义的原则，即对象最终是不以意识为转移的客观存在。但是在这里，我们的概念才养成了在结果中已经包含的东西，结果不是什么不以意识为转移的客观存在，而是通过意识的教养而形成的东西。当然这是我们旁观者所看出来的，我们可以引导这个过程，但不是插手，而是在这个过程里面分析它背后起支配作用的概念，掌握它的下一步发展方向。现在我们把意识的这个阶段看作是走向概念的一种教养，它最后是导向绝对的概念的，但是要一步步来。意识最开始没有意识到对象也是一个概念，但是我们首先看到意识自身自为地已经是真理的概念了，接下来我们再看它是怎么一步步走向主客观同一的自在自为的概念的。"凭借这个所养成的对象、这个作为存在者在意识中呈现出来的对象，意识才第一次成为了进行概念式理解的意识。"我们首先抓住的是意识本身的进展，意识凭借它养成的对象，尽管它还把这个对象视为与自身对立的自在的对象，但对象已经作为存在者在意识中呈现出来了，这样意识才初次获得了概念式的理解。意识首先必须确立起对象性的含义，要退出它所形成的东西，而不是像以前那样纠缠于感性知觉中，总是主客不分地转来转去，这样才有可能形成自己的概念，才第一次成为了进行概念式理解的意识。当然这时知性还没有在对象上认出自身，这只是知性进向概念的第一步。

这结果曾经是无条件的共相，它最初是在否定的和抽象的意义之下，即意识曾否定了自己的那些片面概念并把它们抽象掉了，也就是说把它们都放弃了。

无条件的共相最初是否定的，就是说无条件的共相最初是通过有条件的共相的相互取消又相互转化，然后跳出这个循环，也就是把它们加以扬弃，这是在前面知觉的知性中所经历过的过程。而这个结果最初是在否定和抽象的意义之下得出来的，甚至是通过诡辩得出来的。从有条件的共相抽掉那些条件，这客观上已经达到了无条件的共相，但这无条件的共相本身最初仅仅是一个否定的概念，它否定了所有的条件，只剩下共相本身。"即意识已否定了自己的那些片面概念并把它们抽象掉了，也就是说把它们都放弃了"，这种健全知性从那些片面的概念一个转向另一个，转来转去，比如一和多呀、本质性和非本质性等等，那些概念都是片面的，而且相互冲突、相互对立、相互形成两端。健全知性承认它们每一个，同时也就相当于否定了它们每一个；它对它们每一个都当真，相当于对它们每一个都不当真。所以实际上在它那里，这些概念都被否定了。这是前面讲到过的，用的是过去时。

但是这结果自在地具有肯定的意义，即在其中**自为存在**和**为他存在的**统一已建立起来了，或者说绝对的对立已直接地作为同一个本质建立起来了。

最开始是否定的抽象，极高的抽象，已经达到了无条件的共相，把所有的有条件的内容都放弃掉了；但是意识尚未把这个无条件的共相作肯定的理解，而只是作否定的理解。然而，"这结果自在地具有肯定的意义"，就是说，虽然意识还未自觉到这个无条件的共相的肯定的意义，但是它自在地就已经有肯定意义了。从知觉的知性或健全知性前进到纯粹知性，就是这种无条件的共相从单纯否定的意义开始自觉到自身的肯定意义的过程。斯宾诺莎提出的绝对实体就体现了这种肯定的意义，它就是积极意义上的无条件的共相。当然，这个共相首先已经放弃了它的一切规定，斯宾诺莎的实体是最高的概念，它抽掉了一切规定，"一切规定都是否定"，凡是你说的什么规定，对于实体或神来说都是否定。你对神、对自然不能说什么，一说就不是的。但是"一切规定都是否定"这个规定本身具有肯定的意义，在把所有的东西否定了之后，还有一个东西是肯定的,就是这个否定本身它具有肯定意义。或者说世界上唯一具有肯定意义的,就是这个"否定"本身。否定了一切以后,这个东西就具有了绝对的肯定性,"即在其中**自为存在**和**为他存在的**统一已建立起来了"一个是自为存在,一个是为他存在,如果不抽象到这个层次的话,那么它们之间是很难统一的。你要自为存在,你就不能为他存在。你要为他存在,你就把自己丧失了。一切有条件的共相都是这样,你要是一,你就不能是多,你要是本质就不能是非本质。现在,"自为存在"和"为他存在"在这个最高的无条件的共相里面便统一起来了,它们不再流于诡辩和动摇,而是形成了一个绝对的实体。斯宾诺莎的实体就是"自因",即自己是自己的原因;自因既是自为存在又是为他存在,只不过这个"他"就是它自己。它把这个"他"看作就是它自己,它是自为的同时又是为他的。它把自为和为他统一为同一个东西。它自己为自己,它把自己看作是一个它所为的他者,它自己的对象。"或者说绝对的对立已直接地作为同一个本质建立起来了",绝对的对立,自为和为他、原因和结果,——原因是自为的,结果是为他的,你出于什么原因,是你自己的出发点,自己的动机,是自为的;你造成了什么结果,造成什么结果是在别人那里的,——这两个方面是绝对对立的,在以前的阶段,在知觉的阶段是不可调和的。你要么站在原因的立场上说话,要么站在结果的立场上说话,这就是健全知性。而现在这两方面、动机和效果都要统一起来,不能把两者割裂起来。

最初看来好像这只涉及各个环节相互间的形式;但是自为存在和为他存在同样也是**内容**本身,因为这种对立在其真理性中不可能有任何其他本性,而只能有在结果中已表明的本性,这结果就是,那在知觉中被认其为真的内容实际上只属于形式并消融在这形式的统一性中。

这是对前面讲的进一步解释。如何把相互对立统一的形式建立起来?"最初看来好像这只涉及各个环节相互间的形式",斯宾诺莎的实体人们最初只是把它理解为一种形式,各个环节相互关联的形式。实体呀,自然呀,他采取几何学的论证方式,很多人认为是形式推理。"但是自为存在和为他存在同样也是**内容**本身",不要弄错了,斯宾诺莎的实体好像仅仅是形式,实际上他讲的是本体论,他讲的就是这个世界的内容。"因为这种对立在其真理性中不可能有任何其他本性,而只能有在结果中已表明的本性",前面的对立经过种种运动和演进,它们的真理性就是无条件的共相,这种无条件的共相在结果中表现出具有一种本性。什么本性?即"那个在知觉中被认其为真的内容实际上只属于形式并消融在这形式统一性中"。也就是你不能把它看作是单纯的形式了,而是在知觉中,在前一个阶段知觉阶段中,被认为、被当作真实的内容实际上只是属于形式,全部归属于这种形式之下了,也就是这些内容是在形式的统一之下,使这形式得到了充实。所以所有这些内容是在形式的统摄之下,反过来说,在形式的统一性中蕴含着这所有的内容。因此这种无条件的共相并非只是各个环节之间的形式,而是将所有这些环节作为其内容包括在内的形式。

这内容同时是普遍的,绝不可能有另外的什么内容可以凭借它的特殊性状避免回归到这个无条件的普遍性的。假设有那样一种内容的话,它就会不得不以某种特定的方式自为存在并与他者发生关系了。

既然这个内容唯一地只属于形式并且消融在这形式的统一性中,那么这内容同时是普遍的。在知觉的阶段,这内容是缺乏普遍性的,虽然它也追求普遍性,但是那是有条件的共相,而不是无条件的共相。那么在知性这里,这个内容同时是普遍的。这个内容已经克服了它的有条件性,它同时是普遍的。"绝不可能有另外的什么内容可以凭借它的特殊性状避免回归到这个无条件的普遍性的",所有那些有条件的共相本身都是特殊的,如一和多,一和多相比,一不是多,那么一相对于多就具有特殊性,同样的多跟一相比也具有特殊性。但是在这里,没有什么内容凭借它的特殊性状可以避免回归到这个无条件的共相。这个无条件的普遍性起的是这样的作用,它把它所有的内容都普遍化了,把所有的内容

376

隶属于自己的形式之下。这个无条件的共相是至高无上的。所以，不可能有一种内容孤立于这个无条件的普遍性之外而拥有自己的特殊性，"假设有那样一种内容的话，它就会不得不以某种特定的方式自为存在并与他者发生关系了"，那它就变成特殊的了。这句用的是虚拟式，即设想中的那种内容就会不得不以某种特定的方式，既自为存在，又与他者发生关系。当然这是不可能的，无条件的共相已经把所有的内容无所不包地囊括进来、毫无剩余了，否则它就不是无条件的共相，而是以排除掉这种特定方式的内容作为自己的条件的。这将再一次发生普遍性和个别性、一和多的对立。但现在情况不是这样的。

　　只不过，一般说来自为存在和**与他者发生关系**就构成这内容的**本性和本质**，而它的本性和本质的真理就是成为那无条件的普遍的东西；这个结果不折不扣地是普遍的。

　　你所设想的那个内容，它逃出了无条件的共相，它就会以自己特定的方式自为存在并与他者相关，只不过，这种假设是不切实际的，因为，"**一般说来自为存在**和**与他者发生关系**就构成这内容的**本性**和**本质**，而它的本质和本性即真理就是成为那个无条件的普遍的东西"，你还是没有逃出来。你这个内容的本质和本性，无非就是一个自为存在，一个与他物相关，无论你多么特殊，有什么特定的规定，一般说来都无非是这两个方面。但是自为存在和与他物相关，它们的真理就是这个你自以为逃出去了的内容的本性和本质，也就是无条件的共相、无条件的普遍的东西。我们前面讲到这个结果在斯宾诺莎这里具有了它的肯定意义，即把自为存在和为他存在统一起来作为自因，这就达到了最高的、无条件的共相。无条件的共相就是这样一个结果。所以无论如何内容是逃不出这个绝对的形式之外的，你自以为逃出来了，实际上还是没有逃出来，因为在你的概念里面，在你的本性里面已经有了无条件的共相，就是自为存在和为他存在的统一，它构成内容的本质的真理，或者说最终的落脚之处。这就是无条件的共相。所以"这个结果不折不扣地是普遍的"，也就是绝对普遍的，毫无例外的，一切内容的本性和本质的真理就是那无条件的普遍性，无所逃于其外。

　　但由于这个无条件的共相是意识的对象，所以在它上面就突显了形式和内容的区别；在它的内容的形态下，这两个环节表面看来最初呈现出，一方面是许多持存的质料之普遍媒介，另一方面则是自身反思的一，在其中这些质料的独立性荡然无存。

　　前面是讲内容和形式的统一，而这里转到讲内容和形式的区别。"但由于这个无条件的共相是意识的对象，所以在它上面就凸显了形式和内容的区别"，在这个无条件的共相上面，因为它是意识的对象，它就突显出了形式和内容的区别。就是说它们本来是没有区别的统一体，但在对意识显现出来的时候就有了分别，这种区别是意识给它分出来的。虽然形式不是完全孤立抽象的一种形式，它是有内容的；内容也不是特定的内容，它是有普遍形式的。但是内容和形式在意识看来还是有区别的，毕竟意识是一步步从内容提升到形式上来的，那些内容需要形式去把握。但是那些内容是如何隶属于形式之下的呢？这就需要进一步解释。必须突显出形式和内容的区别，作为意识的对象我们可以冷静地对它加以区别与分析。下面就进入到内容。前面讲的都是形式，斯宾诺莎的实体最初看好像只是一个空洞的形式，但是这个形式无所不包。那么从内容看，"这两个环节表面看来最初呈现出，一方面是许多持存的质料之普遍媒介，另一方面是自身反思的'一'"。自身反思的"一"就是实体本身，质料有许多，而实体只有一个。整个宇宙只有一个实体，那就是一，那就是自然本身，这个"一"是不可分割的，也是无所不包的。这个实体是自身反思的"一"。但是还有众多持存的质料之普遍媒介。我们所看到的大千世界都是一些持存的质料，这些众多持存质料的普遍媒介就是"也"，就是有这方面的属性，"也"有那方面的属性，这个"也"就是媒介，它代表"多"，因为它把所有的质料都联系起来，捆在一起，那些质料就是所谓"样式"。斯宾诺莎的实体有多种属性，不过斯宾诺莎认为我们人类所知道的只有两种属性，一种是广延，一种是思维。广延和思维是我们所知道的实体的两种属性，实体既是有广延的，"也"是有思维的，思维和广延是平行的。那么还有没有别的属性呢？他说可能有，但是我不知道。严格说斯宾诺莎认为实体有无数的属性，但是我们人类只能知道广延和思维这两种属性。那么这些本质属性是一些媒介，它把各种各样的质料捆在一起了，所有的质料、所有的样式，不是归于广延就是归于思维。这是一个方面，即众多质料之普遍媒介方面。"另一方面则是自身反思的一，在其中这些质料的独立性荡然无存"，这就是"一"的方面，实体的方面，思维和广延都属于这个实体的属性，都不是独立的。斯宾诺莎批判笛卡尔，笛卡尔是二元论者，思维和广延在他那里都是独立的实体；但是斯宾诺莎认为实体只能有一个，思维和广延只不过是实体的两个本质属性而已。

前者是事物之独立性的消解或者说是被动性，这种被动性是为一个 [90] 他者的存在，但后者则是自为存在。

前者就是指那些属性，广延或者思维，以及它们的那些样式，它们都要依赖于实体，是不独立的、被动的，只有实体才是独立的、主动的。各种样式在实体之中，它们的独立性荡然无存；而实体是自因，自己是自己的原因。在实体中，广延和思维的被动性是"为一个他者的存在"，也就是说，它们都是机械的，是被他者所推动的，而不是主动的、能动的，只有实体本身是能动的。而实体的那些属性以及实体所包含的质料样式都是被动的，它们没有独立性。斯宾诺莎的世界观完全是机械论的，他是一个机械唯物论者。在广延方面他认为物质世界只是被动接受外力的推动，处于牛顿力学的关系中；而在思维方面他认为只有形式逻辑和几何学才是绝对的规律，这也完全是一种被动的形式推理的关系。所以斯宾诺莎的这种区分已显示出知性思维的特点，就是对客观世界的物体只关注其中的力的关系，而对思维则只是严守知性的形式推理原则。唯有"后者则是自为存在",就是说,那唯一的实体才是自为存在,是"自因"。

可以看到,这些环节是如何在作为它们的本质的无条件的普遍性中呈现出来的。

这些环节,也就是多和一的环节,它们是属于同一个实体的,是同一个无条件的普遍性的两个环节,无条件的普遍性是它们的本质,不但是实体即自因的本质,而且是属性和样式的本质。它们所呈现出来的其实都是无条件的普遍性,但是是以不同的环节呈现出来的。斯宾诺莎说,各个样式其实本质上都是实体,只不过不是就它们自身而言,而是就它们都是实体的样式而言。在这种意义上,实体、神无所不在,只有在这个无条件的共相中,才能够呈现出思维也好,广延也好,才能呈现出这些属性和样式。这就是斯宾诺莎的泛神论,也就是在每一个自然事物中都看出那个唯一的神的存在来。所以这些环节的本质都是无条件的普遍性,你要说它们是实体也可以,说它们是神或者自然界的物质实体也可以,但是它们本身都不是独立存在的实体,而是要追溯到那个唯一的实体,你才能说它们是实体。

很显然,首先由于它们只存在于这个无条件的普遍性之内,一般说它们就不再彼此分离,相反,本质上它们都是一些把自己扬弃在自身中的方面,而只有它们彼此的相互过渡才被建立起来了。

多和一、本质和非本质等等的诸环节,"由于它们只存在于这个无条件的普遍性之内,一般说它们就不再彼此分离"。斯宾诺莎和笛卡尔不同,笛卡尔是心物二元论,斯宾诺莎是思维和广延的平行论。这种平行论不像二元论那样把思维和广延分开来谈,而是把两方面看作不可分离的,是同一个实体的两个方面。例如每一种广延都对应着一种思维,每一种物质的机械运动都配有一种思维的逻辑推理;反过来,每一种思维中的必然的推理活动都有一种外在的广延的机械关系跟它相平行。真正的思维就有一种广延相对应,而每一种广延的机械关系都有一种与之相平行的逻辑思维来与它相伴随,它们是紧密地平行的。因为它们共属于同一个实体之下，所以我们把握了广延也就是把握了思维的规律，而掌握了思维规律也就掌握了自然界的运动法则，这是一一对应的。我们只要谈一方，也就同时谈了另一方，因为本质上，它们都是同一个实体的平行的属性，只是在我们眼睛里面显得不同而已。所以在考虑到它们本质上都是实体的属性时，就用不着谈它们的区别了。所以说，"本质上它们都是一些把自己扬弃在自身中的方面"，就是说你在谈它们的时候不要以为只是在谈它们本身，你其实是在谈它们的那个本质即实体，所以它们都是些自己把自己扬弃在自身中的方面，都是实体的这一方面和实体的那一方面。广延和思维都把自己扬弃了，也就是都把自己归属于实体了，离开实体，它们什么都不是。而在实体中，它们都是各个环节，它们彼此不再分离，而是相互过渡。靠什么过渡？靠实体本身。实体可以把它们相互统一起来，使它们一个就相当于另一个。广延的本质就是机械运动，也就是力；而思维的本质就是逻辑，也就是知性，这两方面一一对应。真观念必然符合它的对象，而对象的规律也必定能够被真观念所把握。它们都是在实体内部的互相过渡。所以它们独自来看都是在自身中扬弃自身的方面，"而只有它们彼此的相互过渡被建立起来了"。这个过渡就是靠实体本身建立起来的，而它们之间的区别就被取消了。这就是这个第三章的标题"力和知性"的由来。

＊　　　　　＊　　　　　＊

［一、力和力的交互作用］

上次讲到了斯宾诺莎的实体有两种本质属性，一种是广延，一种是思维。他的广延和思维跟笛卡尔不一样的就是它不是二元论，而是平行论。思维和广延的关系是平行的，但是各自又是独立的。同一个过程，我们从可以从思维的角度看它，同时又可以从广延的角度来看它，它都呈现为一个机械的过程。上次讲的最后一句是："很显然，首先由于它们只存在于这个无条件的普遍性之内，一般说它们就不再彼此分离，相反，本质上它们都是一些把自己扬弃在自身中的方面，而只有它们彼此的相互过渡才被建立起来了。"扬弃在自身中，就是说思维也好，广延也好，它们都不是实体，它们是作为实体的属性，乃至于属性的各种样式。属性跟样式相比更加要带普遍性一点。属性也好，样式也好，就其本身来讲，它们是不真实的，不可独立存在，也不可分开来存在；但是就其作为实体的属性和样式来说，它们是真实的。所以唯一真实的东西就是实体，广延和思维在实体之下是被扬弃了的，不要把它本身当作是实体。在这个意义上，它自己取消了自己，而只有它们之间的相互过渡建立起来了。过渡就是在两岸，我们可以相互过渡，我们从逻辑可以推出机械力学的关系，从机械力学的关系可以推出逻辑关系。所以我们可以用数学来把握物理现象，因为数学和物理学是平行的。斯宾诺莎机械论的世界基本上是这样的。

今天读的是拉松版编者加上的标题："力和力的交互作用"。这是斯宾诺莎的机械唯物论所设定的广延属性底下的样式之间的一种力学关系，具体体现为牛顿力学的基本法则。这是第一个小标题。前面讲的都是精神现象的一个新阶段，意识在斯宾诺莎这里达到了一个纯粹知性的层次，这是后面展开讨论的一个基点。现在我们开始进入到主题了，主题是力和知性。首先是力，这是意识的对象；然后从力里面引出知性，就是说知性从哪里来的，首先是建立在对力的把握的基础之上的。这一点我们应该记住。西方近代以来的知性概念，又翻译成理智，像斯宾诺莎的知性概念，最初就体现为对力的把握。斯宾诺莎的广延和思维，思维就是理智，理智就是知性，那么这个知性是在力的关系上看出来的。或者说，一个人的思维到了知性这个层次的时候，他就懂得从力的关系分析一些现象。首先是物理现象，自然现象。当然不仅仅如此，也包括人类的心理现象，人的认识过程，还有社会现象。我们都可以把它当作力来加以考察。比如说知觉的统觉能力，综合能力，都是从力的角度来考察人的认识活动。此外社会现象，政治生活，权力关系等等，都是理解得很机械的。那么这样一种知性观点，它必须有一个前提：我们面对的是这样一个力的世界，就是力的交互作用的世界。近代以来，伽利略、牛顿，他们建立了一个力的世界图景，那么这个力的世界图景要从斯宾诺莎的基点来进入理解。当然一旦进入理解，就会一步步超出斯宾诺莎了。

于是其中的一个环节显现为站在这一方的本质，显现为普遍的媒介，或显现为那些独立质料（selbstständiger Materien）之持存。

这些环节是什么环节？就是前面讲的，"这些环节是如何在作为它们的本质的无条件的普遍性中呈现出来的"，它们是一些"只存在于这个无条件的普遍性之内"的、"不再彼此分离"的环节，也就是存在于实体中的属性环节，即广延和思维。这里讲的"其中一个环节"可以是思维，也可以是广延，它们各自占据一个方面的本质。我们从实体的至高无上的顶点降下来，我们来看这两个环节，"其中的一个环节显现为站在这一方的本质"。属性又称本质属性，在斯宾诺莎那里思维和广延都属于实体的本质属性，它们都反映了实体的本质。实体本身是抽象的，你要了解实体，你必须要从它的本质属性那里了解，即一个是广延，一个是思维。那么这种本质在斯宾诺莎那里是各自站在一个方面的，要么站在思维方面，要么站在广延方面。而这个站在一方的环节，它"显现为普遍的媒介"，就是说作为思维和广延这样的属性，它们本身是作为普遍的媒介。我们刚才讲了，在思维里面，它是按照逻辑关系把各个表象联结起来的，思维就是各个表象的逻辑上的媒介。那么广延也是这样，广延是把自然界的各种运动的事物按照力学关系联系起来的一个媒介。这些表象，或者这些运动的事物，都是实体的各种样式。"或者显现为那些独立质料之持存"，各个样式是独立的质料，虽然思维和广延对于样式来说是它们的媒介，也就是把它们联系起来并使它们持存下去的纽带，但是这两套样式相互之间是独立的,绝不能把一个归属于另一个。① 我们前面讲到自由的质料,或者是散漫的质料,这里讲的是独立的质料 selbstständiger Materien,质料在这里并不单指广延的事物,而且也指思维的样式,即那些感性的表象,它们也是一些质料。斯宾诺莎的体系有三个层次,一个是实体,一个是属性,一个是样式。这些质料是由属性统起来的,属性是它们的本质,有两大属性,一个是广延一个是思维,那些样式就是那些质料,它们在这些属性的统摄之下,在以属性为媒介把它们统摄起来的情况下,它们是持存的。但这两大属性的质料之间相互不能混淆,而是各自独立的。比如说广延跟思维它们的质料相互之间是平行的,所谓平行的就是双方都是独立的。它们在实体那里都是站在一方的本质,与站在另一方的本质尽管都属于实体,相互之间却有独立性,不能相互混淆。

但这些质料的独立性不是别的,只是这种媒介;或者说这个共相完全是这样一些不同的共相之多数性。

"这些质料的**独立性**",思维的质料是独立的,广延的质料也是独立的,如果还有其他属性被我们所知悉,那么其中的每一种属性的质料也都是独立的。而这种独立性不是别的,只是这种媒介。它们之所以是独立的,是因为它们的媒介就是独立的,是媒介赋予了它们以独立性。思维使得思维的那些样式或表象自成体系,不与广延的事物相干扰,不可能发生笛卡尔那种"身心交互关系";同样,广延也使得那些有广延的事物只根据自身的运动规律相互作用,而容不下任何思维的东西在其中。笛卡尔的唯心主义和唯物主义的二元论,在斯宾诺莎这里变成了思维和广延的两种属性的平行论,两者不再是二元对立,而是各自独立的合作

---

① "关于思维和存在的关系,他［斯宾诺莎］是这样说的:这是同一个内容,一次采取着思维的形式,又一次采取着存在的形式。……也就是说,同一个实体,从思维属性去看,就是灵明世界,从广延属性去看,则是自然;自然和思维,两者都表现着神的同一本质。……形体并不决定思想,思想也不决定形体。"见黑格尔:《哲学史讲演录》,第四卷,贺麟、王太庆译,商务印书馆 1978 年版,第 112 页。

关系。这些属性既然是诸多样式的媒介，所以本身也是共相。观念的东西和物质的东西由于各自的共相的媒介作用，而成了两个平行而独立的系列，它们的独立性就在于各自媒介的相互独立性。"或者说这个共相完全是这样一些不同的共相之**多数性**。""这个共相"就是前面一段讲到的那个"无条件的共相"，最高的绝对的共相就是无条件的共相；而"不同的共相"就是那些作为属性和媒介的共相，也就是思维和广延之类。那么这个绝对的共相就是这些不同的共相之多数性，它底下包含有很多很多的共相，当然我们只能认识其中的两种，即思维和广延。这两种属性也是共相，所以这一个绝对的共相里面也有很多相对的共相。绝对共相和相对共相之间是一和多的关系。

这共相在这媒介上本身与这种多数性有不可分割的统一，但这也意味着这些质料存在，每一个都在另一个存在之处存在；它们是互相渗透的，——但又互不接触，因为反过来说，那多方被区别开来的东西同样是独立的。①

"这共相在这媒介上本身与这种多数性有不可分割的统一"，实体与它的众多属性有不可分割的统一，因为这些属性就是实体本身的本质属性。"但这也意味着这些质料存在"，这些属性的质料作为本质，它们是存在的，在什么意义上存在呢？在它们都是作为实体的质料这个意义上存在。如果离开了实体，它们就是非存在。斯宾诺莎说，任何一个样式它们本身单独来看是非存在的，但是它们作为实体的样式，它们都是存在的。就是说它们不是能够独立的东西，它们必须要依赖于实体。首先当然是依赖于属性了，由属性把它们统一起来，以便表达实体的一个方面的本质。实体、共相在这个意义上与这些多数性有不可分割的统一。共相、实体也不能离开这样一些多数性而把它的本质表现出来。那么在

---

① 黑格尔这里引用的是道尔顿（John Dalton，1766—1844）关于不同气体相互关系的理论，——丛书版编者［道尔顿，英国化学家，现代原子论的创立者，曾提出混合气体中各气体的分压定理。——中译者］

这种意义上,所表现出来的这些质料是存在的,即存在于实体之中。"每一个都在另一个存在之处而存在",这就是刚才讲的平行论了。每一种属性的质料都在另外一种属性的质料所存在之处而存在,那个存在之处从大的来讲就是实体,它们都共同存在于同一个实体之中;从小的来讲,每一个事物都是这样,每一个事物都有双重的属性,它既是广延的又是思维的,既具有对象性又具有观念性。凡是有观念的地方就有对象,凡是有对象的地方就有观念。每一个都在另一个存在之处存在,它们是互相渗透的,它们谁也离不开谁。任何一个东西都离不开思维和广延这两方面。没有不可思维、不可认识的广延,也没有悬于广延之外的思维。"——但又互不接触,因为反过来说,那多方被区别开来的东西同样是独立的",思维和广延在实体上是互相渗透的,你中有我我中有你;但又不互相接触,不能说用思维去影响广延,或者用广延来决定思维。它们都要由唯一的实体来决定,按照同一个实体来安排同一个东西的两面,有点像莱布尼茨的前定和谐。就是说事物的和谐不是因为它们相互之间有什么关系,而是因为上帝最开始创造它们的时候已经把它们分别安排好了,每一个事物都相互平行而进,这一方有什么动作,另一方即时便有相应的动作。但它们本身又是各自独立的。"那多方被区别开来的东西同样是独立的",思维和广延在各方面都是不同的,有区别的,但它们同样也是相互独立的。当然这种独立是针对它们相互之间而言的,至于对最高存在的实体,当然不是独立的。

{84}　　借此同时也建立起了这些质料的纯粹可浸透性,或它们的被扬弃的存在。这种被扬弃的存在或者这种将差异性归结为**纯粹自为存在**的做法又不是别的,而就是这媒介本身,而这媒介则是那些区别开来的东西的**独立性**。

　　"借此同时也建立起了这些质料的纯粹可浸透性",就是按照上面的说法,那么它们虽然是独立的,但是它们又是纯粹可渗透的。思维和广延互相之间是每一个都在另外一个所在的地方存在,每一个都不是说排斥其他一方，而是它本身就渗透着另一方。每一个广延之物都渗透着思维，每一个思维也都渗透着广延之物。① 但是就广延和思维本身而言，它们是各自独立的，又独立又互相渗透。"或它们的被扬弃的存在"，它们存在，但是却作为被扬弃的而存在，即 Aufgehobensein。它们存在于同一个地方、同一个东西之上，同一个东西上既有思维又有广延，那么它们的存在就被扬弃了，否则两个存在怎么能够挤在同一个地方呢？我们甚至于可以把它们看作是非存在，只有非存在的东西才能同时挤在某一处，只有两个不能独立存在的东西才能同时存在于某一地。比如说声音和颜色，我们可以在同一个事物身上感觉到它们，声音不干扰颜色，颜色也不干扰声音。但是颜色和声音都不能独立存在，所以它们的存在是被扬弃的。思维和广延的存在是被扬弃的存在，它们存在，但是又是被扬弃的，也就是不以自身的身份而存在，而是以那个唯一实体的身份而存在。所以就它们本身来说，它们的存在是被扬弃的。"这种被扬弃的存在或者这种将差异性归结为**纯粹自为存在**的做法又不是别的，而就是这媒介本身"，一个是"被扬弃的存在"，一个是"将差异性归结为纯粹自为存在"，两者讲的是一回事。把差异性归结为纯粹自为存在，即归结为实体，这就是被扬弃的存在的意思。那些样式都是各有差异的，但是它们被归结到实体身上，它们就可以共存了，甚至可以并存于同一个事物身上了，这是从实体的眼光看的。那么这种做法又不是别的，是什么呢？无非就是这媒介本身，也就是这作为属性的思维和广延本身。正是思维和广延，作为媒介，使得各种千差万别的样式，不论是精神的还是物质的，都和那个唯一的实体联系起来了。"而这媒介则是那些区别开来的东西的**独立性**"，就是说那被扬弃的存在只能是媒介，只能是把这种差异性归结为纯粹自为存在、归结为实体之上的媒介，那么思维也好广延也好，作为媒介

---

① "凡在意识中的东西，也在广延（形体）中；凡在广延中的东西，也在意识中。"见黑格尔：《哲学史讲演录》第四卷，贺麟、王太庆译，商务印书馆1978年版，第119页。

本身具有独立性。我们知道媒介也不能单纯存在，但是媒介可以把那些差异性联系起来，这就是思维和广延作为属性来说，它们之所以成为媒介的原因。把所有差异性最后都归结到那个唯一实体本身，它们的媒介的作用就在这里，就是把大千世界、形形色色的各种样式，以及各种观念，最后通过这种媒介把它们拢起来，使它们归到实体中去。这里有三个层次：实体、属性、样式。那么属性的作用就是作为媒介本身，把所有样式拢起来，让它们归结为唯一的实体。而这媒介呢，就是那区别开来的东西的独立性。媒介它有很多种，媒介和媒介之间又是独立的。用斯宾诺莎的说法，它们都是"自类无限"的，在它自己的这一类中，它是无限的，不受其他属性限制的，因而它是独立的；但它们又都只是在自身这一类中无限，而不是绝对无限，绝对无限就是实体了。实体是绝对无限的；属性则是自类无限的，自类无限是相对无限。就是实体底下的每一种属性都与其他属性有相对独立性，那是相对无限。比如说思维对于广延来说是独立的，广延对于思维来说也是独立的。但是它们都是属于实体的。所以这样的媒介又是一种独立性，它把里面相互区别的东西结合起来，使它们在它之下能够作为一个类而得到独立。

或者说，那些被独立地建立起来的东西直接过渡到它们的统一性，而它们的统一性直接过渡到那种展开，而这种展开又再返回到那个归结的做法。

"或者说"，这是重申上一句话的意思了，"那些被独立地建立起来的东西直接过渡到它们的统一性"，独立建立起来的东西比如说思维和广延，它们互相独立，所以是那些有区别的东西的独立性。它们直接过渡到它们的统一性，思维和广延直接过渡到的统一性，那就是实体。实体是思维和广延的统一，还有其他的属性都统一在实体之下，而且是直接地统一在实体之下。过渡就是指既有统一性，又有独立性，思维和广延它们是各自独立的，同时又直接就是统一的，虽然需要过渡，但却是直接地过渡。实体的属性直接的就是思维和广延。它们过渡到自己的统一性。"而它们的统一性直接过渡到那种展开"，也就是直接地表现为思维和广延的各种样式，展开为各种不同的差异性。"而这种展开又再返回到那个归结的做法"，所谓"归结的做法"die Reduktion，就是上一句讲的，"将差异性归结为**纯粹自为存在**的做法"。展开最后还是要回归到一，回归到实体。归结到实体，它们才能够存在，就它们本身来说，它们是不存在的，作为样式，这些属性是非存在或者是虚假的。斯宾诺莎是一个绝对的理性主义者，他认为他所看到的万事万物，大千世界，你要是就它们本身、它们感性的直接显现来看，它们都是非存在；只有把它们归到那个最高的绝对自为的实体，才能够赋予它们存在。所以这是一个循环过程，先是把思维和广延归结为最高的实体，再由统一的最高实体展开为各种各样的样式，展开为样式之后又归结到最高的实体。我们这里和下面所提到的斯宾诺莎的观点和说法，黑格尔这里没有说，但是我们可以对照他在《哲学史讲演录》中讲斯宾诺莎的相应的地方去体会。

　　但这种运动就是那被称之为**力**的东西；力的一个环节，即力之作为那些在其存在中具有独立性的质料之扩散，就是力的**表现**；

　　"这种运动就是那被称之为**力**的东西"，这个运动，就是你把实体展开为各种各样的属性和样式，你又把这些属性和样式归总到唯一的实体。这样一个一放一收、一收一放的过程，它是一种运动。当然斯宾诺莎也有这种说法。就是实体和样式之间的关系它是一种创造的关系。就是说实体从概念上说，它已经包含属性，因此也包含各种样式，那就包含整个自然。实体的另外一个名称就是自然。同一个实体有三个名称，一个是上帝或神；一个是自然；一个是实体。那么这个实体它对于整个自然是什么关系？既然被叫做自然，那么它就有自然中形形色色的样式。它跟形形色色的样式之间是什么关系呢？这些样式当然归于两类，一类是广延，一类是思维，或者说一类是大宇宙，一类是小宇宙，一种是客观的，一种是主观的。形形色色的样式都是由这个实体来的，那么这个实体是怎么扩展为样式的呢？黑格尔这里讲，这样一种运动"就是那被称之为力的东西"。也就是说实体和样式之间的关系是一种力的关系。实体是万物的推动力,或者说是万物的动力因。在《哲学史讲演录》中译本第四卷的117页有这样一段话:"无论关于神的各种属性的观念,还是关于个别事物的观念,都不承认被表象的东西本身或事物是它们的动力因,而承认作为思维者的神本身是它们的动力因。"① 神也就是实体是动力因。神创造世界是作为动力因来创造世界的,所以黑格尔在这里直接讲到这一种运动,你从属性和样式归结到它的统一性,归结到实体,又从它的实体性过渡到它的展开,那么这样一个过程是一个力的过程。而这种展开又被归结到收缩,就是所有这些万事万物、五彩缤纷的世界最后收缩为一点,那就是实体。所有这些万事万物都被看作是实体的力的表现。在斯宾诺莎那里有一对范畴或一对概念是从中世纪经院哲学来的,叫作创造自然的自然 natura naturans 和被自然所创造的自然 natura naturata。② 自然有两种,一种是创造自然的自然,这是主动态的;一种是被自然所创造的自然,是被动态的。那么这种创造当然是一种运动过程,创造者就是一种动力因,被创造者就是动力的一种表现,它们都属于自然,都属于本质。这些属性各自都是立足于一方面的本质,但总体则是一种创造性的自然。创造性的本质是为主的,但是被创造的本质也可以归结到创造的自然上来。所以他讲:"但这种运动就是那被称之为**力**的东西",而"力的一个环节,即力之作为那些在其存在中具有独立性的质料之扩散,就是力的**表现**"。就是这种运动,这种自上而下的创造性的活动,就是那种被称之为力的东西,力这个概念在西方常常就是从上帝来的。上帝的大力,上帝的无所不能,上帝创造一切。我们今天讲到牛顿力学,它背后都有这样一个背景。他们对力的理解就是作为对上帝的一种创造力来理解的。这是一种超越的理解、一种观念。那么质料之扩散作为力的表现,

---

① [德] 黑格尔:《哲学史讲演录》第四卷,贺麟、王太庆译,商务印书馆1978年版,第117页。

② 对此黑格尔也有大段评述,参看上书,第115页。

它也是力的一个环节，在力里面，它离不了这样一个被创造的环节。上帝创造世界，创造什么出来了？如果没有世界被创造出来，那么上帝的创造是无效的。所以被创造出来的自然，它是力所脱离不开的本质环节，即"力之作为那些在其存在中具有独立性的质料之扩散"，力作为质料的扩散。力本身作为一种单纯的创造力的时候，它是作为一种形式，一种最抽象的创造力，一种能力，上帝无所不能，它能够创造世界。那么创造世界表现在什么之上呢？必须表现在质料上面，把力释放出来，扩散到所创出来的那些质料之上。所有那些质料都可以看作力的扩散。但是那些质料在其存在中"具有独立性"，它们相互独立才能扩散。如果不能扩散，那它们就还是唯一的实体本身，那实体就不是创造了，所谓创造就是由自身扩散成不同的东西。实体之所以说它创造出了质料，那些质料肯定不是唯一的，而是多数的，是从一中创造出多。它们作为力的扩散就是力的表现。这里出现了一对范畴，就是力和力的表现。黑格尔这里谈到的是人类思维的某一个阶段的特点，比如说斯宾诺莎。当然除了斯宾诺莎以外肯定还有别的哲学家，但是斯宾诺莎有代表性。在《哲学史讲演录》第四卷中，谈斯宾诺莎的篇幅仅次于康德。

但是力作为这些质料的消失了的存在便是从其表现中**被逼回到**自身中的力，或**本来意义上的力**。

"但是"，这个地方为什么讲"但是"？就是说前面讲质料以及质料的独立性，作为那些在其存在中具有独立性的力的扩散就是力的表现，这是"放"的过程。但是还得"收"。"力作为这些质料的消失了的存在"，就是这些质料在力中是一些消失了的存在，它们被力所创造出来，它们的存在在其存在中虽然具有独立性，但却是作为消失了的存在。或者说，正是因为它们的独立性，所以它们才是消失了的，否则就会和实体闹独立了。它们的独立性只是相对的独立性而不是绝对独立性，它们的存在是被创造出来的，最后必须被归结为实体，就它们本身而言，它们是不存在的。斯宾诺莎说各种样式就其本身而言是非存在的，样式只有作为实体的样式来看才是存在的。你处处都要着眼于实体，样式才是存在的，否则的话，你盯着这个样式看，它们就是非存在的，它们处于不断运动的消失过程中，都是一些假象。所以力作为这些质料的消失了的存在"便是从其表现中**被逼回到**自身中的力"。这些质料当然体现出力了。上帝创造世界，上帝通过动力因创造了这个世界，并推动着世界，于是这个世界也动起来了，这个世界也有了运动。但是这个运动本身没有自己的存在，万物的运动本身没有自己的存在。它们要寻求自己的存在，只有把自己逼回到在它们自身中发动它们的那个力。这个表现为千变万化的世界的力从哪里来的呢？从实体来的，从实体的唯一的力来的，从创造者来的。这有点像牛顿的第一推动。上帝的第一推动就使世界开始运转起来了，那么所有的运动都可以看作是第一推动的传递。它并不是这些质料本身在运动，而是这些质料本身在被它推动。所以这些质料只不过起了传递力的作用，对于这个力来说，这些质料只是传递的中介。所以从这些质料的运动上面，我们可以看出来，它里面实际上有一种根本的力在起作用，但是必须要从这些表现中逼回到自身中才看得出来。所谓逼回自身，就是说你不要把那力看作是这个质料本身的力，而是要从这些质料的本质和内部去看，不能从现象看，要进行反思，要从表面的现象反思到它背后的力的本质，它是哪里来的。这样你就可以发现，所有这些形形色色的力的表现，它们内部实际上贯穿着唯一的力。真正的力不是外在表现出来的，不是碰撞呀、摩擦啊，等等。那么那个唯一的力就是从每个事物的表现中被逼回到自身的力，"或本来意义上的力"。本来意义上的，eigentlich，也可译作真正意义上的。这些质料没有真正的存在，它们都是变化无穷的，都是在消散。贯穿在其中的那个东西就是那个唯一的力，但是要从表现中逼回到内在才能看出来。力和力的表现，我们从力的表现中逼回到自身，就可以看到那个本真的力；我们把这个力展开，它就是力的表现。

但是第一，那被逼回到自身的力**必然**要表现出来；第二，在表现时它同样是存在于**自身内**的力，正如力在存在于自身内时也是表现一样。

这就把力和力的表现的辩证关系理出来了。"第一，那被逼回到自身的力**必然**要表现出来"，你从力的现象上面逼问它，最终这个力从哪里来的，逼回到力自身，你当然可以撇开现象，撇开那些表现，现象都是表面的。但是，当你通过反思它里面的那个力，发现那个力就是从实体来的，那么那个力也必然会要表现出来。创造自然的自然要发挥它的创造力，就必然要在被创造的自然上面表现出来。"被创造的自然"是"创造自然的自然"的创造力的不可缺少的环节。力必然要表现出来，不表现出来那就空有其力，哪晓得你有还是没有呢？必须要表现出来，表现多少就有多少，不表现就没有。力必然要表现出来。所以力和力的表现不可分割，它们有一种互相依赖的关系。"第二，在表现时它同样是存在于自身内的力"，在表现出来的时候，这个表现并不是那个力，力是在表现底下，存在于自身之内的，是只有通过反思我们才可以追究到的那个本源的力，只不过它在这个事情上表现出来了而已。所以我们要通过逼问，逼回到自身，发现它是在后面起作用的。"正如力在存在于自身内时也是表现一样"，这个意思和"第一"是一样的。存在于自身内的力，它也必然要表现出来，不表现出来，它就没有。所以力和力的表现是不可分割的。它有一种辩证的关系。从斯宾诺莎的实体我们可以理解这一段，就是从最高的那个共相怎样变化出各种属性、样式，它的力的表现。最高的共相是绝对的力，绝对的运动，那么绝对的力在表现中贯穿下来，但是它又离不了它的表现。由此就引出了力和力的表现。当然就斯宾诺莎来说，他是完全否定了力的，他是完全静观的一个世界观。所有眼花缭乱的运动都是在人的眼睛里如此，都是假象，其实本身最后都是不变的实体，神是不变的、不动的。这是和牛顿的第一推动力不同的。再就是斯宾诺莎的力不只意味着机械力学的力，而且也意味着意志力和知性能力，有广延方面和思维方面的双重含义，这也是要注意的。

——由于我们这样把两个环节保持在它们的直接统一性中，所以真

[91]　正讲来力的概念所隶属于其下的知性就是把那些区别的环节作为区别的
环节担负起来的**概念**；因为这些区别的环节**在自己本身中**应当是没有区
别的，因此它们的区别只存在于思想中。

　　"由于我们这样把两个环节保持在它们的直接统一性中"，"两个环
节"是指力和力的表现。在上面的两个环节一个是无条件的共相，一个
是它们的本质属性；那么经过上面一段，现在这两个环节我们可以理解
为力和力的表现。斯宾诺莎的实体把力和力的表现统一起来了，以实体
为核心把属性和样式都统一在、并归结到实体之中。所以这两个环节被
保持在它们的直接统一性中。由于我们这样，"所以真正讲来力的概念
所隶属于其下的知性就是把那些区别的环节作为区别的环节担负起来的
概念"，就是说提出力的概念说明知性出场了。我们有了力的概念，我们
就可以追溯到它上面的知性，力的概念是属于知性的。这里点出了这一
章标题中"力和知性"的关系，即力的概念是必须用知性来把握的，单是
知觉是把握不住的，更不用说感性了。那么这个把力的概念包含在其中
的知性是什么知性呢？ 就是那把相互区别的环节作为区别的环节而担负
起来的概念。这个知性在这个时候是把有区别的环节作为有区别的环节
而担负起来的概念。它不是一个个的力的概念，而是把各个不同的环节，
比如说力和力的表现把它担负起来，知性就是这样的概念。力的概念是
属于其下的，力的表现的概念也是属于其下的。那么知性就是这样一个
概念，就是能够把不同的环节，不管是力的概念还是力的表现的概念，都
承担起来。我们知道概念就是这样的，能够把不同的东西统一起来。如
果仅仅是知觉那就做不到这一点。概念比知觉高。它能够把不同的环节
担负起来。"因而这些不同的环节就其本身来说是没有区别的，所以它
们的区别只存在于它们的思想中"，这些不同的环节不管是力也好还是
力的表现也好，都是从样式上来说的，而就它们本身来说，应当是无区别
的，它就是一个东西。力和力的表现本来就是一个"自因"，自己是自己
的原因，自己是自己的表现，它没有区别。但是知性要把它们从样式上

区别开来。所以它们的区别只存在于思想中,[①] 知性运用概念把它们区别开来,并且知性承担起来这些有区别的概念。就现实的力来说,每一种力要发生就要有表现,每一种表现也都有它的力。我们只是从概念上把它们区别开来。但是就力本身来说实际上是没有区别的。上帝创造世界,上帝的创造和他所创造的世界有没有区别呢? 实际上没有区别。上帝只有在他创造出世界来的时候,他才创造出了世界。如果他没有创造出世界,他怎么能创造世界呢? 所以这是一个东西。但是在概念上,在知性的层面上,我们可以把它们区别开,所以它们的区别只存在于它们的思想中。

——或者上面所建立起来的才仅仅是力的概念,而不是力的实在性。

力和力的表现在实在性中、也就是在实体那里是没有区别的,但是在力的概念中、在样式那里是有区别的,或者说,力和力的表现只是一种概念的区别。在实在性上,它们是同一的,没有区别的,但是在概念上面是有区别的,这种区别只是概念上的区别而不是实在的区别。所以他讲"或者上面所建立起来的才仅仅是力的概念,而不是力的实在性",上面讲了这么多,力和力的表现,如何不同,但只是在讲力的概念,而不是从它的实在性来讲的。那么从实在性上来讲又是怎样的呢?

但是实际上力就是那个无条件的共相,这个共相当它**为他者**而存在时,同样自身也自在地存在;或者说这个共相在自己本身就拥有这种区别,因为这区别不是别的,只是那个**为他者**而存在。

上面讲的知性是一种概念的区别了,在实在性中没有区别。所以它建立起来的区别只是力的概念,而不是力的实在性。那么力的实在性又是怎样的呢? 我们讲力和力的表现在实在性中是没有区别的,但是是不是在实在中也在做出另一种区别呢? "但是实际上力就是那个无条件的

---

① "是这些样式把我们所谓个别的东西区别开来。这只是一些变相……任何变相都是对我们的,在神以外的;它并不是自在自为的。"见黑格尔:《哲学史讲演录》第四卷,贺麟、王太庆译,商务印书馆 1978 年版,第 115 页。

共相,这个共相当它**为他者**而存在时,同样自身也自在地存在",实际上,也就是在实在性中,力就是那个无条件的共相。斯宾诺莎的实体是个无条件的共相,万事万物都是由这个无条件的实体创造出来的,所以万事万物都是这个力的表现。这样一种力在这个意义上就成了无条件的共相。或者说力就是实体。当这个共相为他者而存在时,当这样一种力是为他者而起作用时,这样一种力是为了创造出另外一种东西来而存在的。然而正是在这个共相为他者而存在时,它本身同时也自在地存在。这个绝对的实体在它为他者而存在、创造出他者来的时候,它还是自在存在的。就是说虽然实体不能脱离它的具体创造,但是它跟具体创造的东西还是有实在的区分的。它一方面在自己的创造中为他者而存在,上帝为了整个世界而把世界创造出来,但是上帝本身还是存在的。我们可以把他看作是一种自在的力,他有这种能力。上帝的全能在他创造世界时已经有了,他实实在在地就是一个无条件的共相。当他为他者而存在的时候,已经自在地存在了;反过来说,它自在地存在时就已经在为他存在了。"或者说这个共相在自己身上拥有这种区别,因为这区别不是别的,只是那个**为他者**而存在",这个共相有区别,一方面它是为他者而存在,一方面是自在的,这是一种实在的区别,而不像力和力的表现只是一种概念上的区别。为他,它就必须要创造出世界来,自在,它就拥有一种创造世界的能力,本身就有这种能力。当然这种创造能力是在它的创造世界中体现出来的。所以这个共相在自己身上拥有这种区别。因为这个区别不是别的,只是那个为他者而存在。绝对的无条件的共相本身是为他者而存在,这个为他者已经是区别了。当你说到他者的时候,那自己就有一个自在存在了。否则怎么能叫做他者呢?你已经把它区别开来了。当然首先自己要存在,然后才能为他者。当它为他者的时候,正说明它自己是一个自在的存在。

因此假如力要在其真理中存在,这一点力是必须完全游离于观念之外而作为这些区别的那个实体来建立的,

　　"因此假如力要在其真理中存在"，这个是用的虚拟式。就是说这个力假如要在其真理中存在、要真正地存在的话，那么这一点"力是必须完全游离于观念之外，而作为这些区别的那个实体来建立的"。要追求力的真理，要把这个力作为真理建立起来，那么如何建立？这一点必须由力本身去建立，而且它必须完全游离于观念（Gedanke）之外来建立。也就是游离于你的思想，不仅仅是在概念中建立，而且是在实在性中建立。真正的力必须要游离于这些观念或思想之外，而作为这些区别的那个实体来建立。就是说你必须要把真正的力建立在实体本身中，而不只是建立在样式中；要从样式追溯到后面的那个实体，追溯到那个最高的无条件的共相。这才是实际上发生的事情，不仅仅是思想的区别、概念的区别，而是实在的区别。实在的区别就是实体本身中的区别。你要真正把力的本质建立起来，力要真正的在它的真理中存在，那就必须要让这个力游离于观念之外，就是要把观念撇开，把一切样式都撇开，而将力作为有区别的那个实体本身来建立。在样式中有各种各样的区别，有各种各样的力的表现，这些都只是在概念中的区别；但它们后面都有一个实体，你把这个实体的区别建立起来，你才能够找到力的真理，才能使得这个力在它的真理中存在。斯宾诺莎的实体不仅仅是概念，它是作为最实在的东西来建立的；当然它又不是在日常的感性现实中建立的，而是作为无条件的共相来建立的。只有在这个层次上你才能建立起力的真理。前面讲到力和力的表现在概念中似乎有区别，而在实在中其实是一回事，你不能说这个是力，那个是力的表现。但是你要把握力的真理，在实在性中你必须要追溯到实体。在实体那里你可以区分出来，力其实就是实体的自在存在和为他存在的统一，即自因。在这个最高顶点上，你才能最终追溯到力的真理。

　　这就是说，**首先**，必须把**实体**建立为本质上是作为这整个的力而**自在自为地**保持下来的东西，**其次**，必须把力的**各种区别**建立为**实体性的**或者自为持存着的诸环节。

"这就是说",这是解释上面那句话了。"**首先,必须把实体**建立为本质上是作为这整个的力而**自在自为地**保持下来的东西",就是说你必须要追溯到实体,首先你必须要把这个实体看作是"整个的力",而不是区分开的力或力的表现,似乎实体是力,而力的表现又是另外一回事;并且要把实体建立为本质上就是这整个的力自在自为地保持下来的东西。整个的力,包括力和力的表现,在大千世界中,最后都要归结到实体。因为是上帝第一次赋予了这个世界以力,使得这个世界动起来了。所有这些动,都是被创造出来的。所以你首先必须要把实体建立为这整个的力自在自为地保持,即把实体看作一种常备之力、永恒之力。而且这是它的本质,作为实体它本质上是作为整个的力保持下来的,它自在自为地、客观地保持着力,而不是仅仅在我们的知性看来如此。提升到这个层次上面,你才能在现实中,而不仅仅是在概念、在思想、在观念中,把力建立为实体自身内部的区别。就是说你必须要把实体建立为自在自为地持存下来的东西,作为整个的力,它不再受别的力的驱动,它也不再是别的力的表现,它就是这个本源的力。这是一个方面。"**其次,必须把力的各种区别**建立为**实体性的**或者自为持存着的诸环节",前面一步是从上至下,从实体降下来,整个都是作为上帝的力而表现出来了;这第二步则从下至上,必须把各种各样的力的各种区别建立为实体性或自为持存着的诸环节。实体是自在自为地持存着的,那么所有这些力追溯到实体,就都是自在自为持存的诸环节,都可以看作是上帝的唯一的力的各个环节的表现。

力本身或者被逼回到自身的力因而自为地就是一个**排他的一**,对它来说那诸多质料的展开是一个**另外持存着的本质**,这样建立起来的就是两个区别开来的独立方面。

"力本身或者被逼回到自身的力因而自为地就是一个**排他的一**",力本身,就是那个被逼回到自身的力,即被追溯到实体身上的力;因而自为地就是一个排他的一。就是它不再是由别的力所推动,它不再是别的力的表现。它排除一切别的力,它自己就是唯一的力。"对它来说那诸多质料的展开是一个**另外持存着的本质**,这样建立起来的就是两个区别开来的独立方面",对这个实体本身所固有的唯一的力来说,诸多质料、诸多样式都是它的展开,是它所创造出来的另外的一个持存着的本质。这种持存着的本质就是那些属性,其实就是实体的本质属性即思维和广延。但是对于力本身来说,它们又不能等同于这个力本身,不能反过来又成了这个力本身的推动力,而是另外持存着的,所以这个展开就是另外的持存着的本质。于是这个本来的力就建立起了两个区别开来的独立方面,即一个是排他的一,一个是另外持存着的本质。前者是"创造自然的自然",后者是"被自然所创造的自然"。被创造的自然一旦被创造出来,它就具有自己的持存性,它就跟它的创造者有了区别。一开始只有一个一,它本身是独立的。但是这个独立的"一"把自己建立为两个方面,一个是创造者,一个是被创造者,这就成了两个区别开来的独立方面。

　　但是力也是全体,或者说它保持着按照它的概念所是的那样;这就是说,这些**区别**仍保持为纯粹的形式、表面的**消失着的环节**。

　　"但是力也是全体",虽然它把自己建立为两个独立的方面,使自己展开为一个被创造者,但它仍然是一个整体,"或者说它保持着按照它的概念所是的那样"。力是统一的整体,它虽然在质料中建立起和它自己对立的方面,体现为力和力的表现,但在其实在性中它还是保持为力的全体,保持为它按照自己的概念所是的那样。按照它的概念它是无条件的共相,是唯一的力,是实体的自因。你当然可以在它的质料和样式中区分出来力和力的表现,它可以传递,可以从这个事物传到另一个事物,但是它还是同一个力。"这就是说,这些区别仍保持为纯粹的形式、表面的**消失着的环节**",就是形式上有力和力的表现的区别,但实际上还是同一个不变的力在那里转换,在那里区别。它们都是一些表面的消失着的环节,那些变来变去的事物都是表面的,万变中的不变才是全体的力,它才是保持那种表面形式的力。所谓的区别不过是一些纯粹的形式、消失着的环节而已。

那**被逼回**到自身的本来的力和那些独立质料的**展开**之间的**这些区别**，假如不是这些质料具有**持存**的话，就根本不会同时存在了，或者说，假如力不是以这种对立的方式**实存**（existierte）的话，这种力就不会存在了；但是说力以对立的方式实存，只不过意味着对立的两个环节本身同时都是**独立的**。

"那**被逼回**到自身的本来的力的和那些独立质料的**展开**之间的**这些区别**"，也就是本来的力，即唯一的作为无条件共相的实体的力，和质料中的这对概念即力和力的表现的区别。那些独立质料的展开，如何展开？就是体现为力和力的表现。每个质料都是独立的力，都推动着另一个独立的质料；每个质料同时又是力的表现，即被别的质料所推动。但这里，力也好，力的表现也好，都不是那个被逼回自身的本来的力，而是在样式中，在感官世界中的力。比如在广延里各个物体之间对力的传递，这与实体作为本来的力而创造自然是不一样的，是有区别的。但是这些区别"假如不是这些质料具有**持存**的话，就根本不会同时存在了"，这里用的虚拟式，就是这些质料不可能不具有持存。如果它们仅仅是如上面说的一些表面消失着的环节，而没有自身的持存，那又如何与那个本来的力区别开来呢？那些质料虽然与本来的力有区别，不能把它们当作就是实体的力本身，但是它们也有持存。本来的力和那些独立质料的展开是同时存在的，这本身就说明这些质料也是持存的。"或者说，假如力不是以对立的方式实存的话，这种力就不会存在了"，这里用了一个术语"实存"existieren，它与"存在"sein 不同，不是指那种抽象的一般存在，而是指在现实性中、在日常生活中的感性存在，往往还有生命存在的意思，所以也译作"生存"。这里讲，力以对立的方式实存，那就是讲的在现实的感官世界中，力和力的表现相对立。因此以这种方式实存就不同于那个本来意义上的力以抽象共相的方式存在。但是，假如没有前一种实存，后一种存在也就不可能了，那种本来意义上的力也就不会存在了。这就意味着实体和它的样式相互之间也是不可分割的。"但是说力以对立的方式实存，只不过意味着对立的两个环节本身同时都是**独立**的。"实存特别强调存在的生命力的内容，它是非常具体的存在。不要看到力的表现一下子就消失了，一下子就传递走了，但是实际上，力正是以这种方式实存，它的对立的两个环节，力和力的表现，都是独立的，它们共同构成了一个感官世界。

　　——所以，这两个环节不断地独立化自身、并且又自身扬弃自身的这个运动，这正是需要考察的事。

　　"这两个环节不断地独立化自身"，不断地跟对方闹独立。刚才讲了，一方面是本来意义上的本源的力创造出自己的对立面来，这个对立面是不断消失着的表面的东西，但同时又是以对立的方式实存着的，形成一个样式的世界、感官的世界。所以它是在力和力的表现的对立和转化中不断消失又不断产生出来，不断独立化自身；而独立化自身又不是固定在那里，而是不断扬弃自身，体现为一个不断运动的过程。在样式或感官世界中的运动就是力和力的表现这两个环节不断交替转化的运动，本身已经上升到的力的层次，力和知性，知性就是靠力的概念形成的，它跟理性和感性都不同。这样一个运动"正是需要考察的事"，也就是需要从知性的高度来加以概括的事。黑格尔特别强调知性跟力的关系。力和力的表现要通过概念来做区分，也就是要通过知性来做区分；但是在感性的现实中，力和力的表现几乎是一回事情。比如说，在物理学中，从观察者、知觉者来看是一回事，一切都是力的表现，我们知觉到力的表现，但同时我们也说我们知觉到了力。这就只能从概念上加以区分，说一切力的表现底下都是由于有力在起作用。力本身我们是看不见的，我们看见的都是力的表现。但是从概念上做出区分有什么意义呢？你的这个概念的区别跟人的知觉没有关系的话，那就是空的。所以还是要从现实知觉中把概念引出来。前面做的工作基本上就是作出概念的区分。并指出概念的区分还不是现实的区分。那么在现实中的区分，我们还必须从下而上地去找到力的最终根据,必须要援引斯宾诺莎的实体的概念来解释我们在现实中看到的力和力的表现。在现实中,一切都可以看作是力和力的表现,力的传递,力的反映;但是唯独这个实体是排他的力,它不再是其他的力的表现;它也不能看见,而只能思考。那么这样一种观点在现实的物理学中,特别是在牛顿的物理学中如何体现,下面一段将要讲到这一点,说明力和力的表现不仅仅是形式上的、概念的区分,而且是现实的。

{85}

<u>——一般说来很显然,这种运动无非就是知觉的运动,在其中知觉者和被知觉的东西两个方面,一者作为对真实东西的**统握**,是"一"和没有区别开的东西,但同时每一方面却也同样是自身**反思**的,或自为存在的。</u>

这就是前面讲的需要考察的内容了。"这种运动"就是前面讲的两个环节不断地独立化以及扬弃自身的运动。而这种运动"无非就是知觉的运动"。我们现在回到了知觉,回到了感性之中。知觉的运动就是我们在现实中看到的那种运动,即知觉和被知觉的运动,在这里就相当于一个是力,一个是力的表现,它们的交替运动。一个是作用者,一个是被作用者,这是我们知觉到的。"在其中知觉者和被知觉的东西两个方面",知觉者可以说是力,而被知觉者可以说是力的表现。"一者作为对真实东西的统握",前面讲了,对真实东西的统握就是知觉,知觉的意思就是把握真实的东西。知觉的这种统握"是'一'和没有区别开的东西",知觉者和被知觉的东西在知觉中、在统握中是没有区别的,都是对真实的东西的把握。你知觉和知觉到什么,这跟力和力的表现是一样的,都无法区别开来。你如果知觉但是你又说你没有知觉到什么东西,那你就是没有知觉。你知觉了,那么你肯定有被知觉的东西。所以这两个东西是没有区分的,是"一"。"但同时每一方面却也同样是自身**反思**的,或自为存在的","但同时",也就是这二者每一方都自身反思或自为存在。就是说一方面知觉是不可区分的,知觉者和被知觉者是不可分的;但是另一

方面它们各自又同样是自身反思的，每一方都是自身反思。知觉者和被知觉者，虽然它们不可分，但两者还是不同的。知觉者是主体，被知觉者是客体；如果各自反思的话，那么它们各自又有与对方不同的东西。主体和客体是不同的东西，每一方都是自为存在的，都会反思到自身的根据。知觉者和被知觉者每一方都有自己的根基，它们的根基不同，一个是主观一个是客观。那么在知觉的这个层次上来理解力和力的运动，那就是经验的物理学达到的层次，他们还没有达到概念的层次。他们只是用数学把这些知觉加以整理，比如说牛顿。黑格尔在《哲学史讲演录》中这样评价牛顿："不过，牛顿的主要贡献在把力的反思范畴导入物理学；他曾经把这门科学提到反思的观点，提出力的规律以代替现象的规律。但他对于概念完全是一个陌生人，……他没有意识到他拥有概念，他是在同概念打交道。"[①] 物理学都是从现象中找出这个那个力，没有统一的力，没有从现象中反思到一种本源的纯粹的力，反思到力的纯粹概念。虽然牛顿已经把一些表象归结到力的规律，而不只是现象的规律；但是牛顿并没有跟概念打交道，仍然停留在知觉的水平，没有真正把力提升到概念。

在这里，这两方面就是力的两个环节；这两个环节同样都在一个统一性中，以及作为这种统一性，它对那自为存在着的两端显得是中项，它总是把自身分解为正好这样两端，这两端就是由于这种分解而存在的。

这段话实际上也是指的牛顿。"这两方面就是力的两个环节"，这两方面一个是知觉者，一个是被知觉的东西，知觉者和被知觉的东西就是力的两个环节。"这两个环节同样都在一个统一性中"，这里可以想到牛顿的第三定律：作用力和反作用力相等。知觉是作用力，被知觉就是反作用力。你在知觉的时候，它就对你有反作用，你知觉到的就是被知觉

---

① 见 [德] 黑格尔：《哲学史讲演录》第四卷，贺麟、王太庆译，商务印书馆 1978 年版，第 162 页。

者刺激你的感官所形成的那样一个形象。你作为知觉者你就对那个形象进行反思，认为它有它自己独立的自为的存在。但那个是我管不着的，我只能看到什么就是什么。经验派认为我看到什么就说什么，作用力等于反作用力，知觉等于被知觉的东西。作用力为什么等于反作用力呢？因为它们都是作为同一个力的传递，同一个力的关系，共处于同一个统一体中。"以及作为这种统一性，它对那自为存在的两端显得是中项"，"它"就是这个统一体，"两端"，一个是作用力，一个是反作用力，一正一反，两边相等，那么这个统一的力就是中项。"它总是把自身分解为正好这样两端，这两端就是由于这种分解而存在的"，一个力总是把自己分成作用力和反作用力。力要起作用，那么它就有反作用力。作用力和反作用力在量上相等，但是方向相反。之所以说是"反"作用力，而不是另外一个作用力，正是要强调它与前一个作用力的统一关系，它们构成同一个力的两端。作用力和反作用力这两端的存在正是因为力的这种分解。就像康德举的例子：一只鸽子也许会觉得如果没有空气，它会飞得更快些，但是它不明白没有空气，它就会掉下来。它必须要有阻力才能飞，它是在利用反作用力才能飞。当然你也可以说，它是利用它的肌肉的力才能飞，但是这个肌肉的力只有作用于它的阻力上才能有效，它才有着力点。

——因此这个以前作为自我取消的矛盾着的概念而呈现出来的运动，在这里就具有了**对象性的**形式，并且就是力的运动，作为这一运动的结果，那无条件的共相作为事物之**非对象性的**或**内在的东西**（Innres）就出现了。

"因此这个以前作为自我取消的矛盾着的概念而呈现出来的运动"，我们刚才讲了，知性从实体的立场上把力和力的表现当作自我取消的矛盾着的概念加以把握："力也是全体，或者说它保持着按照它的概念所是的那样；这就是说，这些**区别**仍保持为纯粹的形式、表面的**消失着的环节**"（见前一页）。我们现在从牛顿物理学入手、从知觉入手来充实力这样一个矛盾概念,我们就会发现:作用力和反作用力这种运动是自身取消着的概念的运动,是自身毁灭的运动。就是说力必须消失在它的表现中它才是力。在力的表现中,力已经消失了,力已经转化为力的表现了。那么表现在什么地方呢? 表现在它对别的东西有反作用力。所以力的表现也必须要消失了,"用掉了",它才能存在。"在这里就具有了**对象性的**形式",这种力本身的运动本来只有在概念那里才能发现,但是在知觉者和被知觉者这里,以反作用力或阻力的方式,产生了对象性的形式,也就是产生了现实性。原来只是概念上的区别,现在在现实中具有了对象性的形式。那么这种对象性的形式"并且就是力的运动,作为这一运动的结果,那无条件的共相作为事物之**非对象性的**或**内在的东西**就出现了"。我们从知觉的这个层次,再次上升到了非对象性的形式。我们从物理学的矛盾运动中追溯到统一的力的形式,这个形式就是本源的力的运动,而这一运动的结果就是,无条件的共相作为事物的非对象性的东西就出现了。那就是实体的力。实体在现实世界中,在物理学中,在经验中是非对象性的,它的力也是非对象性的,你不可能经验到它。同时它又是内在的,它在一切经验性的东西的内部暗中起作用,它不显露出来。在牛顿那里这就是他最后设定的"上帝的第一推动"。牛顿正是由于在经验中所知觉到的一切力都是力的表现,都是反作用力,而看不到"力本身"在哪里,才设定了一个在世界之外的上帝的第一推动力。上帝的第一推动在所有的力里面都是作为统一的力而贯穿一切的,所有的力都是由上帝的第一推动而来的,都是这一原始力的永恒的传递。这样我们就可以把物理学所有的力统一起来。牛顿发现,光有万有引力,世界还是不能运动,还需要一种"切线方向"的力。这个切线方向的力最终就追溯到上帝的第一推动。切线方向的力跟万有引力相比是一种离心力。所谓"力的平行四边形"就是把一个统一的力理解为两个力的合力,一个是排斥力,是切线方向的力,一个是向心力、引力,然后两个力的对角线就构成了现实的力的方向。这完全是一种数学的处理。这个怎么能观察到呢？我们所知觉到的就是一个星球在做圆周运动，我们哪里看到了什么切线力啊？我们根本看不到。黑格尔认为实际上力是不可分的，你不能把它理解为两种力的合力，一个朝那个方向，一个朝这个方向。当然现实中，你可以用一根绳子往两个方向拉，来做示范。但是事物的运动不是什么外部牵引的两个力，而只有一个力，就是事物自身内在的力。不过牛顿的第一推动力倒是暗示了对于力的理解不能停留于知觉，要上升到某种超感官的东西，某种实体。而且只要你把它不是理解为外来的推动力，而是上升到事物本身的内在的东西，就可以打开理解神秘的力的本质的一个窗口。其实万物的运动都是来自一种能动的力，一种自由的力，一种生命力，这就是黑格尔这里特别强调的"内在的东西"（das Innere）的深刻用意。黑格尔这一章的最终目的就是要将机械运动扭转到生命运动的方向。内在的生命运动就是力的最终的本质，进到了力的本质，那也就切入到了知性的本质，知性的本质一旦揭示，就进到了自我意识，而自我意识就达到了自由的层次。内在的东西还可以联系到黑格尔的一个观点来理解。他提到雅各·波墨。雅各·波墨是黑格尔很重视的一个哲学家，他在《哲学史讲演录》中是将波墨和培根配成一对的。与牛顿的完全是外在机械的倾向相反，波墨完全是内在的。波墨是德国的一个神学家，黑格尔和马克思都受到他的影响。马克思曾经讲到，运动不光是机械运动，而且是生命，而且像雅各·波墨所讲的，是物质的"痛苦"（Qual），就是一种内在的生命运动，一种内在的痛苦，一种内在的自相矛盾、自我折磨，或者自我否定，这才是运动的本质。这个说法是从黑格尔那里来的。[1] 黑格尔认为在物质里面已经隐含着这样一种能动的东西，只不过在牛顿的机械力学中被掩盖住了，我们要把它揭示出来。

---

[1] 参看 [德] 黑格尔：《哲学史讲演录》第四卷，贺麟、王太庆译，商务印书馆1978年版，第40页。

正如力已经被规定的那样，由于它被表象为力**本身**或表象为**自身反思的**，它就是它的概念的一个方面；但却是作为实体化了的一端，也就是建立在"一"这个规定性之下的一端。据此，那些展开了的质料之**持存**就被排除在力之外，是不同于力的**他者**。

"正如力已经被规定的那样，由于它被表象为力**本身**或表象为**自身反思的**，它就是它的概念的一个方面。"力的概念有两个方面：一个是力；一个是力的表现。根据上面讲的，从现实的力和力的表现追溯到了力本身的实体，追溯到了无条件的共相，追溯到了内在的东西。这就是力的自身反思、自身追溯，在所有的力的表现中去反思底下的那个力本身，在所有知觉到的力底下去反思那个超感官的东西。那么像这样被规定的力，就已经被表象为"力本身"了，表象为在自身中反思的了。所以它就是它的概念的一个方面，"但却是作为实体化了的一端，也就是建立在'一'这个规定性之下的一端"。就是说当追溯到内在的东西的这个力本身的时候，我们把它建立为贯穿一切力的现象的那个根本的力。它是力的概念的一个方面，即不是作为力的表现的方面，而是作为"一"、作为实体化了"一"的这样一个力本身的方面建立起来的。所谓实体化了的一端，就是把这个力当作实体，当作万变中不变的东西，在各种力的表现中始终为"一"的力本身。它是一端，是实体化了的一端。力被实体化了，也就是在某种意义上主体被实体化了。黑格尔在导言中说过，重要的是把实体看作主体。怎样把实体看作主体呢？实体不是一个静止的东西，而是一个力，无所不在的力；上帝不是一个什么抽象的精神实体，而是一种创造的本性。太初有道，太初有为。太初就是为，就是能动性。最高的实体就是能动性，或者说最高的能动性就是实体化了的能动性。这当然是极端了，它是最高端。它是建立在一这个规定性之下的。"据此，那些展开了的质料之**持存**就被排除在力之外，是不同于力的**他者**"，那些展开了的质料之持存本来是属于力的，它们都是力的表现，我们的知觉就是凭借这些表现来把握力的；但是现在，它们的持存被排除在力之外了，我们执着于另一端了。就是说，你如果把这些质料、这些力的表现看作是持存的东西，那就被排除在力之外了，除非你把它们看作是消失着的现象，那它们就会把你导向力本身。所有这些质料都不能进入到那个至高无上的实体，那个上帝的力的极端。这个至高无上的力是排他的，不受任何其他力的影响，也不允许任何其他力来代替它。那些东西都在，但是那些东西是力所作用的对象，既然是力所作用的对象，那么它们就在力之外。那些东西的持存是不同于力的他者。牛顿所理解的机械运动的力就是这样的，它是只能由外部推动的力。

由于必然地，**力本身**将会是这种**持存**，或者它将会**表现出来**，于是它的这种表现就把自己表象成这样，即**那个他者外加**到力的身上，并对它加以引发。

力把质料的持存排除在自身之外，但力本身也必然将要成为持存，也就是必须表现出来。前面讲了，力必须表现出来，否则它就等于没有；即使上帝的力本身也要创造出一个自然来才能显示为力。一旦力表现出来了，那么这个力本身也就会成为持存了，这是必然的。"于是它的这种表现就把自己表象成这样"，把自己表象成这样，至于是不是这样，那个另说，但是至少它把自己"表象"成这样了："即那个**他者外加**到力的身上"，那个他者，就是指那些展开了的质料的持存，就是已然存在的大千世界、用来表现力的各种事物，它们是与力相外在的。"并对它加以引发"，并对这种力加以引发或吸引。引发，Sollizitieren 来自拉丁文，有焦虑不安、请求、引诱、促成、吸引之意。这种外在的东西加在力的身上把它引发起来，力在这个外在的东西加到它身上之前是发动不起来的。现在被动的反倒成了主动，由于力一定会要、或不得不把自己表现出来，所以它用来表现的那个质料反而掌握了主动权。只有当质料外加在力身上，力才能被引发或诱发。由于有了这个外在质料的持存，所以才对这个力加以引发，这个力才起了作用。这就是力表现出来的过程，它需要一个外来的东西来对它加以引发。这种引发，我们有一个称呼叫作"引力"。

当然引力和重力是同一个力，一个是从被动一方看，一个是从主动一方看。重力是物体主动掉下来的力，引力则是吸引物体掉下来的力，是从被动转为主动的。其实所有的重力无非是万有引力的表现而已。牛顿被苹果砸中头部，这是重力的作用；但牛顿突然想到，这其实并不是苹果要砸他，而是地球要吸引苹果。这是一个了不起的范式转换，由此导致了一场伟大的物理学变革。

但是实际上，由于力必然表现出来，力在自己本身就拥有那曾经建立为另一种本质的东西。

这个"但是实际上"就是一个转折，也是对以前那种力和力的表现相对立的思想的根本颠覆。牛顿是把力和力的表现割裂成两种相互外在的东西，他最后只好把那个看不见摸不着的力本身推到上帝身上去，这样力本身和它的表现就只是一种偶然碰上的关系。但是黑格尔指出，"由于力**必然**表现出来，力在自己本身就拥有那曾经建立为另一种本质的东西"。力必然表现出来，这是在力的概念中已经呈现出来的，不表现出来的力不是力。既然力和力的表现不是什么偶然的关系，而是一种必然关系，那么很显然，力本身就一定拥有它的表现，那种表现曾经被建立为另一种本质，不同于这个主动的力，也就是被建立为那些样式，那些大千世界各式各样的东西，那些质料和存在物。力本身要么是由上帝的意志外加于质料，要么是由这些质料的吸引而诱发的，都是偶然的。那么这些东西现在在力本身中就已经被拥有了，它们曾经被建立为另一种本质的东西，现在不再是另一种本质了。它们曾经被设想为在力加给它们之前，或者在它们引发出力之前，它们是没有力的东西。整个世界是被动的，按照惯性定理，如果没有力的发动，那就永远会是一个静止的世界，似乎只是由于力的外来加入，它们才动起来。但现在力的发动是必然的，它就把这样一个原先被当作静止的东西纳入到了自身，使它成为了运动本身的一个必然环节。这样，被动的东西就成了主动的东西，力的作用对象本身成了力的引发者，而且后面这种力是前一种力本身所拥有的另一种本质,引力是重力的另一种本质。

以前力被建立为**一个"一"**,建立为力的**"表现出来"**这一本质,建立为一个他者、一个外加到它身上的东西,这种做法必须撤销了;毋宁说,力本身就是那些作为质料的诸环节持存的普遍媒介;或者说**力已经表现出来了**,而那据说是另外的引发它的东西毋宁说就是力。

以前的那种做法现在必须撤销了,什么做法呢? 以前的做法是这样:力被建立为"一","一"是排他的,是一个绝对的实体、无条件的共相。我们在此之前是这样理解的,力是一种可能性,是上帝的一种能力,是一个单一的东西。再就是,把力建立为"表现出来"这一本质,它有表现出来的本质。当然,一表现出来那就是多了,那就不是一了,但是它本身还是一,只是具有这种表现出多来的本质,具有这种能力。最后,建立为一个他者,一个外加到它身上的东西。就是力把自己建立为一个对象世界,这个对象世界是外加在力身上的,也就是前面讲的引发起力来的东西。在力真正表现出来之前,那个没有力的静止的他者是引发出力来的质料。所以上帝虽然高高在上,这个力是他做出来的,但是他跟这个静止的世界不一样,和他所推动的整个运动过程也不一样,他是外在地起作用的,是第一推动者。所以上帝的力是外加在这个世界上的,而反过来这个世界也是外加在上帝的力之上的,就是先有了一个对象世界,然后加给上帝,诱使上帝去推动它。所以力和力表现是两个完全对立的东西,在以前我们是这样看的。但是这种看法现在必须撤销了,"毋宁说,力本身就是那些作为质料的诸环节持存的普遍媒介",力现在本身就是那些质料得以持存的媒介,它不再是高高在上,而是就在质料之中。那些质料的各个环节得以持存,那就需要力。这里作为各个环节持存的媒介的力,黑格尔是指物体的重力。黑格尔认为重力是任何一个物体都不可缺少的,每个物体都有重力,哪怕它不表现出来,它也有重力。这种重力实际上也就是万有引力。你到了宇宙太空,地球的引力微乎其微,或者地球的引力跟其他星球的引力平衡,所以你就失重了。但实际上是你的引力跟其他引力达到了平衡状态，万有引力是不可能消失的，每个物体的重力因此也是固有的。"或者说**力已经表现出来了**，而那据说是另外的引发它的东西毋宁说就是力"，力已经在质料或物体本身的重力上表现出来了，不需要等待一个上帝的推动来赋予它们。力和力的表现原先是被当作两个东西，一个是作用力，一个是被作用力，作用力等于反作用力，那就分得很清楚。那原来认为是引发了力的东西，以为是单纯等待或引诱力来作用于自己的质料，其实它本身就是力。事物本身就是力，力本身就是事物。事物不再是一个静止的质料，否则它怎么可能引发力来作用于它？它能够引发起力来，这说明它本身就是力。一个东西的作为物体的存在，其实就是由力所决定的。除了万有引力之外，例如广延其实就是不可入性，不可入性也就是一种力，即一种排斥力。当然我们现在不讲重量了，我们现在讲质量，是脱离引力一般来讲的质量。但是在现代物理学中讲质能可以互换，质量归根结底也是能量的表现，或者力的表现。所以黑格尔把一切事物、一切质料归结为力，这个思想是很前卫的。

那所以力现在作为展开了的质料之媒介而实存（existieren）。

在这个观点上面，现在已经比前面简单的力学观点要高一个层次了。前面讲的力本身是超感官的，高高在上的，或者是躲在质料后面的，与质料的实存完全脱离关系的；而质料的实存则是等待力来对它加以推动，或者顶多在那里引诱力来对它起作用的。而现在，力已经包含有展开了的质料和实存在内了，它成为了这些质料的媒介，成为了一种包含生命体验的东西在内的实存或生存了。一切质料都是以力这样一个实存的媒介而展开自身的。

但是力本质上同样也具有持存着的质料之被扬弃存在的形式，或者它本质上就是"一"；这个"**是一（Einssein）**"因而**现在就是一个不同于力的他者**，因为现在力是被建立为诸多质料的媒介了，而力就在自身之外而拥有了自己的本质。

"但是力本质上同样也具有持存着的质料之被扬弃存在的形式"，这里的力的形式就是重力,就是说重力是持存着的质料的固有的力,但是它和这个持存着的质料一样,也具有被扬弃的存在(Aufgehobensein)这一形式。前面讲过,质料的纯粹可渗透性是这些质料的被扬弃的存在(见贺、王译本第 84 页),我们举了声音和颜色可以同时存在于一个事物身上的例子来说明;那么重力的存在也是这种被扬弃的存在,它虽然是质料固有的,但并不占据质料的存在,而是悬浮在各个质料之间,成为一个维系各个质料的纽带或媒介。所以"它本质上就是'一'",因为它是使质料的杂多能够统一在一种力的形式之下的媒介。"**这个'是一(Eins-sein)'**因而**现在**就是**一个不同于力的他者**",重力本质上是一,也就是说它本质上是一个力,而不是两个力合起来的力;但是这个"一"要存在,要"是"起来,它要在一个质料或物体上"是"起来。因而这个"是一"现在就是一个不同于力的他者了。这个"一"一旦要存在起来,要"是"起来,它就是一个不同于力的他者,它就受制于某个东西了。本来我们说重力是某个东西的重力,某个东西是存在的,就是靠它有重力来认定的。但是我们认为这个重力对于具有重力的某个事物来说还是不同的。按照牛顿物理学当时来说,这还是应该分开的,力和力的载体还是不一样的。"是一"就是力的载体跟这个力本身还是不同的,这个力本质上是"被扬弃存在",也就是已经扬弃了这个"是"。"因为现在**力**是被建立为诸多质料的媒介了,而力就在自身之外而拥有了自己的本质",力被建立为诸多质料的媒介,就是说各种各样的质料都有力呀,那么它们之间就有媒介,每个质料的重力都发挥作用而影响他物。正是由于重力而把诸多质料联系为一个重力场,而力就在自身之外拥有了自己的本质。这个本质就是重力所作用的那个东西的吸引力,力必须要被与它不同的东西吸引才能说明它是力,所以这个与它不同的东西才是它的本质。它是靠它自身之外的东西而拥有它的本质的。重力的本质是吸引力。

但由于力必然是它**还没有**建立为的那个东西,所以,**这个他者就加进来**并引发它去反思它自身,或扬弃它自己的表现。

"但由于力必然是它还没有建立为的那个东西"，既然力和被它所作用的那些东西是两码事，那么力必然是它要建立但还没有建立的东西。因为它一旦建立起来了，它就已经不再是力了，而是力所建成的东西了；但是如果它不去建立，它也同样还不是力。换言之，力就是它还没有建立起来的对象或他者。就是你要探讨力，你就要看它正在做什么，它正在建立为什么，但要在它做的过程中考察它，而不要等它做完了再考察它，等它做完了就晚了，就考察不到力了。所以力就是在它还没有建立起来那个东西之前被理解的，它可以建立为那个东西，但是它还没有建立为那个东西。或者说在它还不是的时候，它就是了，用萨特的话说，它"是其所不是，不是其所是"。黑格尔对事物的看法是一种能动的看法，所谓的能动性就在于是其所不是，不是其所是。它不把它看作就是自己，而是把自己看作是异己的另一物，它要追求那个东西；但那个东西还不现实，力必然是它还不是的东西，它还没有存在。正因为如此，它才是力呀，正因为它不在那里所以它才会成为到那里去的力。但由于这一点，"所以，这个**他者就加进来**并引发它去反思它自身，或扬弃它自己的表现"。因为它必然是没有建立为的东西，而那个东西又在它的本质中，是它所必然要有的，是必要的，所以它就需要那个东西作为一个他者加入进来，并引发它去反思它自己。只有把他者考虑进来才使得力成为了它所是，重力只有把引力考虑进来才有了着落。但是，这个"所是"还是它在自身里面加以反思才能把握到的。一个他者对它的吸引力就导致它反思自身，就是不能把他者只是看作它这个力的"表现"，它已经扬弃了它自己的表现，而发现这个所谓的表现正是它自己。或者说，重力所作用的对象的那个万有引力正是重力的本质，地球的吸引力正是苹果落下的重力的本质。所以重力由于他物的加入而开始反思到自身的本质，通过这种反思，力的表现就被扬弃在力的本质之中了。

但是实际上，**力本身**就是这种自身反思的存在，或表现的这种被扬弃的存在；"是一"（Einssein）正如它出现那样消失了，也就是作为一**个**

413

他者；力就是这个他者本身，力就是被逼回到自身的力。

前一句讲他者加进来引发力反思自身，这里则更进一步，"但是实际上，**力本身**就是这种自身反思的存在，或表现的这种被扬弃的存在"，就是说力不但是被一个他者引发来反思自身，而且它本身实际上就是这个反思的存在，或力的表现的这种被扬弃的存在。力是在一个他者身上表现出来的，但是力本身并不只是和它的这个表现不同的东西，相反，这个表现恰恰就是它自身。它要扬弃这个表现，它不是什么外在的表现，这个表现才是内在的它自己。"'是一'正如它出现那样消失了"，力可以作为"一"看待，它"是一"；但是它一旦被作为一看待，它就变成了多，它马上在质料里面把自己展开了。力在上帝那里才"是一"，但在现实中这个"是一"立刻消失了，"也就是作为一个他者"。在他者身上唯一的力把自己的"一"解体了。"力就是这个他者本身，力就是被逼回到自身的力"，我们在他者身上看到了力，他者本身就是力的表现。但是力的表现就是力。他者作为力的表现，在其自我反思中就被逼回到自身了，它在自身中发现自己就是力，是作为"多"的力，即"万有"引力，而不是什么力的表现。在知觉中我们可以区分开来，一个是力，另一个是力的表现；但实际上力的表现才是真正的力，力就是这个表现着力的他者。在力所表现出来的事物身上我们看到了这个力本身，但是这必须要经过反思，在他者身上我们要反思到力本身。那么多人被苹果或什么别的东西砸到头，都只怪这个东西的重力，而只有牛顿看出来，这要怪地球的引力，这就是没有反思和经过了自身反思的区别。这个时候我们就把力和他者等同起来，把重力和引力等同起来。因为重力在他者加入进来而引起反思时，被逼回到了自身，发现自身的本质恰好在自身以外的他者。

那作为他者而出场、并且既引发力去表现又引发它返回到自身的东西，当直接产生出来时，**本身**就是**力**；因为他者也正如一那样显示为普遍 媒介，以至于这些形态的每一个同时都只作为消失着的环节而出场。

"那作为他者而出场"，也就是力表现在他者身上，他者是力的表现。作为这种表现而出场，"并且既引发力去表现又引发它返回到自身的东西"，这个他者本来是力的表现，但现在它是引发、诱发力去表现的东西，并且还诱发力返回到自身。这是一个身份和位置的颠倒，被作用者变成了作用者。它诱发力在它身上表现出来，又引发力返回到自身，反思到力本身。这样一个东西，"当直接产生出来时，**本身就是力**"。也就是说，虽然是作为力的他者而出场，但其实它本身就是力。既然这个出场的他者是引发力去表现又引发力返回到自身的东西，那它本身不就是力吗？而且不是拐弯抹角的力，而且是当直接产生出来时就是力。这种力我们可以理解为牛顿所提出的万有引力。"因为他者也正如一那样显示为普遍媒介"，这个他者其实就是力，而不是什么由力用来表现自己的固定的事物，因为他者正如一那样显示为普遍媒介。如果他者只是一些固定的事物，它就不能显示为普遍的媒介了，但他者在诱发力时显示出来是一种普遍媒介，即万有引力，它是一切事物都具有的普遍的东西，就像"一"那样，它也是多中之一。你要用他者来表现力，但是这个他者本身也正如一那样，它也是一个普遍的媒介。"以至于这些形态中的每一个同时都只作为消失着的环节而出场"，每个形态，不管是地球也好，地球上的东西也好，这些都是作为消失着的环节而出场的，它们是川流不息地表演着同一个力的不同演员，它们里面的那个一是永恒不变的。那个砸到牛顿头上的苹果和宇宙中的一切星球一样，它们都是遵守着同一个规律：万有引力。我们通常把重力理解为地球上万有引力的一个具体表现。这样一来，在万有引力的基础上，所有的运动都打通了，所有的运动所借助的那个他者都只是一个暂时的形态。它们都表现为消失着的环节。

因此这个力，由于一个他者是为了它而存在的，它也是为了一个他者而存在的，一般讲来力就还没有从它自己的概念里突显出来。

每一个他者都是为了力而存在的，它就是要诱发出力来的；而力也是为了一个他者而存在的，它就是要表现在他者身上。力和他者都是万有引力出场的不同形态,或者说,万有引力已经把力和他者打通了,把力和力的表现打通了。所以"一般讲来,力就还没有从它的概念里突显出来",力和他者如此不分,如此水乳交融,那么力的概念如何能凸显出来?就是它还不是一个很清晰的概念,所以万有引力是一个非常空洞的概念。黑格尔后面还有对万有引力的批评:万有引力如何可能,一个东西怎么可能通过真空去吸引另外一个东西?地球和月亮之间是真空,通过一个虚空的东西怎么能把一个东西跟自己紧紧地捆在一起、绕自己旋转?牛顿解释不了,现在物理学还在解释。但首先是力和物体的概念混淆不清。

但现成在手地同时有两种力,这两种力的概念诚然是同一的,但是却从它们的统一性走出来进到了二分性。

万有引力要产生运动,并通过运动产生万物,还必须要有上帝的第一推动,必须要有切线方向的力,就是排斥力,排斥力就是脱离万有引力方向的那种力。那么我们现在就有两种现成在手的力,用来解释这个世界的运动,这就是斥力和引力,离心力和向心力。这两种力的概念诚然是同一的,它们都是力嘛。吸引也好,排斥也好,它们都是一种力;只不过运动的方向不同而已,我们就把它们叫作一个是斥力,一个是引力。吸引力是向着中心的,而斥力是远离这个中心的。"这两种力的概念诚然是同一的,但是却从它的统一性走出来,进到了二分性",同一个力从它的统一性分化成了二分性,区分为吸引和排斥。

这种对立本质上并不是完全只停留一个环节,而是似乎通过这种{86} 二分为**两个**完全**独立的力**而摆脱了统一性的支配。

"这种对立本质上并不是完全只停留于一个环节",就是说不是完全停留于其中的一个环节,比如把排斥归结为吸引,或者把吸引归结为排斥,这都不对。也许有人这样想,就是说所谓排斥本质上无非就是吸引,或者吸引其实就是一种排斥,这就仍然可以维护力的统一性了。然而这是无济于事的,不能把两者的对立归结为一个环节,或者保留一个环节而去掉另一环节,将一个环节本质上还原为另一个环节,这都是做不到的。不能只用一个环节来解释力的本质。"而是似乎通过这种二分为**两个**完全**独立的力**而摆脱了统一性的支配",吸引和排斥是完全独立的两个力,现在力分裂为了两个力,它就不再是统一的了。所以你要用万有引力解释宇宙万物的运动,你就必须还要加入上帝的第一推动,你不可能用同一种力来统一所有的力。

<u>至于这种独立性是什么一种情况,必须做更仔细的考量。首先,那作为引发者、也就是作为普遍媒介的第二种力,按它的内容说,是针对那个被规定为被引发者的力而出场的;</u>

"至于这种独立性是什么一种情况,必须作更仔细的考量",就是吸引和排斥这两种完全独立的力是什么样的情况呢? "首先,那作为引发者、也就是作为普遍媒介的第二种力,按它的内容说,是针对那个被规定为被引发者的力而出场的",作为引发者的第二种力,就是那种向心力、吸引力。它既是作为引发者、吸引者,也是作为普遍媒介的力,所以它是"万有"引力,任何一个物体都拥有这种力。这个普遍媒介的力即万有引力,按其内容说,也就是从它的实际作用来看,是针对那个被引发者的力而产生的。被引发者就是被吸引者,被吸引者在被吸引之前就已经处于运动中,它本身就带有力,但是这个力和引力不一定处于同一方向上,而是多少有点偏离引力的方向,也就是带有切线方向的力,或者一般地说,离心力。万有引力从实际内容上看就是针对这个切线方向的力即离心力而起作用的,切线方面的力当万有引力发生作用的时候,它已经在那里了。上帝的第一推动、也就是切线方向的力加入进来,两种合力才第一次引起了世界的运动。所以万有引力是针对着第一种力即被吸引者自身带有的排斥力或离心力而起作用、而出场的。相对而言,万有引力是被动的,上帝的第一推动是能动的。万有引力在发生作用之前,它是被动的,它没有表现出来,它只是在那里引诱;只有当你想要抗拒它时,它才表现出来了。比如你从地上捡起一块石头,引力就表现出来了。那么你往天上一扔,就是你的排斥力,相当于上帝的第一推动,那么引力才体现为把

石头吸引回地面上来。上帝也是这样干的,上帝的第一推动就使得万有引力得到了实现,得到了表现。正是在圆周运动上,这种排斥力和吸引力就一起得到了表现。在这里一般说来引力是被动的,而排斥力是能动的。但引力又是一开始就针对那个能动的排斥力而出场的,所以它其实也是能动的,甚至是更加能动的,它先于排斥起作用,它是排斥力之所以可能的前提。当然这样说来,就很难明确区分一个是能动的、一个是被动的。应当说,两者都既是能动的、又是被动的,或者两者都是能动和被动互相交替的。

但由于第二种力本质上是这两个环节的交替,而且本身即是力,所以实际上同样也**只是由于它被引发来这样做**,它**才**是普遍媒介;并且它之所以只是消极的统一性,或者是引发着力的返回的东西,**也是因为它是被引发的**。

第二种力就是吸引力,就是向心方向的力。"由于第二种力本质上是这两个环节的交替,而且本身即是力",吸引力本质上就是这两个环节的交替,哪两个环节? 就是引发者和被引发者。引发和被引发,被动和能动,在吸引力中是相互交替的。本来吸引力是引发者,是被动的引诱者,人家上不上钩,这个不由它自己决定,它只能 Sollizitieren(英文 soliccit,恳求、渴望、引诱、促成);但现在被动转成了主动,引力本身本质上是这两个环节的交替,即引发和被引发、被动和能动的交替;而且不再只是在那里引诱另一个力的发生(引发、诱发),它本身就是力。这样看来,它本身也不是什么"第二种"力,它跟第一种其实是同一种力,并且它的两个环节是交替的,也就意味着它和第一种力也是在它自己身上交替的。"所以实际上同样也**只是由于它被引发来这样做**,它**才**是普遍媒介",吸引力也是被引发的,被什么引发? 被排斥力所引发,就是你的吸引力固然是引发的,是诱发另一个力的,但是你的前提是有另一个力,即有排斥。地球的吸引力是由于你向空中丢一块石头而诱发起来的,所以本来是引发、诱发其他力来对自己发生作用的引力,本身倒是

418

由其他力来诱发的。而只是由于这样，它才是普遍媒介，才在一切事物的运动中都成为其中的"一"。因为它把两个环节都统一起来了，它在最初的意义上是引发性的，所以叫做"引力"；但在某种意义上它同时又是被引发的，是由别的力所诱发的正儿八经的力。所以引发和被引发这两个环节是交替进行的。首先吸引力是引发者，而排斥力是被引发者；但是一旦引发起来，我们就可以看出，实际上同样也只有当吸引力被引发来这样做、被吸引来吸引别的力时，它才是普遍媒介。就是被动和主动有一种交互关系：主动以被动为前提，被动也以主动为前提。你要成为一种普遍的媒介，就要把对方吸收为自己内部的环节。"并且它之所以只是消极的统一性，或者是引发着力的返回的东西，**也是因为它是被引发的。**"什么叫作消极的统一性？吸引力就是一种消极的统一性，就是说这个吸引把排斥统一在自身内，但这种统一是消极的，是被动地引诱排斥力来对它起作用的，它只有诱使排斥力对它起作用，也就是克服它、克服吸引力，它本身才能够存在，所以它是消极的统一性。但这种消极的统一性也引发着力返回自身，也就是揭示了力的他在的本质，吸引力不能单独起作用，它的作用体现在排斥对它的克服中，它的本质也就在他者那里体现出来。这就是消极的统一性所蕴含的返回到力本身去揭示力的本质的意义。但是这种消极的统一性之所以可能，也只是因为它是被引发的，也就是它是由排斥力所诱发、所教唆、所请求的，在这个意义上，它又是积极的、主动实行的。上帝的第一推动在某种意义上克服了吸引力才形成了圆周运动，这个圆周运动的统一性就是一种积极意义的统一性。但是上帝之所以能够施加切线方向的力，正是以万有引力的向心力为前提的，它是偏离向心力的方向的力。这个向心力本来是被动地等待或诱使上帝来"切"它，但是没有它，上帝"切"什么呢？从这方面看，上帝恰好是用自己的"切"而诱发了向心力的作用，才形成了圆周运动，或者说，是吸引力克服了排斥力才形成了圆周运动；而这个圆周运动的统一性又成了消极意义上的统一性了。我们用一根绳子拴上一块石头,将它不断地旋转,就是我们不断地给它一个切线方向的力,那么我们是主动的。但是我们的这个主动恰好是以地球的吸引力为在先条件的,我们要克服这个地球的吸引力,所以我们不得不加力,加切线方向的力,否则石头就掉下来了。所以这是在已经有吸引力在场的情况下,引发我们不得不给石头加力,在这个意义上,我们的力是被动的,而地球引力却是主动的。

据此,甚至在据说一方是**引发者**与另一方是**被引发者**这两者之间曾经有过的区别,也转变成这些规定性的相互交换了。

引发者变成了被引发者,被引发者变成了引发者。实际上这些对立的规定都是自我否定的,一旦被规定下来它们之间就会相互转化。所谓的能动者和被动者,作用力和反作用力,排斥力和吸引力等等这些区别,在牛顿那里是被看得非常重要的,也非常实用,它可以用来精算。但是牛顿并没有把握力的本质。力的本质在后面玩弄一些花招,也就是"理性的狡计"的花招,不断地转化,把牛顿的那些固定的、机械的东西在哲学的意义上一个一个地解构。最后就是要引出黑格尔的目的,就是要从无生命的机械的物理世界里面引出有生命的能动性,乃至于最后达到自我意识的层次。牛顿物理学是一个层次,达到这个层次是了不起的,但却是不够的。这只是一个知性的层次,我们要从知性的层次达到理性的层次,最后要达到自我意识。我们这学期可能只能讲到知性了,自我意识只能是下学期的内容了,但是我们要明确认清前方的目标,那就是自我意识,欲望呀,冲动呀,那么这些东西从哪里来?必须从这个里头孕育。

*　　　　*　　　　*

前面讲的都是围绕着力和力的交互作用来谈的。力和力的表现,力表现在它的交互作用之中。这种交互作用可以把它归结为一个是引发的力,一个是被引发的力;或者说作用力和反作用力,或者是向心力和离心

420

力。这两种力相互之间有一种交互关系，一种交替的关系。引发的力本身是被引发的力，而被引发的力本身又是引发的力。上一段讲到"据此，甚至在据说一方是**引发者**与另一方是**被引发者**这两者之间曾经有过的区别，也转变成这些规定性的相互交换了"。主动的和被动的它们是相对的，主动的变成被动的，被动的变成了主动的，有一种交互的关系。之所以要讲力和力的表现，就是要从力的表现提升到力本身。那就必须要对这种关系加以分析。

因此，这两种力的转换（Spiel）就在于两者被这样对立地规定下来，在于在这种规定中两者彼此互为对方存在，在于这些规定之绝对的直接换位，——在于这样一种过渡，只有通过这种过渡，两种力似乎是**独立地**在其中出场的那些规定才有其存在。

"转换"Spiel，这个词有游戏、偷换，玩弄的意思，也有竞赛、赌赛的意思，即两方面的竞争。"这两种力的转换就在于两者被这样对立地规定下来"，转换必须是对两个东西的转换，所以必须把这两种力在对立中各自规定下来，首先要有两种对立的规定。其次，"在于在这种规定中两者彼此互为对方存在"，规定了以后，你就要考察，规定了的这两方是互为对方存在的，是不可分割、互相依赖的。再次，"在于这些规定之绝对的直接换位"，换位（Verwechslung）即直接交换彼此的位置，也就是前面讲的这些规定性的相互交换，相互转化。"——在于这样一种过渡"，破折号是对前面三个层次的总结，即过渡（Übergang），"只有通过这种过渡，两种力似乎是**独立地**在其中出场的那些规定才有其存在"。从相互对立到相互依赖到相互转化，这就是相互过渡，从此方过渡到彼方，又从彼方过渡到此方。只有通过这种过渡，那些规定才有其存在，那些规定就是引发者和被引发者，作用力和反作用力，这样一些规定。它们是如何存在的呢？只有通过这样一种过渡，即过渡到对方。那些力，即引力和斥力、作用力和反作用力，看起来好像是独立地在这些规定中出场。我们通常讲的作用力和反作用力，排斥和吸引，这都是些固定的规定，好像是一些完全不同的力。作用力是主动的,反作用力是被动的,排斥是主动的,吸引是被动的,看来好像是这样的,两种完全不同的独立的力似乎分别占据着一个规定。当然黑格尔是不同意的,实际上并不是这样。那么这两种规定是如何存在的呢？是通过两种力相互之间的过渡才得以存在的。如果没有两者之间的相互依赖,相互直接转化,当下就交换位置,每一方都用对方来规定自己,那么双方都不会存在。

例如,那引发的力被建立为普遍的媒介,反之那被引发的力被建立为被逼回到自身的力;但是前者之所以本身是普遍媒介,只是由于有另一种被逼回到自身的力;或者不如说,后面这种力对前者来说才是引发的,并且只有它才使得前者成为了媒介。

"那引发的力被建立为普遍的媒介",就是说能够把万物联结在一起的就是那引发的力,也就是万有引力。如果没有这种引发的作用力,事物跟事物之间就没有普遍的媒介了,就没有东西可以把它们联结在一起了,万物都是由于引力的媒介而联结在一起的。"反之那被引发的力被建立为被逼回到自身的力",被引发的力,也就是排斥力或离心力,本来在牛顿那里是被设想为外来上帝的"第一推动力";但是作为引发的力即万有引力的作用对象,它在这里被"逼回到自身"了,也就是不再被理解为外来的,而是事物本身固有的离心力。牛顿的所谓"切线力"其实不过是像伊壁鸠鲁曾提出过的原子自身的"偏斜"那样的运动。[①] 当然黑格尔并没有提到伊壁鸠鲁,而且他的逼回到自身也不是指回到原子自身,而是指回到内在性。但从外部上帝的推动转向事物内部自发的力,这与伊壁鸠鲁的偏斜有类似之处。只是伊壁鸠鲁没法解释直线运动和偏斜运动两者的关系,黑格尔却看到它们的本质上的同一性和不可分割性。"但是前者之所以本身是普遍媒介,只是由于有另一种被逼回到自身的力",

---

① 马克思在其博士论文《德谟克利特的自然哲学和伊壁鸠鲁的自然哲学的差别》中分析了这种偏斜运动。

就是说吸引力之所以是普遍媒介，恰好是有另一种被逼回到自身的力，有离心力，所以吸引力才能起作用。如果没有离心力或排斥力，吸引力没有遇到障碍，那么这种吸引的作用力就没有起作用。排斥力也是，排斥是对吸引而言的，如果没有吸引力需要你去克服，那么你这个排斥力就没有起到作用。"或者不如说，后面这种力对前者来说才是引发的，并且只有它才使得前者成为了媒介"，被引发的排斥力才是引发那个引发力的，本来一个是主动的，一个是被动的，结果主动的反而要以被动的作为前提，它这个关系就倒过来了。这就是前面一直在讲的引发和被引发两者之间的交替或转换。

　　前者只有通过另一方才具有它的规定性，并且前者之所以是引发者，只因为它被另一方引发起来成为引发者；而它同样也直接就失掉了这种被给予它的规定性；因为这个规定性将过渡到另一方，或者不如说已经过渡到另一方了；那外来的将力引发起来的东西是作为普遍媒介出场的，但这只是由于它已经被力引发起来而这样做了；

　　这还是讲这种转换的游戏。"前者"就是引发的力或吸引力，吸引力之所以是吸引力，是因为它本身被排斥引发起来了。它要克服这个对它的排斥，于是它就吸引。本来吸引是主动的，但是也可以看作是被动的，就是它在受排斥的时候，它就被引发起来，克服这个排斥力，它才能成为吸引力，也就是成为引发者。作用力和反作用力也可以这样理解，当作用力作用的一瞬间，只是因为它克服了反作用力，它才起了作用，如果没有反作用力它就起不了作用。"而它同样也直接就失掉了这种被给予它的规定性；因为这个规定性将过渡到另一方，或者不如说已经过渡到另一方了"，"而它"也就是前者，引发者，直接就失掉了这种被给予它的规定性，就是作为主动的引发者的规定性。引发者在这一过程之中，它成了被动者，成为了被引发者。注意这个"直接"。不是说开始是主动的，慢慢就变成被动的了，不是的。它当下就是被动的，这个就不能通过分析具体的时间过程来区分了，而只能用逻辑的思维。它当下直接就是在某处同时不在某处。正在它主动地引发时,在它作用的一瞬间它就失掉主动性了,变成被动性的了,这不需要时间,也不是时间的问题。"因为这个规定性将"(这里的"将"是指对于它将要发生作用的时候)"过渡到另一方,或者不如说已经"("已经"是指只要它发生作用,它就已经是这样的)"过渡到另一方了"。所以,"那外来的将力引发起来的东西是作为普遍媒介出场的,但这只是由于它已经被力引发起来而这样做了"。"那外来的将力引发起来的东西",比如说地球吸引力对于苹果是外来的引发的力,引发它从树上掉了下来,引发了它的重力;但是这种力是作为普遍媒介出场的,它是万有引力。由于有万有引力,万物才能联系起来。"但这只因为它已经被力引发起来而这样做了",它要成为普遍媒介,只是因为它已经被排斥力引发起来了,因为苹果树已经长到那么高了,地心引力才会显出它的作用。苹果树向上生长的力是对地心引力的排斥力,它早就在那里排斥地心引力了,所以地心引力有一天表现出来,是因为它已经被排斥力引发起来了。

[94]　　但是这就是说,是**力**将普遍媒介**建立为**这样的,而且不如说,**力本身本质上就是**普遍媒介;力之所以将引发者这样建立起来,乃是因为这个另外的规定在本质上是**属于力的**,这就是说因为**这个另外的规定毋宁就是力本身**。

　　力和力的表现,作用力和反作用力,引发者和被引发者,这样一些具体的规定都被扬弃了,都被归结为一般的力,这个时候,我们只要说力就行了,就不需要区分是作用力还是反作用力,是吸引还是排斥,是引发者还是被引发者。当然这些都没有否定,而是从前面的规定中可以在更高层次上抽象出关于力的本质的概念。所以他讲,"是力将普遍媒介建立为这样的",这个"普遍媒介"原文是代词"它"(es),因为这句是紧接着上句来的,中间没有打句号,这个 es 就是代上文的"普遍媒介"。也就是说,力将自己建立为普遍媒介是以这种方式,即以引发者和被引发者相互转换的方式。但这种相互转换不是引发者一方单独造成的,而是对立双方一起造成的。所以当我们说是力造成了普遍媒介时，这个力就不仅仅是指一方，而且是指双方的相互转化，更确切地说，是指两者背后的那个一般的转化之力，是作为包含有双方在内的一个更抽象的力，才使得作为引发者的力成为了"万有"引力，使得引发的力成为了普遍媒介。所以黑格尔讲，"而且不如说，**力本身本质上就是**普遍媒介"，这个说得更加直截了当，力本身本质上就是普遍媒介，不要说具体的这个力那个力，而是抽象的力本身、本质上的力，或者力的本质，就是普遍媒介。引发者和被引发者、吸引和排斥、作用力和反作用力等等，都是力的表现，尽管它们本身一个被看作是另一个的表现，比如说作用力被看作是反作用力的表现，反作用力又被看作是作用力的表现。但是正因为这种循环转化，这些具体的力统统都被看作是力的表现，被看作是那个抽象的力、力的本质的表现。所以力本身本质上就是把万物联系起来的普遍媒介。"力之所以将引发者这样建立起来，乃是因为这个另外的规定在本质上是**属于力的**"，力把引发者建立起来，建立为一个普遍的媒介，乃是因为这个另外的规定即被引发者本身就是属于它的，从本质上来看就是它自身的一种表现，虽然它看起来似乎是"另外的"（fremd，陌生的、外来的）规定，其实就是它自己的题中应有之意。比如在吸引力上加上一个排斥力，似乎是上帝的第一推动带来的；但其实并不是两种相互外在的力合为一个"合力"，而是只有一种单纯的力，它可以分解为吸引和排斥两个方面，但这两方面其实都属于唯一的一个本质的力，是同一个力的两种不同的规定。所以说这样一个"另外的"规定本质上是属于力的，也就是属于一般的力的本质的。"这就是说因为**这个另外的规定毋宁就是力本身**"，这个另外的规定实际上就是力本身，并不是从外面加在力身上的，它就是力本身的规定。但是经过这种抽象，在思维的进程中，我们就提到了更高一个层次，我们就得出了一个抽象的力，揭示了力的本质。我们要把所有的各种力抽象为力本身，背后有一个力本身，当然这个力本身最终是一个什么东西，这个就很神秘了。

为了对这一运动的概念得到完整的明见，还可以提请注意的是：这区别本身是在双重区别中显示出来的，**一方面**显示为**内容的**区别，因为一端是自身中反思的力，而另一端是诸质料的媒介；**另一方面**显示为**形式**的区别，因为其一是引发者，其他是被引发者，前者是能动的，后者是被动的。

这里提出，力的这一运动的概念本身有层次的区别。前面都是平面化的。作用力和反作用力，力和力的表现，引发的力和被引发的力，它们的交互关系，等等。但是经过上一段的提升，我们现在有了两个层次。这样一个运动，这样一个对立面相互之间的转化，这样一种辩证运动的关系，要得到更完整的理解，就必须进一步区分其中的层次。"还可以提请注意的是：这区别本身是在双重区别中显示出来的"，这区别本身，也就是力和力的表现，作用力和反作用力，引发者和被引发者等等这些区别，它们是在双重的区别中显示出来的。也就是这种区别本身有两个层次，即内容和形式。在内容层次我们可以区别出力和力的表现，在形式层次我们也可以区别出力和力的表现。所以，"**一方面**显示为**内容的**区别，因为一端是自身中反思的力，而另一端是诸质料的媒介"，也就是在内容上要把力和力的表现区分开来，那就可以分出两端来。一端是自身中反思的力，就是返回到自身的力，也就是这个力本身，但它并不否定它的对立面，不否定它必须表现在其他质料上面，成为这些质料的媒介。所以"另一端是诸质料的媒介"。这两端就相当于力和力的表现，当然两者本身都是力，但还是有内容上的直接性和间接性的区别。所以这两端，一个是力本身，一个是由力在具体的万物中表现出来的那种作为媒介的力，是能够把万物联系起来的那样一种意义上的力。力本身不必有普遍性，它是单一性，有一个力；但作为万物的媒介却有普遍性，力无处不在。这是从内容上来讲的。所谓从内容上考虑也就是上次提到的，从斯宾诺莎的实体上来理解。斯宾诺莎的实体是创造自然的自然，斯宾诺莎的世界是被自然所创造的自然。这是从本体论上来理解的。从斯宾诺莎的哲

学体系的本体论的区别看，创造自然的自然是一个单一体，单一性本身
要体现为普遍性，但是它本身是单一的。"自因"本身就是单一的，它就
是这个实体，它作为一端是自身反思的。那么另一端就是由这个自身反
思的力（我们称之为实体，称之为创造自然的自然，又称之为神），由这
样一个顶点，我们下降到万事万物。我们看到在万事万物中都体现出这
个实体的样式、具体的事物，它们就本身来说是不存在的，但是就它们是
实体的表现来说是存在的。因为在每一个事物中，都有实体的力的作用
表现出来。比如说，思维，每一个思维、观念中，都有一种思想力在表现
出来，就是合乎逻辑的力量；广延，每个有广延的物体都表现出实体的那
种机械作用，所以我们才能说它存在。如果没有实体，你光是着眼于这
种感性的现象，作为理性主义者的斯宾诺莎是不承认的，认为那都是幻
想，那都是过眼烟云。如果联系到实体来看这些事物，这些事物才具有
它们真实的存在。当然斯宾诺莎是一个机械论者，但是他又是一个泛神
论者。万物都是神的体现，主要体现在哪些方面呢？主要体现在万物都
是有力在起作用的。所以在内容方面我们可以理解为本体论方面。斯宾
诺莎的实体其实就是力本身，或者说就是作为实体的力。另一端则是样
式，像牛顿力学中的那些定理，不是作为实体，而是作为万物的普遍媒介
而存在在我们面前的。这是一个方面。在这个内容方面分为两端，即作
为实体的一端是主动的，而作为普遍媒介的力则是被动的一端。同样，
另一方面也有主动被动之分，"**另一方面**显示为**形式**的区别，因为其一是
引发者，其他是被引发者，前者是能动的，后者是被动的"。就是说力采
取一种什么样的形式在行动、在发生，这个不同于它的内容或作用对象。
力的形式本身也要区分为两种形式，一种是引发者，另一种是被引发者。
如果作为实体的力不区分出两种形式的力，那就体现不出来，那就是一
句空话，在现实生活中，就没有体现。所以力要体现出来，它就必须要体
现为一分为二的形式，体现为一个引发而另一个被引发，前者是能动的，
后者是被动的。力和力的表现就体现为能动和被动的交互作用，当然这

两方面是互相转化的。但是首先,你必须要把双方规定下来,你把它规定下来,就是一方是能动的一方是被动的,规定下来之后,就可以互相转化了。没有规定下来,就无法转化。这就是形式方面的区分:能动的、被动的,引发者和被引发者。前面内容方面是本体论的区别,后面我们可以看作是抽象形式中的区别,这两者分属不同的层次。内容和形式是两种区别的区别。是更高层的区别。

按照内容的区别来看,它们一般地**存在着**,或者对我们来说**是**有区别的;但按照形式的区别来看,它们是独立的,是在它们的联系中相互分离和相互对立的。

内容上的"它们",也就是这两端,自身反思着的力和诸质料的媒介。作为实体,它们当然是一般地存在着,不管是实体还是样式。样式也是实体的样式,样式只有从实体的角度看它才存在,如果从样式本身的角度来看,它是不存在的。样式比如说感觉印象,知觉,经验,只有把它们看作是唯一实体的表现,它们才存在。"按照内容的区别来看,它们一般地**存在着**",就是说在实体里面,这有区别的两端一般来说是存在的。斯宾诺莎并没有否定这个世界,但是他认为这个世界被归结为实体,归结为实体就是归结为存在了,因为只有实体存在,非实体是不存在的。所以一般来说,这两者都是存在的,实体和样式一般来说都是存在的。"或者对我们来说**是**有区别的",这个"是"和前面的"存在"是一个词,就是说实体和样式的存在就其本身来说是没有区别的,之所以有区别是对于旁观者的我们来说的。既然样式本身就是实体,那你干吗把它区别开来?按照斯宾诺莎的观点,有必要区分开来,因为我们是人,我们是有限的,我们的感性眼光达不到实体本身。我们尽量站在实体的角度来看,但是我们本身的眼光是有限的。所以就我们看来,实体和样式是有区别的,我们只有把它们区别开来,我们才能从样式去追求它的实体,并且把实体贯穿到样式之中。这是作为研究、把握实体的人来说的,我们认识了样式,不等于认识了实体,你通过感官想要把握实体,那是做不到的;你只有通过理性，从感官里面提升到理性，看穿所有的感官事物本质上都是实体，这样你才能把握到实体。所以我们必须要把它们区别开来，对我们来说，是有区别地存在着的。这两者有区别又没有区别，没有区别又有区别，看你站在哪个角度说。"但按照形式的区别来看，它们是独立的，是在它们的联系中相互分离和相互对立的"，作用力和反作用力，引发者和被引发者，按照形式它们是独立的，一个一个的都是不同的力，好像是不同的力。当然实际上并不是不同的力，但是它们必须采取不同的形式，否则的话它们就不"存在"。抽象的力如果不采取相互对立和相互分离这样具体的形式的话，这个抽象的力如何能够现实地存在呢？在现实中，都是采取对立的方式才能够存在的。从本体论上，在抽象的意义上当然可以说这个力只有一个，那就是实体。实体就是存在论，反思到自身的力就是存在的，实体就是力，就是创造自然的自然。但是你要研究一个具体的对象，像牛顿那样，考察一个苹果会如何掉下来等等，那你没有这些区分，是做不到的。我们考察自然界的现实的力的区别，就必须要用到这样一种区分，就是把每一种力很严格很细致地区分开来，甚至于动用数学的手段把它精密地计算出来，这是两个层次。下面就讲到这两个层次的关系了，黑格尔经常这样，把两个层次先划分出来，然后再对两方面的关系进行分析。

　　至于说这两端按照这两方面**自在地**什么都不是，而是它们的有区别的本质据说持存于其中的这两方面都只是消失着的环节，是每一方可以直接向对立一方的过渡，那么这一点对于意识来说，是在对力的运动的 {87} 知觉中形成起来的。

　　"至于说这两端按照这两方面**自在地**什么都不是"，就是这两端，一端是自身反思的力，一端是诸质料的媒介，就它们分别就各自方面自在地来看，它们什么都不是。那两端是根据这两方面而定的，这两个方面就是作用力和反作用力，引发者和被引发者，那么这两端按照这两方面自在地并不存在。不是说有两种自在存在的力，一个力是作用力，一个

429

是反作用力,或者一个是引力,一个是斥力,不是这样的。甚至在牛顿物理学里也不是这样讲的,不是说现存的有一个作用力,然后另外有一个反作用力,然后两者碰到一起,就抵消了,不是这样的。它们就是在碰到一起的那个瞬间才产生出来的。它们各自都不是自在存在的。所以我们必须要把它们看作是在它们的联系中相互对立的,是同一个力的相互对立的两个方面,而不是自在存在的两种力。"而是它们的有区别的本质据说持存于其中的这两方面都只是消失着的环节",简化一下这句话就是:这两方面都只是消失着的环节。哪两个方面?这两端的有区别的本质据说持存于其中的这两方面。"据说"就是所谓的,用的虚拟式。人们一般以为,这两端的本质是持存于这两个方面中,自身反思的力持存于被引发者中,作为诸质料之媒介的力持存于引发者中。持存也就是自在存在了,它们自在地存在于这两方面中。然而在黑格尔看来,这两方面其实都只是消失着的环节,没有什么是固定的、持存的。"据说"它们是持存的,但实际上那是不真实的,其实都只是消失着的环节。"是每一方直接向对立一方的过渡",消失着的环节是怎么消失呢?是每一方直接向对立一方过渡,直接过渡到对立面,作用力直接地过渡到反作用力,引发的力直接过渡为被引发的力。"那么这一点对于意识来说,是在对力的运动的知觉中形成起来的",前面都是一些铺垫,是一个大从句,就是说明那样一种情况,即那两端的本质根据其实是不断消失和向对立方过渡的;然后这里就说:那么这种情况对于意识来说,是在对力的运动的知觉中形成起来的。我们意识到这种情况,意识到这两端不是自在存在的,而且它们的有区别的本质也并不持存于这两方面,而是每一方直接向对立面过渡、直接消失在对立一方中。那么这种情况对意识来说,对精神现象学的意识的经验科学来说,也可以说是对我们意识到这一点的人来说,是在对力的运动的知觉中形成起来的。牛顿物理学已经在知觉中把力的运动形成起来了。我们看到力和力的表现,力和力的交互关系,引力和斥力的关系,它不是具体力的关系,而是同一个运动过程的两个互相转化的方面。对于意识来说，我们在对力的知觉中已经形成起来了这种关系，我们在对力的知觉中已经可以知觉到这一点。力和力的表现的相互转化是在现象中能够直观到、能够知觉到的。牛顿就是凭知觉来建立他的物理学体系的，他不需要形而上学。

但是对我们而言，正如前面曾经提到的那样，又还有这种情况，即这种区别作为**内容和形式的区别**自在地已经消失了，而在形式方面按照本质来说，那**能动者、引发者**或者**自为存在者**与在内容方面作为被逼回到自身的力曾是一回事；在形式方面那被动者、**被引发者**或为他存在者与那在内容方面显现为诸多质料的普遍媒介的东西也曾是一回事。

这一自然段一开头就讲到内容和形式的双重区别，即在内容上一方是反思自身的力，另一方是诸质料的媒介；在形式上则是能动的引发者和被动的被引发者。然后又讲内容方面的两端自在地没有区别，它们是相互消失在对方中的，只是对我们才有区别，这就是形式上的区别。这是在对力的运动的知觉中所意识到的，也是为了对力的运动得到完整的明见而必须注意到的。但是这只是在知觉中意识到的情况；而"对我们而言"，我们这些研究精神现象学的人作为旁观者，我们已经有了经验了，就是我们前面在分析牛顿物理学的时候，已经看出即使内容和形式的区别也只是相对的，内容中有形式，形式中也有内容。所以这句话用的是过去时："但是对我们而言，正如前面曾经提到的那样，又还有这种情况，即这种区别作为**内容和形式的区别**自在地已经消失了"，如果你提升到这样一个层次，把牛顿物理学从知觉提升到形而上学的高度，着眼于对立面的相互转化和过渡，那么，从旁观者看，实际上内容和形式的区别已经消失了。物理学已经在谈形而上学了，你想拒斥形而上学，你想划清一个界限，只谈形式不讲内容，那是划不清的。正好在你的这个提升过程中，我们看出来，内容和形式的区别消失了，我们在形式上所作的划分本身就是内容的划分，而内容上的区别也正是形式上的区别。"而在形式方面按照本质来说，那**能动者、引发者**或者**自为存在者**与在内容方面作为被逼回到自身的力曾是一回事；在形式方面那被动者、**被引发者**或者为他存在者与那在内容方面显现为诸多质料的普遍媒介的东西也曾是一回事。"区别消失了，怎么消失的呢？形式方面的能动者按照本质来说也就是在内容方面被逼回到自身的力，因为被逼回到自身的力也就是被逼回到作为能动者和引发者的力；而形式方面的被动者同样也就是内容方面诸多质料的普遍媒介。前者相当于"创造自然的自然"，它就是力本身；后者相当于"被自然所创造的自然"，它就是力的表现或力的对象。所以形式方面的主动者、能动者和内容方面的被逼回到自身的力都相当于斯宾诺莎的实体、自因；而形式方面的被动者和内容方面的诸质料的媒介则相当于斯宾诺莎的属性和样式。在斯宾诺莎那里，属性就是诸多质料、样式的普遍媒介，他提出的本质属性有两种，一种是广延，一种是思维。作为万物的媒介，广延和思维实际上都是力。广延就是不可入性嘛，就是一种扩展的力，或者抗拒的力，它占据空间，实际上也是一种力，即排斥力。那么思维就更是一种力，思维的推理需要思想力。万事万物、所有的质料只有两类，要么是广延，要么是思维，这是实体的诸多质料或样式。实体本身高高在上，它的各种属性就是它的普遍媒介。这些属性都是被动的，样式和属性都不是实体，它们都是由实体创造出来的，只有追溯到它们背后的实体才是主动的，才会发现它们的诸多质料的普遍媒介就是表现为现实的力，不管是物质力还是精神的力，都表现为力。但它们本身是被动的，所以在形式上的反作用力也好，被发动者也好，它们与内容方面的作为诸多质料的普遍媒介实际上是一回事。这就把内容和形式这两个层次的关系打通了。你想要固执于知觉的层面，不愿意上升，像牛顿说的"物理学要当心形而上学"，拒斥形而上学，那是做不到的。你只坚守着形式的方面，做一些技术性的分析，那是不行的。

由此表明，力的概念是通过双重化为两种力而成为**现实的**，以及它是如何成为这样的。

　　力首先是一个抽象的概念，但是力这一概念是通过自己的双重化，分为两种力，才成为现实的力。你要成为现实的力，不是一个高高在上的抽象概念，就必须化身为两方面相对抗的力。实体本身是作为一个高高在上的概念，它还没有现实化，没有实在化。如何才能成为现实的呢？只通过分化为两种力，一分为二。唯一的作为实体的那个力的概念只有通过一分为二才能实现出来，才是现实的。单一的纯粹的力是抽象的，没有实现出来的。它要实现出来，必须要通过矛盾、冲突。甚至通过自相矛盾，通过力和力的表现，作用力和反作用力，引发者和被引发者，双方角力竞争，这样才能成为现实的。所以你要讲到力，你还不能撇开牛顿物理学的那套关系。"它是如何成为这样的"，就是要把现实的力分成两种力，将它们规定下来，然后让它们之间互相依赖，互相转化、互相换位，这样才能成为现实的。

　　这两种力是作为自为存在着的本质而实存（existieren）的；但是它们的实存是这样一种各自朝向对方的运动：它们的**存在**（Sein）毋宁说是一种纯粹**由他方所建立起来的存在**，这就是说它们的存在毋宁说具有纯粹**消失**的含义。

　　"这两种力是作为自为存在的本质而实存的"，能动者和被动者，引发者和被引发者，这两种力是作为自为存在的本质，自为存在也可以理解为独立的存在，自动的存在。这两种力都是力，都是能够从自身发出它的作用来的。"实存"（existierte）一词具有一种运动、一种生存、一种现实活动的含义。这两种力作为自为存在着的本质而实存着的，是现实事物的能动的本质。但它们又是互相冲突的，这样一种实存"是这样一种各自朝向对方的运动"，它们之所以能够作为能动的本质而实存，是通过一种双向的运动，各自走向和走进对方里面。所以"它们的**存在**（Sein）毋宁说是一种纯粹**由他方所建立起来的存在**"，每一方都是由对方所建立起来的，对方也是由这一方所建立起来的，每一方离开了对方，它就建立不起来，作用力离开了反作用力它就无法发挥，吸引离开排斥就不起作用。"这就是说它们的存在毋宁说具有纯粹**消失**的含义",从存在的含义看,它们毋宁说都是在消失着的。它们的实存当然体现为它们的相互作用。但是从存在来看,它们具有纯粹消失着的含义。这就是存在和实存的区别,或者说存在和本质的区别。从实存看,一方消失于另一方,另一方又消失在这一方,这恰好是事物的自为存在的本质。作用力在反作用力中消失了,我们通常说被抵消了,其实不是被抵消了,而是被实现出来了。一个力只有把它**用掉**它才现实地发挥了作用,在你没有用掉它的时候,它实际上还是没有实存的。只有在用掉它的过程中,只有在它消失着的过程中,它才起作用,它才实存,也才真正存在。

　　它们并不是作为自为地坚持某种固定的东西而只把某种外在的属性相互派作中介和用来相互接触的那样的两端而存在;相反,它们所是的

[95] 东西,都只是在这个中介和这种接触中它们所是的东西。

　　"它们"就是这两种力,作用力和反作用力,引发者和被引发者。"它们并不是作为自为地坚持某种固定的东西而只把某种外在的属性相互的派作中介和用来相互接触的那样的两端而存在",我们简化一下就是:"它们并不是作为两端而存在"。什么样的两端呢?这两端"自为地坚持某种固定的东西",每一方都坚持自己跟对方不同,作用力不是反作用力。比如我作用于对象,对象给我一个反作用力,作用力在我,反作用力在对象。并且,这两端"只把某种外在的属性相互派作中介和用来相互接触",这两端,好像每一端都是固定的,然后利用一种外在的属性作为中介,把两个方面联结起来,让双方相互接触。这两种力是不是就是这样的两端呢?当然不是这样。它们并不是作为固定的东西而只把表面的属性相互派作中介和用来相互接触的那样一个极端而存在。这两种力并不是这样存在的,好像说两者有一种关系,只不过是一种表面的关系,比如说派一个邮递员在我们两个人中间传递消息。我们本身不能相互接触,于是我们派一个中介来相互接触,是不是这样来接触呢?如果是这样两端的存在的话,那就是误解。它们绝对不是这样一种外在的相互不接触

的、互相通过一个第三者来联系的这样两端。"相反，它们所是的东西，都只是在这个中介和这种接触中它们所是的东西"，就是说这个中介，你要讲中介可以，要讲相互接触也可以，但是这种中介和这个接触绝不是说，你分派出来一小部分作为中介，来达成双方的接触，而是全部。中介是全部，接触也是全部，凡是它们所是的，它们都只在这个中介和这种接触中才是，才存在。任何一个运动，它本身就是中介，是中介的东西。并不是说先有一个东西，然后再有另外一个东西，最后才有一个中介把它们联结起来，不是的。每一个都在中介中。因为它们是在运动中，它们不是摆在那里的东西。

<u>在这里，直接地同时存在的，既有力之被逼回自身或**自为存在**，也有力的表现；既有力的引发又有力的被引发；因此这些环节并不是被分配到独立的、只是提供出尖锐对立的两端上，而是它们的本质完全在于每一方都是通过另一方而存在，而且每一方这样通过另一方而存在的东西又直接地不再存在，因为每一方都是另一方。</u>

这里颠来倒去的还是在说同一个意思。"在这里，直接地同时存在的，既有力之被逼回自身或**自为存在**，也有力的表现"，力被逼回到自身也就是力的自为存在，也就是那个作为力的力，力的概念，相当于斯宾诺莎的实体、自因。也有力的表现，就是诸质料的普遍媒介，相当于斯宾诺莎的属性和样式。也就是既有力的概念，也有力的表现，这两方面是直接地同时存在的，而不是先有一个什么再有一个什么，然后再弄一个中介来联结它们。力的概念是抽象的，是被逼回到力的自身的或自为存在的。力把它的所有的表现形式都抽象掉了，被逼回到它本身了，它本身就是一个赤裸裸的"一"了。力就是一，就是一个引发点，它是自为存在，它自己是自己的原因，再没有别的原因。同时既有了自因，又有了力的表现，那就是整个世界的创造，"既有力的引发又有力的被引发"，引发和被引发是同时发生的。"因此这些环节并不是被分配到独立的、只是提供出尖锐对立的两端上"，这些环节，力和力的表现，并不是说各自独立

435

和尖锐对立的,不是说一端是引发者,与之对立的是另一端,是被引发者,两者互不相干,互不调和。不是这样的。这两个环节并不是这样被分配到对立的两端上,一方是力本身,另一方是力的表现,它不是这样的。"而是它们的本质完全在于每一方都是通过另一方而存在,而且每一方这样通过另一方而存在的东西又直接地不再存在,因为每一方都是另一方。"每一方通过另一方存在,而每一方通过另一方而存在了,它直接地又不再存在了,它本身就消失了,因为它本身已经被"用掉"了。因为每一方也就是另一方,力就是力的表现,力就是要表现出来、用出来。

所以实际上,它们不具有任何本来可以支撑它们和保持它们的自己特有的实体。

按照斯宾诺莎的实体观,就可能有这样一种看法,就是说实体既然是创造自然的自然,那么创造自然的自然还是一种力,但实体跟力还是不一样的,它不是力,而是一个东西。我们说实体"具有"创造自然的力,好像实体是一个东西,然后它本身拥有了一种力。但是现在,这些力的环节实际上已经"不具有任何本来可以支撑它们和保持它们的自己特有的实体"。力也好,力的表现也好,都没有了那个本来可以支撑和保持它们的实体了。"本来可以"这里是用的虚拟式。比如说力,你本来可以说有一个特别的实体在后面支撑它,在不断地发出力来,你也可以说力的表现的后面也有一个实体让力来表现,来起作用。力要作用到一个东西上来才能表现出力,那么这个力的表现跟那个被作用的东西还是不一样的,它在那个东西上面遭到了反作用力。而作用力也是后面有一个东西在支撑着它、维持着它,使它继续"发力"。但现在它们不具有任何原可支撑和保持它们的特有实体。作为力它们本身都消失了,用掉了,不留任何痕迹。哪有什么特有的实体,它们完全消失在对方之中。所以它们的那个实体也消失了。所谓消失也就是实体的消失。这当然是对斯宾诺莎的超出了。

力这一**概念**不如说是在它自己的**现实性**本身中才把自己作为**本质**保

持着；那**作为现实的力**完全只存在于**表现**中，而这一表现同时又只不过
是作为自我扬弃而存在的。

"力这一**概念**"，也就是作为力的力，回到自身的力，而不是分化为二
的力，"不如说是在它自己的**现实性**本身中才把自己作为**本质**保持着"。
作为力的力没有实体，只有力，这就成了力的概念。实体怎么消失了呢？
就是它不是在实体中保持着的。原来以为那个力是保持在某个实体身
上，它可以不断地发出力来，那个实体永远保持不变，不会消灭。但是现
在不是了。力的保持不需要另外有个实体，它只要在它的现实作用中，
就能够保持它的自身，它是把自己作为本质保持着。力本身就是这样的，
你有力，但是这个力并不是由于你，而是由于这个力把自己用出来了，它
是在现实的使用中才保持着的。在现实中作为现象来说，它当然是消失
着的，但作为本质来说，它是保持着的。力在现实中必须要在它的消失
过程中，它才能够保持下来。力这个概念就是这样保持下来的，力的概
念不需要有一个载体；或者说力本身就是一个载体，只不过这个载体是
消失着的，它不是像实体那样，固定不变在那里实存着。"那**作为现实的
力**完全只存在于**表现**中，而这一表现同时又不过是作为自我扬弃而存在
的"，力的概念只有在现实中作为本质才保持着，那么在现实中它必须表
现出来，而这一表现又是自我扬弃的，它只有作为自我扬弃的过程才能
存在。所以作为力的表现，它又不能一直保持，力要表现出来，一旦表现
出来，它就实现了，但是一旦实现了，它也就消失了。这个消失不是说没
有了，而是被扬弃了，它保留在另外的表现、表现的表现中。这是两个层
面，一个是力的概念的层面，力的概念的层面不如说在它自己的现实性
本身中把自己作为本质保持着，这是从本质上看的。从本质上说，力的
概念只有在现实性中才能够保持。那么从现象来看，它不能够保持，它
也不需要保持，它必须扬弃自身。他说，"那作为现实的力完全只存在于
表现中，而这一表现同时又不过是作为自我扬弃而存在的"，力的表现它
是不能持存的，它要表现出来，它表现一下，它就完了。每一个力一旦表

现出来,它就完了,它就自身扬弃了。所以在这个意义上,它是不保持的。那么实体在这里就没有容身之地了。一方面从力的概念说,它只有在现实性中才作为本质保持着,你那个高高在上的实体太抽象了,也没有用,我可以甩开它,不用它。那么从现象来说,作为现实的力,它完全存在于它的表现中,而这个表现又只能是自身扬弃的。所以从这两个方面看,它都是不需要实体的,既不需要力的实体,也不需要力的表现后面有实体。力和力的表现后面都不需要有一个实体,只要有力和力的表现就够了。这是从现实性这个角度来看的。当然力的概念,跟现实性好像是两层皮,好像我们谈力的概念就是一,就是回到力本身。好像就把一切现实性抽象掉了;但是这个抽象的力的概念,作为本质来看,还必须要回到现实性中,它有两层,但是它不是两层皮,不是两个完全不相干的东西。当然力和力的表现还是有两个不同的层次,但是这里把内在的沟通表达出来了。关键就在于这个概念不是抽象的、僵死的概念,而具体的、能动的概念,是本质的概念,它自身能够体现为存在。在这一句中体现了黑格尔的存在、本质和概念三个范畴之间的关系。

这种现实的力当它被表象为从其**表现**中摆脱出来而自为存在着时,它就是那被逼回到自身的力;但是这一规定性如同所已表明的,实际上本身只是**表现**的一个环节。

这两层皮并不是完全不相干的,一个是现实的力,一个是被逼回到自身的力或者力的概念,它们是有关系的。什么关系呢? "这种**现实的**力当它被表象为从其**表现**中摆脱出来而自为存在着时,它就是那被逼回到自身的力"。这个句子缩短一下:这种现实的力就是被逼回到自身的力。从本质上看,这种现实的力就是那被逼回到自身的力。"当它被表象为从其表现中摆脱出来",也就是当它被抽象出来的时候。现实的力当然有力的表现,没有表现怎么会实现呢? 但是这种现实的力,你把它的表现抽掉,它就是那个被逼回到自身的力了,就是那个本体、那个作为一、作为力的概念的那个力,它就是仅仅作为主观能动性的那种引发者

438

了。"但是这一规定性如同所已表明的，实际上本身只是**表现**的一个环节"，这一规定，就是从表现中摆脱出来、被逼回到自身这样一种规定，现实的力要抽象出来，要提升到力的概念这样一个规定。它实际上如同前面所表明的，本身仅仅是表现的一个环节。也就是说，力的表现需要把自身抽象出来，把这个现实的力逼回到自身，以便把它作为自己的主动性环节；并不是从外面加在力的表现上一个力，一个作用者或主动者，而是表现自身从自身中抽身出来，把自己提升到了力的概念。这不是一种外在的技术处理，而是现实的力向力的概念的提升。这本身就是力的表现的一个环节，这表现自身就是能动的，它能够自己能动地从自身中抽象出能动的力的概念。当然它的另一个环节是被动性，这也是不可缺少的。

因此，力的真理仍然停留于只是力的**思想**；而力的现实性的诸环节，它们的实体性和它们的运动，都毫无支撑地坍塌为一种没有区别的统一性了，这种统一性不是被逼回到自身的力（因为这种力本身只不过是那统一性的一个环节），相反，这个统一性是**力的作为概念的概念**。

力的真理，也就是力本身了，也就是力的概念，归根结底，力的那个抽象概念才是它的真理，而它的那个表现只是现象，我们要透过现象来看本质，来看力的真理。力的真理仍然停留于只是力的思想，只是力的观念，而不是现实的力。当然它本身也是力的现实性的环节之一，但现在这个单独的环节成了力的真理。这一方面是力的思想观念，这个抽象的环节高高在上，它占据着真理性的位置，你也可以把它称之为实体，但是这个实体不是什么东西了，它就是一种力。我们现在有些人认为像实体这样的哲学概念是功能性的，就是说，这个实体不是一个东西，不是广延的物体，而是一种功能，功能也能成为一种实体，一种力的作用也可以成为一种实体。那么这种力的真理只不过是一种抽象的观念，一种思想的东西，它没有什么广延啊物体啊可以抓得住的东西。力的概念就是一种思想或观念，我们通常认为观念总是对某种东西的反映，但是在黑格尔看来概念本身、思想本身就是实体。所以力的真理总是高高在上，停留于一种思想观念。"而力的现实性的诸环节，它们的实体性和它们的运动，都毫无支撑地坍塌为一种没有区别的统一性了"，一个是力的概念，这是力的现实性的一个环节；至于力的现实性的其他环节，原先设定的力后面的实体性以及那些环节的运动，则由于力的真理性被归结为思想而一起坍陷了。在力的现实性的这些环节中，不管是引发者还是被引发者，主动者还是被动者，它们都毫无支撑地坍塌为一种无区别的统一性了。现实性的力里面我们以往所设定的那些实体，作用者是一个实体，被作用者是另一个实体，作用的实体作用于被作用的实体才产生了力和力的表现。但是现在，它们的实体性和它们的运动都毫无支撑地坍塌了，也就是没有实体了。实体本来的意思就是支撑者，现在力的后面已经毫无支撑了，所以它的各个环节都坍塌了，都被扬弃了，各环节的区别都成了无区别的统一性了。力的现象具有自我扬弃的本性，本来它是靠这个实体支撑起来的，它的实体支撑了整个运动，现在它坍塌为没有实体的统一性了，都被力的概念、力的思想所吞并了。所有的作用者和被作用者，引发者和被引发者都坍塌为一种统一性，这是一种什么统一性呢？"这种统一性不是被逼回到自身的力（因为这种力本身只不过是那统一性的一个环节），相反，这个统一性是**力的作为概念的概念。**"这个就反败为胜了，本来是低层次的，被逼回到自身的力本来只不过是在现象中统一的力的一个环节，它只是一个抽象概念，本身还不具备现实性，还有待于在其表现中实现出来；现在，当现象的力和力的表现一旦它们的实体在思想中坍塌为一种统一性，那么这种思想的统一性反过来就把现实的力吞并了，包含在自身之内了。我们讲物极必反嘛，作用力和反作用力一旦坍塌就没有什么作用力和反作用力的区别了，就只剩下一个唯一的抽象的力。我们在知觉中已经发现它们其实都是同一种力，那么这种力就是一种无区别的统一性。这种力不是那种被逼回到自身的力，因为后者本身只不过是那统一性的环节。这个抽象的、高高在上的力只不过是这个思想的统一性的一个环节,这个时候我们看出来了,当我们从最低层次的力,力和力的表现提升起来,达到了一种消灭一切区别的统一性的时候,这个时候我们可以把那个力的抽象概念看作是这个统一性的环节,就是这个力的概念在我们这个统一性里面只是一个环节。而这个统一性本身则是"作为概念的概念",就是不再是一个单纯抽象的概念,而是一个具体的概念,抽象概念只是它的一个环节。那这个具体概念是什么呢?那就是主体性了。我们前面在导言里就讲了,最重要的是要将实体同时也看作是主体。实体坍塌为一种统一性,但是实体作为一个抽象的概念还在里面,作为一个被逼回到自身的力,这个返回到自身的力只不过是统一性中的一个环节,或者说,抽象的实体性只不过是具体的主体性的一个环节。实体成为了力的主体的一个环节,力的主体不能像实体那样高高在上,它必须要进入到现实,从低层次做起。但由于这个实体性是它本身的一个环节,所以主体的力才是更高的实体、功能性的实体。所以这个实体性环节不是那个固定的实体,而是作为力的概念的实体,原来那个固定的实体已经不存在了,双方都坍塌了。一个是概念里面没有另外的实体了,概念本身就是实体,再一个力的现象背后也没有实体了,不需要实体,它就是力这个实体的一种表现。于是力的概念和力的表现都统一于主体,统一于一个作为概念的概念了。力的抽象的概念还不是真正的概念,只有具体的概念,即跟现实结合在一起,或者在现实里面生长出来的概念才是真正的概念。

因此,力的实在化同时也是实在性的丧失;在其中力毋宁说完全成为了另外一个东西,即成为了这种**普遍性**,知性首先或者直接地就把这个普遍性认作力的本质,而且这种普遍性也在力的应当存在的实在性中、在那些现实的实体身上证明它自己是力的本质。

"力的实在化同时也是实在性的丧失",力要表现出来,同时又是这个实在性的丧失,它是在消失的过程中表现出来的。"在其中力毋宁完全成为了另外一个东西,即成为了这种**普遍性**",普遍性也就是共相了,力在表现出来时还不是共相，它可以区分出作用者和被作用者，引发者和被引发者等等；但是在它实现出来、实在化的同时，这些实在的区别都没有了意义，都消失了，唯一保留下来的就是那个作为共相或普遍性的力，它们都是同一个力在那里表现了一番。一旦提升到这样一种普遍性即统一性，"知性首先或者直接地就把这个普遍性认作力的本质"，力本质上是什么，力本质上就是这种普遍性即共相。力也是一种共相，不管是作用者还是被作用者，能动者还是被动者，它们都是力。前面讲实体是无条件的共相，绝对的共相，那么力也可以看作是第二个共相，这就是力的本质。力的本质是下面一小节的标题。力的本质就是刚才我们提到的主体性。"而且这种普遍性也在力的应当存在的实在性中、在那些现实的实体身上证明它自己是力的本质"，这种普遍性证明自己是力的本质，如何证明？通过力的应当存在的实在性来证明，通过现实实体来证明。"应当存在"，就是说力从本质上说，它就是应当表现出来的，应当表现在存在中的，虽然它也许还没有表现出来，从逻辑上说，它高高在上，但是一旦表现为实在性，就证明它是这个实在性的前提。从本质上它应当表现出来，而现在它果真表现出来了。所以它也在现实的实体身上证明了自己是力的本质，因为在力的运动中，那些现实的实体都无非是力的运动的产物，主体在现实的实体身上证明它自己才是这些实体的本质。这里已经涉及到实体和主体的关系，建立起了"实体即主体"的关系。这个关系要转过来是很不容易的。前面为什么这么晦涩，要把实体理解为主体是很不容易的，要有高度的思辨，要分析它们的转化，它们的整个运动，在运动中的概念的推移，等等。最后得出，这样一种力的概念、力的思想只有在现实的实体身上才证明自己是力的本质。

{88}　　［二、力的内在本质］

前面讲力和力的交互作用，也就是力和力的表现，两种不同的力如何交互作用。但是最后它从这种交互关系中提升起来了，一个提升到力的概念，一个是力的作为概念的概念。力的作为概念的概念既把力的概念包含在内，同时也把它的现实性包含在内，力的概念在它的现实性上得到了证明，证明这种力的概念是力的作为概念的概念。那么这就进入到力的内在本质了，这个本质就是从力和力的表现、力的相互作用中提升起来的。

倘若我们把那**第一个**共相看作是知性的**概念**，在这里力还不是自为存在的，那么那第二个共相现在就是力的**本质**，如同这本质显示为**自在自为的**那样。　[96]

"第一个共相"就是实体。我们可以回顾一下这一章的开头，讲到"无条件的共相"现在是作为知性的对象，"这种共相已表明它自己是已从这样一种有条件的自为存在中返回到它自身中去了的东西"，并且"这个从现在起是意识的真正对象的无条件的共相仍然是作为意识的**对象**而存在的；意识还没有把它的**概念**作为**概念**来把握住。"（见前面贺、王译本第88页）当然，这是知性和知觉的层次上的区别。知性高于知觉的地方就在这里，知觉是以共相为对象，而知性是以无条件的共相为对象，也就是以实体为对象。但实体的缺陷在于它还不能表明自己就是本质，或者说，当它被当作本质看时，它却成为了非本质的。"倘若我们把那第一个共相看作是知性的概念，在这里力还不是自为的存在"，在实体那里，力还不是自为的存在。它还只是实体的一个属性，或者实体的一种作用，还不是实体本身。当然实体是自因。但是我们的知性把实体当作对象的时候，我们可以不去考虑力。力当然是创造世界的，但是实体本身可以被看作就是自然，如斯宾诺莎所说的，实体是自然，实体是神，实体是绝对存在，等等。但是力在这里不是自为的，它要依附于实体。我们考虑实体的时候，我们能够不考虑力，但是考虑力的时候，我们不得不考虑实体。所以在这里力是依附于实体的，它不是独立存在的。这是在"力和知性"一章开始的阶段是这样的。我们从知觉提升上来进入到知性阶段，首先是提出了实体的概念,在实体的概念里面,力的概念还没有出现,它还只是作为意识的对象,这个对象只是一个死板的概念,还不是"作为概念的概念"。但现在的层次不同了,"那么那第二个共相就是力的**本质**"。第一个共相是无条件的共相,那就是实体,第二个共相就是力的本质。"如同这本质显示为**自在自为的**那样",力的本质是什么样的本质呢?就是说这个本质不再只是实体的属性,如果是实体的属性,那它就不是自为的,或者不是自在的自为的,它还是附属于实体的。而第二个共相,就是力的本质,如同这个本质之表明为自在自为的那样,也就是独立的了。现在力的本质不再需要一个实体而存在,它自己就是实体,自己就能够存在。实体变成了主体,它是自在自为的,那主体也就是实体了。只有这样的主体才能是作为概念的概念,而不只是单纯的概念。

　　<u>或者反过来,如果我们把第一个共相看作**直接的东西**</u>,这东西曾经应该是意识的一个**现实的**对象,那么这第二个共相就被规定为对那感性的、对象性的力之**否定**;

　　这就是实体和主体或力这两种共相的不同了。第一个共相、实体,它是被看作直接的东西,"这东西曾经应该是意识的一个**现实的**对象",知性是把实体直接当作一个现实的对象来看待的,就是说这东西它本应该是现实的,实体之所以建立起来,就是要用它来解释万事万物,解释现实生活中的各种样式的。它应该直接对意识呈现出来,就像斯宾诺莎说的,实体对于意识是一个直接呈现的"真观念",我们凭借直观就可以确定它是现实的。"那么这第二个共相就被规定为对那感性的、对象性的力之**否定**",就是说第二个共相,跟第一个共相相比,它已经不是直接性的,而是间接性的,是通过否定来确立自身的,因此它反而是能够超脱现实的。前一个实体,万事万物都可以看作是实体,只要你立足于实体的立场,它对感性的样式就没有否定,只有肯定。斯宾诺莎的实体当然高高在上,但是它体现为样式,各种现象都是实体,各种现象的背后都有实体,所以他是泛神论。这是以前曾经的看法了,如果我们把第一个共相

看作是直接的东西，那就会是这样。最初我们就是这样看的，最初我们把实体看作是现实对象的载体，也就是在意识面前呈现出来的现实对象。但是第二个共相就不同了，它被规定为了对那感性的东西、对象性的力之否定。就是说第二共相是从感性的东西里面通过否定而抽象出来，超脱出来，不像第一个共相，只要把所有的有条件的共相放在一起，装进一个无条件的共相的大筐子里面就成了。我们是在力的交互关系中才达到了第二个共相的，这就是力的作为概念的概念。力的概念不是一个大筐子，一个容器，而是一种思想观念，它让所有的现实区别都坍塌于其中，被它所吞并了，因此它把自己的概念作为概念、作为能动的把握活动而把握住了。它就是对那感性的对象性的力之否定，是从那里面来的。斯宾诺莎的实体概念还是比较直接的，而力的共相是有中介的、间接的，不是板结的，而是通透的、有生命的。

它就是力，如同这力在其真实的本质中仅仅作为**知性的对象**那样；前者可能会是被逼回自身的力或者作为实体的力；而后者却是事物的**内在的东西**，这内在的东西与作为概念的概念是同一个东西。

第二个共相就是力，当然不是具体的这个力那个力，而是"在其真实的本质中仅仅作为**知性的对象**那样"的力。力的概念经过前面的抽象，已经成了作为概念的概念，体现了力的真实的本质，它就仅仅作为知性的对象，而不再在知觉中被看待了。也就是说，现在我们就可以来探讨力的"内在本质"了。如果力不是在本质中作为概念来看待，它当然也可以当作感性的对象；但现在它仅仅作为知性的对象，那才能规定力的内在本质。那是经过抽象之后的力，它是在后面所说的"超感官世界"中被规定的。力的内在本质如何规定？只能仅仅作为知性对象而在超感官世界中加以规定。力的能动性在运动中把自己提升到了仅仅作为知性的对象，而实体是不具有这种能力的。实体高高在上，它当然也是知性对象，它是第一个直接的知性对象；但是实体跟大千世界的样式是不可分的，它自己没有力量将自己跟大千世界分离开来。而力就可以，力在运动过程中已经把自己区分出来了,把自己提升到了仅仅是知性的对象。但实体如果作为力的一个环节,也有可能在力的逼迫下把自己仅仅限定在知性对象中,所以黑格尔说,"前者可能会是被逼回自身的力或者作为实体的力;而后者却是事物的**内在的东西**,这**内在的东西**与作为概念的概念是同一个东西"。前者,就是第一个共相即实体。"可能会是",这里用的是虚拟式,就是说假如它被当作力的一个环节来看的话,那它会怎么样呢?它就会是"被逼回自身的力或作为实体的力"了。这个我们在前面已经看到了,实体作为力的一个环节,它是被逼回到自身的力。这个实体已经不是斯宾诺莎的实体,而是能动化、功能化了的实体,作为力的实体。所以如果从力的共相这样一个被提升了的层次来看,回过头来看,前面的那个实体其实是被逼回到自身的力,或者是作为实体的力。这个实体如果你不从力的概念的角度看,它自己没有办法提升到仅仅是知性的对象,它跟知觉的对象难以区分。但是如果你有了力的概念这第二共相的角度,就可以看出前者也是力的环节,是逼回到自身的力。力被逼回到自身,那就成为了那个抽象的实体,那个抽象的一。自因是什么呢?就是被逼回到自身的力,自己是自己的原因,那不是把自身逼回去了吗?逼到了自身的根子上去了。当然这个自因已经和斯宾诺莎的自因意思不同了,不再只是存在因,而是动力因。或者是作为实体的力,力作为实体也就是主体作为实体,这个实体再不是第一个单纯共相的实体,而是具有了自我否定性和自我超越性的实体。斯宾诺莎的实体当然也有超越性,但是这个超越性是人为的,是根据人的眼光而设定的。黑格尔的实体则是由力自己提升上去的。"而后者却是事物的**内在的东西**,这**内在的东西**与作为概念的概念是同一个东西","内在的东西"(Innere或 Inneres)都打了着重号,这里面大有深意。前者即第一个共相是作为实体的力,后者,第二个共相,是事物的内在的东西,也就是那作为概念的概念的东西。第二个共相、力当然也有事物(Dinge),但是它只把各种事物背后的内在的东西当作知性的对象,那个东西是隐藏着的。第二个共相、力，解释了第一个共相，力在一个更高层次上解释了实体。那么剩下的东西就是力的感性对象，即那些事物。力在事物里面是内在的东西，是跟感性的东西区别开来的隐秘的力，像托马斯·阿奎那讲的，任何事物它之所以成为这样，是因为它有一种隐秘的力。在康德那里这就是自在之物，自在之物是内在的东西，不可知的东西，但是它刺激我们的感官，使我们产生经验材料、并且使我们得以在这些经验材料上建立知识体系。那么这个内在的东西与作为概念的概念是同一个东西，实际上，它是一种自发性，一种进行能动把握的主体性。实体作为知性的第一个共相，在这个意义上被力解释了，而力本身作为主体出现了。实体的概念已经被力的概念所取代。而力的概念本身，第二个共相，跟现实的事物结合在一起，但又超越了现实事物，成为它底下的内在东西。所以这第二个层次就是以事物的内在东西作为概念的概念。前面是一个抽象的概念，作为实体的主体。那么后面这个是力的作为概念的概念，就是在万物之中作为内在东西的力，也就是作为主体的力，它是可以撇开感性的东西，从概念到概念地进行考察的知性对象。所以现在变成两个抽象的东西，一个是作为实体的力，一个是作为主体的力。它们共同的构成了超感官世界。

［**I. 超感官世界**］

［*1. 内在的东西，外表现象，知性*］

要探究力的内在本质，必须分三步走。第一步是开辟出这个问题的问题域，这就是第一个标题 [I. 超感官世界]，内在本质只有提升到这个超感官世界的范围里面才有可能加以考察；第二步是在超感官世界里面去寻求规律，这就是第二个标题 [II. 规律作为区别与同一]；第三步，这种规律不是通常现象的规律，而是 [III. 关于纯粹区别的规律]。我们现在考察的是第一步，即划定"超感官世界"的范围。它又分为三个小标题，第一个小标题是 [1. 内在的东西，外表现象，知性]。

　　事物的这个真本质现在就被规定成了这样：它不是直接为意识的，相反，意识对于这内在东西有一种间接的关系，并且意识作为知性通过力的这种转换的中介，而窥见了事物的真实背景。

　　前面已经讲到了事物的"内在东西"。事物本身是作为知觉阶段的对象，那么在力的阶段，事物也是作为力的现实的东西出现的。那么它后面的这个内在的东西，我们知性要去追究它，就要把它看作是躲在事物后面的东西。"事物的这个真本质现在就被规定成了这样：它不是直接为意识的"，事物的真本质不是直接为意识的，就是它不是直接出现在你的意识面前的，而是间接的，需要你去追求。而在没有追求到之前，它甚至是你所意识不到的——当然这就是自在之物了。自在之物不会迎合你的意识，你必须要透过现象去看本质，通过某种手段去探求它。所以事物的内在本质不是直接为意识的，你要把它看透了，它才会是为意识的，但是那是间接的而不是直接的。"相反，意识对于这内在东西有一种间接的关系"，必须通过一个中介去看。"并且意识作为知性"，这个时候意识是立足于知性的高度去看，是从知性的立场上去看出意识的内在本质。怎么去看呢？"通过力的这种转换的中介，而窥见了事物的真实背景"。也就是意识作为知性，是通过力的这种转换的中介，才看到事物后面的真实背景的。什么是中介？中介就是力的转换，知性就是通过力的这种转换，即主动和被动、引发者和被引发者相互之间的这种转换，而看到了事物后面的真实背景，看到了内在的东西。虽然事物的内在的东西我们一时间还看不透，但是我们通过力的转换，就是凡是有力表现出来的地方，它都会转换，那么通过这个转换，我们就会看出事物的内在东西的背景了。即使内在的东西是尚未被认识的，但是我不要以为它是永远不可知的，像康德那样把自在之物看作永远在彼岸，虽然刺激我们而我们却不能认识它，它永远是作用者而不可能是被作用者，不可能承受反作用者，这是不对的。这是违反牛顿第三定理的，牛顿第三定理说作用力等于反作用力，你说这个物自体刺激我们的感官，但是我们对它永远不可知，永远没有反作用，那怎么可能呢？所以通过力的这种转换的中介，我们可以窥见事物的真实背景，事物底下的内在东西是可知的。

　　那把知性和内在东西这两端联合起来的中介，是力之展开来的**存在**，这存在对知性本身来说从此就是一个**消失的过程**。

　　"那把知性和内在东西这两端联合起来的中介"，现在有了两端，一个是知性，一个是内在东西。通常知性刚开始的时候对内在东西是未知的，它仅仅是知的对象，知性就是不满足于表面的知觉，要考察事物的内在东西，要研究事物的本质。因此就有两端，一端是知性，一端是内在东西，或者说一方是认识的主体，另一方是认识的客体，认识的对象。这个对象在没有被认识的时候，它是自在之物，只有在被认识了以后，它才是为意识的。现在它还不是为意识的，那么我们的知性就要去揭发它、反映它、认识它，透过现象去把握它。那么这里就有两端，就需要一个中介去联结它们。"那把知性和内在东西这两端联合起来的中介，是力之展开来的**存在**"，力本身有它的存在，但这个存在是展开了的、发展了的，也就是经过转换了的。上面讲了，没有这种转换，力就根本不能存在，力只有在展开或发展过程中才存在。这样一种力的概念就是把主体和客体、把知性和内在的东西联结起来的中介，是力的发展了的存在。如果没有发展，那不行，作用力和反作用力还没有相互转化。"这存在对知性本身来说从此就是一个**消失的过程**"，它这个存在、这个自在之物必须把自己消失在对我的刺激之中，那也就意味着我的知性只要把握到它的刺激，也就把握到它本身了，就把握到它后面的内在东西了。因为刺激就是一种力，而力就是实体。所以存在本身已经不存在了，它不是作为一个固定不变的自在之物，而是作为一个消失着的力的过程而存在的，否则它就不能存在。所以说黑格尔把康德的自在之物取消了，也就是在这个意义上说的。并不是说取消了客观存在，而是说所有的客观存在都化为力了，化为我们所能够认识的客观存在了。这本来也是康德的认识论原则，即统觉原则；但是康德还要留一个自在之物的尾巴在认识之外，在统觉之外，这就不彻底了，这就违背了力的原则。我们可以看到黑格尔在这里已经开始转了，从物理学和本体论转向认识论。知性达到一个超感官的世界就达到了一个认识论的维度。前面都是从实体和样式这种本体论的角度，现在从认识论的角度谈问题，要把握事物的本质，看看如何把握。这种存在对于知性来说，它就是一个消失的过程。

因此它就被称为现象（Erscheinung），因为一个在自己本身直接就是一个**非存在**的**存在**，我们便叫作映像（Schein）。

"它"，也就是力的展开来的存在，消失中的存在，它被称为现象。在现象中，我们已经发现了力的转换。力只有在它的引发者和被引发者之间相互转换，它才能存在。"因为一个在自己本身直接就是一个**非存在的存在**，我们便叫作映像（Schein）"，它本身直接就是一个非存在的存在，力就是这样的，它是消失着的，那么它当然就是非存在，但是它是以消失着的方式存在，所以它又是存在，力就是这么一个怪东西。力本身直接就是一个非存在的存在。不是说要通过一个间接的过程，从一方面看它是非存在的，从另外一方面看它又是存在的，不是这样；而是从同一个方面看，它直接就既是非存在的又是存在的，这就是力。那么这样一个本身直接就是非存在的存在，我们便叫作映像。映像（Schein）这个词有外表、光亮、假象等等意思，它来自动词 scheinen（照耀、发光）。在康德那里我们译作"幻相"，在黑格尔这里没有那么强的贬义，只是光照之下的显像的意思。在《逻辑学》的本质论中杨一之先生译作"映像"，这里用杨先生的译法。直接就在力的存在里面反映它的非存在，在力的非存在里面反映出它的存在，这就是映像，它的双方直接的互相反映。本质论的那些范畴都是互相反映的范畴，不像存在论的那些范畴可以分离开来谈，本质论里面的范畴都是一对一对的，每一对本质论的范畴都是一刻也不能离开的。比如原因和结果，你讲原因肯定就把结果考虑进来了，没有结果哪有原因，它们互相反映。它不像量和质，我可以单独谈量，谈数学，不必考虑质。在这里，谈作用力必须考虑反作用力，谈力的存在必须同时考虑它的消失，因为它不消失、不用掉就不存在。

但是它不仅仅是一个映像，而是现象，是映像的一个**整体**。这个作为整体的**整体**或**普遍的东西**就是**内在东西**所构成的，是**各个力的转换**作为这整体在自身中对自己的**反思**。

力是映像，也就是作为消失着的存在，非存在的存在，但它又不仅仅如此。我们走近了看，它不断地在消失中存在，刚一存在马上又消失了，各种力在不断地互相转换，这种映像让人眼花缭乱；但是离远点看，整体上它就是一个现象，它显现出来，形成映像的一个整体。这个映像的整体，作为整体来看的话，它就把一切转换和相互作用都包含在内了，不论它里面如何转换，所谓"肉烂了在锅里"，整体上都遵循物质不灭、能量守恒定律。那么这样的映像就达到了一个更高的层次，达到了作为概念的概念的层次。所以它不仅仅是一个生灭变化的映像，从它整体上显现给我们来看，力通过自我扬弃自我转换而获得的整体性就是力的作为概念的概念，或者说力的存在或非存在从整体看的现象就是力的作为概念的概念，它把自己提升到了一个高于具体的产生消失过程之上的普遍性层次。"这个作为整体的**整体**或**普遍的东西**就是**内在东西**所构成的，是**各个力的转换**作为这整体在自身中对自己的**反思**"，"作为整体的整体"就是整体本身，我们把这个整体单独拿来看，它就是超越其中那些个别环节之上的普遍的东西；而普遍的东西就是由内在东西所构成的东西。我们不是要求得内在的东西吗？内在的东西好像是很神秘的隐秘的质，好像是不可知的东西。但是整个现象的整体其实就是由内在东西构成的东西。这个作为整体的整体，在康德那里被表达为知性的"统觉的本源的综合统一"，所谓本源的综合统一就是知性的最高原理，它把所有的东西都统一起来，构成了现象界。那么作为整体的整体就是这个统觉，它是由内在的先验自我所构成的，统觉就是一切现象中事物的内在东西。康德讲，统觉建立起一个先验对象，但是这个对象在统觉还没有把经验材料纳入进来之前，它还不知道是什么东西，所以它还等于一个未知的 X。

这个X你可以认为它是自在之物,这个自在之物还没有任何经验的东西,就是说你可以思考它,把它思想为一个自在之物,但它本身是空洞的,没有任何经验内容来让你认识它。但是你如果把经验材料塞入进去,它就会变成一个经验对象。先验对象是用来思维经验对象的一个表象,一个工具,它是由先验统觉产生出来的,用来统一所经验到的对象。那么这个先验对象就是一切现象的知识中的内在的东西,它构成了经验对象的整体。它可以看作是自在之物,一切经验现象底下那个经验不到的东西,你可以思维它但不能认识它;但也可以看作这些经验现象之所以能够构成一个经验对象的内在先天条件。所以这个内在的东西是作为整体的整体而构成起来的,"是各个力的作为这整体对自己本身的**反思**"。在康德那里由各个力所形成的现象界有其先天可能性条件,当这些力出现了,比如原因导致结果了,那么它们对自己作为整体的反思,就会发现整体上它们都是由内在的东西所规定的,比如说由因果范畴和先验自我意识的统觉所规定的。那就是各个力的作为这个整体对自己本身的反思,也就是把整体中最内在的东西挖掘出来了。所有这些我所运用的力以及我所把握到的这些力的现象,你要从整体上反思一下,就会发现它们都来自于先验统觉和诸范畴,这都是些内在的东西。所以康德要追溯科学知识"何以可能",这就是一种反思,从我们已有的科学知识,我们要追溯它们何以可能,那就追溯到了先验统觉,追溯到了构成这个整体的内在的东西。康德的体系就是一个反思的体系。

在这整体里,知觉的诸本质被以对象性的方式对意识**建立**为如同它们自在存在的那样,亦即建立为没有停息、没有存在地直接转化为对方的环节,"一"直接转化为共相,本质的东西直接转化为非本质的东西,反之亦然。

"在这整体里,"比如说在康德的整个体系中,他是以先验统觉作为最高的原理。"知觉的诸本质"——知觉的诸本质就是指那些感性经验底下的本质,感性经验的本质是什么呢? 它本身是没有本质的,是我们的统觉才赋予了它们本质——"被以对象性的方式对意识**建立**为如同它们自在存在的那样"，这些知觉的本质在这个整体里面被以对象性的方式建立起来，就像费希特所讲的，"自我建立非我"，自我建立起对象。康德的先验的统觉把这些经验的材料建立为经验对象，那些感觉经验在他那里也是被以对象性的方式建立起来的，但他却不认为这些对象是"如同它们自在存在的那样"，而是认为它们只是现象，不是自在之物。但是经过了费希特的洗礼，在黑格尔这里，他认为对象知觉的诸本质实际上是被以对象性的方式建立为如同它们自在地存在那样，那些内在的东西如诸范畴就是客观存在的自在之物。你如果把康德的自在之物去掉，那么这些知觉的对象性本质就是自在之物。自在之物就是如同这些知觉的对象一样。黑格尔对康德最大的改造就是抛弃了自在之物，那么抛弃了自在之物之后，现象就是自在之物。那么这个自在之物跟康德的理解就不一样了，它就不再是不能认识的隐藏对象了，而只是被认识的东西的内在性，它是可以认识、可以揭示出来的。那么黑格尔的这个自在存在是如何样的呢？"亦即建立为没有停息、没有存在地直接转化为对方的环节"，康德的自在之物是有停息、有存在的。有什么停息呢？所有的认识在自在之物面前都要停息，要止步，自在之物是一个界碑，到了它的面前你就要停息，这种自在之物是一个固定的存在。而黑格尔所解释的这样一种自在存在呢，是没有停息，没有固定存在地直接转化为对方的环节。它们把自己的存在随时扬弃掉了，随时否定掉了。它们存在，但是马上又要否定自己的存在。在力的存在中就表现为这样一个转化的过程，这就是在转化中的自在存在，或者向对立面的转化本身就是自在的存在。这种转化就是："'一'直接转化为共相，本质的东西直接转化为非本质的东西，反之亦然"。一是单一呀，一直接转化为共相，单一的东西直接转化为普遍的东西。共相把多涵盖了，但是一不是多，一没有涵盖多。而共相是凌驾于多之上，作为多的媒介才成为共相的，所以一和共相在概念上是不一样的。一是单一性，而共相是涵盖多、覆盖特殊性的普遍性，单一性和普遍性怎么能相同呢？但是在这种转化中，一直接转化为共相了，单一的一种力直接成为了涵盖各种力的共相、普遍的力了。而且本质的东西直接转化为非本质的东西，力直接转化为了力的表现。你不要以为那些表现都是现象，都是非本质的，那些表现出来的现象就是本质，就是自在之物，反之亦然。就是非本质的东西也直接转化为本质的东西，力的表现在整体上就是力本身。

因此力的这种转换就是展开了的否定；但是这种转换的真理却是肯定，亦即**共相**，是那**自在地**存在着的对象。

这种转换实际上并不是转来转去，而是展开了的否定，也就是自我否定、否定之否定了。力的转换作为否定之否定是有方向的，不像牛顿物理学只看到它们转来转去，但是没有看到它们的方向。它转来转去不是在原地转圈，而是螺旋式的上升。转换即 Spiel 也有这个意思，就是说像玩把戏、玩魔术一样，转手倒腾，转来转去，但是最后出来的却是完全不同的东西，一个新的东西。"但是这种转换的真理却是肯定，亦即**共相**"，它最后玩出来的结果就是从否定变成了肯定，亦即一个共相。这种超越于一切个别事物、个别的力之上的共相，就是"自在地存在着的对象"，也就是后面所要讲的力的"规律"，它是知性所要探讨的对象。自在之物在康德那里是玩不出名堂来的，但是在黑格尔这里就玩出名堂来了，因为现象不是摆在那里的东西，让你去规定，而是它自身能够转换，螺旋式的上升，能够把真理变出来。也就是从本质上看，真正的否定、真正的转换就是肯定，也就是共相，而共相就是自在地存在着的对象，共相就是自在之物，但它是可以认识的，是知性的对象。

＊　　　　＊　　　　＊

上次我们把第 96 页 [贺、王译本] 第二段讲完了，其实这一段和下一段在德文版中是一个自然段，并没有划分。上一次我们实际上已经进入到超感官的世界。超感官世界如何来的？超感官世界就是从感官世界的现象里面提升起来的，当然我们上次讲到的这个地方还没有直接提出超感官世界这个词。这个标题 [I. 超感官世界] 是编者加上去的标题，但是他已经提示了这一点，从现象的各种力的转换中，我们已经上升到了超感官世界。上次讲到的最后一句话提道："但是这种转换的真理却是肯定，亦即共相，那自在地存在着的对象"，这种转换它本身是一种否定性的东西，是一种展开了的否定，因为各种现象互相转换，没有一个站得住，都是不稳定的，所以它们都有一种否定的性质。在现象界里面，各种力量转来转去，主动的变成被动的，被动的变成主动的，没有一个可以立得住。但是它们的真理却是肯定的，也就是说，所有这些转换的背后，那个真正的转换本身却是肯定的，它是一种共相，不管你是主动的力，还是被动的力，它们都是力。这种共相我们可以把它看成是自在地存在着的对象，那么现在我们的知性就有了一个新的对象，原来的对象就是力或者力的转换，但现在我们有了一个共相，即这样一种力的转换的真理，它是一个共相，一个肯定。这实际上已经进入到超感官世界了。我们看他下面怎么样来分析。他说：

——这个对象**对那个**意识来说的**存在**，是以**现象**的运动为中介的，在其中**知觉的存在**和感性对象性的东西一般说来只有否定的含义，因而意识由此反思到自身，就相当于反思到真实的东西；

先看这个分号的前半句。这个对象对意识的存在，也就是这个对象的存在，但这个存在是对意识而言的，是作为意识的对象而存在的。对意识而言的存在"是以**现象**的运动为中介的"。我们刚才讲了，通过力的相互转换，在现象界表现出来的力的表现成了中介，以这样一些力的表现、力的现象运动为中介，我们就可以过渡到这样一个"自在的存在对象"。但这个地方只考察"它对于意识的存在"，它是以现象的运动为中介的。我们上次已经讲到，黑格尔已经不受康德自在之物的限定，他认为，康德的自在之物实际上已经突破了界限，已经不光是自在的，而且也是为意识的了；而康德却自以为还守在这个边界上面，实际上当他守在边界上的时候，他已经突破界限了。你凭什么以现象转换作为中介就可以断言有一个自在之物在那边呢？这显然已经借这个中介过渡到那个对象了。这是黑格尔对康德的一种更高层次的理解，已经超过康德的自我认识。黑格尔是以现象的运动为中介，现象的运动也就是现象中那些力的转换的运动，他是以这个东西为中介来过渡到这个对象、进入到自在之物的存在的，使这个自在之物兼有了为意识的存在方面。他说，"在其中"，也是在现象的运动中，"**知觉的存在**和感性对象性的东西一般说来有只有否定的含义"，感性的对象性、感性知觉的经验性的东西只具有否定的含义，它们在现象中是立不住的，它们显现为一些自我扬弃的东西，虽然显现出来，但却是马上要消失的，要让位于别的东西。因为力与力的转换已显现出这样一个关系，所以它们只具有否定的含义。"因而意识由此反思到自身，就相当于反思到真实的东西"，意识在面对现象的自我否定的时候，它就反思到自身，发现这些否定的现象都是发源于它自身，在它自身里面才有真实的东西，这就相当于反思到了真实的东西。意识面对一个不稳定的对象，它肯定要反思到一个稳定的东西，一个共相，一个在这些不稳定的东西的背后，作为一种共相存在的对象，它不存在于现象界的对象中，而存在于意识自身中。也就是说现象不是真实的东西，现象背后的意识中的共相才是真实的东西，所以意识对于现象的反思，由此就反思到自身，反思到了意识本身。意识本身里面有一个更高的东西，用来作为这些现象的共相。比如说，我们上次提到的，先验自我意识的统觉。在康德那里就是这样理解的，先验自我意识统觉是使得这些现象成为整体的一个先天条件、一个先天原则，是纯粹知性的最高原理。那么这当然是真实的东西，而现象是不稳定的东西，是不真实的东西，它们变来变去。这种真实的东西是由意识对自身的反思所见到的。但同时意识在这样一种反思中所见的那个东西本身也是自在之物，康德的先验自我意识的统觉本身也是一个自在之物，先验的自我它是个什么东西，你要想认识它把握它那也是做不到的。但他毕竟通过意识反思到自身而达到了先验自我意识，这对于意识而言就相当于反思到了真实的东西。

但意识作为意识，又重新使这真实的东西成为对象性的**内在东西**，并且把对事物的这种反思和它对自己的反思区别开，——正如那中介的运动对于意识同样仍然是一个对象性的运动一样。

"但意识作为意识"，意识在这样一种自我反思里面还是一个意识，虽然康德说自我意识背后还有一个自在之物，但是自我意识本身还是一个意识。那么意识作为意识"又重新使这真实的东西成为对象性的**内在东西**"，就是先验自我意识这样一个真实的东西本来是通过意识对自身的反思而见到的，但它又把这样一个东西当作对象性的内在东西了，或者说意识并不认为自己内部的这个共相就完全是主观的，而是重新把自己当作对象，但是已经不再是像康德的自在之物那种意识之外不可认识的外在的对象，而是意识本身的内在对象了。意识把自身的最高原理也当作一个对象，在康德那里这个对象是一个超验的自在之物，在黑格尔这里则使这真实的东西成为了对象性的内在东西。自我意识本来就是这样一个意思，即把自己当作对象，那么这个先验自我意识本身也是一个内在的对象，它虽然是由意识的自身反思而得到的，但却不是主观的，而是客观对象性的。我在自己的意识中发现了一个客观的内在东西，客观共相或者客观思想。"并且把对事物的这种反思和它对自己的反思区别开"，对事物的这种反思也就是客观的反思，即在客观事物里面反思到现象背后的那个内在的东西，虽然是由意识反思到的，但仍然是客观的。这就是黑格尔意义上的自在之物，自在之物是在一切现象背后的那个东西。但必须把这种反思和意识自己的自我反思区别开来，意识自己的自我反思虽然把自己当作客观对象，但这种反思单就本身来说还是主观的，也就是说意识在反思自己的时候也把自己看作是一个主观内在的客体，而不是客观内在的客体。那么我们所面临的那个现象，那个对象，它有一个内在的东西作为自在之物，这是客观内在的；而我们作为意识主体也反思到主观内在的客体，这就只是康德那种主观反思，即只是反思到先验自我意识这个表象，它没有真正的客观性。或者说，这里必须把自在之物和自在之我两方面区别开来。我们现在有两个内在的东西，一个是自在之物，我们面前的这个杯子它就有个自在之物，它在里面，你看不见，你所看见的都是现象，它的内在的东西就是自在之物，这是一方；另一方，我在看的时候，我这个看本身后面也有一个内在的东西，那个是我们所看不到的，眼睛看不到眼睛自身，那个眼睛自身它也是个自在之物，也就是自在之我，即先验自我意识本身。这两个自在之物都是由于意识的自我反思而导致的，都是从现象反思到这个现象之所以可能的前提条件，而这样的反思所得出来的是两种不同的自在之物，一个是自在的对象，一个是自在的主体。所以意识作为意识，必须把对事物的反思和它对自己的自我反思区别开来。"——正如那中介性的运动对于意识同样仍然是一个对象性的运动一样"，正如那中介性的运动就是现象，就是力的转换，在现象中力的转换就是中介，这个前面一开始就讲到了，在现象中力的转换成为了中介，即意识用来反思到自身的中介。那么这种中介的运动对意识仍然是一个对象性的运动，就是说意识对自己的反思得出了一个内在的东西，但这个内在的东西正如意识用来反思的那个中介一样，同样是对象性的，并不因为它被意识作为反思的中介就不是客观的了。那么既然中介仍然是客观对象性的，则意识借此所反思到的内在东西也就是客观的内在东西。也就是有两个对象性的东西，一个是意识对自己反思到的对象性的东西，另外意识所面对的那个现象界也是对象性的，前者对后者是现象底下的内在东西。

因此对意识来说，这个内在东西是与它相对的一端；但因此这内在东西对于意识就是真实的东西，因为内在东西在意识中正如在**自在**中那[97] 样同样拥有它自己的确定性、或它的自为存在的环节；

先看这半句。"因此对意识来说，这个内在东西是与它相对的一端"，这内在的东西指的是意识在自身中所反思到的对象性的内在东西，对意识来说，这内在东西虽然是由它自身的反思所发现的，但却是与它相对的一端，也就是意识的一个"对象"。现在一端是意识本身，另一端是它自身的对象，这个对象性的内在东西与意识相对立。"但因此这内在东西对于意识就是真实的东西"，既然有意识和对象之间的对立，那么这个内在东西对于意识就是真实的东西，因为所谓真实的东西，所谓真理，就是意识要和对象符合，在主客对立时达到主客相符。那么所谓真实的东西就是意识要与对象相符合，尽管这个对象是意识自己反思得来的，它也要与这个对象性的内在东西相符合。意识要追寻客观现象世界底下的那个内在的东西，它就通过自身反思而在自身内部建立起一个对象，我们通常说感性只能把握现象，理性反思才能把握本质，就是这个意思。但意识的这个反思的对象并不是当下即得的，它作为对象的一端和意识本身对立，意识必须寻求与这个对象的符合；但这个对象已经不是感性对象，而是意识自己在自身中建立起来的对象，也就是内在的对象、知性的对象，意识符合这个对象那就是真理。因此，内在东西对于意识就是真实的东西，这个真实的东西现在已经进入到现象底下的自在之物，这跟以前不一样了。到了知性阶段，跟以前感性确定性和知觉阶段都不一样了，知性阶段的意识所追寻的那个对象是自在之物，是外部现象底下的那个内在东西。而且不是主观意识中的那种内在东西，不是像以前讲的说不出来的"意谓"，而是可以由知性来确定、来规定的客观的内在东西。所以它讲"因为内在东西在意识中正如在自在中那样同样拥有它自己的确定性、或它的自为存在的环节"，为什么内在的东西在意识看来是真实的东西，或者说是真理，就是因为内在东西在意识中，如同在客观的自在之物中那样，有它自己的确定性或它的独立存在、自为存在，如各种范畴，而不是依赖于主观意识的一种任意的幻觉。在意识中，内在东西的这种确定性不是感性确定性，这个时候意识已经是一种更高层次的确定性了，它已经立足于知性的高度，它的确定性是对客观对象、自在之物的确定性,当它还没有达到自在之物时,确定性就还没有确定下来。所以这种内在东西拥有自己的自为存在的环节,而不再是在现象中飘来飘去,随波逐流。

但是它还没有意识到这样一种自为存在的根据,因为那内在东西本应在自己身上拥有的**自为存在**不会是别的,只会是否定的运动;不过这 {89} 否定运动对意识来说,还是**对象性的**、消逝着的现象,还不是它自己**特有的**自为存在;因此内在的东西对意识来说虽然是概念,但它还不认识这概念的本性。

紧接上句,它,这个内在的东西,虽然在意识里面已经拥有了它自己的自在的确定性,拥有了自己的自为存在环节,例如先验自我意识这个内在东西虽然拥有了自己的诸范畴,这些范畴是它自己能够自为存在、能够独立自主地为自然立法的一套框架,"但是它还没有意识到这样一种自为存在的根据",没有意识到它之所以能够这样自为存在,是因为范畴其实是现象底下的那个客观的内在东西,那个自在之物的规定,那个才是它自身的根据。但在它的意识中这个自为存在是根据什么而自为存在,这一套范畴体系是从哪儿来的,凭什么它就能够用来为自然立法,这一点它还没有意识到。"因为那内在的东西本应在自己身上拥有的**自为存在**不会是别的,只会是否定运动",这里用的虚拟式。就是按照道理说,那内在的东西本应在自己身上拥有的自为存在,应该只是一种否定的运动,而这是它自己还没有意识到的,即没有意识到正是这种否定运动才是它的本质,是它的自为存在的根据。"不过这否定运动对意识来说,还是对象性的、消逝着的现象,还不是它自己**特有**的自为存在",在意识看来这种否定运动还只是体现在对象的现象上,只表现为现象世界的生灭变化、力的转换和消失;内在东西虽然在意识中有了自己的确定性和自为存在环节,但这种自为存在还是固定的一套主观的先天框架,是康德用来建构经验对象的一套先验范畴,而本身没有展示为一个否定的运动,或者没有像费希特那样"推演范畴"(黑格尔语)。所以这种自为存在就还不是内在东西"自己特有的"，而是内在东西外在地使用在经验对象上的现成的一套概念。"因此内在的东西对意识来说虽然是概念，但它还不认识这概念的本性"，康德虽然已经看到那超感性的内在东西就是纯粹知性概念，即诸范畴，但其实他还并没有真正认识到这些范畴和概念的本性，没有认识到它们的自我否定和向对立面转化的本性。就是说，如果把概念的本性看作就是自在之物的自为存在，那它就不是别的，只是否定的运动，正是这种否定运动导致了现象界的生灭变化和向对立方面的转换。但现在，这否定的运动对意识说来，还仅仅只是一种消逝着的现象，而没有看到这种自我否定的现象后面的超越性根据。在现象界各种各样的现象不断地消失，不断地变幻，它还不是自在之物自己特有的自为存在，不管它怎么变来变去，它都不能够反映出自在之物的作用，它不是自在之物做出来的，不是自在之物自己表现出来一种特有的自为存在。因此对意识来说内在的东西诚然是概念，但它还不认识概念的本性。对意识来说，内在的东西虽然已经是概念了，被意识到了，被知性想到了，但是还不认识它，没有看出它自身的理性本质或辩证本质。所以康德讲自在之物可以思维，但是不可认识，因为知性概念或诸范畴不能跨越这条鸿沟去把握自在之物，不具有自我否定的能动性，只能被束缚在主观中转来转去。这整个一段都是针对康德而发的，虽然他没有提康德，但是从上一段的后面部分到这一段，整个都是在对康德进行分析和批判。再看下面一段。

这个内在真实的东西、这个**绝对共相**，从普遍与个别的**对立**中纯化出来，并**为了知性**而形成起来了，在它里面从现在起才超出**感官世界**即**现象世界之上**，敞开了一个**超感官**世界亦即**真实的**世界，超出消逝着的**此岸**而敞开了一个永久的**彼岸**；即一种自在，它是理性的最初的、因而本身不完善的显现，或者说，它只是真理借以拥有其**本质**的纯粹元素。

"这个**内在真实的东西**、这个**绝对共相**"，指康德的自在之物。自在之物在康德那里也可以说已经是一个绝对的共相，就是他所谓的"先验对象"。先验对象之所以是一个绝对共相，是因为它无所不包，甚至也包括现象界的一切对象。我们前面讲了，康德的先验对象这个概念一方面它可以是指自在之物，另一方面它也可以是一个先验对象的表象，用来统摄所有的经验材料，以便形成经验对象。先验对象如果不把经验材料充实进去，那它就是一个空的东西，等于 X，我们不知道那是什么，所以这个概念就可以理解为自在之物。它不可认识，或者说尚未认识，你要用它指称一个对象，那它就只能是自在之物。但是你如果把它运用来统摄一切经验的材料，它也可以立马就变成经验对象。或者说一切经验对象里面你追溯它之所以可能的条件，你都可以追溯到它里面有一个先验对象的表象，它是自我意识用来统摄一切经验材料的一个必要的工具，必要的概念。这两种情况同样都是先验的对象，所以先验对象就可以说是一个绝对共相，无所不包、涵盖一切。这个绝对共相"从普遍与个别的**对立**中纯化出来，并为了**知性**而形成起来了"，普遍与个别的对立，这对象可以成为个别的经验对象，但是它本身又是普遍的、先验的，这种对立是康德始终未能解决的。现在我们把它从这种对立中纯化出来，也就是超越这种对立，让它不是单纯为了个别经验对象而建立起来，而是"为了知性"而形成起来，也就是只作为知性的对象。或者说它只是由知性造成的，知性仅仅为了自己而造成了它，知性把它仅仅作为自己的对象。严格说来知性所面对的对象就是这个超越感性之上的自在之物。对于其他的经验知识，当然知性也要把它造成，但是在康德那里还要另外借助于感性，一个知性，一个感性，合起来才构成了知识，而单就知性而言它本身的对象就是自在之物。所以在康德那里已经有这样一个意思了：这样一个绝对的共相、这样一个内在真实的东西只是为了知性而形成起来的。"在它里面从现在起才**超出感官世界**即**现象世界**之上，敞开了一个**超感官**世界亦即**真实的**世界，超出消逝着的**此岸**而敞开了一个永久的**彼岸**"，也就是说康德设立一个先验对象作为知性的对象，这个是有重大意

义的，在黑格尔看来这恰好揭示出了在它里面，也就是在这个绝对共相
里面，从现在起才敞开了一个超出感官世界即现象世界之上的一个超感
官世界，那才是真实的世界。当然这样一个真实的世界是处于消逝着的
现象世界的"彼岸"，它是经过康德的"纯粹理性批判"，纯化掉了此岸和
彼岸的对立之后才能提出的。只有当知性提出了这样一个自在之物，这
样一个把一切感官的东西清洗掉了以后被意识到的对象，才揭示出了一
个真实世界的光明天地。知性达到了把一个纯粹的自在之物作为它的对
象，走到这一步的时候才透露出了实际上有一个超感官世界作为真实的
世界站在你面前，"超出消逝着的此岸而敞开了一个永久的彼岸"。在康
德那里，这样一个彼岸、这样一个超感官世界是用理知世界（intelligible
Welt）来表达的。理知世界也可以说就是知性世界，理知世界就是知性
单独所面对的世界，它们不是知性所建立起来的，但是是知性所想到的，
知性可以思考它，但是不能认识它，在康德那里是这样讲的。当然黑格
尔在这里没有用康德的术语，但是我们可以从他的这个叙述里面想到它
实际是针对着康德来说的，它是完全没有感性的东西，完全超出现象界
的一个超感官世界，而这个世界是真正的真实的世界。尽管在现象界的
经验对象也可以在某种意义上是真实的，但是那不是绝对真实的，不是
终极真实的。康德也有这种说法，说自然科学知识当然是客观的，但他
这里所谓客观性也就是普遍必须性。但是康德又讲这还不是绝对的客观
性，这只是我们主体所建立起来的一种客观性，它是我们不能不遵守的、
普遍必然的；那么绝对的客观性是在这个之下的自在之物的客观性。由
此顺推的话，绝对的真理就是关于自在之物的真理，而不仅仅是关于现
象的真理，应该是这样。但是康德没有走到这一步，他把真理仅仅限定
在我们能够通过自己的经验认识把握到的，这在康德《纯粹理性批判》里
面是放在先验分析论里面作为"真理的逻辑"来讨论的。至于这个自在
之物的客观实在性，他认为这个已经超出了认识的范围之外，属于实践
或者道德的领域了，作为逻辑则是"幻相的逻辑"。后来到了费希特的所

谓"全部知识学的基础"，就把道德也纳入进来，作为知识来考察了，他已经跨越了这个界限，就是这个理知的世界实际是更深层次的真理，它比理论上的那种经验科学知识要更加根本，它涉及到背后的内在真实的东西。但是康德已经走出了第一步，就是说在这个感官世界和现象世界之上有一个超感官世界作为真实的世界，虽然他没有把它叫做真实的世界，但是他把它称之为绝对客观的世界、理知世界。那么这个绝对客观性当然就有它的真理性，但康德又认为它不可认识，所以他并不认为这是一个具有理论上的真理性的世界。但是黑格尔不受这个限制，他说超出消逝着的此岸有一个永久性的彼岸，此岸是消逝着的，现象世界都是一个否定一个，自己否定自身，那这样一个世界后面有没有一个留存着的彼岸世界呢？自在之物就是，这种绝对的共相才是真实的，共相是常存的，是不会随着流逝的。现象界流逝之后留下了一个共相世界，它的流逝不是完全否定而是扬弃，它恰好在它的流逝过程中指示了一个彼岸。那么这个彼岸，他说，"即一种自在，它是理性的最初的、因而本身不完善的显现，或者说，它只是真理借以拥有其**本质**的纯粹元素"。这个彼岸它是一种自在，即自在之物，它是理性的最初的因而本身不完善的显现，因为它还只是知性的对象，知性只是理性的萌芽，它所建立起来的彼岸自在的概念，里面已经包含了理性的萌芽。知性当它进入到超感官世界的时候，它已经摆脱感性知觉而进入到广义的理性的范围内了。康德的理性和知性这两个概念的界限也不是很清晰，他经常把知性也称作理性。黑格尔在这里规定，当知性提出一个超感官世界的时候，它已经初步进入到了理性的领域，但只是"理性最初的、因而本身不完善的显现"。提出一个超感官世界，它对理性的显现已经跨越了感性的界限，虽然在康德那里还没有跨越，它只是一个界碑，但黑格尔说过，凡是当你设立界限的时候，你就已经超出界限了。这种知性已经是属于理性的范围了，只不过它本身还不完善，它是理性的一种不完善的显现，或者说它只是"真理借以拥有其本质的纯粹元素"，真理要拥有它的本质，它必须掌握超感官世界的元素，也就是那些纯粹知性概念、范畴。超感官世界的真理就是用这些范畴建立起来并拥有它的本质的。我们在黑格尔的《逻辑学》中看到，所有康德挖掘出来的范畴在里面都有，黑格尔自己新创造出来的范畴倒不太多。康德的功劳就是把这些理性的真理元素在超感官世界的层次上提供出来了。只有在超感官世界的层次上我们才能谈本质问题，这时候我们就有了用来谈论的纯粹元素。这一段已经把"超感官世界"正式提出来了。超感官世界才是真正的纯粹理性的世界，康德讲的纯粹理性它还不纯粹，它还拖泥带水，还离不开经验的直观，离不了感性的直观。虽然他已经提出了一个理知世界，但却没有在认识论中展开。

因此从现在起**我们的对象**就是一个推论，这个推论以事物的内在东西和知性为两端，而以现象为自己的中项；但这个推论的运动又提供了对知性通过中项深入到内在东西里所窥见的东西的进一步规定，并且提供了知性对于被推论联合在一起这样一种关系的经验。

因此从现在起，从康德提出这个超感官的世界、理知世界以来，在这个基础之上我们才能够谈论下面的内容，从现在起我们的对象，"我们的对象"五个字都有着重号，我们的对象就是一个推论。意思就是说，"我们"是旁观者，现在讲知性，但是我们这里讲的不是知性的对象，而是跳出知性把知性本身当作对象，考察它在推论中的位置。前面讲康德已经达到了这样一个层次，一个阶段，这个时候我们去考察它，对于我们考察精神现象学的人来说，我们的对象从现在起已经提升了，提升到了一个推论。我们现在就以这样一个推论作为我们的对象，这个推论里面包含知性的结构，整个力和知性这一章讲的就是知性的结构。那么现在我们已经面对着这样一个推论了，当然在这个推论之中的人还没有意识到这一点，比如说康德，康德还没有意识到这一点，但是对我们来说我们已经看得很清楚，实际上他展示的是一个推论，在知性阶段我们面临的对象是一个推论。是什么推论？这推论"以事物的内在东西和知性为两端，而以现象为自己的中项"。一般推论有三项,其中两端加一个中项。两端中一个是事物的内在东西即自在之物,另外一个是知性,知性以自在之物为自己的对象,两者是主客观的对立。知性是认识的主体,内在的东西是认识的客体,这是两端,而以现象为自己的中项。知性要去把握自在之物,要去把握内在的东西,通过什么去把握呢?只有通过现象。当然康德没有意识到这一点,对我们旁观者而言我们看得很清楚了,现在是这样一个推论的结构了,知性想要去把握自己的自在的对象只有通过现象的中介,以现象为自己的中项,中项也就是中介,Mitte 这个词我们在涉及到逻辑的时候翻译成中项,在一般的时候翻译成中介,它本来就是一个中间的东西。我们知道一个三段论的推论有三项:大前提,小前提,最后的结论,实际上是三个词项的三种不同的组合,这三种不同的组合方式分别形成了大前提,小前提和结论。那么这三项中,现象是中项,现象是能够把大前提小前提结合起来的一个媒介。我们在这里这个三段论推论中,可以像康德那样把它看作是两个物自体夹一个现象,两个物自体,一个是对象世界的物自体,一个是知性本身,先验自我意识本身,也是一个自在之物,也是一个内在的东西。只有中间的中项它不是内在的东西,它是现象,但是没有它,你这两个内在的东西沟通不了,你必须要通过它。我们旁观者可以这样来理解。当然在康德那里还没有明确意识到这一点。"但这个推论的运动又提供了对知性通过中项深入到内在东西里所窥见的东西的进一步规定,并且提供了知性对于被推论联合在一起这样一种关系的经验",但这个推论的运动,推论肯定是运动着的,所以这个推论的运动又提供了对知性通过中项深入到内在东西里所窥见的东西的进一步规定。这句很长,我们把它简化一下:但这个推论的运动又提供了对知性所窥见的东西的进一步规定,知性所看到的东西在这个推论运动中得到了进一步规定。知性看到的东西,在哪里看到的呢?知性通过中项深入到内在的东西里所看到的东西。知性通过中项、也就是通过现象深入到了内在的东西,在里面所看到的东西。就是说现象和内在的东西不是像康德说的那样，有一个不可逾越的鸿沟，一个界碑，不能跨过去；恰好相反，知性正是要通过中项、通过现象去深入到内在东西，透过现象看本质。那么在这个运动中，知性透过现象所看到的东西又得到了进一步规定。也就是说知性所看到的东西本身也在运动，随着这个推论的运动，知性所把握的那个内在的东西也在运动，也在获得进一步的规定。"并且提供了知性对于被推论联合在一起这样一种关系的经验"，这个推论的运动一方面使知性所窥见到的那个内在的东西有了进一步规定，另一方面还提供了知性的经验。知性的什么经验呢？知性对于被推论联合在一起这样一种关系的经验。被推论联合在一起，这本身是知性所获得的一种经验，这三项通过大前提、小前提和结论，辗转相连，不是被隔断开来，而是被联合在一起。那么推论的运动，使得知性对这样一个联合有了经验。就是说这个推论在后面起作用，在这个阶段我们所经验到的运动过程背后恰好是由推论所决定、所规定的。所以这一推论提供了知性对于被推论联合在一起这一关系的经验，这是入乎其里，出乎其外。入乎其里，我们进入到推论里面，我们从康德那里获得了连康德自己都没有意识到的东西；但我们又要跳出其外，作为旁观者来看，我们可以清楚地看见康德在干什么，康德的经验在康德之外的人看来应该怎么概括。我们把它概括为一个推论，三段论；那么由此我们就可以看出康德所经验到的这一过程背后是这个三段论在起作用，这就提供了知性对这个三段论的关系的经验。"意识的经验科学"认为，我们从经验里面可以发现科学。所以它有两个层次，一个是它作为科学，是作为我们旁观者要追求的，要通过这种经验的描述来达到的；另外一个是在其中所经验到的那些观点，比如说康德，他能身处其中，但他没有意识到自身，他没有跳出来，没有从一个宏观的眼光把握自己的经验，但是它们是直接经验到的，它们拼命地在努力追求真理，同时就推动了这个经验，使得我们旁观者有一个不断更新的考察对象。你入乎其里，出乎其外，出乎其外了之后还要回到经验，去把握它，看它处于哪一个阶段，给它定性，给它定位。现在是超感官世界，它主要是通过康德的知性经验所达到的，所以在这里可以说黑格尔一方面对康德有批判，另一方面也可以说是对康德的肯定的评价。康德首次使得理性有了最初的显现，尽管还不完善，但是它已经提供了一个平台，这就是超感官世界。所谓"纯粹理性批判"，他第一个做到了，在他之前，所有的理性都是不纯粹的。他首次提出了一个纯粹的、理知的世界，一个超然的世界，这是他的最大的贡献。我们再看下面一节。

[2.超感官世界即现象界]

"超感官世界即现象界"，这是编者加的一个小标题，超感官世界一旦提出来，马上面临一个问题，就是它与它所超出的那个现象界、那个感官界是个什么样的关系。这个标题是"超感官世界即现象界"，说得很绝，说它们实际上是一个世界，不是两个世界。不像柏拉图所讲的，有个现象界，有个彼岸世界，两者毫不相关。这相当于说，超感官世界就是感官世界。他前面也谈到了，超出此岸世界有一个彼岸世界；然而这里却说，这两个世界还是一个世界，没有什么超不超的。这个怎么讲？

内在东西对于意识还是一个**纯粹的彼岸**，因为意识在内在东西里还没有找到它自己；这内在东西是**空的**，因为它仅仅是现象的空无，就肯定方面说，它只是那单纯的共相。

根据我们前面讲到的我们就好理解了，内在的东西、现象里面的自在之物对意识来说是一个纯粹的彼岸，是一个理知世界，没有一丝一毫感性知觉的东西掺杂其中，是一个纯粹理性的对象。"因为意识在内在东西里还没有找到它自己"，为什么是一个纯粹的彼岸，为什么跟此岸世界有一道鸿沟呢？之所以有这道鸿沟，就是因为意识在内在东西里面还没有找到它自己。它把内在东西、把自在之物看成是不以意识为转移的客观存在，那就是一个陌生的东西，一个外来的异己的东西。它没有在这个东西里面意识到它自己，所以彼岸和此岸是两个世界，不能沟通。
这是康德的这个层次。意识没有在对方里面看到自己，它在对方里面就
看到对方，看到异己的东西，还没有圆熟到在对方里面看出自己，看出对
方甚至就是它自己的本质，是它自己更深层次的东西。只看到了对象和
自我相互之间的区别，而没有看到它们之间的相互的等同。因此，"这内
在东西是**空的**，因为它仅仅是现象的空无，就肯定方面说，它只是那单纯
的共相"。这内在东西是空的，自在之物，它什么都没有，自在之物你不
可认识，它是空的概念，因为它没有现象。没有现象那就是自在之物，凡
是有现象的都不是自在之物，凡是自在之物就是把现象撇开，所以它仅
仅是现象的空无。如果你停留在仅仅是现象的空无，那它什么都干不了，
它就是一个空洞的无用的东西，就肯定方面说它只是单纯的共相。当然
它也有肯定的方面，你说它是一个空无，但是你毕竟说出来了有这么一
个空无，有这么一个自在之物。康德认为这个自在之物你又不能否认它，
在一切显现背后必定有一个显现的东西，这个显现的东西是什么我们不
知道，但是它本身是一个共相，一个"东西"，一个先验对象。我们前面
讲了，它是一个绝对共相，虽然它什么内容都还没有。就肯定的方面来说，
它只是那单纯的共相。它唯一的在肯定方面所获得的一个成果就是提出
了一个空无一物的共相，"单纯的"共相。

　　要做这样一种内在东西的智者（Weise），直接赞同某些人就是了，
这些人说，事物的内在东西是不可认识的；[①] 不过这一理由必须从别的意
义上去理解。

　　Weise，贤人，智者。要做这样一种内在东西的智者，在内在东西方面，
你要是一个有见识的人，如果你想要做这样一个人其实很容易，只要你
赞同某些人的说法就行了。"某些人"是指谁，他没有点明，当然就是指

---

①　这里暗示的是 A.v. 哈勒的诗《人类德行的虚伪性》（1730）："没有任何创造的精神能
　　深入到自然的内层，/ 何时它还将外表呈示给我们，就是万幸。"并参看康德《纯粹理
　　性批判》B333。——丛书版编者

康德了。"这些人说,事物的内在东西是不可认识的",我们认识的是现象,事物内在的东西是自在之物,那是不可认识的。你如果同意他,那你在这方面就是有大智慧的人了,因为你已经把自在之物所有的含义都已经把握到了。为什么你能把它所有的含义都已经把握到,因为它的含义就等于没有,你这个智者也是一个空头智者。看起来好像智慧,你说你已经把握到自在之物了,人家问你自在之物是什么呢,你说什么都没有。这当然是很有智慧了,最有智慧的人是最没有知识的人,自知其无知,这当然是一个智者。这里带有讽刺意味,你只要赞成康德,你就可以当这样一个智者,很容易。"不过这一理由必须从别的意义上去理解",黑格尔也没有完全否认这种智者说的话,内在东西是不可认识的,但是要从另外一种意义上去理解,才可以有它的意义。

对于像这里直接存在着的那样的内在东西诚然并没有现成的知识,但是这并不是由于理性太短视了,或者太受到限制了,或者人们所可能举出的任何别的理由(对此人们在这里还—·无所知,因为如此深邃的地方我们还没有深入到),而是为了事情本身的单纯本性,即因为在**空虚**中什么也[98] 得不到认识,或者从另一方面来说,就因为它正好被规定为意识的**彼岸**。

我们可以从别的意义上来理解,为什么事物是不可认识的,你直接来理解的话就是一个笑话了,但是你如果从别的意义上来理解,你可以了解其真正的含义。他说,"对于像这里直接存在着的那样的内在东西诚然并没有现成的知识",内在的东西如果是直接地存在着的那样,直接在面前的,比如说这个杯子,就在面前,在这个现象底下,有个内在东西。当然你既然说他是一个直接在面前的内在的东西,那就意味着它没有现成的知识。有现成的知识它就不是内在的东西了,它就被你把握到了,已经向你显现出来了,之所以说它是内在的东西,就是说对它没有现成的知识。但是这并不是由于理性太短视了,并不是因为我们暂时还没有现实的知识,我们随着知识的进步,一步一步可以深入到里面去把握它。而目前来说理性太短视了或者太受限制了,我们目前的理性,包括我们目前的手段，包括我们科学实验的手段，都很有限，这个杯子里背后的那个东西还没有来得及被我们认识。通常是这样理解的，它没有现成的知识，但是不排除以后会有逐步深入的知识。或者它受限制了，或者由于人们可能举出的任何别的理由，任何别的理由后面有一个括弧，这个括弧也是讲的类似的理由，比如对此人们在这里还一无所知，因为如此深邃之处我们还没有深入到。这样一类的理由黑格尔全部否定了。自然科学里面当然也必须设定目前我们尚未认识的东西，科学之谜，但是这些东西并不是原则上不可认识的，而是有待于认识的，只是由于我们目前理性太短视了，或者理性受到了某些限制而尚未认识。但是这里不是这些理由。不要从这些理由来理解内在的东西为什么没有现成的知识，对内在的东西没有知识不是因为理性还欠发达，而是为了事情本身的单纯本性。事情本身，这个概念我们前面多次提到，也是黑格尔的一个术语。在这里事情本身就是自在之物，那个单纯本性就是不可认识，"即因为在**空虚**中什么也得不到认识"。你已经把它设定为空虚了，那么你要再去认识它，那你就只能认识空虚。或者从另一方面来说，就因为它正好被规定为意识的彼岸。一个是因为你把它规定为空虚，你已经把它规定为什么都没有，凡是有的那都是现象，自在之物可思而不可知，凡是已经知道的都必须有经验，必须要有图型，必须要有时间空间才可知，自在之物在时空外，那么它当然是空虚的，里面什么都没有。所以凡是在空虚中就什么也得不到认识，"或者从另一方面来说，就因为它正好被规定为意识的**彼岸**"，前面是从内容上来说是空虚的，这里是说，你自己已经把它规定为彼岸，当然也就不可认识了，这是题中应有之意。所以不可知的东西并不是未知的东西，而是原则上不可知的东西，因为你就是这样设定的。这就是康德的意思。黑格尔在《哲学史讲演录》里也是这样批评康德的，就是说你已经自己把自在之物规定为不可认识的了，所有的认识内容都被你纳入了现象界，然后你说自在之物不允许认识，要建立一个界碑，这不是多此一举吗？

　　——然而这一结果正是如下的情况，如果一个盲人被置于一个内容丰富的超感官世界里——如果超感官世界有了这样丰富的内容,不管是它自己所固有的内容,还是意识本身才是这一内容——并且如果一个有视觉的人被置于纯粹黑暗之中,或者,听你的便,被置于纯粹光明之中,如果超感官世界仅仅是这种纯粹光明的话;这个有视觉的人在纯粹光明中与在纯粹黑暗中所看见的同样少,恰如一个盲人在摆在他面前的丰富内容中那样,什么都看不见。

这里举了一个形象的例子,这个例子也是为人们所熟知的,因为黑格尔在很多地方都提到这个例子,在《小逻辑》里面,在《自然哲学》里面都举了这个例子,就是在纯粹的黑暗中和在纯粹的光明中一样是什么都看不见的。说法有一点变通,这个地方说的是一个盲人和一个有视力的人。前面讲的是康德的自在之物,自在之物应该从原则上理解为不可知,原则上不可知那就根本不可知。一个是因为它的内容是空的,另外一个就是它置身于彼岸,我们不能超越。他说,"然而这一结果正是如下的情况",如果你这样理解的话就是如下情况,什么情况呢,就是"如果一个盲人被置于一个内容丰富的超感官世界里",这个感官世界假定它有丰富的内容,不管这内容是它所特有的还是意识本身的,但是我们是盲人,它再有丰富的内容我们也意识不到。康德也有这种设想,比如说我们人类没有理智直观,如果上帝有理智直观那么它就可以看到自在之物的内容,即它的直观的内容。它也许有,但我们看不到,因为我们人类只有感性直观而没有理智直观。对于超感官世界我们可以这样假设,如果超感官世界有这样丰富的内容,但是如果是一个盲人,处在这个虽然内容丰富的超感官世界之中,也会什么也看不见,因为眼睛是瞎的,因为康德认为我们人类是不具有理智直观的,我们不具有理智直观的眼睛。"并且一个有视觉的人",前面讲了一个盲人,现在我们讲一个有视觉的人,这个就更深刻了。前面讲的那个盲人相当于康德所讲的那个理智直观,我们人不具有理智直观,所以在理智直观的对象面前我们相当于一个盲人,尽管这个对象也许内容丰富,但是我们看不见。下面这个例子,"并且如果一个有视觉的人被置于纯粹黑暗之中，或者，听你的便，被置于纯粹光明之中"，不管你是置于纯粹光明中还是纯粹黑暗中，他讲，"如果超感官世界仅仅是这种纯粹光明的话"，超感官世界不可知，这就把它理解为黑暗了；但他说反过来也一样，你把它理解为纯粹的光明，情况是一样的。他说"这个有视觉的人在纯粹光明中与在纯粹黑暗中所看见的同样少，恰如一个盲人在摆在他面前的丰富内容中那样，什么都看不见"，这两种情况是一样的，什么都看不见。一个盲人在丰富的内容面前和一个有视觉的人在纯粹的黑暗中、或者纯粹光明中一样，什么都看不见。盲人和有视觉的人在这一点上殊途同归，要么你缺乏看见内容的眼睛，要么你有眼睛但是对象是纯粹的黑暗或者纯粹的光明。纯粹黑暗和纯粹光明都是没有内容的，纯粹黑暗没有内容那大家好理解，因为那是空无，黑暗就是什么都没有，就是空的。但其实纯粹光明也是空的，纯粹光明它里面没有任何区别，没有阴暗的东西把光明区别开来，没有阴影，没有阴影的世界也是一个看不见的世界，哪怕你有光明，哪怕你也有眼睛，但是你看到一片光明等于什么也没有，什么也看不到。这是很有名的一个例子，黑格尔经常举这个例子。

　　假如内在东西和通过现象与之联合在一起的东西没有任何进一步的事可做，那么剩下可做的就只有止步于现象面前了，这就是说，把某种我们明知其不真的东西当作真的；

　　先看这半句。"假如内在东西和通过现象与之联合在一起的东西"，这是虚拟式，即设想康德的主张，内在的东西就是自在之物，通过现象与自在之物联合在一起的东西就是知性，这是前面那个三段论所摆明了的；那么如果自在之物和知性各自处于彼岸，那么双方没有任何关系，无所事事，也就是知性无法对自在之物有任何认识，"那么剩下可做的就只有止步于现象面前了"，我们对两端毫无作为，就只有抓住中间这个现象，这个中介环节了。就像康德所说的，我们在现象面前不再能够超越了，我们只能够停留在现象里面说话，我们只能在现象的范围内来谈科学知识。科学知识如何可能，只有在现象范围之内才有可能，只有在可能经验的范围之内才有可能，那我们就只有止步于现象跟前了，剩下来就只有做这件事情。那么这件事情又是什么事情呢？"这就是说，把某种我们明知其不真的东西当作真的"，我们把现象当成真的，康德的"先验逻辑"的"先验分析论"叫做"真理的逻辑"，但其实它整个都只能够运用于现象界，运用于可能经验的范围，不许越界，不能够延伸到自在之物。所以这种真理其实只是我们的知性借助于现象而单方面把它建立起来的，但我们却把它称作真理，把它称为客观知识。为什么是客观知识，只是因为它在我们的现象界由于经过了范畴的整理而具有了先天的普遍必然性，而不同于休谟所讲的那种偶然的习惯或联想。但这种所谓的客观必然性是我们的主观在现象界所建立起来的。所以我们"把某种我们明知其不真的东西当作真的"，就是说，我们把现象界的某物当作某种真的东西，尽管我们明知它们并不是自在之物的真。先验分析论讲的是真理，只要具有普遍必然性的那就是客观的，就是真理；但我们又知道这是通过我们自己先天具有的各种范畴和原理运用于经验材料之上而建立起来的知识，它仅仅是经我们整理过的现象界的知识，而不是对事物本身、对自在之物的知识，从这个意义来说，我们其实又知道它不是真的，它不具有绝对的真理性、客观性。它只具有我们主观中所建立起来的一种"客观性"，我们认为它是客观的，在我们所认知的这个可能经验范围之内，它也的确是放之四海而皆准的，只要你不超出现象界。但是我们又知道它后面还有一个自在之物，那个是我们所不能涉足的，所以我们只能把某种明知其不真的东西"当作真的"（als wahr zu nehmen，相当于"知觉"即 Wahrnehmen），也就是只能止步于知觉跟前。康德认识论的真理只能停留于知觉面前，而不能进一步深入到背后的自在之物的真理，他已经有了知性，但却不知道怎么用，只好弄假成真。

或者说，这样一来，在这样的空虚之中，虽然这空虚只是作为对象性{90}事物的空虚性才形成起来的，但**作为自在的空虚性**，毕竟也必须被看作一切精神关系的空虚性和作为意识的意识区别的空虚性，——因而这样一来，在这种如此**彻底的**、甚至被称之为**神圣东西**的**空虚**中，① 毕竟还会有某种东西是可以用意识自己给自己制造出来的种种梦幻、**现象**去充实的；

前面讲我们把某种明知其不真的东西当作真的，而真正需要当作真理来探讨的领域，却被康德作为不可知的领域而放弃了，在那里留下了一片空白或空虚。这个"或者说"就是从那个未加探讨的空虚的方面来说的。"或者说，这样一来，在这样的空虚之中，虽然这空虚只是作为对象性事物的空虚性才形成起来的，但作为**自在的空虚性**，毕竟也必须被看作一切精神关系的空虚性和作为意识的意识区别的空虚性"，前面讲的是把不真的东西当真，或弄假成真；这里讲，换句话说，这样一来其实也就是把真实的东西当作空虚，或弄真成假了。但康德却不认为这是空虚，他留出自在之物不加认识，是为了还可以在这个领域里面做一些另外的事情。所以这空虚虽然只是作为对象性事物的空虚、也就是作为不可认识的自在之物而形成的，——自在之物也是对象性的事物，但由于不能认识而是一种对象性的空虚，——然而，这种"自在的空虚性"也毕竟可以被康德用在精神关系上，或用在意识本身的主观区别上，这些东西在认识方面都是空虚的。康德之所以要留出自在之物这一块空白，不让人们对之加以认识，就是为了精神的事情，或者用他的话来说，他要悬置知识，以便给信仰留下位置。当然，即使用在精神关系或意识自身的区别上，这种空虚仍然还是空虚，是不可认识的，只能幻想和悬设，而抓不住任何实在东西的。"——因而这样一来，在这种如此**彻底的**、甚至被称之为**神圣东西**的**空虚**中，毕竟还会有某种东西是可以用意识自己给自己制造出来的种种梦幻、**现象**去充实的"，为什么要设定这样一个自在的空虚呢，就是因为在这种如此彻底的空虚中，彻底到甚至可以被称为神圣的空虚中，——注意这个"神圣的空虚"，这个就已经涉及宗教，它是

---

① 黑格尔这里针对的似乎是艾申迈尔关于神圣者的言论。——丛书版编者

世俗的知识完全不可能染指的——在其中康德可以塞进某些"意识自己给自己制造出来的"东西,如种种梦幻和现象。这里"现象"打了着重号,就是说康德试图从这个自在之物的领域中完全排除现象,但实际上还是塞进了那些"意识自己给自己制造出来的"现象,实际上是一些梦幻。康德为了给宗教留下余地,他用三大悬设来建立我们的信仰。康德的三大悬设,自由意志、灵魂不朽和上帝存在,都是不可认识的完全空虚的东西,它们被看作在"神圣的空虚"中可以由意识自己为自己所制造出来的种种梦幻、现象。在这样一个空虚地带,在我们的知识所不能达到的地带,我们就可以为了信仰而用种种自造的梦幻和现象去充实它了,比如康德所讲的,我们设定灵魂不朽,设定上帝存在,但是我们知道这是我们设定的。它们不是知识,我们设定它们是为了我们的道德,我们的实践。而在黑格尔看来,这样的一种悬设无非是一种意识自身所制造出来的梦幻,一种主观中的现象或者心理现象,我们用来充实这个自在之物。自在之物,既然知识不能进入,那么我们在里面就可以为所欲为了,我去设定一个东西,只要你不能用经验驳倒它,那么我的设定就是无可非议的。虽然我也不能证实,但是我可以设定它,设定它是为了别的理由,为了道德的理由,为了实践的理由。但在黑格尔看来这是一个梦幻,是没有根据的,是想象出来的东西。你把信仰建立在这样一种梦幻的基础之上,那当然是不可靠的。这是我们这样做的理由,或者康德这样做的理由,这样做为的是毕竟、好歹在这样的空虚之中为意识所制造出来的种种梦幻留下余地。总之,这个自在之物的空虚,它首先被看成是作为对象性的事情的空虚,但作为自在的空虚性,它本身也被看作一切精神关系的空虚性和作为意识的意识之区别的空虚性。它为宗教和信仰留下的位置其实是一个空虚的位置,如同一场梦幻。接下来:

那样意识就不得不容忍它所受到的如此糟糕的对待,即既然梦幻性都比它这个空虚性还要好一些,那它就会不配有什么更好的待遇了。

如果我们姑且承认那个现象是真的,但是我们知道它不是真的,但

476

我们又认为自在的真理是我们追求不到的，我们要在这方面留下一块空虚的地盘，留下来干什么呢？为的是充实进某种东西，由意识自身所自造出来的梦幻去充实它。这构成实践理性的悬设，如自由意志、灵魂不朽和上帝存在，我们自己设想出这样一些理念来充实这个空虚性，以为这聊胜于无。如此，"那样意识就不得不容忍它所受到的如此糟糕的对待"，如果你留下一些余地然后又用你所幻想出来的东西来充实它的话，你就不得不容忍它所受到的如此糟糕的对待，即受到众人的嘲笑。这是一个虚拟式，假如我们按照康德的设想这样做的话，那么意识就必须容忍它所受到的如此糟糕的对待。什么糟糕的对待？"既然梦幻性都比它这个空虚还要好一些"，那人们还会认真对待它吗？康德说空虚性没有关系，不可认识没关系，我们毕竟还有这些悬设呢。但这些悬设离开认识在黑格尔看来就相当于梦幻。完全的空虚性最后是为了把梦幻带进去，这说明梦幻都比空虚要好，必须要设立一个上帝存在，或者灵魂不朽，否则我们不能忍受。必须把这样一些悬设，这样一种梦幻的东西，要把它带到空虚里面去，否则这个空虚无法忍受，你提出了一个理知世界，但是又什么都不说，这个是没法忍受的。知识已经谦虚到这样一种自暴自弃的状况，宁可把梦幻带进去，把悬设带进去，这说明梦幻性都比它这个空虚性还要好一些，"那它就会不配有什么更好的待遇了"。也就是说，意识或者人的认知，人的知性，认识的能力，它在不可知论这里所遭受到的这样一种对待就比梦幻都不如，这是非常糟糕的，连你想象出来的东西都不如。意识在自在之物那里所得到的就是这样一种梦幻，如果没有这种梦幻那就更糟，那你连梦幻都没有，所以意识在这个方面得到的待遇就在梦幻之下。这是意识所能够获得的最糟糕的一种待遇。

我们再继续接下来讲，前面一段是对康德的自在之物做了一些批判，这个批判很深，也很透彻。但是，他这里讲的是力和知性，还不是要真正把它批倒，从中引出一个新的阶段，还刚刚只是引入到了理性的门槛。但还是停留在知性这里。所以，他这里讲的是康德已经达到的层次。在这方面，除了要批评它以外，还要指出它的贡献。那么下面就是谈到这方面。

但是那内在东西或那超感官的彼岸**生发**出来了，它**来**自现象，而且现象就是它的中介；或者说**现象就是它的本质**，并且实际上现象是实现着它的。

超感官世界毕竟已经被康德提出来了，现在的问题就是怎么理解它。超感官世界和现象，作为两个不同的环节已经被提出来了："但是那内在东西或那超感官的彼岸**生发**出来了，它**来**自现象，而且现象就是它的中介"。超感官世界来自现象，本来在康德那里它也是来自现象，康德对于超感官世界的解释很简单：既然有现象，就必然有显现者。当然，他认为这个显现者我们不知道，我们所看到的只是它显现出来的现象。但毕竟应该说，这个超感官世界是来自现象的，至少这个概念是从现象那里引出来的，而且现象就是它的中介。有两个超感官世界，一个是自在之物即内在东西，一个是自在之我即知性，这两个超感官世界之间有个中介，就是现象，这样就构成了三段论的一个推论。这个前面已经讲过了。"或者说**现象就是它的本质**，并且实际上现象是充满着它的"，这个就是黑格尔的引申了。现象就是它的本质，就是什么的本质呢，就是超感官世界的彼岸的本质，这个是黑格尔的一个很重要的观点。现象就是超感官世界的本质，这在康德那里是完全相反的，超感官世界才是现象的本质，但是这个本质是不可知的，而且现象是现象，本质是本质。而在黑格尔这里，现象就是超感官世界的本质，超感官世界来自现象，现象是它的中介，那现象岂不是就是它的本质吗？你要了解它，就必须要从现象那里了解。除了从现象那里了解，你还能从哪里去了解超感官世界呢？只有在现象里面，你才能了解到超感官世界的本质。所以他讲，现象就是它的本质，而且打了加重号，说明黑格尔在这一点上已经远远超出了康德的理解。"并且实际上现象是实现着它的"，直译为"现象是它的充满（Erfüllung）"或"现象是它的履行"，现象就是超感官世界的本质要从这个角度来理解，即超感官世界是在现象中实现自身的，只有在现象中才能实现自身。如果它高高在上，不接触现象，那是空的，那就不配得到比梦幻更好的待遇。你可以不认识它，你可以不管它，你可以把它看得比梦幻还空，那样会使它跌落到一个非常糟糕的处境里面去。但是，如果你真的想要探讨超感官世界的本质，那你就要掌握现象。现象就是超感官世界的实现或履行，实现就是本质。超感官世界是什么？必须要从它的实现中才能看出来。你撇开它的实现，撇开它的运动，撇开它的表现，你去抽象地探讨超感官世界是什么，那它当然是一个空虚，什么也没有，什么也不是。它要是什么，它必须要在现象中实现出来，所以现象就是超感官世界的实现。

　　超感官的东西是如同在真理中那样被建立起来了的感官的东西和被知觉到的东西；但是，感官的东西和被知觉到的东西的真理却必须成为现象。

　　超感官的东西其实就是感官的东西和被知觉到的东西，它们是一个东西；只不过超感官的东西是"如同在**真理**中那样被建立起来了的"感官的东西和被知觉到的东西。这个就把康德在超感官世界与感官、知觉现象之间建立的那道壁垒拆除了。超感官的东西就是感官和知觉的东西，只不过加了一个修饰语，就是"在真理中那样被建立起来的"。也就是说，感官的和知觉的东西真正说来就是超感官的东西，它们的本质真理就是超感官的东西。你如果把感官的东西和知觉的东西在真理中建立起来的，那就是超感官的东西了。超感官的东西不是那么神秘的、高高在上的东西，它就在感官的东西里面实现出来，它就构成感官的东西里面本身的真理，你在感官和知觉里面就看到了超感官的东西。只要你真正地理解了感官的和知觉的东西，那么它就是超感官的东西。问题就是说，一般人做不到这一点，他被感官所迷，他只看到浮面的过眼烟云的东西，而没有看到感官的东西里面的真理，没有看到在真理中，这种感官的东西是如何建立起来的，知觉的东西是如何建立起来的。"但是，**感官**

的东西和被知觉到的东西的**真理**却必须成为**现象**",感官的东西和知觉的东西的真理不可能像康德所说的那样躲起来,而必须成为现象。现象(Erscheinung)就是显现出来,超感官的东西必须显现出来。其实康德也说过,显现必须有一个显现者,他由此而确定了显现后面有一个自在之物;但他的自在之物本身却不显现,只显现它的后果。然而,自己不显现出来的显现者怎么能够叫做显现者?还不如叫做躲藏者。所以,既然自在之物是显现者,那显现者岂不就显现为现象了吗?显现者不显现哪有显现者啊,所以显现者就是现象。所以他讲,"感官的东西和知觉的东西的**真理**却必须成为**现象**",或者说必须成为显现。当然它作为真理已经不再是一些片断的、破碎的过眼烟云,而是作为确定的显现者,它使得这些现象成为了真实的现象。

所以超感官的东西乃是作为**现象**的**现象**。

超感官的东西是什么呢?就是作为现象的现象,就是显现本身。"作为现象的现象"也可以译为"作为显现的显现",就是指这种显现为现象的活动本身。超感官的东西就是显现本身。你如果把感官的东西和知觉到的东西从它们的显现活动本身来理解,那就是超感官的东西了。在这两者之间没有绝对的对立,感官的世界和超感官的世界不是绝对对立的,它们就是同一个世界;只不过感官的世界一般人总是从它的后果来看,而没有从它的原因、从它的活动本身来看,所以认为它和超感官的世界是完全隔绝的,比如说康德。但那样一种感官世界是破碎的,它是不成其为显现活动的现象,它是显现活动所褪去了的壳。康德的现象也有两个层次,一个是未经整理的现象,一个是经过整理的现象界。经过整理的现象界,那就是作为现象的现象,那已经是超感官世界(范畴)的产物了。而黑格尔进一步指出,作为现象的现象不仅是超感官世界的产物,而且更是超感官世界本身。整个感官世界都是超感官世界的显现活动而已,并没有什么未经整理的现象或显现活动的剩余物,所以超感官世界干脆就是作为现象的现象,即作为显现的显现。

——但是如果就这样想，以为超感官的东西**因此就是**感官世界，或者就是如同**对直接感性确定性和知觉而言**的世界，那就理解颠倒了；因为，毋宁说，现象并**不把感性认知和知觉的世界建立为存在着的世界**，而是把它**建立为扬弃了**的世界，或者在真理中把它**建立为内在的**世界。 [99]

这个破折号后面就转过来了，前面就是讲两者的联系，超感官世界是依托感官世界的，超感官世界就是感官世界中显现出来，并且实现出来的，因此它把感官世界看作是它自身的本质。超感官世界把现象看作它的本质，它必须在现象中才能够展示自己到底是什么，现象和自在之物之间没有不可逾越的鸿沟，是紧密地统一在一起的。而现在这句话就是又把它们区分开来了："但是如果就这样想，以为超感官的东西**因此就是感官世界**，或者就是如同**对直接感性确定性和知觉而言**的世界，那就理解颠倒了。"如果因为感官世界和超感官世界有如此密切的联系，你就以为超感官世界就是感官世界，没有区别了，或者就是如同对感性确定性和知觉而言那样的世界，那就弄颠倒了，那前面所有讲的都白费了。感性确定性和知觉是前两章的主题，如果你在这个阶段已经达到了超感官世界，而由于感官世界和超感官世界如此不可分割的联系，就把它等同于前面两个阶段，那就把事情弄颠倒了。正确的理解应该是，在知性的阶段，在超感官世界的阶段，我们已经从感性确定性和知觉这两章所讨论的主题提升到了知性的主题，但是这个知性的主题我们不能完全脱离前两章的内容来理解，而要看作是对前面两章内容的一种本质的重新把握，这才是顺理成章的。就是说，应该用知性阶段来统摄前两个阶段，而不能把知性阶段还原为前两个阶段。超感官世界与前面两章的感官世界和知觉世界是不可脱离的，它是前两个世界的自我回溯、自我提升，回到了它们的根本。这样来说，超感官世界就是我们所见到的感官世界，它就体现在感官世界中，它是这个感官世界的真理，这就是顺着的解释。但是，颠倒的理解呢，就把它归结为、退回到无非就是感性确定性和知觉的世界，就倒回去了。本来好不容易从那里走出来，你现在又退回去，那就是颠倒的理解。我们顺着一路走过来，走过来后你当然要时时回顾，你每一次提升，你对以往的回顾都更深一个层次，更准确地把握到了它的内在的东西，它是一种回溯，一种反思，不断地更深入地反思到它自身。那么，你走了这么长一段路，结果你最后还以为超感官的东西因此就是感官的东西，就是对感性确定性和知觉而言的世界，那样你就倒转回去了。那我们就不用提升了，所有的工作都白费了。本来是要把感官世界颠倒为超感官世界来加以理解，把超感官的世界理解为感官世界背后的那个根据，所以它才必须在感官世界里面实现自身，但它的层次不仅要比感官世界高，而且要更加深入。所以，你不能最后又把它归结到感官世界，那我们就不能前进了。"因为，毋宁说，现象并不把感性认知和知觉的世界**建立为**存在着的世界，而是把它**建立为扬弃了的**世界。"为什么不能颠倒？是因为现象并不把感性认知和知觉的世界直接就建立为存在着的世界，在现象中感官的世界还不稳得很，也就是在感性确定性和知觉这两个阶段，现象还没有把它们建立为存在着的世界，虽然有一个感性确定性，有一个知觉的世界，但是，它们在现象中并不是存在着的，而是消失着的。所以现象只是把这样一个世界建立为扬弃了的世界，"扬弃了的"这四个字打了着重号。也就是说这个感性认知的和知觉的世界必须要被扬弃，现象就已经把它们扬弃了，这样我们才能把它看作是超感官世界。就它本身所是的而言，你还不能把它看作超感官世界。这是从否定方面说的。从肯定方面说则是，"或者在真理中把它建立为**内在的世界**"，只有当现象把感官世界在真理中建立为内在的世界了，它才等于超感官世界。"内在的"也打了着重号。就是说，感官世界要如何才能看作超感官世界，首先你必须把它建立为被扬弃的世界，这是否定的方面；或者在真理中把它建立为内在的世界，这是肯定的方面，这样它才是超感官世界，这也才是"作为现象的现象"。超感官世界当然不是完全脱离现象，但超感官世界的这种现象它不是停留在感性确定性和知觉阶段的那样一个世界，而是感性确定性和知觉的阶段被建立为扬弃了的世界的时候，从它们的真理中发现它们底下的内在的东西，这才能够跟它相同一。感性确定性和知觉的真理就是内在世界，它是对感性确定性和知觉的世界的扬弃，扬弃以后自身就被建立为超感官的世界了。在这个意义上我们才能说超感官世界就是现象本身。所以现象也有两层含义，要么是作为直接显现出来的那种感性确定性，或者知觉，那种现象，未经整理，未经深入；要么经过整理和深入，经过知性和力等等这些概念的整理以后，那个显现出来的现象，那就是超感官世界本身的一种实现，它就是超感官世界了。超感官世界就是这样超感官的，就是在力的转换现象中，在知性从中所揭发出来的这样一种内在世界的对象中，它实现为我们的感官和知觉所能够看到的这个世界。超感官就是在感官世界中实现出来的，实现的是那种内在的东西，而这内在的东西是感官世界的真理。应该是这样一种关系，不能搞颠倒了。

　　<u>人们常常说超感官的东西**不**是现象；但这种现象并不被人们理解为现象，而毋宁说，它被理解为本身是实有的（reelle）现实性的**感官**世界。</u>①

　　人们常常说超感官的东西不是现象，康德尤其这样说，超感官的东西那就不是现象，那就是物自体。但他们所理解的这种现象其实并非现象，在这里黑格尔把现象（Erscheinung）区分出来了两层含义，通常的即康德所理解的那层含义仍然是一种表层的，这种现象并非黑格尔所说的现象，黑格尔赋予了现象某种更高层次的含义。虽然康德的现象也有两层意思，他用两个词来表示，一个是 Erscheinung，一个是 Phänomenon，后者应该是相当于比较高层次的现象了，作为一个希腊词它比较抽象一些，前者则比较具体一些。它们的区别是，前者可以是未经整理的，但也可以是经过整理的，译作"现象"；后者则是特指经过整理的现象界，我们译作"现相"。黑格尔没有在用词上做文章，他只是解释说，我这里讲的现象不是通常所讲的现象，通常人们所讲的现象是"本身是实有的现

---

①　黑格尔这里想到的也许是康德的现象和本体的区分。——丛书版编者

实性的**感官**世界"。这也就是康德的经过整理的现象,康德的现象毋宁说是本身是实有的现实性的感官世界,你把这个现象当作本身就是实有的,就是现实的,这样一个感官世界,你把感官世界当作本身是真实的,而不去寻求底下的那个内在东西,那就不是黑格尔的现象了。黑格尔的现象,他的这个感官世界还不能够本身就是真实的现实性,而是超感官世界的现实性。黑格尔的现象是超感官世界在感官世界中的实现,这才是黑格尔的现象。所以黑格尔这里讲,他们这些人所讲的并不是现象,并不是我所讲的现象,而只是自以为就是实有的现实的感官世界而已。而黑格尔讲的现象就是超感官世界的显现,超感官世界才是现象。就是现象实际上是在感官世界中实现出来的超感官世界,从这个角度上来讲,你才能说现象就是感官世界。康德的现象就是把感官世界当作本身真实的现实性,他不需要超感官世界,超感官世界只是在它之外作为一种刺激,它起了一下作用,但是现象的全部内容都没有超感官世界的份,超感官世界不能够进入到感官世界的一切现象的内容,那么这种现象就还不是真正的现象。因为作为真正的现象来说,它的本意就是显现出来。康德原来本意也是显现出来,那么你只有显现却没有把那个显现者显现出来,那怎么能叫现象呢?那只能叫显现的后果而不是显现本身。所以黑格尔这个现象倒是更接近现象的本意,就是显现出来,把超感官世界显现出来,这才是现象。

[3. 规律作为现象的真理]

这里出来了一个新的概念"规律"(Gesetz),有的地方也把它翻译成"法则",在社会领域中译作"法律"。但是我们在自然事物中把它通译为"规律",因为这里是讲的力和知性,特别是讲的自然界的自然规律,自然规律当然有时也译作自然法则,但是通常会翻译为规律。规律作为现象的真理,就是现象和超感官世界的这样一种不可分离的关系里面有一个中介,有一个纽带就是规律。那么这个规律我们看看他是如何引出

来的。他说，

　　作为我们的对象的知性恰好处于这样的地位，对它来说，那内在的东西最初只是作为普遍的、还未实现的**自在**而形成起来的；力的转换也恰好只具有这种消极的含义，而不是自在的，它只有这样的积极的含义，即作为**中介的东西**，但却在知性之外。

　　"作为我们的对象的知性"，现在我们不仅是运用知性，为知性寻求一个对象，而且我们也是作为一个考察者、旁观者来考察知性，我们把知性本身作为一个对象。作为我们的对象的知性"恰好处于这样的地位"，我们把知性做一个定位，知性现在处于一个什么样的地位呢？"对于它来说，那内在的东西最初只是作为普遍的、还未实现的**自在**而形成起来的"。知性所处的地位是这样一个地位，就是说知性的对象最初是要考察自在之物的，也就是内在的东西。我们前面讲到了，知性所要考察的是事物、表面现象底下的内在的东西，内在的东西对它来说是一种抽象的东西。自在之物排除了现象，里面空无一物，最初是考察这样一个东西。所以对它来说那内在的东西最初只是作为普遍的还未实现的自在而形成起来的，自在之物是普遍的一个对象，先验对象，但是它还没有实现出来，还没有充实以内容，还不具有现实性，它还是一个空的共相。这个时候的知性处在这样一个地位，它已经把自在之物纳入进来作为它的一个专门考察的对象，把内在的东西作为一个专门考察的对象，但这个内在的东西还未实现，还未充实，最初只是作为普遍的还未实现的自在而形成起来的。"力的转换也恰好只具有这种消极的含义，而不是自在的"，力的转换那是现象，也恰好只具有这种消极的含义，就是转换了就消失了，没有作为自在的东西实现，而只是与自在之物不相干的过眼烟云。也就是说，力的转换还不是内在的东西，只停留在现象层面，还没有直接进入到自在之物。力的转换只是变来变去的一些东西，无法稳固下来，所以它只具有消极的含义，是自我取消的，而不是自在的，是现象而不是自在之物。"它只有这样的积极含义，即作为**中介的东西**，但却在知性之外"，力的转换如果说它有什么积极的含义的话，那么它只具有这样的积极的含义，即作为中介的东西，但却在知性之外。力的转换是现象，现象只具有消极性，它是自我否定、自我扬弃的，它转来转去，停不下来，没有任何东西可以实实在在地抓在手里面，所以它只有消极的含义；那么它的积极的含义呢只是作为中介，它可以把我们引向自在之物，但是它本身并不是自在之物，所以它是在知性之外，属于感性。感性和知性是两个不同的来源，那么力的转化是属于感性的、经验的这样一个层面，它作为中介是从外部引导知性，引向内在的东西，引向自在之物，但是它不是自在之物本身，因此它也不是知性直接的对象，它是知性之外的对象。知性要去把握它必须要从外部引进它，必须外在地去使它和经验的东西相结合。康德讲知性和感性之间谁也离不了谁，但是这种结合是外在，就像把一块木头绑在腿上一样，这样一种结合，所以它们是外在的。但是它是中介，前面讲了，这是一个三段论，知性要把握内在的东西，那么感性的东西、现象的东西是中介，而力的转换就在这个中介之中。下面，

　　但是知性通过中介与内在东西的联系就是知性的运动，通过这种运动，这内在东西就会对知性实现出来。

　　力的转换作为一个现象它只是一种中介，它在界限之外，它是被动的，它有赖知性去统摄它；在康德那里，知性的先验自我意识通过统觉把所有的经验材料统摄在一起，但是那种东西在知性之外作为一个中介，却并没有引导我们去把握自在之物。"但是知性通过中介与内在东西的联系就是知性的运动"，这就是黑格尔的观点了，即知性通过这个中介，通过这些现象，其实已经与内在东西发生了联系。知性的真正的对象就是内在的东西，就是自在之物，就是物本身，但是它不能撇开这个中介来与内在的东西发生关系，它必须通过中介与内在的东西发生联系，那么这种联系就是知性的运动。知性的运动就是通过中介与内在的东西建立一种联系，知性自己就运动起来了。知性不是一个最高的点，而是一场

活动，自我意识也不是一个点，而是一场活动，它要把握现象，把握现象
就是为了把握本体，就是为了把握内在的东西。"通过这种运动，这内在
东西就会对知性实现出来"，通过知性把握这些现象的运动，内在东西就
会对知性实现出来。知性把握了现象就是把握了自在之物，没有什么在
现象之外在现象之后的一种不可认识的自在之物。不能像康德那样，你
虽然认识了，但是它又不是真的，后面还有一个自在之物。后面什么也
没有了，知性把握到了、认识到了的东西，它就是自在之物了，自在之物
就是这样的。所以自在之物既是自在的也是自为的，没有绝对不可认知
的自在之物，这是黑格尔对于康德的一个很重要的改造。下面，

　　——力的转换对知性而言是**直接的；但是真实的东西**在知性看来是
单纯的内在东西；因此力的运动同样只是作为一般**单纯的东西**才是真实
的东西。

　　这里又讲到力的转换作用，知性借助于力的转换作用这个中介把握
到了内在的东西，把握到了自在之物，但是力的转换本身对于知性而言
毕竟是直接的，只是它被知性当作了一个中介。知性它本身的对象就是
内在的东西，自在之物，但是它必须要通过中介去把握；知性通过力的转
换这个中介去把握内在的东西，这本身就是知性的运动，知性就是干这
个的，知性除了干这个没有别的事情可干。那么在这样一个运动中力的
转换对于知性而言是直接的，而内在的东西反而是间接的，虽然是知性
真正要追求的对象，但它只能够间接地去追求。所以他讲，"**但是真实的
东西**在知性看来是单纯的内在东西"，这个"但是"是一个转折，即虽然
知性直接的只是面对着力和力的转换，但是真实的东西在知性看来是单
纯的内在的东西，没有那么多复杂的转换。知性这样追求的时候，真实
的东西是内在的东西，而不仅仅是力的转换，力的转换让人眼花缭乱，任
何地方你都停不下来，那怎么会有真实的东西呢？只有通过力的转换，
进入到内在的东西，进入到单纯性，才会有真实的东西。所以对知性而
言真实的东西是单纯的内在的东西，不是那些复杂的转来转去、换来换

去的东西。力的转换是很复杂的,相互之间的关系,互相的向对立面转化,这些都是很复杂的,但是知性所要追求的恰好是一种单纯的内在的东西,这就是对知性而言的真实的东西。下面讲,"因此力的运动同样只是作为一般单纯的东西才是真实的东西",力的运动要被知性看作是真实的东西,就必须扬弃它的那样一种转来转去的复杂性。在知性看来,力的转换、力的运动作为中介,必须要引向内在的东西,你要引向内在的东西你必须要显现出你本身的单纯性来,否则的话你怎么能够指向单纯内在的东西呢? 内在的东西是一种绝对的普遍性,而你是各个特殊的东西、各种特殊的力在转换来转换去,所以力的运动同样必须成为一般单纯的东西才是真实的东西,才能引向内在的东西、自在的东西。那么这种作为一般单纯东西的力是什么呢? 如何从这种复杂的转换中得出单纯的东西来呢? 下面我们就可以看到,他说,

不过从这种力的转换中我们已经看到它具有这种性状,即那被另一个力**所引发**起来的力对另一个力来说同样也是**引发者**,另一个力本身也是借此才成为引发者的。

这个力本身在转化中肯定不是单纯的东西,不过我们从这里头可以提升出单纯的东西来,怎么提升? 他说,"不过从这种力的转换中我们已经看到它具有这种性状,即那被另一个力**所引发**起来的力同样也对另一个力来说是**引发者**,另一个力本身也是借此才成为引发者的"。这个我们前面已经讲了,我们在这里重复一遍,我们已经看到这一点了,引发者和被引发者之间是相互转换的,并没有一个固定的引发者或被引发者,每一方要起作用都要依赖于另一方,它们之间彼此彼此。所以就用不着再去区分,哪一个是引发者而哪一个是被引发者,转换又是由哪一个转换到哪一个,而只需把转换本身提取出来就行了。下面:

这里现成存在着的同样只是那种**规定性**的直接转化或绝对交替,这种规定性构成出场者的唯一**内容**,要么是普遍的媒介,要么是消极的统一。

这是对前面的分析，这样一种引发者和被引发者之间的相互转换，在这里是现成存在着的。现成在手的"同样只是那种**规定性**的直接转化或绝对交替"，那种规定性，比如说引发者和被引发者，这都是规定性了，它们在直接转化（Wechsel）或绝对交替（Austauschen）。力的转换本身就是直接的转化交替，如果你把它规定为引发者，它马上就是被引发者，你把它规定为被引发者它马上就是引发者，是这样一种规定性的直接转化或绝对交替，在前面的力的交换里面我们已经看出来了，这里现成在手地就有了这样一种直接转化。他说，"这种规定性构成出场者的唯一**内容**"，这种规定性，不论是引发者也好，被引发者也好，出场者、也就是显现出来的东西，它的唯一内容就是引发者和被引发者，你要加以规定的话，只能规定为引发者和被引发者。这种内容，"要么是普遍的媒介，要么是消极的统一"，这个前面也已经讲到过了，要么是普遍的媒介，就是所说的规定者的作用是普遍的，万物都在交换中，它是一种普遍的媒介，把万物都这样的连接起来了，要么是普遍的媒介；要么呢，是消极的统一，就是作用和反作用之间的相互统一，引发者和被引发者之间的相互统一，这种统一是消极的，它们的区别是消失着的。要么是普遍媒介，这个是积极的；要么是统一性，这是消极的统一性。消极的统一就是作用力和反作用力、引发者和被引发者都向自己的对立方转化，都被扬弃在对方中，这是一种消极的统一。因为所谓的作用力就是对反作用力的一种抵消，或者是对于阻力的一种克服，它是一种消极的统一，不是一种积极的统一，不是说从里面又生出什么东西来。前面讲的普遍的媒介，那是积极的，作用者和引发者是积极的；而与对立面的统一是消极的，积极的作用者被它的反作用、被它的被引发者统一起来了。这种规定性构成出场者的唯一内容，要么是普遍的媒介，要么是消极的统一。这样一种规定在前面所讲的那个运动里面已经现成地存在着了。下面讲，

　　在这内容确定地出场时，这本身就直接终止了任何作为出场的东西的存在；通过这内容的确定的出场所引发起来的是另一方面，即由此而

表现出来的一方面；这就是说，后者现在直接就是前者本来所应当是的东西。

这也是对上面的一种解释，他说，"在这内容确定地出场时"，这内容是什么内容呢？即上面说的，要么是作为普遍的媒介，要么是消极的统一。当这个内容已经确定出现、已经现成在手的时候，"这本身就直接终止了任何作为出场的东西的存在"，规定的内容一旦出场，它本身就直接停止了凡是作为出场的东西的存在。出场的东西一出场，它马上就终止了自己的存在，它就不是这样了，它马上就是别样了，它是引发者，一出场，马上就是被引发者了。所以他讲，直接终止了任何作为出场的东西的存在。这话说得非常的别扭，非常拗口。意思也就是说，作为普遍的媒介也好，作为消极的统一也好，一旦这内容出场，它也就不存在了，直接消解了，因为它直接转换为对立面了，这就是力的转换本来的意思。这个意思前面已经多次提到过。"通过这内容的确定的出场所引发起来的是另一方面，即由此而**表现**出来的一方面"，也就是说力和力的表现通过这内容的确定的出场所引发起来的恰好是另一方面，即由此而表现出来的那一方面。力引发出了什么表现呢，引发出了反作用力。如果力没有引发起反作用力，那这个力就根本没有起作用，正因为它遇到了阻力、遇到了反作用力它才起了作用，所以它虽然自己不存在了，但引发起来了另一方面，即由此而表现出来的一方面。比如说力的表现，作用力在反作用力上得到的表现。"这就是说，后者现在直接就是前者本来所应当是的东西"，力的表现本来就是力应当是的东西，因为力就是要表现出来，本来就是要表现出来，本来力就应当是力的表现，如果不是力的表现它就不是力。这里没有什么新的东西，还是前面讲过的，虽然讲得很深奥，但实际上也没有那么深奥。他说，

{91}　　这两方面，即引发过程的**关系**以及被规定的对立内容的**关系，每一方面自为地**都是绝对的颠倒和换位。

引发过程要能够引发起来必须与被引发者发生关系，你引发什么，

当然是引发那被引发者，所以引发过程的关系与被规定的对立内容的关系，也就是与所引发的、被引发所规定了的对立面的关系，是两种关系，亦即形式方面的关系和内容方面的关系。引发起来去规定别的东西，这是形式的关系；那么那个被规定的东西就有与你相对立的内容，就有内容的关系。那么这两个对立的方面，前面是一个引发过程的形式的关系，后面是一个对立内容的关系，这两种关系"**每一方自为地**都是绝对的颠倒和换位"。这两种关系中都有双方，那么这两种关系中的双方每一方自为地都是绝对的颠倒和换位。引发者变成被引发者，被引发者变成引发者；引发者的内容变成了被引发者的内容，被引发者的内容又成了引发者的内容，所以每一方自为地、独立地都可以看作是能动的，自行都是绝对的颠倒和换位，不是由外面去给它颠倒了，而是它自己就给自己换位和颠倒了。颠倒（Verkehrnng）和换位（Verwechslung）我们这里在翻译时把它相对的固定下来，Verkehrnng 我们一般译成颠倒，Verwechslung 本来也可以译成交换、错位，我们把它翻译成换位，Wechsel 我们把它翻译成转化等等，还有一系列的，还有 Austauschung 我们翻译成交替，这些我们都把它们尽可能固定下来，因为这里头都有一些玄机。每一方自为地都是绝对的颠倒和换位，相互之间都在向对立一方转换，这都是在描述力和力的转换。下面，

　　然而这两种关系本身又是同一个东西；而**形式**上的区别即作为被引发者与引发者而存在，和那存在于**内容**上的区别，即被引发者作为被引发者亦即作为被动的媒介而存在，反之，引发者则作为能动的东西、作为否定的统一性或一而存在，这也是同一个东西。

　　前面讲了两种关系实际上是形式的关系和内容的关系，我们上一次已经谈到了这个问题，像 94 页（贺、王译本）第二段讲道："为了对这一运动的概念得到完整的理解，可以提请注意的是：这区别本身是在双重区别中显示出来的，一方面显示为内容的区别，因为一端是自身中反思的力，而另一端是诸质料的媒介；另一方面表现为形式的区别，因为其一

是引发者,其他是被引发者"。我们上次还讲到,内容的区别我们可以看作是本体论上的区别,就是这个事情本身的区别,而形式上的区别可以看作运动本身的一种转换的方式。这两个层次的区别当然本身也是有区别的。那么这里又提到了这两种关系,这两种关系本身又是同一种关系,形式上的区别和内容上的区别是同一种区别,它们这种颠倒也是同一种颠倒,这种换位也是同一种换位。看起来好像不同,一种是形式上的,力与力的交换,引发者和被引发者有不同的存在;另一种是内容上的,内容上的下面有解释了。他说,"和那存在于**内容**上的区别,即被引发者作为被引发者亦即作为被动的媒介而存在,反之,引发者则作为能动的东西、作为否定的统一性或一而存在",这就是内容上的区别。形式上的区别作为被引发者与引发者的区别,和内容上的区别即被引发者本身、也就是被动的媒介,与那相反方面的引发者,作为能动东西,作为否定的统一性或一,这之间的区别也是同一个区别。换言之,形式上的区别是作为被动者与能动者的区别,它们采取这样一种方式互相转换,是力的互相转换;而内容上的区别是指,在这种转换之中是一种什么样的东西在互相转换呢?被引发者是作为被动的媒介,普遍的媒介;与之相反,引发者是作为能动的否定的统一性或一,这双方是作为两个东西而存在的。引发者是一,是不可分的,引发者最开始的那样一种自发性的是不可分的,那么它的表现就是表现在被引发者身上,表现在反作用力身上,这就成为可分的。但是它最初的那一个引发是不可分的。所以它跟那个被引发者、那个媒介,跟那个通过引发和被引发而把万物联系起来的媒介,好像是有区别的。一个是能动的,不断地在冲撞、在冲突,另一个在不断地消解它这个冲突,不断地抵消它这个冲突,好像这两者是有区别的。但是这两种区别都是相对的。这样,内容上的区别和前面所讲的形式上的区别也是同一个东西,其实形式上的区别只是内容上的那种区别的一种表现而已,内容上的区别就表现为形式上力的转换,而在内容上恰好是一种被动的媒介和一种能动的一。能动的一可以看作是引发者,被动的媒介可以看作是被引发者，虽然是内容和形式的区别，但这个区别又是没有什么区别，它们是同一个东西，表现在两个不同的层次上面。这个前面也已经讲到了，一个是本体论的层次，一个是形式上转换的层次。下面，

这样一来那本应在这个运动中现成在手的**那些特殊的力**，一般讲来相互间所有的区别就都消失了，因为这些特殊的力只是建立在那些区别之上的；而且那些力的区别同样与那两种区别合并成了只是一种区别。　[100]

"这样一来那本应在这个运动中现成在手的**那些特殊的力**"，在这个运动中本来是应该现存于其中的特殊的力，作用力和反作用力，吸引和排斥，这都是一些特殊的力，本来应该是现存于这个运动中。比如说吸引和排斥，力一分为二，总是把自己表现为两个方面，吸引和排斥，现存有这两个方面。"一般讲来相互间所有的区别就都消失了"，现存的那些特殊的力它们的区别都消失了，因为它们都要互相转换。你能够把一个力固定为一个是作用力，另外一个是反作用力吗？那是不可能的。所以它们的区别，各种各样的不同的力，这些区别都消失了，因为这些特殊的力只是以那个区别为根据的，这里是分号。"因为这些特殊的力只是建立在那些区别之上的"，一旦那样的区别消失了，这样一些特殊的力也就消失了。所以他讲本应现存于这个运动中的那些特殊的力一般讲来相互间的一切区别便都消失了，这个是把前面所讲的特殊的力和一般讲来的相互间的区别联系起来讲，因为这些特殊的力只是以那些区别为根据的。那个区别消失了，那个特殊的力也就消失了。分号。"而且那些力的区别同样与那两种区别合并成了只是一种区别"，那些力的区别，作用力和反作用力，引发者和被引发者，它们的区别也同样与那两种区别合并成了只是一种区别，两种特殊的力的区别与那两种区别，一个是本体论上的区别，一个是形式上的区别，都合并了。内容上的区别和形式上的区别合并成了只是一种区别，它们本身中的区别消失了。但是不是没有区别了呢？还有区别，它合并成了一种区别，我们看看合并成了一种什么样的区别。他说，

　　于是，既没有力，也没有引发和被引发，也没有作为持存着的媒介和作为自身中反思的统一性而存在的规定性，既没有个别独立的某物，也并不存在种种不同的对立，相反，那存在于这种绝对转化之中的只有那**作为普遍区别的区别**，或者那众多对立都已经化归于其中的区别。

　　他说合并成了一种区别，一种什么区别呢？这一句话就解释了是一种什么区别。他说，"既没有力，也没有引发和被引发"，既没有力，这个时候没有力了，有力就会有力的区别，力的区别都没有了，那也就没有力了。也没有引发和被引发，引发和被引发相互之间转化了，那就没有引发和被引发了。"也没有作为持存着的媒介和作为自身中反思的统一性而存在的规定性"，从内容上来看，一方面是持存着的媒介，另一方面是自身中反思的统一性，这两种规定性也没有区别了。"既没有某个独立的某物，也并不存在种种不同的对立"，没有独立的某物，在力的过程中通常总是认为引发者是一个某物，被引发者是另外一个某物，它们两个是独立的，但现在呢都消失了，在最后归结为一种区别中，这些区别都消失了。"相反，那存在于这种绝对转化之中的只有那**作为普遍区别的区别**"，在这种绝对转化之中，绝对变化，变来变去，转换来转换去的过程当中，只有那作为普遍区别的区别，也就是把这个普遍的区别提升起来了，所有这些特殊的区别都是"作为普遍区别的区别"中的一个例子，那就把作为普遍区别的区别提升起来了。"或者那众多对立都已经化归于其中的区别"，各种各样的特殊区别都已经化归于这个普遍区别之中了。那么这种区别又是什么呢？下面讲了，

　　所以这种作为普遍区别的区别是力的转换本身中的单纯的东西，是这种转换的真实的东西；这种区别就是**力的规律**。

　　"规律"（Gesetz）这个关键词在这里出现了，就是所有这些区别都化归于规律的区别，这是唯一的区别。这个作为普遍区别的区别就是规律，所有的这些区别都变成了规律，作用力和反作用力，普遍的媒介和单纯的一，等等，所有这些相互作用相互转化，它们都是有规律的，它们的区

别就是规律, 就是在规律的层面上的一些区别。所以我们如果把规律建立起来, 所有这些区别都化归其中了。这些规律是什么规律呢? 我们可以看到, 牛顿物理学的规律是什么规律? 是一种数学原理, 自然哲学的数学原理, 力学的数学原理。在数学原理里面, 什么作用啊, 反作用啊, 什么普遍的媒介啊, 什么单个的一啊, 统一性啊, 什么独立的某物啊, 这个东西那个东西啊, 统统都不存在了, 它变成了一个公式, 一个数学公式, 力学的数学公式, 或者数学性的力学公式。它用一些符号来代替那些东西, 用 m 来代替质量, 用 v 来代替速度, 用 a 来代替加速度等等。牛顿三定律都可以用数学来表示, 用数学公式来表示。所以它的区别只是数学公式中的区别, 三个定理不同, 是因为它们公式不同。在三个公式里面, 在数字上面, 你已经看不出哪个是作用力, 哪个是反作用力, 或者哪个是统一的一, 哪个是媒介等等, 哪个是引发者, 哪个是被引发者, 这些东西都消失了。当然它们还包含在里面, 你可以去运用, 当你运用到一个具体的力的现象上的时候, 它们可以用来描述, 但公式本身已经超然于物外, 它已经完全是一个超感官的世界了。《自然哲学的数学原理》就是一个超感官世界, 这些原理都用数学公式来表达, 数学—力学的公式、定理, 牛顿三定理, 万有引力定理, 这些都是一些定理, 都是用数学公式来表达的。所以这些数学公式可以看作是作为普遍区别的区别, 它们是"**力的转换本身中的单纯的东西**", 在这个转换中, 它有很多复杂的东西, 也有很多复杂的关系, 还有具体的事物, 这个事物、那个事物, 这个东西作用于那个东西, 这些东西是独立的。但是在公式中, 在数学公式中, 这些东西都没有了。它是在力的转换本身中的单纯的东西。马克思说过, 自然科学只有当它能够用数学公式来表达的时候, 才是一门成熟的科学。一切科学只有当它能够用数学公式来进行量化的表达的时候, 它才提升到了规律。你口头语言的描述那是不够的, 你说, 作用力等于反作用力, 或者惯性又怎么样, 加速度又怎么样, 万有引力又怎么样。你用自然语言去加以描述, 那还不成为规律; 只有当你用数学公式把它表达出来的时候，数学公式里面那些字母符号是可以随便带入的，m 代表质量，那么这个质量可以是任何质量，你都可以代入进去——那么这就超越了感官世界了，它已经上升到了超感官世界，已经上升到了力的规律。力的规律也是有区别的，这种区别已经取代了所有其他的区别，超感官世界里面的区别就是力的规律中的区别。

那绝对转化着的现象，通过它与内在东西的单纯性或知性的单纯性的联系，而形成了这种单纯的区别。

所谓单纯性、单纯的东西，力的规律就是单纯的东西，它已经摆脱了一切感官的东西、现象的东西，把握了内在东西的区别，或者它就是内在东西的区别。它不再是外在的那些力的表现，那些可以用感官、用知觉描述的区别，而是力的规律中的区别。它是"绝对转化着的现象"，它也是现象，力的规律也还是现象，但是绝对转化着的现象，"通过它与内在东西的单纯性或知性的单纯性的联系，而形成了这种**单纯的区别**"。力的规律这样一种现象也有它的单纯的区别，这区别是通过它与内在东西的单纯性或知性的单纯性的联系而形成的。它是现象，但是它与内在的东西有联系，它与知性的单纯性也有联系，它是两者之间的中介。正是通过这种联系，通过它一方面与内在东西的单纯性相联系，另一方面与知性的单纯性相联系，而形成了单纯的区别。这样一种现象作为规律的现象，它里面的区别是一种单纯的区别，不再是感官的区别。它可以表现在感官之中，但它本身已经是单纯的区别了。所以这种单纯的区别与内在东西的单纯性有联系，与超感官世界的事物本身有联系，这就是我们通常讲的，规律把握到了事物的自在的本质，把握到了表面现象底下的内在事物的本质，自在之物的规律就是我们所认识到的自在之物的本质。同时规律与知性的单纯性也有联系，因为对于自在之物的这种普遍本质，我们只有通过知性的单纯性才能够认识住和把握住。所以这两端，一端是对象的内在的东西，一端是知性本身的单纯性，这两者在这个时候就通过现象的规律而发生了联系。而规律通过与这两方面的联系就形成了它自己的单纯的区别。

　　这内在的东西最初只是自在的共相；然而这个自在的单纯**共相**本质上同样绝对地是**普遍的区别**，因为它是转化本身的结果，或者说转化就是它的本质，但这转化已被建立为在内在东西中的了，正如它在真理中那样，因而就被作为同样绝对普遍的、静止的、始终如一的区别而被接受到内在的东西中来。

　　"这内在的东西最初只是自在的共相"，最开始内在的东西被看作自在之物，我们根本就不能认识它，这是康德的观点。"然而这个自在的单纯**共相**本质上同样绝对地是**普遍的区别**"，这自在之物、单纯的共相，从它的本质来说，它同样是绝对的普遍的区别，它本身应该是有区别的，应该有一种放之四海而皆准的区别。内在的自在之物不是不可认识的，而是通过一种普遍的区别来加以把握、加以认识的。"因为它是转化本身的结果"，因为这个自在之物的单纯的共相本身就是由转化升华而来的，是由这种力的交换，力的转换本身升华而来的结果。在力的转换中我们看出了这样一种普遍的区别，就是规律的区别。所以它是转化本身的结果，"或者说转化就是它的本质"。转化就是规律的本质，就是内在东西的这种普遍共相、普遍区别的本质，这就是规律。转化就是规律这个共相的本质。规律不是静止地摆在那里的一个自在之物，而是作为转化的转化。自在之物是什么？自在之物本质上就是转化，自在之物就是变化，当然不是感性现象的变化，而是作为普遍共相的变化，是绝对普遍的区别，也就是作为规律的变化。规律是什么？规律就是普遍的变化。规律它描述的就是一个东西是如何变化的，任何东西都是有规律地变化的，哪怕是没有规律的，我们也要找出规律来，要找到它的规律。没有"没有规律"之说，只是我们还没有发现它的规律。我们发现了它的规律，就理解了它的变化；它为什么要这样变化，就是因为它有这样一种规律。所以规律的本质就是转化、变化。转化就是这种共相的本质，那就是规律。

"但这转化已被建立为在内在东西中的了，正如它在真理中那样"，但这转化作为规律，已经不是一般的转化了，已经是被建立在内在东西中的转化了。规律是作为转化的转化，这转化是内在的东西，是自在之物的本质，是在内在的东西里面建立起来的。这样一种转化不再是在现象中、在感官世界里面那样转来转去的转换了，它已经提升到普遍性或共相了，它已经提升为内在的东西，提升为自在之物了。它是自在地建立起来的，是在事情本身里面建立起来的。规律的转化已经是对事情本质的一种把握了。所以它是在内在的东西里面建立起来的，"正如它在真理中所是的那样"。规律我们通常认为它就是真理，我们找到了一个规律，那就找到真理了，至少是"如它在真理中所是的那样"，因为我们相信自在之物、对象本身就是这个样子。要问这个转化在真理中是什么样子的，那就是规律。如果你还没有找到规律，那么你只看到转化，它还不是真理，它让你眼花缭乱，变来变去。但是，如果你找到了转化的规律，那么它就是这个转化如它在真理中那样向你呈现出来了，你就从真理的角度把它把握住了。"因而就被作为同样绝对普遍的、静止的、始终如一的区别而被接受到内在的东西中来"，在内在的东西中，在自在之物中，这个转化的规律就被作为同样绝对普遍的、静止的、始终如一的区别接受进来了。"同样绝对普遍的"，跟什么同样呢？跟原来那样一种普遍共相同样的普遍。原来那个普遍共相作为自在之物是不可认识的，那只是一个抽象的普遍共相，万物莫不有一个自在之物，莫不涵盖于其中，是这样一个共相。那么在自在之物中，我们现在已经进到了对它的规律的把握，那么这样一种把握，在内在的东西中，就被作为同样绝对普遍的、静止的、始终如一的区别接受下来。这跟康德的自在之物在有一点上是同样的，就是它也是普遍的，也是静止。规律也是静止的，规律为什么是静止的呢？我们汉语叫"定律"，为什么叫定律？定在那里，它是不变的，当然它就是静止的。这一点跟自在之物有类似之处。自在之物呢？现象可以变来变去，自在之物是不变的、静止的。但是，康德的自在之物是不可认识的，规律却是可以认识的。规律本身是有区别的，但是，这个区别是同样普遍的、静止的、始终如一的，它是放之四海而皆准的。那么它是作为同样普遍的、静止的、始终如一的区别而被接受到内在东西中来的。

或者说，否定是共相的本质环节，因而这否定或共相中的中介过程就是**普遍的区别**。这区别就在**规律**中被表达为不安定的现象之**稳定的**图像。

也就是说，否定是共相的本质环节。原来讲的那个共相，作为自在之物，作为绝对的共相，那里面还没有包含否定，在康德那里还没有包含否定，只是说现象对于它是一种否定。但是，还没有把否定看成就是共相本身的本质环节。那么这个否定性在现在它是什么呢？它就是区别。共相不是说毫无区别的，如果说毫无区别，那就像黑夜观牛，一切皆黑。那就像一个有视力的人在绝对的光明中和绝对的黑暗中一样，什么也看不见。那当然就是不可认识的自在之物了。但是，如果里面有区别，那就不同了，那就不是绝对的光明了，那就有阴影了，有区别就有阴影了。但这个区别呢，是共相的本质环节，"因而这否定或共相中的中介过程就是**普遍的区别**"。在共相中有区别，在自在之物中有区别，这个区别不是一种表面的区别，不是一种感官的区别，而是规律的区别。规律是有区别的，不但这个规律跟那个规律不同，在一个规律里面，在一条定理里面，也是有区别的，它有一种数学关系、一种数学的区别。但这是一种普遍的区别。因而否定作为共相的本质环节，它是共相中的中介，共相中的中介过程就是普遍的区别。这里既批评了康德的自在之物，也批评了谢林的无差别的绝对同一性。在共相中的中介不再是以前那样，仅仅是一个到此止步的界碑，不能再跨越过去了，而是有一个中介过程，这个中介过程就是普遍的区别。通过这个普遍的区别，我们可以把这个共相应用于牛顿物理学，所以它是一个中介，但它是共相里面的普遍的中介，可以用来指导一切对自然科学的研究。"这区别就在**规律**中被表达为不安定的现象之**稳定的**图像"，这个区别既然在规律中，它就被表达为不安定的现象中的稳定的图像，就是变中之不变，以不变应万变。现象都是不安定的,不断地转换,不断地眼花缭乱的转化,但其中有稳定的图像,那就是规律。在规律中的区别,被表达为一种稳定的图像,它是不安定的现象里面的稳定的图像,所以它可以用来表达那些不安定的现象,用来认识和把握那些不安定的现象。

于是那**超感官的**世界就是一个**静止的规律王国**,虽然是在被知觉的世界的彼岸。因为知觉世界只是通过不断变化来显示规律,但在这变化中同样是**当下**显示的,并且所显示的是变化的直接的无声的模本(Abbild)。

这句话是带有总结性的。"于是那**超感官的**世界",现在超感官的世界具有它确切的所指了,原来只是说内在的东西啊,自在的东西啊,自在之物啊,都是这样一些抽象的概念,那么现在它指的就是超感官的规律。"那**超感官的**世界就是一个**静止的规律王国**",例如一个定理的王国。静止的规律那就是定理,定律和定理的王国,这就是超感官世界。超感官世界如何建立起来?超感官世界如何具有它丰富的内容?理知的世界如何有内容?靠的就是规律。"虽然是在被知觉的世界的彼岸",被知觉的世界,五花八门,眼花缭乱,五彩缤纷的世界,它的彼岸才是规律。因为在规律里面,已经把一切知觉的东西、感官的东西,全都把它清洗掉了,它是单纯的。规律是单纯的,它的区别也是单纯的,它没有任何拖泥带水的东西。它完全就是用数学来计算,表达为数学的公式。所以牛顿物理学是自然哲学的"数学原理",数学原理就是一个完全的纯粹规律的世界、一个纯粹超感官的世界,它是在知觉到的世界的彼岸。苹果砸在牛顿的头上,牛顿通过观察,对整个天体的运动的观察,最后总结出来万有引力定理。万有引力定理已经把苹果也好,天体也好全部都取消了,不是完全否定了,而是扬弃了,而是超升出来、提升出来了,提升到了彼岸。规律世界是一个彼岸的世界。所以牛顿讲,他所展示出来的这样一个物理学的体系,是上帝创造世界的一种法则,是上帝的规律,是具有神性的规律,而不是尘世间的各种各样事物,不是掌握这个就可以做这件事情,掌握那个就可以做那件事情,不是那样一种技术。它是一种超越的、彼岸的规律。"因为知觉世界只是通过不断变化来显示规律"，为什么说规律王国在知觉世界的彼岸？因为知觉世界只是通过不断变化来表现规律，而规律的王国本身是静止的，是不变化的，是一个静止的规律的王国。就像柏拉图所讲的，万物都是理念世界的模本，万物都是不断变化、动摇不定的，所以永远达不到严格性、精确性。而彼岸世界、那个理念的王国是绝对精确的。"但在这变化中同样是**当下**显示的"，就是说，知觉世界只是通过不断变化来表现规律，但在这变化中同样是"当下"显示规律，而不是事后显示规律。正是在它变化的当时就表现出规律来了，所以两个世界其实是同时并存的，自在之物的规律当下就在现象中表现出来了。"并且所显示的是这变化的直接的无声的模本"，也就是说，这个规律虽然是在彼岸，但是并不是遥不可及，而就在知觉的这种变化的当下显示中，表现出了彼岸世界的规律。这有点像新教、路德教这样一种观点：上帝在我心中、上帝无处不在。也有点像泛神论所讲的，任何事物里面都有神。在知觉里面，在任何一个知觉的不断变化里面，当下就表现出了那个静止的规律。感性的现实世界是理念世界的模本，理念世界才是原本、原型，那么在知觉的不断变化里面，它所表现的恰好是这个理念世界的在变化中直接的安静无声的模本。这样一种不断的变化是对规律的直接的静止的反映，变化中有不变，在变化里面我恰好就可以看出它当下就有不变的东西呈现出来了。所以这个彼岸不能像一般人所理解的那样，跟此岸好像是完全不相通的，像康德所说的，中间有一道鸿沟，不能跨过去的。而在黑格尔这里，他已经跨过去了。按照新教的原则，没有什么不可跨越的鸿沟，人跟上帝是可以直接沟通的，此岸跟彼岸是可以直接沟通的，就在当下。不需要像康德那样设定一个遥遥无期的灵魂不朽，康德为了人跟上帝能够沟通，设定了一个灵魂不朽作为悬设。而在黑格尔看来，人当下就可以发现上帝创造这个世界的秘密。牛顿其实也是这样的，在每一个事物的运动中我们都可以发现上帝创造世界的秘密，而且是当下。虽然事物在变化，在运动，在不断的转换之中，但是在它里面恰好无声地表现了这种静止的规律。

*　　　　*　　　　*

我们接着上次讲的，关于规律，上次我们已经谈到了，黑格尔讲到的这种规律的王国，我们把它理解为在牛顿物理学中、在一般的自然科学中所谈到的那些数学公式，自然哲学的数学原理，即可以用数学的原理表达出来的那样一些定理和定律。那些定理和定律都是一些静止的王国，就是对于千变万化的自然界的万事万物运动的直接的静止的摹写。任何力在当时的机械力学的情况之下，都必须表达为能够精密计算的数学原理，它才能够得到把握。这些精密表达的公式当然不光是力学了，还包括光学呀、电学呀、磁学呀、化学等等，这些公式既然表达成了数学公式，那么它们在一定的程度上就是不变化的，是静止的。

[II. 规律作为区别与同一]

[1. 特定的规律与普遍的规律]

这是德文编者加的大标题和小标题。我们说规律是不变的，但是这只是相对而言的，相对于规律所概括的现象来说，它是变中之不变，它是千变万化的现象中一直贯穿下来、维持下来的一条规律。但是相对于别的规律，或者相对于更大范围的场合来说，它又是变化的、由此过渡到彼的，所以它跟其他的规律相区别的时候，又是要区别对待的。今天要讲的就是规律作为区别与同一。其中第一个小标题是特定的规律和普遍的规律。当然这也是编者加上去的，但是黑格尔也是在谈这个问题，就是说规律一般来说它是特定的，虽然它具有概括性，它是概括了事物运动变化的某一种场合，但它不是说能够涵盖一切场合。那么这个里头就有另外一个区别，有没有一种规律是涵盖于一切场合的，如果有，那就是普遍的规律。特定的规律和普遍的规律这个里头又有一种区别。我们来看看。

　　这一规律王国虽然是知性的真理，这真理借存在于规律中的区别而有其**内容**；不过同时这规律王国只是知性的**初步真理**，并未充满现象。

　　就是这样一个规律王国，我们前面讲到了，它是一个静止的王国，也具有它的普遍性。"虽然是知性的真理"，知性就是要把握真理，知性所面对的对象，那个对象本身是抽象的，它其实是要把握那个对象里面的规律，这一规律王国因此就是知性的真理。知性要把握的真理的王国，那么这个真理"借存在于规律中的区别而有其**内容**"，这个知性有什么内容呢？知性要把握对象，要把握内在的东西，没有内在的东西就是空的，只有把握了内在的东西的规律才有内容。为什么把握规律才有内容呢？因为规律本身有区别，规律本身就是区别。比如说你讲时间空间和速度，这个速度就是时间和空间的乘积呀。那么速度一变，时间和空间都要变化，它这个里头就有区别，它是怎么变的。时间不等于空间，时间和空间也不等于速度，它们必须要乘起来才等于速度。所以这些就是区别，这些区别赋予了知性考察的对象以内容。不然知性去考察内在的东西，没有规律的话，那岂不是空的，那岂不是抽象的、空洞无物的。正因为那个内在的东西是一个规律的王国，所以它才有内容。而规律的王国就在于每一条规律它都有一种区别，它都是一种区别。任何一条定理，一种公式，它都是固定的、规定好的一种区别，它跟另外一种定理定律是不一样的，它本身内部也是有各种关系的。但是他又讲，"不过同时这规律王国只是知性的**初步真理**，并未充满现象"。要把握规律，要把握规律的王国，要把握它内在的对象，知性当然要把握规律，但是这只是初步的真理。你要把握真理必须从这里入手，但是规律并未充满现象。规律的王国虽然作为知性的真理，但是并不充满着现象，就是它本来是要把握现象，在万变中把握不变，你把握了不变，那么现象你就把握住了，用规律来统摄了现象。本来是这样的，开始是这样想的，但是一旦进入，你就会发现，现象并不那么容易就范。你想通过把握规律就把所有的现象抓在手心，没有那么简单。这个规律的王国，这个抽象的真理并不充满现象。也就

503

是说并不是所有的现象都是规律了。我们通常讲要透过现象去看本质，透过现象去把握规律，这种说法本身就意味着现象本身还不是规律，还不是本质。规律并未充满现象，有些东西是偶然的、必须忽略的。比如说自由落体运动，虽然有公式在那里，但是在具体测量的时候，我们总要扣除掉一些因素，比如说空气的阻力。比如物体的密度，比如说海拔高度或者纬度等等，一些具体的情况。但是在一般的情况下，你可以把这些当作"误差"。你可以把你的误差率控制在百分之几或千分之几之内，它都是被视为有效的。伽利略在比萨斜塔上做的实验，其实也不一定就是 100% 绝对正确的，大体上正确就足够了。没有哪个科学家，他的实验是绝对的，100% 的可靠。一般来说，只要求误差保持在合理的范围之内，那么这些误差从规律的角度说就可以忽略不计了，你已经找到一条规律了。但是实际上从现象的角度来看，你怎么能够忽略不计呢？它们不也是现象吗？所以从现象的立场来看，有些东西是被撇开了的。所以，这里就说规律并没有充满现象，规律的王国只是知性的初步真理，你把握了规律，知性当然就是要这样做。但是呢，它还并没有充满着整个现象。

规律在现象中是当下的，但它并不是现象的全部当下；它在总是不同的情况下有总是不同的现实性。

"规律在现象中是当下的"，前面的上一段最后一句话已经讲了，规律"在这变化中同样是**当下**显示的"。规律在变化中总是当下显示出来的，并且表现的是这变化的直接的、静止的模本。规律具有当下性，不是说它是隐藏在后面的，它是当下表现出来的。"但是它并不是现象的全部当下"，因为有些当下被规律忽略不计了。"它（即规律）在总是不同的情况下有总是不同的现实性"，就是说现象千变万化，感性世界，现象世界，你要用规律去把握它，那么每一次把握，它的情况总是不同的。同一个自由落体运动，你在比萨斜塔上去测，和你在珠穆朗玛峰上去测，或者你在比萨斜塔上今天去测和明天去测，大气稀薄和浓厚，有风天和无风天，纬度和海拔高低，都会不一样。它总是在不同的情况下有总是不同的现实性。这就是说，它有多大程度的现实性，一般来说，有 99% 的现实性，我们就很满足了。有 99% 的准确率，那基本上就可以定了，我们不要求它百分之百，因为现实的偶然情况太多。你不可能把所有的偶然性都罗列在内，所以我们要允许规律有不同的现实性的程度。

因此它仍然为现象**自为地**保留有一个方面，这一方面并不在内在东西之中；或者说，现象还没有在真理中被建立为**现象**，被建立为**扬弃了的**自为存在。

"因此它"，它就是规律了，这个规律"仍然为现象**自为地**保留有一个方面"，规律对现象来说，它仍然为现象保留着一个方面，就是说保留有偶然性的方面。规律当然是讲必然性的，所谈的现象尽可能无逃于规律之外；但是现象总是要超出规律之外，所以规律总是要为现象自为地保留有一个方面。"自为地"保留，也就是为现象自己保留，它并不是说完全把现象吞并了，而是为它单独保留了一方面，没有把它纳入到自身之中。那么这个方面就"并不在内在东西之中"，也就是说并不受规律的完全控制。我们要给它留一点余地，说话不要说得太绝对，你要说得太绝对了，那总会有某些偶然情况把你说的东西打破的。现象中那些被规律所剩下的东西有自己独立自为的地盘，不在内在东西之中。所以你为了保险起见，还是把话说得稍微宽松一点为好。"或者说，现象还没有在真理中被建立为**现象**，被建立为**扬弃了的**自为存在"，也就是说现象通过规律还没有在真理中被建立为现象，现象整个来说还不是真理，虽然里面包含着规律，规律是真理的王国，但是它还留有一个余地，你就不能把全部现象称之为真理。所以现象还没有在真理的意义上被理解为现象。后面这个现象打了着重号，就是特指的作为现象的现象，就是现象本来应该是的那样的现象。而前面没有打着重号的现象，是我们非常偶然地看到的现象，这个现象跟真理、规律还不是完全重合的。它对于内在的东西来说还不是完全被覆盖了的。那么怎样才跟真理完全重合呢？那就是要建立为"**扬弃了的**自为存在"。也就是经过规律的扬弃，把这样一个现象的偶然性扬弃掉了，把它独立于内在东西的自为性也扬弃掉了。作为自为存在，作为一种独立存在，偶然的现象扬弃了自己的独立性即自为性，那么这个时候现象才是作为现象的现象，也就是说这个时候的现象就是规律了。前面有这个说法：超感官世界即现象界。现象本来是感官世界，为什么超感官世界即感官世界？那就是作为现象的现象。第99页（贺、王译本）的这个小标题：[3. 规律作为现象的真理]，也就是说规律就是现象在真理中所是的那种现象（也就是打了着重号的现象），作为现象的现象，那就是真理，就是规律。为什么这样说？因为对现象之所以要留有余地，或者说有些现象不是规律，不是真理，但是我们可以把它忽略，这种说法当然是一种权宜之计。因为我们人类的知识能力有限，它不可能把所有的现象里面的规律一次性地都找出来。但是原则上说，每一种现象它都是有规律的。包括被你忽略掉的偶然现象，那些掺杂进来的现象，它本身也是有规律的。你之所以把它忽略掉，只是因为它对你所研究的这个特定的规律而言，它是一种"偶然"现象，是一种必须被忽略的现象；但是就它本身来说它还是有规律的，你不能说它本身是没有规律的。你不能说现象有一部分是有规律的，有一部分是没有规律的，你不能这样说。当你要研究一个规律的时候，其他的东西都被你排除了，忽略了。但是如果你完全忽略的话，那规律又怎么能找得出来呢？像居里夫人，她发现 X 光射线，发现放射性，她就是从那些偶然现象里面，本来是通常被人们所忽略的，认为是一种偶然现象，一种疏漏，她就是从这种偶然性中发现了放射性，最后发现里面大有文章可做，她就把握到了一种新的规律。但是我们通常在研究某一条规律的时候，我们是把别的现象排除在外的。你能够排除在外，是因为它占的比重很小，或者它只是一种测量上的误差率。其实严格说起来没有什么误差率，因为现象本身没有错误，它本身也是一种必然规律，也是有规律性的。所以在真理中建立的那些现象，作为现象的现象，原则上是跟规律完全重合的。每一种现象，它都是有规律的，你不能忽略的，没有无规律的现象。这样一种现象就被建立为扬弃了的自为存在了。本来现象由规律来划分，有些是符合规律的，那我就认了，另外一些不符合规律的，那我就把它排除了。但是其实那些被排除了的现象本身它也有规律。经过这样一种解释，它就是一种扬弃了的自为存在，它的自为好像是跟规律完全脱离，格格不入，它自行其是，那也不是。它的自为存在是被规律所扬弃了的，它不能够自行其是，它还是必须按照规律行事，因为现象这个时候已经跟规律重合了。但这里只是初步的现象，在知性的初步的真理阶段，它才必须要扣除现象中那些不符合它要研究的规律的部分，那么从这个角度来说，规律是不能够完全充实现象的。

规律的这种缺点同样必须在规律自身中突显出来。规律显得是缺 {92} 点的就是，它虽然在自己身上具有这种区别，但却作为普遍的、不确定的区别。

"规律的这种缺点，"什么缺点呢？就是它不能充满整个现象。规律不能完全充满现象，在知性的初步的真理中，这还是一种缺点，它还不完善。我们要把握规律，但是我们要撇开一些现象才能把握规律，要"去伪存真"、"披沙拣金"，这是规律最初在与现象不同步的情况下它的一种缺点。那么这个缺点也必须在规律自身中突显出来，规律的有限性它不能涵盖整个现象，这个缺点也就是它的有限性，它的在具体场合下的特定性，这是它的缺点。那么在规律自身中，也有此表现。"规律显得是缺点的就是，它虽然在自己身上具有这种区别，但却作为普遍的、不确定的区别"，规律的缺点是什么呢？就是"它虽然在自己身上具有这种区别"，我们刚才讲了，规律就是一种区别，你要建立一个公式，一个定理，那么你就把时间、空间呀，速度、质量呀这些规定定下来，而要定下来，你就要把它区别开来。它是这样一种关系，不是那样一种关系，你必须要把它区别开来，所以规律是一种区别。"但却作为普遍的、不确定的区别。"它是一种普遍的区别，也就是跟任何东西都有区别；但是呢，它又是一种不确定的区别。抽象地讲规律，你当然可以讲它是确定的，但在每一个

507

场合下,它又是不确定的。它都是依具体场合对它所带来的改变,而使得它的准确率,它的精确性,这些东西都是不确定的。这在规律里面已经揭示出来了,这也是刚才讲的,它不能充满现象。它必须根据现象的具体情况有所取舍,有所忽略,忽略的大小也是经常变化的。我们说,这一次实验做得比较好,为什么做得比较好呢?因为外来的干扰比较小,它是在一个相对比较封闭的情况下做的这一次实验。那下一次实验可能不尽人意,那么我们就要找原因,到底是什么原因影响了实验的结果?所以它是不能够一劳永逸的,不是有了一个规律你就可以确定下来,所以它总是在变。

[101]　　但是就它不是一般的规律,而是**某条**规律而言,它在自己身上具有规定性;这样就有不确定的**多个**现成的规律。

　　"某条规律"的"某条"打了着重号,某种规律。就是说一般地讲规律、抽象地讲规律,那它肯定是确定的了,肯定是放之四海而皆准的。我们说规律嘛,之所以是规律,就是放之四海而皆准的。我们通常说规律是不可抗拒的,这是一般讲的规律。但是呢,就"**某条**规律而言,它在自己身上具有规定性",这个规定性也可以理解为特定性,它被具体的规定了,被规定在一定范围之内了。具体的规律它不是讲一般的规律,一般的规律它可以说放之四海而皆准,任何现象都有规律,但是具体到某一条规律上,那它具有自己的规定性、具体性、特定性。"这样就有不确定的多个现成的规律",在这种情况下就有这种规律,在那种情况下就有那种规律。比如说在地球上,我们有自由落体运动的规律,伽利略发现了自由落体的公式;在天体运行上面,我们有开普勒的行星运动的三定律,那么在这两者之间肯定是不同的了。在地球上面的苹果落下来或者石头落下来,跟行星的运动,这显然是两个不同的规律。它们每一个规律都有自身确定的一种规定性。这不能混淆的。而这些不同的规律是"多个",但到底有几多,这又是不确定的,即使你把所有现成的规律都考虑在内,还是可能有你没有想到或者尚未发现的规律在背后起干扰作用,使你的这条规律达不到绝对的精确性。

只是这种多数性本身毋宁是一种缺点;因为它与知性的原则相矛盾,对于作为单纯内在东西的意识的知性来说,那自在的普遍**统一性**是真实的东西。

那么现在我们有多个现成的规律,一个是苹果落下来,一个是天体的运行,还有其他的,加速度的规律、或者是惯性定理,或者是作用力和反作用力的定理,还有静力学、动力学的规律等等,物理学里面有一系列众多的规律。既然是多数的规律,那么规律和规律之间就不能等同。规律和规律之间不能等同,那么我们的规律如何能够看作是放之四海而皆准的呢?那岂不是还是一些具体的规律,这些具体的规律,这些公式里面都有它特定的场合的规定性。那么这个跟知性的原则就是相矛盾的。所以这种多数性它是一种缺点。我们刚才讲了这种规律具有一种缺点,它不能够覆盖所有的现象,它本身也是一种特定的东西,这就是它的缺点。那么它这种缺点违背了知性的原则。它跟知性的原则相矛盾,因为知性要研究的是普遍性,知性要寻求的是共相。现在每一个规律都是殊相,都不是共相,每一个规律都是特定的,那么它如何能够和知性的原则相协调?所以它跟知性的原则相矛盾。"对于作为单纯内在东西的意识的知性来说,那自在的普遍**统一性**是真实的东西",知性的原则是什么呢?知性是对于作为单纯内在东西的意识。知性要把握的是单纯内在的东西,那么单纯内在的东西就不是表面的变来变去的东西,它肯定是在内部的一种具有统一性的东西,而且真正是放之四海而皆准的东西。知性在自然科学里面总是要追求统一性,即尽可能把多数规律归结为更少数的规律,最后归结为一个唯一的规律。这叫做"思维经济原理",也就是以一统多,提纲挈领,这是自然科学家们努力的方向。所以他讲,那自在的普遍统一性是真实的东西,对知性来说,它所追求的真实的东西就是自在的普遍统一性的东西,也就是放之四海而皆准,无一例外,那才是知性要追求的对象。知性所要追求的东西当然是规律,但却是这样一种规律,一种放之四海而皆准、具有最大概括性的规律,这才是真实的东西。

因此知性必须宁可让多个规律合并为**一个**规律,例如,石头往下落所依据的规律和天体运动所依据的规律已被理解为**一个**规律。

这就是牛顿所作的贡献,它把多个规律合并为一个规律了,表面看起来是不同的,但是之所以不同,里面有原因。本来应该是相同的,为什么看起来不同,里面有什么原因? 有具体的场合,具体所处的处境的原因。比如说地球,地球本身作为引力场,它的质量的大小已经决定了在地球上自由落体运动具有它特有的规定,而行星在更大的范围之内,它就可以撇开这些具体的规定而表现出一般的共同的规律,这个共同的规律也可以运用到地球的具体的规定中,只要你把特定的场合、特殊的情况等考虑在内就可以了。所以由此,牛顿就把两种看起来不同的规律把它合并为同一个规律了。所以他这里实际上在讲牛顿。"因此知性必须宁可让多个规律合并为**一个**规律,例如,石头往下落所依据的规律和天体运动所依据的规律已被理解为**一个**规律","已被"是完成时态,也就是已经被牛顿理解为一个规律了。这是牛顿所作出的贡献。我们看黑格尔怎么评价他的这一贡献。

但与这种相互归并同时,规律便失掉了它们的规定性;规律越来越成了浮泛表面的东西,因而它实际上并不是**这些特定的**规律之统一,而被认为是一条省略了它们的规定性的规律;正如把物体落到地上的规律和天体运动的规律结合起来的一个规律实际上并不表达那两个规律一样。

"但与这种相互归并同时",我们把地上的规律和天上的规律把它们归并为一个规律,与此同时,"规律便失掉了它们的规定性",也就是失掉了它们的特定性。它们的规定性,原来一个是地球上的自由落体运动的规律,一个是天体运动的规律,这两个规律本来都有自己的规定性,一个是行星而不是恒星,一个是地球而不是其他的星球,这都是特定的。但是一旦牛顿把它们合并为一条规律,也就是万有引力,天上的行星和地球上苹果落地都是属于万有引力的一种表现，那么万有引力本身，既然它是"万有"的，它就没有这样一些特定的规定性了，你就不能说地球上的万有引力跟行星的万有引力、跟恒星的万有引力有什么不同。它们都是一个规律。所以这些特定的规律就失去了，它们的规定性就被抽象掉了。于是"规律越来越成了浮泛表面的东西"，这个就带有贬义了。万有引力的规律本来是牛顿的一项了不起的发现，但是与此同时，规律越来越成为浮泛表面的东西，它越来越空洞，越来越抽象，它没有具体的东西了。"因而它实际上并不是**这些特定的**规律之统一，而被认为是一条省略了它们的规定性的规律"，就是万有引力定理并不是这样一些被规定的规律之统一，比如说行星的运行和地球上的苹果、石头掉下来，这些具体的规定，是不是万有引力就把它们统一起来了呢？并不是，只是把它们的特定的规定性排除掉了、抽象掉了，而被认为是一条省略了它们的规定性的规律，把万有引力的那样一些在特定条件下表现出来的规定性都去掉了。那么万有引力就成了这样一种规律，它失去了内容，就成为了浮泛表面的东西。"正如把物体落到地上的规律和天体运动的规律结合起来的一个规律实际上并不表达那两个规律一样。"你把地上的落体跟天体的运行的两个规律结合为一个规律，那么实际上它不是表达了这两个规律，它表达的是自己。它可以把它们结合为一个规律，但是它并没有表达是地球还是行星，它不表现这些东西，它表达的是自己的非常空洞的含义。所以它实际上并不表达那两个规律，那两个规律要表达出来，你就必须要结合具体的情况，其中把万有引力引进来，你才能表达那两个规律，但是万有引力本身并不表达这些情况，它是抽象的。

　　把一切规律结合在**万有引力**中除了只表达出**规律本身的单纯概念**，并借此让这概念被建立为**存在着的**之外，并不表达任何别的内容。

　　把一切规律结合在万有引力之中，这样一个行为当然是了不起的。但是黑格尔对此是持批判态度的。"除了只表达出**规律本身的单纯概念**，并借此让这概念被建立为**存在着的**之外，并不表达任何别的内容"，你把万有引力规律提出来了，有的人可能就认为万有引力跟其他规律，跟自由落体规律、行星运动的规律不过是并列的一条规律而已，没有什么奇怪的。它也是一条规律，不过范围更大一些而已，它的范围是"万有"，是一切万物，而其他的则更加具体一些，仅此而已。但是黑格尔在哲学上看出来，它表达的只是"规律本身的单纯概念"。万有引力表达的其实就是规律本身的概念。规律本身什么样的概念呢？放之四海而皆准，"万有"引力嘛。在我们这个世界上只有一条规律是万有的，那就是万有引力。所以万有引力规律无非就是表达了规律本身的概念，它把一切内容都抽象掉了，它变成了一个哲学的概念了。当然在牛顿物理学的眼睛里，它还是一个物理学的概念。所以牛顿最后他还要引进另一个物理学的概念，那就是"第一推动"，切线方向的力。要引入切线方向的力跟万有引力相互作用，才能够构成我们这个宇宙万物的运动，所以牛顿的层次还停留在物理学的层次，而黑格尔已经提升到了形而上的层次。"除了表达出**规律本身的单纯概念**，并借此让这概念被建立为**存在着的之外**"，万有引力借此，借助这个单纯概念的表达，而让这个概念建立为"存在着的"，就是这个概念当然也不是完全不存在的，虽然它是空洞的，但是它是万物身上都存在的这样一种规律。所以这样一个空洞的概念也被建立为存在着的，它也有它实证的根据，每个事物它都是有引力的。这样一个概念被建立为存在着的，但是仅此而已，它并不表达别的内容。它从内容上说，还是空洞的。这是黑格尔对万有引力的一种批判。

万有引力只不过说，一切东西对别的东西都有一个恒常的区别。

万有引力说出了什么呢？只说出了一个意思："一切东西对别的东西都有一个恒常的区别"。一切东西对于别的东西都是不同的，不同表现在什么地方呢？一切东西都要吸引别的东西，所以它跟别的东西当然是不同的啦，你要吸引别的东西，那么别的东西当然跟你不是一个东西。如果是一个东西，如果别的东西被你吸引过来了，已经成为了你自己的一部分了，那么它就跟你没有区别了，这个东西跟别的东西就合为一体了；但是它还有引力，它还要继续吸引另外的东西，它要把所有另外的东西吸引到自己身上来，跟它连成一体。所以万有引力所表达出来的无非就是它永远跟别的东西有一个区别。它永远要吸引别的东西，那就意味着永远别的东西跟它不同，有一个恒常的区别。一旦没有了区别，万有引力也就不存在了。所以在哲学家的眼睛里看到，万有引力只不过是说，所有的东西都是有区别的。当然他这种说法，我们从旁观者来看，也有点过分了，就是万有引力完全变成一个哲学概念，好像也不至于。比如说万有引力的公式它里面还有引力常数。引力常数它还是一个具体的数字，就是万物在吸引的过程中，它都是按照引力常数来发挥它的吸引力的。它吸引力的大小是根据引力常数乘出来的。引力常数我们可以标出来：$f=G \cdot m_1 m_2 / r^2$，这个 G 就是一个引力常数，它是一个确定的数字，其值按照最新 (2010 年) 测出的，约等于 $6.67221937 \times 10^{-11} m^3 kg^{-1} s^{-2}$，这个万有引力虽然是无所不包的，但是它还是一个经验的事实。为什么引力常数恰好是这么大，如果在另外一个宇宙中，它的引力常数是不是这么大，这就难说了。据说这个引力常数还随着宇宙年龄的增大而改变，它在我们目前这个世界中是特定的，而不是像黑格尔讲的，完全没有它的规定性，只是说明有这样一种区别存在。当然黑格尔那个时代对于万有引力的研究还没有后来的那么深刻，一般来说，万有引力一旦提出来，哲学家就会把它看作是事物的本性，万物的本性，在任何地方都是这样的。但实际上，万有引力还不是那么思辨的，它还是一个经验的事实。就像爱因斯坦讲的，光速不变，光速是一个事实，每秒 30 万公里，是速度的一种极限。它是一个经验的事实，它是测出来的，不是说你思辨能推出来的。从这里我们可以看出，黑格尔企图将他的思辨应用于一切领域，这里头还是有困难的。至于究竟怎样处理哲学和自然科学的关系问题，我们再研究，暂时放下。

知性以为这就发现了表达普遍现实性**本身**的一条普遍规律；但它实际上只发现了**规律**的**概念本身**，然而却导致了知性同时借此宣称：**一切**

现实性在其本身都是合乎规律的。

这里一方面说出来了万有引力的局限性,另一方面又表明了它的贡献。"知性以为这就发现了表达普遍现实性**本身**的一条普遍规律",在知性看来,万有引力是发现了表达普遍现实性本身的一条普遍规律。"本身"打了着重号,也就是到底了,抓住了事物本身。"但它实际上只发现了**规律的概念本身**",这个"规律的概念本身"也打了着重号,与前面的"本身"相对照,即不是现实性本身,而只是概念本身。知性以为它表达了普遍现实性本身的规律,就是说万事万物它最内在的东西就是万有引力,万有引力就是万事万物最内在的本性,就是普遍的现实性本身的一个普遍规律;但它实际上只发现了规律的概念本身。这是黑格尔自己的观点了。黑格尔认为它并非客观事物的本性,而只是知性的一种本性,我们运用知性的时候,实际上只是发现了规律的概念本身。规律的概念本身不是现实性本身,而只是规律的概念。这就把通常的理解扭转过来了:它不是事物的本性,而只是知性的本性,知性发现了规律的概念本身。也就是万有引力的这样一个定理,我们把它看作是一条根本的规律,其实它就是规律的概念。凡是讲规律的概念你都离不了它,即万物、一切事物都是有引力的。规律的概念就是万有引力的概念,因为规律就是普遍的,万事万物都有规律;那么,是一种什么样的普遍性呢?就是作为引力的普遍性,所有的力的普遍性都归结为引力的普遍性。所以万有引力只不过是表达了规律的概念本身。"然而却导致了知性同时借此宣称:**一切现实性在其本身**都是合乎规律的",虽然知性不是发现了现实本身的规律,而是发现了规律的概念本身,但是由此却导致了一个结果,就是"知性可以借此宣称:一切现实性本身都是合乎规律的",就是导致知性把现实性和规律的概念结合起来了。而且这个结合不是说我们的规律去符合现实性,而是说要求现实性符合我们的概念。我们讲一切现实性都是合乎规律的,这个意思在黑格尔看来,就是一切现实性都是合概念的。那么反过来我们就可以做出一种跳跃,就是说实际上所谓的现实性,无非是概念的现实性,这个就呼之欲出了。就是说,所谓的物理学的事实,其实都是概念在那里起作用,这就是康德的"人为自然立法"的原则。但在这个时候,还没有出来,黑格尔还是按照一般的牛顿物理学的眼光把概念和现实性区别开来。这个规律只是我们的概念而已,而不是现实性本身,它并没有表达现实性本身的规律。但是知性借此可以宣称,既然你把万有引力看作是现实性的规律,那么你就可以宣称了,一切现实性在其本身都是合乎规律的,而合乎规律的也就是合乎规律的概念的,因为建立起规律的概念的是知性。那么借助这个规律的概念,知性就可以宣称,万事万物都是符合我这个概念的。当然你也可以说一切概念都是表达现实性的,但是首先你要承认一切现实性是要符合概念的。由于知性先发现了这个概念,所以就用这个概念去理解所有的现实性。这就是康德所讲的哥白尼式的革命,人为自然界立法,不是我们的观念要符合对象,而是对象要符合我们的观念。这是在康德那里提出来的,当然在知性的真理的这个初步阶段,还没有直接地提出这一点,它只是作出了这一点暗示。

　　因此万有引力这一术语就它针对着那无思想的**表象**而言,是有很大的重要性的,[①] 对于这种表象来说,一切东西都呈现在偶然性的形态中,而规定性在这表象看来则具有感性独立性的形式。

　　万有引力定理它的重要性就在这里了,因为前面讲到它导致了知性可以宣称:一切现实性在其本身都是合乎规律的。这是万有引力所作出的一次跳跃,跳到一个更高的层次,它不是完全被动的在现实性中去发现这个规律那个规律,而是一下子跳到万有引力规律,用来谈论一切现实性,用来断言一切现实性都要符合规律。而这个规律它本身空无内容。

---

① 　参看谢林:《对物理学的动力过程和诸范畴的演绎》,载谢林编《思辨的物理学杂志》
　　第 1 卷,耶拿和莱比锡,1800 年,第 24 页:"而由于在一切物质之间这种相互吸引力
　　的交互传递是普遍的,由此就产生出一切物质之间的一种普遍的吸引,这种吸引必须
　　从每个物质到每个其他物质在同样的距离上、以成比例的空间充实程度、也就是按照
　　它们的尺度而得到实行。"(《谢林全集》第 4 卷第 38 页)——丛书版编者

它就是知性的一个规律概念，它不是这个规律那个规律之一，它是所有的规律的一个总概念。因此，我们可以说，所有的现实性都是符合这个总概念的。这是万有引力规律已经跃升到的一个层次。"因此**万有引力**这一术语就它针对着那无思想的**表象**而言，是有很大的重要性的"，"因此"，就因为上面讲的，上面是对它的一种肯定，使得知性可以断言一切现实性都是符合规律的，那么因此，万有引力这一术语，就它针对无思想的表象而言，"表象"在黑格尔那里是很看不起的，一般来说就是经验派的，经验派的思维方式就是表象的思维方式。这是一种感性的思维方式，一种想当然的思维方式，没有经过脑子，直接看到的，看到什么就说什么，有一说一，有二说二，不再进行反思了。对这样无思想的表象而言，万有引力有很大的重要性，它把那种无思想的表象一下子提升了。而且这是由经验派自己提升起来的，牛顿就是经验派，他自己不知不觉地提出了一个思辨的概念，就是万有引力。万有引力是具有思想的，具有思想的层次的。那么对于那些不具有思想层次的概念，比如说落体运动定理，行星运动的三定理呀，那些都是表象的定理，没有经过反思，那么万有引力对于所有这些具体的定理来说，它有很大的重要性，它大大地提升了这些规律的思维层次。因为"对于这种表象来说"，也就是这里说的都是表象的观点，"一切东西都呈现在偶然性的形态中，而规定性在这表象看来则具有感性独立性的形式"。比如说落体运动，加速度是每秒 9.8 米，这个是地球上自由落体的常数。那么这个常数恰好在地球上是这样，它是一个偶然的现象，如果在月球上就不是这样了。它取决于我们站在地球上，还是站在其他星球上，所以它是一个偶然的形态。一切规律具体实现时都呈现出一个偶然的形态。"而规定性在这表象看来则具有感性独立性的形式"，规律把它规定下来，地球上的自由落体运动的规律我们把它规定下来了，但是这种自由落体具有一种感性的独立性的形式，它是只适用于地球的偶然条件的，这种偶然条件是独立于万有引力的。这是黑格尔对于万有引力规律的一种提升，通常把万有引力规律和其他的规律并列起来，把它统称为物理学中的诸规律，各种各样的定理；但是黑格尔看出来，万有引力跟其他所有的规律不一样，万有引力就是规律本身的概念。这个概念是空洞的，但是它有很大的认识作用，它把所有对于规律的具体的感性的描述或者表象的思维方式提升到了一个真正的规律的普遍性的方式。在这个意义上，规律就被理解为一个哲学的概念，它表达的是一切事物对别的东西都有一个恒常的区别，每个事物都要吸引别的事物。所以他对万有引力既有批判，这个批判是批判人们通常对它的理解，但是又有肯定，肯定它的重要意义，肯定它的形而上学的思辨意义。

　　所以万有引力或纯粹的规律概念就与那些特定的规律处于对立之中。只要这纯粹概念被看作本质或真正内在的东西，那么特定规律的**规定性**本身就还属于现象，或不如说属于感性的存在。

　　这里把万有引力和特定的规律区分出来、提升出来了，所有那些规律都是具体的特定的，只有万有引力规律是规律的纯粹概念。其他的规律都不是纯粹的，都掺杂了偶然的因素在里面。那么这两种规律就处在对立之中，这种对立并不是平列的两个层次，而是所有其他规律都处于低层次，而唯独万有引力规律已经提升到了知性的层次。所以，"只要这纯粹概念被看作是本质"，也就是万有引力这纯粹概念被看作是本质，看作其他一切规律的本质，看作是它们底下的"内在的东西"，万有引力嘛，肯定是万事万物的本质，这个本质就是万物都有吸引力，其他的力都是这个吸引力的表现。"那么特定规律的**规定性**本身就还属于现象，或不如说属于感性的存在"，就是说如果你把万有引力看作是本质，看作是内在的东西，那么那些确定的规律，它们的规定性就还是属于这个内在本质的现象，或者说属于感性的存在。因为它们都带上了偶然的感性条件，比如自由落体定律就要以地球为条件，它们就是属于表层次的。所以这两者的对立是低层次和高层次的对立。一方面万有引力被看作是本质或真正内在的东西，另一方面是其他的规律，它们的规定性是属于感性的存在的。在这个意义上，现象与规律也是同一的，不但每个现象都有自己的规律，而且所有的规律都还属于现象，除了万有引力这一条规律之外。

但是规律的纯粹**概念**不仅超出了那本身作为**特定的**规律而与**其他的特定**规律相对立的规律，而且也**超出了规律**本身。

这就更进一层了，就是万有引力作为规律的纯粹概念，"不仅超出那本身是作为**特定的**规律而与**其他的特定**规律相互对立的规律"，规律的纯粹概念，就是万有引力本身，它不是作为确定的规律和其他的特定规律相对立的，它不是这种规律，它已经超出了跟其他规律相互并列的这样一种相对立的关系，它不是诸多规律中的一种。诸多规律当然是跟万有引力规律相对立的，但是它不仅仅是这样一种并列层次的对立，而是上下等级之间的对立。"而且也**超出了规律**本身"，你如果认为万有引力是一个规律的话，那么它就还陷在与其他的规律的并列之中了，那么你就还没有超出规律本身。那么万有引力的规律不仅仅是超出这样一种跟其他规律相对立的规律，而且超出了"规律"本身。也就是说万有引力已经不是一种规律了，它只是一种规律的概念，它本身不能当作一种规律来用，一用的话，你就陷入到具体的规定之中了。当然你可以说，地球上的自由落体规律是万有引力在地球上的一种表现。但是只有这种表现才是规律本身，而万有引力它不是那个规律，而是规律概念，它本身已经不是一种规律了，它已经超出规律本身了。

前面所提到的规定性真正讲来本身只是消失着的环节，它在这里不
[102] 再能够作为本质性而出现；因为它只是现成地作为真实东西的规律，但是规律的**概念**却转而反对**这种规律**本身。

"规定性"也就是确定性，各种各样的特定的规律都有自己的规定性，都有自己的确定性，唯有万有引力没有自己的规定性，没有自己的确定性。当然我们刚才讲了，其实万有引力也有自己的规定性，也有自己的特定性，如引力常数；但是按照黑格尔所讲的，万有引力已经没有它的规定性了，"前面所提到的规定性真正讲来本身只是消失着的环节"，你

讲一切具体的特定的规律都有它的规定性，但是在万有引力那里它只是一个消失着的环节，"它在那里不再能够作为本质性而出现"。万有引力也有它的公式，但是这个公式真正讲来本身只是一个消失着的环节，万有引力的公式不是万有引力的本质，只是对万有引力的一个物理学的理解。我们要把它提升到哲学的理解，所以我们要把它理解为一个消失着的环节，而不是万有引力的本质。实际上在黑格尔看来万有引力是一个哲学概念，一种能动性。万有引力，每一个东西都有它的引力，这表明了万事万物都有它的能动性，那么你用一个公式把它确定下来，那只是为了能够计算而已。作为规律我们讲那就是一个数学公式，而数学公式并不能表达万有引力的本质，而只是为了便于我们对于力的各种现象、各种表象进行计算，把它变成数学公式，只是这样一种方便而已。所以"它在这里不再能够作为本质性而出现，因为它只是现成地作为真实东西的规律"，就是因为这些规定性只是作为现存的静止的规律。规律就有一种静止的模型这样一个特点，所以它是现成的，它是一成不变的，万有引力的规律也是一成不变的。所以这样一种规定性，只是现成地作为真实东西的规律。真实的东西它不是现成的，不是能够抓在手中的，这种规律只是从现成的方面来对这种真实的东西加以摹写。所以规律是静止的王国，我们上一次课讲道，"并且表现的是这变化的直接的、静止的模本"，对这个真实的东西的一种静止的表达。"但是规律的**概念**却转而反对**这种规律**本身"，规律的概念本身已经不是规律了，如果规律的概念又是一种规律，又可以用数学公式加以表述，那就不是真理了，那就没有规律的概念，那又是一种特定的规律。但是规律的概念是什么呢？规律的概念是超越于一切规律之上的东西。比如说万有引力，它表达的是万物的与其他东西的恒常的区别，它是表达了这样一个内容。而这样一个内容又转过来反对这种规律本身，转过来反对万有引力的那样一种物理学的理解，反对把万有引力也理解为一种具体的规律。万有引力的这样一个规律实际上只是一个规律的概念，而不是具体规律。

　　这就是说，在规律中区别本身是**直接**被统握（aufgefaßt）到的，并且被接收进共相之中，但因此这区别就是各环节的**持存**，这些环节的联系，规律是作为漠不相干的和自在存在着的诸本质性来表达的。

　　"这就是说，在规律中区别本身是**直接**被统握到的"，万有引力本身已经不是规律了，它只是规律的概念；那么在规律中又是什么样的呢？在规律中区别本身是直接被统握到的，我们在规律中是把那些区别、那些差别直接统握起来的。比如我们在比萨斜塔上看到两个铁球，一个是空心的一个是实心的，它们从斜塔上落下后是同时落地的。这是我们直接看到的，在规律中区别本身是直接统握到的。统握（aufgefaßt）就是直接地把握，也可以翻译成"把握"、"领会"、"理解"，但是它这里讲到直接被把握，直接被看到，它们的区别是作为一种直观的表象而被我们一起把握到的，我们把这些区别全都统摄在规律中了。"并且被接受进共相之中"，也就是把它们统握在一起之后，就可以用一个共相即落体定律对它们加以概括和固定下来了。"但因此这区别就是各环节的**持存**，这些环节的联系，规律是作为漠不相干的和自在存在着的诸本质性来表达的"，也就是规律里面的各个环节，如时间和空间，速度和质量等等，它们在规律里面具有这样的直接性，每个环节都可以直接看到或测量到，是经过表象而确定的，它不用动脑子。做实验的时候，你要去看，你要去测量，看是不是的。那么这样一种区别就是持存在那里，固定不变的，它的各环节在规律中被表达为一种外部的联系。时间呀、空间呀、速度呀，这些环节当然是相联系的，但在规律中却是"作为漠不相干的和自在存在着的诸本质性"来表达的。它们的联系是各种漠不相干和自在存在的本质性的联系，也就是外加在这些本质性如时间空间等等之上的，所以是一种偶然的联系。就是说，那些本质性的环节是固定的，持存不变的，本来就有一个固定的时空框架在那里；某一个物体在其中运动就把它们联系起来了，让它们有了一定的比例，并把这种区别保持下来，定在那里了。在规律中的区别是这样一种作用，它能够把本质性的东西联系起来并持存下来,把它们定在那里。那么这些本质性的东西在规律中是作为漠不相干的和自在存在着的来表达的,跟什么漠不相干呢? 跟内在的东西漠不相干,它只是一种数学公式,它只是为了便于计算,便于把那些区别定下来,持存下来。但是那种被定下来,持存下来的本质性呢,它是漠不相干的和自在存在着的,它跟力的内在东西是漠不相干的,跟力本身漠不相干。这些规律只是为了衡量力、规定力,把这个力的各个方面加以区分:时间如何,空间如何,速度如何,质量与速度的关系如何等等,把这些区分把它定下来,表达为一个公式。所以它跟内在的东西、跟力本身是相外在的,是漠不相干的,是这些本质性偶然接受下来的。这些比例关系,这些规定性,你把它固定下来,使它持存下来,但是持存下来的这样一些环节,它们对于力来说是漠不相干的。力是一种内在的东西,是一种力量,是一种生命力。我们前面讲了黑格尔的意图实际上在这里:他要把外在的东西、机械的东西底下所隐藏的生命力揭示出来。所以那些外在的机械的东西都是跟生命漠不相干的,都是为了便于我们计算,便于我们把这样一种力和那样一种力确定在一种关系之中,就是把能动的东西、不断变化的不断产生的东西把它固定下来,用一种区别把它固定下来。力本身是不能够固定的,但是我们要想办法把它固定下来,用一个数学公式从外部把它确定下来。这就是"规律"和"规律的概念"之间的区别,规律就是干这个事情的,就是区别和确定;但是规律的概念是要表达出那个力来,万有引力其实最后就是要表达出那个力来,要表达出那个内在的东西。

但是规律之区别的这些部分同时本身就是一些确定的方面;那规律的纯粹概念即万有引力,其真正含义必须这样来统握,即在这种纯粹概念中现成地存在于规律本身的**各种区别**,作为绝对**单纯的东西**,本身又**返回到那作为单纯的统一性的内在东西去了**;这个统一性就是规律的内在**必然性**。

"但是规律之区别的这些部分同时本身就是一些确定的方面",在规律中，我们有很多部分，时间部分、空间部分、质量的部分等等，这些部分同时本身就是确定了的方面，它们是一些给定的条件。"那规律的纯粹概念即万有引力，其真正含义必须这样来把握"，这就是一个对照了，前面讲的是一种区别，有种种现成给定的条件，那它就是不纯粹的啦，它就是分成各个部分的了，这些部分本身就是一些确定的方面，规律的这个方面那个方面，都是自在存在的。但是作为万有引力的纯粹规律概念，那就没有部分了，虽然在公式里面还在表达这样一些区分，区分为时间、空间、速度呀这些东西，但是作为纯粹概念来说，"其真正含义必须这样来统握"，而不能像牛顿物理学那样去统握。怎样统握呢？即："在这种纯粹概念中现成地存在于规律本身的**各种区别**，作为绝对**单纯的东西**，本身又**返回到那作为单纯的统一性的内在东西去了**"。也就是说在这纯粹概念中，——当然它还是有些区别，万有引力公式里面还是有这些区别，半径呀、引力常数呀这样一些区别，但真正含义必须这样理解，——现成地存在于规律本身的各种区别作为绝对—单纯的东西，又返回到内在东西里去了。这些区别当然是不单纯的，但是既然它是万有引力的公式而不是别的规律的公式，所以必须把这些区别看作绝对—单纯的东西。注意"绝对—单纯的东西"（als Absolut-Einfachem）① 中间有一杠，说明这种力既是绝对，又是单纯的东西，而不是指一般"绝对单纯"的东西。万有引力本身就是绝对，也可以说是单纯的绝对，它把这些相对的、偶然的东西都抽象掉了，这些东西当然可以表达万有引力，但是万有引力本身是用来表达绝对的东西的。万有引力意味着万物都有能动性，它是表达这个意思的。作为绝对—单纯的东西，它又"返回到那作为单纯统一性的内在东西中去了"。返回到内在东西，这内在东西是"作为单纯的统一性"，也就是作为"万有"的统一性，万有都统一于这个内在的东西之中，万有引力是个内在的东西，是万物最内在的力。这个最内在的

---

① 这是袖珍版的原文。考订版原文为:als absolut Einfachem, 不太合德文语法。

东西是作为单纯统一性的内在的东西，就是万事万物贯穿于其中，都有这样一个内在的东西起统一作用。那么"这个统一性就是规律的内在**必然性**"，就是一切规律内在的都有这样一种必然的东西起作用，它就是那些偶然规律底下的必然的东西，这就是万有引力的真正含义。就是为什么会有这种规律那种规律，这些规律的内在的必然性就是因为万有引力，必然性就是从这里来的，否则的话那些规律都只会有偶然性。当然这个万有引力就不能再单纯理解为一条物理学的定理了，作为万有引力的定理它不能涵盖其他东西，它不能解释其他的东西。但是如果你把万有引力理解为这样一种内在的东西，这样一种内在的统一性，那么它就可以涵盖一切了。这种内在统一性就是这些规律的内在必然性，就是说万事万物它必然是能动的，它必然要与其他东西区别开来，这种必然性当然就是一种超越物理学之上的必然性。万有引力应该提升到这样一种层次来理解，否则你就把它降低了，你把它当作是各种各样的规律其中之一，仅仅只是它的范围要更大一些，它比自由落体运动，比行星运行，比摩擦生热等等的范围要更大。但是它的层次并没有被提高，它还是一条物理学的规律、定理。但是哲学家应该把它提升到一种必然的层次，从哲学的意义上把它理解为万事万物的规律的必然性，没有它，再多的必然规律也只是偶然的。这就理解到了万有引力的本质。

［2．规律与力］

我们再看第二小节：规律与力。前面已经把规律分成了两个层次，一个是差异性、区别性的层次，就是具体的规律这一层次；一个是统一性的层次，那就是作为规律本身的概念的层次，万有引力的层次。我们对规律的概念上升到了统一性的层次，我们已经解决了特定的规律和普遍的规律的关系问题。那么现在就进入到下一个层次，规律与力究竟是一种什么关系。我们前面已经讲了，作为规律的概念已经是一种内在的东西，它已经是一种力本身的概念，它跟前面具体的规律还不一样。具体的规律都是为了表述力而假定的一些数学公式，一些静止的摹写。而力它是动态的，由此来看，这个就有了区别。只有万有引力已经达到了动态性本身，达到了力本身，而其他具体的规律还没有达到这个层次。那么就要考察一下，规律和力的关系究竟如何。

因此规律就以双重的方式而现成在手，一是作为各种区别在其中被表达为独立环节的规律；二是以**单纯**返回到自身为形式的规律，这种形式又可以叫作**力**，不过这并不是那被逼回到自身的力，而是一般的力，或者作为力的概念的力，一种抽象，它自己把吸引和被吸引的东西的区别都吸纳进自身之中。

"因此规律就以双重的方式而现成在手"，也就是我们手头上现在有两种规律了。"由此"，也就是由上面讨论的而来，由此规律就以双重方式而现成在手了，"一是作为各种区别在其中被表达为独立环节的规律"，那就是具体的规律。就是各种区别在这个规律中被表达为独立环节，时间、空间、速度这些东西它们本身就是独立存在的，是规律发生时的外在条件。这些都是一切环节，这些环节本来是漠不相干的，通过规律把它们联结起来，才使得它们发生了关系，但是它们还是独立的环节。这是一种方式，即具体的规律、特定的规律。"二是以**单纯**返回到自身为形式的规律"，这就是前面讲的，万有引力这样的规律，就是以返回到自身这种形式发生的规律，是作为规律的规律，或者说作为规律的概念本身的规律。规律它的概念、它的意思究竟是讲的什么？它返回到自身，它把那些具体的外部区别全都扬弃了，全都撇开了。它返回到规律自身。在这种形式中的规律，"这种形式又可以叫作**力**"。万有引力的规律这种形式本身就可以叫作力，它就是力本身，它就是万事万物那种内在的力，万有引力嘛。它就是万事万物都具备的，任何事物都具备的那种内在的力。"不过这并不是那被逼回到自身的力，而是一般的力"，所谓"那被逼回到自身的力"，我们前面已经讲过，如第91

页［贺、王译本］的中间："力本身或者被逼回到自身的力因而自为地就是一个排它的一，对它来说，那诸多质料的展开是一个另外持存着的本质"。也就是说前面讲到力和力的交互作用的时候，就已经讲到过这种被逼回到自身的力，力和力的表现。一个是作用的力，一个是被作用的力，作用力和被作用的力相等，既然相等，我们就不考虑到底哪个是作用者，哪个是被作用者，哪个是引发者，哪个是被引发者，我们只考虑力本身。所以作用力和反作用力相等的这样一条规律，牛顿运动的第三定律，就使得我们考虑被逼回到自身的力。既然它相等，那么我们就考虑在这个相等中，力和力本身是什么，是什么东西相等，这就被逼回到了力本身。但这里的力本身仍然是在知觉层面上的，这是前面讲到力和力的表现的时候，那个时候很朴实的，那还是一个低层次的，还没有涉及到规律，还没有定量化、数学化、精密化。现在我们在超感官的规律的层次上面再次考虑这个问题，于是又出现了返回到自身的现象，但情况已经不同了。他说，这并不是那被逼回到自身的力，而是一般的力，是以返回到自身的形式这样一种方式出现的规律，"或者作为力的概念的力，一种抽象，它自己把吸引和被吸引的东西的区别都吸纳进自身之中"。这个时候我们从规律的基础上重新回到力，通过万有引力我们重新回到力，那么这种力就不是在我们前面从力和力的表现的意义上被逼回到力本身之中那个层次的了。当然也是返回到自身形式的规律，但是这个时候是从规律返回到自身，而不是从力的表现返回到力本身，那么我们就可以把这种返回到自身的规律叫作力。但是它已不是原来那种从力的表现被逼回到自身的力，那个力是创造出各种力的表现的，力的各种表现背后是有一种力在起作用，而这种力和它的表现是分不开的，力必然要表现出来，因此它是可计算可测量的。虽然在那里已经提到了"力的概念"，如前面第90—91页［贺、王译本］所讲："由于我们这样把两个环节保持在它们的直接统一性中，所以真正讲来力的概念所隶属于其下的知性就是把那些区别的环节作为区别的环节担负起来的**概念**；因为这些区别的环节**在自己本身中**应当是没有区别的，因此它们的区别只存在于思想中"，但在那里并未展开，那时的主要任务是要考察"力的实在性"，而不是"力的概念"。相反，在这里要考察的已经是一般的力，或者是作为力的概念的力。那是一种什么力呢？那就是"一种抽象，它自己把吸引和被吸引的东西都吸纳进自身之中"。吸引和被吸引这是有区别的，但是在万有引力中这些区别都被抽象掉了，或者说都被吸纳进来了，把它们变成了一种"思想"，而它本身就是这种抽象。抽象就是力的概念，或者说作为力的概念的力就是一种抽象，它实际上把时间空间、速度质量等等都抽掉了。

这样，例如说**单纯的**电就是这种**力**；但区别的表达属于**规律**的事；这区别就是正电和负电。

前面从万有引力推出力的概念，它以返回到自身为其形式，并且把一切区别都从自身中抽象掉了。而这样一来，就使力从一般机械力和引力斥力提升到了一个更高的层次，从这个层次我们不仅可以提升对机械运动的理解，而且可以涵盖对电的理解，这在前面那个层次是做不到的，因为电很难用时间空间和质量速度这些区分来规定。所以这里接着就举了这样一个电学的例子："**单纯的**电就是这种**力**"，它把吸引和被吸引的东西的区别都吸纳在自身之中。这本来是从万有引力中引出的一个单纯的力的概念，而这样一个概念在电学中非常适用。单纯的电就是一种力，它抽掉了时间空间和速度、质量，它还有没有区别呢？有，这就是正电和负电。但是正电和负电它不是两种电呀，它就是一种力。但是我们可以对它进行两方面的规定。在同一个电流之中，并不是说有两种电流，有一种电流是正电流，有一种电流是负电流，不是的。它就是同一股电流，它有两个电极，正电极和负电极，但是是同一股电流。"但区别的表达属于**规律**的事"，力和规律在这里就有了区分，力是同一种力，但是它的区分属于规律的事，规律就是要把它的区别找出来，电就是有一个正电极和负电极，电子从正电极流到负电极。你必须要把这个区别规定下来，你才能描述它，才能规定它，你才能运用电学里面的原理来操作，比如说你就不会把电极接反了。"单纯的电"中的"单纯"打了着重号，就是说它实际上是很单纯的，没有什么正电和负电两种东西，它就是一种东西，就是电。但是你要把它区分出来，那是属于规律的事情，那不属于力的事情。力本身是单纯的，而区别它则是规律所要作出的表达。这区别就是正电和负电的对立，这是规律所要描述的。但这是可以任意设定的，你也可以一开始就把正电叫作负电，把负电叫作正电，这是没有关系的。你为它找到规律嘛，你就要对它加以规定，你既然对它加以规定，你就可以对它加以描述、加以表达了。如果不加规定的话，这个电本身是没办法表达的。你只能说它是能动的，它是有力的、能产生电击的等等，但是你如何把它规范地表达出来，这就是属于规律的事情。所以我们把它区别出来，正电和负电。在黑格尔时代，科学家们对这两种电争论不休，有一派认为有正负两种电流在对流，一方面正电流向这边，同时负电流向另外一边，这是一种解释。黑格尔不同意这种解释，不同意把电分成正电流和负电流，但是究竟应该怎么解释，黑格尔也不太清楚，他只是说不应该这样解释，他认为电本身是单纯的，他坚决反对把电理解为两种物质流。就像热，当时"热质说"认为热是一种物质，之所以热起来了，是因为热这种物质多起来了，如果热质少了，这种物质就冷了。那么热质到底是什么东西呢？搞不清楚。因为热的东西和冷的东西是一样重，你怎么能说它里面多了一种热质呢？后来人们才明白，热其实不是什么东西，它就是物质里面的分子的运动，分子振动的剧烈程度表现为热度。电也有类似的情况，当时也有人把电理解为两种不同的物质，"电质"：电质流向那一方，哪一方就带正电，另一方就带负电。比如说你拿一个毛皮摩擦玻璃杯，那么这个玻璃杯就带上正电，那个毛皮就带负电。那么这两种电是不同的，而且同性质的电是互相排斥的，异性质的电是互相吸引的。有这样一种关系或区别，所以就引起人们设想有两种不同的电质。但是黑格尔反对把这种说法当作对电本身的本质规定，他认为电完全是单纯的，甚至把电理解为精神性的。他在《自然哲学》中就把电称之为"物体固有的愤怒情绪"，或"物体愤怒的自我"。① 那么规律要对这种单纯的电加以规定，于是就区分为正电和负电了，但他认为这只是我们人的一种方便说法而已。

在落体运动里，力就是单纯的东西，重力，它具有的规律是，运动所流失的时间和所经过的空间这两个不同环节之间的量的关系，等于方根与平方的关系。

就是说自由落体运动也有这种力的作用。这是第二个例子，一个是电的例子，一个是自由落体的例子。在黑格尔看来，这两个例子都是在万有引力把力的概念建立起来后，也就是把力理解为一种内在的精神性的单纯能动的力的情况下，才能得到阐明的。重力的例子就说明，力就是单纯的东西。我们说过重力对于黑格尔来说是非常重要的一个概念，这跟康德是不同的。对于康德来说，物体的重力是不重要的，而物体的体积、广延的量是最重要的，就是说，物体是有广延的，这是最重要的。他说"物体是有广延的"是一个分析命题，你要理解物体的概念，你必定要把广延这个概念纳入进来，否则不能理解。而"物体是有重量的"这是一个综合命题，康德认为形成物体的概念并不需要重量的概念，因为物体在宇宙空间就失重了，而物体本身并无损失。按照牛顿物理学，重量只不过是两个物体之间吸引力的一种外在表现而已，一个物体完全可以没有重量，只要有广延就行了。这是康德的观点，其实也是牛顿的观点。那么黑格尔把这一点颠倒过来了，他认为重量是物体最关键最本质的一个要素。"在落体运动里，力就是单纯的东西，**重力**"，这是落体运动中的单纯的力，落体里面的重力，是它的单纯的东西。当然黑格尔的观点是立足于万物都有力，最后要从中引出万物都有生命力。从万物都有生命力引出万物都有精神，都有概念，万物都是范畴，上帝创造万物的时候就是按照范畴

---

① ［德］黑格尔：《自然哲学》，梁志学等译，商务印书馆 1980 年版，第 310—311 页。

来创造的，而且把精神的力贯穿在里面。这是黑格尔的观点，跟康德完全不一样。康德是站在牛顿物理学机械论立场上，而黑格尔是立足于生命哲学立场上，在这方面和叔本华倒有点类似。叔本华也把重力和电等等自然现象归结为一种精神性的力即"意志"。他们两人对重力的理解都有点回归到亚里士多德。亚里士多德就认为重力很重要，重力就是那个东西想要掉下来，想要回到它原来的位置。叔本华也是这样，认为重力代表了物质的一种意志，意志是万物的本质，万物都有意志。一个东西掉下来说明它有意志，它要掉下来，它有这样一种合目的性的举动。当然这是潜藏的合目的性。黑格尔在《自然哲学》里面讲道，冰冷的石头也会呼喊起来，成为生命。而重力就是这种生命的一种无意识的体现。"它具有的规律是，在运动中所流失的**时间**和所经过的**空间**这两个不同环节之间的量的关系，等于方根与平方的关系"，对此我们可以列出这样一个公式来说明：当 $V_0=0$ 时，则 $h=\frac{1}{2}\cdot gt^2$。V_0 就是初速度，当初速度等于 0 的时候，则 h（距离）等于 g（重力常数）与 t（时间）平方的乘积的一半。这里 h 和 t 是变量，这两个变量是有关系的，什么关系？就是距离和时间的平方成正比。所以这里他讲的是这个公式。那么这是个数学公式，所以它是一种规律，它可以用来描述重力的规律。但是重力本身的本质呢，它并没有表达出来重力本身的能动的本质。它只是一种规律。黑格尔这里举的这两个例子，一个电力一个重力，为什么要举这两个例子呢？就是说它里面的力，不管是电力还是重力，它跟它的规律实际上是不同的。规律可以描述它，表达它，计算它，这种计算很精确，也适用，但是你仍然没有表达出它的本质。所以规律和力本身是不等同的，你不要以为把握到规律就把握到力了，如果你从这个角度看，那么这个力对于你来说永远是一个谜。直到黑格尔以后的时代，比如说在恩格斯写《自然辩证法》手稿的时候，这个力仍然是一个谜。所以恩格斯强调这个力本身仍然是一个非常抽象的概念，它什么也没有说，它实际上是比附于人的手臂这个力，是从我们自己"用力"这样一个概念的类比转过来的，但是它本身是非常空洞的。这一点可能受到了黑格尔的影响，就是说力本身这个概念什么也没有说。好比说我为什么要进城，是因为城里有对我的"吸引力"，这等于什么也没有说。所以力在任何场合下都可以用，但是任何情况下都是非常含糊的概念。但是黑格尔很重视这个概念，他认为力在物理学上的确是非常空洞的概念，你不能用力具体来解释这些规律，相反，你只能用这些规律来取代你对力的理解，才能有一种具体的把握。那么黑格尔的办法就是把力的概念提升到形而上学上来，力本身是一个单纯的概念。他举这两个例子，一个是电的例子，一个是自由落体的例子，其实就是说明，它不是一个规律，它是一个更高层次的概念。

电本身自在地并不是区别，或者说，在它的本质里并不存在正电和负电双重本质；因此人们常说，它**具有**以这样的方式**存在**的规律，也可以说，它**具有**如此表现出来的**属性**。①

"电本身"，我们刚才讲了，电本身作为力来说，它并不存在区别，它就是单纯的。"或者说，在它的本质里并不存在正电和负电双重本质"，在电的本质里面并没有双重本质，有一种正电，有一种负电，他反对用这种正电和负电来解释电的本质。"因此人们常说，它**具有**以这样的方式**存在**的规律"，就是通常人们有这样的说法，就是说电"具有"这种"存在"方式，也就是具有这种存在上的规律。电具有这种存在方式恰好说明，这种存在方式并不是它的本质，本质和存在在这个地方有一种分裂。电的本质是另外一回事情，但是它具有一种存在方式，具有以这种方式存在的规律。正电和负电作为规律的描述来说是可以的，电具有以这样一种相区别的方式存在的规律。但这种存在并不表达它的本质，并不表

---

① 这种说法的背景是当时两种对立的电的理论，B.富兰克林与杜费 (Du Fay) 及其追随者不同，只将同一个电流作为正电和负电的基础，黑格尔赞同富兰克林的观点。——丛书版编者 [杜费，Charles François de Cisternay Du Fay, 1698—1739, 法国化学家，曾提出正电和负电是两种不同的电，分别称之为"玻璃电"和"树脂电"，由摩擦玻璃和琥珀产生。——中译者]

达电的单一的、单纯的本质。"也可以说，它**具有**如此表现出来的**属性**"，属性那就更加明显了，它就更不等于本质了，属性是由本质决定的，但是它并不等于本质。它是这样存在的，但是它这样存在并不等于它就是这样的本质。我们在它的属性上看到它有正电的属性和负电的属性。但是这个属性并不是它的本质。它是这样表现出来的一种属性，可以说是电的一种表现，但是还不是电本身。这是借用人们常说的话。那么他借此说明了电的本质和存在不是一回事，力和规律也不是一回事。

　　这种属性虽然是这种力的本质性的或独特的属性，或者说，它对于这种力来说是**必然的**。但是必然性在这里只是一句空话：力**必须**这样双重化它自身，正**因为**它**必须**这样。

　　电表现出正电和负电，这是电的属性，"这种属性虽然是这种力的本质性的或独特的属性"，人们认为正电和负电是电的一种本质性的属性，或者是独特的属性，是"本质性的"（wesentlich），但是它还不是"本质"（Wesen），它们是由力的本质所表现出来的一种属性，所以它是力的本质性的属性，却还不是本质，它只是存在。"独特的属性"，也可以译作"仅有的"、"唯一的"，也就是它再没有其他什么属性了，就是体现为正电和负电。"或者说，它对于这种力来说是**必然的**"，就是说正电和负电这两种属性对于力来说是必然的，凡是有电的地方都有正电和负电。这种属性对于力来说是必然的，因为它们是从力的本质中来的属性嘛，每一种电本质上都必然会有正负两极。"但是必然性在这里只是一句空话：力**必须**这样双重化它自身，正**因为**它**必须**这样"，这就是同义反复了。力为什么要双重化自身，表现为正电和负电呢？因为它必须那样。就像《乡村爱情》这部电视剧中的那句口头禅说的："这是必须的。"这个就没有解释，它只是一句空话。你说它是必然的，我也可以说它是偶然的，我们突然发现了电就具有这样的双重属性，它没有逻辑必然性，它只是一种事实。我们所看到的所有的电都是这样的，你说它是必然的，那是一句空话。当然你也可以说它是必然的，但是为什么是必然的呢？就因为它必须要那样。那就等于什么也没说。

　　当然,如果**正电**被设定了,则必然**自在地**也有**负电**;因为**正电**只是作为与**负**电的联系而存在的,或者正电**在自身中**就是与自己本身的区别,正像负电同样如此那样。

　　"当然",这也就是退一步说了,就是说这种电的必然性没有什么证明,你也可以说它是偶然的。但是"如果**正电**被设定了,则必然**自在地**就有**负**电",这两者之间倒的确是有一种必然关联。如果你在一个地方(偶然)发现了正电,你就可以必然的推想,那它的负电在哪里呢? 它的正极找到了,那负极在哪里呢? 正电和负电是不可分的。它们相互之间当然有一种必然的关系。"因为**正电**只是作为与**负**电的联系而存在的,或者正电**在自身中**就是与自己本身的区别,正像负电同样如此那样",这里给出的一个理由就是,正电被设定了,负电就有了,为什么有了呢? 因为正电只是作为与负电的联系而存在的。正电和负电是不可分的,因为有正就有负,正如一张纸有正面就有反面一样。这个有点儿像黑格尔的"本质论"里面的范畴了,都是一对一对的。比如原因和结果就是这样,有原因必有结果,有结果必有原因,结果和原因这一对范畴是不可以分开的。但是黑格尔进一步指出,正电只是作为与负电的联系而存在,这也就意味着"正电在自身中就是与自己本身的区别",就是说它们不是两个东西的外在的区别,而是同一个东西的自我区别,是正电自己跟自己本身的区别,或者"正像负电同样如此那样",也是负电自己跟自己本身的区别。正电在自己的概念中就已经设定了与自己不同的负电,因此它这个差别是一个概念内部的自身差别。在概念中自身就设定了它自己的对立面,这个对立面不是在外面的对立面,就是它自身分出来的,这一点正电和负电是同样如此的。它不可能没有反面,如果没有反面的话,那么它也就同归于尽了。这是电的一个属性,作为电的属性,正电和负电是处于这样一种根本不可分的关系之中。所以说它们虽然不是本质,但是却是本质性的属性。

　　但是电本身如此划分自身,这自在地并不是必然的事;电作为**单纯**

的力对于它的规律，亦即对于它**是**正电和负电是漠不相干的；　　　　　[103]

　　尽管正电与负电之间有一种必然关系，就是说如果你设定了正电，那就必然有负电。"但是电本身如此划分自身，这自在地并不是必然的事情"，就是说你之所以要把电划分为正电和负电这样的属性，这件事情本身却并不是必然的。当然你划分出来了以后，这两个环节的关系是必然的，但是这种划分本身并不是必然的，它是偶然的，或者是你看到的、发现的，或者是我们为了便于计算而设定的。甚至这种设定本身都是偶然的，电本身并不是这种设定，它就是它。它跟规律不是一回事。你通过规律去掌握它当然也可以，但是你不掌握它，它也在那里。"电作为**单纯的力**对于它的规律，亦即对于它**是**正电和负电是漠不相干的"，电本身就是一种单纯的力，它对于自己"是"正电和负电是漠不相干，它到底是正电还是负电？它不管，那只是你的划分。你把它划分为正电和负电。但是这对电本身是无所谓的。正电和负电只是电本身的两种表象，电本身对此是漠不相干的，这不涉及电的本质。这里"是"（sein）字打了着重号，意味着这是在"存在论"层面上考虑这种属性，不是考虑它们的本质关系，而是考虑它们是否存在。而电本身是力的概念，它已经立足于"概念论"的层面了，它的"本质"就是概念。这里的区分是黑格尔《逻辑学》中三个不同层次即存在论、本质论和概念论的区分。所以下面接着说：

　　而且如果我们把前者叫作它的概念，而把后者叫作它的存在，那么它的概念对它的存在就是漠不相干的；它只是**具有**后者这种属性，这恰恰是说，这对于它**自在地**并不是必然的。

　　"前者"，也就是作为单纯的力的电，我们把它叫作电的"概念"；而"后者"，即电"是"正电和负电，这个叫作电的"存在"（Sein），也可以译作电的"是"。你从电的存在来对电加以规定，但是你把握到的只是它的存在，而不是电的本质，更不是电的概念。你用规律所把握到的只是电的各种表现的存在。但是对于电的本质，你并没有把握到。所以"它的概念对它的存在就是漠不相干的；它只是**具有**后者这种属性"，也就是电的概念具有电的存在这种属性,正电和负电都只是电的存在的属性。"这恰恰是说,这对于它**自在地**并不是必然的","自在地",就是对这个电本身来说。对于电本身来说,正电和负电并不是必然的,只是你在它的存在中发现的,你发现了电有这样一种属性,有这样一种特点,于是你把它设定为一个正一个负。正电和负电也是你取的名字,与电的自在的本质无关。发现了,然后取一个名字,这都属于偶然,而不是必然的。

——当人们说,作为正电和负电而存在属于电的**定义**,①或者说,这简直就是**电的概念和本质**,这时,这种漠不相干性就获得了另外一种形态。

电的概念和电的存在是漠不相干的,这种漠不相干性是怎样的呢?电的概念是电的本质,电的存在就是正电和负电这两种属性;但是这种存在并没有表达出电的概念和本质,所以电的本质跟电的存在是漠不相干的。但是这里讲漠不相干性还有另一种形态:"作为正电和负电而存在属于电的**定义**,或者说,这简直就是**电的概念和本质**,这时,这种漠不相干性就获得了另外一种形态"。你说正电和负电是电的存在,而电本身是电的概念或者本质,那么这两者是漠不相干的。但是有人会这样说,"作为正电和负电而存在"这是属于电的"定义"的,或者说,这本身直接就是电的概念和本质,这时,这种漠不相干性就获得了另外一种形态。你如果倒过来看的话,你如果把正电和负电本身就看作是电的概念和本质,本质和存在的漠不相干性就获得了另外一种形态,也就是一种经验论的形态。经验论者通常对一个对象喜欢下一个"定义",就是从事物表现出来的各种属性中归纳出一个定义来,把这个定义视为这对象的本质

---

① 黑格尔这里也涉及到沉思的物理学原理;例如参看 G.Ch. 李希屯伯格:《论研究电物质的本性和运动的一种新方式》,哥廷根 1806 年,第 93 页:"有两种不同的电,或者有一个唯一物质的两种不同的变形,它们按照正负尺度而互相限制,这一点,我相信是毫无疑问的,并且据我看来在这个学说中少数被提升到数学的确定性的原理中。它保持着第一的位置。"——丛书版编者

或概念。但是实际上他们理解的这个定义是完全外在的，就像唯名论所说的，只是一个词语，一阵风，一种抽象概念，它与它的内容是漠不相干的，顶多能说，它要符合内容，要"名副其实"，但永远不等于内容，而要依附于内容。所以用定义的方式获得的电的概念和本质仍然是一种漠不相干性，但是采取了一种颠倒的形式，跟前面讲的相比是倒过来的形式。黑格尔历来对"下定义"的方式不大看得起，认为那是一种抽象思维的方式，顶多在经验中有些用处。在哲学中他主张一种思辨的方式，即把概念不是看作一种抽象概念，而是看作一种自己运动的有生命的东西，或具体概念。所以他讲的漠不相干性是概念的内在超越性，电的概念是超感官世界中的本质，不是依附于感官世界中的属性的，相反，这些属性都要依附于它。而经验论者、唯名论者的这种漠不相干性则是概念的僵死性、外在性。而这样来看电的概念和本质，是永远得不出它的必然性的。这是两种相反的思路，一种是自下而上，从经验的各种属性抽象出概念来，一种是自上而下，从思辨的概念来统摄各种属性。两者都表现出概念和经验的漠不相干性，但性质完全不同。

这样一来，电的存在就会意味着**它的实存（ihre Existenz）**一般了；但是在那个定义里并不包含**它实存的必然性**；电的实存要么是由于人们**发现了**它，这就是说，它的实存根本不是必然的；要么电的实存是由于别的力使然，这就是说，它的必然性是一种外在的必然性。

"这样一来"，也就是如果按照上面说的定义方式和经验论方式，自下而上地来规定电的概念和本质的话，这里用的是虚拟式：那么，"电的存在就会意味着**它的实存**一般了"。这个意义上的电的存在就只会是意味着一般的电的实存，或实存一般。实存（Existenz）这个概念在黑格尔那里有他特定的含义，通常是比较带有经验色彩的，在《逻辑学》中它相当于 Dasein，定在或此在，它是非常具体的，而且是比较感性的。"实存"有的翻译成生存。"存在主义"实际上应该翻译成"实存主义"或"生存主义"。我们如果就正电和负电来规定电的本质和概念，那么电的存在就是我们发现它存在的时候的那个样子，也就是用电的经验形态来规定电的本质和概念，来给它下一个定义。"但是在那个定义里并不包含**它实存的必然性**；电的实存要么是由于人们**发现了**它，这就是说，它的实存根本不是必然的"，这就是说，如果用这种下定义的方式来规定电，那么在这样的定义里面是没有必然性的，经验性的实存只能是偶然的。这种实存是你"发现"的，你发现了正电和负电；然后你把它当作电的概念本质，给它下一个定义；但是你仅仅是碰到了电的现象，那只是一些电的实存。但是在那个定义中，并不包含它实存的必然性。正电和负电的这个规律，你碰到了现象的时候可以用这些规律来解释；但是你并不能从这些规律中就推出那些具体的现象是怎么来的。所以它的实存根本不是必然的，电的实存并不是从电的定义中必然推出来的，它在什么情况下实存，完全是偶然的。"要么电的实存是由于别的力使然，这就是说，它的必然性是一种外在的必然性"，要么是从别的力中推出来的，是别的力导致了它。比如说由机械力。你把毛皮和玻璃棒拼命地摩擦，于是它就产生了电。所以由机械力产生了电，有别的力使然。这里头有必然性，但是这样的必然性是一种外在的必然性，它并不是从电的概念中必然推出来的，它只是通过一种机械力的作用而转化为电的必然性。所以电的概念和电的实存仍然是漠不相干的，它们的关系仍然是偶然的。这是对上面讲的"另外一种形态"的漠不相干性的批评。

　　但由于必然性被置于**由他者而存在**这一规定性中，于是我们重又落回到那些特定规律的**多数性**中去了，这些特定规律是我们为了考察作为规律的**规律**而刚刚放弃了的；只有这种作为规律的规律才可以和它的作为概念的**概念**或它的必然性相比较，但这种必然性在所有这些形式中所表明的还只是一句空话。

　　"但由于必然性"，这就是上面所讲的那种外在的必然性。外在的必然性还是有的，但由于这种必然性"被置于**由他者而存在**这一规定性中"，外在的必然性嘛，当然是由他者而存在的。"于是我们重又落回到

536

那些特定规律的**多数性**中去了，这些特定规律是我们为了考察作为规律的**规律**而刚刚放弃了的"，哪些特定的规律？在这里一个是电作为特定的规律，一个是机械力摩擦，这种摩擦力也是由于细小分子之间的万有引力而导致的。有各种特定的规律在一起相互作用才导致了电的产生。这样，我们又重新落回到那些特定规律的多数性中去了，而我们刚刚通过万有引力好不容易从那里面提升出来。万有引力正是把我们从那个多数性里面提升出来，不管是什么力，重力也好，行星运动的力也好，都最终归结为一个单纯的万有引力。万有引力本身就是"作为规律的规律"，就是规律的单纯概念。为了把握规律的概念，我们把具体的特定的规律都抽象掉了。"只有这种作为规律的规律才可以和它的作为概念的**概念**或它的必然性相比较，但这种必然性在所有这些形式中所表明的还只是一句空话"，如果重新回到多数性，必然性在这里就成了一种空话，万有引力、包括前面讲的电力一旦被反过来归结到经验中的那些力，比如重力，或正电负电，那些都是以偶然性为条件的。要找真正的必然性，就必须基于规律的概念，作为规律的规律，或者说基于作为概念的概念，而不只是那种抽象概念、定义式的概念。只有把那些特定的规律都把它撇开、抽象掉，我们才能将作为规律的规律和作为概念的概念相互比较，也就是和必然性相比较。因为必然性是出自于作为概念的概念，纯粹的单纯性，你不能把经验的东西，一些常数呀、偶然的条件呀，把它掺杂进来。掺杂进来以后，它就不是内在的必然性了，它顶多是外在的必然性。而外在的必然性其实还是偶然的。要么你把正电和负电都只看作是电的属性，那么它们就跟电的本质和概念相互脱离，电的概念本身和它的这些表现都漠不相干；要么你把正电和负电都看作是电的概念或本质，那么这个抽象的本质和概念跟电的实存又漠不相干，电的实存是你在没有任何概念的情况下偶然发现的，是你找到的，或者是你通过其他的力或规律引起的，只有外在的必然性。所以你讲的必然性在前面两种情况中都只是一句空话，或者它只是一个抽象的必然性。知性所表达的必然性只能是一个抽象的必然性，不是真正的必然性。

　　规律与力、或概念与存在的漠不相干性，除了上面所指出的方式外，还有另外一种现成的方式。例如在运动的规律里，运动之**划分**为时间和空间，或接着再划分为距离和速度，这也是必然的。

　　这一段又从电力回到了机械运动的力，最后回到了重力的例子。"规律与力、或概念与存在的漠不相干性"，前面已经讲了两种不同的漠不相干性，一种是规律的单纯概念与特定的诸规律漠不相干，二是特定的诸规律和某个规律的定义漠不相干。前者是由万有引力、电和重力三个例子来说明的，后者是通过正电负电与电的定义的关系来说明的。电的本质和概念与电的实存之间在这两种意义上都是漠不相干的。然而，除了规律和力的漠不相干性，以及力的概念和力的存在的漠不相干性之外，在力的规律中还有另外一种现成的漠不相干的方式，可以看作是第三种方式。"例如在运动的规律里，运动之**划分**为时间和空间，或接着再划分为距离和速度，这也是必然的"，在规律和力的漠不相干性方面，前面已经通过对电学的分析讲得很透彻了，现在再来分析运动，也就是机械运动和力学。显然，在一切机械运动中现成的划分就是时间和空间、距离和速度，这种划分也是必然的，或者用康德的话来说，一切机械运动都包含着这些环节，这是一个分析命题。最简单的运动的题中应有之义，就是时间空间、距离和速度，一个都少不了的，少了一个就形成不了运动的概念了。所以说这种划分是必然的。这是第三种方式，如果用康德的术语来说，这就是分析命题的方式，它具有一种分析的必然性。而前面第一种万有引力的方式可以看作是先天综合命题的方式，第二种给电下定义的方式可以看作后天综合命题的方式。这三种方式里面，只有第一种是把力提升到了哲学的必然性层次，第二种是把力下降为偶然的经验规律，而第三种则是把力局限于分析概念中必然包含的各个部分，但这些部分各自都是漠不相干的。

由于运动只是那些环节的比例关系（Verhältnis），所以在这里运动这个共相当然是**本身自在地**被划分了的；但是现在这些部分，时间和空间或距离和速度，在它们本身内并没有表达出它们的起源出自一个**东西**；它们彼此之间是漠不相干的；

这个"但是"很重要。"由于运动只是那些环节的比例关系"，例如我们刚才讲了自由落体运动的公式，里面就包括了时间空间距离速度，缺一项都不行，而且它们互相组成了一套比例关系，距离与时间的平方成正比，由此来表示自由落体在任一点上的瞬时速度。"所以在这里运动这个共相当然是**本身自在地**被划分了的"，运动作为这个共相它当然自在地就已经被划分了。有个运动在面前，你就必须划分时间空间、距离速度的比例。这些环节自在地就是这样组合成的，这是必然的。"但是现在这些部分，时间和空间或距离和速度，在它们本身内并没有表达出它们的起源出自一个**东西**；它们彼此之间是漠不相干的"，在运动中，时间、空间、距离、速度，所有这些环节都是偶然的，它们的配合对它们来说也是偶然的，它们的来源也是偶然的、各自不同的，并非由同一个东西推出来的。在运动中并没有表达出它们的起源出自一个东西。你不能说时间、空间、距离、速度，它们到底哪个产生哪个，或者它们共同出自哪一个东西，它们没有这种关系，它们之间是漠不相干的。它们没有这种概念的内在的联系。它是外在相加的概念，时间和空间是不相干的，距离和速度是可以分开来进行考察的。它们跟正电和负电还不一样。正电和负电是相互不可分割地存在的。更重要的是这些部分并不是来自于同一个起源。我们可以设想黑格尔认为的必然性应该是这样的：它们都是出自同一个概念，由同一个概念的自我否定而产生和逐步推演出它的诸环节，它们具有一种内在的必然发展和运动。这才是真正的必然性。你把互不相干的环节凑在一起来，把它们固定成一个规定。虽然每个环节都不可少，但这并不是真正的必然性，甚至我们可以说它是偶然性，即运动碰巧是这样的，由这几个方面组成的。当然这只是牛顿的经典物理学的运动观和宇宙观,在爱因斯坦以后,现代物理学已经把时空、距离和速度都关联起来了。但在黑格尔的时代,这些环节都只呈现出一种偶然经验的相关性。

表象空间时无需时间,表象时间时无需空间,而距离则被表象为没有速度至少也可以存在的,——正如它们的大小是彼此互不相干的一样,因为它们之间的关系并不像**正**与**负**那样的关系,因而它们相互间也不是通过**它们的本质**来联系的。

这是进一步展开刚才的思想。比如说,我们表象空间的时候,不一定要把时间纳入进来,我可以撇开时间来设想空间,我可以设想一个永恒的、没有时间的空间。同样,我也可以在表象时间的时候不设想空间。比如说思想,数学推理,它就不占空间而在时间之中。按照康德的说法,时间可以没有空间,空间却不能没有时间。但是其实空间也可以没有时间来设想,我们设想宇宙的广袤的时候根本用不着想到它存在了多久,它不像正电和负电,你不能设想没有正电而只有负电,或没有负电而只有正电。"而距离则被表象为没有速度至少也可以存在的,——正如它们的大小是彼此互不相干的一样",如果你不考虑运动的话,距离就是距离,距离的大小跟速度本来是不相干的,当然速度里面包含着距离,距离却不包含速度。而且即使速度包含距离,这种包含也是根据不同的运动而不同的,一定的距离跟一定的速度并不必然相联系。如果距离固定了,那么速度可大可小。我们从这里走到人文馆,我可以用最快的速度,也可以用最慢的速度。"因为它们之间的关系并不像正与负那样的关系,因而它们相互间也不是通过**它们的本质**来联系的","正与负"就是刚才讲的正电和负电。在黑格尔的逻辑学中,凡属于"存在论"的范畴都是可以分开来设想的,而"本质论"中的那些成对的范畴是不能分开来设想的。存在论里面的量和质,你考虑量的时候,在一定范围内可以不考虑质;当然它有一个"关节点",在这个点上可以发生"质的飞跃",从量变到质变,你会大吃一惊。为什么吃惊呢? 就因为你以前只考虑到量的积累,你没有考虑到质的变化问题，而且这在一定范围内是允许的。所以量和质的关系是外在的关系。而在本质论里面那些范畴是一对一对的，它们是内在的关系，正和负就属于这类。而时空速度之类则不是这样的，"因而它们相互间也不是通过**它们的本质**来联系的"。时间和空间是有关联的，但却是通过另一种东西来关联，比如说通过运动。通过运动你才把时间和空间、距离和速度关联起来了。如果没有运动，你单独的考察时间空间，那是没有联系的，它们相当于存在论里面的范畴。所以它们的联系不是通过本质论来联系的，而是通过一种外来的存在关系而联系在一起，在这个运动中，它们才关联在一起的。

　　所以这种**划分**的必然性在这里固然是现成的，但却不是**各部分**本身相互之间的必然性。

　　"这种**划分的**必然性"，凡是有运动的地方就必然有时间空间距离和速度相互之间的比例，必然要作这种划分，这样才能建立规律；这是划分的必然性，你不能不作这种划分。这种划分的必然性是"现成的"必然性，也就是一种已经摆在那里了的必然性，或者被你发现了的必然性。"但却不是**各部分**本身相互之间的必然性"，它们相互之间并没有这种必然性，是你把它放在运动中来考虑，是你对运动进行了"划分"，这种主观行动才具有这种必然性。你只能这样划分而不能那样划分，这种必然性是现成的，只要有运动，只要我们去划分它们，就必须这样关联。但是这种关联不是出自它们的本质，不是它们各部分一个必然要联系着另一个，而是我们的划分加给它们的。

　　但因此甚至前一种必然性也都只是一种佯装的、虚假的必然性了；因为运动本身并没有被表象为**单纯的东西**或纯粹本质，而是**已经**被表象 [104] 为划分开来的东西；

　　"前一种必然性"就是指划分的现成的必然性。上一句讲，"所以这种**划分**的必然性在这里固然是现存的，但却不是**各部分**本身相互之间的必然性"，那么这里就有两种必然性，一种是现成的划分的必然性，一种是各部分相互之间的必然性。后面这种必然性是没有的。但是正因为这种必然性是没有的，所以前面一种必然性也就是虚假的必然性。就是说固然有这样一种必然性，即凡是运动都必然要划分出时间空间，距离和速度，这是一种现成在手的必然性；但是正因为各个部分之间的必然性是没有的，你没有从一个环节必然地推演出另一个环节来，所以前一个划分的现成的必然性也是虚假的佯装的必然性，也就是被架空了。表面看来是必然性，你无法违背，但是没有它内在各个部分的相互之间的必然性的支撑，所以它其实也是虚假的必然性，其实是偶然凑到一起来的。真正的必然性是内在的必然性，从一个东西产生出来，必然发展出、推演出其他的东西。而外在的必然性毋宁是偶然性。"因为运动本身并没有被表象为**单纯的东西**或纯粹本质，而是**已经被表象为划分开来的东西**"，为什么前面的划分的必然性是虚假的呢？因为运动本身并没有表现为单纯的东西或纯粹本质。也就是说只有表现为单纯的东西或纯粹本质，那么它就会把其他的环节一个一个的发展出来，这才是真正的必然性。但是运动的各个环节相互之间并没有从一个东西产生出来的这种关系，而是既定的、现成的一个时间空间，你根据这些东西去测定这个运动的关系，这样一来，你就没有把运动看作是一个单纯的东西，你把它看作是复杂的东西。运动本身有时间的维度也有空间的维度，那么这两个维度可以合并成速度，它是一个复合起来的东西，它不是一个单纯的东西，而是已经被表象为划分开来的东西，这种划分方式虽然不可避免，但完全是偶然的，碰上的，所以它就没有必然性了，它已经被表象为一种偶然划分开来的东西，划分为时间空间距离速度等等。

时间和空间是运动的**独立的**部分，或者是**这些部分自身的本质**，或者距离和速度是存在的方式或表象的方式，其中距离没有速度也仍然能够存在，因此运动就只是它们的**表面的**联系，而不是它们的本质。

"时间和空间是运动的**独立的**部分"，我们前面讲了，你考虑时间的时候你可以不考虑空间，考虑空间的时候也可以不考虑时间，它们本身是独立的。你把它们纳入到运动中来,那是你的事,但是它们本身是独立的,时间跟空间没有必然的关系,是你的眼光使得它们具有了一种必然的关系,那是一种外在的表面的必然性。"或者是**这些部分自身的本质**",这是换一个角度来说,比如说运动有时间的维度,也有空间的维度,也有距离和速度的维度;那么时间空间是这些部分自身的本质。比如说空间是距离的本质,时间和空间是速度的本质,你可以这样来理解。"或者距离和速度是存在的方式或表象的方式,其中距离没有速度也仍然能够存在,因此运动就只是它们的**表面的**联系,而不是它们的本质",当然速度没有距离是不可能的,速度肯定要考虑距离;但距离可以不考虑速度。那么你用运动把它们结合在一个过程之中,它们在这个运动中只是表面的联系,只是你把时间空间速度距离拢在一起,组成了一个运动的公式。但它不是这些部分自身的本质。时间和空间都不可能以运动作为它们的本质,它们本身是独立的,它们本身没有表达出本质来。当然按照爱因斯坦的相对论来说不是这样,按照爱因斯坦来说,时间和空间可以随着运动而被压缩,那么这样就可以把运动看作是时间空间的本质。但是按照牛顿物理学,时间和空间跟运动没有关系。在黑格尔的时代,那个时候还是牛顿物理学的时代。

　　如果把运动表象为单纯的本质或力,那么运动当然就是**重力**,但重力一般并不包含这些区别在自身内。

　　"如果把运动表象为单纯的本质或力,那么运动当然就是**重力**",如果你撇开规律,单纯谈运动,那么运动就可以被理解为单纯的本质或力,那么这样理解的运动当然就是重力了。黑格尔的重力跟一般理解的重力有很大的区别,它不是吸引力的一种表现方式。我们通常认为重力是地球上的一种吸引力,是万有引力的一种表现方式;但是在黑格尔那里,重力是物质的本性,它不是什么一种关系的表现,而是物质本身的内在的东西,精神性的力。我们说自由落体是地球引力所造成的,虽然你可以这样去描述它,但是黑格尔认为重力肯定是物质的一种本性。物质肯定是要吸引某种东西，或者被某种东西吸引的。这就是他所设想的单纯的本质或力。那么运动当然就是重力，"但是重力一般并不包含这些区别在自身内"。这些区别是经验中的规律，你可以用来描述它，你可以规范它，但是重力本身并不受这些经验性的东西规范，至少你的这些规范并没有表达出重力的内在本质或重力的概念，你只是表达出了它的外部实存，它的实际存在，它的定量化精密化的计算。这个是有区别的，所以规律和力之间是不能混淆的。

＊　　　　　　＊　　　　　　＊

[3. 解释]

上次我们讲到了规律的区别问题，那么这个区别到底是必然的还是偶然的，在讨论这个问题。黑格尔举出了两个例子，一个是电，正电和负电；还有一个是重力。在电的例子中，正电和负电都不是电本身的本质，正电和负电是我们人加给它的一种解释，所建立的一种规律。凡是一种规律在这个意义上都是我们的知性的一种解释。我们对于客观世界的各种各样的现象，我们要加以解释，如何解释？我们就必须要加给它一些区别。比如说同一个电的现象，我们就必须要区别出正电和负电，这样来解释它的规律。但是正电和负电的解释对于电本身来说是非常偶然的，它没有什么必然性，你可以把正负极的名称颠倒过来，这都是可以的。这都是人规定的，有一种任意性。当然一旦确定下来，就具有一种规定性，就不能随时改变了。这就是一种规律。那么重力也是，运动的时间和空间，对于这个运动本身来说呢，也是我们衡量它的一个标准，但是时间空间、速度和距离之间也是一种偶然的关系，没有必然的联系。我们把一种运动加给它们，把它们聚拢来，那是我们知性的一种解释。所以我们今天讲的这个是第三个小标题，就是解释（Erklären）。这个德文词还有宣布、宣称的意思。但是它本来的意思就是解释、说明。也就是说所谓规律包括它的规定、必然性都是我们知性的一种解释，而对于力本身自在地来说没有必然的关系。当然你把它们联系在一起，它们就有关系了，但是它们本身自在地并没有关系。所以这种联系不是必然的，对于我们的知性来说只是一种解释而已。

因此在两种情形下，区别都不是什么**自在本身的区别**；要么共相、力对于存在于规律里面的划分漠不相干，要么这些区别、规律的这些部分彼此相对存在着。

"因此"，因为什么呢？就是上面讲的两种区别。我们上次讲的两段话，第一段话特别举了电的例子，第二段话举了重力的例子。这两种情况里面我们划分出来的区别，它们"都不是自在的本身的区别"。就是说不是事情本身的区别，而是我们加给它的解释。"要么共相、力对于存在于规律里面的划分漠不相干，要么这些区别、规律的这些部分彼此相对存在着"，所谓"漠不相干"也就是说，它也可以是这样，也可以是那样，它无所谓，对它无关紧要，也就是说这样一种区别对于它来说是偶然的。第一个"要么"是指电的例子，要么共相、力对于存在于规律里面的划分漠不相干，你在规律里面把电这种力划分为正电和负电，那么电本身对于这样一种解释漠不相干。第二个"要么"是指重力的情况：要么这些区别、规律的这些部分彼此相对存在着。重力的情况就是规律里面包含着的各部分，比如说时间空间、速度距离，它们彼此是相对存在的，各自都处于他方的对面，所以它们之间是松散的，你可以分别进行考察。比如说考察距离，你不用想到速度和时间，距离摆在那里。你用重力作为纽带把这些本来并不相干的东西联系起来，那对于这个重力本身来说是漠不相干的，它跟时间等等的本性是不相干的，它不是从时间或者距离的本性中推出来的一个东西，而是以重力为纽带，才把影响和构成重力的这些环节捆在一起。所以这些东西相互之间也是漠不相干的。这里有两种漠不相干，总而言之，它都不是自在本身的区别。也就是不是事情本身的区别，而是你加给它的区别。

但知性具有这个自在的区别的概念，这正是由于规律一方面是内在的东西、**自在**存在着的东西，但是**在它里面**同时又有**被区别开来的东西**；

"但知性**具有这个自在的区别**的概念"，这个"但"就是说，虽然这个区别不是自在本身的区别，但是知性要对它这样加以解释，它具有这个"自在区别的概念"。为什么这样一种不是自在的区别，知性却要把它看作是自在的，也就是知性为什么要具有这个自在区别的概念呢？"这正是由于规律一方面是内在的东西、**自在**存在着的东西，但是**在它里面**同时又有**被区别开来的东西**"，这就是前面讲过的，我们看第 100 页 [贺、王译本]："所以这种**作为普遍区别的区别**是**力的转换本身中的单纯的东西**，是这种转换的真实的东西，这种区别就是**力的规律**。"就是讲到规律的时候，规律一方面是内在的东西和自在存在着的东西，这是讲到规律的时候一开始就讲到了，规律是知性的对象，知性研究的对象，但是知性研究的对象最开始是内在的东西，是力本身。这力表现出来成为现象，我们看到的都是现象，知性要研究的对象是现象底下的那个力本身。它本来是力本身，后来把力的表现也包括进去了，因为力本身跟力的表现没有什么区别，力的表现就是力本身。再后来把规律也包括进去了，知性的对象既是力本身，又是力的规律。所以"规律一方面是内在的东西、**自在存在着的东西**"，当初知性就是这样看的。为什么要把规律提出来用来规定力，就是因为知性认为力本身具有规律，并不是我们的解释。知性最开始并没有意识到，这种规律以及在规律中作出的区别仅仅是知性作出的一种解释。知性开始不是这样看的，它是把它当作就是力的规律，就是事情本身的规律。但是在规律中作出的那些区别呢，倒是知性的区别。所以知性具有这个"自在的区别的概念"。在规律中，知性具有这个区别的概念，你既然要把规律当作对象，那么这个对象它就有区别。每一条规律里面都是有区别的，时间怎样、空间怎样，正电怎样、负电怎样等等，这都是有它的区别的。那么为什么知性具有这个自在区别的概念？"这正是由于规律一方面是内在的东西、**自在存在着的东西**，但是

在它里面同时又有**被区别开来的东西**",就是规律我们把它看作是自在的东西,但是它又必须有区别,没有区别就没有规律了。你要讲规律的话,它肯定是有区别的东西。你把它们联结起来,这才构成规律。如果电,你不把它区别成正电和负电,那么你如何把握它的规律? 这个自由落体、重力,你不把它的时间空间等测量出来,它如何能够列出它的公式来? 那就没有规律了。而这个规律既然是被看作自在地存在着的东西,所以这个自在的东西也就被看作是有区别的,"但是**在它里面**同时又有**被区别开来的东西**",你的区别是对自在的东西的区别。知性实际上是它的一种解释,但是你把它看作是自在的区别,或者说知性具有了事物自在区别的一种概念。但是这个概念是不是就真的是自在的区别? 这个还有待解释。

因而假若这种区别是一种**内在的**区别,这现成地取决于,规律是**单纯的力**,或者规律是作为规律的**概念**,因而是一种**概念区别**。

"因而假若这种区别是一种**内在的**区别",这是一个虚拟式。我们特别要注意黑格尔的虚拟式。这里为什么用虚拟式,就是在知性看来这样一种概念会是这样的,这种区别会被它看作是一种内在的区别。但知性要这样看是有条件的,"这现成地取决于,规律是**单纯的力**,或者规律是作为规律的**概念**,因而是一种**概念区别**"。前面讲了,知性把这种区别看作是自在的区别或者看作是事情本身的区别,那么这种看法是基于什么呢? 是基于这一点,如果没有这一点的话,知性就不会把它看作是客观的力的自在的区别了,就会意识到这只是它的一种解释了;但是它把这看作是客观的自在的区别,是基于这一点:规律是单纯的力。规律本身就是用来解释单纯的力的。规律本身是有区别的,所以它不是单纯的,但是它的根基是单纯的力。我们用正电和负电就是要来解释电本身;我们用时间空间、用速度距离就是要解释运动、重力本身。电本身和重力本身都是单纯的、自在的。但是它不是康德意义上的自在之物,康德意义上的自在之物是不可认识的。黑格尔的自在的,就是指那个事情本身,重力本身、电本

547

身。规律是单纯的力,我们用规律来解释单纯的力。我们就把规律看作是单纯的力了。"或者规律是作为规律的**概念**",也就是说规律它的概念就是把它看作是单纯的力,它在概念中把自己看作是单纯的力。规律是作为规律的概念,或者可以这样说,是作为规律的规律这样的概念,那就是单纯的力。"因而是一种**概念区别**",这个就把话挑明了。就是说知性之所以要把规律看作是单纯的力本身的规律,把规律的区别看作是单纯的力本身的区别,是因为这种规律的区别仅仅是一种概念的区别。其实它还不是单纯的力本身的区别,知性具有了这种力的概念,这是前提,知性在把握规律的时候,它是从概念这个层次上把握规律的,它是从概念的层次上把规律的概念看作是本身的自在的区别。但是它毕竟是在概念这个层面来看的,因此我们可以说,它所把握的规律仍然是主观的,仍然是知性的一种解释,而不是自在的力本身的区别。自在的力本身用不着这种区别,电力它本身就发生了,它就是一个东西,你把它分成正电和负电,其实它就是一个东西;重力它就发生了,它就落下来了,你用时间空间来测量它,只不过是用它在这个时空坐标中的一种关系来测量它,这种关系是你定的,虽然它在时空"之中"运动,但时空跟它本身没有关系。你把这种坐标,把这种关系看作就是力本身的一种关系,那只是你的概念而已,你是在概念的层面上讨论这个问题的,所以它是现成的取决于:规律是单纯的力,或者规律是作为规律的概念,因而是一种概念的区别。这正如前面讲用力的平行四边形的对角线来解释地球运行的轨道一样,那些线都是辅助手段,和推动地球运行的力本身无关。

　　但是这种内在区别最初还只是**属于知性**的事,还没有**在事情本身之上建立起来**。

　　所以这种规律的区别是一种概念的区别,作为一种概念的区别,知性最初把它看作是事情本身的内在区别。但是这种看法最初还只是知性本身的事情,这种内在区别是知性把它看作内在的区别,看作是事情本身内在的力,或者单纯的力本身的区别。所以这种区别最初还只是属于知性的事情，"还没有**在事情本身之上建立起来**"，就是说，知性的这种观点是在一个发展过程之中。它最初，它的切入点，是建立在概念的基础之上来把握规律的，那么这个规律的概念它当然有些内容，也就是它把这种概念的区别看作是力本身的区别，它把规律的区别看作是力本身的一种区别，这就是规律的概念。所以规律的概念里面是包含有内在区别的。它不仅仅是外在的解释，不仅仅是现象的解释，而是对内在的东西的解释。但是最初这种解释还只是属于知性的事。如果没有知性的话，这些解释用不着，这些解释没有用。这些解释只是对于人有用，人的知性要把握客观的自在的力。但它还没有在事情本身之上建立起来。事情本身，自在之物，客观对象，可以这样理解，我们就是要追求事情本身，从感性确定性开始我们就是要追求事情本身。只有追求到了事情本身，我们才追求到了真理，所谓真理就是我们的观念跟事情本身相符合。但是这样一种内在的区别最初还没有在事情本身上建立起来。你要在事情本身上建立起来，那就要看事情本身是如何运动的，如何推进的。不是说你站在旁边就完事了。事情本身会动起来，会展示出来，会实现出来。所以这种区别、这种解释最终还有待于实现。它最初只是外在的解释，没有真正进入到事情本身。

　　所以知性所说出的只是**它自己的**必然性；因而知性只是这样来作出一种区别，使得它同时表达出这种区别不是**事情本身的区别**这个意思。

　　知性说出的只是自己的必然性。知性讲规律它就是要讲必然性，如果你没有规律的话，你就没有必然性了，找到了规律，知性就认为找出了必然性。而且这个必然性是可以算出来的，数学上可以算出来的那当然是规律了。但是它跟事情本身有什么关系呢？好像最初没有什么关系，这种必然性只是知性本身的必然性。知性为了自己的理解，为了做出自己的解释，它才确定了自己的必然性。但是这种必然性只是对它自己而言的必然性，而对于客观的事物来说并非必然的。一旦我确定了这一头是正极，那么那一头就是负极，但是是谁把它确定为这一边是正，那一边是负,这是偶然的,我反过来也可以。我们今天讲有反物质世界,我们通常讲电子带负电,但是在反物质世界,电子是带正电的,有正电子。其实都无所谓的,你把正电叫作负电,把负电叫作正电,但是一旦确定下来,那当然就有确定性了,就有必然性了。但是这种必然性只是知性自己的必然性。"因而知性只是这样来作出一种区别,使得它同时表达出这种区别不是**事情本身的区别**这个意思",我们姑且把这个叫作正极,那个叫作负极。我们姑且把地球的这一极叫作北极,把地球的那一极叫作南极。这都是知性自己擅自作出的,它没有征求事情本身的意见。它跟事情本身其实没有什么关系。所以知性在作出这种区别的时候,就同时表达出一个意思,就是这种区别并不是事情本身的区别。它已经表达出来了,它最开始就是这样来建立规律、建立区别的。

{95}　　这种仅仅在于字面上的必然性因而只是把构成必然性的圆圈的诸多环节讲述出来而已;这些环节虽然被区别开来了,但它们的区别并不同时表明就是事情本身的区别,于是马上又被扬弃掉了;这种运动就叫作**解释**。

　　这种必然性当然仅仅是字面上的必然性,你把它叫作南极,你把它叫作北极,叫正极、叫负极,你把它作出种种规定,你认为这个自由落体是在时空的坐标中进行的。这些区别的必然性仅仅是字面上的必然性,"因而只是把构成必然性的圆圈的诸多环节讲述出来而已",必然性当然要有个圆圈,必然性要自圆其说,凡是必然的东西,它的来龙去脉,它构成一个逻辑自洽的圆圈才能放之四海而皆准。但是这个必然性的圆圈的诸多环节在这种区别中只是讲述出来了而已,而没有把握它们的本质。知性只是把它做了记号,你怎么标记都无所谓。但是它确定了标记,虽然是知性本身的标记,但是无疑它暗示了客观必然性。但是这个客观必然性现在还只是自在之物的。你说讲出来的只是你的知性的一种解释。"这些环节虽然被区别开来了,但它们的区别并不同时表明就是事情本身的区别,于是马上又被扬弃掉了",就是这种区别不是事情本身的区别,因而马上就被扬弃掉了。知性在作出这种区别的时候,意识到这种区别马上要被扬弃掉的。这方面最典型的例子就是牛顿,牛顿在《自然哲学的数学原理》中讲到光学的时候,他加了一个注 (黑格尔在《自然哲学》中引了这个注) :① "我毫无区别地和十分随便地交替使用了**吸引、排斥**或任何一种趋于中心的**倾向**这些字眼,因为我**不是从物理上**而是**从数学上**来考虑这种力的。因此,读者不要以为我使用这些字眼,是想为任何一种作用的**种类**或**方式**及其**原因**或**物理根据**下什么定义,或者每当我偶尔谈到吸引中心或赋有吸引能力的中心时,以为我是在想把真正的和**具有物理意义的**力归诸某些中心 (它们只是一些**数学的点**)。"但黑格尔在引证牛顿这段话后,却批评他未能把这种观点坚持到底,而是仍然把这些力的观念作为"物理存在"来处理。但牛顿承认,我所作出的这些数学上的区别只是权宜之计,只是为了便于解释,那么客观事物本身的这种规律并不一定是我现在描述的这个样子。就是说牛顿他自己心里也有点没底,自然哲学能不能用数学原理就把物理对象的本质解释出来? 数学好像只是一种工具哲学,好像只是一个脚手架。但是这个脚手架当房子建立起来之后,它是要拆掉的,它只是我们的一个方便,一种权宜之计。所以黑格尔讲这些区别所要表达的那个东西其实并没有区别。比如说重力,在时间上是这样的,在空间上是那样的,它们之间是成一个比例关系的。成一个什么样的比例可以去算;但是重力其实是很单纯的,它不是说在时间中那样,在空间中那样。它其实是同时在时间空间中下降。它既是时间也是空间,它不可能从时间空间中分出来,你分出来是因为便于你计算。但是在下降的落体身上它并没有分出时间空间。所以"这些环节虽然被区别开来了,但它们的区别并不同时表明就是事情本身的区别,因而马上又被扬弃掉了",比如说,你通过公式算出自由落体的速度,那么计算都是一个过程,重要的是最后达到的结果,它的初始的速度和最后的速度这个结果,中间的只是一个计算的过程。那么你就可以直接

---

① 见 [德] 黑格尔:《自然哲学》,梁志学等译,商务印书馆 1980 年版,第 71—72 页。

把它理解为一个重力下降的过程。"这种运动就叫作**解释**",所有这样一番运动都是知性的一个解释,我们搭了一个脚手架,但是最后这一套东西最后是要被拆掉的。这就是解释。

　　这样,一个**规律**就被宣布出来了,规律的自在的普遍东西或根据,作为**力**就与规律区别开来了;但是,关于这个区别被说出来的是:这种区别不是什么区别,毋宁说这根据完全具有像规律那样的性状。

　　"这样",也就是通过这样一种"解释",一个规律就被宣布(aus-gesprochen)出来了。这个解释(Erklären)本身也有宣布的意思。通过解释,一个规律就被宣布出来了,"规律的自在的普遍东西或根据,作为**力**就与规律区别开来了"。规律宣布出来了,规律是你的解释,被你宣布了,但是规律的自在的普遍东西,或者规律的根据,你的规律是根据什么的规律,那些自在的东西、客观的事物本身,也就是那些力本身,作为力就与规律区别开来了。这个"力"打了着重号,与前面打了着重号的"规律"相对照,说明这两者是不同的。力就是规律所要描述的,力是规律的根据;但是呢,力与规律又不同,力本身是单纯的,而规律是有区别的。那么它们之间就区别开了。你的规律只是一个解释,你解释那么多种关系,还要计算。但是实际上力是很单纯的,没有那么复杂,这两者之间就有了区别。"但是,关于这个区别被说出来的是:这种区别不是什么区别,毋宁说这根据完全具有像规律那样的性状",规律和力有区别,但是对于规律和力的区别,我们表达出了什么呢? 我们说出来的却是:这种区别不是什么区别。按照我们所说出来的,这根据完全具有像规律那样的性状。这句被说出来的话用的是虚拟式,就是说这只是口头上说的,实际上并非如此。根据你说的,好像力本身和你宣布的规律没有什么区别,力就是规律所表达出来的那个样子,具有规律所宣称的那种性状。你用规律去描述力,你就会相信力就是你的规律的根据,这个根据完全具有像你所说的规律那样的性状。比如说正电和负电,当你这样来描述、来解释的时候,你是把力本身看作就是有这样的性状,有正负两种电。在黑格尔时代，流行的说法就是有两种电，正电和负电。正电和负电相互分离，然后又相互中和，中和就是没有电了，电就被释放了。但是在某些情况下，在化学能的情况下，它又能把正电和负电分离开，这个时候就出现了电的现象。电的现象就是正电向负极流，负电向正极流，这就形成了放电现象。那么这种解释就是把电力本身解释成这样的情况，这种解释并没有把自己看作仅仅是一个解释，而是看作好像事情本身就是那样的。那这种区别就不是什么区别了，在说出区别的时候，它同时又表达出了这并不是什么区别，以为力本身就具有像规律所描述的那样的性质。

例如像闪电这样的个别事件被当作普遍的东西来统握，而这一共相就被说成是电的**规律**：这样一来，这个解释就把**规律**归结为**力**，以力作为规律的本质了。

这都是一种解释了。我们通常并不把它们区别开来，认为它们之间毫不相干，而是把力和规律区别开来，但是同时又说明，这种区别其实没有区别，我们的解释其实就是解释力本身的性状。力作为我们解释的一个根据，它跟我们的解释具有同样的性状，比如说闪电。"例如像闪电这样的个别事件被当作普遍的东西来统握"，我们看到了闪电这样一个个别事件，它被当作普遍的东西来把握。也就是我们看到闪电这个个别事件的时候，我们的解释马上就把它当作普遍的规律来把握：原来是正电和负电在放电了，乌云带上了负电，而大地带上了正电。大地的正电和乌云的负电之间相交流，这就是规律。我们把每一次闪电都当作这种普遍规律的表现。我们是这样来统握、这样来解释的。"而这一共相"，也就是不仅仅是这一次闪电，任何一次闪电都可以这样来解释，它是一种共相。那么这个共相"就被说成是电的**规律**：这样一来，这个解释就把**规律**归结为**力**，以力作为规律的本质了"。这个规律被归结到了力本身，电就是我们用规律所描述的这种情况，它的本质就是力。以力作为规律的本质，这是我们通常的解释，就是这样解释的。他举了闪电这样一个例子，当我们解释闪电的时候，我们是把闪电的规律和闪电本身看作是没有什么区别的。当然黑格尔是不满意这种解释的，他的意思是，闪电是"物质的愤怒"，是一种内在的精神表现，不是那些刻板的机械的规律所能够穷尽的。所以力和规律当然是不同的，但是我们把它看作是相同的，上面的解释就是以这种规律作为力的本质，再没有什么其他的本质了。

[105]　　于是这个力就**具有这样的性状**，即当它表现出来时，就有两种相反的电出现，而这两种电又相互消失在对方中，这就是说，**力恰好具有与规律相同的性状**；这说明，两者似乎完全没有区别。

　　这是继续在分析通常人们对闪电的解释。"于是这个力就**具有这样的性状**"，这里着重号强调力本身的性状，它具有什么样的性状呢？它具有与规律完全相同的性状，"即当它表现出来时，就有两种相反的电出现"。当时的解释就是这样的，电表现为正电流和负电流，黑格尔是不同意这种说法的。他当时是立于自然科学发展的最前沿。一个哲学家立于自然科学发展的最前沿，这是那个时代的特点，我们这个时代大不一样了，再也达不到那样一种哲学把握了。我们这个时代哲学家是哲学家，物理学家是物理学家，井水不犯河水。但是黑格尔是站在生命哲学的立场上看待电的，电力本身是一种力，而力归根结底是一种生命力，所以他与当时的机械论的物理学到处都格格不入。"而这两种电又相互消失在对方中，这就是说，**力恰好具有与规律相同的性状**"，放电现象就是这样，正电流向负极，负电流向了正极，于是就中和了，就像化学反应一样，酸和碱中和了，最后就消失了。力的性质就是规律的性质，规律恰好描述了力的性质，这就是真理了，这就是对事情本身的描述了。在知性的概念里面，这种规律跟事情本身不是无关的，而恰好就是在描述事情本身，这都是当时流行的观点。"这说明，两者似乎完全没有区别"，"似乎"，这里用的也是虚拟式，正表明这是黑格尔所批判的观点，它并不是黑格尔的看法。知性最初用规律用区别来对力加以解释、来划分力的时候，就是这种情况，它把我们的解释看作是力本身的性状，两者完全没有区别。虽然知性也意识到我们的解释是我们的解释，但是它同时认为我们的解释就是事情本身的性状。它把我们的主观解释完全看作是客观状态，完全没有区别。

这些区别都是纯粹的、普遍的表现，或者都是规律和纯粹的力；但这两者都具有**同一个**内容，**同一种**性状；因而这个区别作为对内容的区别、亦即作为对**事情**的区别，也就重新被撤销了。

"这些区别都是纯粹的、普遍的表现"，也就是说，它们不是我们临时作出的区别，而是放之四海而皆准的纯粹规律。前面讲闪电是单个现象，但我们可以从中作出区别，把它看作一种普遍的表现。知性一开始就是这样看的，我们做区别的时候，都是把这种区别看作是力的纯粹的普遍的表现。是力的表现，但却是力的纯粹的普遍的表现，而不是那种一次性的单个的表现。这种纯粹表现没有外加进来一些跟力不同的东西，它纯粹都是力，我们对力制定的规律、公式纯粹就是力的表现，力就是这样表现出来的。"或者都是规律和纯粹的力"，它既是规律又是纯粹的力，因为纯粹的力表现出来就是规律，规律就是用来描述纯粹的力的，它们两者之间完全没有区别，所以力和规律之间的区别就被完全取消了。"但这两者都具有**同一个**内容，**同一种**性状"，"这两者"就是规律和力，规律和力具有同一个内容，同一种性状。规律就是用来描述力的，力要表现出来，它就只能以规律的方式表现出来。所以，它们在内容上和性质上都是相同的。"因而这个区别作为对内容的区别、亦即作为对**事情**的区别，也就重新被撤销了"，"作为对内容的区别"，就是作为对事情本身的区别。客观的内在的那个东西，它不仅仅是现象，也不仅仅是我们的描述，它与我们的解释本来应该是有区别的。但是现在，解释所作出的区别和事情本身的区别之间的那个区别也就重新被撤销了。所谓"重新"，也就是本来知性对力作出规律的区别，这是一种解释，是和事情本身的浑然一体不同的；我们作出区别本身就有两方面含义，一方面是在诸环节或诸部分之间进行划分，另一方面是与未经区别的对象或事情不同，有一种"主客观之间"的区别；而现在，主客观之间的区别刚刚建立起来，又重新被撤销了。因为我们用固定的规律去限定事情本身的内容，但一旦把规律建立起来，我们就陷入错觉，以为对象本身就是如此固定不变的。我们没有为事情本身留下余地。这就是一切科学规律所具有的相对性，如果把它变成绝对的，就把它与对象之间应有的界限撤销了。

正如所指出的，在这种同语反复的运动中，知性坚持着它的对象之静止的统一，而运动只是知性自己的事，不属于对象；这运动是一种解释，它不仅没有解释任何东西，而且很显然，由于它准备要说出不同于已经说出的某种东西，它反而什么也没有说出来，而只是重复那同样的东西。

上面已经说明这一点。"在这种同语反复的运动中"，同语反复（taotologisch）就是指这种解释的运动。例如我们说："电就是正电和负电"；但如果电和我们所规定的正电和负电没有任何区别，那就相当于说"正电和负电就是正电和负电"，这不就是同语反复吗？本来我们用正电和负电去规定电，是意识到我们的规定和电本身的区别的，是把规律和力本身区别开来的；但我们最后又发现它没有区别，这就成了同语反复。知性在做这一解释的时候，实际上陷入了同语反复。我作出了一种区别，最后又说这种区别其实没有区别。正因为没有区别，所以我的解释就等于事情本身的区别，所以我的解释其实是解释的自身，不必去考虑还有一个解释所面对的事情本身；或者说，它实际上什么也没有解释。"知性坚持着它的对象之静止的统一"，在同语反复的运动中，知性坚持它的对象是静止的统一，认为对象就像我们的解释所规定的那样永远不变。A=A，只要前一个 A 不变，后一个 A 也不会变。对象总在那里，我的解释要符合对象，但是这个对象是不动的，静止的。知性通过这种同语反复，坚持着对象是一种静止的统一。我要符合对象，我就必须同语反复，我不能加进什么新的东西。"而运动只是知性自己的事，不属于对象"，知性可以计算，可以设定，可以推演，这都是知性自己的事情，不属于对象的事情。所以知性在解释对象时，在形成规律和推演规律时可以运动，对象却并没有任何运动。所以，"这运动是一种解释，它不仅没有解释任何东西，而且很显然，由于它准备要说出不同于已经说出的某种东西，它反而什么也没有说出来，而只是重复那同样的东西"。这种运动是一种解释，我们在知性的解释中看到了运动，我们运用公式去计算自由落体，我们的计算就是一种区别，我们给自由落体规定它的每一个环节，这是我们对它的解释。但它没有解释任何东西，它只是在解释自己，让自己自圆其说；而且正是由于它想说出不同于已经说出的某种东西，它以为自己通过说出的东西暗示了后面的对象，所以对于这个对象它反而什么也没有说出来，只是在重复同样的东西。比如说闪电，如果我仅仅说这是闪电，我已经说出这是闪电了；但是我还要说出不同于闪电的东西呀，所以我说那是正电和负电在相互作用。乌云跟大地发生摩擦，于是带走了电子，大地失去了电子，带上了正电荷，然后由于电位差而产生了闪电。这是一种解释，它要说出不同于已经说过的某种东西；但是正是由于说出来的东西不同于已经说出的东西，它反而什么也没有说出来。说出那些东西就是为了什么也不说。你无非就是为了解释闪电这个现象嘛。你说了那么一大通，那个闪电都已经闪过了，你已经说过它是闪电了，但又要在已经说过的东西之外说出一种东西。已经说过的就是放电现象，放电现象已经发生了，那么我要说出一点跟它不同的东西，这种跟它不同的东西是一种外在的东西，是我们的解释对于这个事物的外在的规定，所以你这个规定是没有效的。外部的规定是没有效的，它归根到底还是你主观的规定，这个事情本身则不受你的规定的影响，你说了也只是在重复同样的东西。所以你对这个运动的规定只是知性本身的一种解释而已。

通过这种运动在事情本身上什么新东西也没有产生，它只是被作为知性的运动来考虑的。但是通过这种解释，我们现在恰好认识到什么是在规律中所悬欠着的东西，即绝对转化本身；因为如果我们更仔细地考察这个**运动**的话，它直接地就是它自己的对立面。

你解释来解释去，事情本身就是那样的，事情本身就是单纯的。电也好、重力也好，各种力、各种运动也好，它本身是单纯的，它不需要你的那套定理、公式来加以解释。所以通过这种解释的运动，"在事情本身上什么新东西也没有产生，它只是被作为知性的运动来考虑的"，事情本身它就是它，但是知性在面对它的时候，只是把它作为知性的运动来加以考虑，那么这个考虑还是知性本身在运动，是认识的主体在运动，而不是客体在运动。客体没有动，它是静止的，它保持它的静止的统一，知性也知道这一点。正因为知性知道这一点，它的运动是同语反复，没有增加任何新的东西。这就导致了很多人认为所有自然科学其实都是知性自己在那里运动。在贝克莱、休谟以后，乃至于后来的马赫等等这些人，他们都把所有自然科学的思考看作是知性本身的一种必然性。"但是通过这种解释，我们现在恰好认识到什么是在规律中所悬欠着的东西，即绝对转化本身"，"悬欠"（vermißt）的意思就是该有的东西但是还没有，因此是让人惦记的东西。在规律中所悬欠着的东西，即绝对转化本身。这句话是一个很重要的转折。前面都是讲的知性对于力是一种解释，只是知性主体的一种解释，它的必然性是知性的必然性，而不是客观事物本身的必然性。"但是通过这种解释"，就是说这种解释不是白费力气。前面讲到白费力气，那是从知性的眼光来看的，知性讲来讲去，最后觉得它的所有这些解释最后都要以客观的力为根据，而且它跟客观的力之间有区别，它认为是必然的规律的东西只是为了描述客观的力所建立的脚手架，一旦描述完毕，这个脚手架就应该拆掉，回到原点。这就导致了同语反复。好像它所做的事情都是一些外在的白忙活了。但是通过这种解释，我们恰好认识到在规律中所悬欠着的东西，就是在规律中，虽然我们还没有说出来，但是我们已经认识到它里面有一种悬欠着的东西。它还需要补充什么东西，还欠着什么东西。既然欠着，那么就向我们发出邀请，就要继续去追究了。"悬欠着的东西"是什么东西呢？"即绝对转化本身"。"绝对"意味着这种转化不只是主观的，也不只是客观的，而是主观客观中都存在的，是绝对的。在规律中这样区分、那样区分，但是在规律里面没有表达出绝对转化本身,它只是主观的。但是规律中已经暗示出来了,黑格尔的意思就正是要说,知性建立规律的运动其实也应该看作事情本身、对象本身的运动,这种运动就是绝对的转化;或者说,正是由于对象本身在运动,我们的知性才跟着在运动;而且既然知性在运动,也就使得对象运动起来了。但由于知性它停留在这个阶段。它把所有的东西都看作是固定的区别,这个不是那个,那个又不是这个,所以它就没有看出这个转化。虽然它没有看出这个转化,但是在规律中它无形中已经暗示出了这种转化。因为当它区别开主体和客体的时候,它就会发现没有区别呀,为什么这种区别又是没有区别呢?那不是转化吗!只有转化才是既把自己区别开来,同时又还是同一个东西在转来转去。你应该把运动和区别当作转化来理解。但是知性没有把它当作转化来理解,知性把它当作同语反复来理解,要么就把它建立起来,又把它抹掉。知性在这种情况下,它是被玩弄的。它自己不知道。但是尽管如此,它已经表示出在规律中悬欠着的东西即绝对转化本身了。"因为如果我们更仔细地考察这个运动的话,它直接地就是它自己的对立面",这个运动我们要更仔细地考察它,"如果我们",也就是我们这些研究精神现象学的旁观者了,如果我们更仔细考察这个运动的话,它直接地就转化成了它自己的对立面。所谓"转化"(Wechsel),就是直接地自己变成了自己的对立面。这个中间没有中介的,而是它自己一路发展起来,它自己就变成了自己的对立面。这就叫作转化。这个在知性的解释里面没有意识到的,但是它悬欠着,因为我们旁观者已经看出来了。它这个里头的转化就是这样一个过程。就是这个运动,这个运动直接地就是走向它自己的对立面。

因为它建立起一种区别,这个区别不仅对于我们没有区别,而且这运动本身就把这个区别作为区别扬弃了。

这就是转化。为什么说,这个运动直接地就是它自己的对立面呢?"因为它建立起**一种区别**,这个区别不仅对于我们**没有区别**,而且这个运动本身就把这个区别作为区别扬弃了",也就是这个区别不仅对于我们这些考察精神现象学的人来说没有区别,而且运动本身就把这个区别作为区别扬弃了。就是这种区别的扬弃不是主观的而是客观的,并不是我们把这种区别认定为只是知性的一种解释,在客观中并没有这种区别;而是这种解释在它自身的运动中不知不觉地就走向了自己的对立面,自己走向了无区别。这就是转化。如果仅仅主观地建立为区别,客观上又没有区别,那么就是同语反复。就是说你把一个区别建立起来,最后又使它撤销了,仅仅把这个脚手架拆除了,事情又回复到原样,回复到原点,那就没有什么意思了。知性就是在这个方面显示出它的局限性。而这个转化就是说,建立起一种区别,这种区别不仅对于我们没有区别,而且它在自己的运动中本身就把这个区别作为区别扬弃了。作为区别扬弃,那么扬弃除了取消区别以外,还有保留,那么保留了什么呢? 保留了运动,保留了转化。作为区别被扬弃了,它已经不是固定的区别了。但是它体现为一个运动过程,一个转化过程。转化的过程当然也可以看作是一种区别:前者跟后者不同,前者转化为后者,但是前者和后者都是同一个东西。这种转化不是像以前那样外在地划分开,这个跟那个不同,而是它自己跟自己不同,那就是转化。这是一种内在的区别,它把这个区别作为区别扬弃了。区别不再是区别,而是转化中的环节了。

　　<u>这就是曾经作为力的转换(Spiel)而呈现出来的那同一个转化;在力的转换中,曾经有引发者与被引发者的区别,有表现出来的力与被逼回到自身的力的区别;但这曾经是这样一些区别,它们在真理中并不是什么区别,并因此也就直接地又被扬弃掉了。</u>

　　这句整个用的是过去时。"曾经",在哪里呢? 在 100 页 [贺、王译本] 上面:"**所以这种作为普遍区别的区别**是**力的转换本身中的单纯的东西**,是这种转换中的真实的东西;这种区别就是**力的规律**。"这种转换在前面谈到力的规律的时候,已经提到了。但是还没有作为转换来特别地加以考察。最开始谈到力的时候,还是把转换作为力的区别,这种力那种力

的区别，以及对这种区别跟力的关系进行一种分析。那么这个时候，把前面曾经谈到的作为力的转换单独拿出来考察，它就不再只是这个东西和那个东西换来换去的"转换"，而是同一个东西的自身"转化"了。现在这个"转换"以"转化"的方式再次成了知性考察的对象。前面还是考察力的规律，当然力的规律就是力的转换的规律，是交互作用的规律，但是还没有来得及对它单独进行考察，而现在它成为了我们知性考察的主题。我们这里 Spiel 定译为转换，Wechsel 定译为转化。"在力的转换中，曾经有引发者与被引发者的区别，有表现出来的力与被逼回到自身的力的区别"，这个前面已经讲了很多了。力本身和力的表现，这是一种区别。"但是这些区别在真理中并不是什么区别，并因此也就直接地又被扬弃掉了"，"在真理中"，我们要追究这些力的区别的真理，那么我们就会发现它们没有区别，这些区别都是人为的。这些区别因此就直接被扬弃掉了。这两句话都是在回顾我们曾经做过的事情，但是那还是在较低层次上的，在力和力的表现的层次上，还未提升到超感官世界中来谈。而现在我们提升到超感官的规律上来谈，那就不一样了。

　　这不仅只是现成的纯然统一性，似乎**没有什么区别被建立起来**，而乃是这样一种运动，**好歹作出了一种区别**，但由于它并不是什么区别，它**再次被扬弃了**。

　　"这不仅只是现成的纯然统一性"，就是说前面是做了区别然后又被取消了，等于从来没有做过区别，在那个情况下是被理解为回到了现成的纯然统一性。就是说，力本身是没有什么区别的。力和力的表现也是没有什么区别的，力就只是纯然统一性，这种统一性是现成摆在那里的，从来没有被动摇过，在这个层面上来理解。但是现在我们意识到，"这不仅只是现成的纯然统一性，似乎**没有什么区别被建立起来**"，似乎所做的区别都不是什么区别，都白费了，它们被扬弃了，被去掉了，好像是一切都未发生地回到了纯然的统一性了。所以这个"似乎"是虚拟式，似乎没有什么区别被建立起来。当然并不是这样,"而乃是这样一种运动",就是说,建立区别和扬弃区别作为一个运动还是有意义的,并不是白费了。这个时候,我们就提高了一个层次,我们注意到了这个运动的过程本身,这种解释过程本身。知性的解释它展示出一种运动,我们要抓住它。我们搞了一大通,最后好像什么也没有得到,但是我们得到了一种运动。"好歹作出了一种区别",不管怎么样吧,我们还是做出了一种区别。不管是真的还是假的,我们曾经做出了一种区别。"**但**由于它并不是什么区别,它**再次被扬弃了**",再次被扬弃,说明这是第二次,第一次是建立区别,第二次是扬弃区别,这两次构成一个过程。所以这个"运动"被保留下来了,它并不是毫无意义的,好像我们做了无用功,我们本来可以不做的。本来什么区别也没有,我们好歹建立起来了,虽然最后它被取消了,但是这是一个过程呀,这个过程是应该抓住的,不要放过它。知性的毛病就在这里,它只是善于区别、确定、规定,这个跟那个不同,找出各种规定的不同;但是它的这个"找"的过程,它往往忽视了,丢掉了。那么这里就要把这一点抓住,它是这样一个运动。

——因此借助于这一解释,那前此在内在东西之外,只存在于现象那里的转变和转化,就突入到那超感官世界本身中去了;

知性在解释的时候,它的眼睛盯着的是解释的对象,但是它放过了解释本身,解释本身是一个运动,其实是更重要的。精神现象学本身是意识经验的科学,那么我们到了知性的这个层面,也要考察知性是如何经验它自己的。知性的这种解释,就是知性自身的经验,是它的经历,知性的经历你要把它好好地抓住。"因此借助于这一解释",对于这个解释的经历我们抓住了,利用它来进行超越。"那前此在内在东西之外,只存在于现象那里的转变和转化,就突入到那超感官世界本身中去了",通常认为现象界千变万化,而规律是万变中之不变,以不变应万变;所以我们认为这个转变(Wandel)和转化都是万变,都是现象中的。在现象中,什么东西都在转变和转化,太阳每天都是新的,人不能两次踏入同一条河流等等，这都是讲的现象界。现象界不断地在流逝，在转换或者转变，逝者如斯夫。那么通过知性的这种解释呢，这种转变或转化，前此是在内在东西之外，也就是在自在之物、事情本身之外，只存在于现象中，而现在就突入到那超感官世界本身中去了。现在这种转换和转化就成了超感官世界本身中的转换和转化，或者说突进到了超感官世界本身之中。因为知性的解释本来就是面对超感官世界的，前面已经讲过，知性把超感官世界当作自己真正的对象。知性跟感性、知觉的不同就在这一点，感性和知觉要面对的是现象界，而知性要面对的是超感官世界，即现象底下的那个内在的东西。现在知性本身在它的解释中，已经展示了这种转变和转化，那岂不是表明，转变和转化不仅仅是现象界的事情，而且也是超感官世界的特点？实际上在知性的这种解释中，已经涉及到这一点，就是超感官世界不仅仅是确定、区别、规定，而且也有转变和转化，就像在现象界一样。在现象界我们看到万物都在流逝，都在流转，但实际上超感官世界也是一样的。知性把这个区别建立起来，你马上意识到这个区别不是什么区别，而只是我们的解释，于是又取消了区别。一旦你把这个运动过程当真，这不就是"万物皆流"吗？而这个过程就是在知性要解释自在的超感官对象时必然形成的，所以知性的解释在建立区别又意识到这种区别被扬弃的同时，其实已经暗示了内在的超感官世界本身的转化。正是这个超感官世界本身的必然性，导致知性在解释它时形成了一种转化的运动，这是连知性自己也始料不及的，可见知性的这种转化不过是超感官世界本身的本性的一种表现而已。

但我们的意识却从作为对象的内在东西转向另一方面，进到知性里面来了，并且在知性中拥有这一转化。

"但"，这里又是转折了。就是在知性里面我们已经看出这一点了，即通过知性的解释，原来在现象界的转变和转化现在已经突进到超感官世界本身里面来了。但是我们的意识还没有来得及反应过来，而是从已经进入到的超感官世界中又抽身回到知性中来。"我们的意识却从作为对象的内在东西转向另一方面"，本来内在的东西已经有了转变和转化了，但是我们的意识还没有意识到这一点，我们从作为对象的内在东西转向了另一方面，我们掉过头又进到了知性里面来。我们的意识还是局限在知性这个框框之内，积习难改。我们没有意识到我们的解释的这种转变和转化其实就是内在的东西，就是客观自在的本身的规律。我们还把它当作我们的解释中的一种转化，"并且在知性中拥有这一转化"。在知性中拥有这一转化，我们可以承认，但是那只是我们的解释。我们觉得那不可能是对象本身的一种情况，我们可以解释来解释去，但是对象肯定是静止不变的，是一种静止的统一。我们可以围绕对象转来转去，但是对象本身并没有转来转去。知性通常是这样来理解的。当我们发现了我们的解释有一种转换在里头的时候，我们的眼光就从对象世界掉过来了。我们掉过头来不去看对象世界，我们盯着就是我们知性里面有转换。因为我们预先设定了对象是不变的，凡是有转换，那就是知性的转化，都是我们的解释嘛。解释不成，我们可以从头再来，从头来过，我们可以修正；但是不管你怎么修正，对象它自己并没有修正呀。对象就是对象，你没有认识到，那是你的事。虽然知性的解释已经透露出某种信息，首先是在规律里面应该包容进转化本身；其次，知性为什么建立起一种区别，最后又发现它没有区别了呢？难道仅仅是知性本身的过错吗？难道不是对象本身在转化所导致的吗？但是知性不这样想，它没有意识到这一层次。知性认为我们的转化是我们自己所拥有的，跟对象世界无关。而达到这个层次，知性就已经不再只是单纯的知性了，而是已经开始进入到某种理性的范围了；只不过这时还只是消极的理性，按照黑格尔的说法，消极的理性仍然是以知性的眼光看待的理性，因而还可以归入到知性的领域，不过它已经是知性的最后阶段。

{96}　　[**III. 关于纯粹区别的规律**]

　　这个标题也是编者加的。前面讲怎样从特定的规律上升到普遍的规律，那么普遍的规律是不是就是纯粹的规律呢？好像还不完全是。所以这个标题是"关于纯粹区别的规律"，也就是作为区别的区别。就是知性在解释自然界的规律的时候，它所做出的区别，那个是不纯粹的区别，那是根据自然界做出的区别。那么纯粹的区别就是作为区别的区别，区别本身，只有在这种纯粹的区别里面我们才可以看出转化。那么这种规律就可以形成我们马上将要看到的，黑格尔所要谈的所谓"第二种规律"。作为纯粹区别的规律，那就是第二种规律。第一种规律就是简单的区别的规律，在一切规律中都有区别。这种区别是对于现象界的各种力的现象的规律，但是它没有反思到自身，没有反思到这种规律本身的转化，这种转化是建立在纯粹区别之上的。当知性反思到转化本身的规律时，那就是第二种规律。

这个转化因而还不是事情本身的转化，相反，它毋宁说呈现为**纯粹的转化**，这正是因为转化的各环节的**内容**仍然是同一个内容。

前面讲到知性在解释里面本身所具有的这种转化。那么这个时候知性还没有把它看作是事情本身的转化，它是知性中的，是主观的。我的解释里面有转化，那么在知性看来这是一个缺点，知性自己去建立一个区别，又扬弃一个区别，又转回去了，这岂不是做了无用功吗？它并不是事情本身的转化，而是表现为纯粹的转化。就是说，它不是事情本身的转化，这一点固然被知性看作是缺点，知性认为它是主观的；但是它表现为纯粹的转化，这一点却是知性所作出的推进。就是它把那种转化，从那种现象界的千变万化提升到了一种纯粹的转化，提升到规律本身的转化，这是知性本身的一个收获，当然知性本身还没有意识到这一点。"这正是因为转化的各环节的**内容**仍然是同一个内容"，纯粹的转化跟一般的转化的区别，就在这里。一般的转化从这一个转到那一个，它就不是这个内容了。在现象界各种各样的千变万化的东西都是不同的。一个跟另一个不同。但是纯粹的转化，它是自我转化，自己转化，它转到后来它还是它自己。在转化的过程中,它体现的是一种内在转化,知性在它的解释中转来转去。它的内容仍然是同一个内容。它不是从一个外在的眼光来看转化了,外在的眼光就是,我不站在这个立场上,我站到另外一个立场上去了,那就是现象界的情况,那叫做转换。而在知性的解释里面,它已经不再是这种转换了,它转化为它的对立面,但它还是它自己,它还是同一个东西、同一个内容,这就是纯粹的转化。这就是知性的收获。

[106]　　**但由于知性的作为概念的概念和事物的内在东西是同一个东西,所以对知性来说这个转化就成了内在东西的规律。**

这句话就是一个转机了。我们前面都在讲,知性还没有意识到这一点,但是如果意识到这一点,它就会得出这样一个结论。"知性的作为概念的**概念**",知性的概念本来是以规律作为它的概念的内容的,但是这个规律是面向外部世界的,用这个规律来把握纷繁复杂的现象。这是知性的概念;但是知性的作为概念的概念,那就更高一个层次了,就是概念本身,你不要考虑它是去把握现象的。它当然可以把握现象,但是你要回到概念本身,作为概念的概念。那么作为概念的概念,"和事物的**内在东西**是同一个东西",因为知性所设定的事物的一般概念是用来把握现象的,但是它当初设定作为概念的概念,就是用来把握现象底下的那个内在的东西的。一般的概念和作为概念的概念的区别就在这里:一般的概念用来把握现象,作为概念的概念恰好指称的是事物内在的东西,更本质的东西。它所把握的不再仅仅是现象,它所把握的、或者不如说所意指的,跟事物的内在东西是同一个东西。当然按照黑格尔的观点,世界的本质就是作为概念的概念。在《逻辑学》中多次提到这个:客观的思想、客观的概念。这个概念不是我们主观的,虽然我们主观发现了概念,但是这个概念一旦发现出来,它就是客观世界的本质、内在的东西。知性虽然还没有意识到这一层,但是它已经不自觉地说出了这个意思。由于知性的作为概念的概念就是指客观内在的东西,"所以对知性来说**这个转化**就成了**内在东西的规律**"。知性已经达到了这个层次,知性自己还没有意识到，但是由我们旁观者看来，可以看出这一点。这个规律就不是一个脚手架了，不是我们为了把握这个东西所做的一种"工作哲学"，似乎我们现在姑妄言之，最后我们是要把它去掉的，不是的。它就是内在东西的规律。当然这个规律不是前面所讲的那个规律。前面讲的规律是现象的规律，而现在讲的规律是自在的规律。前面我们讲规律的时候，这个规律还不是事情本身的，所以规律本身的转化也不是事情本身的转化。那么现在由于知性的作为概念的概念从这个层次上看，它就是内在的东西，所以我们也可以看出，知性的这个转化也就成为了内在东西的规律。规律的层次在这里就提升了。

　　于是知性就**经验到**这乃是**现象本身的规律**，经验到那些本身不是区别的区别的形成，或者经验到与自身**同名的东西**对自身的**排斥**；并且同样还经验到这些区别只是这样一些在真理中绝非区别并扬弃自身的区别；或者说经验到**不同名的东西**对自身的**吸引**。

　　这一句话五个排比，都是在说知性在自己的解释中所获得的"经验"。意识的经验科学，在知性的阶段就表现为这一套经验。首先是经验到**"现象本身的规律"**，我们前面讲到那只是一种区别，还不是转化。但是在我们提升层次的情况下，我们可以用这样一种内在东西的规定来把握现象，这就是对现象更深层次的把握，即它不再是我们主观的任意解释，它同时是现象本身的规律。其次是，"经验到那些本身不是区别的区别的形成"，那样一种区别的形成过程。那种区别本身不是区别，但是这个区别毕竟形成了，它本身是一个形成过程。知性的经验本身就不是一次性的，而是体现为一个过程。什么过程呢？首先设立区别，然后意识到它不是什么区别，然后意识到尽管它不是什么区别，但是我曾经做过这样一种区别，这是一个区别的过程。做出区别又扬弃区别，这是一个形成过程，这也被知性经验到了。第三，"或者经验到与自身**同名的东西**对自身的**排斥**"，同名的 (Gleichnamige)，在同一个名称之下的东西。"与自身同名的东西"那就是非常单一的东西，一个东西只能有一个名称；

但又一名二义,同一个名称之下有两个意思,它们互相排斥,其实是同名的东西的自身排斥、自我否定。同一个东西对自己的排斥,比如电,它的单纯概念就对自己的规律作出区别,对之加以排斥。从逻辑上说,这个名称是唯一的,说一不二的;但是它把自己区别成两个了,一个是排斥者,一个是被排斥者。这也是知性所经验到的。知性本来是给天下万物命名。这个是这个,那个是那个,这棵树是这棵树,那个房子是那个房子,我们都给它们分别起了名字。但是我突然发现,在知性中,同名的东西又是互相排斥的,就是这个东西不是这个东西,A ≠ A。按照形式逻辑,本来你给它命名了,它就应该一直是这样,遵守同一律,它的名称就应该跟它的内容永远一致。但是在知性的这种解释过程中,恰好同一个名称表达出跟它的内容相反的东西。第四,"并且同样还经验到这些区别只是这样一些在真理中绝非区别并扬弃自身的区别",我们一般在意见中看出这个跟那个不同,但是在真理中,真正说来,你要追根究底,或者就真理看来,它们绝不是一些固定的区别,这些区别是要扬弃自身的。所以在真理中,它扬弃了自身的区别,它绝非是什么区别,或者说绝非什么固定的区别。知性做出区别,最初是想把它确定下来,把它规定下来;那么这个固定的区别在它的经验中已经遭到了扬弃。但是要注意,"这些区别只是这样一些……的区别",知性还是承认有区别的,只不过这些区别是扬弃自身的。第五,"或者说经验到**不同名的东西**对自身的**吸引**",完全不同的东西对自己的吸引,相反的东西才能够相聚。这可以和前面讲的万有引力相联系,万有引力前面讲过,它其实表明了万物都是有区别的,"万有引力只不过说,**一切东西对别的东西都有一个恒常的区别**"(贺、王译本第101页);而这里讲,有区别的东西都是互相吸引的。这个是知性的经验。知性还没有意识到它的转化是内在东西的客观的规律,它还是认为是主观的解释的转化;但是知性已经有了上述这些经验了。

——这是**第二种规律**,它的内容与前此所提到的规律即持存的、保持自身等同的区别是相对立的;因为这个新规律所表达的毋宁是**相同者**

之成为不相同，不相同者之成为相同。

　　这里提出新规律，就是第二种规律。前面讲的那种规律，知性把它当作对象来加以考察的规律，那是第一种规律。第一种规律当然也是超感官世界的，它可以用数学公式规范出来，它可以超然于所有的经验之上，用来把握力的现象，用来把握力和力的表现。这个时候出现了第二种规律。第二种规律是转化的规律，第一种规律可以看作是区分的规律。规律最开始就被理解为区分，你把时间空间区分开来，你做这种区分，它们之间的关系就被确定了，它们关系通过这种区分就被确定下来了。那么这个时候出现了第二种规律。前面讲到知性的经验，它经验到的就是第二种规律。"它的内容与前此所提到的规律即持存的、保持自身等同的区别是相对立的"，前面提到的那些规律，持存的规律，静止的规律的王国，它是保持不变的，保持自身等同的区别。而第二种规律的内容与前面提到的保持自身等同的区别是相对立的。就是说它不是持存的，不是保持自身等同的，而是运动本身的过程，是意识的经历、经验。通过运动，历遍人生的沧桑，这是知性不知不觉中的经验。这就是第二种规律。"因为这个新规律所表达的毋宁是**相同者之成为不相同，不相同者之成为相同**"，同一个东西自己跟自己不同，相同者成为了不相同的；不相同者之成为相同的，不同的东西其实是跟自己一样的东西。后来萨特把这条原则发展为"是其所不是，不是其所是"，这就是人的自由。人的自由是什么呢？就是要成为那个自己还不是的东西，或者说要不再是那个它已经是的东西。我已经是的东西，我就不安分，我就要不是这样；我不是的东西，我就巴望着想成为那样，想要成为我还不是的东西。这就是自由的结构，或者说实际上也是生命的结构。相同者之成为不相同者。一个种子你说它是种子吗，它否定种子，它要成为一棵大树。不相同的东西之成为相同者，一颗种子跟它所有周围的环境都是不同的，但是它要吸收阳光、雨露、土壤的营养，把所有跟它不相同的东西变成它自己的东西，把整个自然界变成它的一个身体或者它的养料，它的条件，以它自己为中心把整个自然界变成它的手段、它的工具，最后变成和它相同者。生命的生长就是这样一个过程。当然这是就这个规律的可能性而言的，它埋伏着一整个新世界观的萌芽，但在这里还只是刚刚讲到这样一个新的规律，它跟前面的规律是不一样的。我们也可以说新的规律是一条辩证的规律，而前面那条规律是形式的规律。原来的规律是知性，而新的规律已进入到理性了，它的意思的层次已经超出知性了。知性的特点就是加以规定，加以确定，加以区分。而理性的特点就是上升到第二种规律，上升到辩证法，上升到自我否定，自己跟自己不同。**"相同者之成为不相同，不相同者之成为相同"**，这里全部打了着重号，说明这句话非常重要。前面也讲到了，意识就是意识到自己跟自己有区别，同时也意识到这个区别其实也不是什么区别。后面讲到自我意识也会意识到这条原理。所以这是一条辩证的原理。新的规律就是辩证的规律，而旧规律就是一般的知性的原理，它是符合形式逻辑的。区分就是不同，不同就是不同，相同就是相同；但是这种绝对区分已经在知性本身中被突破了。相同的东西变成不同的东西，不同的东西变成相同的东西。那么我们就必须要引进第二种规律了。

　　概念强求无思想性把这两个规律聚集在一起，并且意识到它们的对立。

　　"无思想性"，其实在知性的阶段都可以说是无思想性。但是概念对它们提出一种苛求，鞭策它们、逼迫它们去说出这两个规律，把它们聚集在一起，并且意识到它的对立。"聚集"原文为 zusammenbringen，有"聚集"和"说出"两个意思，相当于海德格尔对 Logos 的解释，他把这个希腊字解释为表达、聚集，因为语言、说话就是把不同的东西聚集在一起。① 知性的概念本身不自觉地逼迫着知性的无思想性去把这两个对立的规律

---

① 参看 [德] 海德格尔：《存在与时间》，陈嘉映、王庆节译，三联书店 1987 年版，第 40 页以下。

放到一起，这显示了辩证的逻各斯的一种理性本能。前一个规律是知性自己设立起来的，它是无思想的，它是用来计算的。它把自然科学完全归之于数学，它就是一个工具科学，本身是没有思想的。然而在这种无思想性里面又逼迫出了第二个规律，就是当它遇到矛盾的时候，遇到自我否定的时候，它就不得不进入到第二种规律，并且意识到它与前一种规律的对立。意识到这两个规律是互相对立的，这是概念强迫知性所作的事情。所以知性虽然是无思想性，但是知性既然已经有了它的概念，而且有了它的作为概念的概念，那么在黑格尔看来这就是一个突出重围的契机。因为概念在黑格尔那里是根本性的东西，知性把概念建立起来了，那就好办。没有概念那当然没有办法，如果我们还停留在感性确定性和知觉阶段，那就没有办法了。但是我们已经到了知性的阶段，我们建立起了概念，那就会一步步地逼出两种规律，这两种规律是对立的。知性既然有了概念，它就必然走到概念的概念，即对概念运动的概念。

　　——这第二种规律当然也是规律，或者是一个内在的自身等同的存在，但是不如说是一个不相同性之自身等同性，一个不稳定性之稳定性。

　　"这第二种规律当然也是规律"，也就是说第二种规律也是静止的。规律是静止的王国，规律是不变的，是放之四海而皆准的，是自身同一的，自身稳定的。那么第二个规律讲转化，讲不相同性之自身等同性，但它当然也还是一个规律了，它自身还是要归结到自身等同性上来。"或者是一个内在的自身等同的存在"，它不受外来干扰。"但是不如说，是一个不相同性之自身等同性，一个不稳定性之稳定性"，这样一个静止的王国，其实里面充满着骚动，它是一个不相同性之自身等同性，一个不稳定之稳定性，或者我们也可以说是一个不安息的静止，一个永远不安的静止。规律本身是静止的，但是这种静止不是那种死寂的静止，而是里面充满了丰富的内容，充满了转化。但是它本身又是一条规律，又是一种逻辑。黑格尔的逻辑学它也是一种逻辑，有它自身的法则，因为它本身也是一套确定的规范。辩证逻辑和形式逻辑一样，它本身也是稳定的，是放之四海而皆准的。

——在力的转换中得出的这一规律，正是这种绝对的过渡和纯粹的**转化**；那**同名的东西**、力，**分裂**为一种对立，这种对立首先显现为一种独立的区别，但这一区别证明自己实际上**不是什么区别**；因为它是那自己排斥自己的**同名的东西**，因此这个被排斥的东西本质上又吸引自身，因为它是**同一个东西**；这个被制造出来的区别既然不是什么区别，因此又扬弃了自己。

"在力的转换中"、也就是在力的交互作用中得出这一规律，就是第二种规律。前一种规律是在力的区别中得出的，而这一规律是在力的转换中得出的。从力的区别得出第一种规律，从力的转换得出第二种规律。那么这种规律"正是这种绝对的过渡和纯粹的转化"，既然是在力的转换中得出的，各种各样的区别在运动中都被扬弃了，那么这种规律是什么呢？就是这种绝对的过渡和纯粹的转化。你要说它是静止的也可以，但是这种静止不过是绝对的过渡或者绝对的不静止。过渡嘛，绝对的不安分，从一方过渡到另一方，或者纯粹的转化。转化也是不安，也是不停留。它跟第一种规律的区别就在于它不是那种绝对的区别，静止的区别，而是动态的，是动态中的那种静态。"那**同名的东西**、力，**分裂**为一种对立，这种对立首先显现为一种独立的区别"，这种对立、这种区别是在第一种规律中已经表明了的。同一种力分裂为两种对立的东西，分裂为一种对立，一种区别。比如说同一种电分裂为正电和负电。这种对立首先显现为一种独立的区别。最开始好像是一种对立，有一种正电流，一种负电流。这两者是互相区别的。"但这一区别证明自己实际上**不是什么区别**"，这就是第二种规律了，它是从第一种规律发展出来的。当第一种规律的区别被证明为不是什么区别的时候，第二种规律就出场了。"因为它是那自己排斥自己的**同名的东西**，因此这个被排斥的东西本质上又吸引自身，因为它是**同一个东西**"，为什么不是什么区别呢？因为它是那自己排斥自己的同名的东西。自己排斥了自己的区别，电把自己区分为正电和负电,同时这个区别又被它排斥了。本来正电和负电是用来描述电本身的,但是电本身用不着这种区别。它还是同一个名称:电。正电和负电互相吸引,无非是电对于被自己排斥了的东西的吸引,也就是对自己的吸引,因为它本来就是同一个东西。正电和负电其实是同一个东西,那就是电。但是它必须要自己分裂为正电和负电,分裂为这种区别。但是这种区别又没有区别,它又要把自己吸引回来,回归到对电的一种更高层次的理解。通过正电和负电的区别,我们对电有了更深入的把握,跟那种现象界的闪电现象已经不同了。我们更深入地把握到了它,但是又扬弃了它的这种区别。我们扬弃它的区别实际上是它自己的自我扬弃。它把自身扬弃了,它同时又回归到自身,又吸引自身。被排斥的东西又吸引自身,又回归到了电本身。因为它是同一个东西,它从头至尾都是同一个电。"这个被制造出来的区别既然不是什么区别,因此又扬弃了自己",这种区别是被制造出来的,或者说最开始被认为是人为地制造出来的。你把它区分为正电和负电,其实它本身并没有区别。通常这样来解释。因为它又不是什么区别,它又再次扬弃了自己。

在这里,区别显示为**事情本身**的区别,或绝对区别,因而**事情**的这种区别并不是别的东西,不过是那自己排斥了自己的同名者,因此这同名者只是建立了一个不是对立的对立。

"在这里",也就是当我们达到第二种规律的时候,"区别显示为**事情本身**的区别",它不仅仅是我们主观的解释,而是事情本身的区别。它是事情本身的规律,"或绝对区别",它是更高层次的区别,既是主观的区别又是客观的区别,所以是绝对的区别。"而**事情**的这种区别并不是别的东西,不过是那自己排斥了自己的同名者",事情本身的这种区别是什么呢?为什么有这种区别?只不过是同名者自我排斥而做出的区别,不是我们作为一个旁观者、一个知性的主体指手画脚给它作出的区别,而是对象本身作为一个同名者,它自身作出了这种区别,比如正电和负电的区别。这种解释的根据也是由电这个事情本身做出的,而不是知性站在外面强加的。电本身为什么要作出的正电和负电这样的区别？在黑格尔的用语里，他把电看作一种带有生命力的东西，把电叫作物质的愤怒。物质有矛盾，有冲突，然后就表现出来了，就发泄出来了，那么就产生了正电和负电。因为愤怒就有对抗，就有矛盾，所以正电和负电都是电本身的愤怒的一种表现。但电本身是一个同名者，"因此这同名者只是建立了一个不是对立的对立"。对立通常认为就是两个东西，但是它又是一个东西，它是一个东西的对立统一，这种对立就是自相矛盾、自我否定，是这样的对立。所以第二种规律它是这样一个结构。第二种规律是从哪里来的？就是从第一种规律中自然而然地发展出来的。通过知性的经验，知性经验到了第二种规律。

通过这一原则，那第一个超感官世界、那静止的规律王国、那知觉世界的直接的模本就转回到它的反面去了；规律曾一般地和它的区别一样是**保持**自身**相同的**；但是现在所建立起的是，两者反而都是其自身的反面；那自身**相同的**反倒排斥它自身，而那自身不同的东西反倒建立为自身相同的。

"通过这个原则"，也就是通过第二种规律。"那第一个超感官世界，那静止的规律的王国、那知觉世界的直接的模本"，这就是前面的描述。静止的规律王国就是在超感官世界里面建立起来的。那知觉世界的直接的模本，也就是直接的反映。知觉世界本来是感性、知觉这样一个表面的世界，规律王国是它的直接的模本，是对它的直接的反映，对它的一种描写，当然它本身是超感官的。这都是对第一种规律的一些描述，前面多次提到过了。那么这样一个东西"就转回到它的反面去了"，都颠倒过去了，转到它的反面去了。如何反转到自身的反面？"规律曾一般地和它的区别一样是**保持**自身**相同的**"，这是过去时，"规律"是什么？规律就是区别，而且规律曾经和它的区别一样都是保持自身相同的。规律就是规律，区别就是区别，区别的双方的每一方都是它自身，都是确定的一种规定性，都是符合同一律的。那么现在转到它的反面去了："但是现在所建立起的是，两者反而都是其自身的反面"，"两者"一者是规律，一者是它的区别。不管是规律也好，还是规律的区别也好，两者现在都是其自身的反面了。"那自身**相同的**反倒排斥它自身，而那自身不同的东西反倒建立为自身相同的"，自身相同的东西排斥它自身，规律是自身相同的，但它又排斥它自身，把原来的规律排斥掉了，建立了第二种规律。但是这第二种规律还是第一种规律自己建立起来的，所以我们可以看作是第一种规律自身排斥自身，那自身相同的反倒排斥自身。为什么排斥？因为第二种规律排斥第一种规律，第一种规律建立起区别，而第二种规律要否定、扬弃这些区别，认为这些区别是没有区别的。那么怎么否定呢？最初是说，这些区别都是我们主观的一种解释。这就不是规律了，这只是我们主观的解释，而客观的事情本身不受影响。那么知性之所以建立起区别，又否定了区别，说明我们的区别不正确，那么我们再想办法。但是这时，第二种规律恰好占据了这个否定面，认为这种否定的东西否定了第一种规律，并不是说它就是不对的，它是对的，但就是要否定，就是要通过这种否定建立起第二种规律来。第二种规律就是第一种规律的自我否定、自我排斥。自我排斥就形成了第二种规律。"而那自身不相同的东西反倒建立为自身相同的"，这就是第二种规律的区别了。这规律的区别肯定是不相同的，但是这种不同消失了，这种区别变成没有区别了，这种不同变成相同的了。这就转到反面去了。

　　实际上只有借助于这种规定，区别才是**内在的**或**自在本身的**区别，因为那相同的是自身不同的，而不同的却是自身相同的。　　［107］

　　"这种规定"，就是前面讲的，自身相同的排斥它自身，而自身不同的反倒建立为自身相同的。只有借助于这种规定，区别才是内在的或自在本身的区别。如果没有这种向对立面转化，那么这种区别只是表面的区别。你可以建立区别，建立一些规律，但是这些现象和规律都是你的主观的一种解释，你对现象的一种主观解释，而不是自在的内在的一种区别。只有把这种区别引入到辩证的层次,提升到辩证的阶段,这种区别才是本质的区别,才是自在本身的区别,而不再停留在现象。"因为那相同的是自身不同的,而不同的却是自身相同的",这就是本质的规定。第一种规律我们可以从《逻辑学》的"存在论"来理解,而第二种规律我们可以从《逻辑学》的"本质论"来理解。它已经把握到自在的内在的本身的区别。

——按照这种方式,**这第二个超感官世界**就是**颠倒了的**世界,确切地说,由于一个方面在第一个超感官世界那里已经是现成的,所以这第二个超感官世界就是对这**第一个**超感官世界的**颠倒**。因此内在的东西作为现象就完成了。

"按照这种方式",前面已经提到了第二种规律了,而且提出了第二种规律的公式了:就是那相同的是自身不同的,而不同的却是自身相同的。那么按照这种规律的方式,"**这第二个超感官世界**就是**颠倒了的**世界","第二个超感官世界"打了着重号,这是第一次出现。前面讲了超感官世界,而且这一段讲了第一个超感官世界,所以暗示了还有第二个超感官世界,它在这里出现了。第一个超感官世界的规律是超感官的。第二种规律也是超感官世界。但是对于第一个超感官世界来说,它是**颠倒了的**世界。我们已经从第一个超感官世界提升到了第二个超感官世界了,或者说我们已经从知性提升到理性,我们已经从存在论提升到本质论了。当然本质论还是消极的理性,只有到了概念论才是积极的理性。但是无论如何我们提升到了理性。这个层次的理性是什么一种特点呢?就是颠倒。所以这样第二个超感官世界是一个颠倒的世界。我们从黑格尔的《逻辑学》的"本质论"里面一开始就看到这些范畴:反映,映像。镜子里面的映像都是颠倒的。我们眼睛里面的映像也是这样,但是我们习惯了。所以我们感觉不到颠倒,你要把它正过来,我们还不习惯。所以"反映"这样的一个世界呢,整个都是颠倒的。这里"颠倒的世界"是一个非常重要的术语,伽达默尔甚至专门为这个术语写过一篇文章,还有人写书："黑格尔的颠倒的世界"。到底为什么是颠倒的世界，它是什么意思？"确切地说，由于一个方面在第一个超感官世界那里已经是现成的，所以这第二个超感官世界就是对这**第一个**超感官世界的**颠倒**"，为什么讲颠倒，是因为对第一个超感官世界中既定的、现成的东西的颠倒。如果没有现成的东西，你谈何颠倒呢？正因为已经有了现成的东西在那里，才可以让你去颠倒。所以这第二个超感官世界就是对这第一个超感官世界的颠倒。为什么要说颠倒？就是前面已经有了东西在那里摆着，那么我的第二个超感官世界就是对第一个超感官世界的倒转。"因此内在的东西作为现象就完成了"，什么意思？就是说经过这样一颠倒，内在的东西就完全表现在现象上，即作为现象就完成了。在第一个超感官世界的规律那里，内在的东西始终躲在现象的后面不出来；只有当你进入到第二个超感官世界，你才能够把它调出来，用来解释所有的现象，并且显示出内在东西的第二种规律。只有用这种规律，才能完满地解释所有的现象。如果用第一个超感官世界来解释现象，它总是不完满的，总是未完成的。内在的东西总是躲在后面，现象像一幅幕布一样把它遮蔽住，内在的东西永远是内在的东西，它出不来。在现象中则总是有无数游离于规律之外的偶然性，无法得到解释。而只有当你深入到第二种规律，或者提升到第二个超感官世界，内在的东西才公开站出来，它才把一切现象都构成了一个现象界。而这个现象界同时就是内在的世界，内在的世界才出来了，而现象也才真的是现象。不再是假象了。这个本质不再是躲在现象背后的一个东西，而就是在现象之中的东西。现象就是本质，现象就是内在的东西，它不再是一个表皮，一张帷幕，一个遮挡本质的东西，而是自身敞开的。在这种意义上，内在的东西作为现象就完成了。

　　因为第一个超感官世界曾经只不过是将被知觉的世界**直接地**提升为　{97}
普遍的元素；它曾在知觉世界中有自己必然的反映，这知觉世界还将**转化**和**变化的原则**秘而不宣；那第一个规律王国缺少这一原则，但是它却将这原则作为颠倒了的世界保持着。

这是在解释"内在的东西作为现象就完成了"一语。为什么完成了？我们就要跟第一个超感官世界进行对比。那么第一个超感官世界是一个什么情况呢？它作为现象还未完成。为什么未完成呢？"因为第一个超感官世界曾经只不过是将被知觉的世界**直接地**提升为普遍的元素"，第一个超感官世界只不过是直接地超越了被知觉的感官世界。你感觉到了这样一个世界，那么我由此直接提升到普遍元素，加以区分，加以规定，加以计算，时间空间，直线和抛物线，我对知觉的世界加以规范，直接的形成一种规律，形成一种数学公式，形成一种定理或定律。这是将被知觉的世界直接地提升为普遍的元素，这个超感官世界在知觉的世界中"有自己必然的反映"。一旦按照这样一个规律计算，那么在这样一个感官世界中就有它必然的反映，有它的相对应的东西。我计算精确，那么在知觉世界中就必然有与之相符合的一种现象发生。只要我计算精确，加速度或者落体在某个时间点上必定会达到一种什么样的速度，必定会施加一种什么样的力，通过测定，现象界可以与我的预测相符合。"这知觉世界还将**转化**和**变化的原则**秘而不宣"，就是说，你在现象世界之外对它进行规定，规定了以后，在知觉世界里去找自己的反映，找自己的效果，看你计算的是不是对，那么这两方面毕竟还是两码事，你的规律和知觉世界里面实际上发生的事情还是两码事情，你的规律并没有反映知觉世界本身的过程。它只是有自己相对应的一种反映而已；但知觉世界还保留了自己的转化和变化的原则秘而不宣。知觉世界好像在那里是不动的，我们围着它转来转去，千方百计地去寻求达到与它的一种最精确的符合，我们实际上已经做出了一些转换和变化，我们发现了一些区别，然后发现这些区别最后取消了，但是知觉世界本身似乎并没有变。它把这种转化和变化的原则秘而不宣，于是我们只好把我们做出的转化和变化看作一种主观的解释。在知觉世界中它是不是也在转化和变化的呢？由于它秘而不宣，我们不知道。我们理解的知觉世界本身是不转化的、不变的，是静止的。所以实际上知觉世界有转化和变化，但它对我们是保密的，所以看起来永远是静止的。它始终是自在之物，我们不知道的。我们对它的种种描述都是我们主观建立起来的。康德说人为自然界立法，规律都是我们人为地建立起来的。那么所定的这些法是不是在知觉世界中有转化和变化的过程呢？这个是我们在知觉世界看不出来的。"那第一个规律王国缺少这一原则，但是它却将这原则作为颠倒了的世界保持着"，缺少转化和变化的原则，就是说它有转化和变化，但是还没有把它变成原则，它还没有意识到这一点，它只是受到理性的狡计的玩弄。它已经经验到了一种转化和变化，但是还没有把这种转化和变化变成一种自觉的规律。"但是它却将这原则作为颠倒了的世界保持着"，它自己没有这个原则，但现在它遇上转化和变化的现象了，它就把这个原则作为颠倒的世界加以保持，就是说，把它看作一种颠倒世界的原则。第一种规律的王国，它是一个静止的王国。它是普遍的，它不允许变化，不允许转换，如果允许的话。那么它就是把这个原则作为一个颠倒世界的原则保持着。保持在什么地方？保持在另一个超感官世界中，那个世界和自己的世界是颠倒的，但是它还没有把它提升为自己的原则，而是设定为一个相反的世界的原则。它可以换一个角度承认这种转化和变化，以便在另一个颠倒的世界中保持自己的规律仍然是不变的，只是世界变了，角度变了。这就像庄子讲的，"此亦一是非，彼亦一是非"，立足于不同的立场，就可以得出不同的甚至相反的判断，这些判断本身是不变的，但立场却在变，在颠倒反转。第一种规律从自身中就逼出了第二种规律，但如果仍然停留于用知性来看待这种消极理性的变化原则，它就是通向诡辩论的。

因此按照这个颠倒了的世界的规律，那第一个世界的**同名的东西**就是与它自身**不同的东西**，而第一个世界中的**不同的东西**同样也是**不同于它自身的**，或者说它成了与自身**相同的**。

"颠倒的世界"，也就是第二个规律的第二个超感官的世界，按照这样一个世界的规律，"那第一个世界的**同名的东西**就是与它自身**不同的**

东西",在第一个世界里面同名的东西就是在第二个世界中与它自身不同的东西,这与第一种规律是完全背道而驰的,第一种规律完全不能理解,一个东西怎么会变成不是它自己,变成了不是它自己的东西怎么还会是同名的。但是按照第二种规律恰好就是这样。"而第一个世界的**不同的东西**同样也是**不同于它自身的**,或者说它成了与自身**相同的**",这个非常的拗口。所谓在这个世界中不同的东西同样也是不同于它自身的,也就相当于说,不同的东西同样也并非不同的东西,而那它就是与自身相同的东西了,两个否定等于一个肯定嘛。"或者说它成了与自身**相同的**",与不同不同,那就是相同了。而之所以会有这种颠倒的情况,第一种规律完全无法解释,于是就只好归之于有两个完全不同、相互颠倒的世界,它们各有自己相反的规律。

在那些特定的环节上,这将会得出这样的结果,即在第一个世界的规律中是甜的东西,在这个颠倒了的自在里是酸的,在前一规律中是黑的东西,在后一规律中是白的。

"在那些特定的环节上",这个修饰语要重视。在那些特定的环节上,所以下面讲的都是这些特定的环节。就是在那些已经被规定了的、已经被区分好了的感性知觉的环节上,这样理解"将会"得出什么样的结果呢? 这里用的是虚拟式,所以这些观点也不是黑格尔完全同意的。他只是说,假如按照上述前提,在那些被区分开来的具体环节上,就会得出这样的一些结论:"即在第一个世界的规律中是甜的东西,在这个颠倒的自在里是酸的,在前一规律中是黑的东西,在后一规律中是白的"。这就是诡辩派的说法了。古希腊的诡辩学派如普罗塔哥拉说过:同一阵风吹过来,有的人觉得冷,有的人觉得不冷。他"第一个主张每一个问题都有两个互相对立的方面",他就用这种相对主义的诡辩进行辩论。这里也是如此,在第一个世界里面被规定是甜的东西,那么在第二世界的规律中是酸的东西,或者自在地来说它反而是酸的。在前一个规律中是黑的,在后一个规律中是白的,这是在那些特定的环节上,我们可能得出这样的结论。这种结论也很自然,相对主义也不是毫无道理,在自然界中大量存在着这样的例子。例如我们通常认为天空是蓝的,其实不是的,天空恰好不是蓝的,只是蓝色的光线更能通过在天空的散射到达我们的眼睛里面。我们看到树叶是绿的,其实不是的,其实树叶之所以反射出绿色的光,是因为它把红色的光都吸收了。所以严格说起来树叶本身应该是红的,它吸收了红色的光嘛,它把绿色的光反射回来了,所以我们看到树叶都是绿的。但是这样一些结果是不是就是黑格尔的意思呢?其实并不完全是,只是在那些"特定的环节"上我们可以这样说。在前一规律中是黑的东西,在后一规律中是白的。黑的东西把所有的光线都吸收进去了,它没有反射出任何光。但是就那个事情本身来说,因为它吸收了所有的光,它岂不就是白的嘛。当然黑格尔并不认为白光是所有光的总和,他认为白是一种特殊的光,但这里并不影响结论。所以这是一种转化,在现象界,对于我们的感官来说,它有这样一些转化关系。在比较低层次的理解上我们可以这样解释。但是在高层次上,黑格尔并不同意这种解释。这些是用来说明第二世界的规律,但是第二世界的规律其实是超感官世界的规律,它并不是可以用这些感官世界的例子来说明的。你可以举这些例子,但是它本身,第二种规律是超感官的。所以这里用的是虚拟式。

就磁石来说,按照第一个世界的规律是北极的,按照其另一个超感官的自在(即在地球里)来说则是南极;但在那里是南极的地方,在这里却是北极。

这里把在地球里说成是在超感官的自在里,而南极北极与甜和酸、黑和白相比当然已经不是直接的感性和知觉了,所以也就更接近黑格尔的意思,就是说你不要把它理解为仅仅是感官的东西,你要把它理解为超感官的东西。这就不是在那些特定的环节里来理解的了,而是就超感官世界的规律中找例子。南极北极的例子是第一个超感官世界的规律,但它已经暗示了第二种超感官世界的规律的颠倒关系。南极和北极本来是互相不可分的，表现出南极的，在超感官世界中其实是北极，而表现出北极的，在超感官世界中恰好又是南极。事实上，指南针指向南极的一端所指的只不过是地理上的"南极"，其实正好是地磁上的北极；而指向北极的一端所指的只不过是地理上的"北极"，却是地磁上的南极。因为只有异性才会相吸引，同性就会相排斥了，指南针指向南极是不合道理的，只能指向北极，其实是指北针。在地球上，地理上的南极其实正好是地磁上的北极，地理上的北极恰好是地磁上的南极。

同样，在电的第一种规律中是氧极的，在其另一个超感官的本质中却成了氢极，反之，在那里是氢极的，在这里却是氧极。

"氧极氢极"就是今天所讲的正极和负极。当年之所以把负极称为氢极，把正极称为氧极，是因为当初科学家在电解水的时候，在电棒的一端产生氢气，在另一端产生氧气，所以就把前者命名为氢极，把后者命名为氧极。后来才改成了正极和负极，因为电的两极不仅仅和氧及氢有关。这个氢的电子很容易被夺走，这个氧很容易吸收其他原子的电子，它们两相结合形成了水；但是在电解的情况下，氢重新获得了电子，就成为独立的氢气释放出来，而水中的氧失去了氢也就变成氧气而释放出来。但是氢获得电子的地方恰好就是氧失去电子的地方，所以氢极恰好应该称之为氧极；而氧失去电子的地方也正是它为氢供应电子的地方，所以倒是应该称之为氢极。

在另一个领域中，根据**直接性的法律**（Gesetz）对于敌人的复仇，就是被伤害的个体性最高的满足。

"在另一个领域中"，也就是在社会领域中。黑格尔的规律不止是体现在自然科学中，由于它立足于内在的东西即精神的事情，它是一切自然界和社会历史的本质性的法则。所以这里讲完了自然科学中的事情，转而来讲社会科学中的事情，在他看来是很自然的。这另一个领域就是法的领域。法律就是 Gesetz，这个词前面一直翻译为"规律"，但是在这个法的领域里面我们必须翻译为"法律"。同样是 Gesetz 这个词，在德语

582

里面既有规律的意思，又有法则和法律的意思。法律的意思就涉及到社会历史的领域了。"直接性的法律"，就是指最初的、最原始的法，人类社会从原始时代进入到有法的时代，这个时候就开始有了一种法律，这种法律是最直接的，这应该是相当于黑格尔的第一种规律了。"根据**直接性的法律** (Gesetz) 对于敌人的复仇，就是被伤害的个体性最高的满足"，这种法律的原则就是报复，所谓"以眼还眼以牙还牙"，是非常机械的对等原则。在这一过程中，仇恨直接就转化成了满足，这个最高的满足当然也是感官的，感性的。我们知道原始的法律中，它的刑法基本上都是报复刑，复仇。中国的法律意识基本上还停留在这一个层面。我们经常看到一个法律的术语，叫作"不杀不足以平民愤"，这就是报复刑的概念。你做了坏事，你就要受到相应的惩罚。我们现在还是这样。法律最重要的职能是"平民愤"。现在网络很重要。网民一哄起来，司法部门就非常紧张，考虑的是怎样不出乱子。有时候一个案子为了平网民的愤怒不得不有所倾向，但是完全按照网络来判案子，那么这个社会就没有法，只有复仇情绪了。而对被伤害的个体来说，报仇当然是最高的满足了。但是真正的司法独立就必须走出这种直接性的状态，这在法律上还属于"第一种规律"的机械论层次。

但这样一条法律，即对于那不把我当成自身本质来对待的人把我显示为反对他的本质并且反过来把他作为本质加以扬弃的法律，却通过另一世界的原则而**颠倒为相反的法律**了，即通过扬弃异己的本质而使作为本质的我恢复在自我损害中了。

这句话非常拗口，我们来分析一下。前面讲的是一种原始法律，属于第一种规律。原始法律是非常粗糙的，不完善的。这是一条什么样的法律呢？"**这样一条法律**，即对于那不把我当成自身本质来对待的人把我显示为反对他的本质并且反过来把他作为本质加以扬弃的法律"，这就是对原始法律的分析了。这条原始的法律就是，对于一个不把我当作他自身的本质来对待的人，那就要把我显示为一个反对他的本质，并且反过来要把他作为本质加以扬弃。也就是说如果一个人不把我当作他自身的本质来对待，那么我的本质就要反对他并且扬弃或消灭他的本质。就是说这样一个人，他不把我当作是他自身的本质，而是把我当作一个异己的本质，那么按照这条法律，我就要反对他的本质而且要取消他的本质。你不把我当自己的本质看，我也就不把你当自己的本质看，或者说，你不把我当人，我也就不把你当人，你如何伤害我的本质，我就照样伤害你的本质。这就是典型的报复型的法律，这种法官是很好当的，张三打了李四一巴掌，就判李四打张三一巴掌；张三伤了李四的左眼，就判李四再伤张三的左眼，于是李四很满足，张三也无话可说。这就是前一句中讲的"直接的法律"，非常直接。但是，现在却不同了，"但**这样一条法律，……却通过另一世界的原则**而**颠倒为相反的法律**了"。前一条法律是第一个超感官世界的法律，虽然超感官了，但却没有深度，不能深入人的内在本质，永远是冤冤相报。另一个超感官世界的原则却大不相同了，它立足于每个人的内在本质，我的本质就是他的自身本质，他的本质也是我的自我本质，每个人的本质在法律中都是相互转化的。如果他把我当作一个人，那么他也才会把他自己当作一个人；他如果真正把自己当一个人，那么他也必定把我当一个人，所以这个人是普遍的，是本质的人。如果他把自己当作一个普遍的人，那么他就把自己作为一个个体的人扬弃掉了，也就是说反过来把自己与对方相对立的本质扬弃掉了。人性相同，你有你的本质，别人也有别人的本质，你不能只把自己当作本质，而把别人当作现象。你要真正把握到本质，你就要意识到你和他人、你和我相互之间是本质相同的，在第二个超感官世界中是互相转化的。如果你意识到这一点，那么这条法律对于你来说，就会"通过另一世界的原则而颠倒为相反的法律"，报复在这个意义上面就不成立了。在原始的法律中是讲报复的，但是对于这样一个人来说，通过另一世界的原则，也就是通过更高的、第二个超感官世界的原则，而颠倒为相反的法律了。比如我们今天讲法治，要把法治提升到一个基于内在人权的层次，那么对于很多人来说，就是"搞颠倒了"。偷了东西的人还不能打，还不能侮辱，以前一抓住就往死里打，现在不行了。扫黄还不能示众，以前抓到了就要开个大会，让那些卖淫嫖娼的站在台上挂块牌子，让大家认识认识这个人，现在这本身就是违法的了。所以对于那些人来说，按照另一世界的原则的法律就是颠倒的法律了。颠倒为什么样的法律了呢？"即通过扬弃异己的本质而使作为本质的我恢复在自我损害中了"，什么是异己的本质，你犯了法，你就是异己的本质，你没有按照你的本质做事。所以一个罪犯在犯法的时候，他表现的是他的异己的本质。我们经常说这个人"做事不凭良心"，他本来有良心，良心才是他的真我，但是他没有按照他的良心做，他按照动物性的需要去做那件事情，去损害别人，这就是服从自己异己的本质。那么，通过扬弃异己的本质，而使作为本质的自我恢复在自我损害中了。就是异己的本质是一种罪行了，我通过惩罚自己的这种罪行，而把作为本质的自我、作为良心的自我，恢复在自我损害中。即我认罚，我自己惩罚自己，这就不是报复了。这个刑法就不是一种报复，它是帮助每个人恢复自己的本质。包括罪犯，他做了违背他的本性的事情，那么通过对他加以惩罚，而这种惩罚是他自己认可的，是被自己所惩罚，那么这种惩罚就使他的本质自我恢复了。他认可这种刑罚是他的本质的表现，他认可这种惩罚是帮助他重新做人的必要的手段，那么在这个惩罚里面就不再是一种报复，而是恢复人的真正本质，这就是"使作为本质的自我恢复在自我损害中"。我自我损害，我赔偿，我坐牢，我失去自由，我心甘情愿。因为我做了对不起人，更对不起自己本质或良心的事情。这就是现代对于刑法的理解。原来对于刑法的理解是知性的，而现代对于刑法的理解是理性的。罪犯有了自我意识，我们后面马上（下学期）要讲到自我意识了，这里是以法律作为例子。就是说你要建立起第二种超感官世界，你要建立起第二种规律；而第二种规律在这里就在为过渡到自我意识作铺垫了。

现在如果把这种表现在惩罚罪行方面的颠倒制定为法律，那么就连这样一种惩罚也再次只是这样一个世界的法律,这个世界具有一个**颠倒了的**超感官世界与自己**相对立**,在这个超感官世界里,凡是前一世界里受轻视的东西便受到尊重,而在前一世界受尊重的东西便遭受轻蔑。

[108]

"现在如果把这种表现在**惩罚**罪行方面的颠倒制定为**法律**",这就是现代刑法的基本理念,如意大利的培卡利亚提出,犯罪受罚是罪犯的权利。这个话很怪。以往总是以为罪犯受罚是剥夺他的权利,这是我们正常的理解。为什么驾车撞人要逃逸呢?就是要逃避这种惩罚,如果是权利,那他岂不是要追求这种权利吗?谁会逃避自己的权利呢?但是近代的法律思想就是这样,不是那种直接原始的理解。真正一个有人格的人,他如果做了犯法的事情,他就会把自己的惩罚当作自己的权利,不允许别人代替,他必须敢作敢当。当然前提是这个法律是他认可的,是他参与制定的。因为现代法治社会,理论上法律是基于每个公民的意志,公民都是成年人,每个人出于成年人的自由意志承认了这个法律,那么一旦他违背了这个法律,他的自由意志就要求他自己认罚。这是他的权利,因为这是出于他自己的自由意志,别人是不能代替的,否则就剥夺了他的权利。我做了坏事,由于我事先认可了这个法律是我的自由意志,而且我知道这是坏事,是法律所不允许的,我是知法犯法,所以我现在承担我的应得的惩罚和罪责,那么我的人格仍然是完整的、一贯的。在这个过程中,比如说我服了 10 年刑,我出来了,我还是一个响当当的男子汉,因为我完成了我的人格,我没有违背我的人格、我的本性。不像那些驾车逃逸的人,那就没有完整的人格,几乎不是人了,而是动物,顶多是未成年人。那种人根本没有法治的概念,也没有自己的权利的概念。当然这个情况在我们这里情有可原,因为这个法律不是他制定的,是别人为他制定的。虽然中国也有这样一种说法,叫"好汉做事好汉当",你不能替我承担,不然就损害了我的尊严。但是这只是一句话,没有体现为法治精神,只是个别义士的壮举,通常是做了"好事",比如杀了十恶不赦的仇人,而敢于承担官司。近代的法律思想是把这种惩罚看作自我本质的一种恢复，是出于我自己的自由意志，那么通过惩罚我就恢复了我的自由意志，恢复了我的独立，我的人格。所以西方法律思想并不认为一个人犯了法，他的人格就受到什么损害，除非他逃避惩罚。这里讲如果把这种颠倒"制定为法律"，在培卡利亚的法理学上是有这种说法，但是这种规定实际上是不能制定为法律的，这只是一种法的理念。法律条款中并没有这个东西，因为这个东西是属于第二个超感官世界的，它不能够直接地在感官世界里面加以运用。你把这个惩罚当作自由意志的权利，那是你自己内心的事情，法律上不用这样规定。但是法理学是按照这样一种法理来制定各种条款，并不是直接把它制定为法律。如果你把它在法律条款中写进去的话，那它就又成了一种对感官世界的规定，那它就不是第二个超感官世界，而只是第一个超感官世界了。"那么就连这样一种惩罚也再次只是这样一个世界的法律，这个世界具有一个**颠倒了**的超感官世界与自己**相对立**"，这种惩罚作为第一个超感官世界的法律条款，它面对着与自己相对立的第二个超感官世界，即法理学或法哲学的一般原理，并遭到这种原理的颠倒。法律条款只是第一个超感官世界的规律，如果你把这种惩罚制定为一个法律条款，那么它就又要再次面对一个超感官世界，这个世界作为颠倒了的超感官世界是和它相对立的。就是说这两个超感官世界是相互颠倒和对立的。如何颠倒和对立呢？"在这个超感官世界里，凡是前一世界里受轻视的东西便受到尊重，而在前一世界受尊重的东西便遭受轻蔑"。在这第二个超感官的世界里，实际上它对于第一个超感官世界来说是一个颠倒的世界，不但对于在第一个超感官世界中制定为法律的东西、或者在现象界真正发生作用的东西，它是超然于其上的，是不被写进法律条款里去的；并且，在这个超感官世界里面，凡是前一个超感官世界里受到轻视的东西便受到尊重。比如说你犯了罪，作为一个现行犯你是受到轻蔑的，因为你违背了自己的人格同一性，违背了自己当初立法的自由意志；但从第二个超感官世界的眼光看，你仍然应当受到尊重，因为你仍然有机会恢复自己的本质，按照你自己当初立法所定的刑责,走完整个过程。你现在判了十年牢狱,在你坐满了十年牢之前,你是违背你的本质的,这是该受轻视的;但是在超感官世界里面,你的人格仍然应该受到尊重,比如说好汉做事好汉当,我去自首,人们会说你有勇气承担责任,这是受尊重的。"**而在前一世界受尊重的东西便遭受轻蔑**",这个怎么理解?就是说你没有犯法,这个在第一个超感官世界里当然是对的,但是你内心是怎么想的呢?你不要说你没有犯法,你就是好人啦。有的人自己没有犯法,就自认为自己的灵魂是干净的。这个《精神现象学》里面多次提到了,就是所谓"优美的灵魂"。什么是优美灵魂?就是我自认为是一个有良知的人,我是一个好人。但是在第二个超感官世界里面,这样的人是受到轻蔑的,因为你没有忏悔精神。就是说你没有犯法,但是你其实很可能也想犯法,你甚至对犯法的人羡慕得要死,嫉妒得要死,你恨他是因为你不是他。你没有犯法有可能是没有碰到机会,也有可能是出于恐惧。所以你要有原罪感。如果你没有原罪感,那么你自以为你的灵魂优美,但实际上你经不起现实的折腾。只有什么人才受到尊重呢?只有那种即使没有犯法,但是也意识到自己是会犯法的,意识到自己的虚伪的人,意识到自己的伪善的人。但这种人并不反映在第一个超感官世界中,并不体现在法律中。他遵守的是第二个超感官世界的法律。不过,虽然这种法律并不体现在现实的法律中,它却是现代法律所假定的一个前提,也就是把一个犯了罪过的人当作一个具有独立人格的人来假定、来对待,假定他因自愿受罚而维护了自己的尊严,因而在现实法律中为尊重罪犯的人格留下了足够的余地。

按照前一个世界的法律,令人耻辱并且毁灭人的惩罚,在与它**相颠倒的那个世界**中,便转变成维护它的本质并给予它荣誉的赦罪了。

"按照**前一个世界的法律**,令人耻辱并且毁灭人的惩罚",惩罚人当然是令人耻辱的。他干了坏事嘛,那不是耻辱么。但这只是按照第一个超感官世界的法律是如此。而"在与它**相颠倒的那个世界**中,便转变成维护它的本质并给予它荣誉的免罪了",在那个颠倒的世界里面,也就是在第二个超感官世界里面，这种惩罚就转变成维护他的本质的，就是说接受这种惩罚，哪怕是死刑，也心甘情愿地接受，这样来维护他的本质。"并给予他荣誉"，好汉做事好汉当，我愿意为此付出我该有的代价，哪怕是死。这个人就维护了他的人格。他知道自己犯了罪，自愿受罚，所以最后，他在第二个超感官世界里面是被免罪的。为什么在西方的死刑犯，有神父去给他做临终赦免。如果你承担你的罪责，那么上帝是会赦免你的。这是西方法律思想的一个根源。原罪思想和免罪的思想都是从宗教来的，但是到了法律里面，这就是黑格尔讲的颠倒的世界即第二个超感官世界的原理。

*　　　　　*　　　　　*

我们上次讲到颠倒的世界的规律，黑格尔举了一些例子。这些例子他不是随便举的，我们不仔细看、不仔细去体会的话，以为它是信手拈来的，其实它是有层次的。一个最基本的层次就是重力，比重力更高的层次就是磁和电力（包括化学力），比电力更高的层次就是法律。法律属于另外一个领域，法律这个领域比起重力和电力这些自然科学的领域来说要更高。这些例子它都是按照一种层次排下来的。一般来说黑格尔谈到意识也好自我意识也好，他的视野是非常广的，他不是说局限于自然科学，虽然在此之前他一直在举自然科学的例子，万有引力啊，落体定律啊，重力啊，电力啊，一直在举这些例子，但是他的这些例子所要说明的那个意识的层次，是公共的，不管是在自然科学里面还是在社会科学领域，还是在人文的领域，在人心的领域。所以他那个"内在的东西"呢，有时候，Innere 也可以翻译成内心的东西，它本来有内心的东西的意思。但是我们一般来说，翻译成内在的东西也更广一些，更加能够适用于不管是自然科学还是人文科学。

那么我们上次讲的这个最后这一段呢，因为时间的关系，有些东西还可以补充一下，特别是讲到法律这个层次的时候，我们可以再复习一下。就是在 107 页 [贺、王译本] 下面，他说"在另一个领域中，根据**直接性的法律（Gesetz）**对于敌人的复仇，就是被伤害的个体性最高的满足。"从这里开始一直到这一段的末尾，这一段还可以再多解释几句。什么叫直接性的法律，我们看贺先生王先生原来翻译的是"按照原始的朴素的规律"，原始的朴素的法律，那就是在建立法治社会之前，你不能说完全没有法，也不能说完全无法无天，它还是有一定的法律规则的，但是那是非常直接的。但是翻译成原始的朴素的规律呢，有点太绝对了。就是说这种原始的正义，比如自古以来人类进入文明社会就有一些原始正义、原始平等观，比如说杀人偿命，损害了人家的东西你就要赔偿，这些都是属于原始正义；而按照原始正义来说呢，它的基本原则就是报复。我们是一个社会，你伤害了人家，如果不报复的话，这个社会没法维持，所以要报复。报复对于自己来说是满足，对于对方来说是威吓，看你下次还做不做。或者对于其他人来说是一种警戒，大家都不要学他的样，这就是原始正义。但是这种原始正义观不仅仅是存在于原始时代，一直到现在法治社会仍然是有的，并不是说现在就把那个东西完全抛弃了，现代法治社会仍然有这种直接性的法律观念的层次。所以我就按照他的原文把它翻译成"直接性的法律"，这比较切合它的意思。就是说原始平等，原始正义，或者是原始的复仇观念，一直到今天的法律里面，它还有；虽然它不是按照这样一种原始的复仇来作为自己的法理，来制定自己的法律，但是它制定出法律来，它还是有这个作用，一个是警戒，一个是报复，平民愤，这些东西还是有的。但是由于它的原理、法理已经颠倒了，所以往往会发生冲突。比如说美国辛普森案，那真是不杀不足以平民愤，但是他们居然就没有判他的刑。现代法律它有另外一套制度，它不是完全按照原始正义来制定法律的。但是是不是有呢，还是有。它就是起维系一个社会的这样一种作用。只不过现代法治它的这个法理是出于现代道德的，就是上次的这一段里面讲的，你要把对方也当作是本质来看待，你不要把对方看作是一个动物、一个物，你要把对方看作是和你一样的人。

那么你自己作为一个人来说，你的本质和他的本质之间的区别就被扬弃了，你也是一个人，他也是一个人，他和你一样地是人，所以你就把自己提高起来，你那种个别性就被扬弃了。你就不再是作为个别的人，而是作为本质的人，和他人具有一种共通性。那么犯罪的人，按照这样一种法理，在惩罚里面，他就不是被取消了，而是恢复了他的本质。他在犯罪的时候偏离了他的本质，不只是对他人犯罪，而且是对自己犯罪；那么通过惩罚，他恢复了他的本质，所以犯罪受罚实际上是他的自我处罚。自己处罚自己他就恢复了尊严。我们上次已经讲到这一点。

比较难以理解的就是 107 页的倒数第四行底下这句话："现在如果把这种表现在惩罚罪行方面的颠倒制定为**法律**，那么就连这样一种惩罚也再次只是这样一个世界的法律，这个世界具有一个**颠倒了**的超感官世界与自己**相对立**"。就是说现代法律，比如说现代刑法，它的法理是立足于现代道德之上的，现代道德就是说，天赋人权，人生来是自由的，这是道德的立足点。那么按照这种道德的出发点，我们制定法律，那么我们就把这个法律看作是道德的一种表现。但是法律本身它在现实世界中要发挥它的效率，要起作用，它不能以道德的身份起作用，还是必须以现实的法律的方式起作用。因为法律它是不追究你的动机的，你的动机道德还是不道德，对于法律来说它不考虑这个。它只考虑后果，你是否影响别人，你是否伤害了别人，你自己活，你要让别人也能活，你没有什么特权，这是法权道德。道德有一般的道德还有法权道德，法律底下也有道德作为法理原则，作为法哲学原则，那就是法权道德。但这个道德跟法律本身还是不一样的。所以我们上次讲到，你不能够把法理本身制定为法律条款，那个是做不到的。上次举的例子是培卡利亚的刑法理念，也就是法权道德。如果你要把法理本身制定为法律条款，那它本身就会重新面临超感官世界和它相对立。比如说我们中国人喜欢道德法律不分，在法律里面制定一些道德条款，比如说拾金不昧定为一条法律，拾金不昧可以奖励多少，如果你吞了的话那就要遭到处罚。但那样一来道德就没有了，我拾金不昧就不是道德行为，而是恐惧行为。如果你把这样一种道德的东西指定为法律的话，那么道德本身就退到后面去了，你所制定出来的那个法律本身从道德上来看就是伪善。所以真正的法治社会不会把道德制定为法律，因为法律本身不讲动机，它虽然是按照道德制定的，但是一旦制定出来，它就只看后果。当然现代法律有时候偶尔也要考虑一下，要照顾到一点道德的动机，那是另外一回事情，但是法律的原则基本上它不是用道德来制定的。它的法理是按照道德，但是那些条款本身是考虑到它的可行性。比如说，哪怕是现代道德，你也不能在法律条款里面规定，说你必须要尊重一切人，如果你犯了法的话，你除了受罚以外，你还要忏悔。如果你把忏悔也写进法律条款，那这个法律条款就完蛋了，那就是诛心了，那就是思想罪了，你不忏悔，那我就加重你的处罚。当然现代法律也要考虑认不认罪，但认罪不等于忏悔，而且是那是非常次要的。而在中国传统里面，这个诛心是主要的，法家都讲"太上诛其心"嘛，最高的惩罚不是惩罚你的肉体，而是惩罚你的心，灵魂深处爆发革命。这个东西如果一旦成为法律，那就是"文化大革命"了。所以最好的道德也不能够把它制定为法律，一旦制定为法律，那它就是虚假的东西，而道德本身就又成了对它而言的另外一个超感官世界。所以道德完全是在超感官世界里面的，而法律它虽然也是第一个超感官世界的规律，但它是针对感官世界的，它是与现实世界平行的。所以，"如果把这种表现在惩罚罪行方面的颠倒制定为法律"，它本来颠倒了，在超感官世界里面颠倒了，但是你如果要把它制定为法律，"那么就连这样一种惩罚也再次只是这样一个世界的法律，这个世界具有一个颠倒了的超感官世界与自己相对立"，就是它本身就成了与道德相对立的伪善。

所以接下来说："在这个超感官世界里，凡是前一世界里受轻视的东西便受到了尊重，而前一世界受尊重的东西便遭受轻视。"这种法律是一种伪善的法律，如果你要标榜你的善心，标榜你的动机是良好的，把这些东西写进法律里面，如果你动机不好那就要受到处罚，那么这样一种法律呢，就是一种颠倒的法律。你在法律上是合法的东西在内心里面就是伪善的东西。相反，你在法律上是违法的东西，你在内心里面可能恰好是崇高的东西。比如"文化大革命"中间拒不检讨，你要我写检讨我偏不写检讨，这个是罪大恶极了，罪加一等了。但是过后我们现在看起来，那种拒不写检讨的人，现在我们对他肃然起敬，这人才是值得尊敬的，才是有人格的。遵守那种诛心之法，那是屈辱的表现，叫做"断了脊梁骨"。这个是我们对上次讲的后面这一段所做的一种补充解释。

今天我们再从 108 页 [贺、王译本] 这里开始。他说：

从表面上看来，这个颠倒了的世界正是前一个世界的反面，以至于它在自身之外拥有前一世界，并将那一世界作为一个颠倒了的**现实性**而从它自身排斥开，**前一个**是**现象**，**另一个**则是**自在者**，**前一世界**是**为一个他者**而存在的世界，反之**另一世界**却是**自为存在**的世界；

这一自然段整个来说是对前面的总结，尤其是对最后这个第三个标题 [Ⅲ.关于纯粹区别的规律] 中前面这三大段的总结。"从表面上看来"，我们上一次讲的这个最后三段，基本上都是"从表面上看来"。为什么这样说？因为前面已经讲到，所谓颠倒的世界的学说主要就是要把两个互相颠倒的世界区别开来，把它们的矛盾分散到两个不同的立场上去，这虽然进入到了消极理性的领域，但仍然停留在相对主义的层次，当它被知性式地坚持的时候就会陷入到诡辩。所以这个观点亟待深化。"从表面上看来，这个颠倒了的世界正是前一个世界的反面，以至于它在自身之外拥有前一世界，并将那一世界作为一个颠倒了的**现实性**而从它自身排斥开"，就是说颠倒了的世界和前一个世界，前一个世界就是前一个超感官世界，这个颠倒了的世界则是第二个超感官世界。那么这两个世界之间又是什么关系呢？前面只讲到它们互相颠倒、但又是互不相干的关系，实际上是只有互相颠倒而没有关系，第二个超感官世界"在自身之外"拥有第一个超感官世界，并且把它"从自身排斥开"，因为它虽然是

"现实性",但却是一个"颠倒了的现实性"。第二个超感官世界跟前一个超感官世界是颠倒的,前一个世界中认为是确定的东西,在第二个超感官世界里面是不确定的东西,是不定的,它那区别是没有区别,它的区别是被扬弃了的,这是这两个世界的不同。所以这两个世界就相当于康德讲的现象界和自在之物那样井水不犯河水:"**前一个**是**现象**,**另一个**则是**自在者**,**前一世界**是**为一个他者**而存在的世界,反之**另一世界**却是**自为存在的世界**"。我们前面讲了,现象这个概念有双重含义,一个是人们一般理解的现象,另外一个是作为现象的现象,我们看第 98 页 [贺、王译本]倒数第 4 行,"作为**现象**的**现象**",作为现象的现象就是第一个超感官世界;第 99 页的第 3 行,"而毋宁是作为本身真实的现实的**感官**世界"。第一个超感官世界就是这么个东西。而颠倒了的世界是第二个超感官世界,它跟第一个超感官世界是相反的,它在自身之外拥有前一世界。于是第二个超感官世界跟第一个超感官世界是两个不同的世界,——表面看来是这样。注意这个"从表面上看来",表面看来这又是一个世界了,我们讲的好像是两个完全不同的世界。所以讲在这个世界里面是甜的,在那个世界里面是酸的,等等,严格说起来是不对的,因为第二个超感官世界已经不是现象界了,怎么可能还有"酸的"这回事?但如果你把它们划分为两个"世界",就可以这样来设想,所以表面上看来第二个世界中就应该有"酸的",与前一个世界相反。所以它们好像是两个不同的世界,第二个世界是在自身之外拥有前一世界,当然第二个颠倒的超感官世界更高,它比第一个世界要更高,它是自在之物的世界,拥有第一个现象的世界;但是它拥有第一个世界是在它自身之外,是外在地拥有,并将那一世界作为一个颠倒了的现实性而从它自身排斥开。就是说那个世界是现实的,而颠倒了的超感官世界呢,是超现实的。虽然第一个世界也是超感官世界,但是它是现象世界的模本,它是按照现象而来的,或者说对现象的反映。前面讲牛顿物理学,它反映的就是现象世界的规律啊,它跟现象世界是直接等同的,所以它才是真正的、真实的现象世界,它具有现实性。而颠倒了的超感官世界好像不具有现实性，它把那个具有现实性的世界颠倒过来，并且把前一世界作为一个颠倒了的现实性而从它自身排斥开。就其自身而言，颠倒了的超感官世界，它是把那个现象和现实的世界排斥开来的，它才是真正的超感官世界。第一个超感官世界也是超感官的，但是呢，它还没有完全排斥开，用康德的话来说，它是"先验的"而不是"超验的"。先验的已经是超感官的，但是呢，它还是属于感官世界的，还是属于现象界的，它所把握的真理还是现象的真理。而那个自在之物，那是超验的。所以自在之物的世界把那个现象的世界作为一个颠倒的世界从它自身排斥开来，它拒不接受，但是又要拥有它，现象都是自在之物的现象，一切现象的根据就是本体，所以本体要拥有现象，但是它又不是现象。所以他讲，"前一个是**现象**，另一个则是**自在者**，**前一世界**是**为一个他者**而存在的世界，反之**另一世界**却是**自为**存在的世界"。这个地方实际上是用的康德的用语了。第一个超感官世界是现象，人为自然界立法，也就是为现象立法，而一旦立法，这些法也是现象界的，也属于现象界。一切知识都是经验的知识。这是第一个超感官世界所干的事情。所以前一个是现象。另一个则是自在者，Ansich，我们也可以翻译成，另一个就是自在。前一世界是为一个他者而存在的，是为自然界立法，它不是为自己，它是为经验知识立法，那些经验的材料如果没有法规，那就是乱七八糟的了，所以这些规律要为它，为现象界而存在。反之，另一个世界却是自为存在的，自在之物的世界，它是自为存在的世界。它不为现象界立法，而是为自己立法，但这在康德那里已经是道德领域而不是认识的领域了。但是如果从表面来理解，好像它也是为另外一个现象界立法，比如说在第一个世界是甜的，在第二个世界是酸的，好像颠倒了的世界仅仅是为那个酸的世界立法，而第一个超感官世界仅仅是为了这个甜的世界立法，甜是现象，酸才是自在的，它们处于两个不同的世界。这是一种表面的理解，如果你不承认康德讲的自在之物不可知，而想要把握自在的世界的话，就会陷入这样的境地，说甜的东西"其实"是酸的，南极"其实"是北极等等。

以至于用在上面的例子上，凡尝着是甜味的东西**真正讲来**或者**内在地说**，在事物中是酸的；或者在现象的现实磁铁上是北极的，**在内在的或本质的存在中**就会是南极；凡在成为现象的电里表现为氧极的，在非现象的电里就会是氢极。

前面的这几个例子都是这样，你如果从两个不同的世界这种表面的眼光来看，一个是现象，一个是自在之物，它们互不相干，各有自己的现实性，那么就会出现这样的情况，我们这里要注意打了着重号的词组："凡尝着是甜味的东西**真正讲来**或者**内在地说**，在事物中是酸的"，以及在现象中是北极，而"**在内在的或本质的存在中**就会是南极"。当然如果要康德来说，他会认为真正讲来它是不是酸的等等我们不知道，因为我们只有感性的直观而没有知性的直观。如果上帝来尝一下，也许他就会尝出是酸的，因为他有知性的直观，而我们只有现象界的直观，我们没有本体界的直观，但是按照康德的这样一种说法推论下去，我们就会得出这样一种观点，就是虽然我们不知道它"真正讲来"究竟是个什么滋味，我们不可能尝到它真正的滋味，我们只能够尝到我们能够尝到的滋味；但是我们可以假定它"客观上"有一种我们不知道的、不同于甜的滋味。这样来理解颠倒的世界就会形成这样一种格局，好像有两个完全不同的世界，而且这两个完全不同的世界各自都是感性的，把超感官世界也作感性的理解。或者在现象的现实磁铁上是北极的，在内在的或本质的存在中就会是南极。这也是对等的两个世界，北极和南极在其中不过是颠倒了一下，原来是北极的现在是南极了，但是北极南极都还是属于现实中的一极，就像酸的和甜的，它们还是一种现实的感官，北极和南极还是现实中的磁极。再一个，"凡在成为现象的电里表现为氧极的，在非现象的电里就会是氢极"。氢和氧是现象界的规律，它们也属于第一个超感官世界，规定了正电极和负电极；那么在颠倒的世界里面把它们颠倒过来，人们就会从表面上把这看作仅仅是一种颠倒，仅仅是把氢极和氧极颠倒过来，就只是这样一种颠倒。

或者说，一个行动在**现象**里是犯罪，而**在内心中**据说本来其实可以是善的（即一个坏的行动据说可以有好的意图），惩罚只是**在现象中**是惩罚，但它**自在地**或者在另外一个世界里对于那罪犯却据说是一件好事。

这也是同样的道理，这都是在表面上来理解的，我们要注意他的这个前提。"从表面上看来"，这一段一开始就说明了这一点，在这个前提下，那么我们就可能会有这样一种理解。这些理解都是把颠倒的世界和第一个世界放在同一个层次上面来看待，放在同一个感官世界的层次上或者现象界的层次上来看待，虽然已经到了第二个超感官世界了，但是我们的理解很容易仍然停留在感官世界里，并没有真正地超越感官。我们还只限于在知性的立场上来理解理性。前面在这个层次上来理解两个世界的颠倒，仅仅理解为一些现象的属性、现象的性质之间的颠倒，不管是甜的酸的，还是北极和南极，还是正电和负电，在自然界的这样一些现象的规律里面来理解颠倒，这个层次是不高的。而在法律里面也是这样，"一个行动在**现象**里是犯罪，而**在内心中**据说"，据说就是虚拟式了，"本来其实可以是善的"，我犯罪，但是我的心是好的，所以括弧里面讲，"（即一个坏的行动据说可以有好的意图）"，坏的行为和好的意图都是在现象界的意义上被理解，没有真正地提升，没有超越"好坏"之上的提升。在这里所谓颠倒可能理解成为自己做辩解，这就是典型的伪善，做了天大的坏事还拼命地强调自己的动机是好的，这就是伪善。但这是从表面上理解的结果；如果从深层次上来理解，则有可能超越好坏之上而发现善与恶的辩证法。例如《圣经》中讲上帝要亚伯拉罕杀掉自己的独子献祭上帝，亚伯拉罕无条件地服从了，但在刀尖刺向儿子的一瞬间，上帝用一只羔羊替换了他的儿子。为什么要替换？肯定不是一件好事，是谋杀；但无条件的信仰却是好的意图，只不过这个好的意图与现实行动的好坏不是一个层次。同样，"惩罚只是**在现象中**是惩罚，但它**自在地**或在另外一个世界里对于那罪犯却据说是一件好事"，如果从表面来理解，这种颠倒就会成为一种阿Q精神，以为受惩罚是得了便宜；但如果从深层次理解，则可以形成培卡利亚的法理学的根据，或者成为基督教忏悔精神的根据，因为这种"好事"已经不是世俗的好事，而是超感官世界的好事了。但是表面的看法却是在同一个层次上把超感官世界和感官世界混为一谈，虽然把现象和本体区分开来，但是对于本体、对于自在之物的理解仍然是世俗的、现象的，仍然是在现象的层次上来理解自在之物。到此为止，从这一段的开始到这里，都是讲的表面上看来是这样的，但这并不是黑格尔的观点，我们要区分清楚，黑格尔举这些例子是说明有这样一种表面的看法，把这样一种超感官世界的颠倒等同于第一个超感官世界，或者等同于一般的现象界。

{98}　　但是把内在与外在、现象与超感官的东西当作两种不同的现实性的那样一些对立，在这里却不再是现成的了。

"不再是现成的了"，这句话很关键，这句话是一个转机。就是说，把内在与外在、现象与超感官的东西当作两种不同的现实性那样对立起来，这样一些对立已经不再是现成的了。当作两种现实来加以对立，一种现实是现象界的现实，一种现实是超感官世界的自在之物的现实，但它还是现实，它跟前一个现实没有什么本质区别。现实的善和恶是同一个层次的，虽然我做了坏事，但是我是出于好心，那么这个好心仍然是跟现实世界的善恶是同一个层次，比如医治和伤害。就是我本来是想做好事，但是我做了坏事，但是我的动机还是想做好事的。所以他始终停留在做什么样的"事"这样一种区别，在内心超感官世界里面我想做好事，但是在感官世界里面，或者在现象界里面我却做了坏事，好像这仅仅是两个不同世界的区别，而这两个世界同样都立足于做什么样的事，立足于感性的效果层次。这个层次就是一种表面的层次，这就误解了超感官世界的颠倒的真正含义。第一个超感官世界它可以这样理解，因为它就是现象界的模本，现象界的摹仿，现象界的反映，它离不了现象；但是第二个超感官世界，它应该有更高的境界。所以这里讲，"但是把内在外在"，这个内在与外在, Innere 和 Äußere, 也可以翻译成"内在的东西和表现", 就是我们前面讲的力和力的表现, 内在的东西和它的表现。但是我们这里翻译得简单一点。把内在与外在,"现象与超感官的东西当作两种不同的现实性", 这就把它们的层次拉平了, 不过是两种不同的现实性而已。既然你把它们只是当作两种现实性, 那么它们就分别应该有自己的感官或知觉的东西来体现, 当作两种现实性那样对立。然而, 这样一种对立"在这里却不再是现成的了"。他的这个用词, 不再是现成的, 就意味着他对这种表面上的观点, 这种从表面上看的观点, 虽然也没有完全否认, 只不过那种观点已经不是现成地摆在那里的了, 而必须在动态中来提升, 这就超越了那种观点。超感官世界虽然它超感官, 但是跟现象界也不是说完全没有联系的, 但是你如果仅仅从感官世界来理解超感官世界, 那只是表面上的看法, 那只是一种现成的看法。而现在呢, 在这里, 内在与外在, 现象与超感官的东西的那种对立, 作为两种现实的东西的对立, 在这里不再是现成的了。这种对立有没有道理呢? 在某种意义上有一定的道理, 所以他前面 107 页讲了,"在那些特定的环节上", 我们可以这样来理解那种颠倒, 但是那是表层的, 那是静止不变的, 那是现成的。而在这里却不再是现成的了, 这种对立不再是现成的了, 所以这句话是很关键的。而且我们要注意, 这句话是在什么时候提出来的呢? 是在讲到法律问题的时候。他举了那么多例子, 在谈到法律的惩罚的时候, 它是最高的例子。这些例子都是有层次的, 它们都是按照层次来安排的。前面讲到, 甜的和酸的, 这是最浅层次的, 感官层次的, 还没有超出感官世界; 然后又举了像这个南极和北极, 这个就已经是超感官世界的了, 是第一个超感官世界的规律, 甜和酸还不是规律, 只是感觉, 南极和北极就已经是规律了; 至于正电和负电, 那更是规律, 而且这个规律比南极和北极的规律还更加具有内在性。南极和北极你还可以指出来, 在一块磁铁上面哪一端是南极哪一端是北极, 正电和负电你就根本指不出来了, 哪一股电流是正电, 哪一股电流是负电。所以它们都是有等级的, 一路举例过来, 这些例子本身都是有层次的，最高的层次就是法律，惩罚。在法律里面的犯罪和惩罚，这一对矛盾，它跟正电和负电相比更加是内在的，它的原理整个都在超感官世界之中，甚至你想要把它规定为成文的法律，那么它马上就退出这个超感官世界了，成为内心不可固定、不可规定死的东西了。而法律最初还可以体现为一定的现实性，它的条款本身还有现实作用，特别是直接的法律，它是复仇，它是警戒，它是杀一儆百，杀鸡给猴看，它有威吓作用；但是真正的法律，完善的法律，它的法理已经完全在超感官世界之中。所以在讲到这个问题的时候，他就引出了这样一个转折，从法哲学里面引出了这样一个转机。这个时候我们开始有转机了，什么转机？就是完全超出了那种表面的层次，从表面上的层次进入到真正内在的层次。在这个层次里面，内在与外在，现象与超感官的东西作为两种不同的现实性的那样的对立，在这里却不再是现成的了。它有对立，但已经不是现成的。不是现成的是什么样的呢？应该是一个过程，应该是一种运动。这种对立不是现成的两个摆在那里的现实的东西，而是同一个东西的自身和自身对立，是同一个东西内部的自相矛盾的运动。犯罪和惩罚，这是同一个东西的自相冲突，同一个自由意志的自相冲突。犯罪是我的自由意志，惩罚也是我的自由意志，那么这两个自由意志在自相冲突。所以它不是作为两种现实性那样的对立，也许在过程中，它本来是现实的：我最开始参与了制定法律，我同意这个法律，在我没有犯罪之前，我也是同意这个法律的，谁要是犯了法，我也是不允许的，我也是要谴责的；但是现在我自己犯了法，这当然是两种现实性，你开始的时候同意这种法律，现在你又违背这种法律，这当然是两种现实性；但是这是你同一个人做的啊，所以它不是作为两种现实性的那样的对立，这种对立不再是现成的，不再是摆在那里的，而是内在的。

那些受到排斥的区别也不再重新把自己分配到两个这样的实体上，似乎这两个实体都带有这些区别，并赋予它们以一种分离的持存，如果是这样，知性又会退出内在的东西而重新退回到它先前的位置了。

"那些受到排斥的区别"，就是颠倒了的超感官世界已经把在第一个超感官世界里面所呈现的这些区别把它排斥掉了。比如说在法律里面犯罪和惩罚是一个区别，这个在第一个超感官世界里面是固定的区别，现成的区别，但是在颠倒了的超感官世界里面，这个区别被排斥了，犯罪和惩罚它不是一种区别，它就是同一个人的自由意志的过程，所以这个区别就被排斥掉了。那么这个受到排斥的区别"也不再重新把自己分配到两个这样的实体上"，本来在颠倒了的超感官世界里面这个区别已经被排斥了，那么它当然就不会再被重新分配到两个实体上面，一个是惩罚者，一个是罪犯。你犯了罪，我来惩罚你，那么我就代表惩罚，你就代表犯罪。犯罪和惩罚本来是对立的，但是这个对立在颠倒了的超感官世界里面已经被扬弃了，不是说你来惩罚我，而是我自己惩罚自己。所以它不再被分配到两个实体身上。但表面的看法就是把这个区别分配到两个实体身上，这将会怎么样呢？下面都是用的虚拟式了："似乎这两个实体都带有这些区别，并赋予它们以一种分离的持存"。它们，也就是这两个实体，它们带有这种区别，一个是罪犯，另外一个是执法者，执法者来惩罚，所以他们当然是不同的、分离的，他们每一个人带有自己的明显的区别，执法者跟罪犯是严格区别开来的。你既然犯了法，就必须有人来惩罚你，这两者是分离的持存。"如果是这样，知性又会退出内在的东西而重新退回到它先前的位置了"，通过这种方式来理解的话，那么知性就会重新退出内在的东西，退出它好不容易建立起来的第二个超感官世界，而完全回到第一个超感官世界了。你只看到外在的罪犯和执法者，和警察的这种区别，你没有进入到内在东西，罪犯的内心，你退出了内在的东西而重新回到它先前的位置。先前的位置是什么位置呢，就是第一个超感官世界，也就是现象界的规律，他在那里举的例子基本上都是自然科学的例子。自然科学的对象是没有内心的，当然我们可以从里面看出内在的东西，但是它基本上停留在现象界的层次。哪怕拿来考察法律，他也是把它看作一种直接的机械的东西：有罪犯就必须有警察，否则的话

601

这个社会就会解体。那么这样来看，这个社会就是一个机械的装置，一个机器，警察是国家机器，只要有人犯了罪，那么就要有人来惩罚。这就是在第一个超感官世界的层次上面来理解的社会、国家、法律。但是，在第二个超感官世界中呢，它不应该停留在这个层次，它应该提升起来，提升到人的内心，提升到内在的东西。但是按照上面的这种理解呢，那么这样一来，知性又会退出内在的东西而重新回到它之前的位置，重新回到那种表面的东西，把国家看作一个机器，把法律看作一架机器，这样一种观点。那么下面就是继续在讲，如果知性退回到它原来的位置就会怎么样呢？他说，

一个方面或实体将又会是知觉的世界，在其中那两个规律中的一个将推动知性的本质，而与它相对立的内在世界正如前一个世界一样，**也是一个这样的感官世界**，不过是在**想象**（Vorstellung）之中；这个世界作为感官世界将是不能够指明的，不能够看见、听见、尝到味道的，但是它却毕竟会被想象为一个这样的感官世界。

我们来看这一句。"一个方面或实体或者实体又将会是知觉的世界"，也就是说当这个知性退出内在的东西而重新回到它原来位置的时候，那么一个方面，这个本来是一个方面，在第二个超感官世界里面，本来是作为一个方面的那个实体，这个时候又将被降为知觉的世界，又被降到了它原来的位置。原来的位置是什么呢，就是第一个超感官世界，它是从知觉里面提升出来的，从知觉到知性，我们才进入到第一个超感官世界。那么这个时候我们回到了知性的第一个超感官世界的这样一个位置上面，那么它的实体呢，又将会是知觉的世界。就是说，它本来就是从知觉的世界里面提升出来，用来去把握知觉世界的，这个时候呢，它就有两个方面，一个是内在的东西，一个是感官的东西。那么这个感官的东西又会是知觉的世界，它被知性归之于实体或内在的东西。"在其中那两个规律中的一个"，在知觉世界中有两个规律，第一个规律和第二个规律，两个规律中的一个呢，"将推动知性的本质，而与它相对立的内在

世界正如前一个世界一样，**也是一个这样的感官世界**"。就是说在用来解释知觉世界的第一个超感官世界里面，它从知性而来，并且它的规律里面又生出了更高规律，第二种规律，第二种规律就是颠倒的规律；那么这两个规律中的一个，就是第一个规律，将起一种推动知性本质的作用，这就是康德说的先验法则。另外一个是内在世界的规律，或者一个超验世界的法则。一个是知性的规律，一个是内在世界的超验的规律，在后面这种规律中已经把那些固定的区别取消了。我们把前一种规律仅仅看作是知性的一种解释，它是推动知性的，但是它并不推动内在的世界。而与它相对立的内在的世界，"正如前一个世界一样，**也是一个这样的感官世界**"。前面我们讲到，知性在解释的时候，它是用自己的解释来解释第一个感官世界的事情，而且说这些区别在颠倒的世界里面、在第二个规律里面又是没有区别，但这种没有区别也只是我们的一种解释；而那个内在的世界它不受我们解释的干扰，它仍然有它自己的路。所以这就是两个规律，一个是我们知性中加以解释的规律，那只是我们主观的规律，我们要这样来解释；但是我们这样来解释呢，它并不影响内在的东西，并不影响自在之物，整个现象界都是我们的一种解释，我们虽然看出来有一种颠倒，但这种颠倒只是我们主观上认为的。而那个客观上与它相对立的内在的世界，正如前一个世界一样，正如那个现象世界一样，也是一个感官世界。第一个世界是感官世界，第二个世界呢，是一个颠倒了的超感官世界。第一个世界虽然也超感官，但是它还是感官，还是现象的，还是在现象中，它离不了感官，它是先验的而不是超验的；然而正如前一个世界一样，这个内在的超感官世界也被理解为一个感官世界了，这个自在之物的世界也被理解为像现象世界那样是感官的，是感性的了。下面讲，"不过是在**想象**之中"。这个想象，Vorstellung，也可以翻译成观念或者表象，我们前面一直翻译成表象，但是在这个地方不能翻译成表象了，要根据上下文，不能扣得太死，它在这个地方就应该翻译成想象。在想象之中表象出来的一个感官世界，超感官世界被理解为想象中的感官世界，是因为它本身是超感官的，没有感觉可以抵达那里，只有凭想象了。比如我们尝起糖来是甜的，但是我们想一想，如果有另外一个非人的上帝，能够把握事情的本体，那么他也许尝起糖来就会是酸的。糖在上帝嘴里也许是酸的，这当然是我们想象出来的，我们设想上帝有另外一种味觉，另外一种直观，他可能尝到事情的本质，事情本身是酸的，只是在我们尝起来是甜的，所以现象和本体是互相颠倒的。于是这个颠倒呢，就被归结为我们知性的一种解释，而知性所要解释的那个对象世界，仍然被看作是一个知觉的世界，仍然是有感觉特性的，只不过这种感觉特性我们尝不到，它只在我们的想象之中。他说："这个世界作为感官世界将是不能够指明的，不能够看见、听见、尝到味道的，但是它却毕竟会被想象为一个这样的感官世界"。这里都是用的虚拟式。这个世界作为一个感官世界，将是不能够指明的，不能够看见、听见、尝到味道的，作为一个感官世界它又不能够感到，那叫什么感官世界呢，那肯定不是的，但是它在想象中好像能够这样。我虽然不能够感到，但是我仍然想象它是能感到的。自在之物当然超出了我的感官，但是我想象有另外一个上帝或许能够感到它，这是对自在之物的一种设想。但这种设想仍然是低层次的，就是说你本身没有超出感官世界，恰好说明你还没有提升到真正的超感官世界的层次，所以你就只能做那样一种设想。他这一句话就是讲，实际上我们还是把它们放在知觉的世界里面来解释了，双方，不管是现象也好还是自在之物也好，我们都是把它们放在知觉的世界里面来考虑的。其中一个方面或实体又将会是知觉的世界，在其中那两个规律的一个将推动知性的本质，而与它相对立的内在世界呢，仍然会是感性的。如果按照前面讲的，知性又将退出内在的东西而重新回到它原来的位置，那就会是这样一个位置，那就是这样一个仍然停留在知觉世界中的位置。这就是我们对知觉世界的理解，但这种理解是一个方面的理解或者实体的理解，我们仍然在实体的层面上而不是在主体的层面上理解。前面我们讲到，在导言里面一开始黑格尔就说，重要的问题就是要把实体理解为主体。那么你回到知性原来的位置，退回到原来的位置，那就还没有上升到实体和主体的统一，还只是停留在一个方面即实体的方面，也就是停留在知觉的主客观分离的世界，把我们的这样一种颠倒视为仅仅是我们主观知性的一种解释，它跟那个实体没关系。一方面是主体的解释，另一方面是实体的自在，双方互不相通，互相对立。这是假设知性退回到原来的位置就会是怎样的情况。

但是实际上如果**那前一个被建立起规律的东西**是一个被知觉的东西，而它的**自在**作为它自身的颠倒，同样是一个**在感官中表象出来的东西**，那么那酸的东西，即那将会作为甜的东西的自在而存在的东西，就是如同一个**酸的事物**那样一个现实的事物；

好，我们先把这半句搞清楚。"但是实际上"，这还是接着上面的那个思路来的，就是说，知性回到它原来的位置，于是我们把自在之物想象为一个能够感到的世界，但是我们又感觉不到它，我们只是设想自己能感觉到那样一个自在之物，于是，实际上"如果**那前一个被建立起规律的东西**是一个被知觉的东西"，也就是说实际上，如果说前一个被建立起规律的东西是一个被知觉的东西的话，即如果说第一种规律在第一个超感官世界中为被知觉的东西立了法的话，——这是一个既定的事实，知觉世界被建立起来了——又假如"它的**自在**作为它自身的颠倒，同样是一个**在感官中表象出来的东西**"，就是说如果这样的话，如果第二个超感官世界的颠倒所建立起来的也同样是一个感官中的知觉世界的话："那么那酸的东西，即那将会作为甜的东西的自在而存在的东西，就是如同一个**酸的事物**那样一个现实的事物"。就是那样一来，第二种规律所建立的就不是什么想象或表象中的感官世界，而是真正的现实的感官世界了。如果那个第一个被建立起规律来的东西是一个被知觉的东西，而它的自在作为它自身的颠倒，同样又是一个感官表象的东西，自在的东西，在知觉底下的那个自在之物，作为它自身的颠倒，也就是作为知性世界的颠倒，同样又是一个感官表象的东西，跟前一个知觉世界一样，那这两个世界又有什么区别呢？知觉世界有感官表象，那么自在之物也有感官表象，如果这样的话。如果是两个具有感官表象的东西，一个是知觉世界，一个是知觉世界底下的自在之物，它们都是有感官表象的，我们假设这样的话，"那么那酸的东西，即那将会作为甜的东西的自在而存在的东西，就是如同**一个酸的事物**那样一个现实的事物"。这个"将会"是虚拟式了，酸的东西就是那"将会作为甜的东西的自在而存在的东西"，我们前面不是讲了吗，甜的东西自在地看来，它就会是酸的，所以这个酸的东西将会作为甜的东西的自在而存在。那么这个东西怎么样呢？"就是如同一个**酸的事物**那样一个现实的事物"。"酸的事物"打了着重号，就是不要说得那么玄嘛，什么自在之物啊，知性直观啊，不就是一个酸的事物吗？如同一个酸的事物那样一个现实的事物。如果你把现象界和物自体都看作是两个不同的感官世界，那就会有这种情况了，所谓自在之物也就会是一个现实事物。那现实中就有两个事物了，一个是酸的东西，一个是甜的东西，本来是说你表面上看起来是甜的，它实际上自在地是酸的，本来是这样，两个不同层次的，但现在你不得不把它们放到同一个层次上面来并列看待了，这个酸的东西也变成一个现实的事物了。所以这个酸的东西就是如同一个酸的事物那样一个现实的事物，那这个自在之物还有什么"自在"可言呢？它就不是什么超感官的了，它就成了"为感官"的事物了，只不过是跟原来那个感官事物相反的而已。原来是甜的，现在变成酸的了。那现实中也有酸的，你这个酸的东西跟现实的酸的东西有什么区别呢？就没有区别了，你仍然停留在感官世界里面，一点都没有超感官。

[109] 　那黑的东西，即那将会作为白的东西的自在而存在的那个东西，就是现实的黑的东西；而北极，作为南极的自在而存在的那个东西，就是**在同一磁铁上现成的**北极；氧极，作为氢极之自在而存在的那个东西，就是同一个电堆①的**现成的**氧极。

———————————

① 伏特在 1799 年所发明的电池组，用来从化学作用里面获得电流。——中译者

这几个句式都是一样的。不同的是，黑的东西"将会作为白的东西的自在而存在"仍然是用的虚拟式，而后面两个分句即讲北极和南极、氧极和氢极时则不用虚拟式。因为从自然科学的立场看，黑与白的那种关系只是想象出来的，我们想象黑的东西背后其实是白的，但我们并没有看到白色，这正如我们并没有从甜的东西后面尝到酸味一样。而南极的自在是北极，这却是有科学根据的，是"**在同一磁铁上现成的**"；同样，氧极是氢极的自在存在，这也是在"同一个电堆"上可以"**现成**"地测到的。总之，不论是在想象中还是在现成的事实中，当知性完全返回到它原来的位置即知觉世界时，第二个超感官世界的第二种规律就都失去了自身的超越性，而成为现实的感官事物了。这里讲到"同一个电堆的现成的氧极"，"电堆"我这里加了一个注，就是伏特在1799年所发明的电池组，用来从化学作用里面获得电流。这是伏特的一个发明，就是把一些锌板和铜板组合起来，组成一个电池组，通过化学作用产生出电流，这是他的很有名的一个发明。

但是那现实的罪行有**其颠倒**，有**其自在**，这自在是**意图**本身中的**可能性**，但并不是善良意图中的可能性；因为意图的真理只是行为业绩本身。

这个"但是"我们要注意。它是对前面讲的来了一个大的转折。前面那些例子，自然科学的例子，基本上都停留在第一个超感官世界的层次，即算在解释中已经上升到第二个超感官世界的层次，但一举例子就又跌回到第一个超感官世界，并且从内在的东西又退回到知觉世界的出发点去了。而真正要为第二个超感官世界找到自在的根据，那就必须进入到人文的层次了，法律（Gesetz）才是真正的第二种规律。所以他这里举的这个例子呢，是属于人文层次的，前面讲的那些例子都是一步步引导到人文层次的，其中处处提到的"内在的东西"（das Innere），最终是"内心的东西"。当然，人文的层次也有机械的方面，比如说法律、社会结构、警察机器，如果从报复、惩罚的层次来理解的话，也有机械的方面，也处在和自然科学的思维同一个层面，我们通常把这叫做"社会科学"，和

"人文学科"区别开来；但其实它们都立足于人文学科之上。所以黑格尔举那些自然科学的例子的时候我们不要太局限，以为他就是讲自然科学，其实他是讲的意识的层次，知性的层次。意识和知性它不仅仅是在自然科学的理解上能够起作用，而且是泛指一切方面，包括社会科学，包括人文科学，甚至于包括艺术、宗教、法律、道德、伦理，这些东西都可以用的。但是知性的层次在社会科学领域运用的时候，它是一个非常表面的层次，它不像自然科学，自然科学到了这个层次就够了，第一个超感官世界，第一种规律，这对于自然科学完全够用。所以很多自然科学家他不用了解什么辩证法，他就凭他的常识或者凭他的科学哲学，凭他的形式逻辑的分析和经验归纳，就可以做自然科学的研究，他不需要追究内在的东西。自然辩证法在自然科学中到底有什么意义，现在已经遭到普遍的怀疑。我们从改革开放以来，大学里面自然辩证法教研室大都取消了，就是认为这个东西对科学毫无意义，都改成了科学哲学教研室，科学技术哲学教研室。确实在某种意义上是这样的，如果你把人文的东西跟自然的东西割裂开来，单独来看自然界，那它确实用不着人文的理解，它也可以运行得很好，也可以做出科学发明，科学发现。当然当代的自然科学开始有一点苗头，就是说自然科学也离不开人文科学了，包括自由意志啊，量子力学发展到今天，霍金的宇宙论，经常要引进一些人文的概念，比如说自由意志的概念，这个是另外一回事，我们今天不谈。但黑格尔在这里是非常明显的，他认为进入到社会科学和人文的领域，情况有所不同。在这个领域里面，你还用那一套知性的、力的规律来解释，那就做不到了。所以他说，"但是那**现实的**罪行有**其颠倒**，有**其自在**"，这个"但是"很重要，是一个转机。这里"现实的"打了着重号，它的"颠倒"、它的"自在"也打了着重号，就是说，罪行的"现实性"在这里第一次真正被"颠倒"为"自在"的超现实性了。现实的罪行它本身就有它的颠倒，有它的自在者，它不是说由另外一个人来把它颠倒。你犯了罪，本来是不对的，于是就有一个警察来把你吊起来，招不招，它不是这样的。现实的罪行本身就有其颠倒，有其自在，"这自在是**意图**本身中的可能性，但并不是善良意图中的**可能性**"。注意这句话，"并不是善良意图中的可能性"。意图本身中的可能性跟善良意图中的可能性有什么不同呢？意图中的可能性是一种自由的可能性，自由意志的可能性，自由意志不一定是善的，自由意志是可善可恶的。所以自由意志是不能够用感官来把握的，不能够用知性，不能够用第一个超感官世界的那样一种特定性、那种固定性来加以把握的。你用固定性、特定性，你可以把握自然界的事物，但是你不能把握自由意志，你不能把握意图本身。这个人的意图，这个人的动机，它是自由意志。所以自在的东西是一种自由意志或意图本身中的可能性，但并不是善良意图中的可能性。就是说善良意图，他的动机到底是不是善的，这个意图要把它规定下来，取决于结果好不好，结果好，或者至少在意图中要预期有好的结果，这个意图就是善良意图。但罪行的颠倒只是意图本身中的可能性，而不是善良意图中的可能性，不是说我现在才良心发现，后悔我当初不善良的意图，要用我的受罚弥补我所犯下的罪行；而是整个都在我的意图中，犯罪是我的意图，颠倒也是我的意图，是同一个意图、同一个自由意志的自我颠倒的可能性。当然我们通常讲，这个人犯了罪，他要偿还他的罪行，他要付出代价，那必须有一种善良意图，必须要良心发现。但这是我们的一种"想象"，就是说把意图分成善的和恶的两种意图，把这两种意图严格区分开来。这还是一种知觉层面上的理解，本来已经是超感官世界层面上的自由意志，但却把它拉回到感官层面上来，说人有两种意图，一种是好的，一种是坏的、恶的。那么人也有两种，一种是好人，一种是坏人，那么罪犯的颠倒，只有好人才能颠倒，坏人不能颠倒。我们经常这样来理解，划分得很严格、很确定，但实际上并不能用这一套东西来规范人的自由意志。"因为意图的真理只是行为业绩本身"，意图的真理不是善与恶，而是行为业绩，die Tat，这行为可以是善良的行为，也可以是恶劣的行为。意图的真理只在超感官世界中规定了，它必须有自己的行为业绩，至于什么样的行为业绩，好的还是坏的，这个属于感官世界的层次,不是这里讨论自在时所必须关注的。不像在自然科学中,讨论电就必须讨论正电和负电,氧极和氢极。所以到了法律的领域里面,情况就大不相同了,它就更高一个层次了。当然它也不完全否认低层次,但是它比低层次要更高,你要把握它,你必须要提升。

然而罪行按它的内容来说在**现实的**惩罚中具有其自身中的反思或者其颠倒;这种惩罚就是法律与在犯罪中和它相对立的那个现实性的调解。

前一句是一个大转折,这一句是一个小转折,就是法律虽然提升到了自在的层次,然而它与现实性的层次也并非完全对立的,而是有一个调解 (Aussöhnung, 又译作"和解")。"然而罪行按它的内容来说在**现实的**惩罚中具有其自身中的反思或者其颠倒",就是说罪行按它的内容来说,我们先把它的形式撇开,看它的现实内容,即它的后果。现实的后果就是受到惩罚,这个时候我们把他的内心暂时撇开,在现实的惩罚中,他被判刑了,他去坐牢了,这是非常现实的。那么在这种惩罚中呢,它具有自身中的反思或者其颠倒。这不是指罪犯心里是否有自身反思或颠倒,这个是不一定的,某个罪犯有反省或没有反省,这只是一种经验的事实。这里是指罪行本身在现实的惩罚中具有自身反思或自我颠倒的结构,这是法理上的结构而不是现实中的结构,当然这种法理上的结构如果在法律中得到表现,体现为现实的惩罚原则,也会影响到现实中的人,能够促使罪犯自我反省,使他提升到超感官世界来看待自己的罪行 (所以我们说良法能够使坏人也变好)。这样,在现实的惩罚中,他不仅仅是止于承受这种现实的惩罚,他同时就具有自身中的反思,建立起他的内心世界。但这里主要还是就这个罪行在法理上和现实的惩罚的关系而言的,就这个罪行的内容来说,它本身就具有自身的反思和颠倒。这个自身中的反思和颠倒,它已经不是能够直接地在内容上面反映出来的。同样去坐牢,有的人是承担,有的人是被迫,有的人是反思,有的人没有反思,同样是犯罪坐牢,情况不同。当然对于一个真正的人来说,他应该是具有自身的反思和他的颠倒,他应该是自我立法的。但对于现代的法律来说呢,它主要着眼于通过这样一种现实的惩罚，使得罪行能够得到一种自身反思或颠倒的解释；而在客观效果方面，则肯定会逐渐培养起公民的自律，自律不光是守法，而且是承担罪行。不过这不是法律本身要考虑的事情，否则法律就变成道德说教了。这里讲的只是法律本身后面的法理，即就罪行的行为业绩来说，它在体现为现实的惩罚时，在自己身上就具有自身中的反思或者其颠倒，具有这样一种法理结构。所以他讲，"这种惩罚就是法律与在犯罪中和它相对立的那个现实性的调解"。法律与犯罪，也就是与非法，它们是对立的，法律与和它相对立的那种犯罪的现实性达到一种调解，一种和解，这就是现实的惩罚。应该从这一原理来理解现实的惩罚，就是法律与在犯罪中和它相对立的那个现实性的调解。法律通过惩罚的现实性和犯罪的现实性达到了调解，法律是写在纸上的东西，但是它在执行中，在惩罚中，就和犯罪的现实性达到了调解。法律的现实性是什么呢，就是犯罪和惩罚，法律的现实性就体现在对于犯罪的惩罚上面，而犯罪和惩罚通过这种法律也达到了和解，这样的法律就是良法，符合近代法理学的原理。当然这里讲的主要是刑法了。通过这种惩罚，法律跟现实性达到了调解，达到了调和，法律具有了现实性，而犯罪这种现实性在受到法律的现实的惩罚时，也在更高的超感官世界的层次上得到了提升，不再只是动物性的有害行为，而是有自由意志来反思和承担罪责的行为，所以双方都平复了，都调和了。

最后，**现实**的惩罚在自己身上具有如此自身**颠倒**的现实性，以至于它就是法律的这样一种实现，借此法律作为惩罚而具有的活动**扬弃了它自身**，而由于这种活动，法律又成为**静止的**、有效的法律，个体性反对法律的运动和法律反对个体性的运动就都平息了。

"最后"，这是带有总结性的了，"**现实的**惩罚"，现实地打了着重号，它不是法律上的一纸空文，而是现实的行动，惩罚的行动，现实的惩罚"在自己身上具有如此自身**颠倒的**现实性"。现实的惩罚这样一个行动，它自身就有如此颠倒的现实性，不是别人来颠倒它，也不是在另一个世界中表现为颠倒的,而是自身颠倒。什么样一种颠倒的现实性呢?他说"以至于它就是法律的这样一种实现,借此法律作为惩罚而具有的活动**扬弃了它自身**",就是说,现实的惩罚,它的颠倒的现实性就在于,它是法律的一种实现,法律凭借这种实现而扬弃了自身的惩罚。我们刚才讲了,如果没有犯罪就没有惩罚,如果没有惩罚就没有法律,法律本身就是靠对非法的惩罚来体现自己、来实现自己的。如果大家都守法,那法律就不需要了,如果大家都不违法,都自觉地守法,那这个法律还有什么用呢?法律就用不着实现了。法律要实现出来,要体现为法律的行动,那就是惩罚的行动,那就是现实的惩罚。但现实的惩罚跟其他的那些现实性都不一样的地方就在于它有自我反思,它自身具有如此自我颠倒的现实性。它是自我反思的现实性,这种现实性是颠倒的,以至于它就是法律的这样一种实现,即在实现中扬弃自身的实现,法律作为惩罚而具有的活动扬弃了它自身。就是说法律实现了惩罚以后,它作为惩罚的活动就扬弃了它自身,法律的那种惩罚性就不需要表现出来了,它自身没有什么,它实现了惩罚以后,它不能够用来干别的事情,它的作用就仅仅在这里。"而由于这种活动,法律又成为**静止的**、有效的法律",由于这种活动,它又成为静止的了。也就是说它实现出来是靠活动,但是一旦实现出来,由于这种活动,它又平息了,和解了,它又成为静止的了。法律高高在上,写在纸上,如果一切罪行都得到了惩罚,法律就成为静止的规律了,成为第二个超感官世界的规律了。它之所以还要体现它的作用,就是说还需要惩罚,还需要活动,就是为了达到法律的平息、平静。所以法律又成为静止的、有效的法律。一方面法律是静止的,它是不动的,它是一杆公平的秤嘛,它是不会倾斜的,不会偏离的,那么正因为这一点,所以它是有效的。它的效果不在于为谁谋利益,而是超然的,它的效果就在于摆平,在于公平、正义,摆平就是平静,就是静止。于是"个体性反对法律的运动和法律反对个体性的运动就都平息了"。个体性、个人反对法律,那就是违法和非法,法律反对个体性,那就是惩罚,在这种意义上面，它们都平息了。惩罚一旦实现，它们就平息了。所以你不能够在现实的感性活动里面去寻求法律的本质，看谁得利、谁吃亏，你必须哪怕在现实的法律活动中，在现实的惩罚中，你也要追溯它的超感性的本质，要追溯到更高的层次，超感官世界的层次，这就是法权道德的层次。在现实世界中，你不要以为大家都守法，这个社会就不需要法律了，在有些小国家就是这样，没有犯罪现象，那法律还有什么用呢？殊不知，它之所以没有犯罪现象，是因为有法律，法律在这种情况下是平静的、静止的，但是它又是有效的。正因为它有效，所以它才是静止的。正因为它有效，所以它就无效。没有人犯罪，法律有什么效呢？有效！它提升了人的道德。正因为它有效，所以才没有人犯罪。没有人犯罪它就无效了，是因为它的效果在感官世界中就体现不出来了，但它在超感官世界中是有效的。所以个人反对法律和法律反对个人这两种运动就都平息了。

［三、无限性］

这个是大标题了。前面第一个大标题是"力和力的交互作用"，第二个大标题是"力的内在本质"，第三个大标题是"无限性"。这三个标题表明了三个层次。首先是力和力的交互作用，这是在现象的层次上面，很表面的。力和力的表现，力与力的交互作用，相互转换。那么力的内在本质就进入到超感官世界了，不光停留在现象，而且还要追溯到力底下的那个本质，那就是超感官世界。那么从超感官世界达到了第二个超感官世界，达到了颠倒，最后在自身颠倒中就形成了一种无限性：Unendlichkeit。Ende 就是终点，终结，Endlichkeit 就是有限性，就是它有边界了，最后有个终点，到此为止了。Unendlichkeit 就是无限性，没有终点，没有边界，没有限制。这是一个非常重要的概念，就是说力的本质最后引出来，力的最根本的本质应该是一种无限性，这个无限性怎么形成起来的，就是通过自我反思、自身颠倒，通过它的终点跟它的起点的一种自我颠倒，或者它的终点跟它的起点相衔接，始与终相衔接，起点和终点相衔接，那么它就无限了，它成了一个圆圈。真无限性在黑格尔那里呢，它是一个圆圈，它不是说无限延伸，延伸到无限遥远，那是一种坏的无限性，坏的无限性还是有限的，真的无限性就是不断地循环，成为一个圆圈，才能够达到无限。而颠倒，就是这个圆圈的必要的一环，没有颠倒怎么能成为一个圆圈呢，通过颠倒，成了一个圆圈，它的区别就被扬弃了，或者终点和起点的区别就成了相对的。但颠倒在它刚刚提出来的时候还不是自身颠倒，还没有构成圆圈，还只是在两个不同的世界中互相颠倒、互相反映；只有在同一个世界中、同一个事情身上的自我颠倒，才能够成为圆圈，成为无限性。我们现在来看看无限性，这个无限性也是一个环节，它是过渡到自我意识的，它跟第四章的自我意识已经开始衔接上了，我们看它是怎么样衔接上的。怎么样从无限性进入到自我意识的。

所以，必须从颠倒这个构成了超感官世界的一个方面的本质的表象中清除掉把诸多区别固定在一个不同的持存元素中的那种感性表象，而区别的这个绝对概念必须被纯粹表现为并统握为内在的区别，即同名者作为同名者与它本身相排斥，而不同者作为不同者与它本身相同。

前面已经讲到了在法律中，犯罪和惩罚对于法律来说，是法律的一个实现的过程，同时也是一个提升的过程，提升到第二个超感官世界，在这个超感官世界里面，法律既是静止的也是有效的；而这已经不是从感官世界来看待法律本身了，已经显示了自身颠倒的这种原理是立足于同一个东西的自我反思，而不是把矛盾对立分配到两个不同的事物身上。而这里开头就接上了这一原理。"所以，必须从颠倒这个构成了超感官世界的一个方面的本质的表象中清除掉把诸多区别固定在一个不同的持存元素中的那种感性表象"，必须从颠倒这个表象中，颠倒是一个什么表象呢，颠倒这个表象构成了超感官世界的一个方面的本质。超感官世界的一个方面，我们前面讲到了有两个超感官世界，第一个超感官世界和第二个超感官世界，那么颠倒是构成了第二个超感官世界的本质；但是这两个超感官世界并不是两个世界，而是同一个世界，所以它是超感官世界的两个方面中一个方面的本质。前面讲是第二个超感官世界，严格说起来，它是同一个超感官世界的另一个方面，这个方面的本质就是颠倒。必须从颠倒这个构成了超感官世界的一个方面的本质的表象中，"清除掉把诸多区别固定在一个不同的持存元素中的那种感性表象"。在第二个超感官世界里面，我们必须把那种感性表象清除掉，这个超感官世界才真正是超感官的。第一个超感官世界还不完全是超感官的，它是感官世界的模本或者反映，是直接的反映。而第二个超感官世界呢，才是完全清除了感性表象的。第一个超感官世界虽然走出了知觉世界，也可以说排除了感性表象，但是还没有排除干净；而现在呢，我们必须把它清除掉，清除掉什么呢，清除掉"把诸多区别固定在一个不同的持存元素中的那种感性表象"。这种感性表象把那些区别都固定下来，使它们成为一些特定的环节，成为固定在另外一个持存元素中的东西，成为在另外一个世界中被表象或想象着的东西，这样一些表象必须被清除。比如说一提到对甜的颠倒，我们马上想到酸，似乎与现象中的甜相反，在自在之物那里就会呈现出酸来。其余黑和白、南极和北极等等都是如此。那么这样一些表象就是必须清除的感性表象。本身颠倒是要把那些区别扬弃掉，但这些感性表象却把区别固定在了一个不同的持存元素中，固定在了与一个超感官世界不同的另一个超感官世界中。这些表象在第二个超感官世界的颠倒里面是必须完全清除掉的。"而区别的这个绝对概念必须被纯粹表现为并统握为内在的区别"，当然并不是说区别就完全没有了，只是说区别的那种固定化被清除了，你要把那种区别固定下来，那个是做不到的，在第二个超感官世界中没有什么区别是固定的；但是呢，区别这个概念还有，它在这里是一个绝对概念，区别的绝对概念在第二个超感官世界里面，扬弃了它的那些固定的规定，但是呢，它必须被纯粹表现为并统握为内在的区别。区别还有，但是它必须被把握为内在的区别并且表现为内在的区别。区别不再是一个东西跟另外一个东西相区别，比如说前面讲到的,把第一个超感官世界看作是第二个超感官世界外面的一个世界,又如康德讲的现象世界和本体世界;相反,第一个超感官世界和第二个超感官世界不是相外在的,不是外面的一些区别,第一个超感官世界里面的那些区别,现在也被提升到了不再是相外在的区别,而是内在的区别。前面举了很多例子,像重力,它的时间、空间、速度、距离,这些东西都是漠不相干的,都是相外在的,重力是重力。你用那些东西可以去衡量它,可以去规范它,但是它本身是一种力,它没法被规范。类似这样一些区别都是相对的。但是区别的绝对概念,则必须被纯粹表现为和统握为内在的区别,所谓绝对概念就是既是主观的概念又是客观的概念,既是现象中的也是自在之物的;而所谓内在的区别就是同一个东西自身和自身的区别,同一个东西自己跟自己不同。所以下面讲,"即同名者作为同名者与它本身相排斥,而不同者作为不同者与它本身相同"。同名者作为同名者,就在它自己身上,它就排斥它自己,它就自我否定。任何一个东西作为同一个东西,它都是自我否定的。它与它本身相排斥,与它自己相排斥。而不同者作为不同者与它本身相同,不同的东西正是作为不同的东西而与它本身等同,不同的东西又是相同的东西,相同的东西恰好是不同的东西。这个就是内在的区别,这种区别就是内在的区别,就不再是摆在外面的跟它相区别的一个东西,而是一个东西的自身区别。这其实已经显示出自我意识的结构了,但还不是自我意识本身。

必须加以思考的是纯粹的转化,或在自身中与自身的对立,即矛盾。

注意,"纯粹的**转化**"或"**在自身中与自身的对立,即矛盾**",这都是打了着重号的,这些概念都很重要,必须加以"**思考**",而不是简单地加以规定或区别。我们现在要加以思考的是纯粹的转化,或自身之内与自己的对立,即矛盾。这三个概念是同一个概念,三种不同的表述。我们看,一个是"纯粹的转化",纯粹的转化就在运动中,是运动中的变化。前面讲了转化和转换不同,转换是两个东西换来换去,转化是同一个东西转化成与自身不同的东西,但它还是同一个东西。"在自身中与自身的对立", 不是在别的地方、在另一个世界与自身对立, 而就在自身中与自身对立。这样的对立本身就是"矛盾"。对立通常被理解为外在的, 这个东西和那个东西相对立, 这种对立我们必须把它和矛盾区别开来。外在的对立不是矛盾, 或者对立本身还不是矛盾, 但是, 就在自身中, 自己和自己对立, 那就是矛盾。一个东西自己跟自己相对立, 那就是矛盾了, 也就是我们说的"自相矛盾"。只有当一个东西自己跟自己对立的时候, 才上升到矛盾。矛盾这个词不能随便用的, 我们经常把矛盾和对立混为一谈, 好像矛盾就是讲对立, 其实不同的, 对立一般来说是体现为外在的对立, 一个东西跟另外一个东西相反对, 相斗争, 例如敌我关系就是一种外在的对立, 我跟你斗, 两个东西不同, 或者两个东西相反。但是如果一个东西自己把自己当敌人, 自己跟自己斗, 那才是矛盾。对立的意思本身是外在的, 但是如果有一种内在的对立, 那就是矛盾。所以毛泽东《矛盾论》其实应该叫做《对立论》, 因为它通篇都是讲两个东西的对立, 而没有讲一个东西的自身与自身矛盾。所以, 自身之内的对立就是矛盾, 也就是纯粹的转化, 所谓转化这个概念就是同一个东西它转变了, 它变化了, 纯粹的转化, 那也就是矛盾了, 那也就是同一个东西自己和自己的对立造成的。我们说矛盾才是一切运动和转化的根源, 或者说现实的矛盾就是转化。在形式逻辑上矛盾是不存在的, 是不允许的。形式逻辑上你说这个东西是自相矛盾的, 这等于是否定这个东西, 等于不存在这个东西。但是矛盾作为现实的东西, 它就是转化, 就是运动, 只有在运动中才能理解转化。也才能理解矛盾。

因为在一个本身是内在区别的区别里, 对立的东西并不仅仅是<u>二中之一</u>——否则这就会是一个**存在者**, 而不是一个对立的东西了——而乃是一个对立东西的对立东西, 或者说, 他者是<u>直接现成地存在于它自身之内</u>的。

这里又在讲这个关系了。"因为在一个本身是内在区别的区别里", 前面讲要作为内在区别来统握, 这就必须被纯粹表现为作为同名者与它本身相排斥，等等。那么这就是一种内在的区别，而作为内在区别的这样一种区别，那"对立的东西并不仅仅是**二中之一**"。对立的东西，按照我们通常理解，对立的东西就是二中之一。你跟什么对立？你跟你的敌人相对立，那么你跟你的敌人是二，那么你是其中之一，二中之一。你就是其中的一方，正方反方，你是其中的一方。但是，黑格尔讲，我这里说的对立的东西并不仅仅是二中之一。破折号里面讲的是"否则"，如果是那样的话，如果对立的东西仅仅是二中之一的话，"这就会是一个**存在者**，而不是一个对立的东西了"。这就会是一个存在者，就是说，二中之一这个东西它就仅仅是一个存在者，它的对立是偶然的，你把它放在这里跟别的东西相对立，那么它就是对立的了，你就可以把它叫作对立的了，但是它不是生来要对立的，它放在别的地方也许就不是对立者了。我们说一个人在一个单位搞不好，对立面太多，那他调一个单位，他就搞好了，他就没有对立面了。所以他不是生来就要对立的，他就是一个存在者而已。"而乃是一个对立东西的对立东西"，真正对立的东西应该是这样的，就是，所谓的对立东西，就是一个对立东西的对立东西，它就是对方的对方，离开对方它自己是不能存在的，它只有在对方中才能够存在，这才是真正的对立的东西。"或者说，他者是直接现成地存在于它自身之内的"，"他者"（das Andere）也就是跟它相对立的东西，跟它相对立的东西在这种意义上，就是直接现成地存在于它自身之内，不需要到外面去找的。一个对立的东西在严格的意义上，或者真正说来，它要作为一个对立的东西，或者它本质上是一个对立的东西，那么它就把它的对方包含在它自身之内了，这才是真正的对立的东西。换句话说，真正对立的东西就是矛盾，通常讲的对立的东西还不是真正对立的东西，它可以是对立也可以不是对立的，看条件而定。所以对立和矛盾要区别开来，但是又有联系。矛盾是对立的本质，是对立的真理，真正的对立就是矛盾。如果真正有一个对立，它本身、它本质上就是对立，放到哪里它都是对立，那么它就是矛盾。为什么是矛盾呢，因为它把对立的东西已经现成地包含在它自身之内了。注意这个"现成地"，什么叫"现成地"，就是说它天生的，从来如此，本质上就是这样，已经包含对立的东西了。不是说它走到了一个地方碰到了一个对立的东西，于是就去跟它对立，不是的。它随身携带着它的对立的东西，他者，这是它本身中现成的东西，现成地已经存在于它自身之内，没有他者它自身就不可能存在。

<u>我尽可以把对立面放在**这里**，而把和它对立存在的他者放在**那里**；因而我就把**对立面**放在一边，没有他者而自在自为地放着。</u>　　　　{99}

这是退一步来说了。我尽可以这样做，把对立面放在这里，而把它对立的他者放在那里，你把两个对立面分开，一个是这一方，一个是那一方。"因而我就把**对立面**放在一边，没有他者而自在自为地放着"。对立面作为一个东西，当然你可以把它放在那里，独立地自在自为地放在某一个地方，可以和它的对立的一方隔开，孤立起来，这是一般对对立面的理解。这种理解是从感性对象、对象物的层次上来看的，是日常对对立面的理解。黑格尔也没有完全否认这种理解。这种理解虽然是表面的，但是我当然也可以这样看。

<u>但是正因为如此，由于我在这里**自在自为地**拥有**对立面**，它才是它自己的对立面，或者说，它实际上在自己本身中直接拥有了他者。</u>　　［110］

但正因为如此，"由于我在这里**自在自为地**拥有**对立面**"，上面那句话讲到了，我尽可以把对立面放在这里，而把和它对立的他者放在那里；因而我就可以把这个对立面放在一边，孤立起来，没有他者而自在自为地放着，这是我的一种处理；但是正当我这样处理的时候，正因为如此，由于我在这里自在自为地拥有对立面，因为既然这个对立面我可以把它放在这里放在那里，当然这个对立面就是我的了，就是我所自在自为地拥有的了，我并没有置身事外，我就在其中。这个对立面是我把它放在这里，放在那里的。所以正因为如此，由于我在这里自在自为地拥有对立面，那么"它才是它自己的对立面"。就是说，虽然我好像是作为一个外在的处理者，一个支配者，但实际上呢，我使它具有了这样一种内在的

对立关系,所以"它实际上在自己本身中直接拥有了他者"。就是说我把自己也摆进去的话,我们就可以看出来,这个对立面实际上是我把它做成了自己跟自己相对立的。它不在于这个东西的存在,而在于我把它放在那里的时候,就使它成了与他者相对立的。当然一般来说,我把它看作是与他者对立的,通常是外的,我把这个东西放在这里,把那个东西放在那里。但是如果完全是外在的话,它们就谈不上对立,只是两个东西而已。但我把它们看作是对立的,是因为我把矛盾的理解引进去了。存在者它本身有什么对立不对立的呢? 那么我把它看作对立的时候,实际上已经把它的关系内在化了。就是把一个东西看作是对立的,马上就涉及到它是与什么对立的。我在对立这样一个概念里面已经置入了他者这个概念,我把它看作对立的,就考虑到了他者,考虑了它的对立面,我把这个对立面的考虑放到这个对立的东西里面,我才能够把它当作对立面的东西来设置。所以哪怕是在日常的那种外在的对立里面,我实际上也已经置入了那种内在的理解了,就是说一个对立面,我之所以把它称之为对立面,就是考虑了它里面包含着他者,包含它自己的对立面。所以严格说起来,讲到对立面,真正的对立面就是一个对立面的对立面,对方的对方,我跟他者对立,他者也跟我对立,这两者是不可分的。所以恰好从这种日常的理解里面,我们可以进入到我们对矛盾的理解。

　　——所以那作为颠倒世界的超感官世界同时涵盖了另一个超感官世界,并在自己本身内拥有了它;后者自为地是颠倒了的世界,这就是说,它就是它自己的颠倒世界;它在一个统一体中,就是它自己和与它对立的世界。

　　由上面讲的就推出了,"所以那作为颠倒世界的超感官世界同时涵盖了另一个超感官世界",颠倒世界的超感官世界这个时候其实也就是一个矛盾的世界了,它同时涵盖了另一个超感官世界。也就是第二个超感官世界涵盖了第一个超感官世界。另一个超感官世界就是第一个超感官世界,第一种规律的世界,我们可以理解为一个对立的世界,一个用机械论来解释一切矛盾的世界。实际上它解决不了矛盾，只能把矛盾分散到两个不同的现实性之中，以避免它们相冲突。而现在这个矛盾的世界涵盖了第一个超感官世界，"并在自己本身内拥有了它"。就是在第二个超感官世界里面，已经涵盖了、拥有了第一个超感官世界，把它作为自身的一个环节而纳入到自身之中。它们并不是两个世界，它们实际上是一个，后面这个世界层次更高，它可以涵盖前面那一个，它可以用来解释前面那一个，也可以用来提升前面那一个超感官世界。"后者自为地是颠倒了的世界，这就是说，它就是它自己的颠倒世界；它在一**个**统一体中，就是它自己和与它对立的世界"，后者，后者就是另一个超感官世界，也就是第一个超感官世界了；它自为地是颠倒了的世界，就是说，第一个超感官世界后来遇到了第二个超感官世界，它怎么遇到的呢，不是从外部遇到的，它自为地就是颠倒了的世界，就是它从它自己提升上来的。它并不是人为地用一个外在的强力把它拉扯上来的，它自己就倾向于上升到第二个超感官世界，即颠倒了的超感官世界。"这就是说，它就是它自己的颠倒世界"，它自己不可避免地要把自己颠倒过来。我们在第一个世界里面经常会遇到这些情况，常常遇到悖论。悖论是一个信号，像集合论悖论，这都是一种信号，说明你要用这种形式逻辑的规律来规范一切，它就会遇到它的边界。那么遇到边界呢，就是一种提升，就是在这样一个边界上面，我们就猛然醒悟，就发现还有一个更高的世界涵盖它。像哥德尔的不完全定理，数学上的这样一种悖论，提醒人们，你想用逻辑和数学的方式来构建一个无所不包的世界，那总有一天你会遇到你的边界。遇到边界不仅仅是遇到困难的问题，而是促使你反思，你整个的操作本身是低层次的，还有更高层次，你还没有上得去。所以实际上就在它这个世界里面，它已经意识到了它自己的颠倒，它就是它自己的颠倒世界，它就是它自己导致的悖论。"它在一个统一体中，就是它自己和与它对立的世界"，"统一体"打了着重号，在一个统一体中，就是它自己、第一个超感官世界，以及和它对立的世界、第二个超感官世界或颠倒的世界,这两个世界是一个统一体。在统一体里面,它既是它自己,也是它的对方,也是它的颠倒。它和它的颠倒都处于同一个统一体之中,它是自己导致了自己的颠倒。这两个世界的关系不是外在的,而是从低到高提升上来的。

只有这样,它才是作为**内在**区别的区别或**自在本身的**区别,或者它才作为**无限性**存在。

"只有这样",只有你把这两个世界理解为一个统一体,那么"它才是作为内在区别的区别",前面讲了,你要把区别理解为内在的区别,这才是一种纯粹的区别,也就是自己和自己相区别。只有这样来理解,这个统一体的区别才是"**自在本身的**区别"。自在之物在康德那里被隔绝在现象界之外,但是现在两个世界被统一起来了,那么自在之物的区别在哪里呢?并不是撇开现象,而是就从现象里面,从现象界,从第一个超感官世界里面自己发展出来,自为地发展出来这样一种自身区别,它就是自在之物本身的区别。所以这种内在的区别就是自在本身的区别,就是本体的区别。是谁在做这种区别?就是一种自在的本体,自在之物的本体,它自己在对自己做出这种区别。"或者它才作为**无限性**存在",当你做出这种区别的时候,这种区别就是无限的了,是没有界限或者打破界限的了,所以这种区别又是没有区别、没有界限的纯粹区别本身,它是自在本身的一种自我循环、自我颠倒,只有这样,它才作为无限性而存在。这里"无限性"这个概念出来了,并且打上了着重号。下面一段就是讨论无限性的三个环节,为后面的自我意识出场做铺垫。

通过这种无限性,我们就看见规律完全在自己本身上达到了必然性,而现象的一切环节都被接收到内在的东西里面去了。

"通过这种无限性,我们就看见规律完全在自己本身上达到了必然性",必然性这个概念前面已经提出来了,但是前面的必然性都是讲的知性本身的必然性,知性本身对这种必然性的圆圈做出了描述,但是它还没有把这种必然性看作内在的必然性，而是看作一种主观的"解释"。我主观的解释是有必然性，我必须这样解释，我不得不这样解释，但是这种必然性是一种主观的迫不得已，跟客观对象没有关系。客观事物仍然在那里，是偶然的，我用时间空间距离速度去解释重力，我必须这样解释，但这只是我主观的必然性，重力本身并不服从这种必然性。在前面一直都是这样解释，正电和负电等等，我需要这样的解释。而通过无限性，我们现在看见，规律完全在自己身上达到了必然性，这种必然性就是规律本身自在地完成的，是在自在之物、在内在的东西里面达到的必然性了，那就不只是我主观的一种解释了，那就是客观上它确实有这种必然性了。这种必然性不再是偶然的。如果是外在的，那还会是偶然的，现在它已经是内在的区别了，自己跟自己相区别，那么这种必然性就是内在的。如果这个东西跟别的东西相区别，那种区别还是外在的，那种必然性就等于偶然性，碰到什么你无法支配的，你就说这对我是必然的，我无可奈何，而它自身却是偶然的。但现在，"现象的一切环节都被接收到内在的东西里面去了"，现象的一切环节，我们前面讲了，第一个超感官世界是"作为现象的现象"［贺、王译本第98页］，它所摹写的那个现象，那个现象界，在第二个超感官世界中就作为内在的东西而完成了［贺、王译本第107页］。所以，当第二个超感官世界在自身中建立起了内在的必然性时，第一个超感官世界的一切环节都被接收到内在的东西里面去了，都被接收到那种无限性里面去了。现象的各个环节都是有限的，都是有确定性、有规定性的，都是一些特定的环节；那么，在无限性这个层次上面，所有这些环节都被接受到内在东西里面去了，它们没有被否定，但是扬弃了它们的那种确定性，那种特定性，那种有限性，扬弃了它们的那种固定性，而被扬弃地接收进内在东西里去了。

　　<u>规律的单纯性就是无限性，根据上面所表明的，这就意味着：</u>

　　"意味着"下面有三点，我们先来看看这句话。规律的单纯性就是无限性，规律的单纯性，前面一直在追溯的这种规律，规律本身是有区别的

啊，一谈到规律就是有区别的，都是有时间啊，空间啊，比例啊，关系啊，都在里面，但是规律本身的单纯性是什么呢？前面一直没有达到，一直没有达到规律的单纯性，一直是追求的力的单纯性，而规律总是有区别的。但是规律本身在无限性里面显露出它的单纯性来了，规律也是有单纯性的。规律的单纯性就是无限性，因为规律在无限性中成为了自我返回的圆圈，成了同一个东西的自身转化。既然永远是同一个东西自己与自己发生关系，而没有两个东西、更没有多个东西相互作用，所以这种规律是单纯的。规律的单纯性就是无限性，我们要把规律从单纯的角度来理解，而不是五花八门的各种各样的规律，力的规律啊，电的规律啊，法的规律啊，各种各样的例子啊，这都是复杂性了，都是复合的了，都是有区别的了。但是规律的单纯性如何理解？它就是无限性。根据上面所表明的，这就意味着下面三个层次。我们通过下面这三个层次可以理解，为什么说规律的单纯性就是无限性。这三个层次是正反合的关系。首先我们来看第一个。

　　α）规律是一个**自我等同的东西**，但却是自在的**区别**；或者说，规律是自己排斥自己或自己分裂为二的同名的东西。那被称作**单纯的**力的东**西双重化**它自身，并通过它的无限性而是规律。

　　这是第一层，这是正题。"规律是一个**自我等同的东西**"，规律是超感官世界，它本来就是在变化中的静止，万变中的不变。所谓规律就是以不变应万变嘛，把一个规律普遍地运用于各种现象之上，将它们概括起来，它本来是这样的，所以规律是一个自我等同的东西。"但却是自在的**区别**"，它本身又有区别，它虽然是自我等同的，但是它本身又是有区别的，这种区别是规律自己对自己作出的区别，所以是自在的区别，它要划分出自身里面的各个环节各种要素，并且对它们加以规定。"或者说，规律是自己排斥自己或自己分裂为二的同名的东西"，规律，既然一方面它是自我等同的，另一方面却是自在的区别，那么自我等同和自在的区别这两者如何能够相容？只有这样才能相容，就是把规律看作自己排斥自己或自己分裂为二的同名的东西。同一个规律，它自己排斥自己，它要成为放之四海而皆准的规律，但是它又必须做出区别，如果它不做出区别，它就无法做出规定。而一旦做出区别，它又是特殊的规律，它又不是普遍的规律。前面讲到了，特殊的规律和普遍的规律相互之间又是冲突的，而规律本身呢，应该是一种自我等同的普遍的规律，规律就是要追求普遍性，尽可能地把所有的特殊的规律都归结为一个普遍性。比如说万有引力，把所有的规律最后都能够归结为一个规律，这是规律所追求的，所以它是自己排斥自己的，自己分裂为二的同名的东西。同一个规律分裂为二，它要追求一，但实际上它又是多，它又是特殊。下面，"那被称作**单纯的**力的东西**双重化**它自身，并通过它的无限性而是规律"。这是化解矛盾的唯一办法，就是前面讲的，规律是区别，是复杂的，那么力是单纯的，这两者在单纯的力的自我双重化中得到调解。规律努力地要找到力的规律，要跟力的单纯性合而为一，但是始终做不到，不是这个力就是那个力，那些力都是一些复杂的东西，而力本身如何用规律来规范它们呢？我们找到了万有引力，但万有引力只是一个力的概念，万有引力并没有说明它是一种什么力，只是力的单纯性概念。所以被称作单纯的力的东西双重化它自身，一方面它是单纯的力，另一方面它自身分化出多种力，通过这种方式，"并通过它的无限性而是规律"。这个无限性在这里就起作用了。为什么说规律的单纯性就是无限性呢？由于有了无限性，所以力的单纯性和规律的区别就能够达到统一了，规律也就成为了单纯的规律，这个单纯的规律就不会架空了。单纯的力的东西双重化它自身，它自己把自己变成双重化的，变成有区别的、有内容的。并且由于它的无限性，它就成了单纯的规律。就是说它这种双重化跟它这种单纯性，单纯性和它的复杂性、不单纯性相互之间互相转化，没有边界，它们达到了一种循环往复的无限性。那么，这就是规律了。为什么说规律是无限性，规律的单纯性就是无限性呢？在第一个小标题下面就是这样来解释的。就是说只有在无限性这个概念上面，我们才能够解决前面讲

625

的那种矛盾,那种规律自己排斥自己,自己分裂为二,但它又是一个同名者。它怎么又会成为一个同名者?是在无限性这样一个意义上面,它成为了同名者。特殊的规律和普遍的规律在这一点上达到了统一。特殊的规律上升到了普遍的规律,上升到了单纯的规律。这是第一个环节。

　　β)那被分裂为二,并构成在**规律**中被表象出来的诸部分的东西,显示为持存着的东西;如果这些部分撇开内在区别的概念而被考察,那么作为重力的诸环节而出场的空间和时间或者距离和速度,不仅彼此之间而且对于重力本身,都是漠不相干的和没有必然性的,正如这个单纯的重力对于它们或者单纯的电对于正电和负电也是这样。

　　这是反题了。正题是讲规律的单纯性和区别之间如何能够达到一种同一性,虽然它们分裂为二,最后还是同名的东西,是同名的东西的分裂为二,同一个东西的双重化自身,所以单纯的力通过无限性而成为了规律,这是第一个层面。第一个层面是讲它们的相互统一的那一方面。第二个层面则是讲它们的相互分裂这一方面。"那被分裂为二,并构成在**规律**中被表象出来的诸部分的东西,显示为持存着的东西",被分裂为二,为什么分裂为二?是因为在规律中被表象出来诸部分都被看作是持存着的东西,即被看作各个部分单独存在、固定不变的东西,它们相互外在,没有显示内在的联系,而是各个部分被确定下来,被规定下来和固定下来。持存,就是持存不变嘛。所以,这些部分看起来就是分裂的,"如果这些部分撇开内在区别的概念而被考察,那么作为重力的诸环节而出场的空间和时间或者距离和速度,不仅彼此之间而且对于重力本身,都是漠不相干的和没有必然性的,正如这个单纯的重力对于它们或者单纯的电对于正电和负电也是这样",这里关键就是,在这里是"撇开内在的区别"而进行的考察,这种外在的机械的分析就导致规律的各个环节都是漠不相干的了。内在区别的概念也就是无限性的概念,前面讲到,内在区别就是无限性,它再不是跟外面的东西相对立。跟外面的东西外在的对立,那就是有限的,外在的东西就是它的边界,就是它的终点,它不能超出它的边界。但是无限性打破了这个界限，那就是只有内在的东西，内在的区别，我自己跟自己相区别，这个没有什么边界。我自己跟自己划界，但这个划界是我自己做的，所以它也没有边界，它也不是什么划界。而反之，如果没有内在区别的概念来考察这些环节的话，这些环节就是前面讲的分裂为二并构成规律中被表象出来的诸部分的东西，表现为持存着的东西，持存着的东西就都是一些固定的环节了。这些环节如果没有内在的区别的概念而被考察，如果你没有达到内在的区别，没有达到无限性，那么你来考察这些环节，它们肯定就是漠不相干的、分裂的。所以下面又再次提到前面所举的例子，"作为重力的诸环节而出场的空间和时间或者距离和速度，不仅彼此之间而且对于重力本身，都是漠不相干的和没有必然性的"。这个前面已经讲过了，这个关系，时间和空间，距离速度这样一些环节，它们是作为重力的诸环节；任何一个重力，自由落体，它都必须通过这样一些环节来加以测量，加以衡量；但是它们彼此之间是漠不相干的，时间和空间是漠不相干的，外在地聚集起来的，是你把它们放在了一个坐标中。距离和速度也是这样，你外在地把它们联系起来，但是它们之间是漠不相干的。而且它们对于重力本身也是漠不相干的。重力到底是什么，通过这样一个数学公式就能够表达出来吗？那是表达不出来的。你觉得这个东西很重，你当然可以测量出来，可以列出一个数学公式。但是当你觉得很重的时候，这个是不能用这些数学公式表达出来的。我们经常挑担子，有时候会觉得同一副担子今天特别沉重，有时候又觉得轻一些。这个重力本身没办法用这样一些数字来表达，它是一种内在的东西。在黑格尔那里，重力才是物质的本质，而所有的那些数学公式，那些规律都是外在的架构，都不能表达重力的本质。重力的本质是什么？重力的本质是内在的东西，它要向内在的东西深入，乃至于深入到人的意识，自我意识，它是朝这个方向发展的，所以它不能够完全受那些机械的东西支配。它对于那些距离速度时间空间是漠不相干的。"和没有必然性的"，就是说这样一些东西，你加在重力身上，对重力来说是偶然的，外加的，它没有必然性。凡外在的东西都没有必然性，真正的必然性肯定是内在的必然性。"正如这个单纯的重力对于它们或者单纯的电对于正电和负电也是这样"，就是反过来也是这样，这些东西对重力是漠不相干的，那么重力对它们也是漠不相干的。电，单纯的电，对于正电和负电也是漠不相干的。它们互相漠不相干，你不关心我，我也不关心你。这是第二个环节。第二个环节是阐明了，在没有内在的区别或没有无限性的概念的情况之下，那么所有这些东西都是散的，都是偶然的，都是分裂为二，并且各个部分都是各自持存的，漠不相干。所以我们把它看作是反题。

γ）但是通过内在区别的概念，这种不等同和漠不相干的东西，空间和时间等，就是一种不是什么**区别**的**区别**或者只是一个**同名的东西**的区别，而它的本质就是统一性；它们作为正电和负电互相激活，而它们的存在毋宁就是这样一种把自身建立为非存在并扬弃自身于统一性中的东西。

这个"但是"是根据 β 来的，β 已经讲了反题了，但是与反题又有不同的就是这个合题。他说，"但是通过内在区别的概念"，内在区别的概念也就是无限性的概念，"这种不等同和漠不相干的东西，空间和时间等等，就是一种不是什么**区别**的**区别**或者只是一个**同名的东西**的区别"。不是什么区别的区别，它们虽然区别，但是呢，它们又不是什么区别，因为它们是互相转化的，它们是自身颠倒的，它们是一种内在的区别，是同一个东西在内部所划分出来的自己和自己的区别。这些区别不是外在地规定的，不是人为地从外面设定一个标杆去对它加以测量，那测量得出的数据只是在你的心里，只是在知性这一方作为一种解释，那就是外在的区别。但作为内在的区别呢，它不是一种区别，它就是同一个东西的表现，它表现在时间中，表现在空间中，表现在距离中，但是它都是同一个重力的表现。所以这种区别对于它们，对于重力本身来说，又是无区别的。重力并不分成这个方面那个方面，时间方面空间方面、距离方面速度方面,它并没有划分成这样琐琐碎碎的诸多方面,它就是一个单纯的重力。那么这种单纯的重力它是无区别的,但是它又表现出一种区别,那个表现出来的区别对于它来说是无区别的。也就是说它把这种区别设定在重力自身之内,把它理解为一种内在的区别。一旦被理解为内在的区别,它就是无区别的区别,或者只是一个同名东西的区别,同一个重力,它有这些区别,但是它本身是不变的。"而它的本质就是统一性",重力本身的本质就是统一性,就是一种单纯的力的统一性。下面,"它们作为正电和负电相互激活",这里"它们"不单指空间时间之类的东西,而且包括正电和负电等等在内,当然这里原文只笼统地讲了"正的东西和负的东西",我们把它译作"正电和负电",其实不一定限于正电和负电,任何东西都有正面和负面的区别嘛,它们都作为正的和负的而相互激活。"而它们的存在毋宁就是这样一种把自身建立为非存在并扬弃自身于统一性中的东西",它们作为正的和负的,比如说正电和负电互相激活,在打雷闪电的时候,就是正电和负电的互相激励,物质的愤怒,互相激化冲突;而它们的存在,正电负电的存在,毋宁就是把自身建立为非存在。正电也好,负电也好,都只有在和对方同归于尽时才存在。电光一闪,正电和负电就中和了,不论是正电还是负电就都不存在了;而如果不中和,不同归于尽,那么闪电也就闪不起来。所以它们的存在就是把自己建立为非存在,并且双方都"扬弃自身于统一性中",只有把双方扬弃于统一性中,它们才存在。放电的过程是一个统一性的过程,它的那种划分,正电和负电,以及相互之间中和放电,你把它划分成一个两方面作用的过程,那是你所做的,但是它本身是一个统一体,它把这样一些区别都扬弃在它自身的同一性中了。

持存着的是两种被区别开来的东西,它们都**自在地**存在,它们都**作为对立的东西而自在**存在,就是说,它们是它们自身的对立面,它们拥有自己的他者于自身之内,并且它们只是一个统一体。

这是对第三点的一个结论了,也可以看作前面三个环节的一个总结,句中有三处打了着重号，可以对应于前面的三个层次。"持存着的是两种被区别开来的东西"，他没有否定持存的东西，当然有，电也有正电和负电，重力也有它的时间和空间、距离和速度等等。这些东西都是持存着的东西，都是一些固定的区别。它们是两种被区别开来的东西，"它们都**自在地**存在"。就它们本身来说，正电和负电都自在地存在，也就是作为同一个东西自身分裂为二和双重化而存在。这是第一层次。"它们都**作为对立的东西而自在**存在"，这个自在存在是不能分开来的，正电和负电，虽然都是自在存在的，都是客观存在的，但是，它们是作为对立的东西客观存在的，就是说它们是互相对立的，漠不相干的。这是第二层次。"它们是它们自身的对立面。它们拥有自己的他者于自身之内"，南极拥有北极于自身之内，正电拥有负电于自身之内。如果没有它们的对方的话它们本身也就不存在。"并且它们只是一个统一体"，"一个"打了着重号。它们就是一个东西，因为它们的本质就是一个统一体。这是在无限性的理解之下，我们能够达到的思维高度，我们达到这样一个对立面的统一，这是第三层次。

看下面一段，前面达到这个无限性这样一个高度呢，就非常有意义了，对于什么有意义的呢？对于向下面的自我意识过渡，就是非常关键的了。从知性如何过渡到自我意识，就看这个无限性的概念怎么理解。所以无限性是一个非常关键的概念。他说，

这个单纯的无限性或绝对概念可以叫做生命的单纯本质、世界的灵魂、普遍的血脉，它在一切场合下都不被任何区别所模糊，也不为之中断，它本身毋宁就是一切区别，正如它是一切区别之扬弃，因此它以自身的脉搏跳动而又岿然不动，它自身震颤而并无不安。

[111]

有了前面说的那些作铺垫，我们读这句话就不会感到那么突兀了。这种带有诗意的描述，其实就是讲的前面，特别是从进入到"力和知性"一章以来一直都在努力揭示，但却一直都还掩盖在别的表面东西之下的

那个"内在的东西"。"这个单纯的无限性或绝对概念"，单纯的无限性已经是绝对概念了，绝对概念就是既是主观的也是客观的概念，它就是前面讲的绝对区别，就是内在的区别，绝对的区别才是内在的区别，而内在的区别就是无限性。这个单纯的无限性或绝对概念，"可以叫做生命的单纯本质"。我们刚才讲了重力，重力虽然有那些规定，你可以测量它，你可以计算它，但是它本身对这些计算、对这些规定漠不相干，它本身是什么？它本身其实是生命的本质。重力是一种力，单纯的力，单纯的力归根到底可以归结到生命的本质，可以叫做生命的单纯本质。正因此它才是不受任何外在规定的，只有当你达到了无限性这个层面，你才可以看出这一点。当然如果你没有达到这个层面，你只是在有限性的层面来看这个自然物，像牛顿力学，伽利略、开普勒，那么当然，它们都没有什么生命在里头。自从牛顿以后，目的论就被赶出了自然界。但是从康德到黑格尔试图在自然界里面恢复目的论。康德是在第三批判里面做了一点尝试，但是非常胆怯，战战兢兢地，生怕越界，生怕冒犯了牛顿力学。而黑格尔呢，他胆子就比较大了，他就公开地说重力就是生命力，就体现出一种生命，放电现象就是物质的愤怒，所谓运动就是物质的痛苦，公开用这样一些概念来恢复目的论。当然我们可以说他胡说八道，特别在自然科学家的眼睛里面，这不是胡说八道吗？要叫方舟子来打假。但是黑格尔呢，虽然你可以说他是诗意的想象，但是他的思想，你不能不承认，他有他的深刻性。这个马克思恩格斯都不否认，恩格斯《自然辩证法》里面就说，康德和黑格尔把牛顿赶出自然界的目的论又恢复了，这是对机械论的抗议。这首先表现在生命这个概念上，这是一个绝对概念，可以叫做生命的单纯本质，"世界的灵魂、普遍的血脉"。这个当然是一种比喻，是一种比方，但是在黑格尔的眼里不完全是一种比方，他是认真的。就是他站在最后来看前面，站在终结处，以上帝和心灵的眼光来看前面，他就会看出，所有这些无限性，内在的区别，都可以看作是生命的单纯本质，世界的灵魂，普遍的血脉。"它在一切场合下都不被任何区别所模糊，也不为之中断",在一切场合之下,这样一个单纯无限性,这样一个普遍的生命,单纯的本质,它不被任何区别所模糊和中断。区别如果是固定的区别,那么它就会中断,你什么单纯的血脉,什么世界的灵魂,一规定就全都没有了,全都中断了,全都"破除迷信"了;但是生命的本质呢,它是不为任何区别所模糊和中断的。你要把它区别出来,你要把它规定下来,固定下来,但是固定不了。比如说重力。重力你给它区别这,区别那,但是它本身你固定不了。你也不能够中断它。"它本身毋宁就是一切区别",这个"区别"可以做动词理解,它本身就是一种区别,一切区别都是它做出来的,生命的单纯本质就是做出区别,就是作为动词的区别。"正如它是一切区别之扬弃",一切区别都是它自己做出来的,那它当然又是一切区别的扬弃了,它在做出区别的同时已经扬弃了区别,因为是它自己做出来的,所有的区别都在它自身内。它是同名者,同名者在自己内部做出区别,它仍然是同名者,仍然是同一的,所有的区别都还是它自身,所以这个区别同时就被扬弃了。"因此它以自身的脉搏跳动而又岿然不动,它自身震颤而并无不安"。它以自身的脉搏跳动,它有自身内在的脉搏,血脉,它有自身的节奏。我们讲,辩证法也讲节奏,所谓正反合,三段式进展,螺旋式进展,在更高的程度上、更高层次上回复到原点,但不是完全回复到原点,是在更高的层次上。所以它是有节奏的,它是有生命的脉搏的。这个脉搏就是说,辩证法的节奏。它跳动,但是它又岿然不动,它岿然不动就是说它还是它,它还是同一个东西,它并没有变成别的东西。生命,正因为它有脉搏,所以它还是生命,它还在维持着自己的生长。一个人还有脉搏,我们说这个人还在,他没有被死亡所战胜,岿然不动。因为他还有脉搏,还有呼吸。所以它以自身的脉搏跳动又岿然不动,它自身震颤而并无不安。它自身在那里震荡,在那里震颤,但是呢,它并没有不安宁。这可以看作是一种比喻,但是这些比喻里面大有深意,大家可以去体会。

它是自身等同的,因为那些区别都是同义反复的 (tautologisch);这是一些本身不是区别的区别。

"它"，这个单纯的无限性，这个生命的单纯本质等等，"**是自身等同的**"，为什么呢？"因为那些区别都是同义反复的"，这个自身等同可以在同义反复的意义上来理解。同义反复在形式逻辑里面是没有意义的，太阳是太阳，事物是事物，这有什么意义呢，同义反复。但是同义反复在黑格尔这里，它是一个层次，自身等同。同义反复你虽然说它没有意义，但是你还不能否认它，你不能说太阳不是太阳，所以它还是一个层次。因为那些区别都是同义反复，为什么是同义反复？它们都是没有区别的，它们的区别只是些同义反复，它们都是同一个东西的自我区别，同时又没有区别，所以它还是自我，所以这种自我区别在同名者的意义上可以看作是同义反复。"这是一些本身不是区别的区别"，它是自身等同的，它的那些区别本身不是区别。但是他前面又讲，它本身就是区别，就是这种绝对的区别本身。正是因为它们是同一个东西在自身内在地作出的区别，所以这些区别同时又不是区别。这就是无限性的特点，也是生命的特点，还是精神、灵魂的特点。

因此这种自身等同的本质只是与自身相联系；**与自身联系**，于是这本质就是该联系所针对的他者，而**与自身的**这种**联系**毋宁说就是**分裂为二**，或者说恰好那个自身等同性就是内在的区别。

"因此这种自身等同的本质只是与自身相联系"，因为它，这种区别只是自身的区别，所以这种区别不是区别，而是自身等同的一种方式；所以呢，这种自身等同的本质呢，只是与自身相联系。而与自身相联系呢，也就是说强行把自己看作跟自己不同的，看作跟自己有区别又有联系的，"于是这本质就是该联系所针对的他者"。这是跟前面这句话相联系的，正因为这种自身等同的本质只是与自身相联系，于是这个本质就是该联系所针对的他者。你与自身相联系，那么你这个本质就是你这个自身相联系的对象，你联系什么呢，你就是联系你自己的本质嘛，但这个你自己的本质在你眼里已经成为了与你相对的他者。你把自己强行区分开来，把自己变成一个不是自己，去跟它相联系，那么这个所联系的对象不就是你自己吗？不就是你的本质吗？但是你又把它当作一个他者，一个对象来对待。所以你的本质就是作为一个他者来与自己相联系。也就是你把自己的本质看作一个他物了，看作一个跟自己不同的东西了，但是又要与它发生联系。"**而与自身的**这种**联系**毋宁说就是**分裂为二**，或者说恰好那个自身等同性就是内在的区别"，与自身的这种联系毋宁说就是分裂为二，自己跟自己联系好像是没有分裂了，但是呢，恰好就是分裂为二，毋宁说就是分裂为二，因为你自己把自己的本质当成他者，把这种自身联系变成了两个自己之间的联系。或者说恰好那个自身等同性就是内在的区别。这个自身等同性是一种什么样的自身等同性呢？不是说简单的 A=A 的自身等同性，而是自己区别自己，是这样一种自身等同性，这才是真正的自身等同性。你要达到自身等同性怎么样达到？不能够单纯讲 A=A 就达到了，那还不行。你自己要把自己区分开来，这就是自身等同性。所以说，恰好那个自身等同性就是内在的区别。自身等同不是无区别的等同，而是内在区别的等同。当然这个内在区别，由于这个等同，所以它又是无区别，但是首先你作出了区别，然后才是无区别。你如果一开始就没有区别，那就不是自身等同性。比方说，一个人只有把自己当作一个别人、一个他者来设想，他才算具有了自我意识，如果他不能从旁边看待自己，他就还没有意识到自身。自私自利、不顾别人的人是最没有自我的人。这个道理下面马上要讲了。实际上这里他已经有所针对了，他是针对着谢林的那种绝对的无差别的同一性的，谢林所理解的那种自身等同性就应该是没有任何区别的。但是黑格尔不赞成。黑格尔也赞成同一哲学，在这一点上他跟谢林是站在同一立场上的，但是他不同意谢林把同一性简单地理解为没有差别。他认为，同一性，只有当它有了差别，才是同一性。这是黑格尔比谢林更高明的地方，就是说，如果没有差别的话，也就没有同一性了。而且同一性本身就是差别。同一性，什么是同一性？同一性就是跟差别不同嘛。同一性就是跟区别不同，从概念上来说就是这样,既然它跟区别不同,那它岂不就是一种区别吗?同一性跟区别是有区别的。那同一性不就是一种区别吗?所以谢林的那种抽象的同一性,无差别的同一性,是站不住脚的。任何同一性都只能够是做出区别的同一性,只不过这种做出区别它是一种内在的区别,是同一性自己做出的,所以它还保持着同一性。

因此这些分裂为二的东西本身都是自在自为的,每一个都是一个对立面——**一个他者**;所以在其中这个**他者**已经与这对立面一起同时被说出来了。 {100}

这些分裂为二的东西,与自身的这种联系就是分裂为二,自己跟自己相联系就是把自己分裂为二,把自己的本质当作自己的他者,当作自己的对方来加以把握,这种等同性就是内在的区别了。"因此这些**分裂为二的东西本身都是自在自为的**",这些分裂为二的东西,你分成了两个部分,那么每一部分可以说都是自在自为的,既是自在的又是自为的,既是分裂者又是被分裂者。所以,"每一个都是一个对立面——**一个他者**",每一方,在这个统一体中,它都是一个对立面,一个他者,或者说它们互为他者。你分裂为二了,这两个方面互为他者,互为对立面。它们都是自在自为的。它们自在地存在,没错,但是它们又自为地存在,它们又分裂自身,使自身成了自己的对立面,而这个对立面又把原来的自身视为它的对立面,即对立面的对立面。"所以在其中这个**他者**已经与这对立面一起同时被说出来了",在其中,也就是在这种分裂为二中,这个他者和这个对立面一起同时被说出来了。你要说这个分裂为二里面,对立的双方都是互为对立面,那么每一方其实都已经包含了他者,它们是一起说出来的。当你说这一方是一个对立面的时候,人家马上要问,是谁的对立面?它自身当然是存在的,但是它的存在马上就有一个问题,就是说它如果是作为对立面,那么它是谁的对立面?于是当它作为对立面的时候,这个他者,也就是这个"谁",就已经被说出来了。

或者说,这并不是一个他者的对立面,而只是纯粹的对立面;所以这样一来它在自己身上就是它自己的对立面。

"或者说，这并不是一**个他者**的对立面，而只是**纯粹的对立面**"，"一个他者"和"纯粹的对立面"都打了着重号。就是说，当你意识到这一点的时候呢，它就不是仅仅是那个固定的他者的对立面，一个对立面不仅仅是那个固定的他者，我与它对立，而是把这个对立面本身作为一个纯粹的概念提升起来。就是一般来说，分裂为二，它就造成了纯粹的对立面，每一个东西都要分裂为二，所以每一个东西都是对立面。这个纯粹的对立面是放之四海而皆准的。我们说万物都处于对立之中，那么这个对立面、这个概念呢，是一个纯粹的概念。你要仔细地追究，当然你可以把这个东西拿来考察，为它找到它的对立面，找到它的他者。但是一般来说，万物都在对立之中，这是一种纯粹的对立面。"所以这样一来它在自己身上就是它自己的对立面"，这种纯粹的对立面就不是依赖于他者，这个纯粹的对立面不像那些具体的对立面，每一个都是依赖于他者的；但是纯粹的对立面它就不是依赖于他者的，它就是在它自己身上把它自己当作对立面，使自己成为他者。它自己和自己对立，我们前面讲了，那就是矛盾了。我们为什么说万物都处于矛盾之中？因为万物都自己跟自己相对立。你简单地说万物都处于对立之中，这个还是浅层次的。你可以为任何一个事情找到另外一个东西跟它对立，或者你可以为任何一个东西设置一个对立面，从外面给它加一个对立面，去和它对抗，这都是外在的，浅层次的。这相当于抬杠，你说东，我偏说西，保准不会错。但是如果你考虑到，任何一个东西其实都是自己跟自己对立的，那就达到了矛盾的层次。这就是这里所达到的层次了，也就是从相对主义达到辩证法的层次了。

或者根本说来，它并不是一个对立面，而乃是纯粹自为的，是一个纯粹的自身等同的本质，它在自身不具有任何区别：于是我们就用不着问，更用不着把纠缠于这样的问题看作哲学，或者甚至把这问题视为哲学尚未回答的，——这问题就是，区别或他在**如何**会来自这个纯粹本质，如

何会从它里面产生出来；[1]

"或者根本说来，它并不是一个对立面"，它，这样一个纯粹的对立面，其实并不是一个对立面，因为它并不是一个有限的东西，需要你为它去找一个对立面，以便它自己成为一个对立面。"而乃是纯粹自为的，是一个纯粹自身等同的本质，它在自身不具有任何区别"，这个不是对立面的对立面，它是一个纯粹自为的、自身等同的本质。它就是万物的本质嘛，我们说万物的本质就是矛盾，当它自己跟自己相对立的时候，它就是一个纯粹的自身等同的本质，是纯粹自为的，它不是由他物所建立起来的，不是由你设置一个对立面才使它成为一个对立面的，而是一个纯粹自身等同的本质。它就是它自己，它的对立面就是它自己，没有别人，没有别的东西。"它在自身不具有任何区别"，当然它里面有区别，有对立有区别，但是它在自身不具有任何区别，因为所有的区别都是它内在的区别，内在的区别实际上是没有区别，内在的区别实际上体现为它自身的运动，是它的生命的单纯本质，它的跳动的脉搏，它的世界的灵魂等等。所有这些都是自身没有区别的东西，它就是一股力，一股力量。所以它自身不具有任何区别。"于是我们就用不着问，更用不着把纠缠于这样的问题看作哲学，或者甚至把这问题视为哲学尚未回答的"，这就提升到一个很高的境界了，在这个境界里面，我们就用不着问这样的问题了，更用不着把纠缠于这样的问题看作哲学了，纠缠于这样的问题，太低级了；或者甚至于把这个问题看作是哲学还没有回答，还没有解答出来的，——那是很严重的问题，哲学都没有回答，那就是很严重的问题了。但是我们用不着这样。什么问题呢？　"——这问题就是，区别或他在**如何**会来自这个纯粹本质，如何会从它里面产生**出来**"，我们现在用不着回答，也用不着问这样的问题了。什么问题呢？ 就是区别或他在如何会从这个纯粹

---

[1]　这个问题在谢林的作品中反复得到考虑，并以一种引起科彭斯、艾申迈尔和瓦格纳的批评的方式作了回答。——丛书版编者

本质里面产生出来。"出来"也打了着重号。就是好像它本来是没有区别的,那么区别和他在是如何从这个纯粹本质,这个静止的、不变的绝对同一的本质里面冒出来的呢? 好像这个区别和他在是后来才出现的。这就是谢林的观点了。谢林的绝对同一性是一种无区别的同一性,最开始宇宙就是这样,整个宇宙就是这样,主客观绝对同一,一切都是绝对同一,没有任何差别。那么他就要面对这个问题了,从这个无差别的同一里面如何能够产生区别或者他在来呢? 谢林当然没有达到黑格尔的境界,所以他一定要问这个问题,而且要回答这个问题。而在黑格尔这里,他是用不着问这个问题了,更用不着把纠缠于这个问题看作是哲学了。这里带有一点讽刺意味,因为谢林就是纠缠于这样的问题。讲了这么多,从绝对的无差别的同一里面,怎么样一下子就变出了这么多差别,变出了自然界,变出了理智,变出了主观客观? 他就纠缠于这样的问题,甚至于把这样的问题看作是哲学还没有解答的问题。在谢林那里这是哲学最大的问题,他还没有找到答案。他用了一些模模糊糊的词语,比如说把自然界看作是一种"冥顽化的理智",一种还没有开化,还没有睡醒的理智,一种稀里糊涂的理智。这都是一些形象的比喻。但是他没有办法解决从绝对没有区别的同一里面怎么会产生出区别来的问题。所以黑格尔讽刺他的体系就像"手枪发射一样",突然一下就射出去了。突然一下就射出去了还要有一个人来扣动扳机啊,谁在扣动扳机? 那只有上帝了。所以谢林他是没有办法解答这个问题的。而在黑格尔这里呢,他是用不着回答这样的问题的。为什么?

因为分裂为二已经发生了,区别已被排除于自身等同的东西之外,并且被置于它的另一边;因而那本该是**自身等同的东西**已经成为分裂双方之一,远不止于它是那绝对本质的情况了。

这句话就解释了。为什么用不着回答前面那个问题了呢? 是因为"分裂为二已经发生了"。已经,为什么是已经? 因为自身同一本身就是分裂为二。自身同一是如何统一的? 就是在分裂为二中才同一的,是通过分裂为二而达到它的自身同一。自身同一不是那种无差别的、无区别的同一，而是有区别的同一，甚至可以说，它就是区别的活动本身，就是作出区别本身，这就是绝对同一，自身同一。所以他讲，因为分裂为二已经发生了，"区别已被排除于自身等同的东西之外"，区别已被排除出去了，自身等同的东西只是其中的一个环节，只是那个绝对的自身同一性的一个环节，那个环节已经把区别和自身等同的东西分出来了，已经把这两个分出来了。自身等同就没有区别，而区别就没有自身等同，那么一分为二，分裂为二已经发生了，一旦发生，那么这两者就是相互外在的。区别已被排除于自身等同的东西之外，"并且被置于它的另一边"。这个就到了谢林的这种情况了，在谢林那里，区别和自身等同的东西是完全不同的，是绝对的区别，一方面是自身等同的绝对同一性，另一方面是区别。那么区别怎么产生出来的，在他那里是解释不了的。在黑格尔这里很好解释，因为分裂为二在先，首先就是分裂为二。所以区别已被排除于自身等同的东西之外，并且被置于它的另一边，被置于自身等同的东西的另一边，"因而那本该是**自身等同的东西**已经成为分裂双方之一"。本该是自身等同的东西，在谢林那里，绝对的同一性，其实只是分裂双方之一。绝对的同一性和绝对的区别这两者之间是对立的。而谢林只抓住了其中一者，就是绝对同一。只抓住了绝对同一，那么另一方他就没有办法处理了。如何从其中的一方生出另一方来，他就没办法处理了，而在黑格尔这里，这两者上面有一个更高的统一，就是同一和差异两者的同一性，这就是黑格尔对谢林的一种改造。黑格尔和谢林在合作的时候，他们都讲"同一哲学"，但是黑格尔比谢林的同一哲学更高一个层次，他说我讲的是同一和差异的同一，或者同一和区别的同一，这个同一是包含了同一和区别两者在内的，同一和区别都作为绝对同一性的两个环节。为什么有这两个环节，是因为这个绝对同一性本身就是一分为二，它不是什么无差别的同一性，它已经分裂了。所以那本该是自身等同的东西已经成为分裂双方之一，"远不止于它是那绝对本质的情况了"。就是说,那个自身等同的东西是绝对本质,这是黑格尔和谢林都承认的;但是比这种情况更多的情况已经发生了,就是说自身等同的东西它不但是绝对本质,它同时又是自身分裂为二。你光讲一个自身等同是绝对的本质,光这样说是不够的,你还要说明它的绝对本质是一种什么本质,它的绝对本质就是分裂为二的本质。当它分裂为二的时候,这个自身等同的东西已经成为分裂双方之一,一方面是自身等同,另一方面是区别,这两方面,你只说了一方。黑格尔就主张,还要再提升一个层次,用一个更高的自身等同、绝对同一来统摄这两方面,一方面是自身等同,是它自身,另一方面是它的自身区别。所以这样一种区别就是自身等同东西的内在的区别,它自己跟自己相区别,这个才能够解释差别的内在发生。这个区别的内在发生是怎么发生的,就在于这个同一性本身就是一种差别的同一性,它是一种活动,它是一种运动,它是一种自身对自身的排斥,这样来理解绝对同一性,那就可以解决这个问题了,那甚至就不用问这个问题了。这个差别从何而来,怎么会从单纯的东西里面产生出不同的东西来啊,这个问题就已经被排除了。这是对谢林的一种批判。

因此那自身等同的东西把自身分裂为二就同样意味着,它作为已经分裂为二的东西而扬弃自身,它作为他在而扬弃自身。

"**自身等同的东西把自身分裂为二**就同样也意味着,它作为已经分裂为二的东西而扬弃自身",因为既然自身等同的东西把自身分裂为二,那么这个分裂为二岂不是把它的自身等同扬弃掉了、否定掉了吗?前面讲的 α、β、γ 三个层次,那第二个层次岂不是把第一个层次扬弃掉了吗?第一个层次是强调它是自身等同的一种同一性,那么第二个层次呢,就是分裂,分裂为二,强调每个环节它的特定性、确定性。所以那自身等同的东西把自身分裂为二就同样意味着它扬弃了自身,并且是"它作为他在而扬弃自身"。自身等同的东西作为他在、作为与自身不同的东西而把自己扬弃掉了。

人们通常谈到的那种**统一性**,即区别不能从其中产生出来的统一性,实际上本身只是那种分裂为二的一个环节；这种统一性是那与区别相对立的单纯性之抽象。

这还是讲，像谢林的那种同一性，它当然也是人们通常所认为的统一性，谢林还是遵照常识所提出的，一个东西是绝对同一的，那它就是绝对不可能有区别的，它有区别就不能说它是自身同一的。这是通常所理解的、常识所理解的那种统一性，"即区别不能从其中产生出来的统一性"。谢林的那种统一性没办法从中把区别产生出来，这是合乎通常的看法的。但是，它"实际上本身只是那种分裂为二的一个环节"。这种同一性为什么不能产生出区别来呢？就因为它实际上只不过是分裂为二的一个环节。它已经分裂出两个环节了，一个是区别，一个是没有区别，是自身同一性。那么这两个环节都是作为一个共同的分裂为二的环节而出现的，那么你不上升到那个更高的统一性，你怎么能从其中的一个环节推出另外一个环节呢？它们就互相外在了，就变成互相排斥的了。所以他讲，"这种统一性是那与区别相对立的单纯性之抽象"。区别是复杂的，与它相对立的单纯性是抽象的，那么这种统一性它仅仅是这个抽象，仅仅停留在不同于区别的同一性，这就是一种抽象的同一性。谢林的同一性就是一种抽象的同一性，或者抽象的统一性，——统一性在这里相当于同一性。那么这样理解的统一性呢，它想要达到单纯性，但是只是达到了单纯性的一个抽象，不是具体的单纯性，不是真正的规律的单纯性或者力的单纯性，而只是一个单纯的抽象概念。

但是由于它是这种抽象，它只是对立双方之一，所以这就已经表明统一性就是分裂为二的过程；因为如果统一性是一个**否定性的东西**，是一个**对立的方面**，那么它就正好被建立为在自身中具有对立的东西了。

由上面对谢林的这种批判，我们恰好就可以看出来了，就是这种单纯性的抽象，这种统一性，"由于它是这种抽象，它只是对立双方之一，所以这就已经表明统一性就是分裂为二的过程"。这就表明了什么呢？这种统一性只是对立双方之一，所以这就表明统一性本身就是分裂为二的过程，这就表明了那个更高的统一性。这就从谢林的同一性，仅仅作为一个环节的同一性，提升到了那个真正的同一性。那个真正的同一性就已经表明它就是分裂为二的过程。"因为如果统一性是一个**否定性的东西**，是一个**对立的方面**，那么它就正好被建立为在自身中具有对立的东西了"，如果统一性是一个否定性的东西，什么是否定性的东西？就是作为一个环节的东西，作为与差别，与区别不同的东西，那种统一性；那么它当然是否定性的了，它就是否定区别、否定不同一性的了。既然同一性就是否定不同性的，所以它"是一个**对立的方面**"，它本身就有另一方面和它对立；而这样一来，"那么它就正好被建立为在自身中具有对立的东西了"。它是一个否定性的东西，它否定了对立面，所以它本身是一个对立的方面；那么它这种统一性正好由此就被建立为在自身中具有对立的东西了。这个道理前面已经讲了，就是说你如果跟另外一个东西对立，那么你就恰好被建立为你在自身之内包含这一对立。当你意识到这一点的时候，这个同一性，谢林的同一性，就被看作是与区别，与差别不同的东西，那么它自身岂不就是一种区别吗？它区别于区别，那么它自身岂不就是一种区别吗？所以这个区别是它自身建立起来的，这已经意识到了。谢林已经到了这个边口上面，就是说当你要设立一种无区别的同一性的时候，你这种无区别的同一性就是一种区别，因为你是"无"区别，因此你是否定区别的，你是跟区别不同的，你是区别的对立面，是与区别的区别，那你岂不也是一种区别吗？你岂不也就是把这个对立面建立在你自身之内了吗？这个道理应该好理解了。

　　因此分裂为二的过程和成为自身等同的过程这两者的区别同样都只是这种自身扬弃的运动；因为由于那最初应当自己分裂为二或成为自己的对立面的自身等同的东西是一个抽象，或者**本身已经是一个分裂为二的东西**，所以它的分裂为二借此就是它所是的东西的扬弃，因而是它的被分裂为二的扬弃。

[112]

　　"因此**分裂为二的过程和成为自身等同的过程**这两者的区别同样都

只是**这种自身扬弃的运动**"，分裂为二和自身等同在这个地方都成为"过程"了，前面的分析都是说你如果这样理解那就会导致怎么怎么样，现在都被看作是一种过程。分裂为二的过程和成为自身等同的过程，这两个过程的区别，当然有区别，一个是要分裂为二，一个是要等同于自身，这两者有区别，甚至是相反的。但是呢，这区别同样只是这种自身扬弃的运动，分裂为二扬弃自己，自身等同也扬弃自己。它们两者都是扬弃自己，也就是都向自己的对立面转化，因此它们两者的区别也在扬弃自己，它们已不再有什么区别了。它们两者的区别又扬弃了这种区别，这种区别实际上又是没有区别，这种区别就呈现为一个自身扬弃的运动。"因为由于那最初应当自己分裂为二或成为自己的对立面的自身等同的东西是一个抽象"，这个自身等同的东西，它最初本来应当自己分裂为二并成为自己的对立面的，这就是谢林最开始所说的自身等同的东西，按照谢林的设想，本来应当从中产生出区别来，成为自己的对立面的，但其实它只是一个抽象，它"或者**本身已经**是一个分裂为二的东西，所以它的分裂为二借此就是它所是的东西的扬弃，因而是它的被分裂为二的扬弃"。就是说，虽然只是一个抽象，但是它其实已经分裂为二了，这个是不由谢林的意志为转移的。刚才讲了，最初的那种抽象的自身等同的东西已经分裂为二了，它已经和分裂为二的区别有所不同了，因此它自己也已经分裂为二了。当它要把这种区别从自身中排除出去的时候，它自己就已经有了这种区别了。我们刚才讲谢林的绝对同一性，本身其实已经是一种区别了。所以它的分裂为二借此也就是它所是的东西的扬弃，它就不再是那种抽象的自身等同性了，而是抽象同一性的扬弃，因而也就是它的被分裂为二的扬弃。就是说它所是的东西就是绝对同一性、自身同一性，在这个过程中，它被扬弃了；而它被扬弃了以后呢，它的被分裂为二也被扬弃了，即它不是"被分裂为二"的，它是自行分裂为二的。所以自行分裂为二把它的自我等同性，抽象的那种等同性和它的被动性，分裂为二的被动性都扬弃了。

　　那**成为自身等同的过程**同样也是一个分裂为二的过程；凡是**本身**成为等同的东西因此都要面对分裂为二；这就是说，它因此就自己把自己**置于一边**，或者说，它毋宁**成了一个分裂为二的东西。**

　　"那**成为自身等同的过程**"，自身等同你把它看作一个过程，它"同样也是一个分裂为二的过程"。谢林的自我同一性，绝对同一性，他是把它看作一个抽象的静止的前提放在那里，他没有把它看作是过程。但是黑格尔把这样一个同一性看作一个过程，所以那成为自身等同的过程"同样也是一个分裂为二的过程"。你要成为自身等同，你就必须把自己分裂为二，这两个过程是同一个过程。"凡是**本身**成为**等同**的东西因此都要面对分裂为二"，你要自己跟自己同一，你就要把自己当作对象来敲打，来锻炼，比如说你从小立志要成为一个什么样的人，那你就得先把自己不当人，你要成为一个音乐家，像郎朗，那你就要拼命努力。音乐教师说，学钢琴的孩子是没有童年的！就是，你就要拼命地折磨自己，要把自己分裂为二，你才能够最后达到你的目的，成为你自己。因此每个人想要成为自身等同的，要与自己的理想相符合，都要面对分裂为二。"这就是说，它因此就自己把自己**置于一边**"，你先要把自己放在一边，或者放在你的对面。"或者说，它毋宁**成了一个分裂为二的东西**"，你要成为一个自身同一的东西，你就要把自己放在一边，把自己分裂为二，成为一个分裂为二的东西。这个"成了"打了着重号，说明这是一个过程。这个道理就已经比较好理解了。

＊　　　　　＊　　　　　＊

　　我们上次已经讲了无限性这个概念，无限性在意识里面达到了真的无限性，也就是说达到了区别又是没有区别这样一种境界，形成了互相转化的一个圆圈。那么在意识里面的这样一种转化的圆圈意味着什么呢？就意味着自我意识的结构已经形成了。因为所谓自我意识无非就是意识本身的自我转化，转化为对象，同时又转回来，在区别中，在自我区

644

别中，同时又意识到没有区别，这本来就是自我意识的一个定义。如果
要说定义的话，我们就可以这样来规定自我意识。当然这需要阐释，但
是自我意识基本上就是这么一个结构。自己把自己区别开来同时又意识
到没有区别，为什么没有区别？因为它是它自己区别开来的。自己把自
己区别开来，它还是自己。所以这就是无限性的概念。无限性在这里提
出来，就是作为一种内在区别的区别。我们看第 110 页 ［贺、王译本］上
面一段的最后一句话，就是这样，"它才是作为内在区别的区别，或者自
在本身的区别，或者说它才是无限性。"那么这个无限性呢，实际上已经
进入到自我意识了。我们看 112 页这一段。

无限性或者这种纯粹自身运动的绝对不安息，即，凡是以某种方式，
譬如说，作为存在而被规定的东西，毋宁都是这个规定性的反面，这种不
安息虽然已经是前此一切阶段的灵魂了，然而只有在**内在东西**中它自身
才自由地显露出来。

"无限性或者这种纯粹自身运动的绝对不安息"，刚才解释了什么是
无限性，黑格尔所理解的无限性不是那种无边无际的延伸，不是那种坏
的无限性或者叫做恶的无限性，而是真无限性，真无限性就是这种纯粹
自身运动的绝对不安息，在自身之内不断地循环，不断地区分又回到自
身，但是它是不安息。前面讲，它是一种生命，它是一种脉搏的跳动，它
是万物的灵魂，前面已经带有诗意地阐述了这种不安息，但是呢，也不完
全是诗意，不要把它当作诗意把它忽略了，其实他是讲真的，在黑格尔眼
里，背后起作用的就是这样一种生命力，世界的灵魂，世界的生命力。这
种不安息，"即"，后面还有一个定语从句，"凡是以某种方式，譬如说，作
为存在而被规定的东西，毋宁都是这个规定性的反面"。凡是被规定，比
如说被存在所规定，你说它是存在，那么它就是这个规定性的反面：凡是
存在的东西，它都是非存在。《逻辑学》中一开始就是这样讲的，存在和
非存在，有和无，相互之间不断转化。存在当然是最基本的概念，在存在
论里面，在《逻辑学》里面它是第一个范畴，存在。他拿第一个范畴——

存在来打比方，这就点到根本了。他举的这个例子，比如说存在这个规定，这是点到根本了，这是一种根本性的不安息。他说，这种不安息的情况"虽然已经是前此一切阶段的灵魂了，然而只有在**内在东西**中它自身才自由地显露出来"，这种不安息，也就是这种自我转化，是内在的不安息。你一旦规定什么东西，它马上转化为它的对立面，这种情况在前面一直都在起作用，已经是前此一切阶段的灵魂了，已经在背后支配着前此一切阶段。从感性确定性开始到知觉，到力，力和力的表现，力和力的转化，一直到规律和超感官世界，颠倒的世界等等，这后面都是这样一种灵魂在支配着它。然而只有在内在东西中，它自身才自由地显现出来。只有作为内在的东西，这样一种转化的不安息的灵魂才去掉了它上面的一切掩盖物而自由地显露出来。它不是我们主观的一种解释，更不是一种错误，一种失误，不是现象界的一种混淆，或者一种表面现象。我们把握的东西，当它转向对立面的时候，我们就觉得我们自己弄错了，是不是得赶快转换立场，以便符合于那个自在之物本身，以便符合于那个对象本身。因为我们认为对象是静止不变的，是固定地摆在那里的，那么凡是出现这样一种转换，变化，运动的时候呢，我们就认为这肯定出错误了。所以虽然这样一种转化，这种绝对的运动、绝对的不安息在背后作为灵魂起一种推动作用，但是我们没有意识到它。那是因为我们仅仅从现象上去看待对象，而没有从真正内在的东西去看待对象，我们没有把这样一种转化看作是真正的内在东西的一种本质。我们刚才读的 110 页的这样一句话，"它才是作为内在区别的区别，或自在本身的区别，或者说它才是无限性"，表明这样一种无限性是作为内在区别的区别，不是一种我们主观上加给它的，或者仅仅停留在现象上的一种错觉，或者一种诡辩。在知觉阶段我们把它往往理解为一种错觉，在知性阶段，力的规律，我们仅仅把它当作是我们为了把握力所建立起的一套脚手架，比如数学公式、定律和定理，这些东西是我们人加给它的，目的是为了把握力本身它的内在东西，但却只是外在的描述。所以规律和力在知性阶段成了两个东西，它们不能够合为一体。但是规律里面所表现的这种区别呢，又渗透到力里面去了。我们上次已经讲到这一点，力本身具有了规律的性状，就是说规律所表现出来的这种区别，比如正电和负电，南极和北极，等等，这样一些区别，虽然我们看作是我们的一套脚手架，我们的一套数学把握方式，但是实际上这样一种区别是从力本身里面发出来的，虽然我们怎么样规定是由我们主观作出的，你把这边规定为正极，把那边规定为负极，那都可以随意，但是它有这种区别，这种分裂为二，这是力本身的一种特点。这就是内在的理解了。我们把这种分裂为二，把这种互相的转换理解为事情本身，理解为力本身的一种本性，这个时候，这种不安息才自身自由地显露出来。这样一种无限性，只有在这种不安息中，只有在内在东西中，它自身才去掉了遮蔽，自由地显露出来。它不是我们加给它的一种外在的规定，而就是事情本身自由地在显露。

现象或力的转换本身已经将它显示出来了，但是它首先是作为**解释**而自由地显露出来的；并且由于它最终对意识而言才是对象，才是**它所是的东西**，于是意识就是**自我意识**。

"现象或力的转换本身"，现象的转换本身或者力的转换本身，在现象的转换中，在力和力的表现中，这样一种向对立面的转换，这种建立区别同时又没有区别，"已经将它显示出来了"，即已经将这样一种无限性表现出来了。"但是它首先是作为**解释**而自由地显露出来的"，"解释"打了着重号。解释我们前面讲过，什么是解释，就是知性对于力本身、对于内在的东西所建立起的解释的框架，一套解释的脚手架，包括我们对规律所做的那些静止的规定，规律的静止的王国。这是一个不变的、固定的王国。为了规定力本身，为了把握它，我们对它加以解释，它为什么这样，是因为它有正电和负电两极，为什么自由落体是这样落下来，是因为时间和空间和速度有一种函数关系，这就是我们对它的解释。但也仅仅是我们对力的解释而已，最初只是作为解释而自由地显露出来的。这当然是起步时的局限，这种无限性首先只有作为主观解释才得到自由的显露。但毕竟，这个解释当时就已经进入到对内在东西的解释了。只有在内在东西里面它才完全自由地显露出这种无限性，但它首先是通过解释而自由地显露出来的。这是它的最初的阶段，没有这种解释，这种内在的无限性是显露不出来的。下面，"并且由于它最终对意识而言才是对象，才是**它所是的东西**，于是意识就是**自我意识**"，自我意识打了着重号，这是这个概念第一次出场。前面是讲，内在的东西的这种无限性"首先"是通过解释而显露出来的；那么"最终"呢？由于它最终对意识而言才是对象，才是它所是的东西，意识就成为自我意识了。这两句结合起来看，一个最初，一个最终，也就是在解释中，虽然开始这只是我们的解释，但最终对象只有对这种解释来说，只有对意识来说才是真正的对象，才是它所是的东西，我们的解释所规定的恰好就是对象。当然这中间走过了一个很长的过程，主观的解释要变成客观的内在东西，历尽艰辛，最后终于达到了主观和客观、意识和对象的统一。对象不再是自在之物了，它就是意识本身，而这种意识就是自我意识。在这里，对象不再被当作自在的，而是被当作为意识的，是对意识而言的，只要根据我的解释是这样，那么它就是这样。离开了意识，它就什么也不是，而在我的解释中，它就是这样一种无限性，内在的无限性。在这个意义上，意识就是自我意识。这个地方自我意识第一次出场了，在前面都还没有提到，前面只是暗示，只是接近，呼之欲出，那么这个时候第一次公开地提出了，意识在这种情况下，它就是自我意识。因为自我意识也是一种意识啊，意识在最初还不是对象本身，意识它本身就是意识，它指向对象，但主客二分，意识与对象处于对立中。但是这个意识呢，现在跟最初的意识不一样了，它把它的对象看作就是它自身那样，这对象最终对意识而言才是对象，才是它所是的客观的东西，于是主客观就统一了，成了一个自身回归的圆圈。这样一来，这种无限性的自由的显露就使得意识成为了自我意识。也就是说意识把对象当作它自己，当作它的自我来意识，形成了这样一个循环，形成了这样一种无限性。意识跟它的对象之间已经没有界限了，已经没有边界了，已经打通了。是在什么里面打通的呢？是在意识本身里面打通的，是在知性的解释里面打通的，所以这个时候的意识呢，我们可以称之为自我意识。自我意识在最初出现的时候，在这个阶段上面，它是作为意识的一个阶段而呈现出来的。或者说它是作为意识的最高阶段而呈现出来的。意识走了一大圈，最开始从感性确定性开始，经过知觉，经过知性，在它的最高的顶点达到了自我意识。但这个自我意识还是很抽象很空洞的，它只是意识的一种形态，它只是意识本身的一种高级形态，一种最高形态，它还没有把它内在的、客观的内容展示出来。它的那些所谓的客观的内容，都是在意识中，作为意识的一种解释而展示的，所以它还是意识的一个阶段。在这个方面，虽然它达到了知性的顶点，但是它还没有完全脱离知性。它要完全脱离知性，必须要冲出来，要从意识的一个单纯的阶段变成客观现实。比如说我们在后面第四章的自我意识，第四章：意识自身确定性的真理性，我们来探讨意识自身的确定性的真理性，就是说自我意识本身究竟是一些什么内容，那个时候我们就突破了知性的限度。突破了知性的限度我们就进入到了自我意识的内部，那么进入到自我意识的内部就已经是进入到了理性的阶段。当然这个时候理性还没出来，理性还在酝酿，但是已经走出了知性的阶段。我们知道在康德那里感性、知性和理性是三个大的阶段，而自我意识是知性的最高顶点。在黑格尔这里，他做了一些改进，做了一些补充。在感性和知性之间他加了一个知觉，而在知性和理性之间他将自我意识作为过渡。① 这都是很有意义的。从知性到理性中间就是自我意识。理性则是自我意识的内容的展开，而知性在它的最高阶段已经是自我意识了。康德的知性的最高原理就是"统觉的本源的综合统一"，也就是先验自我意识的原则，康德在知性的最高阶段，已经达到了自我意识的原则。但是

---

①　最早是费希特，把康德认识论中的先验自我意识和实践理性的自由意志合为一体，使自我意识成为了理论知识和实践知识的"全部知识学的基础"。黑格尔是从他这里来的。

他这个自我意识的原则还仅仅是一种意识而已，也就是思辨理性、理论理性的最高原则，还不是自在之物的本体。所以你要追究什么是自我意识，康德就逃避了。他说先验自我意识本身你要问它究竟是什么，那就是物自体，那是我们不能追究的。所以自我意识在康德的知性那里虽然已经达到了最高阶段，最高顶点，但是它的内容完全没有展开。而这个地方提出这个自我意识，符合康德的知性的最高原理，或者知性的最高阶段；但是它还是一种意识，它的内容还没有对意识本身展露出来。但我们已经掌握了它的结构，这是很不容易的。现在我们从这个已经达到的高度重新回顾从知性以来走过的历程，就会发现整个意识部分都不过是自我意识的发现史或形成史，意识发现自己原来就是自我意识，这样自我意识就最终形成了。这就是下面紧接着要回顾的。

　　知性的解释首先只是对自我意识所是的东西的描述。知性扬弃了那些现成地在规律之中、已经成为纯粹的、但仍然是漠不相干的区别，并且把它们在一个统一体中、在力之中建立起来。

　　解释打了着重号。"知性的**解释**首先只是对自我意识所是的东西的描述"，对自我意识所是的东西，它的存在，解释已经作出了描述，这是第一步。比如说我们在认识中，我们依靠自我意识运用范畴，来把握万事万物的经验材料，那么对这样一个过程呢，知性进行了描述，于是达到了它的最高原理，自我意识的统觉，自我意识的统觉就是对于自我意识所是的东西的一种描述。这是康德所做到的。但是呢，知性在这个阶段上还没有深入到本质里面去，它还只是一种存在描述，说明"有"自我意识。这种描述仅仅是现象的，自我意识在现象界起作用了，我们通过分析我们的经验知识，我们发现它里面起根本作用的"是"自我意识，那么我们就原原本本地把这种情况描述出来。至于这个自我意识的本质是什么，这个我们不管，我们管不着，我们只负责对它的作用加以描述。"知性扬弃了那些现成地在规律之中、已经成为纯粹的、但仍然是漠不相干的区别，并且把它们在一个统一体中、在力之中建立起来"，康德对自我

650

意识怎么描述的呢，就是说，知性扬弃了那些现成地在规律之中、已经成为纯粹的、但仍然是漠不相干的区别，也就是那些范畴，它们之间所有的区别是现成的，已经有十二范畴在那里，各不相同。但是呢，知性把它们的区别扬弃了，把它们统一在一个力之中。那些区别本来是摆在那里的，现在我们通过力把它建立起来，我们就把那些区别扬弃了，但是并没有抛弃，我们把它归到了力，归到了一个统一体中，这个力当然就是自我意识的那种综合能力，统觉的本源的综合能力。康德就是这样来描述自我意识的，它扬弃了那些区别，所有那些漠不相干的区别，那些虽然在规律中已经成为纯粹的，但是仍然是漠不相干的那些区别，我们把它们在一个统一体之中、在力之中建立起来。这些区别都是由力造成的，都是由力设定的。什么力？最终就是人的知性认识能力，它的最高原理就是自我意识的统觉，我们把这些范畴在统觉的统一性里面建立起来，这个是知性所达到的最高顶点。

然而这种成为相同的过程同样直接地是一个分裂为二的过程，因为知性之所以能扬弃这些区别，并建立起力的"一"，只是由于它造成了一个新的区别，即关于规律与力的区别，但那个区别却同时又不是什么区别；而为了使这个区别也同样不是什么区别，知性自己就继续前进到它又将这个区别再加扬弃，因为知性让力同样具有了如同规律那样的性状。

"然而"，就是说自我意识虽然把解释统一起来了，然而同时又造成了分裂，"这种成为相同的过程直接地是一个分裂为二的过程"。也就是说，康德虽然把所有这些我所意识到的东西都当作我的意识，"我的一切表象都是我的表象"是一个分析命题，或者是一个同一性的命题，它是自我等同的；但是它又是一个综合命题，因为使得我的一切表象成为我的表象的是自我意识的那种综合的能力，是那种力使得我的一切表象成了我的表象。所以这又是一个综合过程，它不是简单的同义反复。我的一切表象都是我的表象，这句话听起来好像一点意思都没有，好像是同义反复，A＝A；但是康德指出来，其实没那么简单，你从它的意思上来理解，它恰好是描述了一个综合命题，就是通过先验自我意识的统觉能力才使得我的一切表象综合成了我的表象，这里头有一种力在联结、贯穿着。所以上面讲，知性把那些在规律中已经成为纯粹的、但是仍然是漠不相干的区别建立在一个统一体中，但这种建立的过程同样直接是一个分裂为二的过程。没有分裂，哪有综合？自我意识要起作用，它就必须要统摄，统摄就是对分裂的东西的统摄。因此自我意识跟它的对象又是不同的，它分裂，它自己分裂为二，分裂为统一的自我意识和它在各个不同场合中的功能，即各个范畴及其原理的具体作用。没有这些作用，自我意识的统摄力量是表现不出来的。"因为知性之所以能扬弃这些区别，并建立起力的'一'，只由于它造成了一个新的区别，即关于规律与力的区别"，就是说知性能够扬弃这些区别，将它们都统一在先验自我意识的这种统觉之中，并建立起力的"一"，只是由于它造成了一个新的区别，即关于规律与力的区别，因为那些知性范畴的规律或原理与自我意识的先验统觉还是不同的，它们的关系是多和一的关系。"但那个区别却同时又不是什么区别"，在康德那里这句话比较好理解：之所以自我意识能够统一那些范畴，是因为那些范畴的区别全都是自我意识的表现方式，所有这些规律的背后都是综合的力在起作用，都是统觉的这种功能的一种表现，它借助于所有这些规律才能够统得起来，而这些规律呢，其实就是它自己的一种分化，分裂为二。先验自我意识把自己分裂为二，分裂为它本身和十二范畴，但那个区别却同时又不是什么区别，十二范畴就是自我意识的活动。范畴就是统觉的表现，没有这些范畴，统觉如何能表现出来呢？那就会是空的。所以范畴就是先验自我意识本身的一种自我分化，一种自我分裂。当然在康德那里这一点还没有很明显地表达出来，这是在费希特那里才明确地表达出来的。费希特推演了范畴，从一个自我那里把所有的范畴一个个推演出来。而在康德那里虽然也有这个意思，就是说范畴是要表现统觉的作用的，但是他的范畴是摆在那里的，十二个范畴是从亚里士多德形式逻辑的十二种逻辑判断里面引申出来的，它们是既定的。十二个范畴为什么是十二个不是十三个？不知道。反正有十二个。所以康德还没有明确意识到这一点，到费希特才意识到了这一点，就是说要把范畴从自我意识里面推导出来。这就使得自我意识跟范畴本来就不是有什么区别。"而为了使这个区别也同样不是什么区别，知性自己就继续前进到它又将这个区别再加扬弃，因为知性让力同样具有了如同规律那样的性状"，在费希特那里就是这样理解的了，就是说为了使这个区别同样不是什么区别，知性必须继续前进。规律和力，表面上看起来是区别，力是能动的，规律是既定的、固定的；规律是建立区别摆在那里，定在那里，而力呢，好像要冲破这些规定，这些区别。但是呢，它又不是什么区别，为了使这个区别不是什么区别，知性自己就继续前进到它又将这个区别再加扬弃，因为知性让力同样具有了如同规律那样的性状。力本身具有了规律那样的性状，它不再是盲目的或者没有方向的一种冲动，而是有章法的。自我意识这种本源的力，它本身是有章法的，是有规律的。它具有了如同规律那样的性状。我们可以参看第104页到105页［贺、王译本］："于是，这个力就具有这样的性状，即当它表现出来时，就有两种相反的电出现，而这两种电又相互消失在对方中，这就是说，力恰好具有与规律相同的性状，这说明这两者似乎完全没有区别。"就是通过力的区别的互相转换，我们发现这些转换本身就是力，就是力的性状。它不是说我们作为一个脚手架架在那里，为了来把握力，我们设想出来一套数学规范来规定它；而是这样一种规定成为了力本身的内在的规定，它就是力本身的规定。力本身就是这样一种性状。所以它就把这个区别又扬弃掉了。力和规律之间的区别，其实又是没有区别的，力是有规律的，而规律是有力的。

——但是这个运动或必然性这样就还是知性的必然性和运动，或者说，它们**本身并不是知性的对象**，相反，知性在它们中以正电和负电、距离、速度、引力及成千其他事物作为对象，这些对象构成运动的各个环节的内容。

　　这个破折号后面是一个转折了。虽然这个知性已经达到了这样一个层次,已经要推演范畴的规律了,要从力里面把规律推演出来,使力本身具有规律的性状,已经达到这个层次了,"但是这个运动或必然性这样就还是知性的必然性和运动"。运动和必然性,必然性和运动,这里有一个颠倒。就是说,这样理解的运动和必然性还是知性的必然性和运动。或者说它们本身还并不是知性的对象,还只是知性本身的一种必然性和运动,或者说是知性不自觉的一种运动,"它们本身**并不是知性的对象**",知性还没有把这种运动当作自己的对象来加以考虑。虽然已经体现出运动了,体现出必然性来了;但是呢,这些运动和必然性本身并不是知性的对象。"本身并不是知性的对象"打了着重号,这就说明自我意识的活动在这个层次上面,它的定位。比如说自我意识为什么有这样一种能力,自我意识何以可能,这个康德是不讨论的。他所有的问题最后都归结到自我意识。数学何以可能,自然科学知识何以可能,形而上学何以可能,最后归结到自我意识;但是自我意识何以可能,这个是康德不谈的。他认为我们规定到自我意识就已经够了,你再问的话,那就是自在之物了,那我们就不能认识了。所以他没有把这种运动和必然性当作它的对象。为什么必然是这样的,为什么恰好就是十二个范畴? 必然就是十二个范畴;有没有别的可能呢? 有没有十三个范畴或者十一个范畴呢? 这种必然性何以可能? 康德也不加考虑。康德说,恰好就是十二个,那没办法。科学家有些东西也是既定的,也是不加解释的,比如说牛顿的超距作用,牛顿对超距作用就没有解释。太阳和月亮之间是真空,太阳和地球之间也是真空,引力为什么能够起作用呢? 靠什么东西去起作用呢? 牛顿也只说了一个万有引力,他就不说了。所以康德以此来为自己辩护,那么我也可以说,有一个自我意识,这是我发现的;至于这个自我意识从何而来,那我也可以不说。我发现有十二个范畴,至于为什么是十二个范畴,我也可以不说。我追溯到这里,假定到这里,就够了。所以这种运动和必然性都还没有成为知性的对象,知性没有去深度地考察它。它只是体现出来而已，体现出来有一种必然性，有一种运动，这就是知性的最高原理，即自我意识的统觉的综合统一作用。那么，"相反，知性在它们中以正电和负电、距离、速度、引力及成千其他事物作为对象，这些对象构成运动的各个环节的内容"，规律和力，它的运动，它的必然性，并不是知性这个阶段上的对象，知性在这个阶段上，它们以另外一些更加具体的东西作为自己的对象，比如正电和负电，距离、速度、引力等等，成千的、成百上千的其他的事物作为它的对象。知性还陷在一些具体的材料之中。在康德那里，知性的任务就是要把握经验的材料，那么知性把握经验的材料就出现了知性的种种其他的对象，知性当然离不开这些对象，它必然要把这些对象作为对象来加以规范，来加以统摄。这些对象构成运动的各个环节的内容，这是它们不自觉地构成的。先验自我意识的统觉构成了这样一些内容。但是这个运动本身不是知性所考察的，知性只是假定了这样一种运动，然后以这种运动作为前提来考察其他的对象，但是对这运动本身，还没有把它作为对象加以考察。这就是前面已经多次讲到的，知性在讨论自然科学的种种运动形式，正电和负电、自由落体、万有引力，考察这所有这些形式，但是，没有从这些形式里面去考察，是什么东西使我把这样一些形式当作是无限的，当作是一种不断转化的运动，当作是一种具有必然性的运动。这必然性从何而来，知性在这个时候还来不及去考察。

正因为如此，在这种解释中有如此多的自我满足，因为意识在这里为了这样表达出来而和它自己作直接的自我交谈时，只不过是在自己欣赏自己，虽然在这里看起来推动了某种别的东西，但实际上它只是在自己和自己兜圈子。

这就带有批判性了。"正因为如此，在这种解释中有如此多的自我满足"，这样一种解释，我们讲了，这都是知性的自我解释，或者用康德的话来说都是知性的先验的构架，一套先验的构架，或者一套先验的逻辑，这套先验逻辑是我们建构对象的一种骨架，但是只是建构起现象的知识,对于物自体来说则毫不相干。所以这只是我们的解释。在这种解释中,有如此多的自我满足,满足于这样一种先验的解释。我们不能够超越于这种先验的解释去规定那个自在之物,我们有了这些解释就够了,它可以把握那些经验的对象,包括正电和负电,包括时间空间等等,那就够了。我们又有先验自我意识的统觉,又有它的具体的内容,又有形式又有内容,那不就自我满足了吗?"因为意识在这里为了这样表达出来而和它自己作直接的自我交谈时,只不过是在自己欣赏自己",这带有一种讽刺的意味了,意识在这里,为了这样地表达出来,为了表达出这样的解释,只是在和它自己作直接的自我交谈。它只是在自己和自己谈话,自我欣赏而已。康德的主观唯心主义,也包括费希特的主观唯心主义,都是属于这种方式,都是在自己跟自己对话,自己跟自己交谈。"虽然在这里看起来推动了某种别的东西,但实际上它只是在自己和自己兜圈子",就是说这种主观唯心主义的解释方式超不出自我意识的意识阶段,只是在主观的自我意识的意识阶段里面兜来兜去,转来转去。它没有意识到,这种运动本身也可以成为它的对象,它没有把运动本身当作它的对象,没有把这种无限性本身当作它的对象,或者说即便当作它的对象,也是在意识的范围之内,在主观的范围之内,没有超出它的主观的范围。所以它只是在自己和自己兜圈子,没有触及到自在之物,包括费希特也是这样。费希特自我设定非我,这个非我还是自我所设定的;那么这个非我如何要这样设定?后面肯定还有一个自在之物。当然费希特可能不承认,但是黑格尔指出来,费希特并没有真正地扬弃自在之物,他还是有一个假定,因为这个非我虽然是自我设定的,取决于自我意识的作用;但是它为什么要这样设定而不那样设定,后面肯定还有一个原因,只是它没有说出来。所以康德和费希特的主观唯心主义只是在自我意识的内部兜圈子,外部的世界还没有受到触动。这样的自我意识,当然可以说是自我意识了,但是还没有展开自我意识的内容,还只是一种形式的自我意识,自我意识的统一性的形式。而按照黑格尔自己的理解,自我意识应该具有全面丰富的内容，应该是整个世界，应该是把整个世界当作自我意识的内容。当然首先是人自己，人自己的生活，人的生命，人的欲望，人的斗争。与人斗，与自然界斗，这些东西都属于自我意识的内容，包括伦理、道德、宗教、社会，都应该把它纳入进来。但是在康德和费希特那里，都没能做到这一点。自我意识开始出场，在它出场的时候，一开始是有缺陷的，是主观的，还不具有它的真正客观性。

在作为前一规律之颠倒的这一相反规律里，或者说，在这一内在区别里，无限性本身虽然成了知性的**对象**，但知性又错失了无限性本身，因为它把这自在的区别，把同名者的自身排斥，把自身吸引的不相同的东西重又分配到两个世界或两个实体性的元素上去了； [113]

我们来看看这半句，它是接着上面一段来的，就是在这样一种自我意识的意识状态之下，"在作为前一规律之颠倒的这一相反规律里"，前一规律之颠倒的相反规律，就是说第二种规律了。第一种规律是知性面对自然界所设定的那一套规律，如自由落体定理、万有引力定理等等。作为这样一套规律之颠倒，前面讲了，就是在第一种规律里面是甜的，在第二种规律里面是酸的，在第一种规律里面是正极的，在第二种规律里面是负极等等——这样一种颠倒的规律，这里面的区别是内在的，它恰好已经开始显示出无限性了。虽然最初还没有从第二个超感官世界的层次上来理解，还是停留在第一个超感官世界的层次上，比如说酸的和甜的、正电和负电等等，这都还是很具体的；但是，它已经是一种相反的规律了，这种无限性已经"成了知性的**对象**"。第一种规律，它那种区别还是在现象中的区别，第二种区别已经是一种内在的区别。然而，在内在的区别里，无限性本身虽然成了知性的对象，"但知性又错失了无限性本身"。无限性已经成了知性的对象了，为什么呢？因为所谓无限性就是内在的区别，我们前面讲了，110页上面一段最后一句："只有这样，它才是作为**内在**区别的区别或**自在本身**的区别，或者说它才是无限性"。无限性已经是内在区别了，在这种内在区别里，无限性本身虽然成了知性的对象，虽然这个时候，知性已经以无限性为对象了，它达到了这样一种颠倒，这样一种自我转化的层次，但知性又错失了无限性本身。为什么错失了无限性本身？"因为它把这自在的区别，把同名者的自相排斥，把自身吸引的不相同的东西重又分配到两个世界或两个实体性的元素上去了"。就是说，当这种无限性在知性面前作为对象显露出来的时候，知性错失了它，也就是错误地理解了它。它面对这样一种无限性，这样一种建立区别又扬弃区别，既有区别又没有区别的自身颠倒，它理解为什么呢？理解为这种区别是两个世界的区别，或者两个实体性元素的区别。它把这种区别又分散开来，分配到两个不同的东西身上去了，而不是把它看作同一个东西的自身区别。就是说，它想要把这些区别再次固定下来，不是同一个东西的自身区别，而还是两个外在东西的区别。对于矛盾，对于同名者的自相排斥，知性感到恐惧，力图将矛盾双方隔离开来，不是把它理解为同名者的自相排斥，而是理解为两个外在东西的互相排斥。把自身吸引的不相同的东西，重又分配到两个世界中去。哪两个世界？一个是现象的规律的世界，一个是内在的世界。内在的世界在康德那里就是物自体，物自体是不可知的。所以凡是遇到自相矛盾的地方，康德就把矛盾双方分配到两个世界中去，一个是现象界，一个是物自体的世界，把它们划分开来。康德特别强调这种划分，你要把自在之物和现象严格区分开来，把那种不变的一方面呢，把它归到自在之物。把变的一方面归到现象界，那么你就可以左右逢源了，就可以把"二律背反"化解掉了。现象和自在之物就是两个实体性的元素，它们都是存在，一个是现象的存在，一个是自在之物的存在。所以有两种本体论，一个是现象界的本体论或者存在论，一种是自在之物的存在论。这种划分是康德解决无限性矛盾的法宝，但其实矛盾在康德那里并未被克服，费希特也没有克服。因为按照黑格尔的理解，费希特并没有完全摆脱康德的自在之物。

　　这运动正如它在经验中存在的那样，对知性而言在这里是一个事件，而同名的东西和不同的东西都是些**谓词**，这些谓词的本质乃是一个存在着的基质。

"这**运动**"，运动打了着重号了，就是说其实在所有这些颠倒和区别后面，起支配作用的是运动，但是运动没有成为知性的对象，我们通常说知性一般来说不适合于把握运动，你要把握运动必须上升到理性，理性才能把握矛盾，把握矛盾才能把握运动。所以知性遇到运动就束手无策，要么就把运动的矛盾分配到两个不同的世界里面去，以避免矛盾或者消除矛盾，因此它是把握不了运动的。所以他说，这种运动，"正如它在经验中存在的那样，对知性而言在这里是一个事件，而同名的东西和不同的东西都只是些**谓词**，这些谓词的本质乃是一个存在着的基质"。就是说，这种运动，正如它在经验中所存在的那样被加以把握，加以理解。在经验中怎么存在的呢？要么就是一团乱七八糟的变化，过眼烟云，你把握不了；要么，你要把握经验中的运动，你就必须对它加以规定，加以区别，那就必须要建立起第一个超感官世界，建立起第一种规律，这就是知性对经验的运动的把握，在自然科学中就是机械论的把握。所以讲，知性把握这种运动就像它在经验中存在的那样，运动在这里是一个事件（Geschehen，原意为"发生的事"），而同名的东西和不同的东西都只是些谓词。[①] 运动当然是一个事件了。而同名的东西和不同的东西，同名的东西就是，我用同一个名称可以指一个东西（如"杯子"）的现象，也可以指它的物自身，它的名称是不变的，标志一个实体；而不同的东西就是那种变化的东西，范畴啊，属性啊，偶性啊都是，它们都只是些用来描述这样一个事件的谓词。这些谓词的本质乃是一个存在着的基质。变和不变都是些谓词，这些谓词没有自己的本质，它们的本质就是一个存在着的"基质"（Substrat），这个拉丁文的意思是支撑物、基底，相当于实体（Substanz），或者说自在之物。所有这些谓词都是变来变去或者变中的

---

① 经典的表述是康德的命题："一切发生的事都有其原因。"见《纯粹理性批判》B13。

不变等等，都是些谓词，它们都是用来描述背后的那个基质的。背后的那个基质究竟是什么？它是不能够在这样一些谓词上直接显现出来的，它躲在背后，自在之物躲在背后。而所有这些描述呢，只是我们的描述而已。所以这就可以避免矛盾啊，你要说是那个基质本身的一种本性，那就会有矛盾了。如果你说这只是我们的一种说法，那就没有矛盾了，那就是主观的了，那就只是我们对经验的一种规定了。在经验世界中，我们对运动的规定就只能是这样规定了。我们不能把这种运动看作是自在之物本身的运动，自在之物是不变不动的，而我们对它的描述是可以变来变去的，这就是用分配到两个不同的世界中这种办法来解决这样一种矛盾，运动的矛盾。

在知性看来，包在感性外壳中的对象就是同一个东西，对我们来说，它在其本质形态中是作为纯粹概念而存在的。

注意这句话，"在知性看来"和"对我们来说"，这是两个不同的眼光，不同的立场。前面在知性看来，就是指一直在讲的知性怎么看，知性怎么样把这样一种区别分配到两个世界、两个实体性元素中去，这是知性的立场、知性的态度。在知性看来，"包在感性外壳中的对象就是同一个东西"，包在感性外壳中，这跟前面讲的呼应起来了，就是这种运动正如它在经验中存在的那样，对知性而言在这里是一个事件。对知性而言是一个事件，那就意味着在知性看来，这样一个事件是包在感性外壳中的一个对象。在经验中的嘛，肯定是包裹在感性外壳之中的，而这样一个对象是不变的，是没有运动的同一个东西，它相当于自在之物。那么"对我们来说"，这个"我们"在这里也就是旁观者，我们研究精神现象学的人，旁观者清。但是知性呢，看不清楚。知性深陷其中。知性认为，这种运动是一种感性的外壳，而包裹在这个感性的外壳中的那个对象，那个自在之物是不动的，凡是动的，凡是转换着的，都是我们对它的一种规定、一种解释。那么这同一个东西对我们来说呢，"它在其本质形态中则是作为纯粹概念而存在的"。那个自在之物是什么东西呢？那个包裹在感性外壳中的不变的对象是什么东西呢？对我们来说，我们看得很清楚，它在其本质形态中，就是说这个自在之物就其本质而言，它其实就是作为纯粹概念而存在的东西，它就是纯粹概念。所谓的那个客观存在，那个自在之物，其实是一种纯粹概念。当然黑格尔讲的纯粹概念不一定是主观的，它是客观的概念。这是我们旁观者已经看出这一点了，这样一种自在之物在其本质形态中就是纯粹概念，但是知性在它的意识的经验历程中，它还没有意识到这一点。

要么对于区别如同它**在真理中**存在的那样加以统握，要么对**无限性**本身加以统握，前者是**对我们而言的**，后者是**自在的**。

"对于区别如同它**在真理中**存在的那样加以统握"，或者"对**无限性**本身加以统握"，"前者是**对我们而言的**，后者是**自在的**"。就是说这里有两种立场，一种是我们的立场，一种是知性自在的立场，这是接着上一句的意思来讲的。对我们而言，由于我们已经立足于纯粹概念，所以我们能够对区别和运动如同它在真理中那样来把握；而知性还停留于靠自在之物来回避和隔离区别及其运动在经验中所显现出来的矛盾。知性对无限性的统握是自在的，也就是将它包裹在感性的外壳中，不让它见天日，使它成为不可认识的自在之物，而不是自在自为的活动。这就把区别运动的真理阻断了。知性没有意识到，它的这种统握已经自在地以无限性本身为对象了。而我们呢，对于区别已经能够把它如同在真理中那样来把握了。知性对无限性本身加以把握，这种把握是自在的，还没有把它像在真理中那样把握，而仅仅是把这个无限性本身加以自在地理解。例如康德，每当谈到涉及无限性的问题，他都将之归于自在之物，而他这种理解本身就是自在的理解。所谓自在的统握或理解，就是说他实际上已经把自在之物这样一个"纯粹概念"、理念提出来了，也把无限性的概念提出来了，但他却表示自己无法认识它，宣称自在之物不可知；这表明他对于自己已经知道的东西还没有达到自觉，他的这种知道还停留于自在的状态。所以这种对无限性本身的理解是自在的，还没有在真理中把握它们，就还没有把握住真无限性。

对无限性这个概念的阐明属于科学的事；但是意识，当它**直接**拥有这个概念时，又再次以意识的特有形式或新的形态出场，这个新的形态在前此的进程里并没有认识到自己的本质，而是把它看成某种完全不同的东西。

"对无限性这个概念的阐明属于科学的事"，我们前面讲了，在黑格尔看来，他单独用"科学"这个词，基本上就是指逻辑学，特别是在《精神现象学》里面，他单独用科学这个词的时候，基本上讲的就是逻辑学，就是逻辑学的概念体系、范畴体系。那么要对无限性这个概念加以阐明，这属于科学的事，也就是属于逻辑学的事。在《逻辑学》的"存在论"里面讲到了无限性这个概念，作为一个范畴，无限性到底是什么含义，这属于逻辑学的事情。我们旁观者如果有了逻辑学的准备，胸有成竹，我们就可以看出来，知性在这里搅来搅去的在干什么，无非是陷在无限性的概念里面转来转去，转不出来。知性在这个阶段上面呢，它还是自在的，它没有意识到自己的这种绝望，这种无出路。虽然它没有认识到这一点，但知性已经自在地把自己提高到一个新的阶段了。"但是意识，当它**直接**拥有这个概念时，又再次以意识的特有形式或新的形态出场"，意识，当它"直接"拥有这个概念，"直接"打了着重号，就是在知性这里，无论如何，意识拥有了这个概念；但是这个时候还是直接地拥有，还没有在科学中对之加以概念的阐明。知性还没有对这概念加以反思，它直接遭遇了无限性概念，于是就直接把它拿过来作为对象了。但是它的理解是非常直接的，就是这个无限性，既然它有一种内在的无限的区别，那么为了避免这种区别陷入到矛盾，我就把它切断，分配到两个世界里面去，凡是出现矛盾的地方，我就归之于不可知的自在之物。这样知性就错失了无限性这个概念，就是说，本来已经到手了，但却无法将它把握在真理中。但毕竟，它直接拥有了这个概念，这使得意识焕发了新面貌，以其特有的形式或崭新的形态出场了。这个时候意识已经拥有了无限性的概念作为它的对象了，那么意识跟以往就大不相同了，虽然它还没有进入到无限性的概念里面去，但是它直接拥有了无限性的概念，这个时候，意识就呈现出一个新的面貌，那就是自我意识。所以意识已经作为自我意识出场了，在康德那里，在费希特那里都达到了自我意识，因为他们都拥有了无限性概念。"这个新的形态在前此的过程里并没有认识到自己的本质，而是把它看成某种完全不同的东西"，在前此的过程里面，也就是说在感性确定性里面，在知觉里面，以及在知性的前面那些阶段里面，总之在整个"意识"部分的前三章，在还未进入到"自我意识"部分 (第四章) 的时候，这个自我意识都没有在里面认识到自己的本质。虽然有，但是呢，意识还没有从中认出自己的本质，没有认识到自己本质上其实就是自我意识，反把自我意识看成某种与自己完全不同的东西。这个自我意识的本质就是这种无限性了，这种无限性的本质一直都在背后隐而不显，没有出场，甚至在知性已经得到了它的概念时，又把它错失掉了。或者说意识在知性的最后阶段上，虽然它已经拥有了无限性的概念，但是它同时又错失了这个概念。为什么失掉了？因为它出于自身的惯性，又把它分解了，不把它看作同一个东西的自相矛盾性，而是看作是两个外在东西的冲突，并将双方分别置于两个不同的世界中以避免冲突。因此它错失了这种无限性。但是虽然它错失了无限性，但是只要它把无限性当作自己的对象，它就已经建立起了一种新的意识形态，这就是自我意识。这个在康德那里就已经是这样了。康德已经开始把无限性当作自己的对象了，只不过呢，他把这个无限性又错失掉了；但是尽管如此，它的自我意识的概念已经建立起来了。虽然是抽象的，虽然是不完整的，但是它已经有了一种新的形态。这种新的形态还没有从前此的各种意识形态中认识到它自己的本质，反而把自己看作是某种完全不同的东西。如康德就没有意识到他所谓经验性的直观本身里面就有自我意识，反而把认识归结于两个完全不同的来源，一个是先验自我及其范畴，另一个是经验直观。

——由于这种无限性的概念是意识的对象，所以意识就意识到这区

663

别同样是**直接**被扬弃的东西；它是**本身自为的**，它是**对无区别者的区别**，或者说，它是**自我意识**。

这句话就是解释这个意识的特有的新形态究竟是一种什么形态。"由于这种无限性的概念是意识的对象"，意识在这个阶段上就是知性，知性把无限性的概念作为自己的对象，也就是作为意识的对象，"所以意识就意识到这区别同样是**直接**被扬弃的东西"。正因为意识把无限性作为对象，它也就是这样一种意识，即意识到这种区别同样也直接地被扬弃了。意识直接拥有无限性概念，所以直接扬弃了区别，这就是意识所直接意识到的无限性，它表现为区别的首尾相接、内部循环了。这么个意识就是对无限性的意识，"它是**本身自为的**"，本身自为，也就是说意识在这里是自己为自己的，它不是为了别的东西，也不是由别的东西所决定，它自己决定自己。如何自为呢？"它是**对无区别者的区别**，或者说，它是**自我意识**"，对无区别者的区别，就是意识对自身作出区别，一个意识，一个对象；但这种区别是对无区别者的区别，因为这个对象其实就是意识本身，本来和意识是没有区别的，所以这种对无区别者的区别就是意识的自我区别，那它当然就是自我意识了。自我意识无非是意识自己区别自己，意识把自己和自己区别开来，也就是把自己当作自己的对象；当它意识到这其实是没有区别时，那就是自我意识。自我意识无非就是这个东西，无非就是意识把自己当作对象来看，同时又意识到这个对象就是意识自身。意识自己怎么能把自己当对象看呢？除非这个对象是你自己从自身区分开来的，没有外力把你切开来，是你自己出于一种自发性，出于一种自为，把自己排斥开，把自己远距离地加以观察，这就是自我意识了。

我把我同我自己区别开，而这对我来说直接处于这种区别的并无区别之中。

这句话等于是对于自我意识的结构做了一种规定了，所以很重要，他全部打了着重号。他说，"我把我同我自己区别开，而这对我来说直接处于这种区别的并无区别之中"，我把我同我自己区别开，我自己区别开自己，而这种区别、这种做法对于我来说直接处于没有区别的状态。我区别我自己，这叫什么区别呢？这还是没有区别。即算有区别，也是我自己的区别，我自己区别自己，那么我自己所区别开来的这个自己还是我，并不是别人，并不是别的东西，所以它跟我是没有区别的。但是既然你能够说它跟我是没有区别的，说明它跟我还是有区别的。你能够说它跟我是没有区别的，那你一定进行了一番比较了，你发现这个跟那个其实是一回事。你能够进行这一番比较，就恰好说明它已经区别开来了。所以这里头有一种矛盾，有一种辩证法。只有它已经有了区别，你才能说这种区别是没有区别。而这种区别，这种没有区别的区别，作为自我区别，虽然没有区别，但是已经有区别了，已经跟那种原始的朴素的自我不同了。所以自我意识无非就是意识的这样一种自相矛盾性，自我排斥又自我回归，把自己变成对象，又从对象上回到自我，又意识到这个对象无非就是自我，这就叫自我意识。所以他这一整句话都打了着重号，这一句话是非常重要的。

　　我，同名者，自己排斥了我自己；但这个被区别开、被建立为不同的东西，通过它被区别开来，直接地对我不是什么区别。

　　这等于是解释刚才这句话。同名者自己排斥了我自己，同名者，我就是同名者，我从头至尾都是同名者，行不改名坐不改姓，我就是我；但我自己排斥了自己，我把我自己排斥开来，我把我自己当作对象来看，把自己放在一个远处来看，或者我跳开我自己，我跳到一边来看我自己，进行自我批判。这就是我自己排斥了我自己。"但这个被区别开、被建立为不同的东西，通过它被区别开来，直接地对我不是什么区别"，这个被区别开、被建立为不同的东西，它建立了一个不同于我的我；而通过它这样被我区别开，由于它还是被我区别开来的，所以呢，它直接地对我不是什么区别。它对我不是间接地，而是直接地就没有区别。如果是间接的，那你就必须把它分到两个不同的世界里面去，一个是现象的我，一个是自在之物的我，用弗洛伊德的话来说，一个是本我，一个是超我；一个是潜意识的我，一个是意识的我。但是，这里是直接地对我没有什么区别，这才是辩证法。你把它分到两个世界里面去，这就已经肢解辩证法了，这就已经是表面的东西了，没有把握到真正的根。真正的根在于矛盾，运动的根、区别的根在于矛盾；而矛盾就是自相矛盾，自己跟自己相矛盾，直接地矛盾，不是通过别的东西，不是分派到两个不同的领域里面，那不叫矛盾，那顶多可以叫做对立，或者叫做差异，叫做区别，但是那不叫矛盾。真正的矛盾的区别就是自己跟自己相区别，直接地自己跟自己相区别。这对于习惯于知性思维的人，对于习惯于数学头脑的人来说，是不可思议的，好像很神秘，但事情就是这样。知性思维和数学的思维只是思维的一个方面，是有局限的。而真正的世界观，真正的本体论，它必须要立足于一种看起来好像是神秘的东西，其实并不神秘，万物都是这样的，万物都是自己跟自己相区别，自我否定，向自己的对立面转化。这其实是一种很朴素的观点，中国古人早就在《易经》里面，在老子《道德经》里面，发现这样一种自己跟自己不同的原则了。在古希腊像赫拉克利特、柏拉图，他们也阐述了这一原理。但是后来随着自然科学的兴起，把那些东西当作是迷信，当作是神秘主义，把它抛弃了。于是我们的思维，人类的大脑，就形成了一种机械的习惯。而黑格尔现在呢，把它恢复过来，并且把它变成一种新型的逻辑学，这个很了不起。古人的那些思想不是逻辑，是很朴素的，但是这种东西，这种具有真理性的东西，在黑格尔这里把它变成了一套逻辑，一套辩证逻辑。他认为事情就是这样的，这就是事情本身的逻辑。事情自己跟自己要不同。事情本身的逻辑同时又是本体论，就是万物的本质都是这样的。

{102} 　　**虽然说，一般对于一个他者、一个对象的意识，本身必然就是自我意识**，是在自身中得到的反思，是对自己本身在自己的他在中的意识。

　　"虽然说，一般对于一个他者、一个对象的意识，本身必然就是**自我意识**"，就是一般来说，凡是对一个对象的意识，必然都会是自我意识。就是说，意识都是自我意识。意识本来只是把自己和对象区别开来，前面讲了，只有把自己和对象区别开来才是意识，如果分不出自己和对象了，那么就可以说丧失意识了。所以意识一般来说就相当于"对象意识"，这是通常的看法，也是前面从一开始谈意识、谈感性确定性就遵从的观点。但我们一直不知道，其实这种对象意识本身必然就是自我意识，我们从感性确定性一直走来，一直走到现在，我们才猛然发现，其实我们一直在谈的正是自我意识。意识到现在才发现它本身就是自我意识，因为任何一种意识其实都"是在自身中得到的反思，是对自己本身在自己的他在中的意识"。在自身中得到的反思，我们一开始谈感性确定性，谈知觉和知性，这都是在反思，我们的每一种意识里面都在自身中反思自己，把自己当作对象来反思，都在自己他在中意识到自己，都是我自己在我的他在中，在我的另外一个存在中的意识。只要我有意识，那就是自我意识。笛卡尔讲"我思故我在"，康德讲"我的一切表象都是我的表象"，萨特讲"反思前的我思"，都是这个意思。就是一切意识里面都有一个"我"，都是我的意识，所以都是自我意识；只不过在前面的意识形态中我们把这个"我"撇在一边，没有注意到对象意识本身所必然带有的反身性。所以，虽然凡是对一个他者、一个对象的这样一种意识，必然是自我意识，但我们却从来没有意识到。这句话里面的"虽然说"，就是为后面讲到我们长期没有意识到这点作铺垫的。下面一句还是讲的"虽然"，前一句的"虽然说"还没完，还要管到下一句：

这种从意识此前的几种形态，即曾把它们的真实东西看作与它们自身相当的一个事物、一个他者的那些形态而来的**必然进展**，恰好表明了不仅对事物的意识只有对一个自我意识才是可能的，而且表明了只有自我意识才是前面那些形态的真理。

这句话还是从"虽然说"贯下来的，一直到这句话完了以后，下面一句话"但是"，这才呼应上来的。虽然说，一般对于一个他者、一个对象的这种意识，本身必然就是自我意识；又虽然说，"这种从意识此前的几种形态，即曾把它们的真实东西看作与它们自身相当的一个事物、一个他者的那些形态而来的**必然进展**",这种必然进展是从意识的前面几种形态,从感性确定性、知觉和知性而来的,它们都属于前面这几种形态,包括力、力和力的表现、规律等等,这都是前面的几种形态。这些形态的进展曾经"把它们的真实东西看作与它们自身相当的一个事物、一个他者",也就是在主客对立、主客相应的真理模式中进展。这些形态对于这个必然进展来说,它们的真实东西,或者说它们的真理,曾经是与它们本身相当的一个事物或他者。它们的真理在什么地方?曾经是在一个事物、一个他者之中,在对象之中。把自己的真理看作是在对象之中,前面所有那些形态都是这样一种形态,所以它们都是一些对象意识。意识也可以叫做对象意识,以与自我意识相区别。这种意识形态把自己的真理看作就是要符合对象,这是自从亚里士多德以来对真理的定义,认为真理就是观念要符合对象,主观要符合客观,要与客观相当。前面几种形态都曾经是这样一路进展而来的,而且是必然进展过来的。但这样一种必然进展,"恰好表明了不仅对事物的意识只有对一个自我意识才是可能的,而且表明了只有自我意识才是前面那些形态的真理"。这个必然进展打了着重号,也就是说从意识的前面那几种形态里面进展到这一步是必然的,即恰好表明了,不仅对事物的意识即对象意识只有对于自我意识才是可能的,而且表明只有自我意识才是对象意识的真理,这是一个不可阻挡的必然进程。对象意识只有对自我意识才是可能的,这个在康德那里就已经揭示了,也就是现象中的对象是由自我意识建立起来的,客体是由主体建立起来的,人为自然界立法,没有自我意识的能动作用,就没有知识的客观性。前面那些必然的进展如果没有自我意识的话,它的必然性是显不出来的,前面讲了,它们都会显得是偶然的。为什么你从感性确定性到知觉,从知觉又到知性的力和规律,又到第一个超感官世界和第二个超感官世界?如果没有自我意识出来,所有前面那些东西的必然性都显不出来。当然背后其实是有必然性的,背后的必然性就是自我意识。所以自我意识和它的各个范畴就是这种必然进展里面的必然性，它支配着、决定着所有前面那些环节，康德的"先验演绎"就是讲的这件事。所以对于事物的意识只有对一个自我意识才是可能的，但不仅如此，而且自我意识是对象意识的真理。这个就超出康德的理解了。在康德看来，自我意识是真理的条件，是真理之所以可能的前提；但它只有建立起客观对象来才算是建立起了真理，它的那套范畴体系是"真理的逻辑"，也就是建立真理的一套逻辑，但本身还不是真理，还需要塞进各种经验性的材料，否则它们就是"空的"。而现在所表明的是，"只有自我意识才是前面那些形态的真理"，只有自我意识才是对象意识的真理。对象意识的真理根本说来不是与一个外部对象的符合，而是与意识本身相符合，是自我意识的自相符合。所以这个里头，这个"不仅……而且"，说明了自我意识不仅是对象意识的确定性，而且是它的真理性。我们前面讲了，确定性和真理性是《精神现象学》始终在纠缠的一对矛盾，首先你要把它确定下来，然后你要把它底下的"事情本身"找出来，那就是把它的真理性揭示出来。一方面有规定，确定性就是规定性，你要把它定位。另一方面，你要为这个定位找到它的对象，你这个定位不是你主观随意定的，也不是仅仅主观上的一种必然性，而且是符合客观的，它是有真理性的。那么只有自我意识才是前面那些形态的真理，也就是说只有自我意识才是前面那些形态的事情本身，它们都要符合自我意识。这是由前面的那些形态的必然进展所表明出来的。不过，"虽然说"如此，知性的意识却尚未自觉到这一点。这句话也属于"虽然说"，是为了引出下面这句的：

　　但是只有对我们来说，这个真理才是现成的，对意识来说尚非如此。自我意识刚刚成了**自为的**，还不是作为与一般意识**相统一**的。

　　这个"但是"就和前面讲的"虽然说"接上气了。前面讲，虽然一切对象意识都是自我意识，虽然我们已经揭示出真理来了，自我意识就是对象意识的真理，"但是只有对我们来说，这个真理才是现成的，对意识来说尚非如此"。现成的也可以翻译成现成在手的，也就是我们拿到了的，在手头的。而对意识来说尚非如此，在意识那里还不是现成的，还需要更上一层楼才能拿到手。前面讲了，知性虽然是以无限性作为对象，但是知性又错失了无限性本身。这个地方也是讲，所有这些意识形态的必然进展已经表明了，对事物的意识只有对自我意识才是可能的，对象意识以自我意识为前提，而且只有自我意识才是前面那些形态的真理，这个已经表明了；但是只有对于我们旁观者来说，这种真理才是现成的，才是已经把握在手了的，而对于意识来说，在知性的对象意识的阶段上，还没有达到这一步。因为在知性的阶段，意识本能地要把自我意识的区别双方分配到两个不同的世界里面去，一个是自我意识本身作为一种活动，它的作用体现在现象界，体现在建立起经验对象上；但同时它本身又是自在之物，不能对自身进行探讨，而只能接受。所以知性还没有把自我意识当作一个现成的真理把握住，它是摸不透的，它不知从何而来。你要把它从何而来的搞清楚，那只有上帝，或者除非你有了上帝那样的知性直观，才能够做得到。这就是康德所停留的那个知性意识的阶段，所以在这个阶段上，这样一种自我意识的真理还不是现成的。因为在这个阶段上，"自我意识刚刚成了**自为的**，还不是作为与一般意识**相统一的**"。自我意识刚刚成了自为的，刚刚从对象意识中分化出来，刚刚意识到自己的自为性，意识到自己是为自己的，是能动的，意识到所有的知识都是它自己建立起来的，都是人为自然界立法建立起来的。所以在这个初级阶段，自我意识初步成了自为的，还不是作为与一般意识相统一的，就是说，不是与对象意识相统一的。一般意识就是指对象意识，前面讲了，它是把自己的真实东西看作与自己本身相当的一个事物、一个他者那样的意识形态。自我意识也是把自己的真理当作一个他者，当作一个对象，只不过呢，自我意识在它的最高层次上面呢，已经把这个对象看作就是它自己，所以它已经是自为的；但是，它还不是作为与一般意识相统一的。就是说自我意识到了意识的这个最高阶段，已经超越了把自己的真理看作是对象的意识，它已经把"对象"看作了自己；但是这个时候，它还没有把"一般对象意识"看作自己，因此自我意识和对象意识还没有达到真正的统一。因为自我意识一旦展示出来，它就必须要展示它自己的客观的、对象意识的内容，它从对象意识里面超拔出来，要回过头来把所有的对象意识都作为它自身的环节加以把握，才能达到它与一般对象意识的统一。这就是康德所未能做到的，他只是提升到自我意识的自为这里就止步了，还没有达到自在自为，没有达到主客观的真正统一。前面那些一般意识虽然还没有提升到自我意识的层面，但是呢，它们有对象。而到了自我意识的层面，它已经超越了前面的那些对象意识，但是呢，它本身却还不是对象，它的对象是用外来的经验材料建立起来的。所以它还有待于自行去建立它自己的对象世界。如果说，一般意识是正题的话，那么自我意识是反题，仅仅是一种否定性，它还没有达到合题，还没有达到自我意识和对象意识的统一，或者意识和自我意识的统一，成为真正有充实内容的自我意识。它还没有达到，它刚刚发展出来嘛。发展出来之后它就要回过头去，要达成这种统一，走向合题。这就给我们留下一个话题，这个话题应该就是下面第四章所要讨论的。

　　<u>我们看见，凭借现象的内在东西，知性在真理中所经历的不是什么</u> [114]
<u>别的东西，而只是现象本身，不过不是像现象作为力的转换而存在那样，</u>
<u>而是像力的转换在其绝对普遍的环节里和在这些环节的运动中那样，实</u>
<u>际上知性经历的只是**它自己**。</u>
　　"我们看见"，就是我们这些旁观者从前面讲的所有这一切中看到，看到什么呢？"凭借现象的内在东西，知性在真理中所经历的不是什么别的东西，而只是现象本身"。凭借现象的内在东西，我们前面讲了，现象有两个层面，一个是感官的现象，另外一个是超感官世界的现象，那就是规律的王国。超感官世界的现象是指内在的东西，属于现象的内在的东西，属于作为现象的现象。牛顿物理学的那些定理已经不是感觉的一些规定了，万有引力已经不能仅仅说是苹果掉下来砸到头上，而是作为

现象的现象。那么凭借这些现象的内在东西，知性在真理中所经历的无非是现象本身，现象本身就是作为现象的现象。它只是在现象界里面转来转去，在现象的内在东西中转来转去，寻求的是现象的真理。"不过不是像现象作为力的转换而存在那样，而是像力的转换在其绝对普遍的环节里和在这些环节的运动中那样，实际上知性经历的只是**它自己**"。知性在其真理中所经历的只是现象本身，但是，这个现象不是像它作为力的转换而存在的那样，它当然要经过力的转换，它在现象的内在东西中当然经历了力的转换，但是它要追求的是现象本身的真理，是在真理中的现象本身，而不是像现象作为力的转换那样，纠缠于力的换来换去，转来转去，陷入无是无非的诡辩。前面讲转换的时候就提到，这种转换是用抽象概念所玩的"把戏（Spiel）"，"由于它被这些**无意义的本质**所来回拨弄，由这一个被抛入到另一个的怀抱，努力凭借自己的诡辩交替地时而坚持并主张这一个本质，时而又坚持并主张那正相反对的本质，而与真理相违背"。① 当然现在早已不是这种情况了，现在是什么情况呢？是像力的转换在其绝对普遍的环节里和在这些环节的运动中那样，也就是像力的"转换"变成了力的"转化"那样。这些东西，就是说不再纠缠于那些具体的转换，南极和北极啊，正电和负电啊，从这一方转到那一方啊，而是像力的转换在其"绝对普遍的环节"里，又更深了一个层次了。前面是第一个超感官世界所干的事情，而现在是第二个超感官世界所干的事情，就是把力的转换深入到它的绝对普遍的环节。绝对普遍的环节是什么呢，就是把这个转换本身提取出来，把它的那些内容都扬弃掉了，正电和负电，南极和北极，惩罚和犯罪，把那些具体的内容扬弃掉了，只着眼于转换本身，单纯的转换，那就是同一个东西的转化运动了。所以是像"在这些环节的运动中那样"，把运动提取出来了。无限的转化，无限的运动，把无限性提取出来了。那么，我们看见知性已经走到这一步了，

①　参看《精神现象学》贺、王译本，第86页。

这就不再是停留在第一个超感官世界，而是在第二个超感官世界，在第二种规律中，这样来经历现象本身的。而这样经历现象本身，那么实际上知性经历的只是它自己，因为这已经是同一个东西的自我转化、自我经历。这就是自我意识的一个新的形态出现了，既然知性经历的是自己，那么就已经达到自我意识了。自我意识无非就是这样一种绝对普遍的环节，无非这样一些环节的运动，无非就是这样一种无限性，建立区别又不是什么区别，又扬弃区别。

一经提高到超出知觉之上，意识通过现象这个中介便显示为是和超感官的东西联结在一起的，通过现象，意识看透了这一背景。

"一经提高到超出知觉之上"，超出知觉之上就达到了超感官世界，就进入到了知性，这时，"意识通过现象这个中介便显示为是和超感官的东西联结在一起的"。意识通过现象这个中介，就和超感官的东西联结在一起，两个超感官的世界都是在知性中发生的，而知性是超出了感官和知觉之上的。当然只有在第二个超感官世界，才真正超出了感官世界，第一个超感官世界还和感官的东西、和知觉纠缠在一起。而意识到达超感官世界是通过现象这个中介的，现象是二重化的，一重与感官世界相联结，一重与超感官世界的规律相联结，后者是现象的完成，是作为现象的现象。这是前面已经讲过了的。所以说，"通过现象，意识看透了这一背景"，就是通过现象这个双重性的中介，意识从感官世界中看透了它后面的背景，那就是超感官世界，是无限性的概念，也就是自我意识本身。现象底下是超感官的东西，我们透过现象看本质，现象是一个中介，没有现象我们就看不出来，有了现象，我们还要透过现象去把握超感官的东西。我们在现象中形成了意识的各个阶段，一级一级地提升了我们的对象意识；而现在，意识在这个时候和超感官的东西联结在一起，因而通过现象，意识看透了这一超感官的东西的背景，看透了对象意识后面的自我意识背景。

这两端，一端是纯粹的内在东西，另一端是看透这纯粹内在东西的内在东西,现在就重合在一起了,并且,正如它们作为两端消失了一样,就连那个作为某种不同于它们的东西的中介,现在也消失了。

"这两端",这个时候,在知性的这个阶段上面的两端,"一端是纯粹的内在东西,另一端是看透这纯粹内在东西的内在东西,现在就重合在一起了"。一端是纯粹内在的东西,也就是说那种超感官世界,即第一个超感官世界,知性的规律,力的规律,那是纯粹的内在东西。对于现象来说,对于那种感官知觉的现象来说,它们是纯粹内在的,它们已经超出知觉之上了。这是一端。"另一端是看透这纯粹内在东西的内在东西",另一端就是第二个超感官世界,第二个超感官世界已经把这个内在的东西看透了,但是它本身也是一个纯粹内在的东西,是一个更加彻底的超感官的东西。现在这两个超感官世界成为了两端,都是内在的东西,但是后面这个内在的东西是看透了纯粹内在东西的内在东西。就是说,第一个超感官世界所展示出来的规律,本质上被看透了,实际上它们在互相转换中,作为转换的转换,向对立面转换,凡是有所规定都变成了这个规定的反面,这体现为同一个东西的自身转化,这就是第二个超感官世界里面所揭示出来的第二种规律。第二种规律是第一种规律的本质,第一种规律还是跟现象界直接挂钩的,跟知觉直接挂钩的,虽然它本身已经超出了知觉,但是它本身跟知觉直接挂钩,甜的东西,酸的东西,或者说黑的东西,白的东西,正电负电,南极北极等等,这样一些规律被看透了。但是这些规律在第一个超感官世界中,还是作为知性的一种解释,知性把它作为一种解释,来解释知觉世界的那些规律。只有在第二个感官世界即那个颠倒的世界中,知性才意识到这种颠倒的规律正是前面那种规律的本质,才进入到无限性这样一个圆圈的概念。于是这两个世界作为两端就在这个圆圈中首尾相衔接,就重合在一起了,知性的解释跟这个解释的对象现在就重合在一起了,这就达到了自我意识。知性的解释作为知性本身的内在东西本来和客观对象是分离的,意识和对象是对立的;现在对象就是意识本身,是意识的自我分化、分裂为二,意识所意识到的就是它自己，所以意识就成了自我意识。在自我意识中不再有主客两端的对立，它们进入到自我循环而不露痕迹，所以"正如它们作为两端消失了一样，就连那个作为某种不同于它们的东西的中介，现在也消失了"，什么是不同于它们的东西的中介呢，不同于这两个极端的那个中介就是现象。前面讲了嘛，意识通过现象这个中介便表明为是和超感官的东西联系在一起的，通过现象，意识看透了这一背景。所以这个中介就是指的现象，这个现象在自我意识里面也都消失了。在第一个超感官世界里面，现象还是必要的，因为第一个超感官世界那些规律就是对现象的规律，它就是用来规定现象的，它要建立的就是作为现象的现象；那么第二个超感官世界呢，最初也被理解为它是另外一种现象的规律，比如说甜的自在地来说是酸的，北极自在地来说它就是南极，这个时候我们把酸的、南极想象成跟那个显现出来的甜的、北极好像也是同一种现象，同样是一种现象，只是我们看不到而已，一种看不到的现象，一种知觉不到的知觉。在第二个超感官世界里面，我们最初是这样理解的，但是一旦我们达到自我意识，所有这些现象都消失了，我们从现象世界进入到了纯净的本质世界。

于是这个遮蔽着内在东西的帷幕就拉开了，而现成在手的乃是：内在的东西看透了内在的东西；这种对**无区别的**同名者的看透，这种对自己排斥自己、把自己建立为**有区别的**内在东西的同名者的看透——**但对于那有区别的内在东西而言，这同名者同样直接地就是两者的无区别性，**——这种看透就是**自我意识。**

"于是"，这是接着前面讲的，既然连作为中介的现象也都消失了，于是呢，"这个遮蔽着内在东西的帷幕就拉开了"，就是把现象拨开了，拨开云雾见太阳了，见到了事情的本质了，见到了内在的东西了。"而现成在手的乃是：内在的东西看透了内在东西"，前一个内在东西是指第二个超感官世界，后一个内在东西是指第一个超感官世界。在第二个超感官世界的顶点上，意识已经看透了第一个超感官世界，看透了其中的内在东西的本质,知性的解释的本质。知性的解释也是内在的东西,但它不过是对象中的内在东西的表现,主观解释中的规律不过是第二种规律的表现。而第二种规律其实就是运动,就是作为一的力,其实就是那种生命的不安息,就是那种宇宙的灵魂,脉搏的跳动,等等。这是由内在的东西所看透了的内在的东西,而这种看透是我们已经现成在手的了。"这种对**无区别的**同名者的看透,这种对自己排斥自己、把自己建立为**有区别的**内在东西的同名者的看透——但**对于那有区别的内在东西**而言,这同名者同样直接地就是两者的**无区别性**,——这种看透就是**自我意识**",这里进一步对这种看透加以描述,分三个层次:首先是"这种对**无区别的**同名者的看透"。无区别的同名者,那就是康德讲的:我的一切表象都是我的表象,这个"我"就是一切"我的表象"的同名者;其次,"这种对自己排斥自己、把自己建立为**有区别的**内在东西的同名者的看透",这里是强调无区别的同名者底下的区别,我们看透了所有的区别、所有的规律的区别都是由同名者通过自我排斥而建立起来的;第三,"但**对于那有区别的内在东西而言**,这同名者同样直接地就是两者的**无区别性**",对于有区别的内在东西,区别来区别去,最后的那个本质的东西是无区别的同名者,还是同一个我,一直贯下来的,这是第三种看透。这三个分句中有三处着重号相互呼应,即"无区别的——有区别的——无区别性",呈现出三个层次的正、反、合关系,即无区别、有区别、无区别和有区别直接统一于无区别。这也表达了自我意识本身的内在结构,它在费希特那里表述为:自我设定自我—自我设定非我—自我设定自我与非我的对立统一。那么这句话的主句就是:"这种看透就是自我意识"。自我意识不是一个固定的点,而是一个动词,一个动作,即"看透(Schauen in)",你能够看透这一层,或者这三层,那你就达到自我意识了。所谓自我意识无非就是看透了同名者既是无区别的,又是把自己建立为有区别的,是区别的内在发生,并最后又回到同名者的无区别性,在这三层中穿行不息,螺旋式上升。那么这种看透,看透了同名者的这种自身不同一,或者同名者的这种无区别和有区别的统一，这就是自我意识，这种看透就是自我意识。

　　这就显示出，在这个据说遮蔽着内在东西的所谓帷幕之后，什么东西也看不见，如果**我们**自己不走进它后面去的话，同样，除非有某种可以看得见的东西在它后面，也不会有什么东西被看见的。

　　"这就显示出"，从上面讲的已经显示出了，显示出什么呢？"在这个据说遮蔽着内在东西的所谓帷幕之后，什么东西也看不见，如果**我们**自己不走进它后面去的话"。这是针对着康德来的，是在批判康德的观点。据说，也就是据康德说，遮蔽着内在东西的所谓帷幕，那就是现象了，现象是一张帷幕，我们所看到的只是现象，现象后面的自在之物、事物本身我们是看不到的；但是后面有一个补充条件，即如果我们自己不走进它后面去的话。这个补充条件就是对康德的批判：你自己不愿意走进去，走进自在之物，那你当然看不见了，那能怪谁呢？只能怪"我们自己"。所以这个"我们"打了着重号。你站在外面，你说它是看不见的，那只是因为你自己不进去，不进去你怎么能看见呢？你当然必须要自己走到帷幕后面，你才能看见后面的东西。下面"同样"，这是第二个"显示出"，第一个显示的就是说，你自己不愿意走进去，那你就看不见，这里强调的是人的认识的主观能动性，要透过现象进入到本质，不能停留于现象；那么"同样，除非有某种可以看得见的东西在它后面，也不会有什么东西被看见的"，这是第二个层次，就是说，你走到它后面去，但那后面还应该有某种东西啊，如果你走到后面去，后面本来什么也没有，那当然你还是什么都看不见了。所以有两个条件，一个是你必须走到后面去，一个是那后面真有东西。否则的话，你即算走到后面，也会什么也看不见。"除非有某种可以看得见的东西在它后面，也不会有什么东西被看见的"，这几乎就是同义反复了：除非有某种看得见的，否则就没有被看见的。总之是，必须有某种东西在后面，你才能看得见，但是首先是你自己要走进去。它后面有没有东西，你也必须走进去才知道。你如果不走进去，它后面到底有没有那个东西你都不会知道。康德是假定有那个东西，有那种东西但是我们看不见；休谟则怀疑连后面有没有东西，我们都不知道，这一点康德是驳不倒他的。只有我们走进去，走到后面去，才能证实。

但同时这也表明了，人们不可能不费任何周折笔直就走进那后面去；因为这种关于什么是现象之**表象的**真理和什么是现象的内在东西之真理的认知，本身不过是艰难曲折的运动的结果，通过这一运动，意识的诸方式即意谓、知觉和知性都消逝了；并且这同样也表明了，要认识**意识通过知道它自身而知道些什么**，还需要多费周折，而这就是下面所要分说的。

就是说你必须要走进去，但是，与此同时也表明了，鉴于意识在前面所有经历的过程，"人们不可能不费任何周折笔直就走进那后面去"。你想站在那里一观望，就能找到走到后面去的门径，那是不可能的，你必须要经历一个漫长的过程。我们已经经历了一个学期的讲课，才从感性确定性走到了自我意识的门槛上，这是非常艰难的过程，里头有很多很多周折和艰难曲折。"因为这种关于什么是现象之**表象的**真理和什么是现象的内在东西之真理的认知，本身不过是艰难曲折的运动的结果"，为什么不费周折要走进后面去是不可能的呢？因为这种关于什么是现象之表象的真理——表象打了着重号，和什么是现象的内在东西之真理的认知，本身不过是艰难曲折的运动的结果。我们要认知现象之表象，现象显现出来了，但是它真正说来是什么，它的真理是什么？什么又是现象的内在东西之真理呢？这两个问题实际上是指的一回事情，现象之表象的真理，就是指现象表象它后面是什么，它反映的是什么，什么是表象底下那个内在的东西。表象只有符合现象底下的那个内在的东西，它才是真理。当然在康德那里他把这两者割裂开了，表象的真理就是现象界的真理，而现象底下的内在东西的真理则是不可知的。所以这种区别对于康德还是有意义的。那么对这样一些真理的认知，本身不过是艰难曲折的运动的结果。我们经历了艰难曲折的运动，我们一开始从感性确定性一直走到现在的自我意识，那么这个自我意识就是关于现象之表象的真理和现象的内在东西之真理的认知，我们达到了今天这一步，是艰难曲折的运动的结果。"通过这一运动，意识的诸方式：意谓、知觉和知性都消逝了"，通过这样一个艰难曲折的运动过程，前此意识形态的各个方式，感性确定性里面的意谓、知觉和知性等等，都消逝了，或者说都被扬弃了。这里点了三个主要的阶段，一个是意谓的阶段，一个是知觉的阶段，一个是知性的阶段，都逐一地逝去了，逐一地被扬弃了。"并且这同样也表明了，要认识**意识通过知道它自身而知道些什么**，还需要多费周折，而这就是下面所要分说的"，并且同样也很明显，要认识意识通过知道它自身而知道些什么，也就是意识通过自我意识而知道些什么，那就还需要费更多的周折，还有很多很多事情要做。我们现在仅仅是初步地达到了自我意识这样一个抽象的概念，但是通过这样一个概念，我们知道些什么，现在还没开始。这就是下面所要分说的，这就是下一章"自我意识"所要回答的问题。

　　这个就是最后所达到的一个过渡，从知性这样一个高度、这样一个层次上面，我们现在准备向自我意识过渡了。而自我意识就是要阐明，我们在自我意识里面知道些什么，我们通过自我意识能够知道些什么，自我意识本身的内容究竟是什么。它的形式我们已经得出来了，但是它的内容还没有来得及展开，后面讲的自我意识呢，就是要展开它的这个具体的内容。自我意识本身它也分成很多的环节。那么后来的这个自我意识，它包含的内容非常多了。我们从这个目录里面可以找到它的线索，即整个《精神现象学》就是分成三个大的阶段，一个是意识，一个是自我意识，还有一个是理性。我们从这个目录上面可以看到，有三篇：A、意识；B、自我意识；C、理性。当然最后第三篇 C 中包括 AA、BB、CC、DD 四章（我译作甲、乙、丙、丁四章），它们都属于理性，分别是理性本身、精神、宗教、绝对认知。就是说，意识、自我意识和理性，这是三个大的阶段。那么在三个大的阶段里面呢，我们可以看出来，黑格尔对康德的三分法做了一番改进。康德三分法就是感性、知性和理性，这是他的三个大的阶段。那么我们刚刚讲了，黑格尔在感性知性之间插入了一个知觉，使得这个过程更加细腻；那么在知性和理性之间呢，他插入了一个自我意识。自我意识实际上已经在使用理性了，但是自我意识本身对理性还没有自觉，它还是在一个比较个体的主体内部的意识阶段，当然它已经超出了原来的意识，但是自我意识还是一种意识。在这个框架之下，他讲到了"意识自身的确定性的真理性"，这就是第四章的标题，当然它讲的实际上是自我意识，但自我意识是篇的标题。可见自我意识作为意识，它还是主观的，探讨的是，它是一种什么样的意识结构，包括自我意识的独立和依赖，主人和奴隶，包括自我意识的自由，斯多葛主义、怀疑主义、不幸的意识，这些东西都是在意识本身内部建构起人的自我意识，是这样一种结构。那么这种自我意识呢，它又是向理性的一个过渡，它从知性向理性形成了一个过渡。而到了理性的阶段，第五章，"理性的确定性与真理性"，从这个"观察的理性"啊，一步一步地，把理性扩展到对整个世界的各种不同的认识，包括理论认识和实践两个层次。所以到理性呢，才开始把自我意识在客观世界中如何起作用的，把它展示出来。所以自我意识本身实际上已经提升到了理性的这样一个层次，已经不是知性的层次了。要理解自我意识，必须要从知性的层次提升到理性的层次，就是提升到辩证法的层次，我们刚才讲了，既是没有区别的，又是自我区别的，既有区别又没有区别，这就是辩证法的层次。而这已经是理性的层次，不管消极的理性还是积极的理性，它们都是辩证法，消极的辩证法和积极的辩证法，已经到这个层次了。但是自我意识还没有有意识地把这个理性把它提取出来，或者说它不自觉地使用了理性的方法，只有通过理性的方法才能理解自我意识本身。那么自我意识它是知性的最高阶段，同时它又是理性的不自觉的阶段，到了理性以后，才是自我意识的自觉的阶段，自我意识的客观的阶段，这就是"大我"的阶段。前面都是"小我"，自我意识里面讲的主人和奴隶、自由，这些东西都还是小我，那么到了理性呢，才成为大我，才是绝对的自我意识，或者说上帝的自我意识。理性整个就是朝上帝的自我意识的一种前进和进发，最后通过宗教，达到绝对认知，绝对认知就已经进入到逻辑学的开端了。那么什么是逻辑学？逻辑学就是上帝的创造世界的蓝图，或者说上帝的一个自我意识，绝对自我意识。

这学期我们就讲到这里。这一学期讲的这些内容，恐怕是最难的，在《精神现象学》里面是最难的部分，最需要艰苦的思辨。当然后面还有，后面还有难的部分，比如说像宗教、伦理、道德，那些方面的难度主要是一个占有资料，或者熟悉背景，在这方面我们中国人感觉到比较难。我们不了解基督教，也不了解他们的法律，他们的历史，他们的种种具体的历史文化背景，包括文学等这些东西。所以当他说出一句话来的时候，当他暗有所指的时候，我们就摸不着门了。这是另外一种难处。但是这部分的难处，主要是一种思辨的难处，它基本上很少举什么例子，当然也举了一些自然科学的例子、法学的例子，但是你要运用极强的思辨才能够知道他究竟想说什么，因为意识的萌芽状态，怎么样通过意识走向自我意识，这一部分是极其思辨的，是非常难以把握的，但是对于我们的头脑来说，也是一种训练。我们经过这样一个难关以后，后面的难关我们就知道怎么对付了。所以这一学期，如果大家认真听了这个课，并且回去自己复习，自己反复琢磨，会有长进的。

德汉术语索引

（所标页码均为德文《黑格尔全集》考订版第 9 卷页码，即本书边码中大括号里的数字；凡有两种译法的词均以"/"号隔开，并以此分段隔开页码；原文中出现太多的词不标页码，只将字体加粗）

A

Abbild 模本 91，96

Abgrund 深渊 57

Absolute 绝对 53—55，62，68—70，78—80，83，86，89—91，93，95，96，98—100，102

Abstrahieren，Abstraktion 抽象 57，58，61，63，65，71，72，80，81，83，93，100

Abwechseln 交替 80，86

Allgemein 普遍的，普遍

Allgeneine 共相 58，65—67，70—72，74，79，82—85，88，89，91，92，94，95

Allgemeine Attraktion 万有引力 92，93

Allgemeinheit 普遍性 66，71—74，77，79，80，83，87

Anderes 他者 57—59，62，64，73，74，77—79，83—85，93，97—102

Anderssein 他在 65—68，74，77，78，100，102

Anerkennen 承认 59，70

Anschauung 直观 57，67

an sich 自在 53，55，58—61，64，69—71，73，76，77，79，81—84，86—99，101

a priori 先天 66

das Auch 也 72—74，76，78，79，87，93

auffassen 统握 57，61，63，73—75，77，80，82，84，92，93，95，98，101

Aufheben 扬弃 68，69，72，74，75，78—85，87，90，91，95—101

ausbilden 养成 83

Austauschung 交替 77，90

B

Bacchus 酒神 69

682

汉德词汇对照表

（按照汉语拼音字母顺序排列；凡有两个译名的分别在两处重现并带上另一译名。）

A

爱留西的 Eleusinisch

B

把戏 Spiel

本性 Natur

本质 Wesen

本质性 Wesenheit

彼岸 jenseitig

必然性 Notwendigkeit

辩证法，辩证的 Dialektik dialektisch

变化 Veränderung

表象 Vorstellung

不安息 Unruhe

C

差别，差异性 Verschiedenheit

超感官世界 übersinnliche Welt

承认 Anerkennen

成为一 Einssein

持存 Bestehen

尺度 Maß, Maßstab

抽象 Abstrahieren, Abstraktion

此岸 Diesseitige

存在 Sein

存在者 Seiende

D

单纯，单纯性 einfach, Einfachheit

单一性 / 统一性 Einheit

当下 Gegenwart

颠倒 Verkehrte

定在 Dasein

对象 Gegenstand

多数性 Vielheit

E

偶然性 Zufälligkeit

F

法律 Gesetz

反思 Reflexion

分裂为二 Entzwei

否定 Negation, negativ

G

概念 Begriff

感性的 sinnlich

个别 Einzeln

个体 Individuum

根据 Grund

共相 Allgeneine

共同性 Gemeinschaft

谷神 Ceres

工具 Werkzeug

关系 Verhältnis

规定性 Bestimmtheit

规律 Gesetz

诡辩 Sophisterei

H

含义 Bedeutung

环节 Moment

换位 Verwechslung

回旋式循环 der wirbelnde Kreise

活动性 Tätigkeit

J

激活 begeisten

假象 Schein

假象 Täuschung

健全的 gesund

交替 Austauschung

交替 Abwechseln

解释 Erklären

经验 Erfahrung

酒神 Bacchus

就此而言 Insofern

具体的 konkret

绝对 Absolute

K

科学 Wissenschaft

肯定的 Positiv

空间 Raum

空虚 Leere

L

理性 Vernunft
力 Kraft
例示 beiherspielen
联系 Beziehung
灵魂 Seele
逻辑学 Logik

M

矛盾 Widerspruch
媒介 Medium
模本 Abbild
目的 Zweck

N

内在的东西 Inneres

O

偶然性 Zufälligkeit

P

普遍，普遍性 Allgemein, Allgemeinheit

Q

区别 Unterschied
确定性 Gewißheit

全体 / 整体 Ganze

R

认识 Erkennen
任意 Willkür
认知 Wissen

S

深渊 Abgrund
神秘 Mysterien
神圣的 göttlich
生命 Leben
时间 Zeit
实存 Existenz
实体 Substanz
实体性的 substantiell
实有的 reell
实在性 Realität
事情本身 Sache selbst
是一 Einssein
属性 Eigenschaft
思想 Gedanke

T

他在 Anderssein
他者 Anderes
特殊 Besondere
调解 Versöhnung
特性 Chrakter

689

同名的东西 Gleichnamige

同一性 Identität

同义反复的 tautologisch

统一性 / 单一性 Einheit

统握 auffassen

推论 Schließen

W

万有引力 Allgemeine Attraktion

谓词 Prädikat

无限 Unendliche

无限性 Unendlichkeit

物，事物 Ding

物性 Dingheit

X

先天 a priori

现成的，在手的 vorhanden

现实的，现实性 wirklich, Wirklichkeit

现象 Erscheinung

相同性 Gleichheit

想象 Vorstellung

信念 Überzeugung

形式 Form

形态 Gestalt

性状 Beschaffenheit

虚浮 Eitelkeit

虚假 falsch

虚无 Nichts

悬欠 Vermissen

Y

养成 Ausbildung

扬弃 Aufheben

也 das Auch

一 Eins

意见 Meinung

意识 Bewußtsein

意谓 Meinung

引发，被引发 Sollizitieren, sollizitiert

映像 Schein

语言 Sprechen

元素 Element

原则 Prinzip

圆圈 Kreis

运动 Bewegung

Z

哲学 Philosophie

这一个 Dieses

这一位 Dieser

真实的东西，真实 Wahre

真理 Wahrheit

整体 / 全体 Ganze

知觉 Wahrnehmung

知识 Kenntnis

知识 Erkenntnis

知性 Verstand

智慧 Weisheit

直观 Anschauung

中介 Vermittlung

中项 Mitte

重力 Schwere

转变 Verwandeln, Wandel

转化 Wechsel

转换 Spiel

自然 Natur

自为 für sich

自我等同性 Sichselbstgleichheit

自我意识 Selbstbewußtsein

自由，自由的 Freiheit, freie

自由散漫的质料 freie Materie

自在 an sich

自主性 Selbststädigkeit

作为特例显示 herausfallen

后　记

明天就是除夕了。经过一段紧锣密鼓的加班突击，我终于兑现了自己的诺言，在年前完成了这本第二卷句读。令我没有想到的是，当初在讲课的时候颇费思量的那些解释，在着手来整理成文时竟然发现了那么多需要修改的地方。看来，我所引以为创意的"口头研究"虽说久经磨炼，并且有它固有的优势，即时常激发起许多在伏案写作时很难想到的思维灵感，但毕竟要和笔头功夫相结合，才能形成比较经得起推敲的学术文字。这一卷的专门术语比较多，我尽可能努力做到一词一译，但还是有几个词实在没有办法处理，只好作了一词两译。好在我最后制作了一个德汉术语索引和汉德词汇对照表，有心研究的读者可以根据这两个表查到书中黑格尔的用语。这是今天我们做经典翻译一定要做的一项工作，虽然极为繁难和不讨好。

本卷的内容包括《精神现象学》的"导论"部分，以及整个"意识"篇即"感性确定性""知觉"和"知性"。这是 2010 年下半学期一个学期讲授的内容。"导论"涉及《精神现象学》的方法，也是人们比较关注的部分，海德格尔曾经逐段解读过这一部分。当然他的解读目的不在读懂黑格尔的意思，而在借题发挥他自己的思想。"感性确定性"部分不是太难读，但它的意义仍然大有阐发的余地。"知觉"和"力与知性"的部分恐怕是最难的部分，尤其是把知性和"力"捆在一起讲，极为思辨，但大有深意。黑格尔的"力"虽然举的大都是自然科学的例子，但其用意却在于从中引发出生命力、精神力的线索来。我甚至认为，在某种意义上，整个黑格尔哲学都可以归结为"力的哲学"，或者说，是一种给人提供"力量"的哲学。

对照以前做康德《纯粹理性批判》句读的感受，我觉得康德的解释主要要求解释者具有良好的耐心、敏锐的语感和严格的逻辑思辨能力，基本就可以应付了。然而，黑格尔《精神现象学》的句读一般来说要更难些，它除了上面那些要求以外，还对解释者的知识面和文化素养提出了更高的要求。例如本卷中就涉及许多科学史的知识和法律知识，后面一些地方还涉及文学史、宗教史和社会历史知识。所以我曾经说，康德《纯粹理性批判》是中国人思维训练的"夏令营"；但黑格尔的这本书就远不是那么简单，它几乎可以看作整个西方文化内在深层结构的一个综览。这也是我为什么更加着迷于黑格尔哲学的缘故。黑格尔哲学的内容更丰富、更深邃、更富有启发性，也和中国文化传统和思维方式更加具有可比性。在这些方面，康德固然也有不少很有深度的见解，但毕竟他志不在此，他更加看重的是"纯粹理性"的形式建构。

本卷的完成极大地得力于将大量的录音资料初步整理成文的朋友，其中周雪峰博士再次奉献了最多的精力，在十七次讲课中，她包揽了其中的十五次，另有两讲是由彭超君整理的。这些年轻人，完全是抱着一种对学术的神圣感，不计功利地在做着这些繁难的、既耗脑力又耗体力的事情，我在此特向她和他们致以诚挚的谢意！

邓晓芒

2014 年 1 月 29 日于武汉